Hauschildt/Leker (Hrsg.) · Krisendiagnose durch Bilanzanalyse

DATEV - Schriften Nr. 10

Herausgegeben von der DATEV
Datenverarbeitungsorganisation des steuerberatenden Berufes
in der Bundesrepublik Deutschland eG.

Krisendiagnose durch Bilanzanalyse

Herausgegeben von

Prof. Dr. Dr. h.c. Jürgen Hauschildt
Universität Kiel

Prof. Dr. Jens Leker
Universität Münster

mit Beiträgen von
Prof. Dr. Dr. h. c. Jörg Baetge, Dr. Stefan Blochwitz, Dr. Stefan Bötzel,
Dipl.-Kffr. Susanne Brandes, geb. Clausen, Dipl.-Kfm. Michael Cratzius,
Dipl.-Kffr. Christiane Dossmann, Dipl.-Kffr. Judith Eigermann,
Prof. Dr. Hans Georg Gemünden, Dr. Thorsten Grenz,
Prof. Dr. Dr. h. c. Jürgen Hauschildt, Dipl.-Kfm. Andreas Jäckel,
Dipl.-Kfm. Klaus Kögel, Dr. Harald Krehl, Dipl.-Kffr. Ariane Kruse,
Prof. Dr. Jens Leker, Dr. Jörn Littkemann, Dipl.-Kfm. Nils Mensel,
Dr. Thomas Möhlmann, Dipl-Kfm. Hartmut Poppe,
Dipl.-Kfm. Sören Salomo, Prof. Dr. Gerhard Schewe

2. neu bearbeitete und erweiterte Auflage

2000

oUs
Verlag
Dr. Otto Schmidt
Köln

> Die Deutsche Bibliothek – CIP-Einheitsaufnahme
>
> *Krisendiagnose durch Bilanzanalyse* / hrsg. von Jürgen
> Hauschildt ; Jens Leker. Mit Beitr. von Jörg Baetge . . . –
> 2. neu bearb. und erw. Aufl. – Köln : O. Schmidt, 2000
> (DATEV-Schriften ; 10)
> ISBN 3-504-66056-2

Verlag Dr. Otto Schmidt KG
Unter den Ulmen 96–98, 50968 Köln
Tel.: 02 21/9 37 38-01, Fax: 02 21/9 37 38-9 21

© 2000 by Verlag Dr. Otto Schmidt KG

Das Werk einschließlich aller seiner Teile ist urheberrechtlich geschützt. Jede Verwertung, die nicht ausdrücklich vom Urheberrechtsgesetz zugelassen ist, bedarf der vorherigen Zustimmung des Verlages. Das gilt insbesondere für Vervielfältigungen, Bearbeitungen, Übersetzungen, Mikroverfilmungen und die Einspeicherung und Verarbeitung in elektronischen Systemen.

Das verwendete Papier ist aus chlorfrei gebleichten Rohstoffen hergestellt, holz- und säurefrei, alterungsbeständig und umweltfreundlich.

Umschlaggestaltung: Jan P. Lichtenford, Mettmann
Gesamtherstellung: Bercker Graphischer Betrieb GmbH & Co. KG, Kevelaer
Printed in Germany

Vorwort

*Dieses Buch erfüllt seinen Zweck,
wenn es verhindert, was es prognostiziert.*

Die vorliegende Schrift faßt Ergebnisse der empirischen Forschung zusammen, deren Anfänge auf die 70er Jahre zurückgeht. Wir wollen mit dieser Veröffentlichung zwei Einseitigkeiten begegnen: Die *Literatur zur Bilanzanalyse* läßt den Bezug zur Unternehmenskrise vermissen. Die *Literatur zur Unternehmenskrise* widmet sich vornehmlich dem Krisenmanagement und setzt die Krisendiagnose mehr oder weniger stillschweigend voraus. Im übrigen kommt in der Literatur die „externe" Perspektive gegenüber der „internen" zu kurz. Unsere Untersuchungen sollen dazu beitragen, die externe Einsicht in die Unternehmenskrise zu verbessern.

Die Untersuchungen dieser Schrift heben sich von anderen bilanzanalytischen Studien überdies dadurch ab, daß die vorgeschlagenen krisendiagnostischen Methoden *prinzipiell empirisch überprüft oder in der Praxis eingesetzt* werden. In der ersten Auflage stand uns nur eine Stichprobe von 70 Unternehmen mit je 5 Jahresabschlüssen zur Verfügung. Inzwischen konnten weitere Forschungspartner aus der Wirtschaftspraxis gewonnen werden, die uns mit weit größeren Stichproben aus ihren Archiven unterstützt haben. Die Ergebnisse dieser zweiten Auflage beruhen damit auf einer wesentlich breiteren Basis von 6638 Krisen- bzw. Vergleichsfällen, darunter allein 3809 Unternehmen für die Krisendiagnose mittels Künstlicher Neuronaler Netze. Dabei wurde die Zahl der Unternehmen nicht berücksichtigt, die den Auswertungen der Deutschen Bundesbank zugrunde liegen.

Die vorliegende Schrift verwendet stets neue Daten, wo traditionsreiche und bewährte Verfahren der *differenzierenden Krisendiagnose* erneut vorgestellt werden, so bei der Krisendiagnose durch Erfolgsspaltung, durch Cash-Flow-Rechnungen und durch Finanzflußrechnungen. Auch den Untersuchungen zur Insolvenzdiagnose mit Hilfe von Diskriminanzanalysen liegen neue Daten zugrunde.

Gegenüber der ersten Auflage sind einige neue Verfahren hinzugekommen: Zunehmend wird die Einbeziehung von *qualitativen Daten* in den Beurteilungsprozeß möglich und sinnvoll. Das in der ersten Auflage lediglich konzeptionell skizzierte Expertensystem wird in der vorliegenden Auflage durch die Darstellung eines wissensbasierten Systems ersetzt, das in der Praxis erfolgreich verwendet wird.

Die stärksten Veränderungen hat es bei den Verfahren der *integrierenden Krisendiagnose* gegeben. Die traditionelle Diskriminanzanalyse ist in der Praxis weitgehend eingeführt. Es wird hier der Vorschlag präsentiert, auch die Verfahren der logistischen Regression und der Fuzzy-Logik einzusetzen. Eine ganz besondere Beachtung verdient schließlich der Einsatz Künstlicher Neuronaler Netze bei der Krisendiagnose.

Krisendiagnosen sollen möglichst generelle Aussagen ermöglichen. Das schließt nicht aus, daß man *im speziellen Fall* ergänzende Methoden einsetzen muß. So sind insbesondere Bauunternehmen nicht nur besonders stark insolvenzgefährdet, ihre Jahresabschlußdaten zeigen regelmäßig auch ganz andere Verläufe als die von Industrieunternehmen. Erhebliche Probleme entstehen bei der Diagnose von Konzernkrisen, da die Konzernabschlüsse wesentlich größere Gestaltungsspielräume bieten als die Einzelabschlüsse. Und das gilt nicht zuletzt auch für die konzerninterne Krisendiagnose. Man sollte meinen, daß ein Konzern-Controller alle Daten in der Hand hat, um die Krise einer Konzerntochter sachgerecht und frühzeitig zu bestimmen. Die hierzu vorgelegten praktischen Erfahrungen lassen indessen Zweifel an dieser Vorstellung aufkommen.

Mit der *Insolvenzrechtsreform* ist eine Veränderung des Krisenverlaufs verbunden. Bedeutete der Übergang von der manifesten Krise in die Insolvenz zuvor regelmäßig ein schnelles Aus, so ist nach den Vorstellungen des Gesetzgebers jetzt ein deutlich differenzierteres Verfahren möglich. Damit werden neue diagnostische Instrumente während der Krise benötigt. Auch für dieses Instrumentarium wird hier ein Vorschlag vorgelegt.

Als ständige Ergänzung dieser Schrift stellen wir aktuelle Forschungsergebnisse, Hinweise auf Neuerscheinungen und Tagungen, Fallstudien und Fachbeiträge zum Krisenmanagement, zur Krisendiagnose und Krisenkommunikation im Internet bereit (http://www.krisennavigator.de).

Wir nutzen die Gelegenheit, um unseren Forschungspartnern in der Wirtschaftspraxis unseren herzlichen Dank für die Überlassung der Daten zu sagen, durch die unsere theoretischen Aussagen empirisch geprüft werden konnten. Frau Dipl.-Kffr. Britta Tüxen hat sich um die Literaturrecherche und die vielen Details der technischen Fertigstellung verdient gemacht. Frau Dörte Jensen hat die Manuskripte mit bewundernswerter Geduld und Umsicht in eine einheitliche Form gebracht. Beiden Damen sei an dieser Stelle herzlich gedankt.

Kiel, im Oktober 1999   Jürgen Hauschildt und Jens Leker

Inhaltsverzeichnis

	Seite
Vorwort	V
Abbildungsverzeichnis	XV
Tabellenverzeichnis	XXI

Teil 1: Unternehmenskrisen – Herausforderungen an die Bilanzanalyse 1

Jürgen Hauschildt

A. Phasen der Krise	2
B. Indikatoren einer latenten Krise	3
C. Typen von latenten Krisen	7
I. Studie 1: Krisenursachen in Großunternehmen	7
II. Studie 2: Krisenursachen in mittelständischen Unternehmen	13
D. Unterschiedliche Abbildung der Krisentypen im Jahresabschluß	15
E. Schlußfolgerungen	16

Teil 2: Differenzierende Krisendiagnose 19

2.1 Kennzahlen der klassischen Bilanzanalyse – nicht auf Krisendiagnosen zugeschnitten

Jörn Littkemann/Harald Krehl

A. Das Problem	19
B. Kennzahlen und Kennzahlensysteme als Instrumente der klassischen Bilanzanalyse	19
C. Auswertung der Fachliteratur zur klassischen Bilanzanalyse	24
D. Krisendiagnose durch klassische Kennzahlenanalyse?	29
E. „Erfahrungen aus der Bankpraxis" – Auswertung empirischer Studien zum Verhalten von Kreditanalytikern	31
F. Fazit	32

2.2 Krisendiagnose durch Erfolgsspaltung
Jürgen Hauschildt

A. Eine Fallstudie	33
B. Theoretische Erwägungen	35
C. Erfolgsspaltung als Instrument der Krisendiagnose: Empirische Belege	43
I. Studie 1: Erfolgsspaltung im Zeitvergleich	43
II. Studie 2: Erfolgsspaltung im Zeit- und Betriebsvergleich	45
D. Zusammenfassung: Der Analyseprozeß	47

2.3 Der Cash Flow als Krisenindikator
Jürgen Hauschildt/Jens Leker/Nils Mensel

A. Der Cash Flow in der Krisendiagnostik	49
B. Hypothesen und Operationalisierungen	52
I. Varianten des Cash Flow	52
II. Bezugsgrößen	57
C. Empirische Prüfung	58
I. Stichproben	58
II. Testtechnik	61
D. Die Befunde	63
I. Unterschiede der Verschuldung	63
II. Unterschiede der Cash-Flow-Varianten	65

2.4 Krisendiagnose durch Finanzflußrechnungen
Jürgen Hauschildt/Harald Krehl

A. Das Problem: Zu den Zwecken der Finanzflußrechnungen	71
B. Zur formalen Ausgestaltung einer Finanzflußrechnung für Zwecke einer Krisendiagnose	75
C. Unterschiedliche Finanzflußmuster – Signale für die Krisendiagnose?	79
D. Empirische Illustrationen	83
E. Zusammenfassende Würdigung	85

2.5 Krisendiagnose durch qualitative Bilanzanalyse
Andreas Jäckel/Hartmut Poppe

A. Das Problem	88
B. Systematik und Perspektiven der qualitativen Bilanzanalyse	89
C. Qualitative Bilanzanalyse und Krisendiagnose	95
D. Stichprobe und Methode der empirischen Untersuchung	98
E. Operationalisierungen	102
F. Befunde	109
G. Resümee und Handlungsempfehlungen	113

Teil 3: Integrierende Krisendiagnose 119

3.1 Vorgehensweise der statistischen Insolvenzdiagnose
Jürgen Hauschildt

A. Entwicklung und Ansatz des Verfahrens – ein Überblick	119
B. Dichotomische Klassifikation	121
C. Befunde zur Klassifikation	126
D. Der multivariate Vergleich	133
E. Zur praktischen Verwendung der statistischen Insolvenzdiagnose	137
F. Weiterführende Überlegungen	141

3.2 Defizite der statistischen Insolvenzdiagnose
Hans Georg Gemünden

A. Das Problem	144
B. Anspruchslose Ergebnisse	144
C. Konsequenzen des Theoriendefizits	146
D. Kritik an der Stichprobenauswahl	152
E. Defizite bei der Bildung der Kennzahlen	155
F. Defizite bei der Anwendung der Verfahren	156
G. Die beschränkte Treffsicherheit und die einseitige Perspektive der Modelle	159
H. Zur Überwindung der Defizite	164

3.3 Statistische Insolvenzdiagnose: Diskriminanzanalyse versus logistische Regression
Gerhard Schewe/Jens Leker

- A. Plädoyer für eine methodische Öffnung der statistischen Insolvenzdiagnose 168
- B. Instrumente zur Klassifikation von Unternehmen 169
  - I. Vorgehensweise der multivariaten Diskriminanzanalyse .. 169
  - II. Vorgehensweise der logistischen Regressionsanalyse ... 171
  - III. Ein erster Vergleich 172
- C. Empirisches Design der Vergleichsstudie 173
  - I. Untersuchungsstichprobe 173
  - II. Klassifikationsinstrumente 175
- D. Untersuchungsergebnisse 176
  - I. Vergleich der Klassifikationsleistung 176
  - II. Vergleich der Ergebnisplausibilität 176
  - III. Vergleich der Voraussetzungen 178
- E. Schlußbemerkungen 178

3.4 Krisendiagnose mit Künstlichen Neuronalen Netzen
Jörg Baetge/Christiane Dossmann/Ariane Kruse

- A. Einleitung 179
- B. Künstliche Neuronale Netzanalyse 180
  - I. Aufgabe der Künstlichen Neuronalen Netzanalyse bei der Bilanzanalyse 180
  - II. Aufbau eines Künstlichen Neuronalen Netzes 182
  - III. Lernen in einem Künstlichen Neuronalen Netz 184
  - IV. Stichproben für die Künstliche Neuronale Netzanalyse ... 185
  - V. Messung der Klassifikationsleistung 186
  - VI. Kennzahlenauswahl 188
- C. Das BBR Baetge-Bilanz-Rating® 190
  - I. Die Entwicklung des Künstlichen Neuronalen Netzes BP-14 .. 190
  - II. Bilanzpolitik-„resistente" Kennzahlen des BBR 193
  - III. Transparenz des BBR 199
- D. Analyse des Musterunternehmens mit dem BBR 204
- E. Zusammenfassung 214
- F. Anhang 216

3.5 Krisendiagnose mit wissensbasierten Systemen

Sören Salomo/Klaus Kögel

A. Expertensysteme in der Krisendiagnose	221
B. Bonitätsanalyse durch CODEX	224
I. Informationsbasis des Systems	224
II. Informationsverarbeitung im System	229
C. Empirische Überprüfung der Leistungsfähigkeit des Systems für die Krisendiagnose	233
D. Beurteilung und weiterführende Aufgaben	235
E. Abschließende Bemerkungen	239

3.6 Krisendiagnose durch quantitatives Credit-Rating mit Fuzzy-Regeln

Stefan Blochwitz/Judith Eigermann

A. Ein Modell für die Unternehmensbeurteilung	240
I. Modellaufbau	240
II. Drei Kriterien für die Güte des Modells	245
B. Fuzzy-Regeln als Ergänzung traditioneller Verfahren	247
I. Modellierung des menschlichen Denkverhaltens durch Fuzzy-Systeme	247
II. Datenbasis	250
III. Regelbasis	253
C. Anpassung des Modells an die Realität durch lernfähige Fuzzy-Regeln	258
I. Mathematische Formulierung des regelbasierten Modells	258
II. Bedingungen für die Zugehörigkeitsfunktionen	260
III. Anpassung an die Realität als nichtlineares Optimierungsproblem	263
D. Ergebnisse	266

Teil 4: Krisendiagnose im besonderen Fall 269

4.1 Krisendiagnose von Bauunternehmen

Jürgen Hauschildt/Jens Leker/Susanne Clausen

A. Das Problem: Statistische Insolvenzdiagnosen klammern
   Bauunternehmen regelmäßig aus 269
B. Vermutete Unterschiede zwischen den Krisen von Bau- und
   Industrieunternehmen 270
C. Datenbasis und Operationalisierungen 276
   I. Vorgehensweise 276
   II. Stichproben 277
   III. Definition, Vorauswahl und Unabhängigkeitsprüfung 279
D. Befunde 280
   I. Univariate Befunde 280
   II. Multivariate Befunde 287
E. Abschließende Diskussion 290
   I. Zusammenfassung der Ergebnisse 290
   II. Begrenzungen dieser Analyse 290
   III. Zum theoretischen Stellenwert der Analyse 291

4.2 Zur Diagnose von Konzernkrisen

Stefan Bötzel/Michael Cratzius

A. Einleitung 292
B. Empirische Befunde zum Zusammenhang zwischen Konzern-
   bilanzpolitik und Konzernkrise 293
   I. Konzernbilanzpolitik und Konzernkrise 294
   II. Das Untersuchungsdesign 296
   III. Der Publizitätsindex 298
   IV. Der Kaschierungsindex 302
C. Zusammenfassung der Ergebnisse und ihre praktische Nut-
   zung 306

4.3 Krisendiagnose im Beteiligungscontrolling
Thorsten Grenz

A. Extern oder intern? Eine Frage des Standpunktes 311
B. Das Instrumentarium der internen Analyse 312
    I. Datenaufbereitung 312
    II. Datenanalyse 313
    III. Handlungsempfehlungen 315
C. Hindernisse interner Krisendiagnose 316
    I. Wahrnehmungsbarrieren 316
    II. Rollenkonflikt 317
D. Weitere Annäherung der externen und internen Analyse 318

4.4 Insolvenzcontrolling – Diagnostische Instrumente in der Krise
Thomas Möhlmann

A. Verwertungsmöglichkeiten im neuen Insolvenzverfahren ... 320
B. Erfordernis eines Insolvenzcontrollings 322
C. Der Ausgangspunkt: Anlagen zum Insolvenzplan 323
    I. Planvermögensübersicht 324
    II. Ergebnisplan 328
    III. Finanzplan 331
D. Periodische Überwachung und Steuerung 333
    I. Vermögenszwischenübersicht 335
    II. Ergebniszwischenrechnung 337
    III. Zahlungszwischenrechnung 340
E. Aperiodische Überwachung und Steuerung 343
F. Beurteilung der Erfüllung und Erfüllbarkeit eines Insolvenzplans 344

Literaturverzeichnis 347

Stichwortverzeichnis 373

Autorenverzeichnis 379

Abbildungsverzeichnis

		Seite
Abbildung 1:	Krisenverlauf	3
Abbildung 2:	Konzept der Krisenursachen	6
Abbildung 3:	Klassifikationssystem für die Missmanagement-Ursachen	8
Abbildung 4:	Ursachen des Missmanagements (n=72)	10
Abbildung 5:	Krisenursachen mittelständischer Kreditnehmer (n=142)	13
Abbildung 6:	Erfolgsanalyse im MIDIAS-Konzept	22
Abbildung 7:	Bilanzanalytische Systematik von Kennzahlen (nach Coenenberg)	26
Abbildung 8:	Ergebnisverläufe eines Unternehmens der holzverarbeitenden Industrie nach den Zusammenfassungen nach HGB	34
Abbildung 9:	Kriterien der Erfolgsspaltung (nach Küting)	36
Abbildung 10:	Erfolgsspaltung für Zwecke der Krisendiagnose	42
Abbildung 11:	Verlauf des ordentlichen Betriebserfolges eines Unternehmens der holzverarbeitenden Industrie	43
Abbildung 12:	Verläufe des Finanzaufwandes und des Verbunderfolges eines Unternehmens der holzverarbeitenden Industrie	43
Abbildung 13:	Nicht ordentliche Erträge und Aufwendungen eines Unternehmens der holzverarbeitenden Industrie	44
Abbildung 14:	Ergebnisverläufe von Missmanagement und Kontrollunternehmen (Leker)	46
Abbildung 15:	Rechenmodule für die Bestimmung des Cash Flow	53
Abbildung 16:	Verschuldungsgrade von Krisenunternehmen und Kontrollunternehmen	64
Abbildung 17:	Zusammensetzung des Fremdkapitals	65
Abbildung 18:	Elementar-Cash-Flow (Variante A)	66
Abbildung 19:	Ordentlicher Unternehmungs-Cash-Flow (Variante B)	66

Abbildungsverzeichnis

Abbildung 20:	Ordentlicher, betrieblicher Cash Flow (Variante C)	67
Abbildung 21:	Ordentlicher, finanziell verwendbarer, betrieblicher Cash Flow (Variante D)	67
Abbildung 22:	Krisensignalwert (Variante E)	68
Abbildung 23:	Mindestgliederung der Kapitalflußrechnung bei indirekter Ermittlung des Mittelzuflusses/-abflusses aus laufender Geschäftätigkeit nach der Stellungnahme HFA 1/1995	74
Abbildung 24:	Cash Flow	77
Abbildung 25:	Darstellung der Finanzflußrechnung für Zwecke der Krisendiagnose	78
Abbildung 26:	Typ 1: Investition, vorwiegend aus Eigen- und Innenfinanzierung	79
Abbildung 27:	Typ 2: Investition, vorwiegend aus Fremdfinanzierung	80
Abbildung 28:	Typ 3: Investition, vorwiegend aus Desinvestition	81
Abbildung 29:	Typ 4: Verlustdeckung durch Vermögensabbau	82
Abbildung 30:	Typ 5: Umschuldungsaktion	83
Abbildung 31:	Variante Typ 5	84
Abbildung 32:	Variante Typ 1	86
Abbildung 33:	Bereiche der qualitativen Bilanzanalyse	90
Abbildung 34:	Funktionen des Anhangs	91
Abbildung 35:	Bilanzpolitisches Instrumentarium	94
Abbildung 36:	Qualitative Analyse im Prozeß der Krisendiagnose	96
Abbildung 37:	Verteilungsparameter der Stichprobe	99
Abbildung 38:	Befolgung der gesetzlichen Informationspflicht	109
Abbildung 39:	Publizitätsindex-Verteilung	110
Abbildung 40:	Einfluß des Verschuldungsgrades auf die Publizität	111
Abbildung 41:	Einfluß der Bankverschuldung auf die Publizität	112
Abbildung 42:	Einfluß der Erfolgslage auf die Publizität	112
Abbildung 43:	Zusammenfassende Darstellung zur Wirkung der bilanzpolitischen Instrumente	114
Abbildung 44:	Charakteristische Kennzahlen der Insolvenzdiagnose	121

Abbildung	45:	Median der Betriebsrendite 126
Abbildung	46:	Median der Umsatzrendite 127
Abbildung	47:	Median der Umschlagsdauer des Anlagevermögens 127
Abbildung	48:	Median der Umschlagsdauer des Umlaufvermögens 128
Abbildung	49:	Median der Umschlagsdauer der Vorräte 128
Abbildung	50:	Median der Umschlagsdauer der Forderungen . . 129
Abbildung	51:	Median des Verschuldungsgrades 129
Abbildung	52:	Median des Krisensignalwertes 130
Abbildung	53:	Median der Liquidität 2. Grades 130
Abbildung	54:	Tendenziell positiver Verlauf der Z-Werte (Kontrollfall Nr. 5) 138
Abbildung	55:	Tendenziell negativer Verlauf der Z-Werte (Insolvenzfall Nr. 79) 138
Abbildung	56:	Tendenziell kritische Z-Werte mit positiver Entwicklung (Kontrollfall Nr. 2) 139
Abbildung	57:	Tendenziell kritische Z-Werte mit negativer Entwicklung (Insolvenzfall Nr. 22) 139
Abbildung	58:	Gesamtkapitalrentabilität in 32 Aktiengesellschaften mit doppelstufiger Sanierung 149
Abbildung	59:	Zusammenhang zwischen prognostizierter Insolvenzwahrscheinlichkeit und Gesamtkapitalrentabilität nach Sanierung (Basis: 32 Aktiengesellschaften mit doppelstufiger Sanierung) 151
Abbildung	60:	Nicht-lineare bivariate Trennung 181
Abbildung	61:	Aufbau eines Künstlichen Neuronalen Netzes . . . 183
Abbildung	62:	Biologische Neuronen und künstliches Neuron . . 183
Abbildung	63:	Stopped-Training 185
Abbildung	64:	Dichtefunktionen der solventen und insolventen Unternehmen 186
Abbildung	65:	Alpha-Beta-Fehlerkurve und Fehlerfläche eines Künstlichen Neuronalen Netzes 187
Abbildung	66:	Aufteilung der Stichproben für die Entwicklung und Validierung des BP-14 191

Abbildungsverzeichnis

Abbildung 67: Die 14 Kennzahlen des BBR 194
Abbildung 68: Maximale negative und positive N-Wert-Abweichungen bei den untersuchten bilanzpolitischen Maßnahmen (N-Wert von +10 bis −10) 198
Abbildung 69: Globale Sensitivitätsanalyse 200
Abbildung 70: Beispiel der Ergebnisse einer individuellen Sensitivitätsanalyse 202
Abbildung 71: Fragenpyramide zur Analyse der N-Wert-Änderung 203
Abbildung 72: N-Wert-Verlauf des Musterunternehmens mit den a-posteriori Insolvenzwahrscheinlichkeiten 205
Abbildung 73: Kennzahlenübersicht des Musterunternehmens .. 206
Abbildung 74: Legende der 14 Kennzahlen des BBR 206
Abbildung 75: Richtung der Kennzahlenänderungen des Musterunternehmens von 1993 auf 1994 und ihre jeweilige Wirkung auf den N-Wert 207
Abbildung 76: Individuelle Sensitivitätsanalyse der N-Wert-Änderung des Musterunternehmens von 1993 auf 1994 208
Abbildung 77: Einfluß der Änderungen in den Informationsbereichen auf die N-Wert-Änderung des Musterunternehmens von 1993 auf 1994 208
Abbildung 78: Einfluß der Änderungen der Vermögens-, Finanz- und Ertragslage (VFE-Lage) auf die N-Wert-Änderung von 1993 auf 1994 209
Abbildung 79: Fragengeleitete N-Wert-Analyse im Informationsbereich „Kapitalstruktur" 210
Abbildung 80: Fragengeleitete N-Wert-Analyse im Informationsbereich „Kapitalbindung" 211
Abbildung 81: Fragengeleitete N-Wert-Analyse im Informationsbereich „Kapitalbindungsdauer" 212
Abbildung 82: Fragengeleitete N-Wert-Analyse im Informationsbereich „Finanzkraft" 212
Abbildung 83: Fragengeleitete N-Wert-Analyse im Informationsbereich „Rentabilität" 213
Abbildung 84: Untersuchungsbereiche in CODEX 226
Abbildung 85: Analysebaum Jahresabschlußanalyse 227

Abbildung 86: Struktur der Potentialanalyse 228
Abbildung 87: Dialog-Oberfläche in der Potentialbewertung ... 231
Abbildung 88: Dialog-Oberfläche zur Unternehmensbonität ... 232
Abbildung 89: Bonitätsnoten der Stichprobenunternehmen 234
Abbildung 90: Schematischer Ablauf des Credit-Rating-Prozesses 241
Abbildung 91: Grundtypen der Zugehörigkeitsfunktion und ein Beispiel 249
Abbildung 92: Veranschaulichung von Gleichung (6) für das Fuzzy-Modell als Hebel 259
Abbildung 93: Beispiele für semantisch widersprüchliche und widerspruchsfreie Fuzzy-Zerlegungen 261
Abbildung 94: Vergleich zwischen den Gütemaßen BT_q und BNK_q 264
Abbildung 95: Auswirkungen von Absatzschwankungen auf den Gewinn von Bauunternehmen im Zeitablauf 272
Abbildung 96: Auswirkungen von Absatzschwankungen auf die Liquidität von Bauunternehmen im Zeitablauf ... 273
Abbildung 97: Unterschiede einzelner Kennzahlen (Testgruppe Bau versus Kontrollgruppe Bau) 281
Abbildung 98: Ursachenfelder, Identifikation und Kaschierung des Mißerfolgs 296
Abbildung 99: Scoring-Modell zur Beurteilung der Publizitätsgüte 299
Abbildung 100: Gewichte der Objektbereiche 300
Abbildung 101: Publizitätsindex im zweiten Jahr neuer Rechnungslegung 301
Abbildung 102: Analysebereichsspezifische kritische Wahlrechte . 304
Abbildung 103: Einordnung der Wahlrechte nach ihrer Diagnosestärke 305
Abbildung 104: Kaschierungsindex im zweiten Jahr neuer Rechnungslegung 306
Abbildung 105: „Internes" und „externes" Verständnis einer Holding 312
Abbildung 106: Die Planvermögensübersicht 327
Abbildung 107: Der Ergebnisplan 330

Abbildung 108: Der Finanzplan 333
Abbildung 109: Die Vermögenszwischenübersicht 336
Abbildung 110: Die Ergebniszwischenrechnung in der Reorganisation 339
Abbildung 111: Die Zahlungszwischenrechnung in der Reorganisation 342

Tabellenverzeichnis

		Seite
Tabelle 1:	Trefferquote der Auswertungsstichprobe	135
Tabelle 2:	Vergleich von Trefferquoten	135
Tabelle 3:	Differenzierte Trefferquoten	135
Tabelle 4:	Trefferquote der Kontraststichprobe	136
Tabelle 5:	Ergebnisse deutschsprachiger linearer Diskriminanzanalysen zur Prognose von Insolvenzen oder Kreditausfällen	160
Tabelle 6:	Einfluß des Prognosezeitraums auf die Klassifikationsgüte	161
Tabelle 7:	Chronologische Validierung der Gebhardt-Funktionen	162
Tabelle 8:	Ausgewählte Untersuchungen der empirischen Insolvenzforschung	166
Tabelle 9:	Trefferquoten der Klassifikationsmodelle bei der Hold-out-Stichprobe	176
Tabelle 10:	Notentabelle – Referenzwert	230
Tabelle 11:	Krisenprognosefunktion mit quantitativen und qualitativen Daten	238
Tabelle 12:	Scorewerte und ihre Bedeutung für das Rating	243
Tabelle 13:	Überblick über im Fuzzy-Expertensystem verarbeitete Informationen	252
Tabelle 14:	Eigenschaften der neuen Zielfunktion $f_T\ (Z^{neu})$	264
Tabelle 15:	Testanordnung	278
Tabelle 16:	Kennzahlen mit großen Unterschieden zwischen Test- und Kontrollgruppe Bau	280
Tabelle 17:	Testbefunde der MDA bei Bauunternehmen	287
Tabelle 18:	Treffsicherheit der linearen Diskriminanzfunktionen	289

Teil 1:
Unternehmenskrisen – Herausforderungen an die Bilanzanalyse

Jürgen Hauschildt

In dieser Schrift sollen unterschiedliche Ansätze vorgetragen werden, die für sich beanspruchen, die Krise einer Unternehmung aus ihren Jahresabschlüssen diagnostizieren zu können. Wir treffen damit drei problematische *Annahmen:*

(1) Der Zustand des Unternehmens, den wir mit dem Begriff „Krise" belegen, läßt sich konsensfähig bestimmen.[1]

(2) Diese Krise schlägt sich eindeutig in den Ziffern der Bilanz und anderen *Meßwerten* nieder.

(3) Wir verfügen über unstrittige *Instrumente,* den in der Bilanz ausgewiesenen Krisenzustand durch geeignete Meßverfahren zu isolieren und zu erkennen.

Und wenn diese drei Annahmen gegeben sind, kommt für die Praxis der Krisenbewältigung noch eine weitere Prämisse hinzu:

(4) Die Krisendiagnose kann so rechtzeitig erfolgen, daß noch hinreichend *Zeit* für das aktive Handeln zur Abwehr oder Bewältigung der Krise bleibt.

Wir werden im ersten Teil dieser Schrift diese Annahmen diskutieren. Sollten wir zu dem Schluß kommen, daß diese Annahmen – zumindest teilweise – unrealistisch sind, müssen wir nicht resignieren. Wir müssen dann überlegen, unter welchen Umständen die Bilanzanalyse[2] noch sinn-

---

[1] Zur Bestimmung von Begriff und Gegenstand der Krise siehe u. a. Bellinger (1962), Britt (1973) S. 437–444, Höhn (1974) S. 2–9, Müller-Merbach (1977) S. 419–438, Becker (1978) S. 672–685, Reske/Brandenburg/Mortsiefer (1978), Berg/Treffert (1979) S. 459–473, Witte (1981) S. 7–24, Albach/Bock/Warnke (1984) S. 779–793, Töpfer/Schimke (1986) S. 7–15, Grenz (1987), Krystek (1987) S. 3–10, Leker (1993) S. 5, Küting/Kaiser (1994) S. 5, Burtscher (1996) S. 29–38. Zur katastrophentheoretischen Fundierung siehe Kühn (1991) S. 224–236.

[2] „Bilanzanalyse" im Sinne dieser Schrift umfaßt immer die Analyse des gesamten Jahresabschlusses, also Gewinn- und Verlustrechnung („Erfolgsrechnung") und Bilanz im engeren Sinne sowie den Anhang und Lagebericht nach § 264 (1) HGB.

voll eingesetzt werden kann und wo man von vornherein auf andere Instrumente der Unternehmensanalyse zurückgreifen sollte.

A. Phasen der Krise

Unstrittig liegt eine Krise vor, wenn die Unternehmung überschuldet oder zahlungsunfähig ist und aus diesen Gründen die Eröffnung eines *Insolvenzverfahrens* beantragt. Dieser Tatbestand ist konsensfähig feststellbar – kein Wunder, daß sich die Literatur der Prognose der Insolvenz so liebevoll widmet.

In dieser Schrift soll aber nicht ausschließlich dieser Grenzfall behandelt werden, wenn wir den Begriff der Krise verwenden. Insolvenz führte vor Inkrafttreten des neuen Insolvenzrechts im Regelfall zum Exitus und erlaubte nur in seltenen Fällen ein Überleben. Wer den Begriff der Krise mit dem der Insolvenz gleichsetzt, wird seine Betrachtungen indessen allenfalls aus der Rolle eines Anatomen anstellen können. Ist dies die einzige Rolle, die der Betriebswirt einnehmen kann? Sollte er nicht vielmehr die Haltung des praktischen Arztes vorziehen, der Heilung anstrebt? Wir dürfen Unternehmen auch nicht erst dann analysieren, wenn sie hoffnungslos auf der Intensivstation liegen. Wir müssen nach Schwachstellen schon dann suchen, wenn das Unternehmen noch voll gesund erscheint. Denn das haben wir in den vergangenen Jahren gelernt: Die große Krise eines Unternehmens ereignet sich aus dem Zusammentreffen vieler kleiner Krisen. Sie ist oft das Ergebnis alter, nicht vollständig bewältigter Probleme. Wenn wir nach Krisensignalen und Krisenursachen fragen, dann meinen wir Signale und Ursachen für betriebliche Schwächen. *Krisendiagnose ist Schwachstellenanalyse.*

Das Interesse an dieser Analyse ist nicht nur akademisch. Gelingt es, verläßliche Aussagen über die Gründe von Krisen zu gewinnen, so können Methoden des *Krisenmanagements* entwickelt werden, mit denen ein Unternehmen wieder auf Erfolgskurs gebracht werden kann, bevor es zum Zusammenbruch kommt. Die meisten Studien setzen jedoch bei der Insolvenz an und kommen damit zu spät. Je früher die Krisensymptome erkannt werden, desto größer sind die Chancen, Fehlentwicklungen bei einem Unternehmen zu korrigieren, das infolge Missmanagements auf eine Insolvenz zusteuert.[3] Vieles kann dann noch unauffällig repariert werden, bevor der Zusammenbruch durch die Verfahrenseröffnung unaufhaltsam geworden ist. Entscheidend sind deshalb Einblicke in Unterneh-

---

3 Burtscher (1996) S. 40–44.

men, die auf dem Wege in die falsche Richtung sind, die aber noch nicht unmittelbar von der Insolvenz bedroht sind.

Wir gehen bei unseren Betrachtungen von folgendem *Ablauf der Unternehmenskrise* aus (Abb. 1):

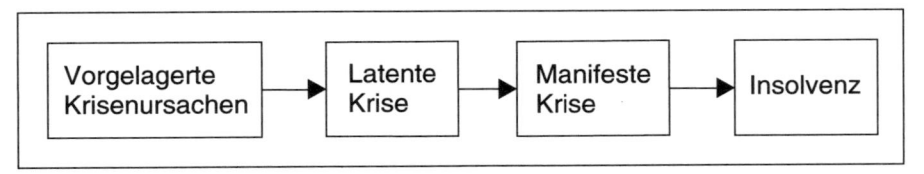

```
Vorgelagerte Krisenursachen → Latente Krise → Manifeste Krise → Insolvenz
```

Abbildung 1: Krisenverlauf

Diese einzelnen *Phasen der Krise* sind in folgender Weise zu unterscheiden:

– Die Krise ist *manifest,* wenn sie dem Großteil oder doch zumindest dem maßgeblichen Teil der Geschäftspartner der Unternehmung bekannt wird. Es sind die Reaktionen dieser Geschäftspartner, die in aller Regel sehr schnell den Übergang von der manifesten Krise zur Insolvenz auslösen, z.B. die Kündigung von Krediten durch Banken oder das Verlangen nach Vorkasse durch Lieferanten.

– Die der manifesten Krise vorgelagerte Phase der *latenten* Krise ist der Unternehmensumwelt hingegen verborgen. Sie ist vielfach auch intern nicht bewußt, da die Beteiligten eigenwillige psychische Mechanismen entwickeln, um eine Krise nicht wahrzunehmen.

Es ist diese Phase der latenten Krise, die das Interesse des Bilanzanalytikers finden[4] muß. Die manifeste Krise bedeutet schon Abschied von der Vorstellung eines going concern. Alles was in dieser Situation an Bilanzen produziert wird, folgt im Zweifel schon dem Zerschlagungskonzept, wenn wir von den wenigen Ausnahmen einer sinnvollen Sanierung einmal absehen. Auf jeden Fall gelangen derartige Jahresabschlüsse viel zu spät in die Hand des Analytikers. Im Zweifel ist die Insolvenz schon eingeleitet, ehe man Zeit findet, die Bilanz zu analysieren.

B. Indikatoren einer latenten Krise

Nochmals: Unser Interesse gilt der Diagnose der latenten Krise. Damit geraten wir aber nun in ein erhebliches Feststellungsproblem: Ist es

---
4 Schmidt (1994) S. 73 ff., Burtscher (1996) S. 40–42.

richtig, über „die" Unternehmenskrise schlechthin zu sprechen? Oder ist es richtiger, von unterschiedlichen Formen oder *Typen von Unternehmenskrisen* auszugehen?

Auf den ersten Blick scheint diese Frage sinnlos. Wenn jede Krise auf das Unternehmensende hinausläuft, wäre es richtig, von „der" Krise zu sprechen. Nun wollten wir diese Position ja gerade nicht einnehmen. Somit ist zu fragen: Hat jedes Unternehmensende die gleichen Ursachen? Sehen alle Unternehmen gleich aus, die sich auf dem Wege in die Insolvenz befinden? Stellt man diese Frage an empirische Untersuchungen aus der Unternehmenspraxis, so suggerieren diese, daß es in der Tat nur eine einzige Form der Krise gäbe, da fast immer die gleichen Krisensyndrome auftreten. Man denke etwa an die periodisch veröffentlichten *Listen von Krisenindikatoren*,[5] wonach etwa 85% der insolventen Firmen einen Mangel an Eigenkapital aufweisen,

– etwa 85% dementsprechend zu hoch verschuldet sind und über zu hohe Zinsbelastungen stolpern,

– etwa 50% den Rückgang der Nachfrage nicht auffangen,

– etwa 45% ein mangelhaftes Rechnungswesen aufweisen,

– etwa 45% die Personalkosten nicht im Griff haben etc.

So wertvoll diese praktischen Erkenntnisse sind, so wenig darf man sich ausschließlich auf sie verlassen, wenn man die Unternehmenskrise diagnostizieren will. Für das Erkennen von Unternehmenskrisen, namentlich für die Früherkennung, sind diese Listen von Indikatoren aus folgenden Gründen ungeeignet:

– Die Krisenindikatoren stehen *einzeln* nebeneinander.[6] Man fragt sich, ob schon das Auftreten eines einzelnen Krisenindikators eine Insolvenz anzeigt oder nicht. Und sollte die Krise auf das Zusammenwirken mehrerer Krisenfaktoren zurückgehen, so ist nicht erkennbar, welche Mischung besonders explosiv ist.

– Aus der Häufigkeit der Aufzählung wird die *Wichtigkeit* der Krisenursache abgeleitet. So steht der Mangel an Eigenkapital in fast allen Listen an erster Stelle. Nun wissen wir aus der Nachkriegsentwicklung, daß ein Mangel an Eigenkapital keineswegs in die Insolvenz führen muß. Anders gesagt: Ein Syndrom, das zwar in allen Fällen auftaucht, muß nicht in allen Fällen auch das wichtigste gewesen sein. Der Mangel an

---

5 Siehe z. B. Schimmelpfeng (o. J.), Creditreform (o. J.), Brehmer (1982) und Vogelsang (1988).
6 Burtscher (1996) S. 45.

Indikatoren einer latenten Krise

Eigenkapital ist ein prinzipieller Krisenverschärfer, er ist aber nicht eine prinzipielle Krisenursache. Oder anders: Das Auftreten mancher Indikatoren mag für die Auslösung einer Krise notwendig sein, nicht aber hinreichend. Krisensyndrome müssen nicht Krisenursachen sein.

– Es werden bestimmte Ursachen besonders stark hervorgehoben, weil sie in der *Schlußphase* der Insolvenz besonders augenfällig geworden sind. Diese Listen von Krisenindikatoren werden durch Interviews von Experten oder Betroffenen gewonnen, denen sich naturgemäß die Schlußphase der Krise besonders stark eingeprägt hat. Die Schwachstelle des letzten Augenblicks muß aber nicht die eigentliche Krisenursache gewesen sein.

– Die Listen von Krisenindikatoren gehen nicht auf ein systematisches Konzept zurück. Die Folge sind zahlreiche Überschneidungen bei den genannten Krisenindikatoren. Der *Mangel an Systematik* könnte auch Ursache dafür sein, daß man nach bestimmten Krisenindikatoren überhaupt nicht gefragt hat. Unser systematisches Konzept hat die in Abb. 2 *(siehe S. 6)* gezeigte Struktur. Es ist die Basis für die folgenden Überlegungen, obwohl in den einzelnen Untersuchungen materialbedingt Modifikationen vorgenommen werden müssen.

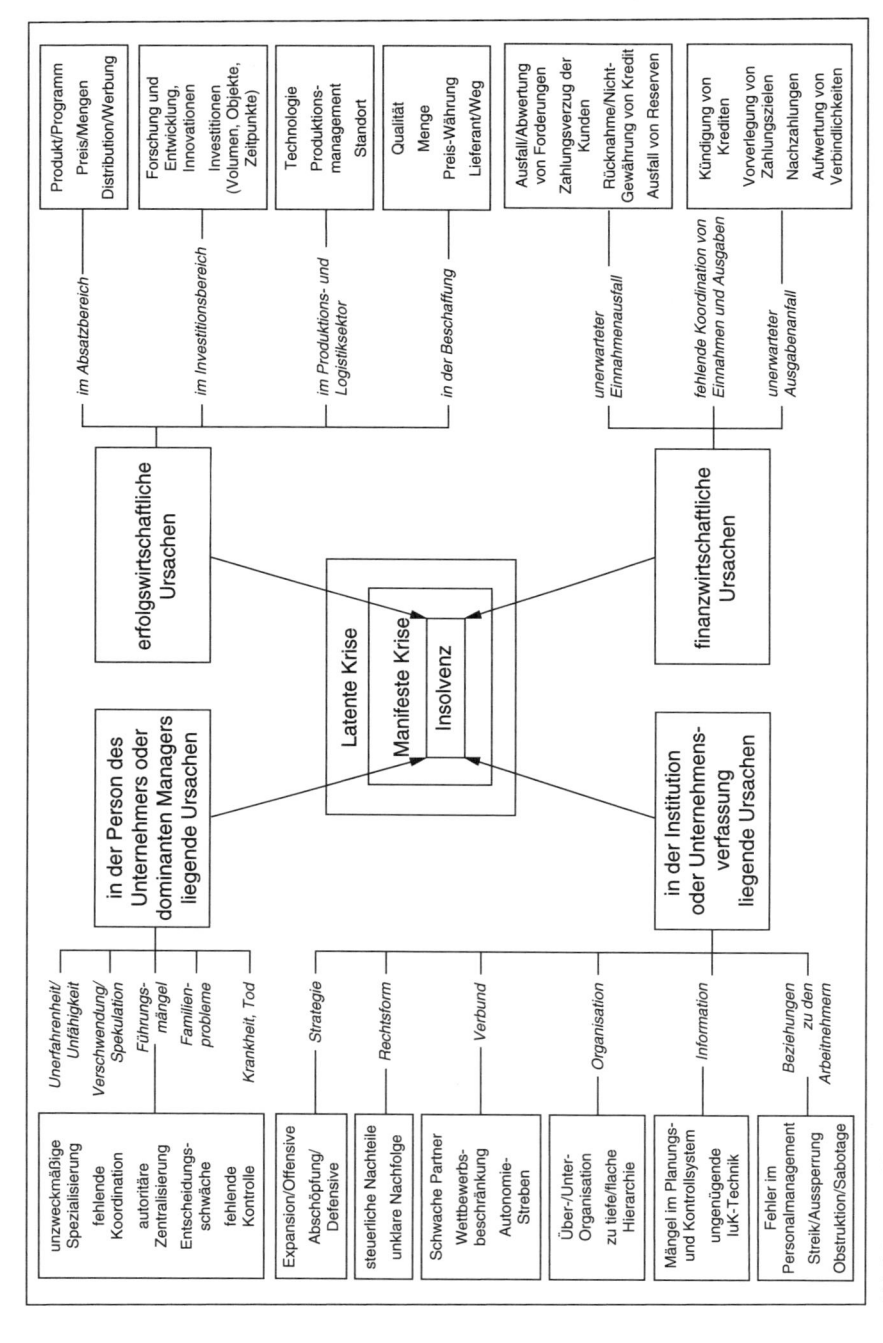

Abbildung 2: Konzept der Krisenursachen

C. Typen von latenten Krisen

Wenn es also offenbar problematisch ist, von „der" Unternehmenskrise zu sprechen, sollte man die Frage aufwerfen, ob es unterschiedliche Formen von latenten Krisen gibt, die sich schon relativ früh erkennen lassen und die irgendwann auf eine manifeste Krise hinauslaufen können.

I. Studie 1: Krisenursachen in Großunternehmen

Diese Frage zu untersuchen, ist recht schwierig, weil es kaum Unternehmen gibt, die sich für eine wissenschaftliche Untersuchung bereitfinden, wenn man vermutet oder ihnen nachsagt, sie stünden in einer Krise. Wir mußten daher einen anderen Weg gehen und Ursachen der Krise, so wie sie in der Wirtschaftspresse dargestellt waren, ermitteln. Wir konnten somit auch Berichte über solche Unternehmen heranziehen, zu denen uns keine Bilanzen vorlagen. Wo aber findet sich eine inhaltlich vergleichbare Darstellung krisengefährdeter Unternehmen? In den Jahren 1971 bis 1982 hat das „Manager Magazin" unter dem Stichwort *„Missmanagement"* regelmäßig über große Unternehmen berichtet, die nach Meinung von kritischen Journalisten in eine Krise hineinliefen. Die Missmanagement-Reportagen wurden mit Hilfe einer *Inhaltsanalyse* systematisch ausgewertet. Bei der Auswertung des Materials ließen wir uns von drei Fragen leiten:

– Welche Krisensyndrome sind den Journalisten aufgefallen?
– Welche Kombinationen von Krisensyndromen sind gefährlich?
– Lassen sich unterschiedliche Typen gefährlicher Kombinationen ausmachen?

Zunächst wurden die Krisensyndrome in *Mißerfolgssegmenten* klassifiziert. Abb. 3 *(siehe S. 8 f.)* zeigt dieses Klassifikationssystem, das so weit wie möglich an die in Abb. 2 vorgelegte Systematik angelehnt ist.

Mißerfolgsursachen und Mißerfolgssegmente

Viele Mißerfolgsursachen sind janusköpfig – ein Zuviel und Zuwenig erscheint den Kritikern als gleichermaßen schädlich. Derartige Effekte wurden durch einen Schrägstrich gekennzeichnet.

Ia. *Person des Unternehmers*
- Ein-Mann-Regiment,
- starres Festhalten an früher erfolgreichen Konzepten,
- Nepotismus, Ämterpatronage,
- unangemessener patriarchalischer Führungsstil,
- Unkündbarkeit, Krankheit, Tod.

Ib. *Führungsfehler*
- Zentralistischer Führungsstil, mangelnde Delegation,
- Koordinationsmängel,
- fehlende Kontrolle, Konfliktscheu,
- Entscheidungsschwäche/ Politik der vollendeten Tatsachen,
- hohe Fluktuation des Managements.

IIa. *Überhastete Expansion*
- Fanatisches Streben nach Umsatzerhöhung oder Marktanteilsausweitung,
- Aufbau von Leerkapazitäten,
- unkritisches externes Wachstum,
- zu früher Start mit nicht fertig entwickelten Produkten.

IIb. *Organisation*
- Unübersichtliche Organisation,
- Fehlen organisatorischer Anpassung,
- zu großspurige Umstrukturierungen,
- Rechtsformnachteile.

IIc. *Mangelhaftes Planungs- und Kontrollsystem*
- Fehlen eines konsolidierten Abschlusses,
- Defekte in Kostenrechnung und Kalkulation,
- mangelhafte Erfolgsaufschlüsselung (nach Sparten, Produkten, Kundengruppen, Filialen etc.),
- fehlende Finanzplanung,
- mangelhafte Projektplanung.

IId. *Mängel im Personalwesen*
- Fehlende Personalplanung,
- schnelle Entlassung unbequemer Mitarbeiter,
- Konflikte mit Arbeitnehmern,
- Scheu vor Belegschaftsabbau,
- Konfliktscheu und mangelnde Härte bei Verhandlungen über Löhne, Gehälter, Sozialleistungen, Sozialpläne, Sachbezüge,

Typen von latenten Krisen

- unsachgemäße Sparsamkeit bei leistungsfähigen Mitarbeitern.

IIIa. *Mängel im Absatzbereich*
- Unzeitgemäße Produkteigenschaften, zu hohe/zu niedrige Qualität,
- zu breites/zu schmales Programm, kein bewußtes Portfolio,
- falsche Preispolitik,
- keine Wertsicherung, keine Gleitpreise,
- Mängel des Vertriebsweges.

IIIb. *Mängel im Investitionssektor und in der Forschung und Entwicklung*
- Fehlendes Investitionskalkül,
- Fehleinschätzung des Investitionsvolumens,
- Koordinationsmängel bei der Investitionsabwicklung,
- zu frühe/zu späte Investition,
- Unterlassen von Investitionen (Investitionsmüdigkeit)/ unzweckmäßige Investitionshektik,
- zu geringe F+E-Tätigkeit, keine Portfoliopflege,
- F+E ohne Konzeption,
- Detailbesessenheit,
- mangelnde Sachkontrolle/ zu starke Kontrolle,
- starres Budgetdenken.

IIIc. *Mängel im Produktionsbereich*
- Veraltete/zu neue, noch unerprobte Technologie,
- hoher Produktionsausschuß,
- mangelhafte Fertigungssteuerung bei zersplitterter Produktion,
- zu starre Bindung an eine einzige Produktfamilie/sprunghafter Wechsel der Produktion,
- unwirtschaftliche Eigenfertigung statt Fremdbezug.

IIId. *Mängel in der Beschaffung und Logistik*
- Starre Bindung an Lieferanten und Rohstoffquellen,
- politische und Währungsrisiken bei Rohstoffimport,
- Großlager am falschen Standort,
- Bau statt Miete von Gebäuden,
- Verquickung von Beschaffung mit Gewinnverwendung.

IV. *Mangel an Eigenkapital*
- Keine Möglichkeit des Verlustausgleichs,
- Überschätzung der Rücklagen,
- mangelnde Fristenkongruenz im Langfristbereich,
- hohe Zinsbelastung,
- niedrige Kreditwürdigkeit.

Abbildung 3: Klassifikationssystem für die Missmanagement-Ursachen

In Abb. 4 findet sich die Grundauszählung über alle Mißerfolgssegmente aller 72 untersuchten Unternehmen.

Strukturelle Mißerfolgsursachen
- In der Person der Führungskräfte liegende Ursachen (40%)
- Führungsfehler (57%)
- In der Konstitution/Organisation liegende Ursachen (20%)

Operative Mißerfolgsursachen
- im Absatzbereich (89%)
- in der Produktion (46%)
- bei der Personalwirtschaft (45%)
- bei der Beschaffung/Logistik (4%)

Verschärfende Ursachen
- Mangel an Eigenkapital (30%)
- Defekte im Planungs- und Kontrollsystem (38%)

→ Schwere Unternehmenskrise

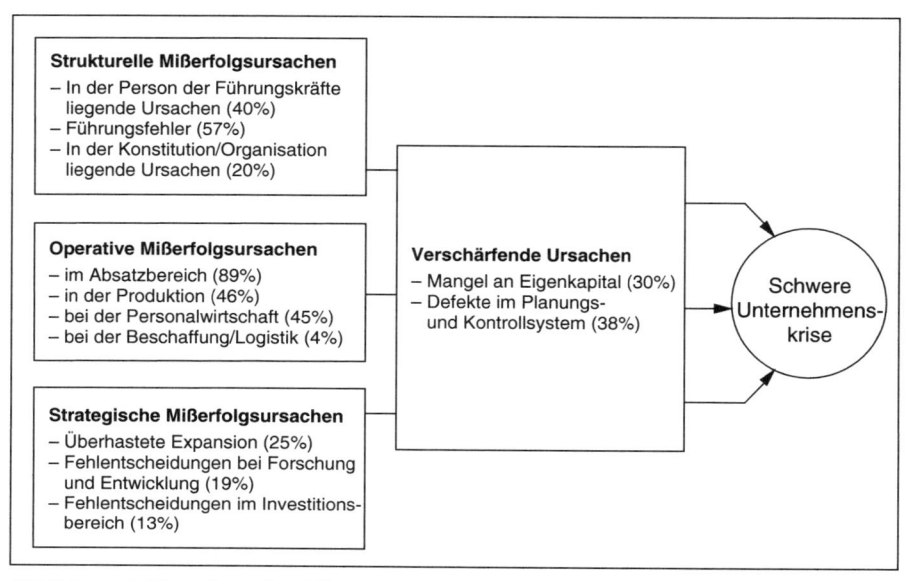

Strategische Mißerfolgsursachen
- Überhastete Expansion (25%)
- Fehlentscheidungen bei Forschung und Entwicklung (19%)
- Fehlentscheidungen im Investitionsbereich (13%)

Abbildung 4: Ursachen des Missmanagements (n = 72)

Für die gesamte Stichprobe zeigen sich incl. der Mehrfachnennungen folgende Schwerpunkte:

– Der *Absatzbereich* ist in fast allen Missmanagement-Fällen (89% der 72 Fälle) als Mißerfolgssegment hervorgetreten – ein für eine Marktwirtschaft durchaus typischer Befund. Ein absatzwirtschaftlich florierendes Unternehmen steht selten im Verdacht von Missmanagement.

– Daß *Führungsfehler* (57%), personell bedingte Mißerfolgsursachen und Mängel der Personalwirtschaft so stark in Erscheinung treten, ist möglicherweise mit der Eigenart des Materials zu erklären. Immerhin untersuchten wir die Artikel einer Zeitschrift, die sich bewußt an Führungskräfte wendet.

– Der niedrige Anteil von *Mängeln im Investitionssektor* (13%) wird den akademisch ausgebildeten Betriebswirt wundern. Denn er ist es gewohnt, Investitionen als ein eigenständiges, überwiegend finanzwirtschaftliches Entscheidungsproblem zu sehen. Diese Sicht stimmt nicht mit der Realität – oder ihrem Spiegelbild in der Fachpresse – überein. Investitionen werden dort fast immer als ein absatzwirtschaftliches Problem gesehen.

– Die Krisenursache *Eigenkapitalmangel* (30%) taucht weit seltener auf, als die vielen Veröffentlichungen über Konkursgründe hatten vermuten lassen. Diese überraschende Tatsache kann möglicherweise auf die Auswahl des „Manager Magazins" zurückzuführen sein, das gern Unternehmen in ihrem Niedergang porträtierte, die zuvor besonders erfolgreich und kapitalstark waren. Es kann aber auch daran liegen, daß der Mangel an Eigenkapital erst im Übergang zur manifesten Krise als Problem bewußt wird.

Die Häufigkeitsauszählung der Krisenursachen ist nur ein erster Schritt. Wenn es zutrifft, daß die große Krise eines Unternehmens immer der Kulminationspunkt vieler kleiner Mißerfolge ist, dann stellen sich weitere Fragen: Gibt es typische Kombinationen der bisher herausdestillierten Missmanagement-Ursachen, die besonders häufig auftreten? Genauer: Gibt es bestimmte *Grundtypen von Missmanagement-Unternehmen,* bei denen bestimmte und jeweils unterschiedliche Kombinationen von Missmanagement-Ursachen explosiv sind? Das vorliegende Material wurde mit Hilfe einer Clusteranalyse verdichtet. Bei dieser Analyse werden eine sehr große Zahl von Eigenschaftskombinationen nach einem speziellen Ähnlichkeitsmaß so lange verglichen, bis die Kombination gefunden ist, in der sich die Unternehmen innerhalb eines Typs möglichst ähnlich sind, durch die sich zugleich aber die Typen selbst möglichst deutlich voneinander unterscheiden.

Mit Hilfe dieser Methode erhielten wir vier echte Missmanagement-Typen und einen Residualtyp, auf die sich die 72 Fälle relativ gleichmäßig verteilen. Bei der Interpretation sollte beachtet werden, daß sich die Typen durch Mängel im Absatzbereich kaum unterscheiden. Absatzmängel sind nahezu eine Konstante in allen Missmanagement-Typen. Wenn wir die einzelnen Typen jetzt charakterisieren, dann heben wir jeweils nur die Mißerfolgssegmente hervor, in denen der jeweilige Typ überdurchschnittlich schlecht beurteilt wurde.

Der erste Typ sind Unternehmungen „auf brechenden Stützpfeilern". Bei ihnen erleidet der Absatzssektor einen abrupten Einbruch oder stagniert in unerwartetem Maße. Offenbar fällt es diesem Unternehmen schwer, sich mit dem laufenden Produktions- und Beschaffungsapparat auf diesen Einbruch einzustellen. Diese Unternehmensbereiche arbeiten planmäßig weiter. Die Kapazitäten sind nicht mehr aufeinander abgestimmt. Es häufen sich Probleme der Produktion und der Personalwirtschaft. Sehr schnell tritt dann auch ein Mangel an Eigenkapital auf. Offenkundig ist das Management nicht in der Lage, den katastrophalen Einbruch im Absatz abzuschotten oder zu isolieren. Die Krise breitet sich wie ein Geschwür schnell über die wichtigsten Unternehmensfunktionen und über die wichtigsten Ressourcen aus.

Der zweite Typ sind technologisch gefährdete Unternehmen. Sie sind dadurch gekennzeichnet, daß der Produktionssektor, die Investitionstätigkeit sowie die Forschung und Entwicklung kritisch beurteilt werden. Führungsfehler und Konstitutionsmängel kommen hinzu. Es handelt sich typischerweise um Unternehmen, die starr an einer bestimmten Verfahrens- oder Produktphilosophie festhalten und zu wenig in strategischen Dimensionen denken.

Der dritte Typ sind Unternehmen, die unvorbereitet expandieren. Hier liegen die Mängel weniger in den betrieblichen Funktionen, sondern in einem eklatanten Mangel an Eigenkapital, in erheblichen Mängeln des Rechnungswesens sowie in Führungs- und Organisationsproblemen. Eine überhastet begonnene, falsch eingeschätzte Expansion, namentlich durch den Zukauf von anderen Unternehmen, läßt sich nicht meistern. Es fehlt diesem Unternehmen an Kapital für das Wachstum. Die zugekauften Unternehmen lassen sich nicht in die gewachsene Organisation und das vorhandene Informationssystem eingliedern. Vermeintliche „Schnäppchen" erweisen sich als Unternehmen in einer handfesten Krise, deren finanzielle Folgen nicht absehbar sind.

Der vierte Typ ist durch konservative, starrsinnige und uninformierte Patriarchen an der Spitze gekennzeichnet, d. h., in diesem Missmanagement-Typ wird der Hauptmangel in der Person des Unternehmers oder des dominierenden Mitgliedes der Geschäftsleitung gesehen.[7] Geblendet durch unbestreitbare Erfolge in der Vergangenheit neigt dieser Mensch zur Selbstüberschätzung, zu sehr persönlichen, intuitiven, sprunghaften – aber eben falschen Entscheidungen. Seine Fehlleistungen liegen insbesondere im Absatzsektor. Er hat ein fast manisches Mißtrauen gegenüber den betriebswirtschaftlichen Instrumenten der Planung und Kontrolle.

Die *Residualgruppe* zeigt kein einheitliches Muster. Sie ist heterogen zusammengesetzt. Eine Interpretation der einzelnen Teilklassen dieses Typs wäre reine Spekulation. Dieser Typ zeigt die Grenzen der Inhaltsanalyse von Unternehmensreportagen auf: Man benötigt feinere Instrumente, um diese Restmenge besser und aussagekräftiger klassifizieren zu können.

---

[7] Vgl. Deppe (1992) S. 26–29, Kratz (1996) S. 91–96.

II. Studie 2: Krisenursachen in mittelständischen Unternehmen

Dieser ersten Untersuchung folgte zu Beginn der 90er Jahre eine *zweite Studie*. Im Gegensatz zur ersten Untersuchung konzentrierten wir uns dabei auf *mittelständische* Unternehmen. Wir hofften, dabei weitere Krisenursachen und Krisenkonstellationen finden zu können, die in größeren Unternehmen eher verdeckt sind. Eine Großbank war bereit, uns ihre Archive in anonymisierter Form zugänglich zu machen. Wir konnten 142 mittelständische Kreditnehmer dieser Bank untersuchen. Ihr gemeinsames Kennzeichen war, daß sie im Jahr 1988 insolvent geworden waren. Abb. 5 zeigt die Verteilung der Krisenursachen:

Strukturelle Mißerfolgsursachen
- In der Person liegende Ursachen:
  Mangelnde Managementqualifikation (60%)
  Krankheit im Top-Management (8%)
  Unzureichende Nachfolgeregelung (6%)
- Zu hohe Entnahmen (21%)
- Persönliches Fehlverhalten:
  Unkorrektheit gegenüber Dritten (16%)
  Unkorrektheit von Mitarbeitern (9%)

Operative Mißerfolgsursachen
- Falsche Markteinschätzung (42%)
- Mangelnde Kapazitätsauslastung (21%)
- Falsche Produktpolitik (15%)
- Unzureichende Materialwirtschaft (11%)

Strategische Mißerfolgsursachen
- Konjunktureinflüsse/Marktveränderungen (39%)
- Starke Bindung an bzw. Ausfall von Abnehmern oder Lieferanten (36%)

Verschärfende Ursachen
- Mangel an Eigenkapital (68%)
- Defekte im Planungs- und Kontrollsystem:
  Mängel in Kalkulation (21%) und Rechnungswesen (28%)

→ **Schwere Unternehmenskrise**

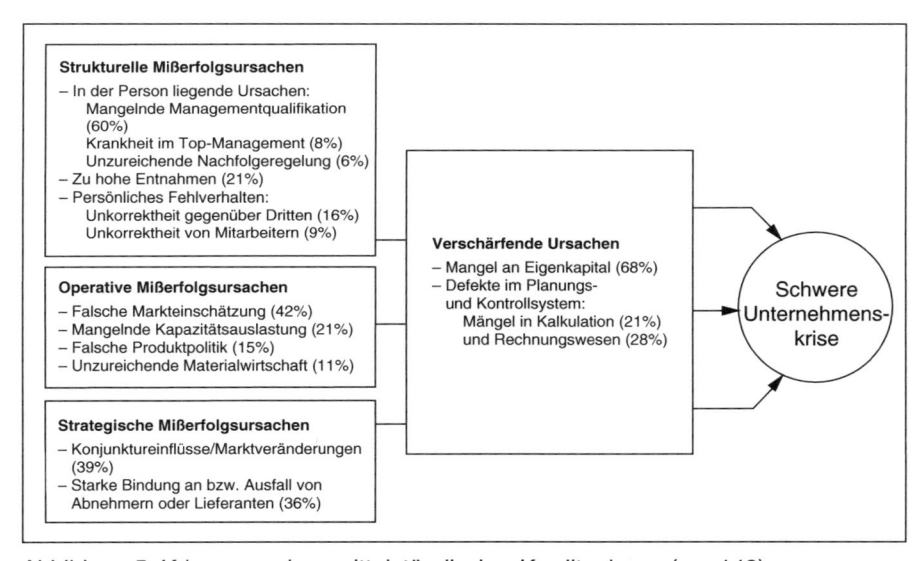

Abbildung 5: Krisenursachen mittelständischer Kreditnehmer (n = 142)

Diese Krisenursachen wurden wiederum in einer Clusteranalyse zu Krisentypen verdichtet. Dabei zeigt sich ein teilweise identisches, *teilweise unterschiedliches Bild* im Vergleich zu unserer ersten Untersuchung. In zwei Typen finden wir sehr ähnliche Konstellation von Krisenursachen:

– Der erste Typ ist wiederum das *„Unternehmen auf brechenden Stützpfeilern"*, dessen Zusammenbruch durch einen abrupten Einbruch des Absatzes ausgelöst wird.

– Auch in den Fällen der *„konservativen, uninformierten Patriarchen"* finden wir weitgehende Parallelen zu unserer ersten Untersuchung. In den mittelständischen Unternehmen beharren die geschäftsführenden Unternehmer starrsinnig auf ihrer Autonomie. Sie sind überdies ganz offenkundig nur sehr schwer zu einer Nachfolgeregelung zu bewegen.

Zwei weitere Typen offenbaren charakteristische Schwächen mittelständischer Unternehmen, die in vergleichsweise großen Unternehmen besser kompensiert werden können:

- Ein solcher Typ ist das *"abhängige Unternehmen"*, das durch eine zu starke Bindung zu einem Lieferanten oder Abnehmer gekennzeichnet ist. Das Unternehmen gerät in eine schwere Krise, wenn diese Beziehung durch massive Einflußnahme des Partners gestört oder unerwartet abgebrochen wird. Diese Unternehmenskrise geht typischerweise mit Mängeln im Bereich der Materialwirtschaft sowie persönlichen Problemen im Managementbereich einher.
- Der vierte Typ ist das *"Unternehmen mit unkorrekten Mitarbeitern"*. Die Krise wird in diesem Fall durch das unkorrekte Verhalten von Mitarbeitern der Unternehmung ausgelöst. Die Palette der krisenauslösenden Verhaltensweisen reicht von Kompetenzüberschreitungen und geschäftsschädigendem Verhalten über Spekulation bis hin zum Betrug. Diese Krise wird regelmäßig verstärkt, wenn das Management unzureichend qualifiziert ist und wenn das Planungs- und Kontrollsystem Mängel aufweist.

Die *Restgruppe* zeigt kein einheitliches Muster. Es handelt sich hierbei um Unternehmen, die in eine Krise geraten, deren Ursachen in den untersuchten Kreditprotokollen nicht oder nicht einheitlich erfaßt werden.

Unsere Auswertungen mögen durchaus ihre Schwächen haben, sie zeigen aber den Weg zu einer systematischen Krisenforschung und fordern zu vertiefenden, ggf. unsere Ergebnisse kritisch überprüfenden Untersuchungen heraus. Halten wir folgendes Ergebnis fest:

Es ist falsch, von „der" latenten Unternehmenskrise schlechthin zu sprechen. Richtig ist es vielmehr; von unterschiedlichen Mustern oder Typen von latenten Unternehmenskrisen auszugehen. Diese Muster sind dadurch gekennzeichnet,

- daß stets mehrere Krisenursachen miteinander verknüpft sind und
- daß es unterschiedliche Mischungen von Krisenursachen gibt, die unterschiedliche latente Krisen begründen.

„Die" latente Krise gibt es nicht Die Frage nach der Analyse „der" latenten Krise ist somit falsch gestellt.

D. Unterschiedliche Abbildung der Krisentypen im Jahresabschluß

Angesichts dieses Befundes muß die Frage offenkundig anders lauten: Lassen sich Muster unterschiedlicher Krisenursachen mit Hilfe einer „differenzierenden" Bilanzanalyse erkennen?

Greifen wir zurück auf unsere Krisentypologie. Man erkennt sehr schnell, daß diese Muster von Krisenursachen sich aus den Daten des Jahresabschlusses nur in sehr unterschiedlicher Weise bestimmen lassen:

– *Das stagnierende oder schrumpfende Unternehmen auf brechenden Stützpfeilern* zeigt in der Regel dramatisch sinkende Umsatzerlöse, steigende Erzeugnisbestände, stagnierenden Materialaufwand und weiter wachsende Personalaufwendungen. Diese Krisensyndrome sind oft schon im einfachen Zwei-Jahres-Vergleich erkennbar. Dieser Typ ist mit Hilfe der Bilanzanalyse recht gut zu identifizieren.

– *Das technologisch gefährdete Unternehmen* zeigt seine Schwindsucht hingegen nur in einem längerfristigen Zeitvergleich und – wenn das möglich ist – in einem Betriebsvergleich mit technologisch oder marktmäßig vergleichbaren Unternehmen. Es ist an seinen niedrigen, schwankungsarmen Investitionsaktivitäten zu erkennen, an vergleichsweise hohen Material- und Personalaufwendungen, an niedrigen Abschreibungen und – mangels Forschung und Entwicklung – gelegentlich an niedrigen sonstigen Aufwendungen. Dieser Krisentyp ist bilanzanalytisch sehr viel schwieriger zu identifizieren.

– Das *Unternehmen, das unvorbereitet expandiert,* ist vor allem durch sprunghafte Veränderung der Finanzanlagen und durch eine ebenso abrupte Zunahme des Verschuldungsgrades gekennzeichnet. Aber hier endet auch schon der Ausweis: Führungsfehler, Organisationsmängel und Schwächen des Planungs- und Kontrollsystems sind kurzfristig überhaupt nicht, langfristig nur aus der Rentabilitätsentwicklung der Unternehmung erkennbar.

– Das *abhängige Unternehmen* ist kaum aufgrund von Bilanzkennzahlen zu bestimmen. Man wird vielmehr nach Produktionsprogrammen und Sortimenten fragen müssen und diese dann mit der Branchenstruktur des Unternehmens sowie der seiner Lieferanten oder Abnehmer vergleichen. Damit läßt sich aber auch nur das sog. Kovarianzrisiko bestimmen, das aus der Parallelität der Konjunkturen resultiert. Die individuelle Abhängigkeit entzieht sich ex ante der Analyse.

– Der *konservative, starrsinnige und uninformierte Patriarch* ist überhaupt nicht anhand einer bestimmten Bilanzposition zu erkennen. Seine früheren Erfolge haben sich oft in stillen Rücklagen niedergeschlagen, von deren Auflösung manche kranke Unternehmung noch lange zehren kann. Es ist leichter, eine derartige Unternehmung mit Blick auf möglichen Personenkult im Bilderteil des Geschäftsberichtes zu identifizieren als mit Blick auf Bilanzpositionen.

– Die Krise eines *Unternehmens mit unkorrekten Mitarbeitern* ist ebenfalls nicht aus der Bilanz prognostizierbar. Zu unterschiedlich sind die Ansatzpunkte für einen Betrug. Fehlspekulationen, bei denen gutes Geld dem schlechten nachgeworfen wird, sind zwar – nachträglich gesehen – spektakulär und auch nicht selten langfristig angelegt, werden aber ebenso oft auch nicht als vorsätzliches oder fahrlässiges Verhalten interpretiert. Schleichende Aktivitäten sind kaum durch eine Bilanzanalyse erkennbar.

Wir sehen, daß die Bilanzanalyse nicht zwingend zur typgerechten Schwachstellendiagnose führt. Die Auskunftsleistung der Bilanz ist begrenzt. Das gilt ganz unabhängig von den soeben gemachten Einschränkungen vor allem auch für junge Unternehmen, die noch keine lange Bilanzreihe vorlegen können. Kinderkrankheiten der Unternehmen sind ebenfalls aus Bilanzen nicht diagnostizierbar.

Ziehen wir folgendes Zwischenergebnis:

– Die manifeste Krise eines Unternehmens können und wollen wir nicht aus der Bilanz diagnostizieren – wir können es nicht, weil die Bilanz zu spät kommt und ein ungeeignetes Informationsinstrument ist. Wir wollen es nicht, da sich unser Interesse nicht auf den Zerschlagungsfall, sondern auf den Fortführungsfall richtet.

– „Die" latente Krise gibt es nicht, es gibt höchst unterschiedliche Krisentypen. Einige dieser Krisentypen können mit Hilfe einer differenzierenden Bilanzanalyse bestimmt werden, andere verschließen sich der Krisendiagnose mit Hilfe der Bilanzanalyse.

– Die identifizierbaren Krisentypen weisen ein unterschiedliches Bilanzbild auf. Sie sind auch nur durch unterschiedlich langfristige und methodisch unterschiedliche Diagnosetechniken zu identifizieren.

E. Schlußfolgerungen

Welche Schlußfolgerungen für die Krisendiagnose lassen sich aus diesen Feststellungen ableiten? Machen wir uns zunächst klar, vor welcher Aufgabe ein Analytiker steht: Ihm wird wenigstens ein Jahresabschluß vorgelegt, in der Regel aber mehrere, aufeinanderfolgende. Seine Diagnose läuft jetzt in mehreren Schritten ab:

Erster Schritt: Er muß überprüfen, von welcher *grundsätzlichen Aussagetendenz* der Jahresabschluß getragen ist. Handelt es sich um ein florierendes Unternehmen, das zu einem tendenziell gewinnmindernden Erfolgsausweis neigt, oder handelt es sich um ein krisengeschütteltes Unternehmen, das jede Möglichkeit der Verbesserung seines Gewinnausweises und der Verschönerung seines Finanzbildes nutzt?

Für diesen ersten analytischen Schritt benötigt der Analytiker Meßwerte, die robust und eindeutig die grundsätzliche Bewertungs- und Ausweistendenz signalisieren.

Zweiter Schritt: In dieser Arbeitsphase hat der Analytiker herauszufinden, an welcher *Art von Krankheit* das Unternehmen leidet. Er muß den Krisentyp bestimmen. Er muß zumindest prüfen, ob ein Krisentyp gegeben ist, der sich in der Bilanz abbildet. Hierbei benötigt der Analytiker Instrumente, die die unterschiedlichen Krisituationen signalisieren.

Dritter Schritt: Die Krisendiagnose ist durch *Informationen* zu überprüfen, die sich *nicht in der Bilanz* finden.

Wir müssen somit konzedieren, daß die Bilanzanalyse nicht zwingend zur richtigen Schwachstellendiagnose führt. Aber unser Ansatz zeigt den Weg, den jede systematische Unternehmensanalyse zu gehen hat, wenn sie eine Krise diagnostizieren will und wenn sie diese Diagnose mit einer Bilanzanalyse beginnt: Der Analytiker geht von einzelnen, ersten Schlüsselinformationen aus, bildet dann *Hypothesen* über vermutliche Krisenursachen und fragt sich dann immer tiefer und ganz individuell in das Bilanzmaterial hinein. Die Bilanzanalyse muß in diesem Sinne *fragegeleitet* sein. Sie muß nach ersten Antworten auf die ersten Hypothesen immer neue Fragen aufwerfen. Sie muß das Frage- und Antwortspiel so lange treiben, bis die Auskunftsfähigkeit der Jahresabschlußdaten erschöpft ist. Sie muß dann *andere Daten ergänzend* auswerten. Bei diesem Vorgehen gibt es keinen „einzig richtigen" Pfad durch das Geflecht der Daten, sondern es gibt mehrere, vielleicht einige typische oder typengerechte Wege. Kein Fall gleicht dem anderen. Allenfalls sind sich die Fälle ähnlich. Anders gesagt: *Jeder Fall verlangt letztlich seinen individuellen Analysepfad.*

Teil 2:
Differenzierende Krisendiagnose

2.1 Kennzahlen der klassischen Bilanzanalyse – nicht auf Krisendiagnosen zugeschnitten

Jörn Littkemann/Harald Krehl

A. Das Problem

Die klassische Bilanzanalyse besteht aus der Analyse von Kennzahlen auf Basis von Jahresabschlüssen. Dem Analytiker steht es frei, mit jeder Größe, die aus der Bilanz, der Gewinn- und Verlustrechnung oder dem Anhang hervorgeht, eine Kennzahl zu bilden. Der handelsrechtliche Jahresabschluß bietet hierfür insgesamt ca. 220 Bilanzpositionen zur Kennzahlenbildung an. *Ziel dieses Beitrages* ist es zu untersuchen, ob Bilanzanalyse mit Kennzahlen geeignet ist, die Krise eines Unternehmens zu diagnostizieren. Daher wird die relevante *Fachliteratur* zur Bilanzanalyse dahingehend ausgewertet, welche Kennzahlen für die Krisendiagnose als geeignet angesehen werden. Darüber hinaus werden die *Ergebnisse empirischer Untersuchungen* zum Verhalten von Kreditanalytikern in Banken, die mit Hilfe relevanter Kennzahlen die Kreditwürdigkeit beurteilen wollen, zusammengetragen.

B. Kennzahlen und Kennzahlensysteme als Instrumente der klassischen Bilanzanalyse

Zunächst gilt es festzuhalten, daß *Kennzahlen nötig und nützlich* sind.[1] Kennzahlen dienen als Instrument zur Auswertung der in einem Jahresabschluß gesammelten Informationen. Sie sollen Bilanzen transparent machen, indem sie Sachverhalte aufzeigen, die anders nicht abgebildet werden können oder die komprimiert beschrieben werden sollen. Zudem helfen sie, den Vergleich zu anderen Unternehmen der Branche, zu zeitlich vorangegangenen Abschlüssen oder zu Soll-Werten zu vereinfachen, indem sie die uneinheitlichen absoluten Zahlen in relative Größen über-

---
1 Vgl. Hauschildt (1995) S. 356.

führen. Denn erst durch die Bildung von Verhältniszahlen wird die Information einer absoluten Zahl aussagefähig.

So sagt beispielsweise die absolute Zahl „Jahresüberschuß des Geschäftsjahres" wenig über die Ertragslage eines Unternehmens aus.[2] Denn zum einen läßt sie keine Tendenzen gegenüber den Vorjahren erkennen – erst eine relative Zahl, z. B. der Index des aktuellen Jahresüberschusses im Verhältnis zum Jahresüberschuß eines Basisjahres, zeigt Entwicklungstendenzen auf. Zum anderen sagt die absolute Zahl „Jahresüberschuß" auch nichts darüber aus, ob dieser Jahreserfolg mit viel oder wenig Eigenkapital, Mitarbeitern oder Umsatz erwirtschaftet wurde. Einer betriebswirtschaftlichen Beurteilung zugänglich wird eine absolute Zahl erst dann, wenn sie zu einer anderen Zahl in Beziehung gesetzt wird. Allerdings sollten absolute Zahlen nicht gänzlich bei der Bilanzanalyse unberücksichtigt bleiben. Beispielsweise fällt die Auswertung relativer Kennzahlen je nach Größe des Unternehmens unterschiedlich aus.[3]

In der klassischen Bilanzanalyse unterscheidet man im allgemeinen drei verschiedene Arten von Kennzahlen:[4]

– Als *Gliederungszahlen* bezeichnet man solche Kennzahlen, bei denen eine Teilgröße in Relation zur zugehörigen Gesamtgröße betrachtet wird. Ein Beispiel dafür ist die „Eigenkapitalquote", bei der das Eigenkapital ins Verhältnis zum Gesamtkapital eines Unternehmens gesetzt wird. Gliederungszahlen zielen insbesondere auf Vergleiche von Unternehmen unterschiedlicher Größe.

– Als *Beziehungszahlen* bezeichnet man jene Kennzahlen, bei denen die Relation zweier verschiedenartiger Größen betrachtet wird. Zwischen Zähler und Nenner sollte ein sachlogischer Zusammenhang, eine Ursache-Wirkungs-Beziehung oder eine Mittel-Zweck-Beziehung, bestehen.[5] Beispielsweise ist die „Eigenkapitalrentabilität" eine Beziehungszahl, bei der der Jahreserfolg ins Verhältnis zum Eigenkapital gesetzt wird. Dabei wird das Eigenkapital als die verursachende Größe und der Jahreserfolg als die verursachte Größe angesehen.[6]

– Als *Indexzahlen* bezeichnet man jene Kennzahlen, bei denen eine absolute Zahl für einen Zeitpunkt in Relation zur gleichen Zahl zu einem früheren Zeitpunkt gesetzt wird. Indexzahlen eignen sich zur Darstel-

---

2 Vgl. Baetge (1998a) S. 27.
3 Vgl. Küting/Weber (1997a) S. 25–26.
4 Vgl. Hauschildt (1971) S. 340–342, Baetge (1998a) S. 27–28, Lev (1974).
5 Hauschildt (1971) S. 341.
6 Vgl. Küting/Weber (1997a) S. 26.

lung von zeitlichen Veränderungen bestimmter Werte – z. B. des prozentualen Wachstums des Umsatzes. Der Wert des Umsatzes des ersten Jahres wird als Basiszeitpunkt bezeichnet und gleich 100% gesetzt. Die Umsätze der folgenden Jahre werden dann zu dieser Basiszahl gemessen. Bei der Wahl des Basisjahres zur Bildung von Indexreihen ist jedoch zu beachten, daß ein „repräsentativer", also nicht ein außergewöhnlich hoher oder niedriger Wert gewählt wird, um den Eindruck zu vermeiden, daß an sich „normale" Folgewerte als außergewöhnlich erscheinen.

Abgesehen davon, daß die in den Zähler und in den Nenner einer Kennzahl einbezogenen Größen in einem betriebswirtschaftlich sinnvollem Verhältnis zueinander stehen sollten, sind der Kennzahlenbildung jedoch weitere *Grenzen* gesetzt:[7]

Der Jahresabschluß enthält nicht alle für die Beurteilung notwendigen Informationen, da er nur zahlenmäßige, in Geld bewertete und zudem nur buchungspflichtige Geschäftsvorfälle abbilden kann. *Wichtige, nicht quantifizierbare Informationen,* wie Managementqualität, Marktposition, Auftragsbestände, Image, technisches Know-how, Innovationskraft, freie Kreditlinien etc., fließen nicht oder nur in geringem Maße (über den Lagebericht) in die Kennzahlenbildung ein – unabhängig davon, wie wichtig sie für die korrekte Abbildung der wirtschaftlichen Lage sein mögen.

Zum anderen trägt eine Vielzahl *gesetzlicher Regelungen* dazu bei, daß die Abbildung der wirtschaftlichen Lage eines Unternehmens durch den Jahresabschluß *stark verzerrt* wird. Zu nennen sind in diesem Zusammenhang die gläubigerschützenden Grundsätze ordnungsmäßiger Buchführung, die den Jahresabschluß als Datenbasis der Bilanzanalyse nur wenig geeignet erscheinen lassen, da zu wenig Informationen über die *künftige* wirtschaftliche Entwicklung eines Unternehmens abgegeben werden. Zudem existieren zahlreiche Ansatz- und Bewertungswahlrechte sowie Möglichkeiten zur Vornahme rein steuerlich bedingter Sonderabschreibungen, die vom Bilanzierenden bilanzpolitisch genutzt werden können.

Eine weitere Einschränkung liegt darin, daß Kennzahlen aufgrund der in ihnen komprimierten und zusammengefaßten Informationen *lediglich ein vereinfachtes Bild* des Unternehmensgeschehens wiedergeben. Eine Zusammenfassung von Informationen bedeutet auch immer den Verlust an Informationen.

Hinzu kommt, daß *viele einzelne Kennzahlen noch kein Gesamtbild* abgeben. Sie liefern lediglich eine punktuelle Beobachtung. Die Schwäche

---

7 Vgl. Baetge (1998a) S. 54–69.

dieser Analysetechnik tritt insbesondere dann hervor, wenn die einzelnen Kennzahlen zu gegenteiligen Aussagen kommen und der Analytiker diese Widersprüche zu einem Gesamturteil verdichten muß.

Hier setzt die Leistung von *Kennzahlensystemen* an.[8] Gesucht wird ein Urteil über die gesamte Lage der Unternehmung, das sich nicht auf einen einzigen Meßwert stützt, sondern auf ein System verknüpfter Meßwerte. Diese Verknüpfung soll Ursache-Wirkungs-Ketten offenlegen. Ziel ist, zu erkennen, wie sich bestimmte Effekte auf vorgelagerte Teileffekte zurückführen lassen. Die Analyse konzentriert sich somit zunächst auf bestimmte Schlüsselinformationen, die dann wieder systematisch zerlegt werden, um die vorgelagerten Einflüsse deutlich zu machen.

Abbildung 6 zeigt ein Beispiel für eine derartige Kennzahlenhierarchie, die Erfolgsanalyse im MIDIAS-Konzept der DATEV e.G.[9] Dieses Konzept wurde aus dem ROI-Ansatz entwickelt.[10] Vergleichbare Systeme sind das ZVEI-System[11] und das RL-System.[12]

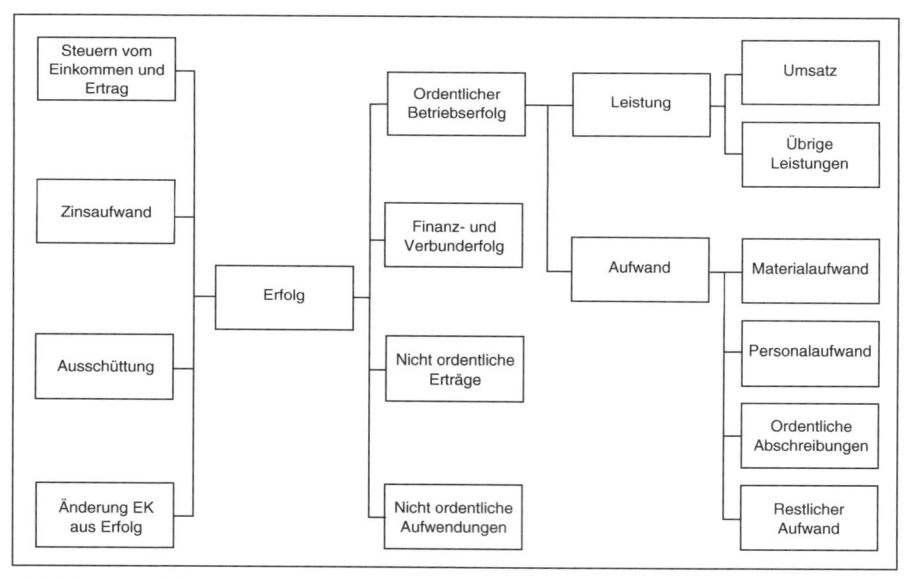

Abbildung 6: Erfolgsanalyse im MIDIAS-Konzept

---

8 Vgl. Hauschildt (1995) S. 357.
9 Zum Grundaufbau vgl. Hauschildt (1996) S. 15–60.
10 Vgl. Hauschildt (1970) S. 2–12.
11 Vgl. Betriebswirtschaftlicher Ausschuß des Zentralverbandes der elektronischen Industrie e.V. (1989).
12 Vgl. Reichmann/Lachnit (1976) S. 705–723, Reichmann (1985).

Kennzahlen und Kennzahlensysteme werden im allgemeinen im Zeit- oder Betriebsvergleich verwendet. Den Vergleich des aktuellen Geschäftsjahres mit einem oder mehreren vorgelagerten Jahren bzw. mit mehreren Betrieben der gleichen Branche hat Schmalenbach schon früh als Vergleich von „Schlendrian mit Schlendrian" gebrandmarkt,[13] da es sich hier um Ist-Ist-Vergleiche handelt. Man fragt sich dann allerdings, welches die geeigneten Referenzdaten sind, anhand derer eine fundierte Beurteilung vorgenommen werden kann.

Zum einen sollte der Analytiker trotz ihrer Schwächen nicht auf *Ist-Ist-Vergleiche* verzichten.[14] Zeitvergleiche geben wertvolle Hinweise für eine weitere Ursachenforschung bzw. Abweichungsanalyse. Vergleicht man ein Unternehmen zudem mit den Besten der Branche, sind dies keine Schlendrian-Vergleichswerte, sondern „Benchmarks". Ziel des *Benchmarking* ist es, die eigene Leistung durch Orientierung an den jeweiligen Bestleistungen (best practices) innerhalb, aber auch außerhalb der eigenen Branche zu verbessern.[15]

Zum anderen sollte der Bilanzanalytiker – wenn möglich – versuchen, die Ist-Ist-Vergleiche um *Soll-Ist-Vergleiche* zu ergänzen.[16] Obgleich dem externen Analytiker in der Regel keine unternehmensinternen Sollwerte bekannt sind, kann er näherungsweise versuchen, Sollwerte abzuschätzen. Beispielsweise kann man Sollwerte entweder induktiv aus empirisch getesteten Kennzahlen durch Fortschreibung[17] gewinnen oder deduktiv aus den Unternehmenszielen ableiten. Sofern finanzielle Unternehmensziele in den Geschäftsberichten quantifiziert werden, lassen sich Sollwerte für Kennzahlen ermitteln. Solche quantitativen Angaben über die Untergrenzen der Unternehmensziele finden sich zunehmend – jedoch leider noch zu wenig – in den Berichten der Vorstandsvorsitzenden oder in den sogenannten Prognoseberichten, den nach §§ 289 (II2) und 315 (II2) HGB vorgeschriebenen Teilen des (Konzern-)Lageberichts.

Als Ersatz für fehlende Soll-Werte greift die klassische Bilanzanalyse oft auf *allgemeine Normen oder Regeln* zurück, die als Richtwerte für die Beurteilung der wirtschaftlichen Unternehmenslage dienen sollen. Insbesondere im Bereich der Finanzanalyse sind sie stark verbreitet. Beispiele für Finanzierungsregeln sind u.a. die „goldene Bilanzregel",[18] die vor-

---

13 Vgl. Schmalenbach (1963) S. 447.
14 Vgl. Baetge (1998a) S. 47.
15 Vgl. Backhaus (1997) S. 157–158.
16 Vgl. Baetge (1998a) S. 47–48.
17 Rösler (1986) S. 131 ff., (1988) S. 153–173.
18 Vgl. Perridon/Steiner (1997) S. 540.

schreibt, daß das Anlagevermögen vollständig durch Eigenkapital finanziert sein sollte, oder die „goldene Finanzierungsregel", die verlangt, daß das langfristig im Unternehmen gebundene Vermögen (Anlagevermögen und dauernd gebundenes Umlaufvermögen) mindestens durch langfristig zur Verfügung stehendes Kapital (Eigen- und langfristiges Fremdkapital) gedeckt wird. Die Vorgabe von Normen zur Unternehmensbeurteilung muß jedoch sehr kritisch gesehen werden.[19] Denn Normen berücksichtigen weder die speziellen innerbetrieblichen Gegebenheiten noch den wirtschaftlichen Hintergrund der Branche des zu analysierenden Unternehmens. Gleichwohl werden vor allen Dingen Finanzierungsregeln in der Praxis zur Kreditwürdigkeitsprüfung herangezogen. Das hat dazu geführt, daß die bilanzierenden Unternehmen sie einzuhalten versuchen, um dem Kreditgeber zu signalisieren, daß sie solide finanziert sind.[20]

C. Auswertung der Fachliteratur zur klassischen Bilanzanalyse

Getreu ihrer vorherrschenden Sichtweise orientiert sich die klassische Bilanzanalyse in erster Linie am Gesetz. Ausgangspunkt des bilanzanalytischen Fragekonzepts ist die „Beurteilung der *wirtschaftlichen Lage*" eines Unternehmens. Die Analyse der wirtschaftlichen Lage ist in erster Linie auf die in § 264 HGB genannte *„Vermögens-, Finanz- und Ertragslage"* gerichtet, aber nicht auf diese beschränkt.

Problematisch ist an dieser Dreiteilung der wirtschaftlichen Lage die Stellung der Vermögenslage.[21] Eine Unternehmung hat nicht das primäre Ziel, Vermögen zu halten. Sie strebt nach Gewinn unter der strengen Nebenbedingung der Liquidität. Ausführungen zur *Ertragslage* beziehen sich auf das erste Zielelement, auf Gewinn oder Verlust. Die Ausführungen zur *Finanzlage* beziehen sich auf die strenge Nebenbedingung, auf die situative und strukturelle Liquidität. *Erfolgsanalyse und Finanzanalyse haben danach ein anderes theoretisches und praktisches Gewicht als die Analyse der Vermögenslage.* Diese ordnet sich der Erfolgs- und Finanzanalyse unter. Sie erläutert die Erfolgsanalyse und zeigt bestandswirksame Ursachen oder Konsequenzen des Strebens nach Gewinn. Sie ergänzt die Finanzanalyse, indem sie Bestände und Ströme der finanziellen Mittel zeigt.

---

19 Vgl. Baetge (1998a) S. 49.
20 Hauschildt (1977) S. 660.
21 Vgl. Krehl (1988) S. 17–22.

Damit soll keinesfalls gesagt werden, daß der Analyse der Vermögenslage keine Bedeutung beizumessen ist.[22] Beispielsweise gibt die Vermögensstrukturanalyse Auskunft darüber, wie flexibel sich das Unternehmen ohne große finanzielle Probleme an Beschäftigungs- und Strukturveränderungen anzupassen vermag oder wie hoch das leistungswirtschaftliche Risiko eines Unternehmens ist.[23]

Die Literatur hat diese theoretische Perspektive der Zweiteilung der Bilanzanalyse – im Vordergrund die Ertrags- und im Hintergrund die Finanzanalyse – normalerweise nicht eingenommen. In den Lehrbüchern zur Bilanzanalyse findet sich in der Regel, unter mehr oder weniger explizitem Bezug auf das Gesetz, ein separater Abschnitt zur Analyse der Vermögenslage. Hinzu kommt, daß zumeist die Finanzanalyse im Mittelpunkt der Betrachtung steht und der Ertragsanalyse nur eine ergänzende Funktion beigemessen wird.

Ein gutes Beispiel für ein Diagnosekonzept, das auf die *Zweiteilung* der Bilanzanalyse in Ertrags- und Finanzanalyse setzt und mit Kennzahlen die wirtschaftliche Lage aufschlüsselt, ist hingegen die Gliederung von Coenenberg *(vgl. Abb. 7, S. 26).*[24] In diesem Konzept ist die Analyse der Vermögenslage in die Investitionsanalyse und damit in die finanzwirtschaftliche Bilanzanalyse einbezogen.

Um ein zusammenfassendes Urteil über die wichtigsten Analysegegenstände fällen zu können, haben wir 12 Lehrbücher zur klassischen Bilanzanalyse[25] systematisch ausgewertet, wobei wir uns an das Diagnosekonzept von Coenenberg angelehnt haben. Die Auswertung ergab, daß eine fast unüberschaubare Anzahl von Kennzahlen existiert – insgesamt 144. Betrachtet wurden dabei nur Kennzahlen, die ihren Ursprung in der Bilanz haben und damit einem externen Analytiker zugänglich sind. Art und Umfang der von diesen Lehrbüchern definierten Kennzahlen sind jedoch sehr unterschiedlich. *Von einem einheitlichen Begriffsverständnis und einer einheitlichen Begriffsverwendung ist man weit entfernt.* Im einzelnen stößt der Analytiker auf folgende Probleme:[26]

– Kennzahlen sind in höchst unterschiedlichen *Dimensionen* bestimmt, in „Anteilen", „Steigerungsraten", in einfachen Quotienten, in „Prozent", in

---

22 Vgl. Baetge (1998a) S. 161–162.
23 Vgl. Küting/Weber (1997a) S. 88.
24 Vgl. Coenenberg (1997) S. 587–721.
25 Burger (1995), Coenenberg (1997), Gräfer (1990), Harrmann (1986), Kerth/Wolf (1986), Küting/Weber (1997a), Meyer (1994), Peemöller (1993), Rehkugler/Poddig (1998), Riebell (1996), Schult (1986) und Wöhe (1997).
26 Vgl. hierzu auch Hauschildt (1996) S. 5.

Bilanzanalyse mit Kennzahlen

- Wertschöpfungsanalyse

- **Finanzwirtschaftliche Bilanzanalyse: Investition, Verschuldung, Liquidität**
  - Investitionsanalyse: Vermögensstruktur
    - Verhältnis AV : UV
    - Umsatzrelationen
    - Umschlagskoeffizienten
    - Investitionen und Abschreibungspolitik
  - Verschuldungsanalyse: Kapitalstruktur
    - Verschuldungsgrad
    - weitere Kennzahlen
  - Liquiditätsanalyse: Zusammenhang von Investition und Finanzierung
    - Bestandsgrößen
    - Stromgrößen
    - Kombination von Bestands- und Stromgrößen

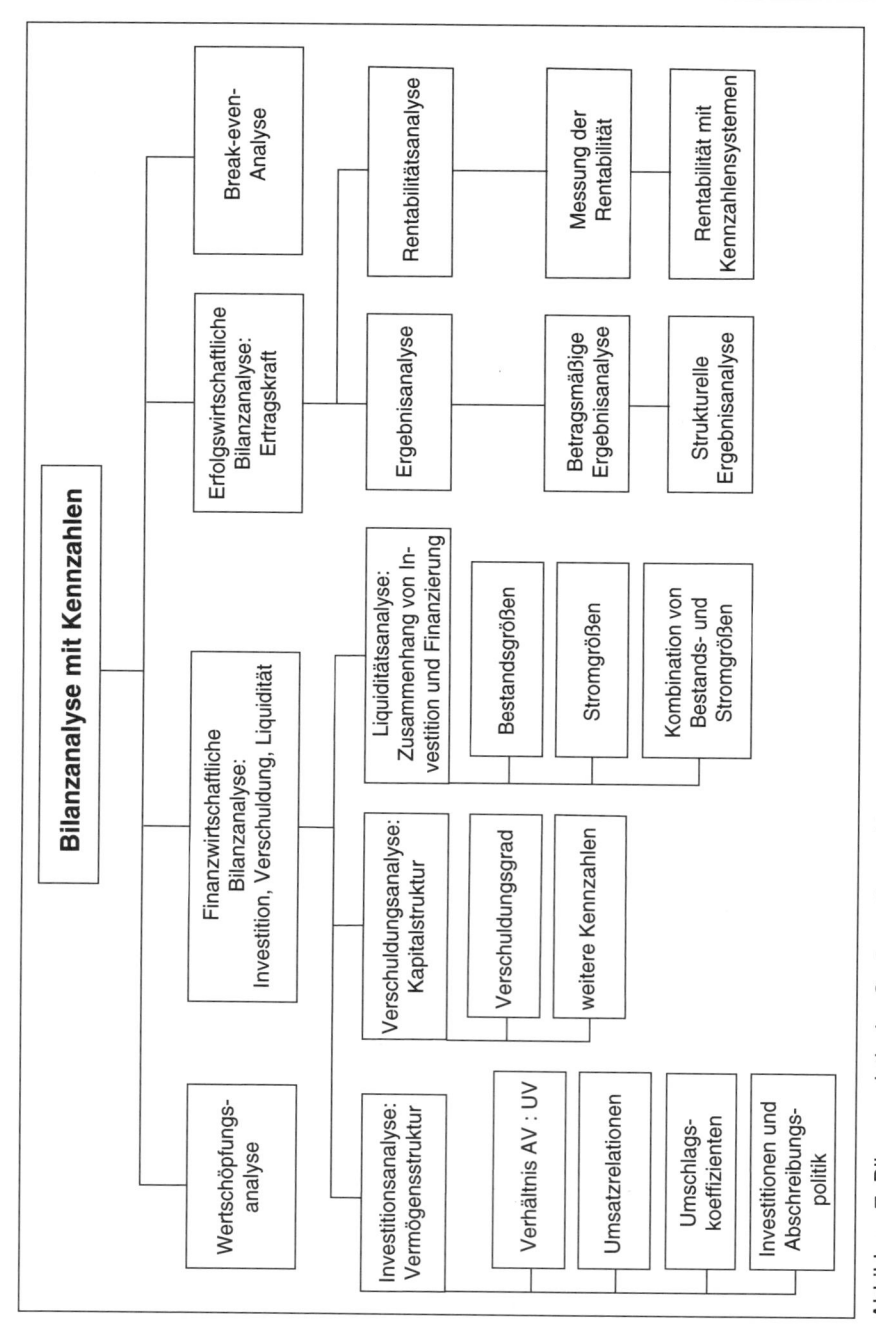

- **Erfolgswirtschaftliche Bilanzanalyse: Ertragskraft**
  - Ergebnisanalyse
    - Betragsmäßige Ergebnisanalyse
    - Strukturelle Ergebnisanalyse
  - Rentabilitätsanalyse
    - Messung der Rentabilität
    - Rentabilität mit Kennzahlensystemen

- Break-even-Analyse

Abbildung 7: Bilanzanalytische Systematik von Kennzahlen (nach Coenenberg)

„Jahren" oder in „Häufigkeiten" ausgedrückt. Ein gutes Beispiel dafür ist die Bildung von „Investitionsquoten", die wahlweise als Prozentzahlen oder als einfache Quotienten verwendet werden. Es drohen Verständigungsschwierigkeiten und Mißverständnisse, wenn die Feinheiten dieser Messung in der Eile der Diskussion unterschiedlich interpretiert oder falsch verstanden werden.

- Kennzahlen, die eigentlich gleiche Sachverhalte abbilden sollen, beruhen auf *unterschiedlichen Basen.* Deutlich wird dies z. B. an der „Vorratsintensität", die in der Regel aus dem Quotient Vorratsvermögen zu Gesamtvermögen gebildet wird, mitunter aber auch als Quotient Vorratsvermögen zu Umlaufvermögen Verwendung findet. Durch die Verwendung unterschiedlicher Basen sind Kennzahlen, die unter der gleichen Bezeichnung geführt werden, nicht mehr miteinander vergleichbar.

- Kennzahlen, die gleiche Sachverhalte abbilden, werden *unter verschiedenen Namen* in der Literatur geführt. Ein gutes Beispiel hierfür sind die Kennzahlen der „Abschreibungsquoten", die in leichten Variationen auch unter den Bezeichnungen „Anlagenabnutzunggrade", „durchschnittliche Abschreibungssätze" oder „Abschreibungsgrade" zu finden sind.

- Kennzahlen sind *unterschiedlich komplex.* Die in den Zählern und Nennern verwendeten absoluten Zahlen, die sich häufig aus Summen und Differenzen zusammensetzen, sind nicht einheitlich. Während der „statische Verschuldungsgrad" z. B. noch als einfacher Quotient zwischen Fremd- und Eigenkapital zu begreifen ist, benötigt die Errechnung des „dynamischen Verschuldungsgrades" oder entsprechend die „Entschuldungsdauer", die die Verschuldung im Vergleich zum Cash Flow darstellt, immerhin fünf Additionen bzw. Subtraktionen im Zähler sowie 24 Additionen bzw. Subtraktionen im Nenner, wenn sie nach den Regeln der Versicherungswirtschaft[27] vorgenommen wird.

- Viele auf unterschiedliche Sachverhalte zielende Kennzahlen *sagen im Grunde dasselbe.* So liefert ein Vergleich der „Steigerungsraten" von Umsätzen und Beständen des Umlaufvermögens keine andere Aussage als der Vergleich von „Umschlagskoeffizienten".

Abgesehen von den rechnerischen und definitorischen Unschärfen, die bei der Kennzahleninterpretation zu berücksichtigen sind, zeichnet sich dennoch ein gemeinsames Grundverständnis ab, das im folgenden zu charakterisieren ist.

---

27 Vgl. Bald et al. (1994) S. 26–27.

(1) In der *Finanzanalyse* findet sich durchgehend eine Diskussion *um Verschuldung und Liquidität*. Cash-Flow-Betrachtungen und Überlegungen zur Fristenstruktur der Kapitalstruktur ergänzen diese Aspekte. Aussagen zur Vermögensstruktur und zum Vermögensumschlag finden sich ebenfalls in den einzelnen Lehrbüchern. Sie sind zumeist der Finanzanalyse zugeordnet. Hier findet sich ebenfalls die Betrachtung des Investitionsverhaltens, obgleich in Einzelfällen eine Unterteilung in eine finanzwirtschaftliche und in eine erfolgswirtschaftliche Investitionsbetrachtung erfolgt. Im einzelnen finden sich folgende Kennzahlen am häufigsten in der Finanzanalyse wieder:

– Im Bereich der *Vermögensanalyse* wird Intensitätskennzahlen eine hohe Bedeutung beigemessen. Während die Kennzahlen der „Anlagen-" und „Umlaufintensität" recht einheitlich verwendet werden, finden sich hingegen bei der „Vorratsintensität" verschiedene Versionen. Kennzahlen, die sich mit Vermögensveränderungen befassen, kommen im Gegensatz dazu wesentlich seltener vor.

– In der *Investitionsanalyse* dominieren naturgemäß Kennzahlen der „Investitions-" und „Abschreibungsquoten". Von einer einheitlich definierten Kennzahlenbildung kann jedoch nicht die Rede sein. Im Zähler und Nenner finden sich zahlreiche Variationen (z. B. werden bei der „Investitionsquote des Sachanlagevermögens" im Zähler Brutto- oder Nettoinvestitionen, als Relationsbasen das Sachanlagevermögen oder die Leistung angegeben). Kennzahlen, die das Alter der Anlagengegenstände messen, werden hingegen seltener genannt.[28]

– Im Rahmen der *Verschuldungsanalyse* haben die klassischen Kennzahlen der „Eigen-" und „Fremdkapitalquote" die größte Verbreitung. Daneben werden häufig Kennzahlen des „statischen" und des „dynamischen Verschuldungsgrades" verwendet.

– Zu den bekanntesten Kennzahlen der *Liquiditätsanalyse* gehören die Liquidität „ersten" („Barliquidität"), „zweiten" („Liquidität auf kurze Sicht") und „dritten Grades" („Liquidität auf mittlere Sicht"). Insbesondere zur Liquiditätskennzahl „dritten Grades" existieren jedoch recht unterschiedliche Definitionen.

– Innerhalb der Kennzahlen, die sich auf die Analyse des *Zusammenhangs zwischen Investition und Finanzierung* konzentrieren, treten „Anlagendeckungsbeiträge" in den unterschiedlichsten Variationen auf.

(2) Die *Erfolgsanalyse* bedient sich stets einer Rentabilitätsbetrachtung und oft einer speziellen Erfolgsquellenuntersuchung. Eine vertiefende Be-

---

28 Vgl. z. B. die „Restwertquote" nach Hauschildt (1996) S. 65.

trachtung des Betriebserfolges findet sich nicht durchgehend, aber immerhin oft genug, um hier genannt zu werden. Auch Cash-Flow-Betrachtungen spielen hier eine Rolle, was die Doppeldeutigkeit des Cash Flow für die finanz- und erfolgswirtschaftliche Analyse unterstreicht. Ergänzend treten Kennzahlen hinzu, die die Beziehungen zum Kapitalmarkt verdeutlichen. Beispiele für solche Kennzahlen sind der „Gewinn pro Aktie" und das „KGV" (Kurs-Gewinn-Verhältnis).

- Die *Spitzenkennzahlen* zur Rentabilitätsbetrachtung sind die *„Gesamtkapital-"* und die *„Eigenkapitalrentabilität"*. Die Rentabilitätsberechnung ist unterschiedlich ausgestaltet, je nachdem, ob sie auf dem Gewinn vor oder nach Steuern beruht. Wöhe kommt zu folgendem Schluß: „Insgesamt kann die Eigenkapitalrentabilität als die mit Abstand wichtigste und aussagefähigste Kennzahl zur Beurteilung der Ertragskraft angesehen werden . . .".[29] Für beide Kennzahlen existieren zudem neuere, modifizierte Varianten, die anstelle des Gewinns den Cash Flow am Eigen- („Kapitalrückflußquote") bzw. am Gesamtkapital relativieren. Als weitere wichtige Kennzahl in diesem Bereich ist nach Ansicht der Autoren der „Return on Investment" zu nennen.

- Die Verwendung des *ordentlichen Betriebserfolges* anstelle des Jahresüberschusses zur Untersuchung der Kapitalrentabilität erfolgt merklich seltener. Der „Betriebsrentabiliät" wird deutlich weniger Aufmerksamkeit geschenkt. Der Trennung des Gesamtergebnisses in ein ordentliches und in ein nicht-ordentliches Betriebs- sowie in ein Finanzergebnis wird bei der Rentabilitätsanalyse keine große Bedeutung beigemessen. Hingegen wird der ordentliche Betriebserfolg überwiegend als maßgebende Größe zur Messung der „Umsatzrentabilität" herangezogen.

- Im Rahmen der *Erfolgsquellenuntersuchung* wird zur Analyse des Aufwandsbereiches eine Vielzahl unterschiedlicher „Aufwandsintensitäten" gebildet.

- Die sonstigen Analysebereiche, wie Wertschöpfungsanalyse und Elastizitätsbetrachtungen, haben lediglich ergänzenden Charakter.

D. Krisendiagnose durch klassische Kennzahlenanalyse?

Kommt man nun zur Ausgangsfrage zurück, ob durch klassische Bilanzkennzahlen Krisendiagnose möglich ist, ist die Antwort allerdings ernüchternd: *Krisendiagnose ist danach nicht Aufgabe der Bilanzanalyse.* Ursächlich für diese Einordnung erscheinen folgende Tatbestände:

---
29 Vgl. Wöhe (1997) S. 860.

- *Theoretisch* begründete, zudem *empirisch bewährte* Aussagen, wie einzelne Kennzahlen zu interpretieren sind, existieren bislang noch nicht, weil die Bedingungen, für die bestimmte Aussagen gelten, zu komplex sind.[30] Beispielsweise muß eine vergleichsweise hohe „Eigenkapitalquote" nicht unbedingt positiv zu beurteilen sein, wenn sie das Unternehmen dazu veranlaßt, besonders risikoreiche Geschäfte einzugehen. Erst wenn die relevanten Randbedingungen des Unternehmens berücksichtigt werden, wird aus der plausiblen Finanzierungsheuristik, daß eine höhere „Eigenkapitalquote" zu einem geringeren Risiko der Bestandsgefährdung führt, eine wissenschaftlich fundierte Finanzierungshypothese. Der externe Analytiker muß versuchen, die bislang fehlende, in sich geschlossene Theorie der Bilanzanalyse[31] zumindest durch plausible Arbeitshypothesen zu ersetzen. *Für jede Kennzahl ist daher eine Arbeitshypothese zu bilden, die angibt, ob ein hoher oder ein niedriger Kennzahlenwert positiv oder negativ zu beurteilen ist.* Hinzu kommt, daß sich bestimmte Kennzahlen, wie z. B. die „Umsatzrentabilität", in einer Krisensituation im Zähler und Nenner gleichläufig entwickeln. Gerät ein Unternehmen z. B. in eine absatzwirtschaftliche Krise, wird sich dies tendenziell in einem Rückgang des Umsatzes und – evtl. mit einem gewissen time-lag – in einem Rückgang des Betriebsergebnisses niederschlagen. Vergleicht man nun dieses schrumpfende Unternehmen mit einem wachsenden Unternehmen, das sowohl im Umsatz als auch im Betriebsergebnis zunimmt, hat die Kennzahl der „Umsatzrentabilität" in einer statischen Betrachtung wenig Aussagekraft, da sie zu annähernd gleichen Werten für beide Unternehmen kommen kann.

- Der zweite Grund für die mangelnde Krisenorientierung der klassischen Bilanzanalyse baut auf dem ersten auf. Die fehlende theoretische Fundierung der Bilanzanalyse führt dazu, daß man sich auf ein möglichst einfach aufgebautes Modell der Realität einigt: Man unterstellt den *Normalfall des „going concern".*[32] Für den Ausnahmefall der Insolvenz und der Unternehmenszerschlagung besteht hingegen stillschweigender Konsens, daß ganz andere Wertangaben und ganz andere Kennziffern benötigt werden als für die Beurteilung des laufenden Unternehmens. *Der Fall der latenten Krise – „zwischen" going concern und Zerschlagung – bleibt jedoch unberücksichtigt: Weder die klassische Bilanzanalyse noch die Zerschlagungsanalyse erfassen ihn sachgerecht.*

---

30 Vgl. Baetge (1998a) S. 33–35.
31 Vgl. Schneider (1989) S. 633–642.
32 Vgl. Krehl (1988) S. 22.

E. „Erfahrungen aus der Bankpraxis" – Auswertung empirischer Studien zum Verhalten von Kreditanalytikern

Neben der Auswertung der theoretisch ausgerichteten Fachliteratur ist es darüber hinaus interessant zu erfahren, welche Kennzahlen in der Bankpraxis eine wichtige Rolle bei der Kreditwürdigkeitsprüfung spielen. Im Mittelpunkt der Betrachtung stehen dabei empirische Studien, die sich mit dem *Verhalten von Kreditanalytikern bei der Firmenkreditvergabe in Banken* befassen. Darüber hinaus werden Kennzahlen auch im Rahmen der empirischen Insolvenzforschung[33] – mit Hilfe von modernen Verfahren der Bilanzanalyse[34] – zur Krisendiagnose verwendet (vgl. dazu die Beiträge im dritten Teil dieser Schrift).

An dieser Stelle wenden wir uns den Studien zu, die sich mit *„Erfahrungen der Bankpraxis"* beschäftigt haben.[35] Denn unter den vielen Interessenten am Jahresabschluß einer Unternehmung nimmt die Gruppe der Kreditanalytiker in Banken eine besondere Position ein. Ihr Bestreben, die gegebenen Kredite zu sichern, läßt sie die Daten des Jahresabschlusses vergleichsweise vorsichtig und mißtrauisch studieren. Wenn eine Gruppe von Bilanzanalytikern einen durch Erfahrung geschärften Blick für Unternehmenskrisen hat, dann sind es Kreditanalytiker in Banken. Welche Bilanzkennzahlen werden von ihnen als besonders bedeutsam erachtet?[36]

– Kreditanalytiker interessieren sich bei beschränktem Informationsangebot in erster Linie für *Gesamterfolg, Liquidität und Verschuldung*: „Mit diesen wenigen Informationen erreichen die Analytiker erstaunlich gute Klassifikationsergebnisse, wenn sie gebeten werden, eine Prognose über eine mögliche Insolvenz abzugeben."[37]

– In zunehmenden Maße werden *Umsatzentwicklung und Wirtschaftlichkeitsentwicklung* bzw. Aufwandsentwicklung betrachtet.

– Die *Liquidität* wird anhand unterschiedlicher Kennzahlen beurteilt: Deckungsrelationen im kurzfristigen Bereich sowie Verschuldungskennzahlen. Die „Liquidität ersten Grades" wird am häufigsten verwendet. Die

---

33 Zu den Ergebnissen empirischer Insolvenzforschung vgl. Baetge (1998d) und Leker (1993).
34 Zu den bekanntesten Verfahren zählen Diskriminanzanalysen, zur Funktionsweise vgl. Backhaus et al. (1996) S. 90–102, und künstliche neuronaler Netze, zur Funktionsweise vgl. auch den Beitrag von Baetge et al. im Abschnitt 3.4 dieser Schrift. Siehe auch Baetge (1998a) S. 560–579.
35 Vgl. Weigel (1980), Krehl (1985) S. 103–110.
36 Krehl (1988) S. 39.
37 Krehl (1988) S. 39.

Verschuldung wird zumeist mit Hilfe des „statischen" und „dynamischen Verschuldungsgrades" gemessen. Andere Kennzahlen beziehen sich auf die Fristen- und Artenstruktur der Verschuldung.

Betrachtet man die wichtigsten Eindrücke dieser Studien, so stellt man fest, daß sich die genannten Kennzahlen nur unwesentlich von den klassischen Kennzahlen der Fachliteratur unterscheiden. Der Verdacht drängt sich auf, daß die in den Lehrbüchern genannten Normen in der Praxis ohne weitreichende Berücksichtigung des Kontextes von Krisenunternehmen verwendet werden.

F. Fazit

Die Durchsicht der Fachliteratur zur klassischen Bilanzanalyse sowie die Auswertung der empirischen Studien zur Praxis der Kreditwürdigkeitsanalyse hat deutlich gemacht, daß *das Instrumentarium der klassischen Bilanzanalyse vordergründig nicht auf den Krisenfall zugeschnitten ist.* Es existiert zwar eine Gruppe von ca. 20 Kennzahlen, die in Theorie und Praxis allgemein anerkannt ist, allerdings gibt es noch keinen Konsens über ein einheitliches Begriffsverständnis und über eine einheitliche Definition der Kennzahlenbildung. Zudem leidet die klassische Bilanzanalyse verstärkt an der fehlenden theoretischen Fundierung ihrer Kennzahlenbildung und der mangelnden Analyse von unternehmensinternen und -externen Bedingungen, unter denen bestimmte Aussagen Gültigkeit haben. Man sollte sich daher nicht wundern, wenn Normen der klassischen Kennzahlen und Kennzahlensysteme als Frühwarnsysteme nur bedingt geeignet sind.

Faßt man die Ergebnisse zusammen, dann zeigt sich, daß *Meßwerte zur Erfolgslage und zur Finanzlage offenkundig von wesentlich höherer Bedeutung sind als Betrachtungen zur Vermögenslage.* Zur Einschätzung der Insolvenzursachen „Illiquidität" und „Überschuldung" konzentriert man sich auf *„Liquiditäts-" und „Verschuldungsgrade".* Dies gilt auch ungeachtet der Tatsache, daß die Liquidität im Sinne von Zahlungsfähigkeit mit Hilfe der Bilanz nicht bestimmbar ist und daß die Überschuldung mit Hilfe der Bilanz in aller Regel viel zu spät festgestellt wird.

Von hoher Bedeutung scheinen Meßwerte zu sein, die die *Dynamik,* also die *Erfolgsentwicklung* und die *Entwicklung der Verschuldung,* beschreiben. Man möchte feststellen, ob eine Trendwende in eine negative Entwicklung hinein stattgefunden hat und ob sich eine negative Tendenz fortsetzt.

2.2 Krisendiagnose durch Erfolgsspaltung

Jürgen Hauschildt

A. Eine Fallstudie

Auf den ersten Blick offeriert der Jahresabschluß eine Fülle von Informationen, die geeignet erscheinen, die Krise eines Unternehmens zuverlässig zu bestimmen. In der Untergliederung der Gewinn- und Verlustrechnung gem. § 275 (2) HGB wird explizit der Ausweis des Jahresüberschusses/Jahresfehlbetrages, des außerordentlichen Ergebnisses als Saldo der außerordentlichen Erträge und Aufwendungen sowie das Ergebnis der gewöhnlichen Geschäftstätigkeit verlangt. Man sollte annehmen, daß ein Analytiker schon mit diesen verdichteten Informationen in der Lage ist, eine Krisensituation zuverlässig aufzudecken.

Um diese Vermutung zu belegen, seien im folgenden die entsprechenden Daten eines Konzerns der holzverarbeitenden Industrie für 10 Geschäftsjahre grafisch präsentiert. Damit die Anonymität dieses Unternehmens gewahrt bleibt, sind Abszisse und Ordinate ohne Zahlenangaben skaliert (siehe Abb. 8, S. 34).

Betrachtet man die Bewegung des Jahresüberschusses, so zeigt sich eine leicht fallende Tendenz zwischen dem 4. und dem 9. Jahr und ein abrupter Abfall im 10. Jahr. Dies ist der Zeitpunkt, zu dem auch dem oberflächlichsten Beobachter klar wird, daß hier eine manifeste Krise vorliegt. Das „Ergebnis der gewöhnlichen Geschäftstätigkeit" zeigt ein prinzipiell gleichartiges Bild. Der „außerordentliche Erfolg" ist nur in den zwei letzten Geschäftsjahren auffällig.

Faßt man die Betrachtungen zusammen, dann zeigen sich *nur sehr schwache Signale* im *Vorfeld* der Krise. Wenn man überdies bedenkt, daß die Zahlen des Jahresabschlusses in aller Regel mehrere Monate nach Abschluß des Geschäftsjahres vorliegen, dann ist die Signalkraft der gesetzlich vorgeschlagenen Ergebnisvarianten als völlig unzureichend zu beurteilen. *Die vom Gesetzgeber offerierten Möglichkeiten der Erfolgsspaltung eignen sich nicht zur Krisendiagnose.* Welche Absichten auch immer der Gesetzgeber verfolgt haben mag, als er die hier dargestellten Erfolgsspaltungen festlegte – das Interesse des Krisendiagnostikers, und das ist das Interesse des „normalen" Gläubigers, hatte er dabei nicht im Auge.

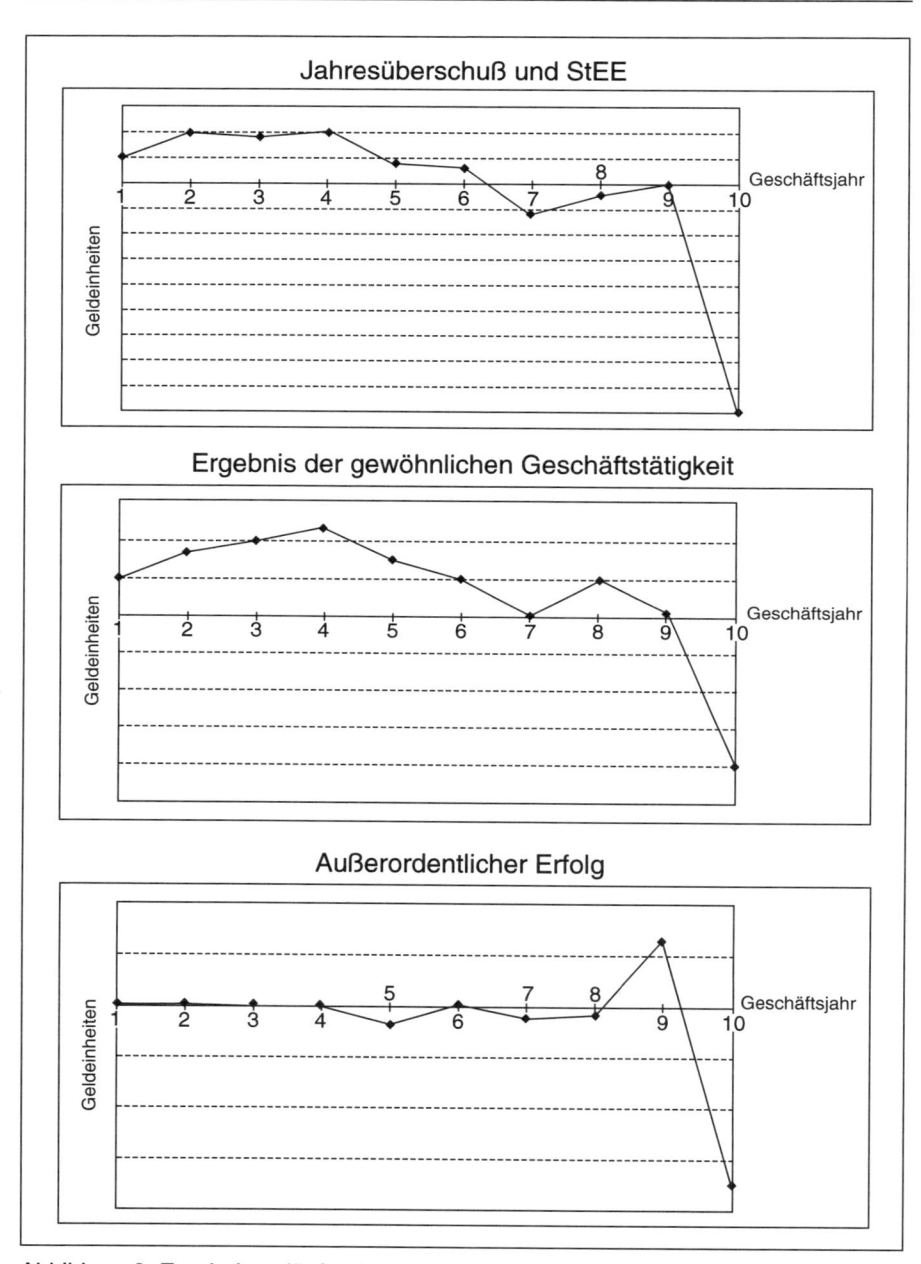

Abbildung 8: Ergebnisverläufe eines Unternehmens der holzverarbeitenden Industrie nach den Zusammenfassungen nach HGB

Zu fragen ist also somit, ob eine anders geartete Erfolgsspaltung das im Jahresabschluß präsentierte Material so aufzuschlüsseln erlaubt, daß den Interessen des Gläubigers, der eine Krise seines Schuldners rechtzeitig erkennen möchte, besser gedient ist. Der folgende Beitrag fragt zunächst, welche theoretischen Erwägungen die Erfolgsspaltung bisher geleitet haben, wirft dabei einen Blick auf die Welt des Aktiengesetzes von 1965 und entwickelt dann eine Konzeption der Erfolgsspaltung, die beansprucht, eine allzu positive Darstellung des Unternehmens im Vorfeld der Krise aufdecken zu können.

B. Theoretische Erwägungen

(1) Die Erfolgsspaltung ist eine Thematik mit langer Geschichte. Daß dabei auch Altmeister unseres Faches ihre Positionen korrigierten, belegen die folgenden Zitate Eugen Schmalenbachs aus der 8. und der 12. Auflage der „Dynamischen Bilanz":

„Die *außerordentlichen* Erträge können, mit den ordentlichen Erträgen vermischt, ein ganz falsches Bild der Betriebskonstitution erzeugen."[1]

„Die *außerordentlichen und betriebsfremden* Erträge können, mit den ordentlichen Erträgen vermischt, ein ganz falsches Bild der Betriebskonstitution erzeugen."[2]

Schmalenbach regte weiterhin die Aussonderung von Erfolgen an, die aufgrund konjunktureller Situationen, besonderer Beschäftigungslagen oder häufigen Produktwechsels entstehen.[3] Küting zeigte schon 1981,[4] daß sich wenigstens acht Kriterien nachweisen lassen, unter denen die Erfolgsspaltung (Aufspaltung des Gewinnes oder Verlustes in unterschiedliche Quellen) versucht wird. Dieses Konzept hat er später auf elf Kategorien erweitert *(vgl. Abb. 9, S. 36)*.[5]

---

1 Schmalenbach (1947) S. 40.
2 Schmalenbach (1953) S. 66.
3 Ebenda, S. 194 ff.
4 Küting (1981) S. 529.
5 Küting (1997) S. 693, siehe auch Eickhoff (1994) S. 45–50.

Regelmäßigkeit	ordentlich, außerordentlich
Betriebszugehörigkeit	betriebsbedingt, betriebsfremd
Periodenbezogenheit	periodenzugehörig, periodenfremd
Tätigkeitsbereiche	Geschäftsbereiche, Sparten, Divisionen
Regionen	z. B. In- und Ausland
Kundengruppen	z. B. Groß- und Einzelhandel
Ertragsarten	Umsatz- und Bestandserfolg
Kalkulationsgrößen	z. B. Deckungsbeiträge, Normalergebnisse
Zahlungswirksamkeit	zahlungswirksam, zahlungsunwirksam
Inflationsbedingtheit	Real- und Preissteigerungsgewinn
Steuerwirksamkeit	steuerwirksam, steuerunwirksam

Abbildung 9: Kriterien der Erfolgsspaltung (nach Küting)

Entsprechend groß ist die Zahl der Erfolgsarten und die Begriffsvielfalt, durch die die so unterschiedenen Erfolgsarten bezeichnet werden: Sie reicht von A wie „aperiodische Erträge" bis Z wie „Zinsergebnis". Im Ansatz versucht man bei der Erfolgsspaltung, jeweils die Salden von spezifisch isolierten Erträgen und den ihnen entsprechenden Aufwendungen darzustellen. Wo die Zurechnung der Aufwendungen nicht gelingt, begnügt man sich mit einer Aufspaltung der Erträge, so im Ansatz etwa durch die Pflichtangaben zum Umsatz nach § 285 (4) HGB.

Der externe Bilanzanalytiker kann diese feinsinnigen Unterscheidungen nur dann treffen, wenn ihm das bilanzierende Unternehmen die Daten der entsprechenden Untergliederung zugänglich macht. Damit sind ihm normalerweise Erfolgsspaltungen nach Funktionen, Regionen, Sparten und Kundengruppen verwehrt.[6] Und auch die Feingliederung des Erfolgs nach Betriebszugehörigkeit, Periodenbezogenheit, Regelmäßigkeit, Zahlungswirksamkeit und Steuerwirksamkeit ist nur im Rahmen des rechtlich Möglichen – und dann auch nur unter kühnen Hypothesen – möglich. Wie Grenz in dieser Schrift zeigt (4.3), hat aber auch der betriebsintern tätige Konzerncontroller kaum bessere Möglichkeiten der sog. „internen" Analyse.

Welche Antriebe gibt es für diese unglaubliche Differenzierung? Zum ersten wünscht man offenbar die unüberschaubare Vielfalt der Einzelposi-

---

[6] Zur Segmentberichterstattung vgl. die empirische Untersuchung von Bernards (1994) S. 176–253.

tionen auf wenige, besser erfaßbare Positionen zu verringern. Erfolgsspaltung steht damit *im Dienste der Informationsverdichtung*. Zum zweiten will man solche Gruppen von Positionen bilden, die in sich ähnlich, untereinander aber unterschiedlich sind. Dadurch sollen Probleme offengelegt werden, die auf unterschiedliche Einflüsse zurückgehen. Erfolgsspaltung steht damit *im Dienste einer segmentierenden Schwachstellenanalyse,*[7] durch die die spezifischen Problemsegmente identifiziert und ihre Ursachen lokalisiert werden können.

Bei allem Respekt für diese Absichten – es irritiert eigentlich nicht, daß es so viele verschiedene Ansätze gibt, es irritiert aber um so mehr, daß diese verschiedenen Erfolgsspaltungen allenfalls mit theoretischen Erwägungen und sehr viel seltener mit harten Fakten begründet werden. Hier liegt nun der Ansatzpunkt für die vorliegende Untersuchung und zugleich die Begründung dafür, daß man sich auch heute noch intensiv mit Erfolgsspaltung und Erfolgsquellenanalyse beschäftigen sollte. Wir fragen somit:

Welche Variante der Erfolgsspaltung signalisiert betriebliche Schwachstellen und Krisenursachen frühzeitig, zuverlässig und zugleich übersichtlich?

(2) Die Analyse muß dabei von bestimmten *Annahmen über die Struktur der Krise* ausgehen. Sie setzt also „typische" Krisenverläufe voraus. Unsere eingangs gezeigten Befunde rufen uns diesbezüglich eine Warnung zu: Es gibt nicht „die" Krise, sondern es gibt unterschiedliche Krisenarten. Am eindeutigsten bestimmbar ist der Krisentyp I, das Unternehmen in einer Absatzkrise auf brechenden Stützpfeilern:

- Eine derartige Unternehmung erlebt einen mehr oder weniger abrupten Umsatzrückgang.
- Der Verkauf an spät und schlecht zahlende Abnehmer wird erforderlich. Debitoren und Zahlungsausfälle steigen.
- Die innerbetriebliche Anpassung an die Absatzkrise erfolgt verzögert. Die Bestände an fertigen und unfertigen Erzeugnissen wachsen an.
- Steigende Lagerbestände und Debitoren müssen (kurzfristig) finanziert werden und bewirken einen Anstieg der ausgewiesenen Verschuldung.
- Der Personalaufwand – ein traditionell remanenter Aufwandsposten – steigt bei sinkender Leistung relativ weiter an.
- Der sonstige Aufwand wächst überproportional, wenn Miet- und Leasingaufwendungen steigen, wenn Sozialpläne einzulösen sind und wenn es nicht gelingt, die sonstigen operativen Aufwendungen zurückzuführen.

---
7 Vgl. Vogler-Matthes (1976) S. 174.

Alle diese Einflüsse wirken in die gleiche Richtung: Der ordentliche Betriebserfolg (als Saldo von Gesamtleistung, Materialaufwand, Personalaufwand, Abschreibungen, sonstigem Aufwand und sonstigen Steuern) sinkt. Die Zinsaufwendungen steigen.
Wie reagiert das Unternehmen auf ein derartiges Absinken des Betriebsergebnisses? Es könnte diese ärgerliche Tatsache ungeschmälert und ungeniert im Jahresüberschuß oder vielleicht als Jahresfehlbetrag ausweisen. Wer indessen von den Reaktionen seiner Bilanzleser nicht unabhängig ist, wird sich hüten, so zu verfahren. Es kommt vielmehr zur *Mißerfolgskaschierung,*[8] namentlich durch

– Bewertungsaktivitäten: Zuschreibungen, Auflösung von Rückstellungen und Wertberichtigungen, Unterlassen von Bildung neuer Rückstellungen,

– Erfolgsausgleich im Konzernverbund: Druck auf abhängige Unternehmen zu höherer Gewinnabführung, Weiterbelastung von Aufwendungen als „Konzernumlagen" oder Vergütungen von Dienstleistungen bis hin zur fragwürdigen Maßnahme eines „Verkaufs" der sonst unverkäuflichen Produkte an Tochtergesellschaften,

– Liquidation von Vermögensgütern, insbes. im Rahmen von sale-and-lease-back-Aktionen, aber auch: Abstoßen von Beteiligungen und Immobilien, Outsourcing von einzelnen Betriebsabteilungen,

– Mobilisierung von weiteren außergewöhnlichen, außerordentlichen, nicht in Verbindung mit der normalen Geschäftstätigkeit stehenden Ertragselementen, soweit dieses in der Macht der bilanzierenden Unternehmung liegt.

(3) Lassen sich diese Maßnahmen der Mißerfolgskaschierung in wenigen großen Klassen zusammenfassen, auf die sich dann die Erfolgsspaltung konzentrieren sollte?
Unstrittig sind Erfolgskomponenten, die stetig und nachhaltig aufzutreten versprechen und die zum Zufluß flüssiger Mittel führen, als „erstklassige Erfolgskomponenten" anzusprechen. Dazu ist im Zweifel zunächst und in erster Linie der *ordentliche Betriebserfolg* zu rechnen. Er entspringt dem „Gegenstand des Unternehmens". Man geht bei der Bilanzanalyse regelmäßig und mit Recht davon aus, daß Kernkompetenzen, Marktkenntnisse, Beherrschung der Absatzinstrumente, technologisches Know-how, personelle Potentiale und Pflege der Einkaufsbeziehungen als eigentliche Domäne des Managements gelten und den ordentlichen Betriebserfolg des Unternehmens auf Dauer begründen. Wenn dieser ordentliche Betriebserfolg nachhaltig sinkt, dann ist schon das ein erstes Krisensignal. Man kann

---
8 Schönbrodt (1981) S. 110 ff., Küting/Kaiser (1994) S. 5–10.

dabei die Tendenz durchaus als noch stärker als ausgewiesen annehmen. Denn die natürliche Reaktion auf sinkende Umsätze sind nicht nur allerlei Sparaktionen, Streichung von Vergünstigungen, Aufgabe traditioneller Gratifikationen, sondern auch Reduzierung von Maßnahmen des Risk-Managements, wie Versicherungen oder Bildung von Rückstellungen.

Finanzerfolge aus Zins- und Beteiligungserträgen versprechen auf den ersten Blick ebenfalls stetig und liquiditätswirksam zu fließen. Aber: Sie entstammen nicht der eigentlichen Domäne des Managements. Der Geld- und Kapitalmarkt ist nicht beeinflußbar. Die Zuflüsse von Tochterunternehmen sind vielfach nicht unabhängig von den Erfolgssituationen der Mutter. Möglicherweise kämpfen aber auch die Töchter mit einer eigenen Krise und wünschen selbst einen Mißerfolgsausgleich durch die Mutter. Ganz abgesehen davon können Beteiligungserträge nicht über Nacht mobilisiert werden. Kurz: Finanzerfolge werden von vielen Bilanzanalytikern nicht so hoch geschätzt wie die Betriebserfolge.[9] Es sei dahingestellt, ob eine derartige Perspektive sachgerecht und noch zeitgemäß ist, denn die Grenzen der Unternehmung sind vielfach durchlässig geworden. Wenn diese Ertragskomponenten in der latenten Krisensituation mobilisiert werden, dann ist das aber schon ein weiteres Krisensignal.

Liquidations- und nicht ordentliche Erträge fließen nicht regelmäßig, sondern einmalig. Aber sie können immerhin noch zu einem Zufluß liquider Mittel führen. Diese Liquidation von Vermögensgegenständen ist in betrieblichen Krisensituationen ein wesentliches Instrument der Liquiditätspolitik.[10] Man wird die Tatsache, daß diese Erfolge in der Krisensituation realisiert wurden, möglicherweise später beklagen, aber unter dem Druck fehlender Liquidität müssen die Rentabilitätserwägungen zwangsläufig zurücktreten. Die Frage ist nur, wie die Ausgliederung derartiger Vermögensbestände begründet wird. Der markige Satz, man wolle sich auf Kernkompetenzen konzentrieren, muß nicht falsch sein. Aber Anlaß und Grund sind oft nicht dieselben.

Die reinen *Bewertungserträge,* wie etwa Zuschreibungen, Auflösung von Rückstellungen und Sonderposten mit Rücklageanteil, treten weder stetig noch nachhaltig auf. Sie sind überdies nicht finanzwirksam. Kein Analytiker wird zögern, ihnen den niedrigsten Rang bei der Klassifikation der Erfolgsquellen zuzusprechen. Wer diese Bewertungserträge massiv mobilisiert, gibt dem Krisendiagnostiker ein klares Signal.

Lassen sich in diesem Sinne Betriebserfolge, Finanzerfolge, Liquidationserfolge und Bewertungserfolge trennen?

---

9 Vgl. Weigel (1980) S. 200.
10 Witte (1963) S. 60 ff.

(4) Werfen wir einen nostalgischen Blick zurück in die Zeit des *Aktiengesetzes von 1965*. Seinerzeit war es dem externen Analytiker bei recht einfachen und plausiblen Annahmen möglich, das Zahlenwerk des Jahresabschlusses so aufzuschlüsseln, daß diese vier Erfolgsquellen zuverlässig bestimmt werden konnten. Der Finanzerfolg und die sonstigen Erträge ließen sich aus sieben Positionen errechnen. Die Erträge aus dem Abgang von Gegenständen des Anlagevermögens ließen sich eindeutig den Liquidationserfolgen zuordnen. Bewertungserträge in Form von Zuschreibungen zu Gegenständen des Anlagevermögens, aus der Herabsetzung der Pauschalwertberichtigungen zu Forderungen, aus der Auflösung von Rückstellungen, aus der Auflösung von Sonderposten mit Rücklageanteil waren eindeutig bestimmbar.

Mit dieser bilanzanalytisch befriedigenden Situation hatte es nach der Reform der *Rechnungslegung im Jahre 1986* ein Ende. Der Gesetzgeber zog die Gliederung der Ertragskomponenten nach ihrer Zuordnung zur betriebsgewöhnlichen Tätigkeit vor.[11] Diese Zuordnung ist nur vordergründig sachgerecht, denn die nach altem Recht mögliche und bedeutsamere *Aufschlüsselung dieser Ertragskomponenten nach ihrer Stetigkeit und Finanzwirksamkeit wurde ausgeschlossen*. Damit wurden besonders wertvolle Möglichkeiten der frühen Erkennung von Unternehmenskrisen aufgegeben.[12] Den Unternehmen stehen heute vielfältige *Möglichkeiten der Mißerfolgskaschierung* zur Verfügung.

Um in dieser Situation nicht resignieren zu müssen, hat die Krisendiagnose eine grundsätzlich andere Haltung einzunehmen als die Bilanzanalyse schlechthin: Sie kann nicht mehr die sachgerechte Zuordnung selbst vornehmen, sondern muß eine bescheidenere Variante wählen, bei der sie aber prinzipiell alle – möglicherweise auch positiv zu wertenden – Aussagen *in eine Klasse niedriger Qualität einordnet,* mißtrauisch kommentiert und damit dem analysierten Unternehmen die Beweislast zuschiebt, für eine bessere Dokumentation zu sorgen, die die fälschliche Zuordnung der Ertragskomponenten korrigiert. Der Krisendiagnostiker wird damit bösgläubig. Er bleibt bis zur Präsentation besserer Daten mißtrauisch und versetzt die zu analysierende Unternehmung im Zweifel in ein schlechteres Licht.

(5) Unter dieser Perspektive schlagen wir für die Krisendiagnose die folgende Aufspaltung des Erfolgs vor:

1. Ordentlicher Betriebserfolg

---

11 Küting/Weber (1993) S. 225–227, Wiechers (1994) S. 350–357, Coenenberg (1997) S. 322.
12 Die Ausführungen von Leonardi (1990) S. 142 sind insofern problematisch.

2. Finanz- und Verbunderfolg
3. Zinsaufwendungen
4. Nicht ordentliche Erträge
5. Nicht ordentliche Aufwendungen

Der *ordentliche Betriebserfolg,* der Erfolg des Kerngeschäfts, ist im Zweifel finanziell realisiert und wird wahrscheinlich auch in Zukunft stetig fließen. Eigentlich sollte diese Position auch den ordentlichen Teil der sonstigen betrieblichen Erträge enthalten. Wenn aber dieser Anteil nicht bekannt ist, weisen wir ihn gemäß der hier praktizierten Mißtrauensregel im Zweifel der Klasse der schlechteren Erfolge, d. h. konkret den nicht ordentlichen Erträgen, zu. Nur wenn dieser Anteil vom Unternehmen nachgewiesen und publiziert wird, kann man ihn den Umsatzerlösen als sonstige betriebliche Erträge, soweit ordentlich, zurechnen und damit die Gesamtleistung entsprechend ausweisen.

Der *Finanz- und Verbunderfolg* ist möglicherweise schon nicht mehr finanziell voll realisiert. Auf jeden Fall entspricht er nicht der eigentlichen betrieblichen Domäne des Unternehmens.

Die *Zinsaufwendungen* werden gesondert ausgewiesen und bewußt nicht mit dem ordentlichen Betriebserfolg saldiert. Ihre schlagartige Veränderung ist ein zu wertvolles Krisensignal, als daß es durch Vermischung mit anderen Positionen dem direkten Blick des Analytikers entzogen werden darf.

Die *nicht ordentlichen Erträge* (Summe aus sonstigen betrieblichen Erträgen und außerordentlichen Erträgen) enthalten die früher ausgewiesenen Liquidations- und Bewertungserträge. Sie fallen unstetig an und sind in hohem Maße disponierbar. Die außerordentlichen Erträge sind in der Realität so unbedeutend, daß wir sie ohne weitere Begründung mit den sonstigen betrieblichen Erträgen zusammenfassen.

Der Leser wird sich wundern, daß die *nicht ordentlichen Aufwendungen* nicht mit den nicht ordentlichen Erträgen saldiert sind, also in einem nicht ordentlichen Ergebnis zusammengefaßt werden. Dahinter steht die Überlegung, daß die nicht ordentlichen Aufwendungen im Krisenfalle nicht abweisbar sind. Die nicht ordentlichen Erträge sind hingegen in erheblichem Maße manipulierbar. Würde man diese beiden Größen saldieren, so würde das nicht abweisbare Ansteigen der nicht ordentlichen Aufwendungen bei einer entsprechenden Anhebung der nicht ordentlichen Erträge im Saldo nicht erkennbar werden. Wir entscheiden uns daher für die Trennung der beiden Kategorien.[13]

---

13 Hier unterscheidet sich unser Vorschlag von der klassischen Betrachtungsweise. Vgl. Coenenberg (1997) S. 691.

Die *nicht ordentlichen Aufwendungen* umschließen die außerordentlichen Aufwendungen, die Abschreibungen, die die üblichen Abschreibungen überschreiten, die außerplanmäßigen Abschreibungen sowie sonstige betriebliche Aufwendungen, die explizit als nicht ordentlich ausgewiesen wurden. Diese Sammelposition gibt wichtige Signale, denn in Krisensituationen werden außerplanmäßige und unübliche Sonderabschreibungen auftauchen. In erfolgreichen Unternehmen werden demgegenüber eher die steuerlich zulässigen Sonderabschreibungen gewählt werden. Die Zerlegung dieser Position ist somit in jedem Falle ratsam.

Abb. 10 gibt einen Überblick über die hier vorgenommenen Zuordnungen und liefert zugleich die für den folgenden Fall verwendeten Definitionen. Die Ziffern in Klammern verweisen auf die entsprechende Numerierung in § 275 (2) HGB.

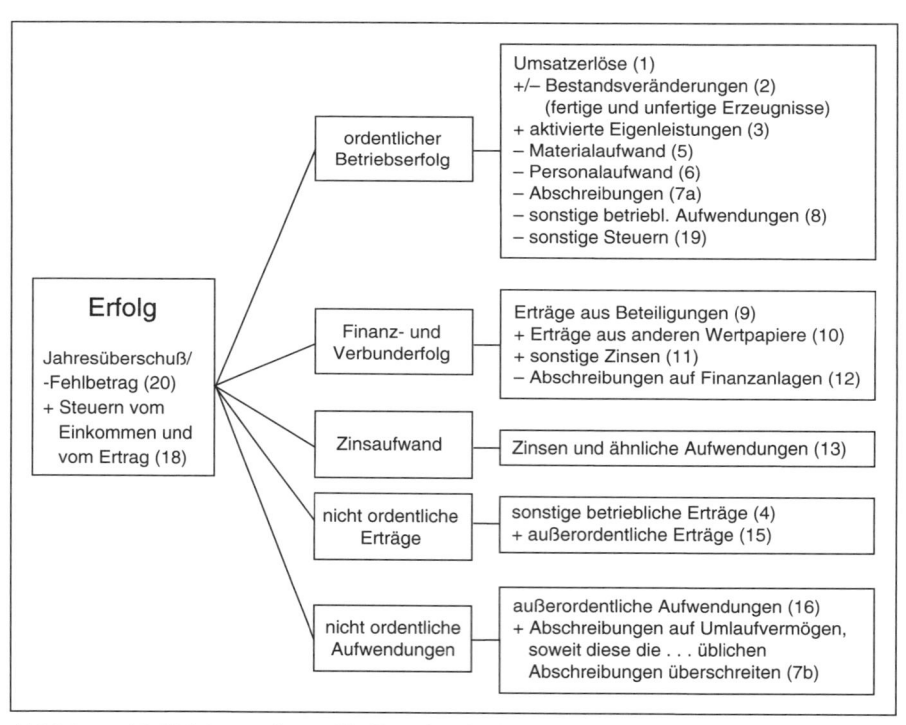

Erfolg		
Jahresüberschuß/ -Fehlbetrag (20) + Steuern vom Einkommen und vom Ertrag (18)	ordentlicher Betriebserfolg	Umsatzerlöse (1) +/− Bestandsveränderungen (2) (fertige und unfertige Erzeugnisse) + aktivierte Eigenleistungen (3) − Materialaufwand (5) − Personalaufwand (6) − Abschreibungen (7a) − sonstige betriebl. Aufwendungen (8) − sonstige Steuern (19)
	Finanz- und Verbunderfolg	Erträge aus Beteiligungen (9) + Erträge aus anderen Wertpapiere (10) + sonstige Zinsen (11) − Abschreibungen auf Finanzanlagen (12)
	Zinsaufwand	Zinsen und ähnliche Aufwendungen (13)
	nicht ordentliche Erträge	sonstige betriebliche Erträge (4) + außerordentliche Erträge (15)
	nicht ordentliche Aufwendungen	außerordentliche Aufwendungen (16) + Abschreibungen auf Umlaufvermögen, soweit diese die . . . üblichen Abschreibungen überschreiten (7b)

Abbildung 10: Erfolgsspaltung für Zwecke der Krisendiagnose

C. Erfolgsspaltung als Instrument der Krisendiagnose: Empirische Belege

I. Studie 1: Erfolgsspaltung im Zeitvergleich

Um die Wirkungsweise der von uns vorgeschlagenen Erfolgsquellenanalyse zu zeigen, wollen wir die Daten unseres Beispielfalles entsprechend aufschlüsseln. Die Verläufe haben dabei folgende Struktur:

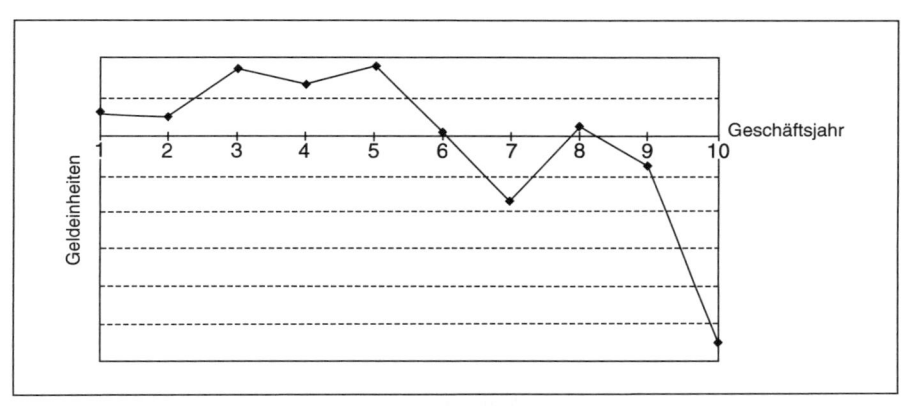

Abbildung 11: Verlauf des ordentlichen Betriebserfolges eines Unternehmens der holzverarbeitenden Industrie

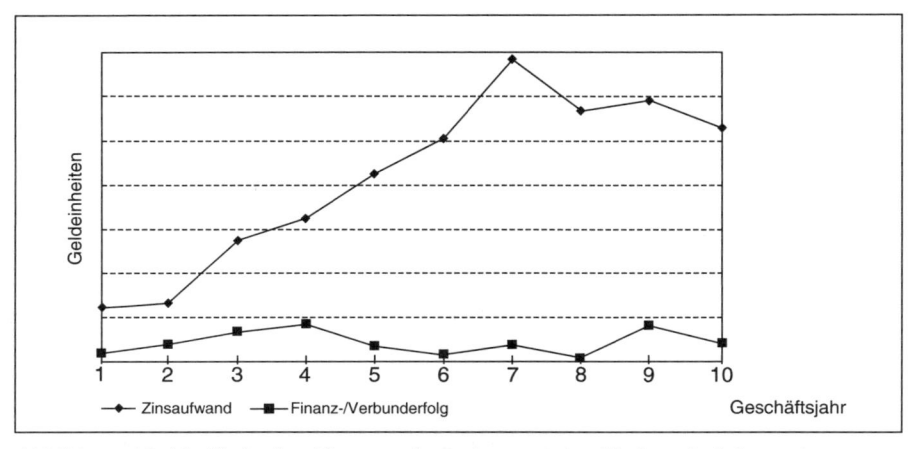

Abbildung 12: Verläufe des Finanzaufwandes und des Verbunderfolges eines Unternehmens der holzverarbeitenden Industrie

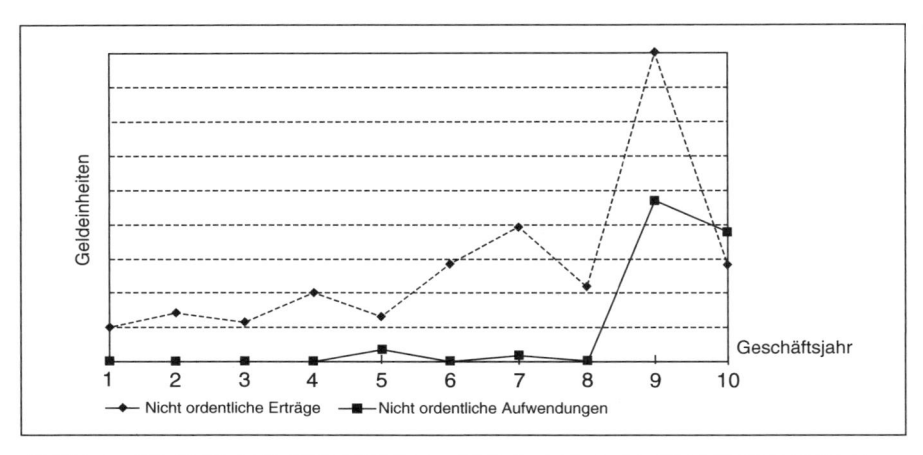

Abbildung 13: Nicht ordentliche Erträge und Aufwendungen eines Unternehmens der holzverarbeitenden Industrie

In den Jahren 5 bis 7 sinkt der *ordentliche Betriebserfolg* stetig. Im Jahre 8 scheint er sich zu erholen, im Jahre 9 sinkt er, wenn auch geringfügig. Im Jahre 10 kommt es zu dem starken Einbruch.

Die *Zinsaufwendungen* zeigen einen gegenläufigen Verlauf an.

Der *Finanz- und Verbunderfolg* zeigt nur geringfügige Schwankungen. Das ist materialbedingt, denn wir betrachten den Konzernabschluß. Die Vermutung, daß der Anstieg des Betriebserfolges im Jahre 8 auf „Hilfsaktionen" einer bestimmten Tochtergesellschaft zurückgeht, ohne daß damit der Verbunderfolg bemüht wird, läßt sich aus den Publikationen der Unternehmung unschwer erhärten.

Ein klares Krisensignal liefert die Entwicklung der *nicht ordentlichen Erträge*. Sie steigen mit dem Absinken des Betriebserfolges kontinierlich an und erreichen im Jahr 7 den ersten Höhepunkt. Der weit überdurchschnittliche Anstieg im Jahre 9 geht auf außerordentliche Erträge zurück. Das Unternehmen kann nicht mehr umhin, seine Krisensituation offen zu bekennen. Dem entspricht der Anstieg der *außerordentlichen Aufwendungen*. Ab dem Jahr 9 ist die Unternehmung schon ein Sanierungsfall.

Vergleicht man diese Befunde mit den eingangs gezeigten Verläufen, so wird erkennbar, daß die Krise im Jahre 5 beginnt und im Jahre 7 einen ersten Höhepunkt erreicht. Offenbar ist man aber noch in der Lage, durch innerbetriebliche Maßnahmen, durch Erfolgsverschiebungen im Konzern und durch Mobilisierung stiller Rücklagen den Mißerfolg zu kaschieren. Aber danach ist das Pulver verschossen. Im Jahre 8 gelingt ein letzter, äußerlich gerade noch akzeptabler Abschluß. Danach ist die Krise manifest.

Der mißtrauische Krisendiagnostiker muß spätestens nach Vorlage des Abschlusses 7 die Krise prognostizieren. Die Aktivitäten im Jahre 8 konnten seinen Argwohn nicht abbauen. Die Bewegung des außerordentlichen Erfolges im Jahre 9 zeigten bereits das Ende der latenten Krise.

II. Studie 2: Erfolgsspaltung im Zeit- und Betriebsvergleich

Die folgenden Befunde vertiefen diese Einsichten durch einen *kombinierten Zeit- und Betriebsvergleich,* den Leker[14] vorlegte. Basis dieser Befunde sind die Abschlüsse von 33 Unternehmen, über die im Manager Magazin in den Jahren 1973–1990 unter dem Stichwort „Missmanagement" berichtet wurde und die „in dieser Rubrik als krisengefährdet behandelt"[15] wurden. Diese 33 Krisenfälle wurden mit einer Kontrollgruppe von Unternehmen verglichen, die in paarweiser Auswahl den Krisenunternehmen in Größe und Branche in etwa entsprachen, aber im Gegensatz zu den im Manager-Magazin behandelten Krisenfällen „unauffällig" waren.

Es wurden drei dem Krisenjahr vorausgehende Abschlüsse ausgewertet. Die Befunde sind nicht voll mit unserer Fallstudie vergleichbar, da die Zinsaufwendungen nicht gesondert betrachtet und überdies nicht die Konzernabschlüsse ausgewertet wurden. Um den Vergleich der unterschiedlichen Unternehmen zu ermöglichen, wurden alle Erfolgswerte an der Bilanzsumme relativiert.

Abb. 14 *(siehe S. 46)* zeigt die Befunde Lekers.[16]

Die Krisenfälle sind schon strukturell deutlich schwächer als die Kontrollfälle. Die *Gesamtkapitalrendite* ist schon vier Jahre vor der Krisenmanifestation niedriger und sinkt wesentlich stärker als die der Kontrollgruppe. Im Krisenjahr beträgt der Unterschied fast fünf Prozentpunkte. Wie im Beispielfall sinken auch hier die Erfolgswerte stetig. Das prinzipielle Mißtrauen des Krisendiagnostikers ist auf den ersten Blick geweckt.

Der *Finanzerfolg* (i. W. der Verbunderfolg) ist bei den Krisenfällen durchgängig höher als der der Kontrollfälle. Deutlicher als im Beispielfall sieht man hier die hohe Bedeutung der konzerninternen Hilfeleistung von Töchtern zugunsten der kranken Mutter. Erst im Krisenjahr ist dieser strukturelle Unterschied aufgehoben.

---

14 Leker (1993).
15 Ebenda, S. 140.
16 Ebenda, S. 212, 218.

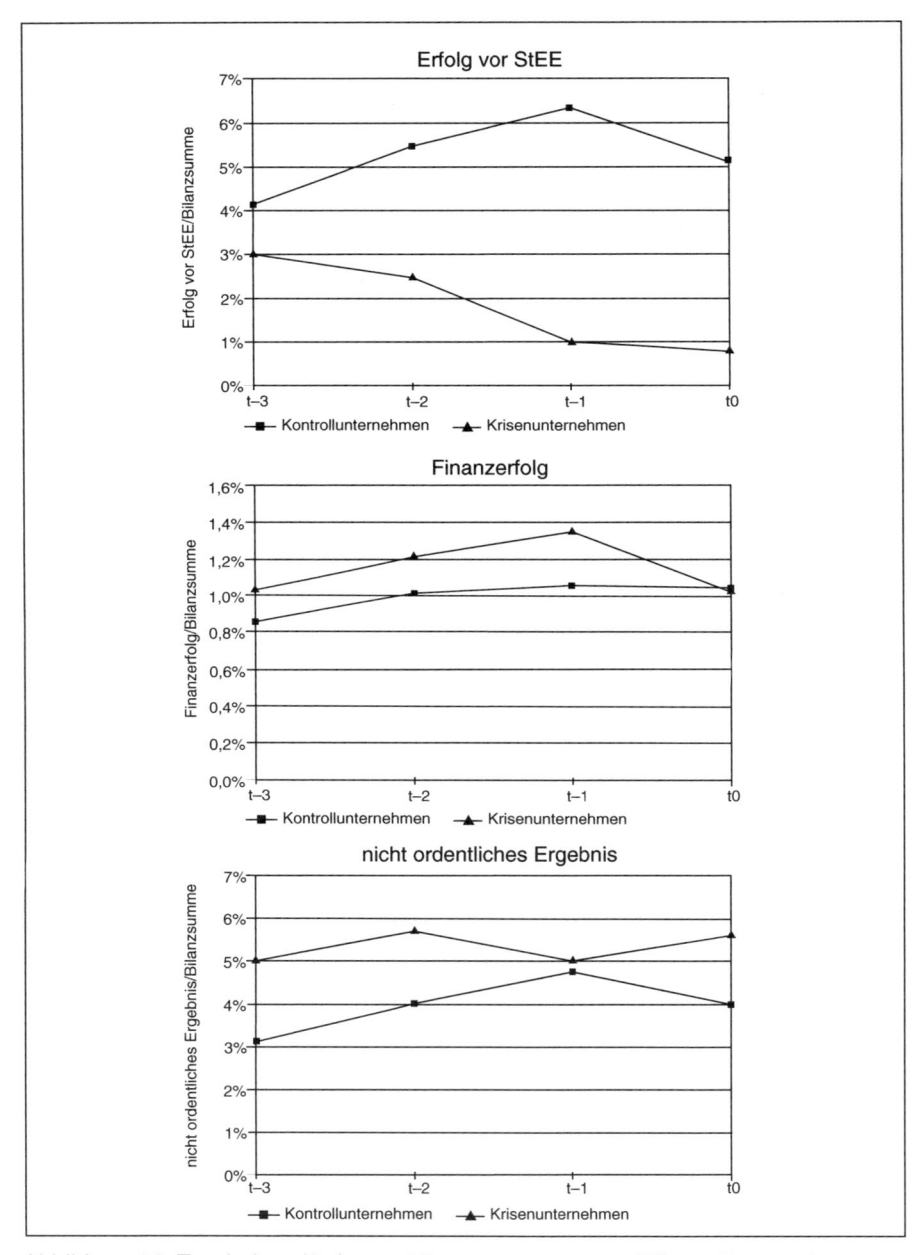

Abbildung 14: Ergebnisverläufe von Missmanagement und Kontrollunternehmen (Leker)

Das *nicht ordentliche Ergebnis* liefert auch hier den entscheidenden Hinweis auf die latente Krise. Bemerkenswert ist dabei insbesondere, daß das nicht ordentliche Ergebnis schon drei Jahre vor dem Krisenjahr von wesentlichem Einfluß ist. Im Jahre vor der Krisenmanifestation scheint das Reservoir an Stillen Rücklagen erschöpft. Der erneute Anstieg im Krisenjahr ist uns schon bekannt: hier geniert man sich nicht mehr, auch außerordentliche Erträge offen zu zeigen.

Die Befunde Lekers sind insofern bemerkenswert, als es sich nicht um Unternehmen handelt, die vor einer Insolvenz stehen. Das Analysedesign der Erfolgsspaltung bewährt sich auch schon weiter im Vorfeld der Krise.

D. Zusammenfassung: Der Analyseprozeß

Wie am einzelnen Fall und auch großzahlig gezeigt werden konnte, ist die hier praktizierte Erfolgsspaltung trotz der Kritik an der rechtlich bestimmten Ausweisform durchaus in der Lage, eine Krise früher zu prognostizieren, als sie bei Verwendung der rechtlich offerierten Erfolgsspaltung möglich wäre. Es gilt nun, dieses systematische Konzept für den praktischen Gebrauch in eine konkrete Fragenliste zu überführen.

Zunächst ist die *Grundtendenz* zu bestimmen. Der Analytiker hat sich zu fragen, ob die einzelnen Quellen des Erfolgs ein Urteil darüber erlauben, ob die Unternehmung dazu neigt, durch Ansatz und Bewertung ihren ausgewiesenen Erfolg zu erhöhen oder zu senken. Anzeichen einer krisenhaften Entwicklung sind immer sinkender oder negativ werdender Betriebserfolg, steigender Finanz-, insbes. Verbunderfolg, starkes Steigen der nicht ordentlichen Erträge, verbunden mit einer offenbar unvermeidlichen Zunahme der außerordentlichen und sonstigen Aufwendungen. Bei einer krisenhaften Entwicklung werden die Unternehmen alles in ihren Kräften stehende tun, um den Erfolg optisch zu erhöhen. Eine solche Tendenz veranlaßt den Analytiker, von vornherein mißtrauischer zu fragen, als wenn alle Zeichen in Richtung Erfolgserhöhung deuten.

Die *Schlüsselgröße* für die Erfolgsbeurteilung ist der *ordentliche Betriebserfolg*. Ist er negativ oder ist er im Vergleich zu konkurrierenden Unternehmen deutlich niedriger oder sinkt er, dann ist Gefahr im Verzuge. Der Analytiker hat sicherzustellen, daß die verglichenen Unternehmen und auch die Unternehmen in ihrer Struktur selbst vergleichbar sind. Konkret geht es dabei im wesentlichen um die Frage, ob betriebliche Funktionen von der Unternehmung selbst oder von Verbundunternehmen erbracht werden. Wenn dem so ist, muß der *Finanz- und Verbunderfolg* zusammen mit dem ordentlichen Betriebserfolg beurteilt werden. Wenn aber bei abrupt sinkendem ordentlichen Betriebserfolg der Finanz- und Verbunderfolg ebenso abrupt steigt, ist nicht auszuschließen, daß die Verbundunternehmen von ihrer kranken Mutter gebeten werden, mit Ausschüttungen auszuhelfen.

Die Annahme, Unternehmen versuchten sich zunächst innerhalb eines Konzerns auszuhelfen und erst dann Liquidations- und Bewertungserträge zu mobilisieren, läßt sich nach allen Erfahrungen nicht halten. Es gibt *keine strenge oder häufig auftretende Reihenfolge der Maßnahmen der Erfolgsglättung.* Daher ist bei sinkendem ordentlichen Betriebserfolg zugleich zu prüfen, wie sich die *nicht ordentlichen Ertragselemente* verhalten. Steigen diese bei sinkendem Betriebserfolg stark an, ist zu fragen, ob Gegenstände des Anlagevermögens verkauft wurden oder ob sich bei bestimmten Positionen des Anlagevermögens hohe Abgänge vorfinden lassen. Besonderes Augenmerk verdienen dabei Bewegungen im Finanzanlagevermögen. Der Analytiker wird fragen, ob in Zukunft mit anderen Verbundbeziehungen gerechnet werden muß, ob Perlen aus der Krone gebrochen oder ob nur kranke Betriebsteile amputiert wurden.

Die Möglichkeiten der externen Analyse der *außerordentlichen und sonstigen Aufwendungen* haben schließlich der Frage nachzugehen, ob die Unternehmung Sonderabschreibungen vornehmen muß. Dieses ist ein sehr klares Krisensignal. Die Berichterstattung ist daraufhin zu prüfen, welche Gründe für die außerplanmäßigen Abschreibungen angeführt werden. Sonderabschreibungen auf das Sachanlagevermögen und auf das Umlaufvermögen haben dabei eine andere Qualität als außerplanmäßige Abschreibungen auf das Finanzanlagevermögen.

2.3 Der Cash Flow als Krisenindikator

Jürgen Hauschildt/Jens Leker/Nils Mensel

A. Der Cash Flow in der Krisendiagnostik

Immer wenn die Krisendiagnose unübersichtlich, komplex und allzu reich an Einzelinformationen zu werden droht, kann man mit Sicherheit darauf bauen, daß der Wunsch nach einer neuen Form der Informationsverdichtung auftaucht. Die Reaktion auf die Kennzahlenflut, die Komplizierung der Kennzahlensysteme und die starke Manipulierbarkeit der Einzeldaten standen Pate bei der Geburt des Cash Flow. Man suchte nach einem Meßwert, der in einer einzigen Kennzahl ein *robustes Urteil über Erfolg und finanzielle Sicherheit* erlaubt und zugleich möglichst wenig manipulierbar ist.[1] Man glaubte, ihn im Cash Flow gefunden zu haben. Ursprünglich handelte es sich tatsächlich um einen finanzwirtschaftlichen Tatbestand, nämlich um den Überschuß der Einzahlungen über die Auszahlungen einer Periode. Da sich aber diese finanzwirtschaftlichen Daten nicht aus dem Jahresabschluß unmittelbar ergeben, muß der Cash Flow in aufwendigen Berechnungen bestimmt werden. Kompliziertere Rechnungen setzten wieder an den finanzwirtschaftlichen Urgrößen an und versuchten, die Einzahlungen und Auszahlungen aus der Gewinn- und Verlustrechnung unter Berücksichtigung von Debitoren- und Kreditorenänderungen zu bestimmen. Der einfachere Weg schien die *retrograde Rechnung* zu sein, bei der man zum Jahresüberschuß wieder die nicht finanzwirksamen Aufwendungen hinzurechnet. Die einfachste Form begnügte sich damit, zum Jahresüberschuß die Abschreibungen und die Zuführungen zu den Pensionsrückstellungen zu addieren.

Daß der Cash Flow als Meßwert der Bilanzanalyse so schnell aufgenommen wurde,[2] ist wohl letztlich der Tatsache zuzuschreiben, daß er *sowohl* ein *finanzwirtschaftlicher als auch* ein *erfolgswirtschaftlicher* Effizienzindikator zu sein versprach: Füge man dem Gewinn die manipulationsverdächtigen Abschreibungen und Rückstellungserhöhungen wieder zu, so

---

1 Zu den Ursprüngen der Cash-Flow-Diskussion siehe Juesten/v. Villiez (1989) S. 35–44.
2 Zimmerer (1961) S. 173 arbeitet bereits mit der Kennzahl (Gewinn und Abschreibungen/Umsatz), ohne jedoch den Begriff „Cash Flow" zu verwenden. Einen umfassenden Eindruck zur Entwicklung des Cash Flow vermitteln die zeitgleich erschienenen Arbeiten von Siener (1991) und Fingerhut (1991). Vgl. auch Busse von Colbe (1971), Lachnit (1973) und Köhler (1970).

kristallisiere sich „indirekt" ein Meßwert heraus, der frei sei von den Schwächen menschlicher Bewertungsabsichten und -irrtümer. Die so errechnete Summe entspräche gleichzeitig dem „von oben herab" (direkt) errechneten Umsatzüberschuß. Der „Stein der Weisen" schien gefunden:

– „Keine andere Kennziffer ist in der Lage, die Selbstfinanzierungs- und Expansionskraft besser zu verdeutlichen."[3]
– Der Cash Flow „. . . repräsentiert . . . den wichtigsten Teil des Spielraumes der Finanzierung aus eigener Kraft".[4]
– Er ist „unentbehrlicher Bestandteil jeder Aktienanalyse", „ein umfassender Maßstab . . . für den Nachweis der Ertragskraft, . . . für die Beurteilung des Selbstfinanzierungsspielraums und der Finanzierung eines Unternehmens".[5]
– Er ist „vielseitig verwendbar",[6] er soll „genauere und schnellere Informationen als andere Daten liefern".[7]
– Und schließlich: „die Entwicklung des Cash Flow zeigt . . . deutlicher als die des Gewinns, daß die Ertragskraft dieses Unternehmens auf längere Sicht zurückgehen kann."[8]

Eignet sich der Cash Flow zur Früherkennung von Krisen? Die Durchsicht der empirischen Untersuchungen zur Insolvenzprognose zeigt, daß der Cash Flow in univariaten oder multivariaten Ansätzen zur Trennung von solventen und insolventen Unternehmen *gut oder sogar am besten geeignet ist.* In diesen Studien wurde der Cash Flow allerdings in unterschiedlichen *Definitionen* und in unterschiedlichen *Relativierungen* verwendet.

Die im Ausmaß zwar unterschiedlichen, in der Tendenz aber eindeutigen Ergebnisse legen die Frage nahe, welche Variante des Cash Flow für die Insolvenzdiagnose am besten geeignet ist.

Diese Frage kann nicht mit einem Satz beantwortet werden, da die Studien von höchst unterschiedlichen *Bilanzierungsvorschriften* ausgehen (Vereinigte Staaten, Israel, Schweiz, Großbritannien, Niederlande, Deutschland) und Daten *unterschiedlicher* Zeiträume verwenden. Für die deutschen Verhältnisse hat Gebhardt[9] als erster verschiedene Varianten des Cash Flow in ihrer Eignung zur Insolvenzprognose getestet. Dabei

---

3 Hofmann (1965).
4 Flohr (1964) S. 707.
5 Guhr (1972) S. 26 und S. 41 und Guhr (1967) S. 5.
6 Jonasch (1969) S. 20.
7 Heigl (1967) S. 145.
8 Guhr (1969) S. 41.
9 Gebhardt (1980) S. 151 f., 157 f. und S. 169.

ergab sich, daß der um außerordentliche Erträge und Aufwendungen bereinigte „ordentliche Cash Flow" „besonders hilfreich bei der Beurteilung der Frage (war) . . ., ob die Insolvenz einer Gesellschaft droht oder mit deren Weiterbestehen gerechnet werden kann".[10] In die gleiche Richtung deuten u.a. auch die Befunde von Beermann[11] und Weinrich.[12] Gebhardts Befunde geben aber zugleich den bemerkenswerten Hinweis, daß eine elementare Cash-Flow-Variante (Erfolg + Abschreibungen) kaum schlechtere Ergebnisse erbringt als der aufwendig bestimmte ordentliche Cash Flow.[13]

Betrachtet man die Ergebnisse der jüngeren Zeit, sind insbesondere die bei Baetge entstandenen Forschungsarbeiten von Feidicker und Hüls zu nennen, die sowohl einen ertragswirtschaftlichen als auch einen finanzwirtschaftlichen Cash Flow bei ihren Analysen berücksichtigen. Beide ermitteln für die an unterschiedlichsten Größen relativierten Kennziffern eine hohe Diagnosekraft, wobei der ertragswirtschaftliche Cash Flow im univariaten Vergleich bessere Ergebnisse liefert.[14]

Vergleichbare Befunde zeigen auch die von uns durchgeführten Analysen, die im Ergebnis regelmäßig eine Überlegenheit der erfolgswirtschaftlich geprägten Cash-Flow-Kennzahlen gegenüber den finanzwirtschaftlichen Cash-Flow-Kennzahlen zeigten.[15]

Fassen wir zusammen: *Der Cash Flow ist offensichtlich ein beachtlicher Meßwert bei der Bestimmung von Insolvenzen.* Es fehlt aber eine systematisch vergleichende Untersuchung, wie man einen Cash Flow definieren sollte, der eine Insolvenz, oder noch allgemeiner, eine Unternehmenskrise frühzeitig und zuverlässig signalisiert.

---

10 Gebhardt (1980) S. 241.
11 Beermann (1976) S. 40 und S. 122.
12 Weinrich (1978) S. 135 und S. 188.
13 Gebhardt (1980) S. 223, 235, 263 und S. 152 in Verbindung mit Gebhardt (1981) S. 231.
14 Vgl. hierzu Feidicker (1992) S. 60–64 und insbes. S. 240, Hüls (1995) S. 103–108 sowie insbes. die detaillierten Anhangsangaben ab S. 327 ff.
15 Vgl. Hauschildt/Rösler/Gemünden (1988) S. 84–85 sowie Leker (1993) S. 72–74, S. 220.

B. Hypothesen und Operationalisierungen

I. Varianten des Cash Flow

Insolvenzen gehen auf Überschuldung oder Illiquidität zurück. Sie haben erfolgswirtschaftliche und finanzwirtschaftliche Ursachen. Ein Meßwert, der wie der Cash Flow diese Aspekte zu integrieren behauptet, müßte an sich in besonderer Weise als Insolvenz-Indikator geeignet sein. Damit läßt sich das Problem spezifizieren: Es sind zunächst die *Varianten des Cash Flow* theoretisch abzuleiten. Sodann ist empirisch zu prüfen, *durch welche Variante des Cash Flow eine Krisensituation am besten prognostiziert wird.*

Zur systematischen und sachgerechten Entwicklung unterschiedlicher Cash-Flow-Varianten wählen wir einen modularen Ansatz und bestimmen für die unterschiedlichen Analyse-Absichten fünf Rechenmodule (M1 bis M5), die zu den in Abb. 15 *(siehe S. 53)* dargestellten fünf Cash-Flow-Varianten (A bis E) führen. Grundlage hierfür bildet die Erfolgsrechnung nach dem Gesamtkostenverfahren.

(1) *Ausgangsbasis der indirekten Ermittlung* ist der in der Gewinn- und Verlustrechnung ausgewiesene und um die Erträge aus Verlustübernahme und die abgeführten Gewinne korrigierte Jahresüberschuß/Jahresfehlbetrag. Hierzu wird neben den Abschreibungen gemäß § 275 (2) HGB noch die positive Veränderung der Pensionsrückstellungen addiert. Im Ergebnis ermittelt das Rechenmodul M1 die von uns als *„Elementar-Cash-Flow"* bezeichnete Variante A.

Theoretische Überlegungen zum Verhalten eines Unternehmens in der Krise führen zur Annahme, daß ein solches Unternehmen so lange wie möglich den *Anschein des Erfolges* zu wahren trachtet.[16] Wenn der gezeigte Erfolg über Abschreibungen und Rückstellungsbildungen wirkungsvoll beeinflußt werden kann, werden sich die Abschreibungen und die Rückstellungsbildung in der Krise gegenüber dem Vorjahr verringern. Selbst wenn der ausgewiesene Erfolg damit noch in gleicher Höhe gehalten werden kann, sinkt der Elementar-Cash-Flow (Variante A). Das ist das Krisensignal. Dies ist zu testen.

Hypothese 1:
Unternehmen in Krisensituationen weisen einen niedrigeren Elementar-Cash-Flow aus als Vergleichsunternehmen, die nicht in einer Krisensituation stehen.

---

16 Vgl. Küting/Kaiser (1994) S. 5–8.

Hypothesen und Operationalisierungen

Modul 1

Jahresabschluß/Jahresfehlbetrag (§ 275 (2) Ziff. 20 HGB)
− Erträge aus Verlustübernahme (§ 277 (3) Satz 2 HGB)
+ aufgrund einer Gewinngemeinschaft, eines Gewinnabführungs-
  oder eines Teilgewinnabführungsvertrags abgeführte Gewinne (§ 277 (3) Satz 2 HGB)
+ Abschreibungen (§ 275 (2) Ziff. 7 HGB)
+ Zunahme der Pensionsrückstellungen (§ 266 (3) B Ziff. 1 HBG), ermittelt durch
  Bildung der Differenz gegenüber dem Vorjahr

= „Elementar-Cash-Flow" (Variante A)

Modul 2

Elementar-Cash-Flow
− außerordentliche Erträge (§ 275 (2) Ziff. 15 HGB)
+ außerordentliche Aufwendungen (§ 275 (2) Ziff. 16 HGB)
− sonstige betriebliche Erträge (§ 275 (2) Ziff. 4 HGB)

= „Ordentlicher Unternehmungs-Cash-Flow" (Variante B)

Entwicklungspfad 2   *Entwicklungspfad 1*

Modul 3

Ordentlicher Unternehmungs-Cash-Flow
− Erträge aus Beteiligungen (§ 275 (2) Ziff. 9 HGB)
− Erträge aus anderen Wertpapieren und Ausleihungen des Finanzanlagevermögens
  (§ 275 (2) Ziff. 10 HGB)
− sonstige Zinsen und ähnliche Erträge (§ 275 (2) Ziff. 11 HGB)
+ Abschreibungen auf Finanzanlagen und auf Wertpapiere des Umlaufvermögens
  (§ 275 (2) Ziff. 12 HGB)
+ Zinsen und ähnliche Aufwendungen (§ 275 (2) Ziff. 13 HGB)

= „Ordentlicher, betrieblicher Cash Flow" (Variante C)

Modul 4

Ordentlicher betrieblicher Cash Flow
− Erhöhung oder
+ Verminderung der Forderungen aus Lieferungen und Leistungen (§ 266 (2) B. II Ziff. 1 HGB)
+ Erhöhung der aktiven Rechnungsabgrenzungsposten (§ 266 (2) C. HGB)
− Verminderung der passiven Rechnungsabgrenzungsposten (§ 266 (3) D. HGB)
− Erhöhung oder
+ Verminderung des Bestandes an fertigen und unfertigen Erzeugnissen (§ 275 (2) Ziff. 2 HGB)
− andere aktivierte Eigenleistungen (§ 275 (2) Ziff. 3 HGB)

= „Ordentlicher, finanziell verwendbarer, betrieblicher Cash-Flow" (Variante D)

Modul 5

Ordentlicher Unternehmungs-Cash-Flow
− außerordentliche Aufwendungen (§ 275 (2) Ziff. 16 HGB)
− Erträge aus Beteiligungen (§ 275 (2) Ziff. 9 HGB)
− Erträge aus anderen Wertpapieren und Ausleihungen des Finanzanlagevermögens,
  soweit aus verbundenen Unternehmen (§ 275 (2) Ziff. 10 HGB)
− sonstige Zinsen und ähnliche Erträge, soweit aus verbundenen Unternehmen
  (§ 275 (2) Ziff. 11 HGB)
+ Steuern vom Einkommen und vom Ertrag (§ 275 (2) Ziff. 18 HGB)

= „Krisensignalwert" (Variante E)

Abbildung 15: Rechenmodule für die Bestimmung des Cash Flow

(2) Theoretische Erwägungen über das Verhalten von Unternehmen in der Krise legen einen weiteren Gedanken nahe: Wenn die Krisenursachen das *ordentliche* Ergebnis verschlechtern, dann werden sog. *nicht ordentliche* Erträge mobilisiert, um den Einbruch im ordentlichen Bereich auszugleichen.[17] In der Krisensituation werden sowohl die Erträge aus der Liquidation von Vermögensgegenständen als auch die aus reinen Bewertungsmaßnahmen ansteigen. Dies spricht dafür, den Elementar-Cash-Flow nicht nur um die außerordentlichen Erträge, sondern auch um die „sonstigen betrieblichen Erträge" zu vermindern. Es wird also unterstellt, daß diese Ertragskomponente bei Unternehmen, die in eine Krise geraten, in einem erheblichen Ausmaß durch nicht regelmäßig auftretende Erfolgskomponenten gekennzeichnet ist. Trotz des in den betrachteten Unternehmen üblicherweise anfallenden Anteils an ordentlichen sonstigen betrieblichen Erträgen erhält dieser Posten insgesamt gesehen damit einen eher zweifelhaften Charakter, der eine entsprechende Bereinigung gerechtfertigt erscheinen läßt. Dies gilt insbesondere, wenn dieser Posten aufgrund unzureichender Publizität keine weitere Differenzierung zuläßt.

Für die Berücksichtigung der *nicht ordentlichen Aufwendungen* liefert die theoretische Ableitung demgegenüber keine eindeutige Zuordnungsregel: Wenn die nicht ordentlichen Aufwendungen wegen der Krise notwendig werden (z. B. Abschreibungen auf Forderungen), dann wäre es zweckmäßig, sie nicht zu dem Elementar-Cash-Flow zu addieren. Wenn es aber zu überprüfen gilt, ob bereits im ordentlichen Bereich des Unternehmens Krisensignale auftreten, dann ist diese Addition sinnvoll. So verfährt im Ansatz auch die sogenannte DVFA-SG-Definition[18] des Cash Flow, die den Elementar-Cash-Flow um die außerordentlichen Erträge und Aufwendungen korrigiert.

Die entsprechende Hypothese lautet:

Hypothese 2:
Die Krisensituation eines Unternehmens wird durch den ordentlichen Unternehmungs-Cash-Flow (Variante B) besser angezeigt als durch den Elementar-Cash-Flow (Variante A).

(3) Die theoretischen Erwägungen über das Verhalten von Unternehmen in der Krise legen eine weitere Überlegung zur Mißerfolgskaschierung nahe. Wenn der Mißerfolg der Unternehmung im *ordentlichen, betriebli-*

---

17 Leker (1993) S. 50–55.
18 Guhr (1967) S. 6. Ähnliche ordentliche Cash-Flow-Versionen werden auch von zahlreichen anderen Autoren entwickelt. Zum Stand der Diskussion siehe Siener (1991), Fingerhut (1991) und Bieg (1996).

chen Bereich begründet ist, so wird man versuchen, diese Mißerfolge durch Erhöhung der *betriebsfremden* Erträge auszugleichen.[19] So können etwa höhere Gewinnausschüttungen von Konzerntöchtern veranlaßt werden. In diesen Fällen würden außer den nichtbetrieblichen und sonstigen Erträgen auch die Finanzerträge steigen. Diese Effekte soll der Cash Flow berücksichtigen. Diese Variante bezeichnen wir mit „Ordentlicher betrieblicher Cash Flow". Sie verliert allerdings angesichts der zunehmenden Ausgliederung traditionell unternehmensintern erbrachter Funktionen auf rechtlich selbständige, oft aber wirtschaftlich verbundene Unternehmen immer mehr an Bedeutung.

Die entsprechende Hypothese lautet:

Hypothese 3:
Die Krisensituation eines Unternehmens wird durch den ordentlichen betrieblichen Cash Flow (Variante C) besser angezeigt als durch den ordentlichen Unternehmungs-Cash-Flow (Variante D).

(4) Die finanzwirtschaftlich begründete Kritik am erfolgswirtschaftlich definierten Cash Flow gründet sich darauf, daß damit suggeriert werde, ein erfolgswirtschaftlich bestimmter Cash Flow stelle ein „Innenfinanzierungspotential" dar.[20] Tatsächlich werde der Kassenüberschuß zusätzlich von den Veränderungen der Erzeugnis- und Materialbestände, der Anzahlungen, der Debitoren und Kreditoren beeinflußt.[21] Daher sei es zweckmäßig, mit einem finanzwirtschaftlich korrigierten Cash Flow zu rechnen. Erst dann gebe der Cash Flow wirklich den Betrag an, der im Laufe des Jahres für Investitionen, Tilgungen und Ausschüttungen zur Verfügung stehe.

Gibt ein so definierter *finanzwirtschaftlicher Cash Flow* aber auch ein besseres Krisensignal als eine der zuvor bestimmten Varianten des Cash Flow? Wir unterstellen einmal, daß das in Schwierigkeiten geratene Unternehmen

– seine Produkte schlechter absetzt und daher zunehmend auf Lager produzieren muß und

---

19 Coenenberg/Schönbrodt (1983) Sp. 333 f. und Sp. 336, Küting (1981) S. 532 f., Coenenberg (1997) S. 337 und Schönbrodt (1981) S. 65 ff.
20 Chmielewicz (1976) S. 203 f. und S. 206.
21 Busse von Colbe (1976) Sp. 244 f. und Coenenberg (1997) S. 613 ff. Diese Diskussion ist keineswegs neu. Genau die gleichen Probleme wurden für den Begriff des „Umsatzüberschusses" von Verhülsdonk (1952) S. 22 f., Rentrop (1952) S. 1059 und Uhlig (1953) S. 825 erörtert.

– seine Produkte zunehmend an zahlungsschwächere Kunden verkaufen muß und daher ein überproportionales Wachstum der Forderungen aus Lieferungen und Leistungen verzeichnen wird.

Ziel der danach gebildeten Variante D ist es somit, den Cash Flow um alle Posten zu bereinigen, die zwar *erfolgswirtschaftlich verdient, aber noch nicht finanzwirtschaftlich realisiert* wurden.

Nach der Axiomatik der Buchhaltung werden die Entstehung des Erfolgs unter zeitlichem Aspekt an den *Umsatzakt* und die Zurechnung von Abschreibungen bei Anwendung des Gesamtkostenverfahrens an den *Produktionsakt* geknüpft. Sofern aber noch keine Einzahlungen erfolgt sind, bleiben diese Bestandteile des Cash Flow im Umlaufvermögen gebunden. Für die Ermittlung des „Ordentlichen, finanziell verwendbaren betrieblichen Cash Flow" gilt es, diese Bestandteile durch eine Auswertung der Bilanzpostenänderungen zu berücksichtigen. Das Rechenmodul M4 dient dem Versuch, diesen später erfolgenden Mittelzufluß zu erfassen und auszugrenzen. Zu diesem Zweck wird die Zunahme der Forderungen aus Lieferung und Leistung subtrahiert, ebenso werden eine Erhöhung der Forderungen aus Lieferungen und Leistungen sowie eine Erhöhung der Bestände an fertigen und unfertigen Erzeugnissen sowie schließlich die aktivierten Eigenleistungen subtrahiert. Letztlich werden noch die Veränderungen der Rechnungsabgrenzungsposten berücksichtigt. Die Verwendung von komparativ-statischen Größen wahrt hierbei den Bezug zur Periode. Auf den ersten Blick scheint es dann auch konsequent, die entsprechenden Bestandsveränderungen bei Verbindlichkeiten und Anzahlungen in diese finanziell verwendbare Cash-Flow-Variante einzubeziehen. Wir folgen diesem Gedanken aber nicht, da es sich hierbei um Vorgänge der Fremdfinanzierung handelt.

Damit lautet

Hypothese 4:
Die Krisensituation eines Unternehmens wird durch den ordentlichen, finanziell verwendbaren, betrieblichen Cash Flow (Variante D) besser angezeigt als durch den ordentlichen betrieblichen Cash Flow (Variante C).

(5) Die bisherigen Überlegungen gingen von einer relativ einfachen „Elementar-Version" des Cash Flow aus, die zunehmend verfeinert – und zugleich kompliziert – wurde. Zugleich ist verschiedentlich angeklungen, daß eine konsequente Gleichbehandlung systematisch korrespondierender Größen – wie etwa außerordentlicher Erträge und Aufwendungen – den eigentlichen Absichten der Krisendiagnose nicht entspricht. Wenn wir diese beiden Gesichtspunkte zusammenfassen, liegt es nahe, eine *einfache und zugleich „imparitätische" Variante des Cash Flow* zu konzipieren,

die lediglich die Aufgabe hat, Krisensignale abzugeben. Diese Variante E bezeichnen wir als „Krisensignalwert". Ihr liegt die relativ einfache Variante B (ordentlicher Unternehmungs-Cash-Flow) zugrunde. Diese wird sodann um die zuvor addierten außerordentlichen und nicht betrieblichen Aufwendungen reduziert. Dahinter steht die Überlegung, daß derartige Aufwendungen – im Gegensatz zu den im Zweifel „geschönten" außerordentlichen und sonstigen betrieblichen Erträgen – unausweichlich sind.

In einem zweiten Schritt werden Erträge aus Beteiligungen und Finanzanlagen in verbundenen Unternehmen subtrahiert, da diese in Krisenunternehmen vermutlich als Hilfsmaßnahmen auf Konzernebene anzusehen sind.

Letztlich werden noch die Steuern vom Einkommen und Ertrag dem Cash Flow hinzugefügt. Hierfür spricht, daß ein Unternehmen in einer kritischen Unternehmenslage vergleichsweise weniger Einkommen- und Ertragsteuern zahlen wird als ein krisenfreies. Damit bringt der Cash Flow, der um die Steuern erhöht ist, den Unterschied deutlicher zum Ausdruck. Abb. 15 zeigt die Bestimmung des Krisensignalwertes im Entwicklungspfad 2. Die entsprechende Hypothese lautet:

Hypothese 5:
Die Krisensituation eines Unternehmens wird durch den Krisensignalwert (Variante E) besser angezeigt als durch Varianten C und D des Cash Flow.

II. Bezugsgrößen

Für den empirischen Test dieser Hypothesen kann nicht von den absoluten Werten der Cash Flows ausgegangen werden. Gesucht wird somit eine sachgerechte Bezugsgröße.

Die Vielfalt möglicher, in der Literatur genannter Bezugsgrößen[22] erleichtert diese Aufgabe nicht. Welches ist die Bezugsgröße, die eine Krise frühzeitig und deutlich signalisieren hilft: Ist es der Cash Flow

– in Prozent der Investitionen („Innere Investitionsdeckung"),
– in Prozent des Fremdkapitals („Dynamischer Verschuldungsgrad"),
– in Prozent des Eigenkapitals („Brutto-Rentabilität"),
– in Prozent des Umsatzes („Brutto-Umsatz-Rendite")

oder ist es irgendeine andere Relation?

---

[22] Allein Münch (1969) nennt schon vierzehn Größen zur Relativierung von Cash-Flow-Kennzahlen.

In der Krisensituation sinkt der Cash Flow. Für das Krisensignal wird zweckmäßigerweise eine Bezugsgröße gesucht, die in dieser Situation nicht ebenfalls sinkt, sondern steigt. Das ist im Zweifel nur die Verschuldung.[23] Alle anderen Bezugsgrößen (Umsatz, Investitionen, Eigenkapital) tendieren dazu, in der Krisensituation ebenfalls zu sinken. Wir wollen hier nicht die Ergebnisse vieler Tests präsentieren, da sie völlig einheitlich und eindeutig sind: *Bezugsgröße für einen Cash Flow, der ein Krisensignal geben soll, ist nur das Fremdkapital.*[24] Wir arbeiten also im folgenden mit dem Quotienten: Cash Flow in Prozent des Fremdkapitals.[25] In der Literatur wird häufig der Kehrwert dieser Kennzahl als *„Dynamischer Verschuldungsgrad"* bezeichnet.[26] Für statistische Tests ist eine solche Version unserer Kennzahl jedoch wenig geeignet, da sie eine extrem hohe Varianz aufweisen kann, wenn – wie in der Krisensituation – der Cash Flow gegen Null tendiert.

C. Empirische Prüfung

I. Stichproben

Um unsere Hypothesen zu überprüfen, benötigen wir ein *Testfeld,* das aus Unternehmen besteht, die *in einer schweren Krise* stehen. Die Forschungen zur Insolvenzprognose haben für ihre Tests jeweils Unternehmen herangezogen, für die ein Insolvenzverfahren beantragt oder eröffnet wurde. Damit gehen diese Untersuchungen stets vom Exitus aus, dem negativen Ausgang einer manifesten Krise.

Unser Ehrgeiz geht indessen weiter. Wir wollen auch für diejenigen Unternehmen Krisendiagnosen liefern, die *noch im latenten Stadium* der Krise

---

23 Beaver (1968) S. 119 f.
24 In der ersten Untersuchung von Beaver (1966) S. 106 ist dieser Befund bereits ausgeprägt, wobei die Überlegenheit des Fremdkapitals als Bezugsgröße mit wachsender Entfernung vom Insolvenzzeitpunkt sogar noch zunimmt.
25 Fremdkapital = Verbindlichkeiten (ohne Verbindlichkeiten gegenüber verbundenen Unternehmen) + Rückstellungen = Bilanzsumme ./. Eigenkapital (incl. steuerbegünstigte Rücklagen) ./. Wertberichtigungen (ggf.) ./. Verbundpassiva ./. Bilanzgewinn. Alternativ zum Fremdkapital haben wir auch mit der sogenannten „Nettoverschuldung" (Fremdkapital ./. kurzfristiges Umlaufvermögen) gerechnet. Die Ergebnisse waren in einigen Bereichen geringfügig besser, so daß gegen die Verwendung der theoretisch exakteren Nettoverschuldung nichts einzuwenden ist. Wir geben jedoch hier der gebräuchlicheren Kennzahl Cash Flow/Fremdkapital den Vorzug.
26 Zur Interpretation vgl. insbes. Juesten/v. Villiez (1989) S. 92–96.

stehen. Dem hat die Stichprobenauswahl und der Testaufbau zu entsprechen.

Grundlage unserer Analyse ist eine *Stichprobe* von Unternehmen mit Jahresabschlußdaten für einen Zeitraum von 5 Jahren. Die ausgewählten Unternehmen entstammen alle dem Firmenkundenportfolio deutscher *Großbanken* und lassen sich hinsichtlich ihrer Rechtsform und Umsatzgröße der Gruppe der *kleinen bis mittleren Unternehmen* zuordnen. Die Daten wurden uns in anonymisierter Form nach den bei den Banken geltenden Bilanzgliederungsschemata zugänglich gemacht. Da damit nicht auf das von uns zugrundegelegte HGB-Schema Bezug genommen wird, sind bei wenigen Positionen Umrechnungen vorgenommen worden, um dem HGB-Konzept soweit wie möglich nahezukommen. Das wird im folgenden bei den Auswertungen jeweils vermerkt.

Bei der Ziehung der Stichprobe wurden Unternehmen von der Betrachtung *ausgeschlossen*, die

– ihre GuV-Rechnung nach dem Umsatzkostenverfahren ausweisen,
– Banken oder Versicherungen sind,
– im Eigentum von staatlichen Institutionen sind und/oder
– eine Gesamtleistung von weniger als DM 5 Millionen ausweisen.

Unternehmen werden als Krisenunternehmen klassifiziert, wenn von dem jeweiligen Kreditinstitut mindestens eines der folgenden *Kriterien* betriebsintern festgestellt wird:

– Antrag auf Durchführung eines Konkurs- oder Vergleichsverfahrens,
– Einberufung eines außergerichtlichen Moratoriums,
– Haftandrohung zur eidesstattlichen Versicherung,
– mehrmaliger Scheck- oder Wechselprotest,
– Dauerüberziehung der laufenden Geschäftskonten,
– mehrmalige Nichtleistung von Zins- und Tilgungsleistungen,
– Einleitung der Sicherheitenverwertung,
– Bildung einer Einzelwertberichtigung oder Abschreibung der Forderung.

Wenn eines der genannten Ereignisse festgestellt wird, muß das betreffende Unternehmen aus dem normalen Bestand an Kreditnehmern ausgesondert und einer besonderen Behandlung durch eine andere Abteilung zugeführt werden. Die Krise ist damit *bankintern manifest.*

Die verwendeten Kriterien ermöglichen – im Gegensatz zum sonst üblichen Insolvenzbestand – eine vergleichsweise frühzeitige Zuordnung zur Gruppe der Krisenunternehmen.

Insgesamt enthält die Stichprobe n = 200 Krisenunternehmen, von denen im Auswahljahr t_{-3} 188 Jahresabschlüsse verfügbar waren.

Zur Beurteilung der Diagnoseleistung der Cash Flows werden Jahresabschlußdaten sowohl von Krisenunternehmen wie von entsprechend „unauffälligen" *Kontrollunternehmen* benötigt.

Kontrollunternehmen können Unternehmen sein, die nicht im obigen Sinne auffällig geworden sind, d. h., der Mangel eines Krisenindikators – im betrachteten Zeitraum – definiert die Zugehörigkeit zu dieser Gruppe. Die Auswahl der Kontrollunternehmen geschieht nur insoweit nicht zufällig, als daß der *Versuch einer Parallelisierung mit den Krisenunternehmen* unternommen worden ist. Die Stichprobe der „unauffälligen" Kontrollunternehmen sollte eine *möglichst ähnliche Verteilung bezüglich der Größe (gemessen am Umsatz), der Rechtsform und der Branchenzugehörigkeit* wie die Krisenunternehmen besitzen. Der Zeitpunkt der Auswahl ist der dritte Jahresabschluß vor dem Krisenjahr.

Insgesamt enthält die Stichprobe n = 200 Kontrollunternehmen, von denen im Auswahljahr t_{-3} 196 Jahresabschlüsse zur Verfügung standen.

In den Jahren vor und nach dem Auswahljahr t_{-3} sind die Zahlen der verfügbaren Abschlüsse nicht konstant. Es handelt sich eben um ein reales Kreditportefeuille, aus dem Teilnehmer ausscheiden, weil sie die Bank wechseln, weil die Bank die Beziehung beendet oder weil sie im Vorfeld der Insolvenz keine Abschlüsse mehr vorlegen. Dieses Phänomen kennt die Wissenschaft unter dem Begriff der *„Panelsterblichkeit"* – ein im Zusammenhang mit Insolvenzen durchaus doppeldeutiger Begriff. Die besonders hohe Panelsterblichkeit im Jahr vor der Krise ist auch die Ursache dafür, daß wir das Jahr t_{-1} in der empirischen Prüfung und Bewertung der Befunde vernachlässigen.

Die Teilstichproben der „Krisen-" und „Kontrollfälle" unterscheiden sich kaum bezüglich der *Rechtsformverteilung*. Lediglich die Rechtsform der AG ist bei den Krisenfällen leicht überrepräsentiert.

Zur Unterscheidung der Analysestichprobe nach der *Größe* sind die Unternehmen entsprechend ihres Umsatzes drei Größenklassen zugeordnet. Ein Vergleich der beiden Teilstichproben „Krisen-" und „Kontrollfälle" zeigt, daß die Parallelisierung hinsichtlich der Unternehmensgröße weitgehend gelungen ist. Vergleicht man die beiden Teilstichproben hinsichtlich ihrer mittleren Größe, zeigt sich, daß die Krisenunternehmen etwas kleiner sind als die Unternehmen der Kontrollgruppe. Dieser Unterschied ist allerdings nicht signifikant.

Um Verzerrungen der Ergebnisse aufgrund von *konjunkturellen Schwankungen* kontrollieren zu können, wurde bei der Auswahl der Kontrollunternehmen versucht, den zur Analyse herangezogenen Zeitraum mit dem Analysezeitraum der Krisenfälle zu parallelisieren. Das heißt, wird ein Unternehmen als Krisenfall eingestuft, so sollten die Abschlüsse dieses Unternehmens und des Kontrollfalles möglichst nicht länger als drei Jahre auseinanderliegen.

Ein leichtes Schwergewicht liegt auf den *Branchen* „Stahl-, Maschinen- und Fahrzeugbau", „Elektrotechnik" sowie „Großhandel" mit jeweils über 10% der Unternehmen der gesamten Analysestichprobe. Diese Branchen-Schwerpunkte zeigen sich auch in den Teilstichproben, auch wenn unter den Kontrollfällen Unternehmen aus dem Großhandel leicht überrepräsentiert sind. Faßt man jedoch Groß- und Einzelhandel zu einer Gruppe zusammen, gleichen sich die Verteilungen der Krisen- und Kontrollfälle wieder an. Insgesamt setzt sich die Analysestichprobe also aus n = 400 bei ungefähr gleicher Anzahl von Krisen- und Kontrollfällen zusammen.

II. Testtechnik

Ein brauchbarer Signalwert sollte eine krisenhafte Entwicklung *zuverlässig, deutlich und frühzeitig* anzeigen. Wir messen dies an folgenden Kriterien:

(1) *Signifikanz:* Rein zufällige Unterschiede zwischen Krisen- und Kontrollfällen müssen mit hoher Sicherheit ausgeschlossen werden können. Wir orientieren uns an den üblichen Konventionen und stellen die Mindestforderung, daß das Signifikanzniveau für eine irrtümliche Verwerfung der Nullhypothese, die Cash-Flow-Kennzahlen seien bei schlechten Unternehmen nicht niedriger ausgeprägt als bei guten Unternehmen, höchstens 5% betragen darf. Sowohl unsere eigenen als auch andere Studien[27] haben ergeben, daß viele Kennzahlen auch nach Transformationen nicht normalverteilt sind. Dieses Ergebnis muß konsequenterweise zu einer

---

27 O. V. (1927) S. 5–10, Winakor (1929), Horrigan (1965) S. 559 ff., Beaver (1966) S. 95, Weibel (1973) S. 189, Deakin (1976) S. 92 und S. 95 f., Weinrich (1978) S. 125 und S. 195–210, Gebhardt (1980) S. 190–194 und S. 300–310. Ohlson (1980) S. 120 erwähnt systematische Varianzunterschiede. Taffler (1982) S. 344 schließt alle nach Transformationen und Bereinigungen nicht normalverteilen Variablen von der weiteren Analyse aus. Johnson (1979) S. 1039 bewertet gefundene Abweichungen als weniger bedenklich. Eisenbeis (1977) S. 875–877 und S. 896 beschreibt ausführlich die damit verbundene Problematik.

Verwendung robusterer Verfahren führen. Wir bestimmen daher die Signifikanz auf der Basis des u-Tests nach Mann/Whitney[28] und fordern sie für jedes der fünf untersuchten Jahre.

(2) *Distanz:* Ein Maß zur Beurteilung der Effektstärke ist das mittlere Ausmaß der Kennzahlenunterschiede. Wir messen es an der *Differenz der Mediane* der Cash-Flow-Kennzahlen von Krisen- und Kontrollfällen. Entscheidend für die Wahl des Medians (und nicht des arithmetischen Mittels) ist die Beobachtung, daß die Kennzahlen häufig nicht normalverteilt sind und das arithmetische Mittel durch Ausreißer verzerrt ist.

(3) *Klassifikationsgüte:* Trotz signifikanter Unterschiede stellt man bei näherer Betrachtung der Daten erhebliche Überschneidungen zwischen den Kennzahlenverteilungen von Krisen- und Kontrollunternehmen fest. Als Maß für die Güte einer Klassifikation zählen wir aus, wieviele Kontrollfälle oberhalb eines Trennwertes liegen und wieviele Fälle darunter fallen. Dabei können sich zwei Fehler ergeben: Kontrollunternehmen werden als Krisenunternehmen, Krisenunternehmen als Kontrollunternehmen klassifiziert. Die Trennwerte werden mit Hilfe einer Diskriminanzanalyse gerade so bestimmt, daß die Summe beider Fehler minimiert wird.[29] Die Güte der Klassifikation bestimmen wir als die Menge der zutreffenden Klassifikationen, relativiert an der Anzahl aller klassifizierten Fälle. Zwar setzt die Vorgehensweise wiederum Normalverteilung der Daten voraus und sollte streng genommen nicht verwendet werden. Wenn wir es dennoch tun, beugen wir uns dem einhelligen Wunsch der Wirtschaftspraxis.

(4) *Verlaufsgüte:* Die zuvor diskutierten Meßwerte beziehen sich auf die isolierte Beurteilung jeweils eines Analysejahres. Ein weiteres Beurteilungskriterium ergibt sich, wenn man den Verlauf von Cash-Flow-Kennzahlen über mehrere Jahre hinweg betrachtet.

Wir legen hierzu einen *graphischen Ausweis* der Entwicklung über die letzten fünf (bzw. vier) Jahre bis zum Eintreten der manifesten Krise vor. Dabei sind auf der Abszisse die Jahre von t_{-5} bis t_{-1} und auf der Ordinate die Mediane der jeweiligen Cash-Flow-Kennzahl in den beiden Unternehmensgruppen dargestellt. Ein „krisenhafter Verlauf" liegt dann vor, wenn die Differenzen der Mediane der Cash-Flow-Kennzahlen von Krisen- und

---

28 Die Signifikanzbestimmung sowie der überwiegende Teil aller Auswertungen wurden mit dem SPSS-Programmpaket durchgeführt.
29 Eine unterschiedliche Einschätzung dieser sogenannten Fehler 1. und 2. Art kann durch eine entsprechende Gewichtung in der Zielfunktion vorgenommen werden. Es ergeben sich dann i. d. R. abweichende cut-off-points und Klassifikationen. Vgl. insbesondere Gebhardt (1980) S. 226–238.

Kontrollgruppen im Zeitablauf zunehmen,[30] sich also eine „trompetenförmige Öffnung"[31] ergibt. Besonders bedenklich ist die Entwicklung, wenn dabei die Werte der Krisenfälle beständig sinken.

Das *Schwergewicht der Betrachtung* liegt auf den Jahren t_{-5} bis t_{-2}. Das Jahr t_{-1} wird nur nachrichtlich aufgeführt. Es liefert deshalb keine aussagekräftigen Ergebnisse, weil die Stichprobe der krisenhaften Unternehmen im Jahr t_{-1} praktisch halbiert wurde. Die Werte für die Krisenunternehmen wären damit entschieden zu positiv ausgewiesen. In t_{-2} ist zwar die Stichprobe der Krisenunternehmen auch schon deutlich geringer als die der Kontrollfälle, bei einem Stichprobenunterschied von etwa 15% halten wir es aber für vertretbar, den Stichprobenvergleich durchzuführen.

Man könnte sich überlegen, ob man die Unternehmen, die krisenbedingt keinen Jahresabschluß mehr vorlegen, sowie die inzwischen insolvent gewordenen Fälle mit einem fiktiven Wert, etwa einem Nullwert, oder mit dem schlechtest ausgewiesenen Wert ansetzt. Eine solche Manipulation würde möglicherweise die Aussagekraft der Daten und die Eindeutigkeit der Verläufe ein wenig verbessern, enthält aber allzuviel Spekulation und wird von uns deshalb nicht angewandt.

D. Die Befunde

I. Unterschiede der Verschuldung

Wir relativieren die Cash-Flow-Varianten an der Verschuldung. Damit bestimmen zwei Einflüsse die Kennzahlenwerte: die Entwicklung des Cash Flow im *Zähler* und die der Verschuldung im *Nenner*. Im Krisenfalle entwickeln sich beide Werte gegenläufig: Der Cash Flow sinkt und die Verschuldung steigt. In dieser gegenläufigen Bewegung wird die krisenhafte Entwicklung besonders deutlich sichtbar.

Für unsere empirische Untersuchung der Cash-Flow-Varianten wäre es indes von Nachteil, wenn sich die Verschuldung allzu stark und vor allem sehr abrupt verändern sollte, weil dann die Beurteilung der jeweiligen Cash-Flow-Variante durch den Anstieg des Nenners überformt werden könnte. Aus diesem Grunde sei der eigentlichen Hypothesenprüfung die Darstellung des Verschuldungsverlaufs von Krisenunternehmen und Kontrollstichprobe vorangestellt *(vgl. Abb. 16, S. 64).*

---

30 Dieses Kriterium formalisiert einen Teil von Beaver's (1966) S. 79 „Profilanalyse", die auf die Studien von Fitzpatrick (1932), Smith/Winakor (1935) und Merwin (1942) zurückgeht.
31 Baetge (1980) S. 654 spricht von „Trompetenbildern".

Verschuldungsgrad

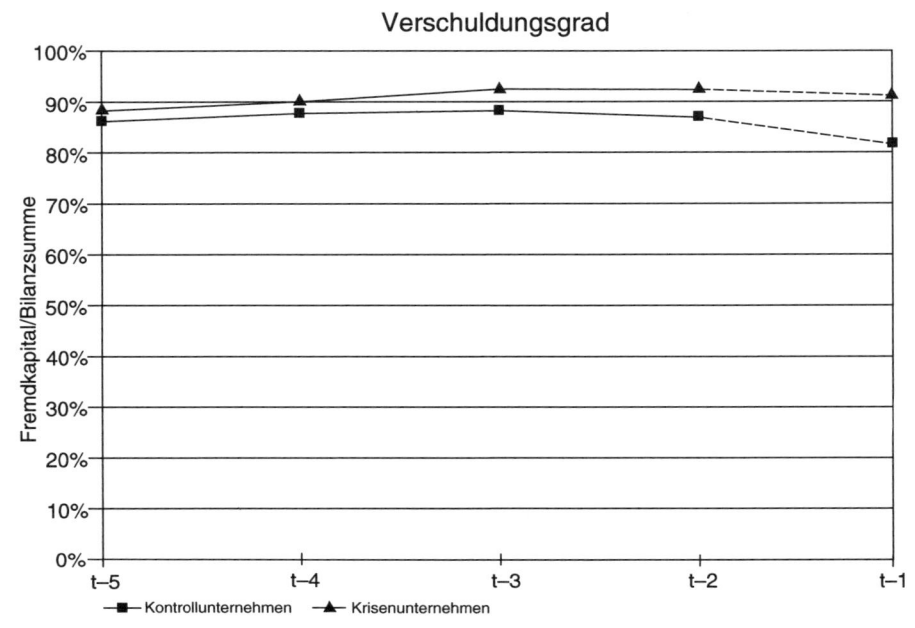

Abbildung 16: Verschuldungsgrade von Krisenunternehmen und Kontrollunternehmen

Folgende Beobachtungen verdienen festgehalten zu werden:

(1) *Die Verschuldung beider Unternehmensgruppen ist relativ hoch.* Dieses ist stichprobenbedingt, betrachten wir doch kleine und mittlere Unternehmen vorzugsweise in der Rechtsform der GmbH oder GmbH&Co.KG, bei denen bekanntermaßen das bilanziell ausgewiesene Eigenkapital deutlich niedriger ist als bei den üblicherweise betrachteten Aktiengesellschaften.

(2) *Die Krisenunternehmen sind durchgängig höher verschuldet als die Kontrollunternehmen.* Die Differenz beträgt im 5. Jahr vor dem Kriseneintritt noch 4 bis 5% und steigt im 2. Jahr vor der manifesten Krise auf ca. 8% an. Zu wenig Eigenkapital ist auf jeden Fall eine verstärkende Krisenursache. Unsere Ausgangshypothese H1 wird insoweit klar bestätigt.

(3) Der *Verschuldungsgrad der Kontrollunternehmen* liegt in den betrachteten Perioden (t_{-5} bis t_{-2}) in einem engen Korridor. Die Mittelwerte unterscheiden sich um weniger als 0,5%, die Mediane höchstens um 1,6%.

(4) Erwartungsgemäß *steigt die Verschuldung der Krisenunternehmen* bei Betrachtung der Mittelwerte um 3,8%, bei der der Mediane um 5,2% an.

Befunde

Zusammensetzung des Fremdkapitals

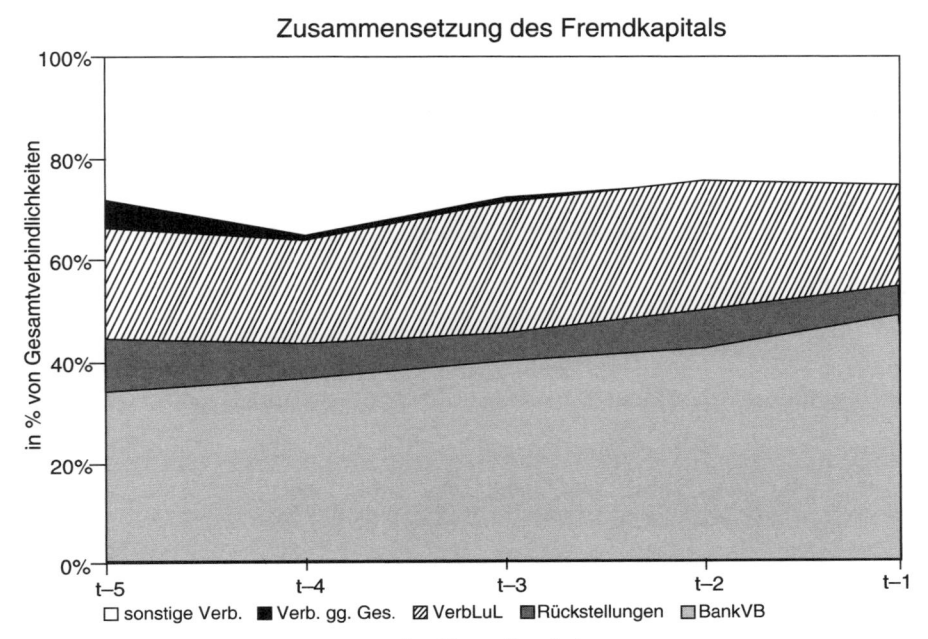

□ sonstige Verb.   ■ Verb. gg. Ges.   ▨ VerbLuL   ■ Rückstellungen   □ BankVB

Abbildung 17: Zusammensetzung des Fremdkapitals

(5) Betrachtet man die Veränderung der *einzelnen Schuldenpositionen,* so zeigt sich, daß dieser Anstieg insbesondere auf die Position „kurzfristige Bankverbindlichkeiten" zurückgeht. Zusammenfassend können wir damit festhalten, daß die Bezugsgröße für die Cash-Flow-Varianten bei den Kontrollfällen annähernd konstant bleibt. Bei den Krisenfällen erhöht sie sich erwartungsgemäß, das aber in einem so geringen Ausmaß, daß die Kommentierung sich im wesentlichen auf die Veränderung der Zählergröße konzentrieren kann.

II. Unterschiede der Cash-Flow-Varianten

In den Abb. 18 ff. *(siehe S. 66 ff.)* ist die *zeitliche Entwicklung der Cash-Flow-Varianten* zusammenfassend dargestellt. In allen Fällen zeigen sich deutliche strukturelle Unterschiede: Die Krisenfälle weisen stets signifikant niedrigere Cash Flows aus. Diese Unternehmen treten bereits mit Cash Flows in den Vergleich ein, die zu Beginn der Betrachtungsperioden nur etwa die Hälfte der Höhe des Cash Flows der Kontrollfälle erreichen. Dieses Verhältnis verschlechtert sich dramatisch. Wir beobachten in allen Fällen das Auseinanderstreben der beiden Gruppen, d. h. die erwarteten trompetenförmigen Verläufe.

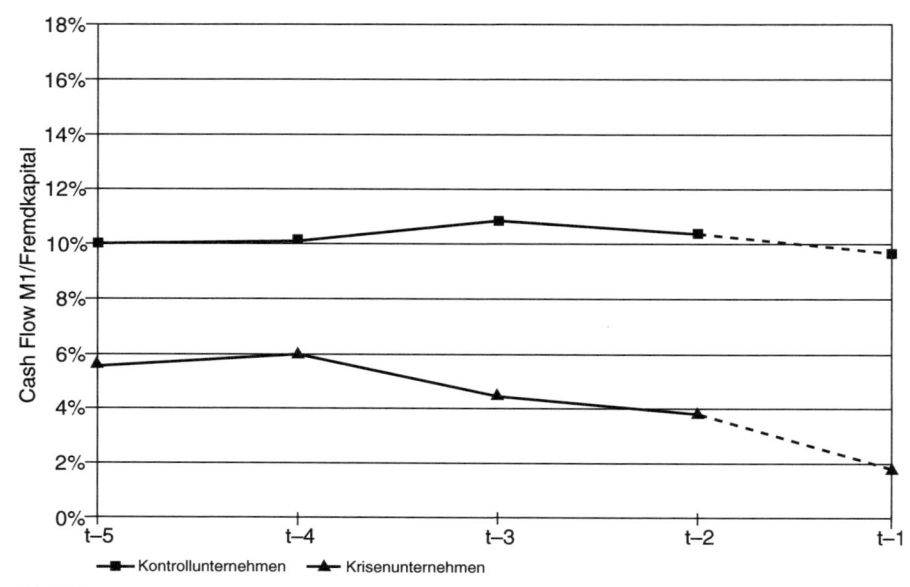

Abbildung 18: Elementar-Cash Flow (Variante A)

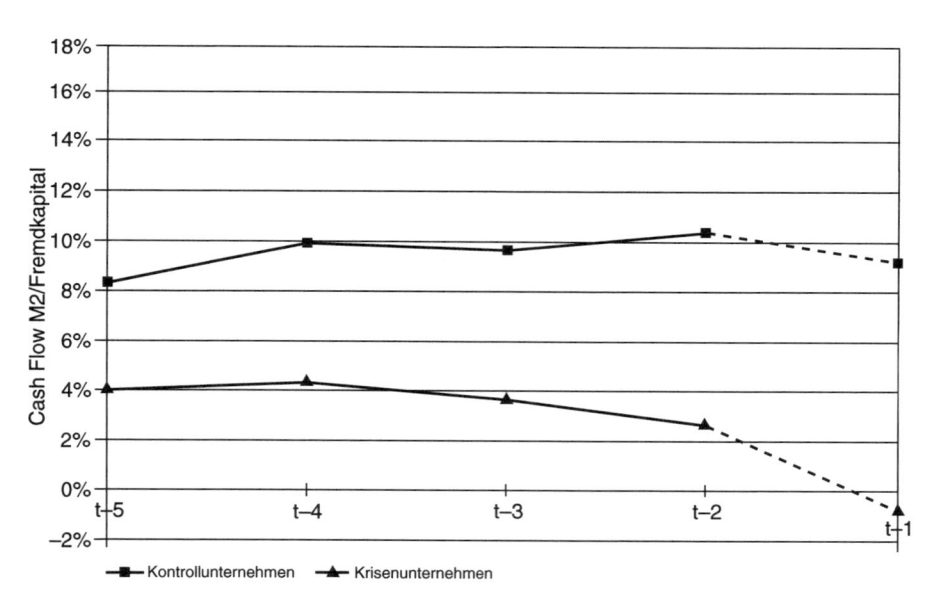

Abbildung 19: Ordentlicher Unternehmungs-Cash Flow (Variante B)

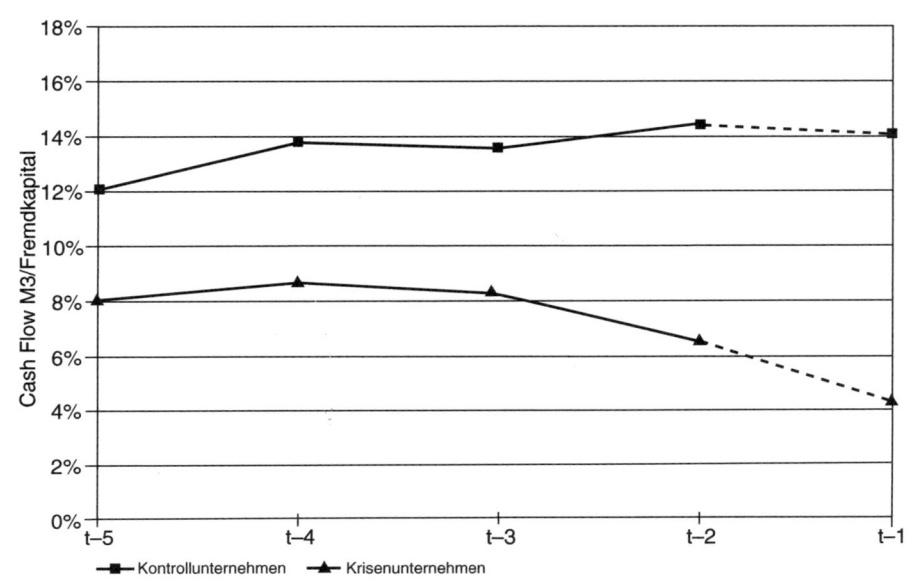

Abbildung 20: Ordentlicher, betrieblicher Cash Flow (Variante C)

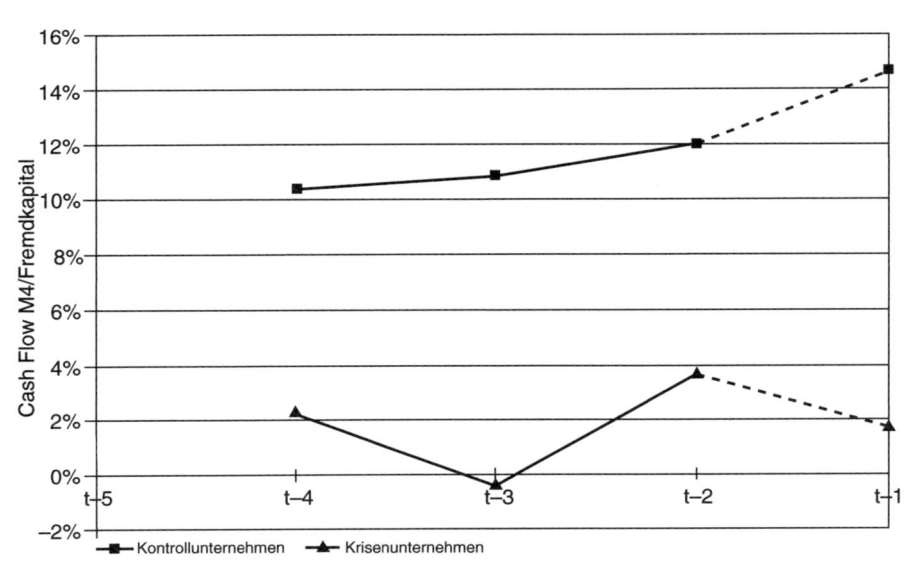

Abbildung 21: Ordentlicher, finanziell verwendbarer, betrieblicher Cash Flow (Variante D)

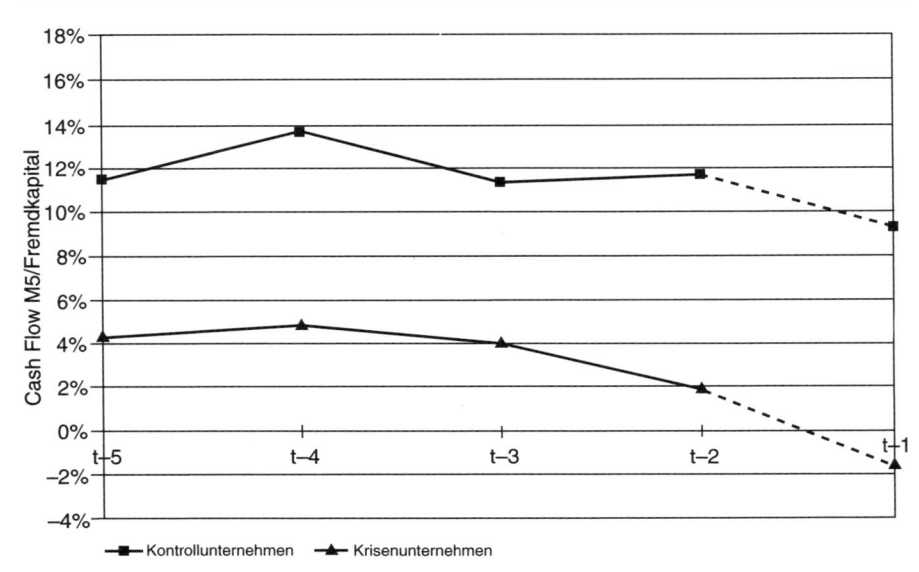

Abbildung 22: Krisensignalwert (Variante E)

Nun zur vergleichenden Beurteilung der einzelnen Cash-Flow-Varianten (vgl. auch Anhang 1):

(1) *Schon der „Elementar-Cash-Flow" trennt beide Gruppen in jeder der Perioden t_{-5} bis t_{-2} signifikant.* Die mittlere Klassifikationsgüte in t_{-2}, die ausdrückt, ob die Fälle korrekt, d. h. die Krisenfälle als „schlecht" und die Kontrollfälle als „gut" bestimmt wurden, liegt bei durchschnittlich 67,5%. Dabei werden die Krisenfälle mit 85,5%, die Kontrollfälle mit 52,5% korrekt eingeordnet. Der Cash Flow bestimmt also die Krisenfälle mit größerer Zuverlässigkeit als die Kontrollfälle. Offensichtlich enthält die Gruppe der Kontrollfälle ebenfalls Krisenkandidaten, die indessen noch nicht so auffällig sind, daß sie bankintern einer besonderen Entwicklung zugewiesen werden.

Es geht uns nicht darum, möglichst hohe Klassifikationsgüten zu erreichen. Vielmehr soll die relative Leistungsfähigkeit der unterschiedlichen Cash-Flow-Varianten überprüft werden. Diese erste Klassifikation mit dem Elementar-Cash-Flow präsentiert den Basiswert, der ein *Benchmarking der übrigen Varianten* erlaubt.

(2) Der „ordentliche Unternehmens-Cash-Flow" liefert praktisch die gleichen Informationen wie der zuerst vorgestellte Elementar-Cash-Flow. Die Subtraktion der „sonstigen betrieblichen Erträge" senkt zwar die Durchschnittswerte erkennbar ab. *Die Verläufe sind aber fast identisch.* Die

Klassifikationsgüten sind geringfügig unterschiedlich: ein wenig schlechter, was die Krisenfälle angeht, bei den Kontrollfällen hingegen besser. Für die hier betrachteten kleinen und mittleren Unternehmen lohnt sich die zusätzliche Umrechnungstätigkeit des Moduls 2 nicht. Wir halten Hypothese H2 für nicht bestätigt.

(3) Im „ordentlichen betrieblichen Cash Flow" sind die nicht mit den eigentlichen Betriebszwecken verbundenen Erfolgselemente eliminiert. Diese Erträge und Aufwendungen sind in unserer Stichprobe nicht ohne Bedeutung. Ursächlich hierfür ist die bereits festgestellte hohe Verschuldung der betrachteten Unternehmen, die in beiden Gruppen über entsprechende Zinsaufwendungen zu negativen Finanzergebnissen im gesamten Analysezeitraum führt. In der Konsequenz ergeben sich bei der Berechnung des Moduls M3 in beiden Gruppen deutlich höhere Durchschnittswerte – ein Befund, der dem hier verfolgten Ziel der Krisendiagnose zuwiderläuft. Zudem kommt es durch die höheren Durchschnittswerte bei der Zinsbelastung und durch die bereits deutlich niedrigeren Beteiligungsergebnissen zu kompensatorischen Effekten, die wiederum eine weitgehend vergleichbare Niveauverschiebung – diesmal jedoch in den positiven Bereich – bewirken. Die *Klassifikationsleistung* dieser Variante des Cash Flow *unterscheidet sich demgemäß* von der des Elementar-Cash-Flow *nicht merklich*. Allenfalls verdient die etwas zutreffendere Einordnung der Kontrollunternehmen Beachtung. Wir haben aber insgesamt keinen Grund, die Hypothese H3 anzunehmen.

(4) Die weitere Konzentration der Betrachtung auf einen finanzwirtschaftlichen Cash Flow – hier als „ordentlicher, finanziell verwendbarer, betrieblicher Cash Flow" bestimmt, ist für die Krisendiagnose unzweckmäßig. Nicht nur, daß die Analyse wegen der vielfachen Rückgriffe auf die Vorjahresbilanzen nur für einen eingeschränkten Betrachtungszeitraum möglich ist, die Ergebnisse sind hypothesenkonträr: Die *Klassifikationsgüte ist bemerkenswert geringer,* und die Identifikation der Krisenunternehmen gelingt in deutlich geringerem Umfang.

Diese Defizite sind offenbar darin begründet, daß die Veränderungen der Erzeugnis- und der Forderungsbestände eigenen, vielfach branchentypischen Gesetzmäßigkeiten folgen, die nicht unbedingt auf Krisenentwicklungen folgen oder ihnen vorausgehen. Man denke nur an Konjunkturschwankungen oder an Wechselkursänderungen, um Erklärungen für das Schwanken der Variante D des Cash Flow zu finden. *Für die Krisendiagnose eignet sie sich nicht.* Hypothese 4 kann nicht aufrechterhalten werden.

(5) Der „Krisensignalwert" greift das traditionsreiche *Imparitätsprinzip* auf: Er nimmt außerordentliche Aufwendungen als unabweisbar und nicht or-

dentliche Erträge als gestaltbar an. Beide Effekte müssen berücksichtigt werden. Die „sonstigen betrieblichen Erträge" – ein Sammelbecken für Bewertungs-, Liquidations- und weitere nicht erläuterte Erträge – sind aus ihm herausgerechnet. Kurz: Dieser Wert hält alle nicht klar bezeichneten betrieblichen Erträge für so obskur, daß er sie ausschließt.

Das Ergebnis der empirischen Prüfung gibt diesem prinzipiellen Mißtrauen Recht: *Durch diesen Meßwert werden Krisenunternehmen zwei Jahre vor Kriseneintritt mit fast 89% recht sicher identifiziert.* Daß die Klassifikationsgüte in den zwei davorliegenden Jahren nicht so deutlich ausfällt, ist weniger auf die Krisen-, als auf die Kontrollfälle zurückzuführen. Gleichwohl: das entscheidende Beobachtungsjahr liegt in t_{-2}. In diesem Jahr unterscheiden sich Krisen- und Kontrollfälle so stark wie in keiner anderen Variante des Cash Flow.

Damit sind wir in der Lage, ein zusammenfassendes Urteil zu fällen:

(1) Die Variante A, der einfach und robust bestimmte Elementar-Cash-Flow, liefert für die hier untersuchten kleinen und mittleren Unternehmen vergleichsweise gute Prognosen.

(2) Es lohnt sich demgegenüber nicht, feinsinnige Cash Flow-Korrekturen unter dem Aspekt der Periodenbezogenheit und Betriebsfremdheit der Erträge und Aufwendungen vorzunehmen. Die Prognoseergebnisse verbessern sich dadurch nur unerheblich, jedenfalls für die untersuchten kleinen und mittleren Unternehmen. Wir können für diese Stichprobe somit nicht die Vorstellungen der Literatur unterstützen, die i. w. durch Bezug auf Aktiengesellschaften, auf Konzernunternehmen und auf vergleichsweise wesentlich größere Unternehmen gewonnen wurden. Die kleinen und mittleren Unternehmen haben einfach die Handlungsspielräume großer Unternehmen nicht. Ihre bilanzpolitischen Spielräume sind ganz gering.[32] Das ist auch der Grund, weshalb wir diese Stichprobe bei der Erfolgsquellenanalyse im folgenden Kapitel nicht verwenden, sondern stattdessen eine andere Stichprobe ziehen.

(3) Die Rückführung des Cash Flow auf eine finanzwirtschaftliche Größe in der Variante D führt entgegen der Erwartung zu einer Verschlechterung der Krisendiagnose.

(4) Der imparitätisch bestimmte Krisensignalwert liefert zwar insgesamt das beste Prognoseergebnis. Man wird sich aber fragen müssen, ob die Verbesserung der Prognoseleistung gegenüber dem viel einfacher zu berechnenden Elementar-Cash-Flow die zusätzlichen Rechenaufwendungen rechtfertigt.

---

32 Glieden (1996) S. 229–331.

2.4 Krisendiagnose durch Finanzflußrechnungen

Jürgen Hauschildt/Harald Krehl

A. Das Problem: Zu den Zwecken der Finanzflußrechnungen

Im § 149 (1) des alten Aktiengesetzes von 1965 hatte sich der Gesetzgeber damit begnügt zu verlangen, der Jahresabschluß müsse einen „möglichst sicheren Einblick in die *Vermögens- und Ertragslage* der Gesellschaft geben". Die Erweiterung dieser Vorschrift durch § 264 (2) des Handelsgesetzbuches im Jahre 1985 bezieht sich auf die *Finanzlage:* „Der Jahresabschluß . . . hat . . . ein den tatsächlichen Verhältnissen entsprechendes Bild der Vermögens-, Finanz- und Ertragslage der Kapitalgesellschaft zu vermitteln."

Diese Änderung löste umfangreiche wissenschaftliche Diskussionen[1] zur Frage aus, durch welche Instrumente die Finanzlage einer Unternehmung zutreffend darzustellen sei. Ausdruck dieser vielfältigen Bemühungen ist zunächst einmal eine *begriffliche Unsicherheit:* Man spricht von Kapitalflußrechnungen, Zahlungsstromrechnungen, Zeitraumbilanzen, Kapitalflußbilanzen, Fonds Statement, Geldflußrechnung, Fondsänderungsrechnung, Finanzbewegungsrechnung, um nur einige Begriffe zu nennen.

Im Vergleich zu der Detailbesessenheit, mit der man über die Ausgestaltung dieser Rechnungen nachdachte und ihre tatsächliche Gestalt kommentierte, nimmt sich das Nachdenken über die *Ziele dieser Rechnungen* vergleichsweise zurückhaltend aus. So nennen Mansch/Stolberg/v. Wysocki als Ziele einer Kapitalflußrechnung lediglich die folgenden:

„Hauptzweck der aufzustellenden Kapitalflußrechnungen ist . . . die Offenlegung von Zahlungsströmen, die es – zusammen mit den aus der Bilanz und der Erfolgs-

---

[1] Der Artikel von Dellmann (1987) S. 471–489 vermittelt einen Eindruck von der Tradition dieser Diskussion. Weitere Hinweise auf die Literatur finden sich bei Krehl (1985) S. 258–262 und Kalinski (1986) S. 62 ff. Die Diskussion wurde angeregt durch Busse von Colbe (1966), Käfer (1967), Leffson (1968) und fortgeführt von Lachnit (1972), Perlitz (1972), Burret (1976), Vogler/Mattes (1976), Jonas (1976), Neubert (1977), Institut der Wirtschaftsprüfer (1998), Kommission Rechnungswesen (1979), Weber (1979), Kußmaul (1995), Pfuhl (1994), Amen (1994), Haenel (1998). Zur Bedeutung der Finanzflußrechnung im Rahmen der Bilanzanalyse siehe Küting/Weber (1993), S. 137–182, Rehkugler/Poddig (1998) S. 89–141, Baetge (1998a) S. 257–341. Der von v. Wysocki (1998) herausgegebene Sammelband faßt den aktuellen Stand der Diskussion zusammen.

rechnung verfügbaren Informationen – den Investoren, Gläubigern und der Öffentlichkeit gestatten sollen, Informationen zu erhalten,
- über die Fähigkeit des Unternehmens . . . Zahlungsüberschüsse zu erwirtschaften,
- über die Fähigkeit des Unternehmens . . . seinen Verbindlichkeiten nachzukommen, Dividenden zu zahlen und kreditwürdig zu bleiben,
- über die möglichen Divergenzen zwischen dem Jahresergebnis und den dazugehörigen Zahlungsvorgängen und
- über die Auswirkungen zahlungswirksamer sowie zahlungsunwirksamer Investitions- und Finanzierungsvorgänge auf die Finanzlage des Unternehmens . . ."(1995, S. 185 f.)[2]

Zwar werden eine Fülle von Anleitungen gegeben, wie derartige Finanzflußrechnungen aufzustellen sind. Die wichtigste ist sicherlich die Stellungnahme HFA 1/1995 des Hauptfachausschusses des Institutes der Wirtschaftsprüfer in Verbindung mit der Schmalenbach-Gesellschaft/Deutsche Gesellschaft für Betriebswirtschaft. Man vermißt aber eine Anleitung für den Benutzer derartiger Finanzflußrechnungen, was er aus diesen Rechnungen zu entnehmen hat. Zur Eignung der Finanzflußrechnung für Zwecke der Krisendiagnose liegt lediglich die Untersuchung von Wehrheim[3] vor. Es scheint der Literatur vielmehr zu genügen, dem Wunsch des Gesetzgebers zu folgen und die traditionelle Rechnungslegung zu ergänzen. Empirische Untersuchungen folgen diesen Spuren: sie berichten darüber, in welchem Umfange und in welcher Form den Wünschen des Gesetzgebers entsprochen wurde.[4] Lediglich die Deutsche Bundesbank nutzt seit Jahren Finanzflußrechnungen zur Bonitätsbeurteilung und bestimmt eine „Kapitalrückflußquote" (Einnahmen-/Ausgabenüberschuß in v. H. des investierten Kapitals), die sie dann in Diskriminanzfunktionen zur Insolvenzprognose verwendet.[5]

Da auch unter den glühendsten Anhängern der Finanzflußanalyse unstrittig ist, daß man die Liquidität der Unternehmung – verstanden als aktuelle Zahlungsfähigkeit – nicht aus der Bilanz zutreffend ersehen kann, wünscht man sich doch ein Instrument, das in der Lage ist, immerhin ein Mehr an finanzwirtschaftlich relevanten Informationen zu liefern als die Gewinn- und Verlustrechnung und Bilanz in ihrer traditionellen Gliederung. Gleichwohl: *Da die Finanzflußrechnung keinerlei Informationen enthält, die nicht auch im Jahresabschluß enthalten sind, kann ihre Informations-*

---

2 Mansch/Stolberg/v. Wysocki (1995) S. 185 f.
3 Wehrheim (1997).
4 Stahn (1996) S. 649–657 sowie (1991) S. 1991–1996.
5 Deutsche Bundesbank (1999) S. 55.

leistung lediglich in einer anderen Gruppierung und Zuordnung der Jahresabschlußinformationen liegen.

Die Diskussion zeigt zwei Schwerpunkte, die unter den Stichworten „Fondsrechnung" und „Staffelform" auch unsere Fragestellung betreffen.

(1) Eine *Fondsrechnung* ermittelt und betrachtet die Endbestandsgröße *(„Fonds")* aus dem Zufluß von Fondsmitteln *(„Mittelherkunft")* und aus dem Abfluß von Fondsmitteln *(„Mittelverwendung")* unter Berücksichtigung des Anfangsbestandes. *Der Fonds selbst ist frei definierbar.* Er kann sich ausschließlich auf Aktivpositionen der Bilanz beziehen und dann als Fonds des Geldbestandes, Fonds der liquiden Mittel, Fonds des Geldvermögens oder gar als Fonds des gesamten Umlaufvermögens begriffen werden. Der Fonds kann aber auch als Saldogröße ermittelt werden, die sowohl Aktiv- als auch Passivpositionen umfaßt. Man spricht dann vom Fonds des Netto-Geldbestandes, Fonds der netto-liquiden Mittel, Fonds des Netto-Geldvermögens und Fonds des Netto-Umlaufvermögens.

Die Frage, die sich ein externer Bilanzanalytiker angesichts dieser mehr oder weniger komplexen Umrechnungsvorgänge stellt, lautet:

Ist eine Fondsrechnung geeignet, bessere Signale über das Entstehen einer Krise im betrachteten Unternehmen zu geben als die Daten des Jahresabschlusses, aus denen diese Finanzflußrechnung abgeleitet wurde?

(2) Die vom HFA 1/1995 vorgelegte Mindestgliederung der Kapitalflußrechnung bei direkter oder indirekter Ermittlung des Mittelzuflusses bzw. -abflusses wird in einer *Staffelform* mit Zwischensaldierungen vorgelegt. Abb. 23 *(siehe S. 74)* zeigt diese Spielart der Kapitalflußrechnung.

Diese Darstellung lenkt das Augenmerk des Analytikers auf den *Finanzfluß dreier betrieblicher Bereiche:* die laufende Geschäftstätigkeit, die Investitionstätigkeit und die Finanzierungstätigkeit sowie im Gesamtergebnis auf die Veränderung des Fonds. Formal sind jeweils innerhalb der drei genannten Tätigkeitsbereiche bestimmte Positionen durch Additionen oder Subtraktionen miteinander verknüpft. Sie gehen also im Ausweis der Saldoposition unter. Damit werden aber *implizit Hypothesen über die Signalkraft* bestimmter Positionen gebildet: die Konstrukteure dieser Gliederung nehmen an, daß die Saldopositionen eine höhere Aussagekraft haben als die Einzelpositionen. Sie unterstellen überdies, daß die Signalkraft der Staffel höher ist als die einer traditionellen Kontodarstellung, bei der die Positionen jeweils gleichen Vorzeichens auf je einer Seite angeordnet sind.[6]

---

6 Wehrheim (1997) S. 1700.

1.		Jahresüberschuß/Jahresfehlbetrag
2.	±	Abschreibungen (+)/Zuschreibungen (−) auf Gegenstände des Anlagevermögens
3.	±	Zunahme (+)/Abnahme (−) der Rückstellungen
4.	±	Sonstige zahlungsunwirksame Aufwendungen (+)/Erträge (−)
5.	±	Gewinn (−) Verlust (+) aus dem Abgang von Gegenständen des Anlagevermögens
6.	±	Zunahme (−) Abnahme (+) der Vorräte, der Forderungen aus Lieferungen und Leistungen sowie anderer Aktiva
7.	±	Zunahme (+)/Abnahme (−) der Verbindlichkeiten aus Lieferungen und Leistungen sowie anderer Passiva
8.	=	**Mittelzufluß/-abfluß aus laufender Geschäftstätigkeit**
9.		Einzahlungen aus Abgängen (z. B. Verkaufserlöse, Tilgungsbeträge) von Gegenständen des Anlagevermögens (Restbuchwerte der Abgänge erhöht um Gewinne und vermindert um Verluste aus dem Anlagenabgang)
10.	−	Auszahlungen für Investitionen in das Anlagevermögen
11.	=	**Mittelzufluß/-abfluß aus der Investitionstätigkeit**
12.		Einzahlungen aus Kapitalerhöhungen und Zuschüssen der Gesellschafter
13.	−	Auszahlungen an Gesellschafter (Dividende, Kapitalrückzahlungen, andere Ausschüttungen)
14.	+	Einzahlungen aus der Begebung von Anleihen und aus der Aufnahme von (Finanz-)Krediten
15.	−	Auszahlungen für die Tilgung von Anleihen und (Finanz-)Krediten
16.	=	**Mittelzufluß/-abfluß aus der Finanzierungstätigkeit**
17.		Zahlungswirksame Veränderung des Finanzmittelbestands (Summe Zeilen 8., 11. und 16.)
18.	±	Wechselkursbedingte und sonstige Erhöhungen (+) oder Verminderungen (−) des Finanzmittelbestandes durch Wertänderungen
19.	+	Finanzmittelbestand am Anfang der Periode
20.	=	**Finanzmittelbestand am Ende der Periode**

Abbildung 23: Mindestgliederung der Kapitalflußrechnung bei indirekter Ermittlung des Mittelzuflusses/-abflusses aus laufender Geschäftstätigkeit nach der Stellungnahme HFA 1/1995

Auch die formale Anordnung in einer Staffel reizt den Krisendiagnostiker zur Frage, ob die Informationsleistung einer Finanzflußrechnung für die Krisendiagnose erhöht wird:

Ist die formale Ausgestaltung der Finanzflußrechnung geeignet, bessere Signale über das Entstehen einer Krise im betrachteten Unternehmen zu geben als andere Varianten der Informationsverdichtung und -präsentation?

Unsere Hypothese lautet dazu: Die Gliederung nach HFA 1/1995 läßt bestimmte kritische Muster einer Fehlentwicklung weniger gut erkennen als andere Gliederungsformen.

Die Forschung steht aber noch am Anfang. Weder zu den Varianten der Fondsbildung noch zu Varianten der Darstellung gibt es Befunde, die ein sicheres Urteil zu einer Verbesserung der Diagnoseleistung erlauben. Insofern haben die folgenden Ausführungen den *Charakter von vorläufigen Hypothesen.* Wir konzentrieren uns dabei auf die formale Ausgestaltung der Finanzflußrechnung und sehen von Varianten der Fondsdefinition ab. Dahinter steht die Hypothese, daß Bestandsgrößen weniger eindeutige Krisensignale geben als Strömungsgrößen – eine Annahme, die sich auf die Erfahrungen mit der traditionellen Kennzahlenanalyse stützt. Auch Wehrheim kommt zu dem Schluß, daß nicht die Höhe oder kontinuierliche Verminderung des Fonds die Krise andeutet, sondern allenfalls ein ständiger Wechsel der Vorzeichen und Volumina.[7]

B. Zur formalen Ausgestaltung einer Finanzflußrechnung für Zwecke einer Krisendiagnose

Die von uns hier vorgelegte Finanzflußrechnung soll kritische Zusammenhänge zwischen Herkunft und Verwendung der finanziellen Mittel zeigen. Sie geht im Grunde auf die traditionelle Veränderungsrechnung der sogenannten Bewegungsbilanz zurück und führt sie unter folgenden Aspekten weiter:

(1) Die Finanzflußrechnung ist *nicht nach dem Gliederungsschema* des HGB gegliedert. Wir verlassen damit die vertraute Fristengliederung. Dahinter steht die Hypothese, daß die *Sachstruktur* der Mittelherkunft und -verwendung deutlichere Krisensignale gibt als ihre *Fristenstruktur.*

(2) An die Stelle der Fristengliederung tritt eine *Gliederung nach Quellen* der Mittelherkunft sowie nach dem *Verbleib* der Mittelverwendung. Man fragt nach dem „Woher" und nach dem „Wofür". Wir verwenden dabei die Terminologie der finanziellen Unternehmensführung.[8]

(3) Wir nutzen die *Rechentechnik des Kontos* systematisch: die Zunahme der Aktiva und die Abnahme der Passiva finden sich auf der linken Seite des Kontos als Mittelverwendung. Die Abnahme der Aktiva und die Zunahme der Passiva finden sich auf der anderen, der rechten Seite des Kontos

---

7 Wehrheim (1997) S. 1702.
8 Vgl. Burger/Schellberg (1996) S. 183 f.

als Mittelherkunft. Dahinter steht die Einsicht, daß *Baumstrukturen* die Wahrnehmung kritischer Bewegungen besser verdeutlichen als Tabellen.

(4) Die *Innenfinanzierung* wird systematisch korrekt einbezogen. Es handelt sich dabei um denjenigen Teil des einfließenden Finanzstroms aus Umsatz und anderen Erträgen, der über den in der gleichen Periode hinausfließenden Finanzstrom hinausgeht. Dieser *finanzwirtschaftliche Überschuß* wird als Cash Flow bezeichnet (genauer: als Cash Flow vor Zinsen und Steuern). Wir begreifen ihn rein finanzwirtschaftlich und werden ihn nach dem Konzept weiter untergliedern, das wir auch in der Erfolgsquellenanalyse verwenden (siehe Teil 2.2 dieser Schrift), nämlich in einen betrieblichen Cash Flow, in einen Cash Flow des Finanzbereichs und in einen Cash Flow des nicht ordentlichen Bereichs.

(5) Die hier vorgenommene Bestimmung des Finanzflusses betrachtet konsequent die Veränderung der Bestände als Bestandteil des Zahlungsstroms. In der Literatur finden sich Ansätze, die die Veränderungen des Umlaufvermögens und der kurzfristigen Verbindlichkeiten nicht im Cash Flow erfassen, sondern als Investitionen oder Desinvestitionen ausweisen. Dieser Ausweisvariante folgen wir bewußt nicht, weil wir uns bei der Finanzflußanalyse soweit wie möglich von der Erfolgsanalyse lösen wollen. Anders gesagt: Mit dem Cash Flow der Finanzflußrechnung soll bewußt eine Größe bestimmt werden, die die Finanzströme der Periode charakterisiert. Der hier verwendete Cash Flow soll der *Vorstellungswelt der Finanzplanung und Finanzkontrolle,* nicht hingegen der der Erfolgsplanung und Erfolgskontrolle entsprechen. Abb. 24 *(siehe S. 77)* zeigt die Unterteilung des Cash Flow nach diesen Überlegungen.

Die Veränderungen der Debitoren, Kreditoren und Lagerbestände werden dazu benutzt, um die jeweiligen erfolgswirksamen Positionen der Gewinn- und Verlustrechnung in die finanzwirksamen Positionen der Finanzflußrechnung umzurechnen.[9]

Damit läßt sich dann die Finanzflußrechnung als Ganze im Überblick zeigen. Entscheidend ist für uns der aus sechs Positionen bestehende Kern: auf der Seite der *Mittelverwendung* die Investition i.w.S., der Kapitaldienst sowie die erfolgsabhängige Mittelverwendung und auf der Seite der *Mittelherkunft* die Eigen- und Innenfinanzierung, die Fremdfinanzierung sowie die Desinvestition. Jede dieser Positionen ist in sich weiter unterteilt. Über die Detaillierung dieser Unterteilung wird man trefflich streiten können. Beim augenblicklichen Stand der Forschung belassen wir es bei der Detaillierung nach Abb. 25 *(siehe S. 78).* Die Zahlen können in

---

9 Vgl. auch Amen (1995) S. 505 f.

Ausgestaltung einer Finanzflußrechnung

Cash Flow i. S. der Finanzflußrechnung

Betrieblicher Cash Flow

Betriebliche Einzahlungen

Einzahlungen aus Umsatzerlösen =
- Umsatzerlöse
- −/+ Zunahme/Abnahme der Forderungen aus Lieferungen und Leistungen
- − Abschreibungen und Forderungen, soweit gesondert ausgewiesen

Andere ordentliche Einzahlungen =
- + sonstige betriebliche Erträge, soweit ordentlich
- −/+ Zunahme/Abnahme der passiven Rechnungsabgrenzungsposten
- + aktivierte Eigenleistungen
  (Da die Eigenleistungen nicht in ihre Bestandteile für Material-, Personal- und restliche Auszahlungen aufgespalten und dort subtrahiert werden können, müssen sie als Summe anders berücksichtigt werden. Wir rechnen sie daher den anderen ordentlichen Einzahlungen zu.)

Betriebliche Auszahlungen

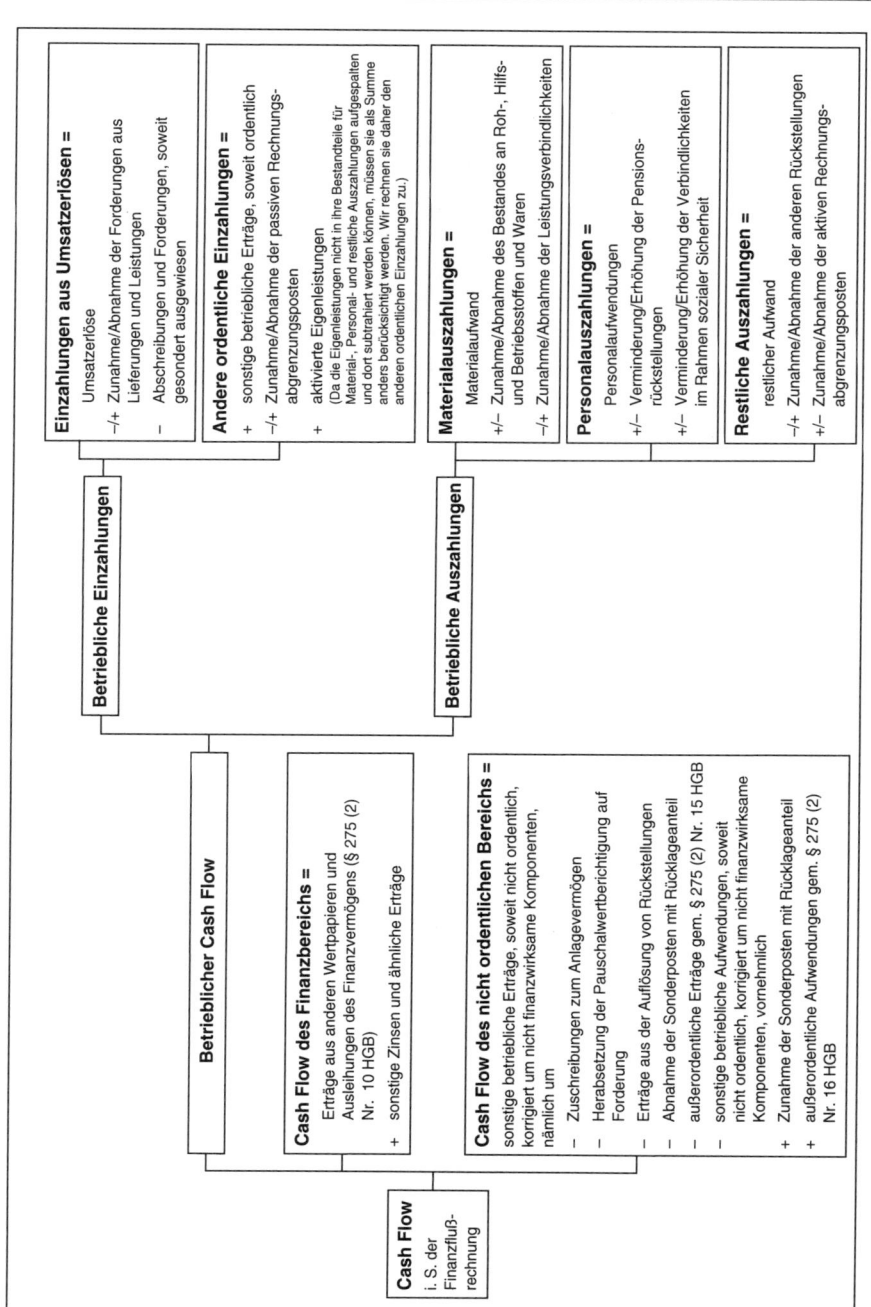

Materialauszahlungen =
- Materialaufwand
- +/− Zunahme/Abnahme des Bestandes an Roh-, Hilfs- und Betriebsstoffen und Waren
- −/+ Zunahme/Abnahme der Leistungsverbindlichkeiten

Personalauszahlungen =
- Personalaufwendungen
- +/− Verminderung/Erhöhung der Pensionsrückstellungen
- −/+ Verminderung/Erhöhung der Verbindlichkeiten im Rahmen sozialer Sicherheit

Restliche Auszahlungen =
- restlicher Aufwand
- −/+ Zunahme/Abnahme der anderen Rückstellungen
- +/− Zunahme/Abnahme der aktiven Rechnungsabgrenzungsposten

Betrieblicher Cash Flow des Finanzbereichs =
- Erträge aus anderen Wertpapieren und Ausleihungen des Finanzvermögens (§ 275 (2) Nr. 10 HGB)
- + sonstige Zinsen und ähnliche Erträge

Cash Flow des nicht ordentlichen Bereichs =
- sonstige betriebliche Erträge, soweit nicht ordentlich, korrigiert um nicht finanzwirksame Komponenten, nämlich um
- − Zuschreibungen zum Anlagevermögen
- − Herabsetzung der Pauschalwertberichtigung auf Forderung
- − Erträge aus der Auflösung von Rückstellungen
- − Abnahme der Sonderposten mit Rücklageanteil
- − außerordentliche Erträge gem. § 275 (2) Nr. 15 HGB
- − sonstige betriebliche Aufwendungen, soweit nicht ordentlich, korrigiert um nicht finanzwirksame Komponenten, vornehmlich
- + Zunahme der Sonderposten mit Rücklageanteil
- + außerordentliche Aufwendungen gem. § 275 (2) Nr. 16 HGB

Abbildung 24: Cash Flow

Mittelherkunft

Eigen- und Innenfinanzierung
- Cash Flow, wenn positiv
- Einlagen

Fremdfinanzierung
- Aufnahme von Bankkrediten
- Aufnahme von Verbundkrediten
- Zunahme sonstiger Verbindlichkeiten

Desinvestition
- Abnahme des Anlagevermögens
- Abnahme des Umlaufvermögens, soweit nicht im Cash Flow verrechnet

→ **Finanzfluß** ←

Mittelverwendung

Investition i. w. S.
- Investitionen in das Anlagevermögen
- Investitionen in das Umlaufvermögen

Kapitaldienst
- Tilgung der Bankkredite
- Tilgung der Verbundkredite
- Tilgung sonstiger Verbindlichkeiten
- Zinszahlungen

Erfolgsabhängige Mittelverwendung
- Entnahmen und ähnl. Auszahlungen
- Steuern EE
- Cash Flow, wenn negativ

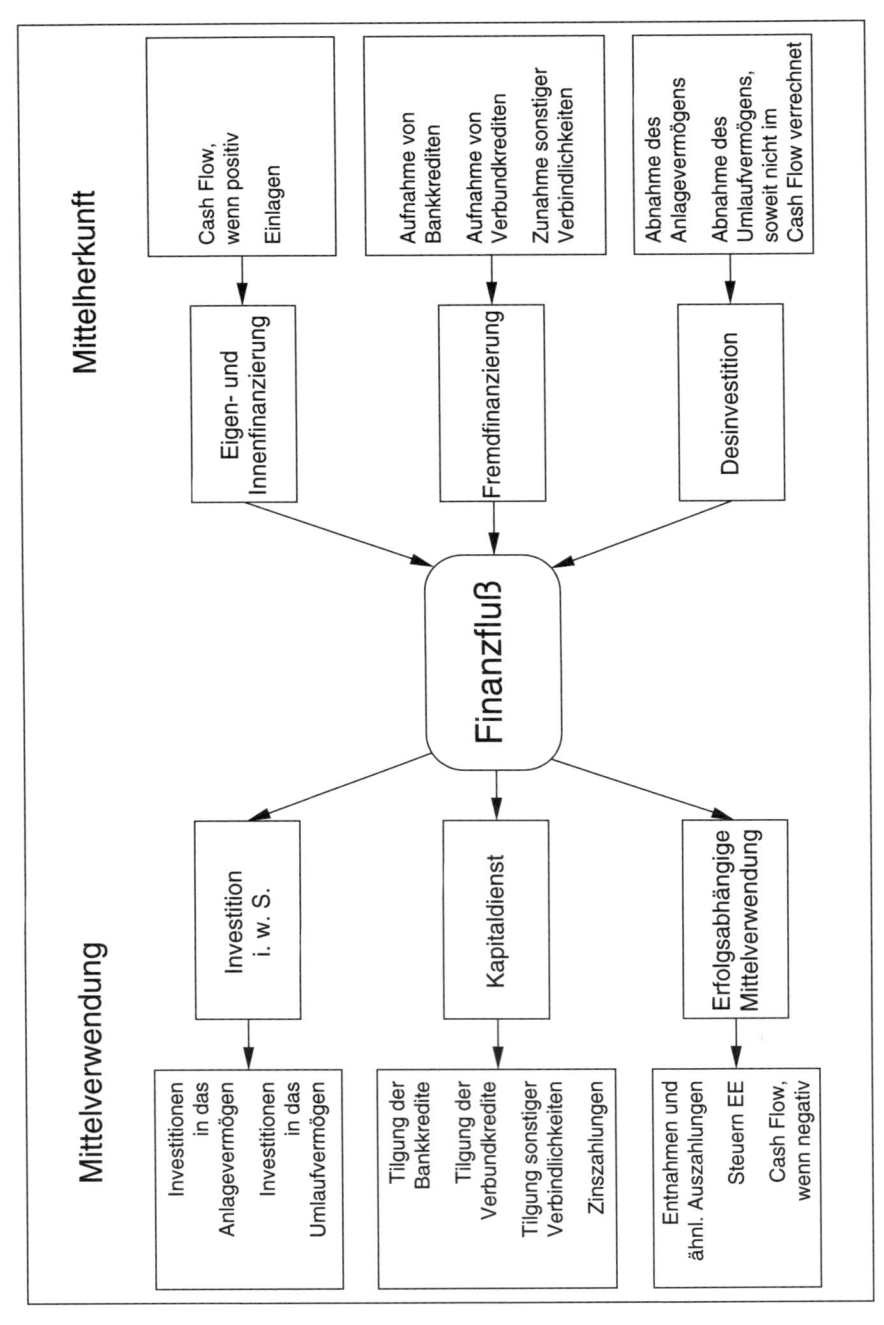

Abbildung 25: Darstellung der Finanzflußrechnung für Zwecke der Krisendiagnose

absoluten DM-Beträgen oder in v. H. des Finanzflusses angegeben werden.[10]

C. Unterschiedliche Finanzflußmuster – Signale für die Krisendiagnose?

Das so getroffene Arrangement der Informationen erlaubt es nun, bestimmte Muster der finanziellen Führung darzustellen, die bei der traditionellen Saldierung in der Staffelform weniger deutlich zutage treten. Wir wollen im folgenden einige dieser Typen vorstellen und diskutieren.

Typ 1: Investition, vorwiegend aus Eigen- und Innenfinanzierung

Dieser in Abb. 26 gezeigte Typ verkörpert eine schulbuchmäßige, zugleich eine besonders vorsichtige und konservative Finanzpolitik.

Mittelverwendung		Mittelherkunft
Investition i. w. S.	Finanzfluß	Eigen- und Innenfinanzierung
Kapitaldienst		Fremdfinanzierung
Erfolgsabhängige Mittelverwendung		Desinvestition

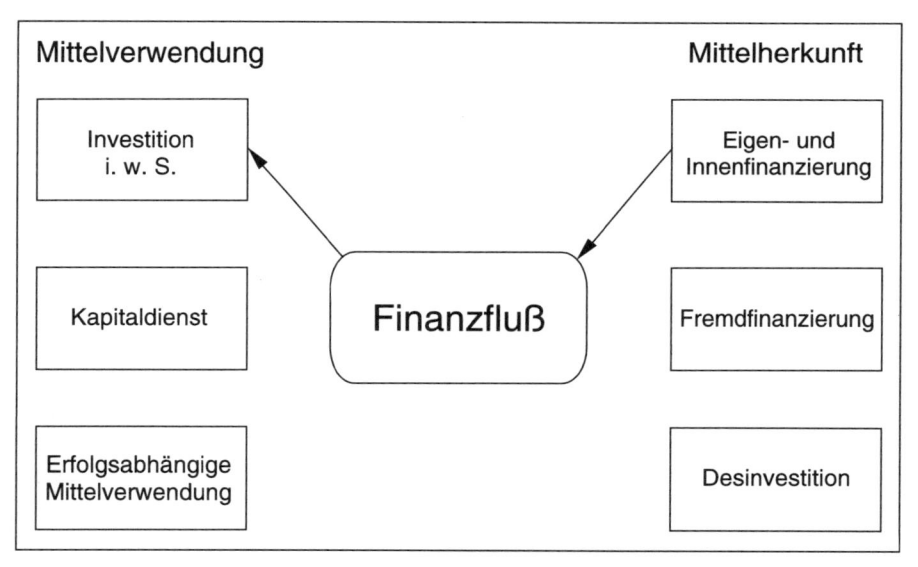

Abbildung 26: Typ 1: Investition, vorwiegend aus Eigen- und Innenfinanzierung

---

[10] Die von uns an anderer Stelle vorgelegte (Hauschildt (1996) S. 57–60, S. 235–239) Konzeption der Finanzflußrechnung ist inzwischen im Programm „Unternehmensanalyse" der DATEV e.G. verfügbar. Die im folgenden gezeigten Beispiele wurden mit diesem Programm gerechnet.

Auf den ersten Blick scheint diese Art des Verhaltens nicht auf Krisenprobleme hinzudeuten. Aber man sollte mißtrauisch bleiben und wenigstens die folgenden Fragen prüfen: Ist ein großer Teil der Mittelherkunft in das Finanzanlagevermögen geflossen und deutet das womöglich auf ein Unternehmen hin, das in eine kritische Überexpansion steuert?

Typ 2: Investition, vorwiegend aus Fremdfinanzierung

Bei diesem Typ zeigt die Finanzflußanalyse folgendes Bild (Abb. 27):

Mittelverwendung	Mittelherkunft
Investition i. w. S.	Eigen- und Innenfinanzierung
Kapitaldienst	Fremdfinanzierung
Erfolgsabhängige Mittelverwendung	Desinvestition

(Finanzfluß)

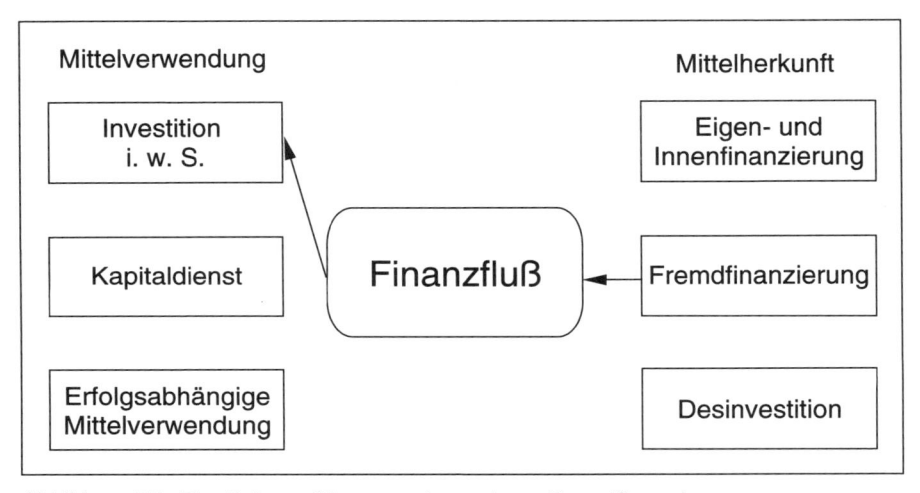

Abbildung 27: Typ 2: Investition, vorwiegend aus Fremdfinanzierung

In diesem Falle dominiert nicht der Sicherheitsaspekt der Finanzierung, sondern ganz offenkundig die Absicht, einen positiven Leverage-Effekt durchzusetzen, der eintritt, wenn die zusätzlichen Fremdkapitalzinsen niedriger sind als die Investitionsgewinne. Aber auch hier gilt es, mißtrauisch zu bleiben: Vielleicht steht auch schlichtes Unvermögen, weitere Eigen- oder Innenfinanzierung mobilisieren zu können, hinter dieser zunehmenden Verschuldung. Das ist durch Blick auf die gegebene statische Verschuldung sowie auf die Gruppen von Kreditgebern leicht erkennbar. Maßgeblich ist dabei nicht zuletzt die Erfolgssituation: Eine negative Entwicklung von Erfolg kann wachsende Verschuldung erzwingen, die Fremdfinanzierung von Investitionen wird damit ebenfalls erforderlich.

Typ 3: Investition, vorwiegend aus Desinvestition

Abb. 28 zeigt diesen Typ:

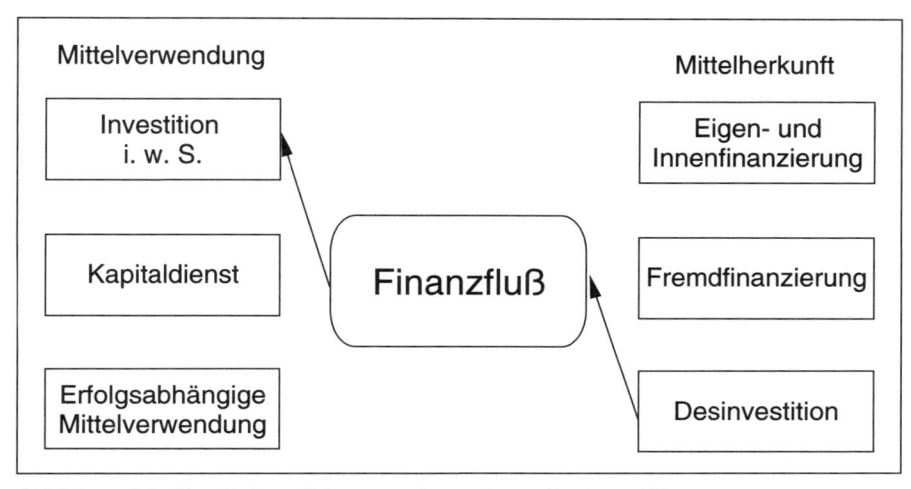

Abbildung 28: Typ 3: Investition, vorwiegend aus Desinvestition

Hinter diesem Vorgang, bei dem Investitionen mit Desinvestitionen einhergehen, könnte sich zunächst eine schlichte Vermögensumschichtung verbergen. Aber dieser Vorgang könnte auch auf eine *strategische Neuausrichtung* hindeuten. Man will in andere Investitionssegmente, andere Bereiche, andere Branchen wechseln. Nicht selten handelt es sich aber auch um das Ergebnis eines Krisenmanagements. Man muß Vermögenssubstanz liquidieren, um überhaupt noch investieren zu können. Ganz besonderes Augenmerk verdienen in diesem Zusammenhang Sale-and-leaseback-Aktionen.

Typ 4: Verlustdeckung durch Vermögensabbau

Dieser besonders kritische Fall wird in Abb. 29 gezeigt:

Mittelverwendung	Mittelherkunft
Investition i. w. S.	Eigen- und Innenfinanzierung
Kapitaldienst → **Finanzfluß**	Fremdfinanzierung
Erfolgsabhängige Mittelverwendung	Desinvestition

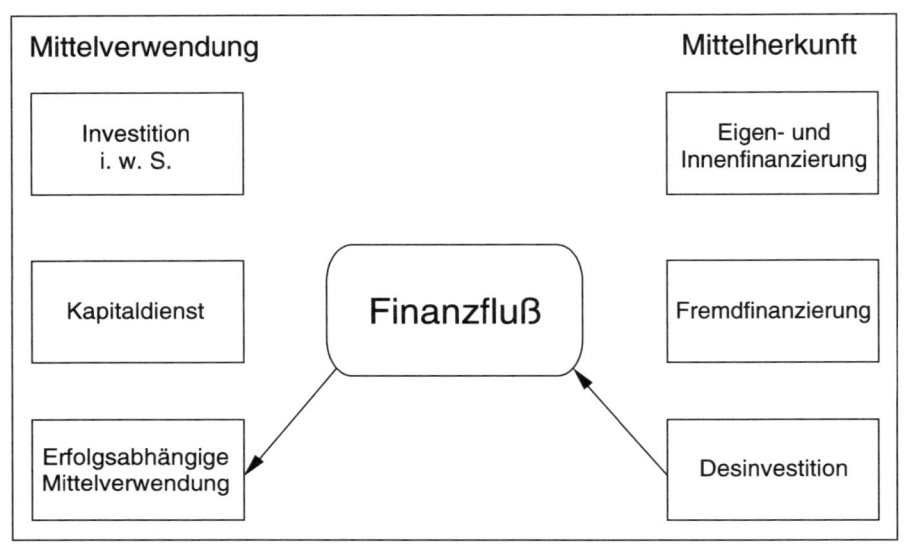

Abbildung 29: Typ 4: Verlustdeckung durch Vermögensabbau

Desinvestition soll erfolgsabhängige Mittelverwendung decken: im positiven Falle wird Vermögen liquidiert und zur Kapitalrückzahlung oder -ausschüttung verwendet. Im negativen Falle wird das Vermögen liquidiert, um negative Cash Flows auszugleichen. Dieses wäre ein klares Krisensignal.

Typ 5: Umschuldungsaktion

Dieser Typ zeigt die in Abb. 30 dargestellte Figur:

Mittelverwendung	Mittelherkunft
Investition i. w. S.	Eigen- und Innenfinanzierung
Kapitaldienst ← **Finanzfluß** ← Fremdfinanzierung	
Erfolgsabhängige Mittelverwendung	Desinvestition

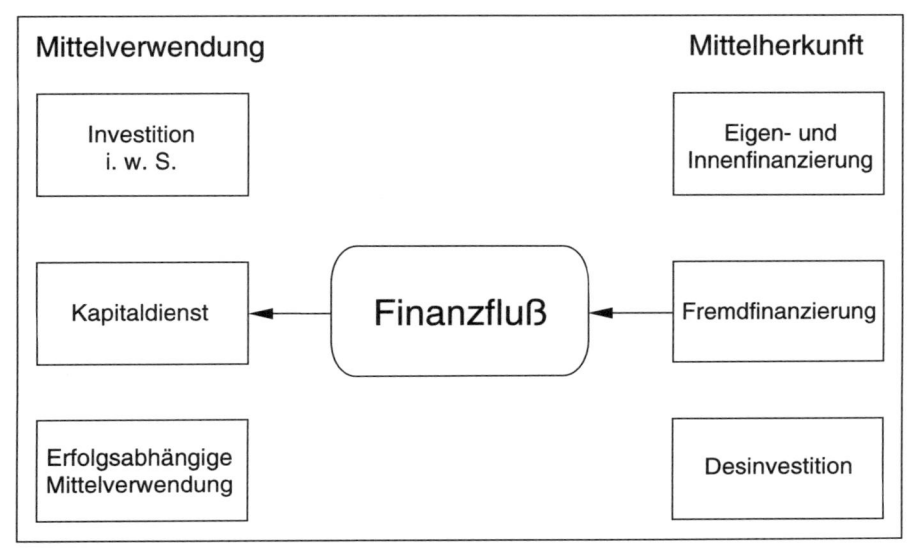

Abbildung 30: Typ 5: Umschuldungsaktion

Bestimmte Positionen der Fremdfinanzierung werden reduziert, andere werden aufgebaut. Üblicherweise kommt es bei einer Krisenverschärfung zu einer Zunahme der Lieferanten-Verbindlichkeiten bei gleichzeitiger Abnahme der Verbindlichkeiten gegenüber den schneller reagierenden Banken. Auch die Verschiebung der Verbundkredite kann zeigen, ob innerhalb des Konzerns Finanzierungshilfen gewährt wurden.

Keiner dieser Typen tritt vermutlich in seiner reinen Version auf. Man kann davon ausgehen, daß die Investitions- und Finanzierungsprozesse vielfältig vermischt sind. Aber es kommt auf die Grundtendenz an.

D. Empirische Illustrationen

Noch fehlen großzahlige empirische Untersuchungen zu derartigen Mustern der krisenhaften Investitions- und Finanzpolitik. Die Leistungsfähigkeit der Finanzflußanalyse soll aber an einigen Fällen illustriert werden.

(1) Abb. 31 *(siehe S. 84)* zeigt die Finanzflußrechnung einer Unternehmung des Maschinenbaus (1989/1988):

Mittelherkunft

Eigen- und Innenfinanzierung
- Cash Flow, wenn positiv
- Einlagen

Fremdfinanzierung
68,1 Mio. DM
= 94,3 %
- **Aufnahme von Bankkrediten**
- Aufnahme von Verbundkrediten
- Zunahme sonstiger Verbindlichkeiten

Desinvestition
4,0 Mio. DM
= 5,7 %
- Abnahme des Anlagevermögens
- **Abnahme des Umlaufvermögens**, soweit nicht im Cash Flow verrechnet

Finanzfluß
72,3 Mio. DM
= 100 %

Mittelverwendung

Investition i. w. S.
18,8 Mio. DM
= 26,1 %
- **Investitionen in das Anlagevermögen**
- Investitionen in das Umlaufvermögen

Kapitaldienst
24,1 Mio. DM
= 33,4 %
- Tilgung der Bankkredite
- Tilgung der Verbundkredite
- Tilgung sonstiger Verbindlichkeiten
- **Zinszahlungen**

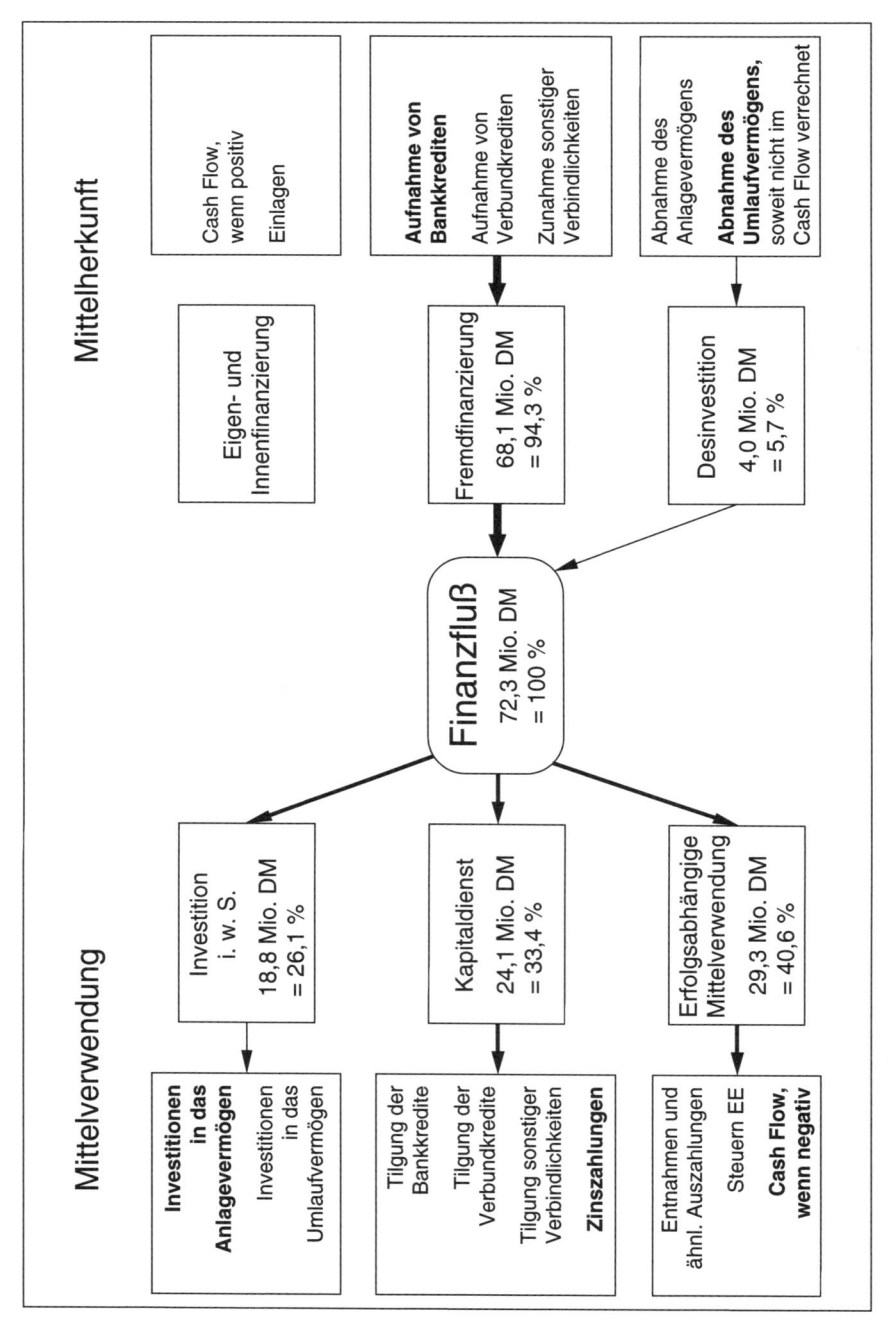

Erfolgsabhängige Mittelverwendung
29,3 Mio. DM
= 40,6 %
- Entnahmen und ähnl. Auszahlungen
- **Steuern EE**
- **Cash Flow, wenn negativ**

Abbildung 31: Variante Typ 5

Hierbei handelt es sich um eine Variante des Typs 5 („Umschuldung"): Bankkredite werden aufgenommen, um dem Kapitaldienst, i. w. den Zinszahlungen, nachzukommen. Ein geringerer Anteil des Fremdkapitals fließt in die Investitionen. Das Unternehmen konnte keine Mittel aus Innen- oder Eigenfinanzierung mobilisieren. Im Gegenteil: ein Großteil der Mittelherkunft landet bei der erfolgsabhängigen Mittelverwendung, im Klartext: hier waren finanzielle Fehlbeträge zu decken.

Geht man weiter in die Details, so zeigt die Investitionspolitik den Versuch, durch neue Sachinvestitionen aus der Krise herauszugelangen. Aber immerhin noch 5% des gesamten Finanzflusses werden im Finanzanlagevermögen gebunden.

Die scheinbar geringfügige Veränderung des Umlaufvermögens – im Saldo der einzelnen Posten – verbirgt eine dramatische Umschichtung: Die Mittelbindung für Vorräte an fertigen Erzeugnissen verdoppelte sich. Um das aufzufangen, wurden die Forderungen aus Lieferungen und Leistungen drastisch reduziert.

(2) Ein auf den ersten Blick beruhigendes Bild zeigt die Finanzflußrechnung eines holzverarbeitenden Unternehmens (1997/1996) in Abb. 32 *(siehe S. 86).*

Das Muster entspricht im Grundsatz dem Typ 1, der „schulbuchmäßigen" langfristigen Finanzierung der Investition. Aber die Problematik zeigt sich auf den zweiten Blick: Die Investitionen erfolgen in das Finanzanlagevermögen – eine Subvention für eine kranke Tochter. Die Innenfinanzierung beruht i.w. auf dem Cash Flow des Finanzbereichs. Hier ist es wiederum eine Tochtergesellschaft, in diesem Fall eine kerngesunde, die aushilft. Die betrachtete Unternehmung leitet die Zahlungen von einer zur anderen Tochter größtenteils nur durch. Neben diesem investiven Finanzfluß gibt es einen zweiten Finanzfluß aus dem Geld- und Kapitalmarkt. Neuverschuldung bei Banken und im Konzern gleichen die Tilgungsverpflichtungen und hohe Zinslasten allerdings nur eingeschränkt aus.

E. Zusammenfassende Würdigung

Ist die Finanzflußrechnung ein Instrument der Krisendiagnose? Insgesamt wollen wir diese Frage nicht verneinen. Zwar gilt der Satz, daß auch die Finanzflußrechnung nicht mehr an Informationen enthält als der Jahresabschluß, aber das Arrangement der Daten zeigt übersichtlich und leicht erkennbar die Grundtendenz der Investitions- und Finanzierungstätigkeit auf. Oder anders: der offenkundige Vorteil einer Finanzflußrechnung für

Mittelherkunft

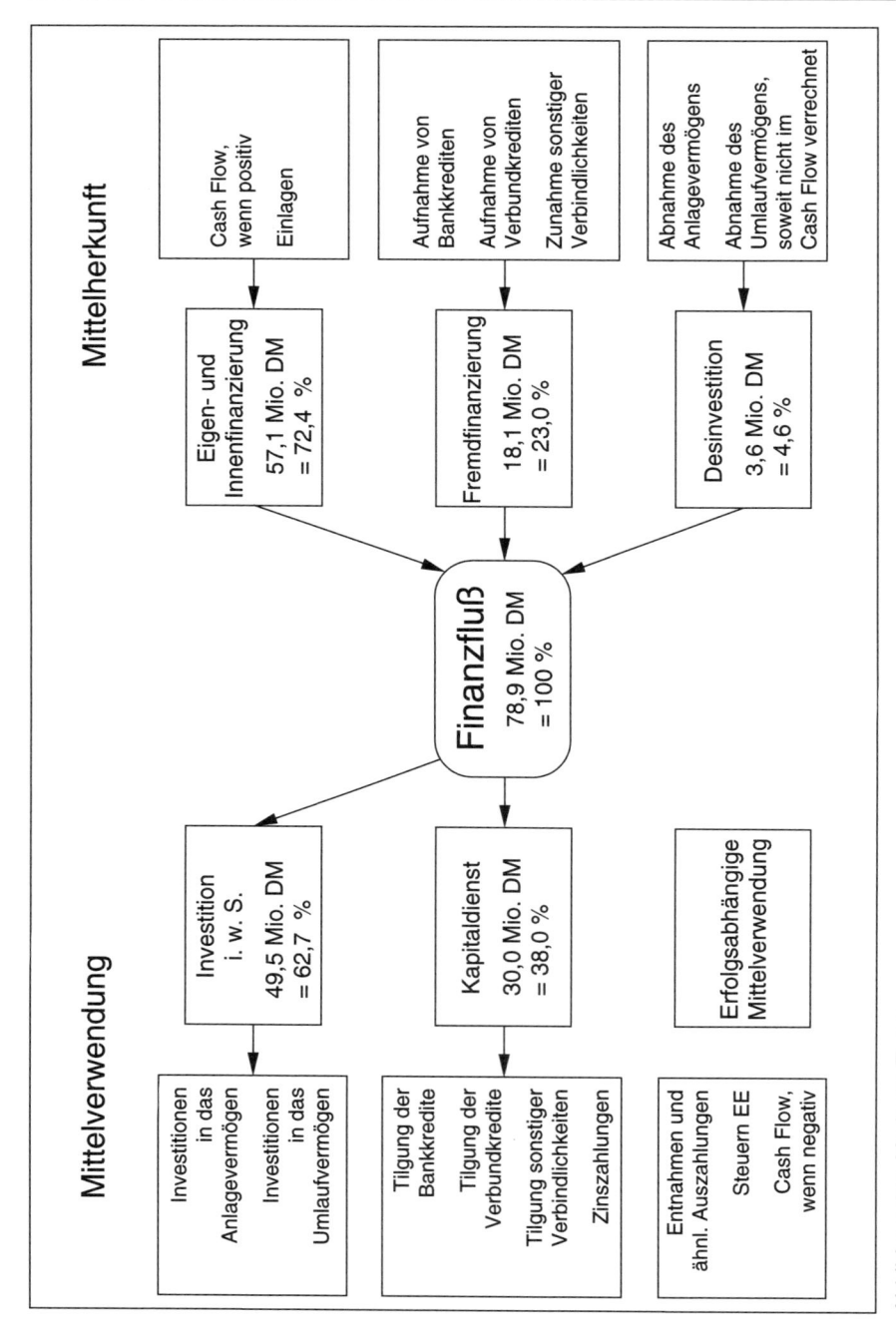

Eigen- und Innenfinanzierung
57,1 Mio. DM
= 72,4 %

- Cash Flow, wenn positiv
- Einlagen

Fremdfinanzierung
18,1 Mio. DM
= 23,0 %

- Aufnahme von Bankkrediten
- Aufnahme von Verbundkrediten
- Zunahme sonstiger Verbindlichkeiten

Desinvestition
3,6 Mio. DM
= 4,6 %

- Abnahme des Anlagevermögens
- Abnahme des Umlaufvermögens, soweit nicht im Cash Flow verrechnet

Finanzfluß
78,9 Mio. DM
= 100 %

Mittelverwendung

Investition i. w. S.
49,5 Mio. DM
= 62,7 %

- Investitionen in das Anlagevermögen
- Investitionen in das Umlaufvermögen

Kapitaldienst
30,0 Mio. DM
= 38,0 %

- Tilgung der Bankkredite
- Tilgung der Verbundkredite
- Tilgung sonstiger Verbindlichkeiten
- Zinszahlungen

Erfolgsabhängige Mittelverwendung

- Entnahmen und ähnl. Auszahlungen
- Steuern EE
- Cash Flow, wenn negativ

Abbildung 32: Variante Typ 1

Zusammenfassende Würdigung

die Krisendiagnose liegt darin, daß die *Bestandsbewegungen und Teile der Erfolgsrechnung sich auf einem Blatt* zusammenfassen lassen.

Die Finanzflußanalyse erweist sich damit als ein zusätzliches Werkzeug im Instrumentarium des Bilanzanalytikers, das andere, wohlbekannte Werkzeuge *ergänzt, aber nicht ersetzt.* Immerhin ist es ein Instrument, das mit einer *ganzheitlichen Orientierung* ein zusammengefaßtes Bild von Erfolgs- und Finanzlage zu vermitteln versucht. Insofern ist es ein gutes Instrument, um einen Einstieg in die Analyse zu finden und kritische Fragen auszulösen. Dem entspricht dann auch, daß über die Detaillierung und weitere Unterteilung der im Zentrum stehenden sechs Positionen vertiefende Auskünfte eingeholt werden können.

Wir wollen aber nicht verkennen, daß andere Instrumente, vor allem eine differenzierende Aufschlüsselung der Aufwendungen und Erträge, im Grunde dasselbe leisten, wenn sie nämlich über kritische Fragen zu einer simultanen Betrachtung der korrespondierenden Positionen der Bilanz anregen. So bleibt also die Wahl des Instrumentes Geschmacksache. Es wird Analytiker geben, die auf das eine oder auf das andere Vorgehen schwören. Das soll uns recht sein, solange sie zu den gleichen Resultaten kommen. Von einer prinzipiellen Überlegenheit der Finanzflußanalyse für Krisendiagnosezwecke können wir nicht ausgehen, jedenfalls noch nicht, solange uns empirische Untersuchungen fehlen.

2.5 Krisendiagnose durch qualitative Bilanzanalyse

Andreas Jäckel/Hartmut Poppe

A. Das Problem

Die Deutsche Bundesbank berichtet in ihrem Monatsbericht Januar 1999 von einer Neuerung bei der Bonitätsbeurteilung: Einbeziehung des qualitativen Merkmals „Bilanzierungsverhalten". Sie führt aus:

„Mit Berücksichtigung des Bilanzierungsverhaltens wird der Tatsache Rechnung getragen, daß der Gesetzgeber dem Bilanzierungspflichtigen Bewertungswahlrechte einräumt, die den Aussagegehalt der Jahresabschlußzahlen verändern können. Erkenntnisse zum Bilanzierungsverhalten beziehungsweise zur Nutzung von Wahlrechten werden vor allem aus dem Anhang zum Jahresabschluß gemäß § 284 HGB gewonnen. Darüber hinaus erhält die Bundesbank aber aus anderen Quellen, zum Beispiel Gesprächen mit der Geschäftsleitung, ergänzende Informationen zur Bilanzpolitik. . . . Für jedes Unternehmen wird im einzelnen geprüft, ob es seine bilanziellen Gestaltungsspielräume signifikant anders nutzt als die Mehrheit der im Geschäftsverkehr der Bundesbank vorkommenden Unternehmen. Ergibt sich dabei insgesamt eine Abweichung in der einen oder anderen Richtung, wird das Bilanzierungsverhalten als konservativ oder progressiv eingestuft."[1]

Die verbale Berichterstattung ist somit in die Jahresabschlußanalyse einzubinden. Die systematische Untersuchung des Anhangs, des Lageberichtes und des Geschäftsberichtes soll neue und zusätzliche Erkenntnisse bringen. Dementsprechend wird zunehmend die *qualitative* Bilanzanalyse eingesetzt.

Auf der Basis einer empirischen Untersuchung wollen wir folgenden Fragen nachgehen:

1. Wie funktioniert die qualitative Bilanzanalyse?
2. In welcher Form können nicht-numerische Daten zum Zwecke der Vergleichbarkeit indexiert werden?
3. Ergänzen die nicht-numerischen Daten des Anhangs die Aussagen der quantitativen Bilanzanalyse?

---

[1] Deutsche Bundesbank (1999) S. 54.

B. Systematik und Perspektiven der qualitativen Bilanzanalyse

Die Bilanzierenden können zur Erreichung ihrer abschlußpolitischen Ziele ein umfangreiches Instrumentarium der Bilanzpolitik nutzen. Mit der Zunahme der Nutzung dieser bilanzpolitischen Gestaltungsmöglichkeiten nimmt die Aussagefähigkeit der Bilanzanalyse ab. Die Informationslücke kann durch Rückgriff auf verbale Aussagen im Anhang und im Lagebericht verkleinert werden.

Konsequenterweise muß die Bilanzpolitik Ausgangspunkt für die Bilanzanalyse sein. Um eine Verbindung zwischen der Bilanzpolitik und einem dafür typischen Bilanzierungs- und Bewertungsverhalten erkennen zu können, muß die *tendenzielle Richtung der Einflußnahme* herausgefunden werden. Dazu sollte nicht nur die stichtagsbezogene Bilanzpolitik erkundet werden, sondern auch die langfristige Unternehmensstrategie. Gerade ein Wechsel in der Tendenz der Bilanzpolitik zum Vorjahr bzw. zu Vorjahren sollte die Aufmerksamkeit erregen und weiter untersucht werden.

Die Bilanzierenden bedienen sich bei der Bilanzpolitik unterschiedlicher Einflußmethoden, um ihre gewünschten Ziele zu erreichen. Neben den formellen und materiellen bilanzpolitischen Instrumenten werden auch häufig gezielt semiotische bzw. linguistische Elemente genutzt. Was in der Werbewirtschaft in der Regel dazu beiträgt, ein Produkt vorteilhaft zu präsentieren, wird sich in gewissem Umfang[2] von den Bilanzierenden zu eigen gemacht, um beim Produkt „Jahresabschluß" die guten Seiten ausführlich herauszustellen und die schlechten Seiten abzumildern oder gar zu verschleiern.[3]

Die qualitative Bilanzanalyse läßt sich in folgende Bereiche einteilen:[4]

---

2 Begrenzt z. B. durch die gesetzlichen Normen wie das Postulat des „true and fair view" und der Grundsätze ordnungsmäßiger Buchhaltung, speziell die Grundsätze der Klarheit und Wahrheit.
3 Die restriktivste bilanzpolitische Methode ist dabei das Weglassen einer wichtigen Information. Obwohl die Nichtbeachtung einer Erläuterungs- oder Begründungspflicht Sanktionen des Abschlußprüfers erfordern sollte, zeigt die Auswertung der veröffentlichten Jahresabschlüsse, daß diese Sanktion offensichtlich nicht lückenlos angewendet wird.
4 Vgl. R. Schmidt (1981) S. 353–379, Küting (1992) S. 692.

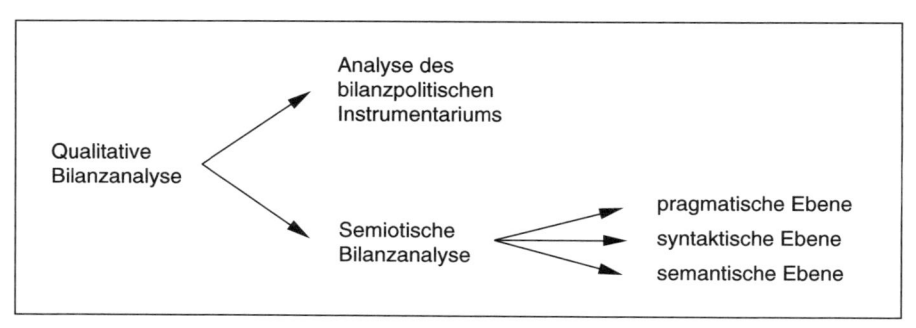

Abbildung 33: Bereiche der qualitativen Bilanzanalyse

Die semiotische Bilanzanalyse beschäftigt sich mit der Form der verbalen Berichterstattung. Unter bilanzanalytischen Aspekten wird der Präzisionsgrad der Aussagen (syntaktische Ebene),[5] der Grad der freiwilligen Berichterstattung (pragmatische Ebene)[6] und die präferierte Wortwahl (semantische Ebene)[7] mittels einer linguistischen Inhaltsanalyse untersucht.

Zu bedenken ist aber, daß die Erstellung des Jahresabschlusses von vielen Einflußfaktoren geprägt wird, die nicht alle mit Absichten der Bilanzpolitik zu begründen sind.[8] Zu diesen Einflußfaktoren im semiotischen Bereich zählen z. B. häufige und offensichtlich automatisch bestimmte Ausdrücke, Formulierungen, Begriffe oder Themen. Die Ursache von gleichlautenden Formulierungen in den Anhängen von verschiedenen Unternehmen kann z. B. darin begründet sein, daß man sich zufälligerweise

---

5 Es wird unterschieden zwischen Intervallaussagen (absolute Zahlen), komperativen Aussagen (z. B.: größer – kleiner), qualitativen Aussagen (z. B.: gut – schlecht) und nicht zu klassifizierenden Aussagen (z. B.: „Wir rechnen mit wahrscheinlich steigenden Absatzzahlen.").

6 Beschränkt sich ein Bilanzierender bei der Berichterstattung auf den gesetzlichen Mindestrahmen, spricht vieles dafür, daß er keinen zusätzlichen Blick in die Vermögens-, Finanz- und Ertragslage gewähren will. Ein Analytiker muß dann annehmen, daß bestimmte Informationen zur Unternehmenslage und der angewandten Bilanzpolitik im Unklaren bleiben sollen. Eine über das gesetzliche Mindestmaß hinausgehende Berichterstattung kann dagegen tendenziell so gedeutet werden, daß die abgebildete Unternehmenslage eher der tatsächlichen entspricht.

7 Hier kann z. B. unterschieden werden nach a) bewußter Wortwahl oder Wortgruppenwahl; b) gezieltem Einsatz sach- und mitteilungswirksamer sprachlicher Mittel, c) bewußtem Gebrauch rhetorischer Mittel.

8 Vgl. Werner (1990) S. 374.

am gleichen „Muster-Anhang"[9] orientiert hat. Es ist auch nicht auszuschließen, daß eine gewisse Gleichförmigkeit durch den Einfluß des gleichen Abschlußprüfers geprägt ist. Damit besteht bei der qualitativen Bilanzanalyse die Schwierigkeit zu differenzieren, wo die Bilanzpolitik zielgerichtet formuliert oder textlich gestaltet wurde und wo eine Routine ohne Kausalbezug zur Bilanzpolitik vorliegt. Somit können semiotische Untersuchungen in erster Linie nur Indizien (mit Signalfunktion) hervorbringen, die es über andere Informationen zu bestätigen gilt.

Zunächst stellt sich die Frage, wie das Wesen des Anhangs grundsätzlich beschrieben werden kann. Darauf aufbauend sind die inhaltsbezogenen qualitativen Bilanzanalysemethoden zu entwickeln.

Funktionen des Anhangs[10]	
1. *Erläuterungs- und/ oder Begründungsfunktion*	Die Anhangsangaben sollen Fehldeutungen vermeiden, weil der Bilanzierende darstellen muß, aus welchen Gründen bestimmte Wahlrechte genutzt wurden und welche Auswirkungen sich zum Stichtag und/oder in der Zukunft aus der Wahlrechtsnutzung ergeben.
2. *Aufschlüsselungs- und Schutzfunktion*	Weil singuläre numerische Informationen der Bilanz und der Erfolgsrechnung auch fehlinterpretiert werden könnten, sollen verbale Anhangsangaben zu den wichtigsten Posten der Bilanz und Erfolgsrechnung eine zusätzliche Interpretationssicherheit bieten.
3. *Ergänzungsfunktion*	Einige unternehmensbezogene Vorkommnisse wirken sich nur mittelbar in numerischen Daten aus oder lassen sich nicht zahlenbezogen darstellen, sind aber gleichwohl für die Beurteilung der Jahresabschlusses nicht von untergeordneter Bedeutung. Der Anhang ergänzt damit die Bilanz und Erfolgsrechnung über seine verbale Aussagekraft zu bestimmten qualitativen Tatbeständen.

---

9 Musteranhänge können dabei aus Fachbüchern, EDV-Medien etc. entnommen werden.
10 Vgl. dazu auch z. B. Küting (1992) S. 691 oder Coenenberg (1997) S. 367 f.

4. Korrekturfunktion oder Kontinuitätsfunktion	Ändern sich im Vergleich zum Vorjahr Bilanzierungs- und Bewertungsmethoden, so ergibt sich für den Bilanzierenden im Anhang eine Berichtspflicht. Der Anhang soll hier die Vergleichbarkeit ermöglichen.
5. Aktualisierungs- und Prognosefunktion	Auch eine Prognose vermag der Anhang darzustellen, indem er zu den primär vergangenheitsorientierten quantitativen Daten einen Gegenwarts- oder sogar Zukunftsbezug herstellt.

Abbildung 34: Funktionen des Anhangs

Um den Anhang einer zielgerichteten Analyse unterziehen zu können, ist es unumgänglich, einen vollständigen Überblick über das gesamte bilanzpolitische Instrumentarium zu haben. Deshalb zeigen wir zunächst die Gruppen von abschlußpolitischen Instrumenten:[11]

Während die Bilanzierenden über die *formelle* Bilanzpolitik die Form der Darstellung der Vermögens-, Finanz- und Ertragslage (VFE) gestalten, soll über die *materielle* Bilanzpolitik ein Einfluß auf die absolute Höhe einzelner Bilanz- und GuV-Posten und speziell des Jahresergebnisses ausgeübt werden.[12]

Wahlrechte sind – unabhängig von ihrer speziellen Qualifikation als Ansatz-, Ausweis- oder Bewertungswahlrechte – dadurch gekennzeichnet, daß an einen gegebenen Tatbestand mindestens zwei eindeutig bestimmte Rechtsfolgen anknüpfen, die sich gegenseitig ausschließen, wobei der zur Rechnungslegung Verpflichtete entscheidet, welche von ihnen eintritt.[13]

Ermessensspielräume entstehen, wenn eine standardisierte Auslegung unbestimmter Rechtsbegriffe durch die Bilanzierungspraxis nicht erfolgt ist oder nicht erfolgen kann. Dann muß der Rechtsanwender selbst die Beurteilung und Entscheidung treffen. Hierbei ist naturgemäß Subjektivität nicht auszuschließen. Es kann somit zu einer Bandbreite für zulässig

---

11 Eine Darstellung aller Angabepflichten im Anhang findet sich z. B. bei Leker/Möhlmann (1997). Vgl. auch Weber (1990) Rdnr. 159–191.
12 Beide Formen der Bilanzpolitik können in ihrer Wirkung nicht strikt getrennt werden. Es gibt auch Überschneidungen, z. B. bei der Nutzung diverser materieller Wahlrechte mit Auswirkungen auf die Bilanzstruktur.
13 Vgl. Bauer (1981) S. 767 und Selchert/Karsten (1989) S. 839.

erachteter Lösungen kommen, die den Ermessensspielraum[14] des Rechtsanwenders begründen.[15]

Neben diesen formellen und materiellen abschlußpolitischen Instrumenten sind auch noch die *Sachverhaltsgestaltungen* zu berücksichtigen, d. h. bilanzpolitische Maßnahmen im Sinne von zielgerichteter Vor- oder Nachverlagerung von Geschäftsvorfällen.[16] Die besondere Problematik dieser Sachverhaltsgestaltungen ist, daß sie für den Analytiker nur schwer erkennbar sind und naturgemäß auch keinem Stetigkeitsgebot unterliegen.[17]

Durch den Einsatz des bilanzpolitischen Instrumentariums kann also in einem gewissen Rahmen zielgerichtet ein gewünschtes Unternehmensbild entwickelt werden. Folglich findet wohl die alte Praktikerregel Bestätigung, daß „gute Bilanzen meist besser und schlechte Bilanzen meist noch schlechter sind als sie zumindest auf den ersten Blick erscheinen".[18] Die Abweichung zur tatsächlichen Unternehmenslage kann aber dadurch erkannt werden, daß aufgrund gesetzlich geforderter oder auch freiwilliger Informationen der Einsatz des bilanzpolitischen Instrumentariums dokumentiert und damit neutralisiert wird.

Damit die Ergebnisse einer qualitativen Bilanzanalyse auch sachgerecht interpretiert werden können, muß man sich die zugrundeliegenden *Prämissen* verdeutlichen. Letztlich sind die Ergebnisse einer qualitativen Bilanzanalyse abhängig von

– der jeweils gewählten Anspruchsnorm des Untersuchenden,
– der Erkenntnis und Berücksichtigung, daß qualitative Unterschiede des Publizitätsverhaltens auch durch unterschiedliche gesetzliche Anforderungen an verschiedene Unternehmensgruppen bedingt sein können,

---

14 *Verfahrensspielräume* sind Ermessensspielräume, die sich durch Fachschrifttum oder Bilanzierungspraxis gebildet haben. *Individualspielräume* sind dagegen gekennzeichnet durch die Möglichkeiten zu Einzelentscheidungen über Ansatz oder Bewertung aufgrund unvollkommener Information und Ungewißheit zukünftiger Erwartungen. (Vgl. Pfleger (1991) S. 34 f.)
15 Vgl. Selchert/Karsten (1989) S. 837 f.
16 Es sind aber auch Sachverhaltsgestaltungen vorstellbar, deren originärer Zweck die Bilanzpolitik an sich ist. Dabei gibt es Sachverhalte, die nach dem Bilanzstichtag wieder rückgängig gemacht werden können und solche, bei denen das i. d. R. nicht möglich ist.
17 Aufgrund der Schwierigkeiten bei der Operationalisierung der Sachverhaltsgestaltungen wird dieser Teilbereich in der späteren empirischen Untersuchung ausgeschlossen.
18 Vgl. Clemm (1989) S. 360.

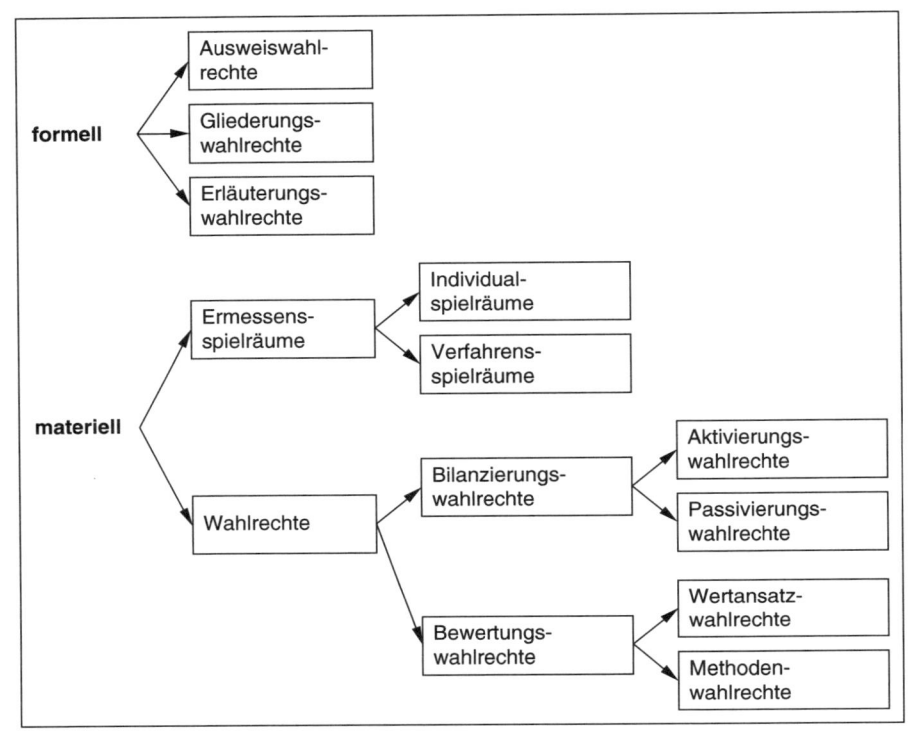

Abbildung 35: Bilanzpolitisches Instrumentarium

- der Differenziertheit der fragegesteuerten Inhaltsanalyse,[19]
- der Methode der Erfassung der Publizitätsgüte,[20]
- der Auswahl des Untersuchungsbereichs (Gesamt- oder Teilpublizität),[21]
- der Erkenntnis, daß bestimmte Einflußfaktoren andere Einflußfaktoren dominieren können und

---

19 Mit welcher Feinregulierungsstufe werden z. B. Wesentlichkeitsgrenzen, die das Gesetz nicht genau definiert, ermittelt und festgelegt?
20 Wird nur die gesetzlich geforderte Pflichtangabe registriert oder wird auch zusätzlich auf der pragmatischen Ebene die freiwillige Berichterstattung einbezogen?
21 Neben dem Anhang kann es zur Steigerung der Informationseffizienz auch sinnvoll sein, weitere nichtnumerische Daten einzubeziehen, wie z. B. den Lagebericht oder allgemeine Teile des Geschäftsberichtes.

– der ständigen Besinnung darauf, daß die untersuchte Datenbasis vergangenheitsbezogen und bei Kapitalgesellschaften nicht mehr aktuell ist.[22]

Nur wenn man alle Grenzen der qualitativen Untersuchungsmethode berücksichtigt und sie als notwendige Ergänzung der quantitativen Untersuchungsmethoden versteht, kann man nachvollziehbare und weitestgehend unstrittige Analyseergebnisse herausarbeiten.

C. Qualitative Bilanzanalyse und Krisendiagnose

Wie im Teil 1 dieser Schrift bereits dargestellt wurde, gibt es nicht nur eine einzige Form der latenten Krise. Vielmehr muß man von unterschiedlichen Mustern und Typen von latenten Krisen ausgehen. Einige Typen sind dabei mittels der quantitativen Bilanzanalyse mehr oder weniger einfach zu bestimmen. Andere Typen verschließen sich einer derartigen Analysemethode. Deshalb wurde von Hauschildt[23] ein dreistufiger Analyseprozeß vorgeschlagen. Zunächst soll die *grundsätzliche Aussagetendenz* (Bewertung und Ausweis) erkannt werden. Dann muß der *Krisentyp* bestimmt werden bzw. das Ergebnis der Bilanzanalyse einem Krisentyp zugeordnet werden. Anschließend ist das bis dato festgestellte Ergebnis an Daten zu überprüfen, die sich nicht in der Bilanz finden. Auf diesem individuell auszurichtenden Krisenpfad sollte insbesondere die *Analyse der qualitativen Daten* des Anhangs dazu beitragen, die Aussagetendenz und den Krisentyp klarer zu bestimmen.

Analysen in der Literatur zu Insolvenzursachen und zur Kreditwürdigkeit haben bestätigt, daß die monetäre Bilanzanalyse dabei allenfalls Indikatorwirkung haben kann. Sie soll weitergehende und umfassende Informationsaktivitäten auslösen. Erst nach Vorliegen dieser ergänzenden Informationen scheint eine Krisendiagnose möglich zu sein.[24] Damit ergibt sich folgendes Bild:

---

22 Die Vorlagefrist zum Handelsregister/Bundesanzeiger beträgt bei Kapitalgesellschaften nach § 325 HGB neun Monate. Insbesondere die zum Bilanzstichtag gewählten Wertmaßstäbe sind damit Ausdruck von Erwartungen, die man gestern hatte. (Vgl. Hauschildt (1996) S. 1 f.)
23 Vgl. Teil 1.
24 Vgl. Krehl (1988) S. 40.

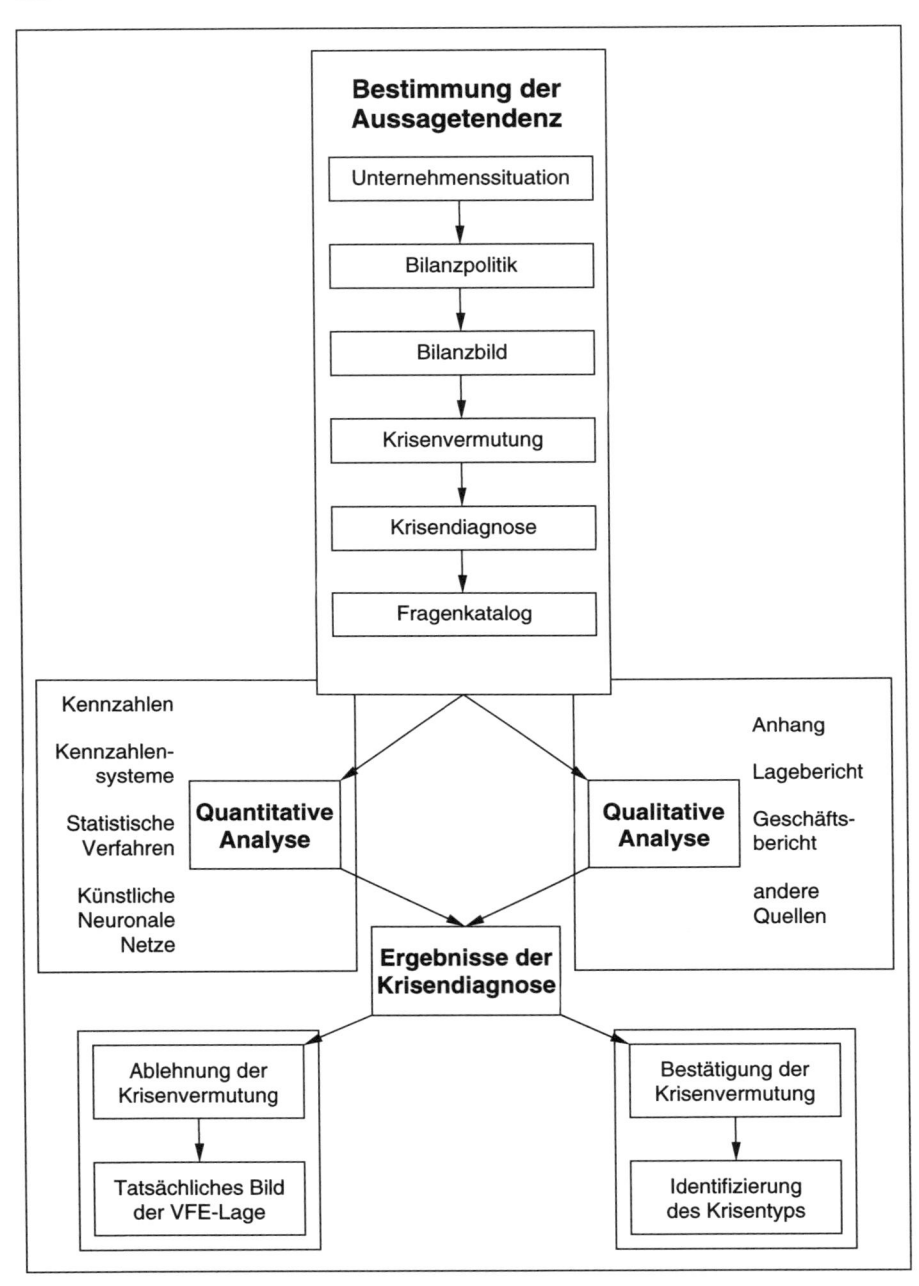

Abbildung 36: Qualitative Analyse im Prozeß der Krisendiagnose

Unternehmen mit einer besonders guten Vermögens-, Finanz- und Ertragslage können im materiellen und formellen Bilanzbereich über den Einsatz der *konservativen* Bilanzpolitik erreichen, daß der Jahresüberschuß weit niedriger ausgewiesen wird, als er tatsächlich ausfallen würde (d. h. ohne Anwendung von „konservativen Wahlrechten").[25]

Für die Analyse der potentiellen Krisensituation ist aber die *progressive* Bilanzpolitik von weitaus größerem Interesse. Diese Form der materiellen Bilanzpolitik ist darauf ausgerichtet, daß bilanzpolitische Wahlrechte stets so ausgenutzt werden, daß ein möglichst hoher Jahresüberschuß bzw. ein möglichst niedriger Jahresverlust gezeigt wird.[26] Der Gesetzgeber hatte vorgesehen, daß durch die gesetzlichen Angabe-, Begründungs- und Erläuterungspflichten im Anhang die Nutzung dieser ergebnisverbessernden bilanzpolitischen Maßnahmen für Externe transparent gemacht werden soll. Durch eine Nichterfüllung der Berichtspflichten, d. h. restriktive verbale Berichtspolitik oder unvollständige bzw. ungenaue Angaben, Begründungen und Erläuterungen wird die externe Analyse der bilanzpolitischen Maßnahmen aber erschwert oder gar unmöglich gemacht.[27] Die Tendenz der Bilanzpolitik ist dann aus der ohnehin eingeschränkten Sichtweise des externen Analytikers nicht mehr in allen Bereichen der Bilanzierung zu erkennen.[28] Der Analytiker kann das bilanzierte Ergebnis lediglich wie einen Eisberg beurteilen: erkennbar ist nur die Spitze; das tatsächliche Ausmaß bleibt zu großen Teilen „unter Wasser" und damit verborgen.[29]

Gerade der materiellen Bilanzpolitik bietet sich ein umfassender Katalog von möglichen Wahlrechten. Bei der Nutzung mancher Wahlrechte kann man unmittelbar auf ein zu hohes Jahresergebnis schließen; bei anderen Wahlrechten werden zumindest Vermutungen genährt. Grundsätzlich kann die Nutzung der nachfolgend im Überblick dargestellten Wahlrechte als Signal für eine Krisenvermutung gewertet werden:

– Ansatz von Bilanzierungshilfen und deren langfristige Abschreibung,

---

25 Vgl. zu den Erscheinungsformen der konservativen Bilanzpolitik auch: Küting (1992) S. 730.
26 Vgl. Küting/Weber (1997a) S. 399 f.
27 Vgl. Hauschildt (1971) S. 336.
28 Küting/Weber teilen das bilanzpolitische Instrumentarium aus der Sicht der Bilanzanalyse in drei Arten von Maßnahmen ein: 1. Maßnahmen, deren quantitative Auswirkungen erkennbar sind; 2. Maßnahmen, die dem Grunde nach erkennbar sind, aber nicht quantifiziert werden können und 3. Maßnahmen, die weder dem Grunde noch der Höhe nach erkennbar sind. (Vgl. Küting/Weber (1997a) S. 398.)
29 Vgl. Göllert (1984) S. 1851.

- Ausnutzung von Wahlrechten zur Minimierung des jährlichen Abschreibungsvolumens,
- Ausnutzung des Bewertungsspielraumes bei den Herstellungskosten bis zur steuerlichen Wertobergrenze,
- Änderungen von Bewertungsmethoden mit dem Ergebnis der Erhöhung der jeweiligen Aktivawerte,
- Verzicht auf die Passivierung von Pensionsrückstellungen,
- vollständiges oder beschleunigtes Auflösen eines Sonderpostens mit Rücklageanteil.

Naturgemäß ist ein unmittelbarer kausaler Zusammenhang zwischen progressiver Bilanzpolitik und Mißerfolgskaschierung nicht grundsätzlich begründbar. Unstrittig ist aber, daß die Nutzung der genannten Wahlrechte zu kritischen Fragen führen muß.

D. Stichprobe und Methode der empirischen Untersuchung

Als Untersuchungsobjekte bieten sich aufgrund der bestehenden Publizitäts- und Offenlegungspflichten vor allem große Kapitalgesellschaften in der Rechtsform der GmbH und der AG an. Die Untersuchung ist dahingehend auszurichten, daß eine empirische Analyse sich nicht speziell auf Krisenunternehmen konzentriert. Vielmehr müssen sich die theoretischen Aussagen zur qualitativen Bilanzanalyse an einer zufällig ausgewählten Stichprobe von Unternehmen überprüfen lassen. Dazu ist eine Zufallsstichprobe von 117 Unternehmen aus der Grundgesamtheit aller der im Bundesanzeiger veröffentlichenden Unternehmen mit den Rechtsformen GmbH und AG gezogen worden.[30] Die Diagramme zeigen die Verteilung der 117 Unternehmen nach den Größenkriterien Umsatz und Bilanzsumme.[31]

In einem ersten Schritt wird durch systematische Inhaltsanalyse für 73 Informationspflichten des Anhangs überprüft, ob die Unternehmen der gesetzlich geforderten Informationspflicht jeweils nachgekommen sind. Aus Gründen der Vergleichbarkeit sind die 73 Informationspflichten um diejenigen Informationspflichten zu bereinigen, die ausschließlich für eine bestimmte Rechtsform zu machen sind.[32] Danach ergibt sich ein Wert von 58 zu untersuchenden Angabepflichten für jedes Unternehmen.

---

30 Die Grundlage bildete der BA von 1994.
31 Auf eine Aufgliederung nach der Arbeitnehmerzahl wurde aus Gründen der Übersichtlichkeit verzichtet.
32 Vgl. dazu Poppe (1996) und Wieben (1998) und zu einer Übersicht über die Informationspflichten Coenenberg (1997) S. 378 ff.

Stichprobe und Methode der empirischen Untersuchung

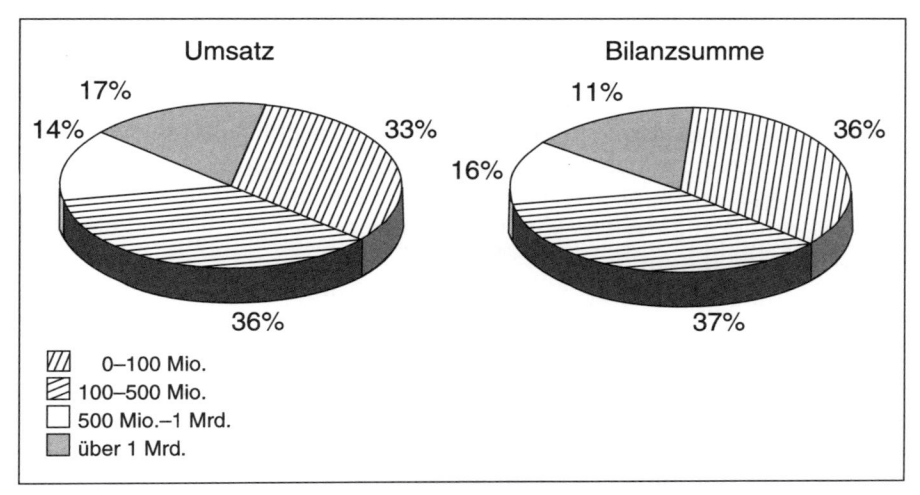

```
              Umsatz                           Bilanzsumme
      17%                              11%
  14%              33%                              36%
              16%
         36%                               37%

  ▨ 0–100 Mio.
  ▨ 100–500 Mio.
  ☐ 500 Mio.–1 Mrd.
  ■ über 1 Mrd.
```

Abbildung 37: Verteilungsparameter der Stichprobe

Damit die Ergebnisse interpretierbar sind, sollen die spezifischen Grenzen der nachfolgenden empirischen Untersuchung abgesteckt werden.

– *Anspruchsnorm:* Der zugrunde zu legende Maßstab bezüglich der Anforderungen zur Berichterstattung ist das HGB sowie die entsprechende Kommentarliteratur. Dabei liegt die Beweislast für die Qualität der Daten immer beim Bilanzierenden, also wird prinzipiell immer für eine mißtrauische Dateninterpretation plädiert.[33]

– *Differenziertheit der fragegesteuerten Analyse:* Die Inhaltsanalyse des Anhangs beschränkt sich auf die Feststellung, ob ein Wahlrecht genutzt wurde, ob eine Informationspflicht vorliegt und ob sie erfüllt worden ist. Des weiteren wird bei den gesetzlich nicht eindeutig fixierten Wesentlichkeitsgrenzen ein eindeutiger prozentualer Wert am Gewinn des Unternehmens zugrunde gelegt, hier: 10% des Jahresergebnisses.

– *Methode zur Erfassung der Publizitätsgüte:* Der kumulativen Bewertung liegt ein Scoring-Modell zugrunde, bei dem nur die Beurteilung einer Informationspflicht mit erfüllt (Bewertung = 1) oder nicht erfüllt (= 0) zugelassen wird. Eine über das gesetzliche Maß hinausgehende Berichterstattung erbringt keine zusätzliche positive Bewertung.[34]

---

33 Vgl. dazu Hauschildt (1996) S. 3.
34 Die Operationalisierung ist dabei mit den Werten 0 (Informationspflicht nicht erfüllt) und 1 (Informationspflicht erfüllt) vorgenommen worden. Anschließend ist durch Addition und durch Relativierung an der Zahl der Angabepflichten ein Güteindex aggregiert worden. Vgl. Poppe (1996).

– *Verschiedene Unternehmensbedingungen:* Aus Gründen der Vergleichbarkeit im Hinblick auf die unterschiedlichen Publizitätspflichten werden nur Aktiengesellschaften und GmbH's betrachtet.
– Der *Untersuchungsbereich* umfaßt nur die Teilpublizität des Anhangs und der Bilanz bzw. den durch sie dargestellten bilanzpolitischen Spielraum. Lagebericht, allgemeiner Teil des Geschäftsberichtes und sonstige allgemein zugängliche Unternehmensinformationen finden keine Berücksichtigung.

Die folgende Untersuchung konzentriert sich auf die Informationspflichten des Anhangs zu Wahlrechten, die eine materielle Bilanzpolitik ermöglichen. Gerade sie sind von besonderem Interesse, weil vor allem durch sie eine Ergebnisbeeinflussung möglich ist. Trotz der Vielzahl an Informationspflichten und ihrer bezüglich des Informationsgehaltes unterschiedlichen Bedeutung wird auf eine Gewichtung verzichtet. Deshalb erscheint es ratsam, einen Index zu bilden, der sich auf wenige wesentliche Angabepflichten reduziert. Damit soll ausgeschlossen werden, daß ein Unternehmen zu brisanten Themenbereichen nur unzureichende Angaben macht und diese Unzulänglichkeiten bei der Bildung eines Gesamtindex' durch eine einwandfreie Berichterstattung in weniger sensiblen Bereichen kompensieren kann.

Zur Verfeinerung des alle Informationspflichten umfassenden Index[35] wurden die statistischen Kennwerte der 58 betrachteten Informationspflichten analysiert. Als Kriterium für die Aufnahme einer Informationspflicht in einen neu zu bildenden Publizitätsindex wurde eine mittlere Publizitätsgüte gewählt, die kleiner oder gleich dem Mittelwert des Gesamtindex' sein mußte (86%). So ist sichergestellt, daß insbesondere die Informationspflichten, denen die Unternehmen gemessen am gesetzlichen Anspruch am wenigsten nachkommen, besondere Berücksichtigung finden. Die Analyse ergibt 14 Informationspflichten, die dieses Kriterium erfüllen.[36]

Inhaltlich lassen sich die herausgefilterten Informationspflichten zwei Teilbereichen der Publizität zuordnen, die den externen Analytiker nicht verwundern dürften. Zum einen werden Angabepflichten verletzt, die der Erläuterung von Bilanzierungs- und Bewertungsmethoden, periodenfremden Sachverhaltsgestaltungen und steuerrechtlichen Vergünstigungen dienen. Diese Informationspflichten betreffen Bereiche der Bilanzierung, in denen materielle Bilanzpolitik möglich ist. Zum anderen wird gegen solche Angabepflichten verstoßen, die Unternehmen bezüglich sensibler Themen-

---

35 Vgl. Wieben (1998).
36 Wieben (1998).

bereiche erläutern müssen. Hierzu gehören die Ausführungen zur Vergütung der Geschäftsführungsorgane und der an sie gewährten Kredite ebenso wie Angaben zu Haftungsverhältnissen, zur Segmentierung der Umsatzerlöse, zur Ertragssteuerspaltung oder zum Anteilsbesitz. Die nachfolgende Aufstellung gibt einen Überblick über die 14 extrahierten Informationspflichten im Anhang:

Berichterstattung zu den angewandten Bilanzierungs- und Bewertungsmethoden:

1. Abschreibungen im Anlagevermögen
2. Umfang der Herstellungskosten des Anlagevermögens
3. Umfang der Herstellungskosten des Umlaufvermögens
4. Angabe der Grundlagen der Fremdwährungsumrechnung
5. Angabe und Begründung bei Abweichung von den Bilanzierungs- und Bewertungsmethoden
6. Betragsmäßige Erläuterung periodenfremder Sachverhaltsgestaltungen
7. Beeinflussung des aktuellen Jahresergebnisses durch Inanspruchnahme steuerrechtlicher Vergünstigungen im Geschäftsjahr oder in früheren Geschäftsjahren

Nicht von (unmittelbarerer) materieller bilanzpolitischer Bedeutung:

8. Angabe der Haftungsverhältnisse nach § 251 HGB
9. Gesonderte Angabe der in § 251 HGB bezeichneten Haftungsverhältnisse gegenüber verbundenen Unternehmen
10. Aufgliederung der Umsatzerlöse
11. Ertragssteuerbelastung des Ergebnisses der gewöhnlichen Geschäftstätigkeit und des außerordentlichen Ergebnisses
12. Angabe der Gesamtbezüge des Geschäftsführungsorgans, Aufsichtsrats und von Beiräten
13. Angabe der Zinssätze, der wesentlichen Bedingungen und der ggf. im Geschäftsjahr zurückgezahlten Beträge bzgl. der Organmitgliedern gewährten Vorschüsse und Kredite
14. Angaben zu Unternehmen, an denen die Kapitalgesellschaft oder eine für ihre Rechnung handelnde Person mindestens 20% der Anteile besitzt

Für die Krisendiagnose sind in erster Linie die Aussagen zu Bilanzierungs- und Bewertungsmethoden von Bedeutung. Aus diesem Grunde konzentrieren wir uns im folgenden auf die Ziffern 1 bis 7. Diese werden zunächst erörtert und die gesetzlichen Anforderungen dargestellt. Anschließend wird die Wirkungsweise der einzelnen Wahlrechte bezüglich progressiver und konservativer Bilanzpolitik erläutert und die Probleme für den externen Bilanzanalytiker aufgezeigt, die bei Verstößen gegen die gesetzlich geforderten Informationspflichten auftreten können.

E. Operationalisierungen

Ziff. 1: Abschreibungen im Anlagevermögen

Gesetzliche Berichtspflicht:

Nach § 253 (2) HGB sind zeitlich begrenzt nutzbare Gegenstände des Anlagevermögens „planmäßig" abzuschreiben. Der Gesetzgeber hat dazu lediglich vorgegeben, daß die Abschreibungsmethode den wirtschaftlichen Wertverzehr wiedergeben soll, sich aber auf keine bestimmte Methode festgelegt. Verbreitet sind die Formen der linearen und der degressiven Abschreibung.[37] Daraus folgt:

§ 284 (2) HGB fordert Angabe der Abschreibungsmethode sowie des Abschreibungssatzes bzw. der Nutzungsdauer im Anhang.[38]

Problembereiche des externen Bilanzlesers:

Ist den gesetzlichen Anforderungen nicht oder nur z.T. nachgekommen worden – keine Benennung der Methode bzw. keine Angabe der oder kein Verweis auf Nutzungsdauern, so ist eine Beurteilung der Bilanz nur bedingt möglich.[39] Denn aus der Angabe der Abschreibungsmethode läßt sich bereits tendenziell ableiten, ob ein Unternehmen einer eher konservativen Bilanzpolitik mit möglichst hohen, das Jahresergebnis vermindernden Abschreibungsbeträgen (degressive Abschreibung, kurze Nutzungsdauer) oder einer eher progressiven Politik mit möglichst geringem Abschreibungsvolumen (lineare Abschreibung mit langer Nutzungsdauer) folgt, welches das Jahresergebnis nur geringfügig reduziert. Allerdings ist

---

37 In der Steuerbilanz sind lediglich die geometrisch-degressive und die lineare Abschreibung möglich, die i. d. R. auch in der Handelsbilanz Verwendung finden.

38 Vgl. zur gesetzlichen Norm: Ellrott (1995), § 284 (2) HGB. Der Ausgangswert ist dem Anlagegitter zu entnehmen.

39 Jedoch kann auch die Angabe einer gesetzlich gestatteten Angabe einer Bandbreite der Nutzungsdauern durchaus für Unklarheit sorgen.

die sogenannte „Zweischneidigkeit der Bilanzpolitik"[40] zu beachten. In der Steuerbilanz hat die Abschreibungsmethode auch Einfluß auf die Ertragsteuerbelastung, welche die Wirkung der Bilanzpolitik allerdings abschwächen kann.

Ziff. 2: Umfang der Herstellungskosten des Anlagevermögens

Gesetzliche Berichtspflicht:

Das Anlagevermögen wird gemäß § 253 (1) HGB höchstens zu Anschaffungs- oder Herstellungskosten bewertet. Nach der gesetzlichen Kodifizierung in § 255 (1) HGB ist der Umfang der Anschaffungskosten eindeutig bestimmt. Die Herstellungskosten sind der originäre Bewertungsmaßstab für die im Unternehmen selbsterstellten Vermögensgegenstände. Der Bilanzierende kann einen Ansatz von Teil- bis Vollkosten[41] wählen. Im Unterschied zum HGB schreibt das Steuerrecht eine Aktivierungspflicht bezüglich der Material- und Fertigungsgemeinkosten vor.[42] Daraus folgt:

Die Bemessung der Herstellungskosten stellt eine Bewertungsmethode dar, die gemäß § 284 (2) HGB erläutert werden muß. Die Ausübung des Wahlrechts bzw. speziell bezüglich der Einbeziehung der Gemeinkosten ist im Anhang anzugeben.[43] Durch die steuerrechtliche Spezifizierung ist gegebenenfalls auch ein Verweis auf die steuerliche Untergrenze möglich.

Problembereiche des externen Bilanzlesers:

Durch die Einbeziehung diverser Gemeinkosten kann ein bilanziell höheres Ergebnis erreicht werden (progressive Bilanzpolitik). Werden Gemeinkosten nicht aktiviert, so verringern sie im Erstellungsjahr als Aufwand das Jahresergebnis (konservative Bilanzpolitik). In den Folgejahren verringern

---

40 Hohe Abschreibungsbeträge zu Beginn der Nutzung gehen mit entsprechend niedrigeren Abschreibungsbeträgen zum Ende der Nutzung einher. (Vgl. Veit/Ulrich (1995) S. 3864.)
41 Die handelsrechtliche Wertuntergrenze umfaßt die Material- und Fertigungseinzelkosten sowie die Sondereinzelkosten der Fertigung. Beim Vollkostenansatz können darüber hinaus auch die notwendigen Material- und Fertigungsgemeinkosten den Werteverzehr des AV, soweit durch die Fertigung veranlaßt, sowie Kosten der allgemeinen Verwaltung und Aufwendungen für freiwillige soziale Einrichtungen umfassen. Nach § 255 (3) HGB ist gegebenenfalls auch eine Aktivierung von Fremdkapitalzinsen zulässig, sofern sie auf den Zeitraum der Herstellung entfallen.
42 Vgl. dazu R 33 EstR.
43 Vgl. Dörner/Wirth (1995), §§ 284 HGB Rn. 98.

sich aber dadurch die möglichen Abschreibungsbeträge, so daß dann das Ergebnis im Vergleich zum Teilkostenansatz höher ausfällt.

Werden aber keine Informationen zu einbezogenen Kostenbestandteilen geliefert, ist eine Beurteilung des Wertes des Anlagevermögens und der aktivierten/nicht aktivierten Aufwandskomponenten nur bedingt möglich.

Ziff. 3: Umfang der Herstellungskosten des Umlaufvermögens

Gesetzliche Berichtspflicht:

Bei den selbsterstellten Vermögensgegenständen des Umlaufvermögens (i. d. R. fertige und unfertige Erzeugnisse) sind ebenfalls die Herstellungskosten der Bewertungsmaßstab. Die Einbeziehungswahlrechte sind mit denen des Anlagevermögens vergleichbar. Wird der Vollkostenansatz gewählt, so besteht ein Methodenwahlrecht bezüglich des anzuwendenden Verfahrens zur Gemeinkostenverteilung, durch die die Höhe der Gemeinkosten variieren kann (Bildung der Verteilungsschlüssel). Außerdem besteht hier das Problem auftretender Beschäftigungsschwankungen im Rahmen der Ermittlung der Fertigungsgemeinkosten. Daraus folgt:

Analog zu den Herstellungskosten des Anlagevermögens ist auch beim Umlaufvermögen gemäß § 284 (2) HGB entsprechend zu erläutern. Die Bewertung von Erzeugnissen erfolgt in jedem Geschäftsjahr, so daß man an die Bewertungsstetigkeit gemäß § 252 (1) HGB gebunden ist und eine Abweichung zusätzlich angegeben werden muß (§ 252 (2) HGB).

Problembereiche des externen Bilanzlesers:

Auch hier läßt der Teilkostenansatz eher auf eine konservartive Bilanzpolitik schließen. Gemeinkosten werden in der Herstellungsperiode als Aufwand verrechnet und mindern das Jahresergebnis. Aufwand wird also aus den Folgejahren vorverlagert. Dementsprechend ist der Vollkostenansatz eher Ausdruck progressiver Bilanzpolitik, da er im Ansatzjahr zu einem höheren Jahresergebnis führt. Allerdings werden in den Folgejahren bei Verkauf die Vermögensgegenstände mit höherem Aufwand belegt bzw. kann bei Lagerhaltung die Beachtung des Niederstwertprinzips zu höheren Abschreibungsbeträgen führen.

Wird der Angabepflicht nicht dezidert nachgekommen, können sowohl Jahresergebnis als auch der Wert des Lagerbestandes nur bedingt beurteilt werden.

Ziff. 4: Fremdwährungsumrechnung

Gesetzliche Berichtspflicht:

Der Jahresabschluß ist gemäß § 244 HGB in deutscher Sprache und in DM aufzustellen. Liegen dem Jahresabschluß Geschäftsvorfälle oder Bestände in fremder Währung zugrunde, so sind diese in DM umzurechnen. Der Gesetzgeber schreibt keine Umrechnungsmethode verbindlich vor. Aus diesem Grund kann der Bilanzierende die Art des Umrechnungskurses (Geld-, Brief- oder Mittel- sowie Kassa- oder Terminkurs) und den Umrechnungszeitpunkt (Stichtag, historische Anschaffungskosten oder Durchschnittskurs) frei bestimmen. Daraus folgt:

Die Methode der Währungsumrechnung – Umrechnungskurs und Umrechnungszeitpunkt – ist gemäß § 284 (2) HGB im Anhang anzugeben.

Außerdem ist auf die Einhaltung des Niederstwertprinzips einzugehen, wenn zeitlich bedingte Unterschiede zwischen den jeweiligen Wechselkursen vorliegen.

Wird in Bilanz und GuV unterschiedlich umgerechnet, so ist die Behandlung entstehender Unterschiedsbeträge im Anhang anzugeben.[44]

Eine Änderung der Währungsumrechnung ist gemäß § 284 (2) HGB im Anhang anzugeben und zu begründen.

Problembereiche des externen Bilanzlesers:

Je nach Umrechnungsmethode kann durch die Wechselkursschwankungen das Jahresergebnis sowohl positiv als auch negativ beeinflußt sein. Gerade bei Umrechnungen zu Durchschnitts- bzw. historischen Anschaffungskursen können beispielsweise bei steigendem Auslandskurs Wechselkursgewinne auftreten, die entweder ergebnisneutral oder erfolgswirksam behandelt werden können.

Fehlen Angaben zur Umrechnungsmethode oder zur Behandlung entstehender Unterschiedsbeträge, so sind Währungseinflüsse auf das Jahresergebnis kaum oder gar nicht nachzuvollziehen. Dies kann gerade bei Firmen mit einem sehr großen Auslandsumsatz zu mangelnder Transparenz in der Darstellung führen.

---

[44] Vgl. dazu Leker/Möhlmann (1997) S. 22 f.

Ziff. 5: Angabe und Begründung bei Abweichung von den Bilanzierungs- und Bewertungsmethoden

Gesetzliche Berichtspflicht:

Die Vergleichbarkeit aufeinander folgender Jahresabschlüsse eines Unternehmens soll grundsätzlich möglich sein. Deshalb hat der Anhang im Hinblick auf die Angabe- und Begründungspflichten des § 284 (2) HGB eine Korrekturfunktion zu den bilanzierten quantitativen Daten, indem er über Änderungen von Bilanzierungs- und Bewertungsmethoden berichtet.

Die Bewertungsmethoden unterliegen grundsätzlich dem Stetigkeitsgebot des § 252 (1) HGB. Darüber hinaus sind nach § 284 (2) HGB die Abweichungen gegenüber den im Vorjahr angewandten Methoden im Anhang anzugeben und – wegen ihrer besonderen Bedeutung – auch zu begründen. Die geänderte Nutzung von Ansatzwahlrechten wird dagegen nicht vom Stetigkeitsgebot des § 252 HGB erfaßt; aber aufgrund ihrer expliziten Erwähnung im Gesetzestext müssen sie angegeben und begründet werden. Daraus folgt:

Der Wechsel von Bilanzierungs- und Bewertungsmethoden ist im Anhang anzugeben und zu begründen.

Die Begründung muß die tatsächliche Sachlage, die zur jeweiligen Änderung geführt hat, aufzeigen und die Erforderlichkeit der Änderung rechtfertigen.

Darüber hinaus ist die Auswertung der Änderung im einzelnen bzw. insgesamt auf die VFE-Lage gesondert darzustellen. Nach der herrschenden Meinung sind dazu qualitative und quantitative Angaben unverzichtbar.

Problembereiche des externen Bilanzlesers:

Wenn der externe Bilanzleser die Jahresabschlüsse zweier aufeinanderfolgender Geschäftsjahre eines Unternehmens vergleichen will, sind Angaben zur Änderung der Bilanzierungs- und Bewertungsmethoden zwingend erforderlich. Die Angaben zu den Änderungen haben häufig eine Signalfunktion für die Tendenz des ganzen Abschlusses. Deshalb ist es von besonderer Bedeutung, daß im Anhang tatsächlich der ganze Umfang und die Richtung der einzelnen Änderungen dargelegt wird. Um bei umfangreichen oder komplizierten Sachverhalten zu einer sachgerechten und umfassenden Beurteilung zu gelangen, muß der externe Bilanzleser verlangen, daß der Bilanzierende die Änderung mit Hilfe verbaler Angaben und quantitativer Verhältnis- oder Vergleichszahlen ausreichend erläutert und begründet. Bei einem wesentlichen Einfluß auf die VFE-Lage ist dieses sogar gesetzlich gefordert.

Ziff. 6: Erläuterung periodenfremder Erträge und Aufwendungen

Gesetzliche Berichtspflicht:

Aufwendungen und Erträge, die eigentlich einer anderen Periode zuzurechnen sind, können ein bedeutendes bilanzpolitisches Instrument darstellen, wenn sie das Jahresergebnis dadurch erheblich beeinflussen, daß sie in der aktuellen Periode erfolgswirksam verbucht worden sind. Daraus folgt:

Nach § 277 (4) HGB sind periodenfremde Erträge und Aufwendungen hinsichtlich ihres Betrages und ihrer Art im Anhang zu erläutern, sofern sie zur Beurteilung der Ertragslage nicht von untergeordneter Bedeutung sind.[45]

Problembereiche des externen Bilanzlesers:

Ausdruck progressiver Bilanzpolitik kann beispielsweise die Verlagerung von Aufwand in Folgeperioden bzw. die Auflösung von Rückstellungen in der aktuellen Periode sein. Konservative bilanzpolitische Strategien liegen demgegenüber in der Bildung möglichst hoher Rückstellungen, um ein hohes Jahresergebnis zu verringern.

Durch die Erläuterung soll verdeutlicht werden, inwieweit periodenfremde Geschäftsvorfälle das Geschäftsergebnis beeinflussen. Unterbleibt eine dementsprechende Angabe, kann das Jahresergebnis nicht differenziert genug beurteilt werden.

Ziff. 7: Angabe des steuerlichen Einflusses auf das Ergebnis

Gesetzliche Berichtspflicht:

Im Steuerrecht gibt es steuerliche Sonderabschreibungen und Bewertungsfreiheiten, die über die originären handelsrechtlichen Abschreibun-

---

[45] Als Schwellenwert wurde in der Untersuchung 10% des Jahresergebnisses zugrunde gelegt. Berücksichtigung finden als periodenfremd gekennzeichnete Beträge sowie Beträge, die eindeutig anderen Jahren zuzuordnen sind (Steuererstattungen und -nachzahlungen, Auflösung von freiwerdenden Rückstellungen). Buchverluste aus Anlageabgängen sind zudem in den außerplanmäßigen Abschreibungen berücksichtigt. Bei den Sachverhaltsbezeichnungen ist die Nichtangabe von Beträgen oder verbalen Größenordnungen grundsätzlich als Verstoß gewertet worden, da bezüglich unwichtiger Sachverhalte eine Erläuterung ganz unterbleiben kann (Prinzip der Wesentlichkeit). Vgl. hinsichtlich Definition und Ausweispflicht Isele (1990), § 277 (4) HGB.

gen hinausgehen.[46] Sonderabschreibungen können entweder zusätzlich zu planmäßigen Abschreibungen vorgenommen werden oder in Form von erhöhten Absetzungen an Stelle der planmäßigen Abschreibungen treten. Der fiktive Wertverzehr stimmt mit dem tatsächlich vorliegenden nicht mehr überein und führt zu einem im Vergleich mit den originären handelsrechtlichen Vorschriften niedrigeren Jahresergebnis. Daraus folgt:

Sind im Geschäftsjahr oder in früheren Jahren steuerrechtliche Vergünstigungen in Anspruch genommen worden, so ist gem. § 285 (5) HGB über die Beeinflussung des aktuellen Jahresergebnisses sowie über das Ausmaß von erheblichen künftigen Belastungen, die aus diesen Maßnahmen resultieren, zu berichten. Das Ausmaß der Belastungen ist dabei nach Abzug der Steuerbelastung zu ermitteln, weil der Jahresüberschuß selbst nach Abzug der steuerlichen Auswirkung festgestellt wird.[47]

Die Vergünstigungen und Verzerrungen der VFE – Lage durch steuerliche Wertansätze sollen transparent werden.[48] *Gefordert ist somit eine Vergleichsrechnung ohne die Inanspruchnahme der steuerrechtlichen Abschreibungen, um zu einem Unterschiedsbetrag zu gelangen, um den das Jahresergebnis zu hoch/zu niedrig ausfällt.*

Problembereiche des externen Bilanzlesers:

Die Inanspruchnahme von steuerlichen Sonderabschreibungen ist Zeichen konservativer Bilanzpolitik, da das Jahresergebnis durch die erhöhten Wertkorrekturen in der aktuellen Periode reduziert werden und somit Aufwand vorverlagert werden kann.

Durch die Inanspruchnahme steuerlicher Sonderabschreibungen ist die Tranzparenz der Ertragslage deutlich beeinträchtigt, da Sonderabschreibungen nicht den tatsächlichen Wertverzehr wiedergeben. Fehlt eine entsprechende Angabe zu steuerlichen Abschreibungen, so ist sowohl die

---

46 Sonderabschreibungen werden häufig für einen bestimmten Zeitraum oder zu einem bestimmten Zeitpunkt aus wirtschafts- oder konjunkturpolitischen Gründen vom Gesetzgeber ermöglicht.
47 Vgl. dazu und zum Umfang der Berichterstattungspflichten Csik/Dörner (1990), § 285 (5). Ob eine Berichtspflicht besteht, sofern die steuerrechtlichen Maßnahmen zu keiner oder einer unwesentlichen Beeinflussung führen, wird in der Kommentarliteratur kontrovers diskutiert. Nach Adler/Düring/Schmaltz (1992), § 285 (5) HGB darf die Angabe entfallen, wenn sie von untergeordneter Bedeutung ist. Anderer Ansicht sind Csik/Dörner, ebenda, und Ellrott (1995), § 285 (5) HGB, die eine Erläuterungspflicht auch für unwesentliche Beeinflussungen angeben. In dieser Untersuchung ist die Nichtangabe in Anlehnung an § 265 (8) HGB nicht als Verstoß gewertet worden.
48 Zu den Berichtserfordernissen vgl. Leker/Möhlmann (1997).

Beurteilung des Jahresergebnisses als auch die zukünftige Ertragslage nur eingeschränkt abzuschätzen. Auch bei der Analyse der nachfolgenden Jahresabschlüsse können Interpretationsprobleme auftreten, wenn die Maßnahmen und die Auswirkungen der Vorjahre nicht bekannt sind.

F. Befunde

Für die zuvor diskutierten Indexbestandteile ergeben sich bei der qualitativen Inhaltsanalyse der 117 Jahresabschlüsse die folgenden Ergebnisse.

Informationspflicht (Maßstab = gesetzlich geforderte Berichtspflicht)	Anzahl der berichtspflichtigen Unternehmen	Mittlerer %-Wert, mit dem die Unternehmen den gesetzlichen Informationspflichten nachkommen
Abschreibungen im Anlagevermögen	116	47%
Umfang der Herstellungskosten des Anlagevermögens	85	38%
Umfang der Herstellungskosten des Umlaufvermögens	72	86%
Angabe der Grundlage der Fremdwährungsumrechnung	78	85%
Angabe und Begründung bei Abweichung von den Bilanzierungs- und Bewertungsmethoden	6	83%
Betragsmäßige Erläuterung periodenfremder Sachverhaltsgestaltungen	46	46%
Beeinflussung des aktuellen Jahresergebnisses durch Inanspruchnahme steuerrechtlicher Vergünstigungen im Geschäftsjahr oder in früheren Geschäftsjahren	26	69%

Abbildung 38: Befolgung der gesetzlichen Informationspflicht

Wie die Ergebnisse zeigen, ist die Publizitätsgüte zu den einzelnen Angabepflichten durchaus unterschiedlich und teilweise sehr gering, wenn man von einem Anspruchsniveau der gesetzlich geforderten 100% ausgeht.

Zur Analyse von Faktoren, die die Publizitätsgüte der Unternehmen im Bereich der Erläuterung materieller Bilanzpolitik beeinflussen, werden die sieben Informationspflichten zu einem Publizitätsindex aggregiert.[49] Das

---

[49] Eine Gewichtung der einzelnen Angaben erfolgt nicht, um subjektive Beeinflussung auszuschließen.

folgende Diagramm zeigt die Verteilung der Publizitätsgüte der einzelnen Unternehmen:

Verteilung und statistische Kennwerte (Publizitätsindex)[50]			
Verteilung nach Publizitätsklassen (Publizitätsindex)			
Mittelwert	58,59%	Minimum	0%
Standardabweichung	29,77%	Maximum	100%
Median	60,00%	Spannweite	100%

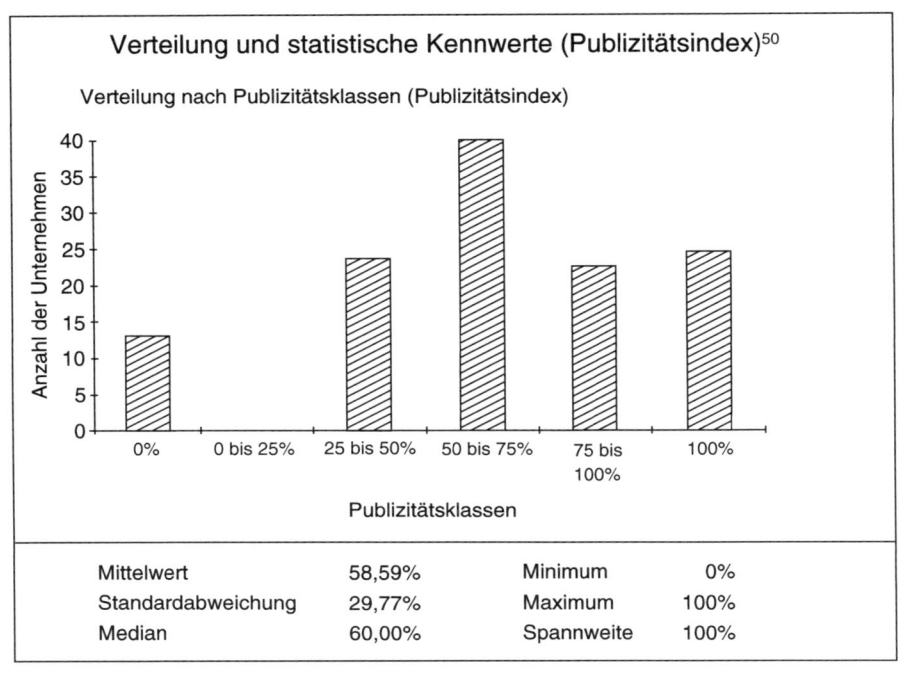

Abbildung 39: Publizitätsindex-Verteilung

Der Mittelwert des Publizitätsindex' ist mit 58,59% relativ niedrig. 34 Unternehmen (29%) erreichen für die betrachteten Informationspflichten eine Publizitätsgüte, die unter 50% liegt. Die Klassen der Extremwerte 0 und 100% sind mit 12 bzw. 23 Unternehmen besetzt.

Nachfolgend wird untersucht, ob sich diese Unterschiede durch bestimmte Einflußfaktoren erklären lassen. Da in diesem Zusammenhang vor allem die Beziehung zur VFE-Lage im Mittelpunkt steht, konzentriert sich die Untersuchung auf die entsprechenden Einflußfaktoren.

---

50 Die angegebenen Klassenuntergrenzen schließen die jeweiligen Werte nicht mit ein.

Befunde

(1) Der Einfluß der Finanzlage

Als Indikator zur Finanzlage wurden die Kennzahlen „statischer Verschuldungsgrad" und „Bankverschuldungsgrad" für die Unternehmen der Stichprobe berechnet. Der *statische Verschuldungsgrad* ergibt sich als Verhältnis von Fremdkapital zu Gesamtkapital. Dem Fremdkapital wurden sämtliche Rückstellungen und Verbindlichkeiten sowie die Hälfte des Sonderpostens mit Rücklageanteil zugerechnet. Um eine Vergleichbarkeit der Jahresabschlüsse herzustellen, erfolgte eine Bereinigung des Gesamtkapitals um Bilanzierungshilfen,[51] aktivierte eigene Anteile und ausstehende Einlagen.[52] Nach der jeweils berechneten Kennzahl ließen sich die Unternehmen folgenden Klassen zuordnen, für die sich die dargestellten Mittelwerte der Publizitätsgüte ergeben.[53]

Klasse	Verschuldungsgrad	Anzahl der Unternehmen	Publizitätsindex
1	< 50%	17	56,6%
2	50% ≤ Vg < 80%	58	60,3%
3	80% ≤ 100%	42	56,9%

Abbildung 40: Einfluß des Verschuldungsgrades auf die Publizität

Aus der Betrachtung der Ergebnisse kann man noch *keine Tendenz* erkennen. Die betrachteten Unternehmen haben überwiegend einen Verschuldungsgrad, der zwischen 50 und 80% liegt. In dieser Klasse ist auch die im Vergleich beste Publizitätsgüte zu finden, die allerdings beim Vergleich zum gesetzlich geforderten Indexwert von 100% absolut unbefriedigend ausfällt.

Der *Bankverschuldungsgrad* wird als Quotient der Jahresabschlußposition „Verbindlichkeiten gegenüber Kreditinstituten" und des bereinigten Gesamtkapitals berechnet. Aufgrund der jeweils ermittelten Kennzahl wurden die Unternehmen folgenden Klassen zugeordnet.

---

51 Bereinigt wurde um Disagio (§ 250 (3) HGB), derivativen Firmenwert (§ 255 (4) HGB), Ingangsetzungsausgaben (§ 269 HGB) und aktive Steuerabgrenzung (§ 274 (2) HGB).
52 Dieses Vorgehen entspricht den Aufbereitungsmaßnahmen zur Erstellung einer Strukturbilanz im Rahmen der Bilanzanalyse. (Vgl. Küting/Weber (1997a) S. 61–75.)
53 Für den statischen Verschuldungsgrad ergab sich ein Mittelwert von 70,32% für die betrachtete Stichprobe. Der Median betrug 72,79%.

Klasse	Bankverschuldungsgrad	Anzahl der Unternehmen	Publizitätsindex
1	0%	36	59,1%
2	0% < Bvg < 20%	52	56,7%
3	20% ≤ Bvg < 40%	17	55,4%
4	Über 40%	12	70,0%

Abbildung 41: Einfluß der Bankverschuldung auf die Publizität

Für den Publizitätsindex erreichen Unternehmen ohne Verbindlichkeiten bei Kreditinstituten im Mittel eine höhere Publizitätsgüte als durchschnittlich verschuldete Unternehmen. *Gesellschaften mit hohem Bankverschuldungsgrad erreichen mit Abstand die höchste Publizitätsgüte.* Kreditwürdigkeitsüberlegungen führen offensichtlich erst ab einer bestimmten Verschuldungshöhe zu einer höheren Publizitätsgüte im Bereich der Berichterstattung über materielle Bilanzpolitik, die Mittelwertunterschiede lassen sich allerdings nicht auf dem geforderten Signifikanzniveau bestätigen.

(2) Der Einfluß der Ertragslage

Die *"Gesamtkapitalrentabilität"* wurde als Indikator der Ertragslage gewählt. Die Kennzahl ergibt sich als Quotient aus Jahresüberschuß vor Zins- und Ertragssteueraufwand und bereinigtem Gesamtkapital.[54] Nach der jeweils berechneten Gesamtkapitalrentabilität erfolgte eine Zuordnung der Unternehmen in folgende Klassen, für die sich die dargestellten Mittelwerte der Publizitätsgüte ergeben.

Klasse	Gesamtkapitalrentabilität	Anzahl der Unternehmen	Publizitätsindex
1	Negativ	20	48,3%
2	0% ≤ Gkr < 10%	66	60,4%
3	10% ≤ Gkr < 20%	20	59,7%
4	Über 20%	11	65,0%

Abbildung 42: Einfluß der Erfolgslage auf die Publizität

---

54 Zur Gesamtkapitalrentabilität und weiteren Kennzahlen der Rentabilitätsanalyse vgl. Küting/Weber (1997a) S. 295–312.

Eine nähere Betrachtung der Mittelwerte zeigt, daß Unternehmen mit negativer Gesamtkapitalrentabilität tendenziell deutlich schlechter publizieren als solche mit positiver Gesamtkapitalrentabilität. *Die rentabelsten Gesellschaften erreichen beim Publizitätsindex die höchste Publizitätsgüte.* Die Verteilung legt die Vermutung nahe, daß unterschiedliche Rentabilitätsbereiche existieren, die jeweils ein bestimmtes Publizitätsverhalten hervorrufen.

G. Resümee und Handlungsempfehlungen

Die Untersuchungsergebnisse haben gezeigt, daß die Höhe des Bankverschuldungsgrades bzw. die Höhe der Gesamtkapitalrentabilität einen Einfluß auf die Publizitätsgüte haben. Allerdings scheint kein linearer Zusammenhang vorzuliegen.

Im Rahmen der qualitativen Bilanzanalyse zum Zweck der Krisendiagnose ist es damit unumgänglich, das Gesamtspektrum der Ergebnisse der quantitativen und der qualitativen Analysen zu einem Gesamtbild zusammenzusetzen, um die Gründe der unterschiedlichen Publizitätsgüte zu ermitteln.

Die nachfolgende Übersicht *(Abb. 43, S. 114–116)* soll als Orientierungshilfe für die Anhangsanalyse innerhalb der qualitativen Analyse dienen. Dabei wird nur die grundsätzliche bilanzpolitische Tendenz der einzelnen Sachverhalte aufgezeigt; eine subjektive Gewichtung soll dem Analytiker nicht abgenommen werden. Vielmehr soll der Anwender anhand der Gesamtheit aller ihm zur Verfügung stehenden Daten jeweils individuell selbst gewichten, wie stark das Jahresergebnis durch die bilanzpolitische Maßnahme beeinflußt ist und welches Bild sich aus dem Jahresabschluß insgesamt entwickelt.

Bilanzpolitische Maßnahmen	Berichtserfordernisse und Rechtsgrundlage (HGB)[55]	Wirkungsweise auf das Jahresergebnis + = Jahresergebnis wird zu hoch ausgewiesen (progressive Bilanzpolitik) − = Jahresergebnis wird zu niedrig ausgewiesen (konservative Bilanzpolitik)
Abschreibungsdauer für **Ingangsetzungsaufwendungen** mehr als 4 Jahre	Methode § 284 (II1)	+
planmäßige Abschreibung eines **Geschäfts- oder Firmenwertes** bei ND über 15 Jahre	Gründe § 285 (13) Methode § 284 (II1)	+
Vollkostenansatz bzw. steuerliche Obergrenze beim Ansatz der **Herstellungskosten im Anlagevermögen**	Methode § 284 (II1)	+
Vollkostenansatz bzw. steuerliche Obergrenze beim Ansatz der **Herstellungskosten im Umlaufvermögen**	Methode § 284 (II1)	+
Berücksichtigung von Fremdkapitalzinsen bei der Ermittlung der Herstellungskosten	Sachverhalt § 284 (II5)	+
Bewertung des Anlagegüter zu **Teilkosten bzw. handelsrechtliche Untergrenze**	Methode § 284 (II1)	−
Bewertung der Vorräte zu **Teilkosten bzw. handelsrechtliche Untergrenze**	Methode § 284 (II1)	−
Wechsel von **Teilkosten-** zu **Vollkostenbewertung**	Sachverhalt, Gründe und Einfluß auf VFE-Lage § 284 (II3)	+
Wechsel von **Vollkosten-** zu **Teilkostenbewertung**	Sachverhalt, Gründe und Einfluß auf VFE-Lage § 284 (II3)	−

---

55 Vgl. für eine detaillierte Darstellung der Aufgabe, der Art und des Umfanges der einzelnen gesetzlich kodifizierten Berichterstattungserfordernisse mit jeweiligen Beispielen zur korrekten und unkorrekten − d. h. nicht ausreichenden − Erfüllung der Pflichten: Leker/Möhlmann (1997).

Resümee und Handlungsempfehlungen

Bilanzpolitische Maßnahmen	Berichtserfordernisse und Rechtsgrundlage (HGB)	Wirkungsweise auf das Jahresergebnis + = Jahresergebnis wird zu hoch ausgewiesen (progressive Bilanzpolitik) − = Jahresergebnis wird zu niedrig ausgewiesen (konservative Bilanzpolitik)
AfA-Wechsel von geometrisch-degressiv auf linear	Sachverhalt, Gründe und Einfluß auf VFE-Lage § 284 (II3)	+
überwiegende Anwendung **degressiver AfA**	Methode § 284 (II1)	−
Vornahme **außerplanmäßiger AfA** im Anlagevermögen nach § 253 II S. 3	Betrag § 277 (III1)	−
keine Sofortabschreibung **geringwertiger Wirtschaftsgüter**	Methode § 284 (II1)	+
Übergang zu ungewöhnlich langen **Nutzungsdauern** (ND)	Methode, ND für einzelne Gruppen § 284 (II1)	+
Vornahme von **Abschreibungen** aufgrund zukünftiger **Wertschwankungen** im Umlaufvermögen	Betrag § 277 (III1)	−
Abschreibung auf den **steuerrechtlich zulässigen Wertansatz**	Betrag, Grund § 281 (II1) Belastung § 285 (5)	−
Vornahme von **Zuschreibungen**, trotz steuerlichem Beibehaltungsrecht	Methode § 284 (II1)	+
Unterlassung von **Zuschreibungen** aus steuerrechtlichen Gründen	Betrag § 280 (III) Belastung § 285 (5)	−
Anwendung von **Gruppenbewertung** oder fiktiver **Verbrauchsfolgen** (wenn gleichzeitig eine Angabe gem. § 284 II Nr. 4 im Anhang erfolgt)	Methode § 284 (II1) Betrag § 284 (II4)	−
Übergang von LIFO auf Einzelbewertung bei grundsätzlich steigenden Preisen	Sachverhalt, Gründe und Einfluß auf VFE-Lage § 284 (II3)	+

Bilanzpolitische Maßnahmen	Berichtserfordernisse und Rechtsgrundlage (HGB)	Wirkungsweise auf das Jahresergebnis + = Jahresergebnis wird zu hoch ausgewiesen (progressive Bilanzpolitik) − = Jahresergebnis wird zu niedrig ausgewiesen (konservative Bilanzpolitik)
Übergang von **Einzelbewertung** zu **LIFO**	Sachverhalt, Gründe und Einfluß auf VFE-Lage § 284 (II3)	−
Auflösung des **SoPoRl** komplett oder beschleunigt	Betrag § 281 (II2)	+
Einstellungen in den **SoPoRl** (Bruttoausweis oder sogenannte steuerfreie Rücklagen)	Angabe der expliziten Vorschriften § 281 (II1) Betrag, Grund § 281 (II) Belastung § 285 (5)	−
Verzicht auf Passivierung von **Pensionsrückstellungen**	Angabe des Fehlbetrages Art. 28 (II) EGHGB	+
Wahl des Zinssatzes für **Pensionsrückstellungen**, der kleiner ist als 6%	Sachverhalt und Zinssatz § 284 (II1)	−
Bildung von **Aufwandsrückstellungen**	§ 285 (12) Erläuterung bei erheblichem Umfang	−
starke Erhöhung der **sonstigen Rückstellungen** (z. B. für Einzelrisiken)	Betrag, Bewertungsgrundsätze § 284 (II1) Erläuterungen bei erheblichem Umfang § 285 (12)	−

Abbildung 43: Zusammenfassende Darstellung zur Wirkung der bilanzpolitischen Instrumente

Viele Störfaktoren der Analyse lassen sich nur durch verbale Aussagen erkennen. Zu diesen Störfaktoren gehören z. B. Preisschwankungen auf dem Absatz- oder Beschaffungsmarkt, Änderungen im Produktionsprogramm, Schwankungen des Beschäftigungsgrades, Schwankungen der Beschäftigtenzahl und Änderungen sonstiger Kapazitätsgrößen. Häufig findet man aber zu diesen Faktoren keine Aussagen im Anhang, sondern im allgemeinen Teil des Geschäftsberichtes. Das zeigt, daß der Analytiker nicht aufhören darf, Fragen zu stellen, auf die er dann auch Antworten in weiteren Untersuchungsbereichen der qualitativen Analyse suchen muß. Letztlich müssen zur erweiterten Untersuchung auch spezielle Unternehmensinformationen und Brancheninformationen sowie allgemeine Wirtschaftsdaten aus allen Bereichen des Informationssektors (Zeitung/Fernsehen/Internet usw.) hinzugezogen werden. Nur zusätzliche Informationen und deren qualitative Analyse können die Unzulänglichkeiten der bisherigen Analyse beheben.

Es bleibt die Aufgabe des Analytikers, das ganzheitliche Bild des Unternehmens hinter der Fassade der Bilanz zu erkennen.

Teil 3:
Integrierende Krisendiagnose

3.1 Vorgehensweise der statistischen Insolvenzdiagnose

Jürgen Hauschildt

A. Entwicklung und Ansatz des Verfahrens – ein Überblick

Die Entwicklung von statistischen Verfahren zur Insolvenzdiagnose geht auf *vier Impulse* zurück:

(1) *Kritik an traditionellen Bilanzanalysen,* insbesondere
- an einer aufgeblähten Produktion von Kennzahlen, die den Nachweis schuldig bleibt, daß diese Kennzahlen irgendetwas mit Insolvenz zu tun haben,
- an der Zusammenhanglosigkeit dieser Kennzahlen, die übersehen läßt, daß Insolvenz stets auf das Zusammenwirken mehrerer Ursachen zurückzuführen ist,
- an der Problematik von Zeit- und Betriebsvergleichen, die im Vergleich von „Schlendrian mit dem Schlendrian"[1] keine klare Insolvenzorientierung haben,
- an materialgesteuerten Analysen, die lediglich Bilanzposition für Bilanzposition kommentieren, nicht aber zu einem kritischen Gesamturteil führen.

(2) *Entwicklung von statistischen Verfahren,* die es erlauben, Unterschiede zwischen zwei Stichproben systematisch zu suchen, vergleichbar und damit bewertbar darzustellen und schließlich Aussagen über die Qualität der Befunde zu treffen.

(3) *Einsatz von Computern,* die es ermöglichen, auch große Datenmassen heuristisch nach den gesuchten Unterschieden zu durchleuchten.

(4) Die *hohe Zahl von Insolvenzen,* die zum einen den Bedarf nach Frühwarnung dringend werden ließ und zum anderen ein anschwellendes Analysematerial lieferte.

---

1 Schmalenbach (1926) S. 335 f.

Es gibt heute eine *Vielzahl wissenschaftlicher Studien* über sogenannte Insolvenzprognosen von Industriebetrieben mit Hilfe von multiplen (bzw. multivariaten) Diskriminanzanalysen.[2]

Verfahren der multiplen Diskriminanzanalyse sind nicht mehr Gegenstand rein akademischen Interesses. Sie haben sich zum Werkzeug des Praktikers bei der Unternehmensanalyse entwickelt und werden weithin in der *Bankpraxis* eingesetzt.[3]

Ausgangspunkt der Diskriminanzanalysen ist die Frage, ob es *gemeinsame Kennzeichen von Unternehmen gibt, die insolvent geworden sind.*[4] Um das zu erforschen, geht man in folgender Weise vor:

– Man zieht eine *Stichprobe* von Unternehmen, die insolvent geworden sind *(Testgruppe).*

– Man zieht eine Vergleichsstichprobe *(Kontrollgruppe),* die zumeist dadurch gebildet wird, daß man zu jedem einzelnen Krisenfall der Testgruppe eine in Branche und Größe möglichst ähnliche Unternehmung sucht. Man bildet Pärchen.

– Die Bilanzdaten beider Gruppen von Unternehmen werden nach einem *heuristischen Suchprogramm* daraufhin überprüft, durch welche einzelnen Kennzahlen oder durch welche Kombinationen von Kennzahlen sie voneinander unterschieden sind. Man wiederholt den Test so lange mit wechselnden Kennzahlenkombinationen, bis man eine möglichst saubere *Trennung der beiden Gruppen* erreicht hat.

– Der Rechenprozeß führt zu einer *Diskriminanzfunktion,* deren einzelne Glieder die Bilanzkennzahlen enthalten, durch die sich die beiden Stichproben am stärksten unterscheiden. Diese Glieder sind ihrer statistischen Bedeutung nach unterschiedlich gewichtet.

Bis zu diesem Schritt ist das Verfahren lediglich eine *Insolvenzdiagnose,* eine Klassifikation von zwei gegebenen Stichproben.

Zur *Insolvenzprognose* sieht man die gewonnene Formel als eine Verknüpfung von Symptomen für erfolgloses oder uneffizientes Verhalten an. Man setzt die Daten anderer, „verdächtiger" Unternehmen, die nicht in der Stichprobe enthalten waren, in diese Formel ein. Im Ergebnis ermittelt

---

[2] Siehe Rösler (1986) S. 31–36, Thomas (1985) S. 196–204, Starke (1985) S. 173–195, von Stein (1984), Baetge/Huß/Niehaus (1986) S. 605–613, Mühlbayer (1986) S. 268 ff., Deutsche Bundesbank (1999) S. 51–63.
[3] Vgl. auch Denk (1979) S. 8 ff. und S. 71 ff.
[4] Vgl. die früheren Arbeiten von Beaver (1965), Deakin (1972), Edmister (1972), Lampe (1985), Perlitz (1973), von Stein (1975) und Tamari (1964).

man einen *individuellen Punktwert*, durch den das „verdächtige" Unternehmen als gut oder schlecht klassifiziert werden kann, indem man seinen Punktwert mit einem „kritischen" Punktwert vergleicht, der gute und schlechte Unternehmen bestmöglich trennt.

Faßt man die bisherigen Ergebnisse zusammen, so zeigt sich, daß die Klassifikation mit *relativ wenigen Kennzahlen* gelingt, die überdies verhältnismäßig einfach und leicht verständlich und schließlich *weitgehend branchenunabhängig* sind.

Die in Abb. 44 dargestellten Kennzahlen waren in vielen Untersuchungen zur multivariaten Diskriminanzanalyse bedeutsam:

$$\text{a) Gesamtkapitalrentabilität} = \frac{\text{Jahresüberschuß + Steuern + Zinsen}}{\text{Gesamtkapital}} \cdot 100$$

$$\text{b) Gesamtkapitalumschlag} = \frac{\text{Umsatz}}{\text{Gesamtkapital}}$$

$$\text{c) Verschuldungsgrad} = \frac{\text{Fremdkapital}}{\text{Gesamtkapital}} \cdot 100$$

$$\text{d) Liquiditätskennzahl} = \frac{\text{Umlaufvermögen}}{\text{kurzfristiges Fremdkapital}} \cdot 100$$

$$\text{e) Dynamischer Verschuldungsgrad} = \frac{\text{Cash Flow}}{\text{Fremdkapital}}$$

Abbildung 44: Charakteristische Kennzahlen der Insolvenzdiagnose

B. Dichotomische Klassifikation

Die Untersuchungen zur Insolvenzdiagnose gehen von dem Verfahren der *„dichotomischen Klassifikation"* aus.

– *Dichotomisch,* weil eine Menge in *zwei* Teilmengen zerlegt wird (z. B. eine Schafherde in „Schafe" und „Böcke"),
– *Klassifikation,* weil bei dieser Zerlegung bestimmte *Klassifikationsmerkmale* verwendet werden (hier: das Geschlecht der Tiere).

Ziel der dichotomischen Klassifikation ist es, die Teilmengen so zu bilden, daß innerhalb jeder Teilmenge die Klassifikationsmerkmale einheitlich, zwischen den Teilmengen jedoch unterschiedlich ausgeprägt sind. Die dichotomische Klassifikation ist perfekt gelungen, wenn die Schafe von den Böcken völlig getrennt sind.

Beurteilungskriterium für die Güte der Trennung ist die „Quote der Fehlklassifikationen", das ist die Zahl der falsch eingeordneten Fälle in Prozent der Gesamtzahl. Analog kann eine *„Trefferquote"* definiert werden. Die Quote der Fehlklassifikationen kann nochmals aufgespalten werden, indem man mißt, welchen Anteil die falsch klassifizierten Fälle in jeder der zwei Teilklassen haben (Schafe in der Gruppe der Böcke, Böcke in der Gruppe der Schafe – jeweils in Prozent der beiden Teilmengen). *Gute Klassifikationsversuche erreichen eine Trefferquote zwischen 75 und 80%.*

Bei kardinal skalierten Klassifikationsmerkmalen (so bei Bilanzkennzahlen) besteht die Aufgabe der dichotomischen Klassifikation darin, den Wert zu bestimmen, unterhalb dessen die eine oder oberhalb dessen die andere Klasse von Fällen angeordnet ist *(„cut-off-point")*. Dieser cut-offpoint wird in einem schrittweisen Suchverfahren („heuristisch") ermittelt. Wenn es keinen cut-off-point gibt, der die beiden Teilmengen vollständig trennt, wird der cut-off-point dort festgelegt, wo es zur geringsten Zahl von Fehlklassifikationen kommt.

Das Verfahren soll im folgenden an einem *praktischen Beispiel* gezeigt werden, das auf die Kooperation des Instituts für Betriebswirtschaftslehre an der Christian-Albrechts-Universität zu Kiel mit einem deutschen Kreditinstitut zurückgeht. Basis der Untersuchung ist eine anonymisierte *Stichprobe* von Unternehmen, die nach folgender Übereinkunft gezogen wurde („Kreditnehmerstichprobe"):

(1) Es sollten uns jeweils fünf aufeinander folgende Jahresabschlüsse von *50 insolventen Unternehmen* überlassen werden. Auf die Auswahl der Fälle hatten wir keinen Einfluß. Die Firmennamen blieben uns unbekannt.

(2) Die Insolvenz sollte in den Jahren *1984 und 1985* erfolgt sein. Durch diese Festlegung soll verhindert werden, daß die Ergebnisse durch den Einfluß unterschiedlicher Konjunkturzyklen überlagert werden.

(3) Es sollte sich um *Industrieunternehmen* handeln. Banken und Versicherungen sollten wegen unterschiedlicher Bilanzierung, Handels- und Dienstleistungsunternehmen wegen des grundsätzlich unterschiedlichen Ausmaßes der Wertschöpfung ausgeschlossen sein.

(4) Auch Unternehmen des *Bauhauptgewerbes* sollten wegen der hohen Manipulierbarkeit der Erzeugnisbestände *ausgeschlossen* werden.

(5) Die Unternehmen sollten möglichst *nicht in einer engen Konzernbindung* stehen. Es sollte ausgeschlossen werden, daß die Befunde durch die Krankheiten von Töchtern oder Müttern überlagert sind oder durch Möglichkeiten der Konzernbilanzierung verzerrt würden.

Die Verfahren der statistischen Insolvenzdiagnose verlangen neben dieser Stichprobe der insolventen Fälle eine *Kontrollgruppe.* Diese Kontrollgruppe muß mindestens ebenfalls 50, den insolventen Firmen in Branche und Größe möglichst ähnliche Fälle enthalten. Es wird also bewußt nicht eine Zufallsstichprobe, sondern ein *„matched sample"* gezogen. Hinter dieser Prozedur steht die Befürchtung, daß Größen- und Brancheneinflüsse das Ergebnis verzerren könnten. Wir halten uns damit im Prinzip an eine von der Literatur vorgezeichnete Konvention, wenngleich es gute Gründe dafür gibt, die Kontrollgruppe durch eine Zufallsauswahl ohne jegliche Quotierung zu gewinnen. Es ist nicht ausgeschlossen, daß die Ergebnisse von der Auswahl der Kontrollgruppe bestimmt werden.

Wir baten daher den Kooperationspartner, bei der Auswahl der Kontrollgruppe ausschließlich nach den Kriterien Größe und Branche, nicht aber nach dem Kriterium der ökonomischen Gesundheit zu verfahren.

Die Stichprobenziehung schien auf den ersten Blick kein Problem zu sein, da die Insolvenzhäufigkeit der frühen achtziger Jahre eine große Zahl von Fällen beschert hatte. Aber die soeben dargestellten methodischen Vorentscheidungen, Strukturbrüche in den Bilanzen bei Fusionen oder Wechsel des Geschäftsjahres, der nicht unerhebliche Anteil von Neugründungen an der Stichprobe, in einzelnen Fällen der nicht ausräumbare Verdacht auf Bilanzmanipulationen ließen unsere Ausgangsstichprobe von 50 Fällen bei allem guten Willen schnell auf ein *Auswertungspanel von 28 Unternehmenspaaren* in der „Kreditnehmerstichprobe" schrumpfen, für das in den Jahren 2 bis 4 vor Insolvenz insgesamt 168 Bilanzen vorliegen.

In die dichotomische Klassifikation sollen *Kennzahlen* eingehen, durch die die Insolvenz möglichst treffsicher prognostiziert werden kann. Mangels einer gut ausgebauten Theorie der Unternehmenskrise konzentrieren wir uns auf die Kennzahlen, die in der Literatur zur Insolvenzdiagnose besonders gute Prognoseergebnisse erbracht hatten. Hier liegt ein Ansatzpunkt für weitere Forschungsarbeiten. Letztlich ist diese Kennzahlenauswahl unbefriedigend. Es gilt, neue und theoretisch besser fundierte Kennzahlen zu entwickeln. So ist insbesondere zu untersuchen, ob Meßwerte zum Investitionsverhalten geeignet sind, die Krisendiagnose zu verbessern.

Da es uns an dieser Stelle darauf ankommt, die Ergebnisse und Vorgehensweise der statistischen Insolvenzdiagnose zu schildern, sehen wir aber davon ab, selbstentwickelte, neue Meßwerte in den Test einzubeziehen. Für die statistische Auswertung sollten *Kennzahlen* verwendet werden, die universell anwendbar, sachgerecht konstruiert, eindeutig bewertbar und durch Erfahrung gestützt sind. Sie sollten so gebildet werden, daß Einflüsse unterschiedlicher Unternehmensgrößen weitgehend neutralisiert werden. Extremwerte, bedingt durch kleine Nenner, sollten vermieden werden. Unter diesen Anforderungen haben wir folgende Kennzahlen in die Analyse einbezogen:

$$(1) \text{ Betriebsrendite in v. H.} = \frac{\text{Betriebserfolg}}{\text{Gesamtkapital}} \cdot 100$$

Der Betriebserfolg wurde in unserem Beispiel ohne Verrechnung des Zinsaufwandes und unter bewußter Ausklammerung aller außerordentlichen Aufwendungen und Erträge berechnet.

$$(2) \text{ Umsatzrendite in v. H.} = \frac{\text{Betriebserfolg}}{\text{Umsatz}} \cdot 100$$

$$(3) \text{ Umschlagsdauer des Anlagevermögens in Monaten} = \frac{\text{Anlagevermögen}}{^1/_{12} \text{ Umsatz}}$$

$$(4) \text{ Umschlagsdauer des Umlaufvermögens in Monaten} = \frac{\text{Umlaufvermögen}}{^1/_{12} \text{ Umsatz}}$$

$$(5) \text{ Umschlagsdauer der Vorräte in Monaten} = \frac{\text{Vorräte}}{^1/_{12} \text{ Umsatz}}$$

In die Vorräte wurden die Anzahlungen auf Waren eingerechnet.

$$(6) \text{ Umschlagsdauer der Forderungen in Monaten} = \frac{\text{Leistungsforderungen}}{^1/_{12} \text{ Umsatz}}$$

Die Forderungen wurden ungeachtet ihrer Fristigkeit zusammengefaßt. Wertberichtigungen auf das Umlaufvermögen wurden subtrahiert.

Dichotomische Klassifikation

$$(7) \text{ Verschuldungsgrad in v. H.} = \frac{\text{Gläubigerkapital}}{\text{Gesamtkapital}} \cdot 100$$

Das Gläubigerkapital umfaßt alle Verbindlichkeiten gegenüber bestimmbaren Gläubigern, ungeachtet ihrer Fristigkeit.

$$(8) \text{ Krisensignalwert in v. H.} = \frac{\text{Krisensignalsaldo}}{\text{Gläubigerkapital}} \cdot 100$$

Der Krisensignalsaldo geht auf unsere Überlegungen zum Krisensignalwert zurück (vgl. Teil 2.3 dieser Schrift) und umschließt den Cash Flow unter Abzug aller außerordentlichen und sonstigen Erträge.

$$(9) \text{ Liquidität 2. Grades in v. H.} = \frac{\text{monetäres Umlaufvermögen}}{\text{kurz- u. mittelfristiges Fremdkapital}} \cdot 100$$

Das monetäre Umlaufvermögen umfaßt flüssige Mittel, Wechsel, Schecks, Forderungen aus Lieferungen und Leistungen, abzüglich aller Wertberichtigungen auf das Umlaufvermögen.

Der Rückgriff auf bankintern gespeicherte Daten sollte nicht den Blick dafür verstellen, daß von gleichartiger und gleichbleibender *Datenqualität* nicht zwingend ausgegangen werden kann. Die Insolvenzdiagnose bezieht sich auf Daten, die von unterschiedlichen Bilanzierenden unter Einschaltung unterschiedlicher Berater zu unterschiedlichen Zeitpunkten erstellt wurden. Wer derartige Daten zum Ausgangspunkt einer statistischen Analyse macht, unterstellt, daß die Bilanzierenden ihre Bilanzierungswahlrechte, ihre Gliederungswahlrechte, ihre Bewertungswahlrechte und ihre Vorstichtagsdispositionen zum Zwecke eines „window dressing" in gleichbleibender Weise vornehmen. Angesichts dieser Beeinflußbarkeit der Jahresabschlußdaten sollten die Anforderungen an die Treffsicherheit von Insolvenzdiagnosen nicht zu hoch geschraubt werden. Die Anhänger der Insolvenzdiagnose halten dieser Datenschwäche das Argument entgegen, daß Unternehmen, die sich der Insolvenz nähern, überhaupt keine Manipulationsspielräume mehr haben. Je näher die Insolvenz rücke, desto verläßlicher würden die Daten. Dieses Argument mag vielleicht richtig sein, hilft indessen dem Analytiker wenig, weil diese Einsicht in die Wahrheit in der Regel zu spät kommt.

C. Befunde zur Klassifikation

In den folgenden empirischen Analysen wird mit dem *Median,* nicht mit dem arithmetischen Mittel, gearbeitet. Der Median ist der Wert, der genau die Hälfte einer aufsteigend geordneten Reihe markiert. Maßgeblich für die Verwendung dieses Meßwertes ist die Tatsache, daß er es erlaubt, Ausreißerwerte und schiefe Verteilungen angemessen zu berücksichtigen.

Die Abbildungen 45 bis 53 *(siehe S. 126 ff.)* zeigen, wie die Mediane der oben definierten Kennzahlen in den beiden Gruppen der Problem- und der Kontrollfälle verteilt sind. Das Jahr t_{-1} ist nicht unbedingt mit den vorangehenden Jahren vergleichbar, da seinen Werten wegen des Ausfalls von Jahresabschlüssen eine kleinere Stichprobe zugrunde liegt.

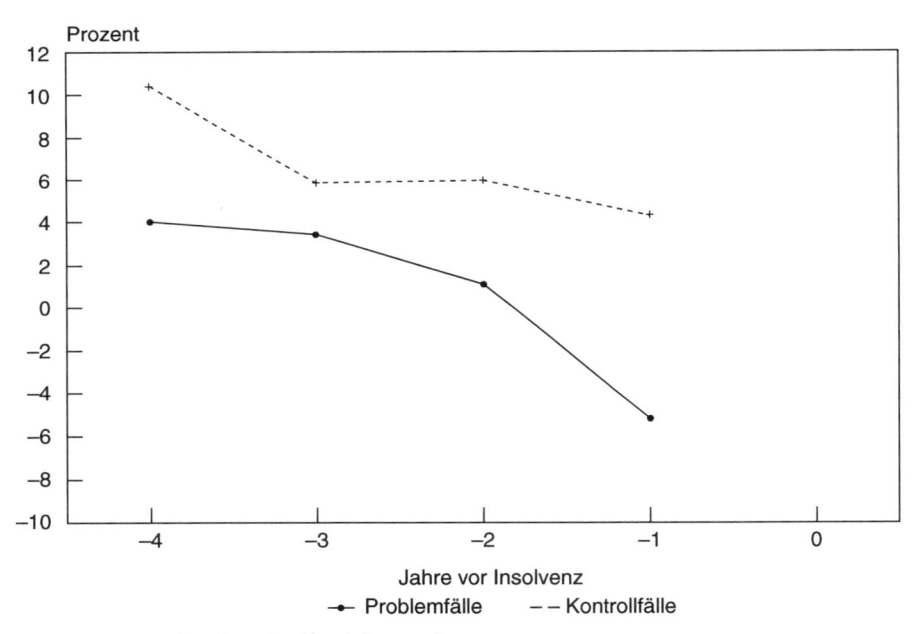

Abbildung 45: Median der Betriebsrendite

Befunde zur Klassifikation

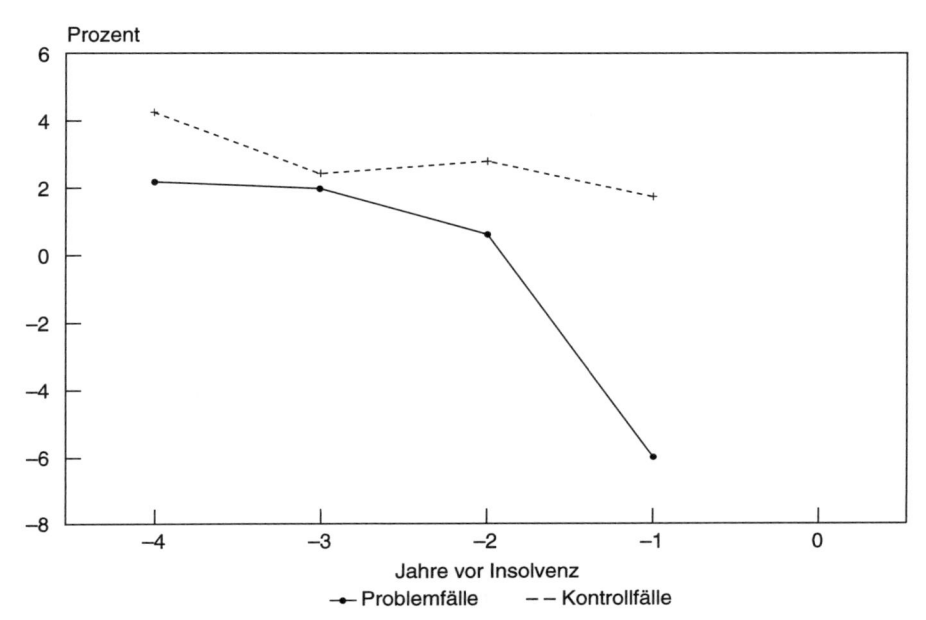

Abbildung 46: Median der Umsatzrendite

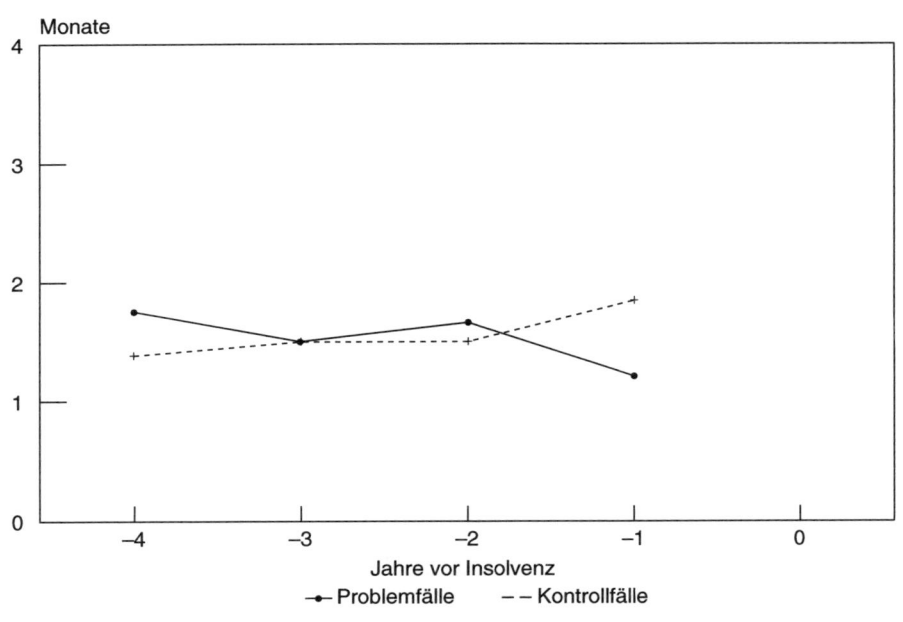

Abbildung 47: Median der Umschlagsdauer des Anlagevermögens

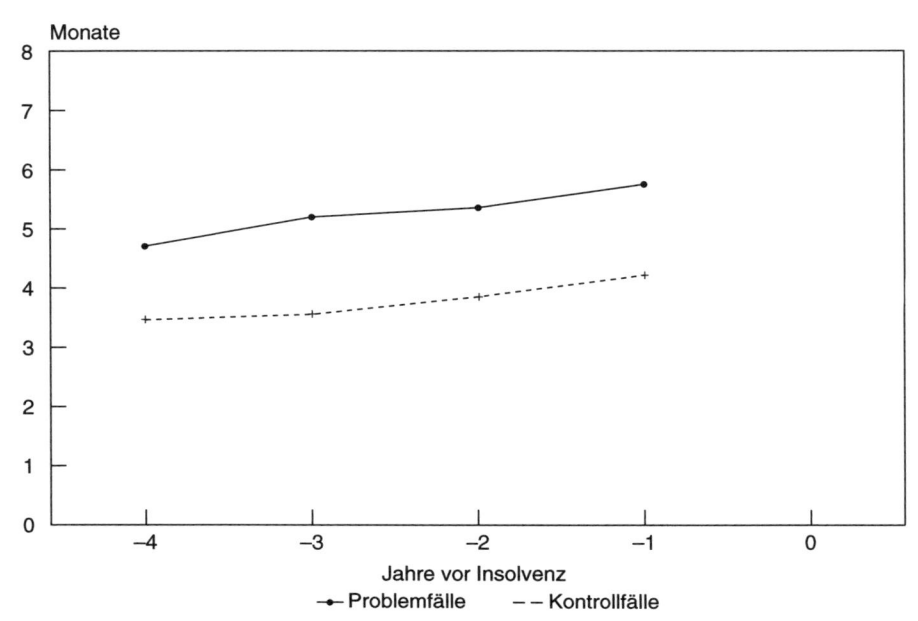

Abbildung 48: Median der Umschlagsdauer des Umlaufvermögens

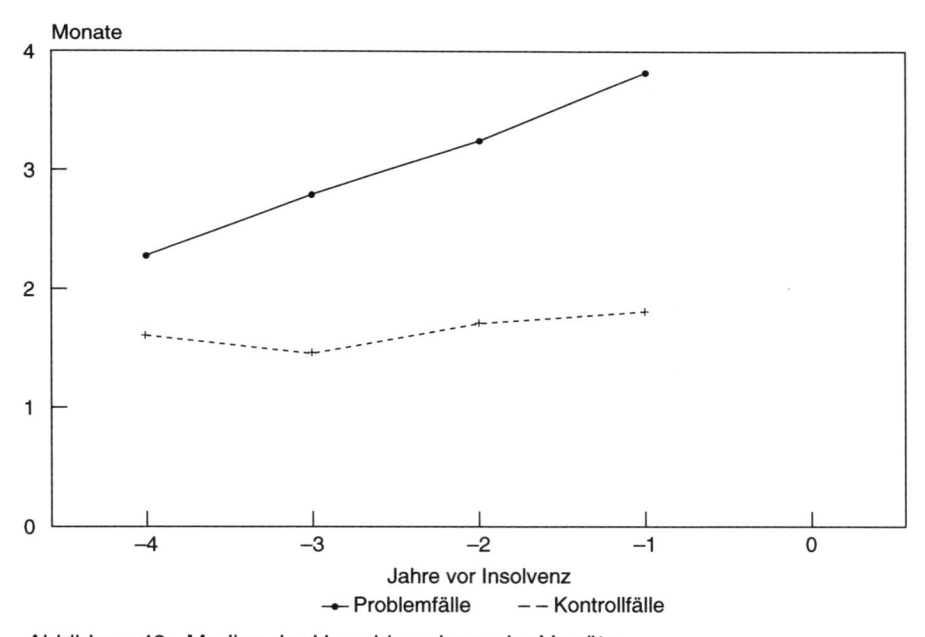

Abbildung 49: Median der Umschlagsdauer der Vorräte

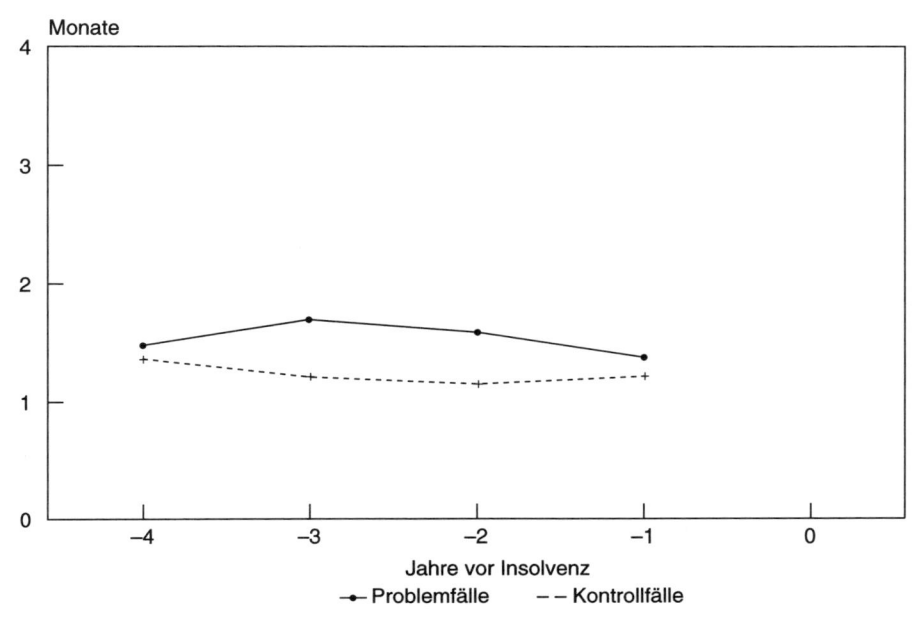

Abbildung 50: Median der Umschlagsdauer der Forderungen

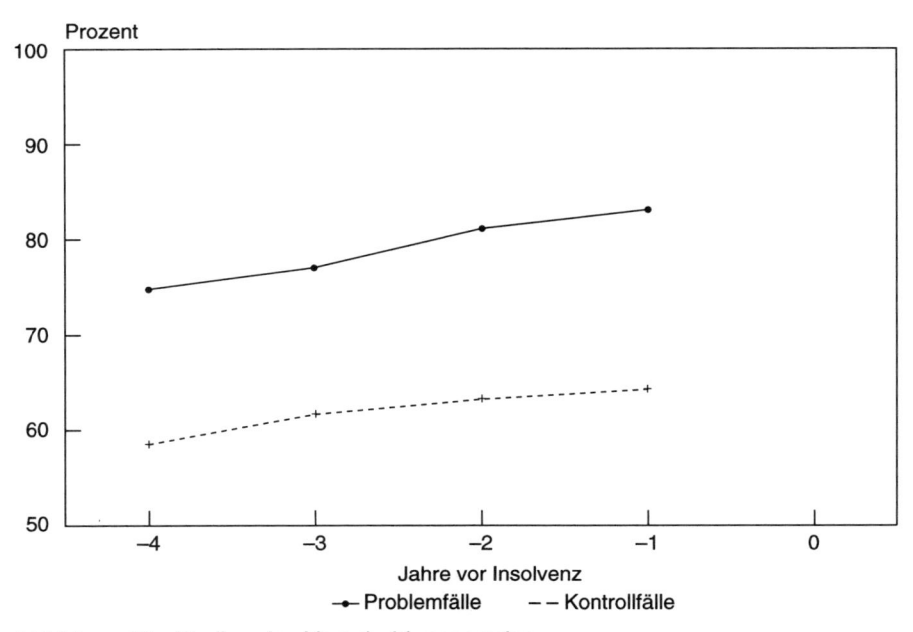

Abbildung 51: Median des Verschuldungsgrades

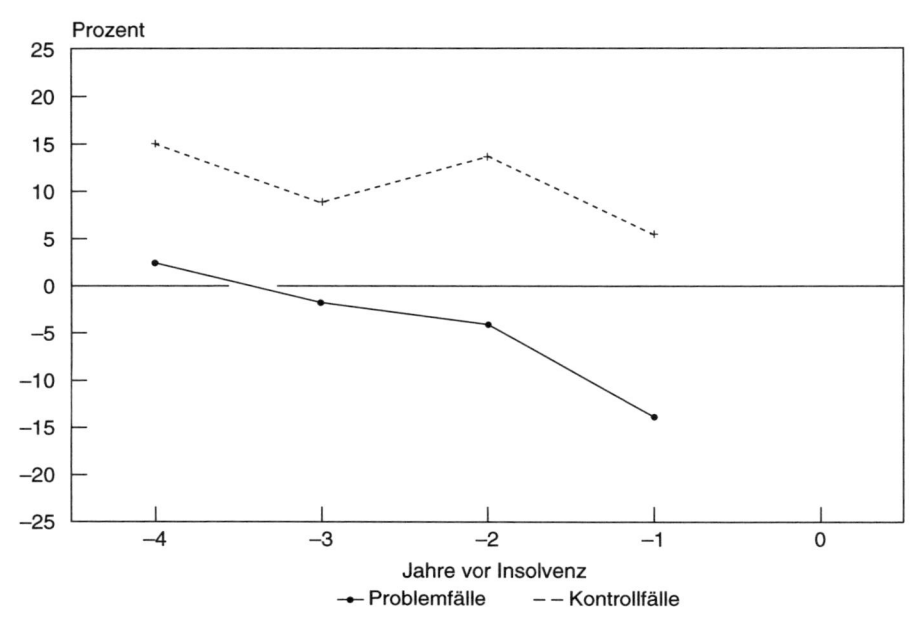

Abbildung 52: Median des Krisensignalwertes

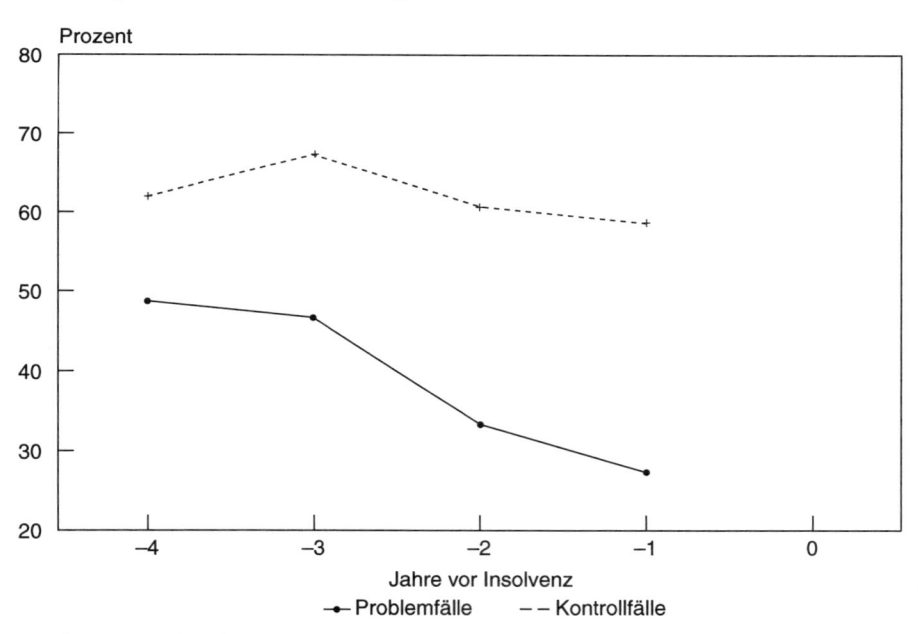

Abbildung 53: Median der Liquidität 2. Grades

Befunde zur Klassifikation

Die Befunde erlauben folgende Feststellungen:

(1) *Zur Betriebsrendite:* Problem- und Kontrollfälle zeigen einen deutlichen Unterschied bei der Höhe der Betriebsrendite. Dieser Unterschied besteht seit Beginn des Betrachtungszeitraums. Die später insolvent werdenden Problemfälle stehen von vornherein in einer schlechteren Ausgangslage. Auch die Kontrollgruppe muß im Betrachtungszeitraum einen Rückgang hinnehmen. Hier dürfte ein Einfluß der Konjunktur zu Beginn der 80er Jahre liegen, der alle Unternehmen traf.

(2) *Zur Umsatzrendite:* Dieser Wert zeigt ein tendenziell gleichartiges Verhalten wie die Betriebsrendite. Die Unterschiede sind indessen nicht so klar und nicht so signifikant ausgeprägt. Die Ursache dürfte darin liegen, daß bei den Problemfällen sowohl Gewinne als auch Umsätze sanken.

(3) *Zur Umschlagsdauer des Anlagevermögens:* Beide Gruppen unterscheiden sich in der Struktur und der Entwicklung der Umschlagsdauer des Anlagevermögens nicht. Dieser Meßwert scheidet für die weitere Verwendung aus.

(4) *Zur Umschlagsdauer des Umlaufvermögens:* Die später insolvent werdenden Problemfälle weisen vom Beginn der Beobachtung an ein – gemessen am Umsatz – relativ höheres Umlaufvermögen aus. Dieser strukturelle Defekt besteht seit Beginn des Betrachtungszeitraums. Diese Bindung von Kapital im Umlaufvermögen nimmt im Laufe der Zeit zu. Das gilt auch für die Kontrollgruppe. Allerdings ist die Zunahme bei den später insolvent werdenden Fällen größer. Diese Kennzahl weist eine erhebliche Streuung auf. Das dürfte branchenbedingt sein.

(5) *Zur Umschlagsdauer der Vorräte:* Hier zeigen die beiden Gruppen deutliche strukturelle Unterschiede und eine divergierende Entwicklung. Die graphische Darstellung ist durch die Veränderung des Maßstabes auf der Ordinate ein wenig überpointiert. Trotz dieser augenfälligen Entwicklung sind die Unterschiede nicht signifikant. Prüft man die Zahlen im Detail, so zeigt sich, daß der Anstieg der Vorräte insbesondere auf unfertige Erzeugnisse zurückgeht.

(6) *Zur Umschlagsdauer der Forderungen:* Die Unterschiede sind gering, die Entwicklungstendenz ist fast gleichlaufend. Die Positionen sind nur schwach gestreut, daher sind die Unterschiede auch signifikant. Betrachtet man den Befund im Detail, so zeigt sich, daß in der Gruppe der Problemfälle der Anteil der mittel- und langfristigen Forderungen erheblich größer ist als der der Kontrollgruppe. Offenbar handelt es sich um eingefrorene, uneinbringliche und offenkundig nicht einzelwertberichtigte Forderungen.

(7) *Zum Verschuldungsgrad:* Beim Verschuldungsgrad fällt der große strukturelle Unterschied von 15 Prozentpunkten ins Auge. Er bleibt während des gesamten Zeitraums erhalten. Zwar müssen auch die Unternehmen der Kontrollgruppe eine Verschlechterung des Verschuldungsgrades hinnehmen – wohl eine Wirkung der konjunkturellen Entwicklung in den frühen 80er Jahren. Die gleiche Verschlechterung trifft die später insolvent werdenden Unternehmen allerdings auf einem schon wesentlich höheren Verschuldungsniveau. Die Unterschiede sind signifikant.

(8) *Zum Krisensignalwert:* Der Krisensignalwert zeigt die schon bei der Betriebsrendite beobachteten strukturellen Unterschiede. Auch die Entwicklung ist weitgehend ähnlich. Der Signalcharakter des Krisensignalwertes liegt insbesondere darin, daß er schon im dritten Jahr vor der Insolvenz bei den Problemfällen negativ wird – dieser Vorzeichenwandel zeigt sich bei der Betriebsrendite erst im letzten Abschluß vor der Insolvenz. Diese Unterschiede sind signifikant.

(9) *Zur Liquidität 2. Grades:* Die insolventen Unternehmen zeigen wiederum ein strukturell schwächeres Bild und eine tendenziell merklich schlechtere Entwicklung. Auch diese Unterschiede sind signifikant. Betrachtet man die Strukturen der Kennzahlen im einzelnen, so zeigt sich, daß die später insolvent werdenden Fälle besonders hohe kurzfristige Bankverbindlichkeiten ausweisen.

Die univariaten Auswertungen erlauben damit zusammenfassend folgende Feststellungen:

- Später insolvent werdende Firmen zeigen *bereits vier Jahre vor der Insolvenz* eine erheblich schlechtere Ertrags-, Vermögens- und Finanzstruktur als ihre Kontrollgruppe.

- Die Befunde spiegeln den *konjunkturellen Einfluß* der frühen 80er Jahre deutlich wider. Dieser trifft solvente wie insolvente Firmen. Die insolventen Firmen werden aber härter getroffen, weil sie schon mit einer schlechten Ausgangslage vorbelastet sind. Die zeitlich bedingten Gegebenheiten lassen ahnen, daß es problematisch ist, die Insolvenzdiagnose, die auf Daten eines bestimmten Zeitraumes fußt, unbesehen auf andere Zeiträume zu übertragen.

- Die *Umschlagskoeffizienten* sind in der unvariaten Auswertung *wenig ergiebig*. Hinter ihnen steht vermutlich ein starker Einfluß der jeweiligen Branche. Die Vermischung in unseren Stichproben bewirkt eine hohe Streuung.

- Die *Renditekennzahlen* – Betriebsrendite, Umsatzrendite, Krisensignalwert – zeigen einen *relativ gleichartigen Verlauf.* Sie sind ein gutes und

deutliches Signal für die Ertragsschwäche später insolvent werdender Firmen.
- Der *Verschuldungsgrad* und die *Liquidität 2. Grades* zeigen deutliche strukturelle Unterschiede.

Der Befund bestätigt die Einsichten, die auch in vielen anderen empirischen Untersuchungen gewonnen wurden: *Gesunde und krisengeschüttelte Unternehmen unterscheiden sich deutlich und frühzeitig in Rendite und Verschuldung.*

D. Der multivariate Vergleich

Bei der soeben vorgenommenen „univariaten" Analyse fallen die bedeutsamen Unterschiede ins Auge. Dies kann aber zu einer optischen Täuschung führen. Denn mehrere „kleine", unbedeutende Variablen können sich gegenseitig so verstärken, daß sie im Ergebnis bedeutsamer sind als der zuerst bemerkte, auffällige Effekt einer einzelnen Variable. Umgekehrt ist es nicht auszuschließen, daß Variablen, die in der univariaten Analyse als höchst bedeutsam auffallen, sich gegenseitig abschwächen und in ihrer gemeinsamen Wirkung gerade kein klarer Indikator für die Insolvenz sind. Diese *Verstärker- und Abschwächer-Effekte* sind mit univariaten Analysen nicht zu erfassen. Um sie systematisch aufzuspüren, benötigt man multivariate Analysemethoden.

Wir verwenden in Übereinstimmung mit der Literatur für derartige multivariate Analysen die *Diskriminanzanalyse.* Das Ziel der Diskriminanzanalyse ist es, mehrere Kennzahlen so in einer gewichteten Summe zusammenzufassen, daß alle Unternehmen, deren Summenwert unterhalb eines kritischen Wertes liegt, möglichst dem einen und alle Unternehmen, deren Summenwert oberhalb dieses Wertes liegt, möglichst dem anderen Typ angehören. Um unser Bild wieder zu verwenden: Unterhalb des kritischen Wertes sollen die „Böcke", oberhalb die „Schafe" liegen. Auch dieser cut-off-point wird analog der dichotomischen Klassifikation in einem schrittweisen Suchverfahren („heuristisch") ermittelt.

Für die multivariate Analyse bildet man eine *lineare Diskriminanzfunktion* der Form:

$$Z = a_1 x_1 + a_2 x_2 + \ldots + a_n x_n$$

Den Summenwert Z bezeichnet man als „*Z-Score*". $x_1, x_2, \ldots x_n$ sind die Werte verschiedener Bilanzkennzahlen und $a_1, a_2, \ldots, a_n$ sind ihre heuristisch bestimmten Gewichte. Die Gewichte können sowohl positive als auch negative Werte annehmen.

Den individuellen Z-Score der zu analysierenden Unternehmung vergleicht man mit dem cut-off-point. Liegt der individuelle Z-Score unter dem cut-off-point, wird die Firma als „insolvent" klassifiziert, liegt er darüber, wird sie als „solvent" eingestuft.

In Übereinstimmung mit vielen anderen Untersuchungen versagen wir es uns hier, die Diskriminanzfunktion numerisch vorzulegen. Maßgeblich dafür ist nicht nur der Diskretionswunsch des Kooperationspartners, sondern vor allem unsere Scheu, einen Wert in die Welt zu setzen, der anhand einer so kleinen Stichprobe gewonnen wurde und der möglicherweise dazu benutzt werden könnte, im Sinne einer „self-fulfilling-prophecy" bestimmte Unternehmen zu gefährden.

Es sei aber berichtet, daß innerhalb unserer Diskriminanzfunktion die Kennzahlen

– *betriebliche Rendite,*

– *Verschuldungsgrad,*

– *Umschlagsdauer des Umlaufvermögens*

am besten geeignet waren, solvente und insolvente Unternehmen zu unterscheiden. In den Diskriminanzfunktionen wirkt die Rendite positiv, eine hohe Umschlagsdauer des Umlaufvermögens und ein hoher Verschuldungsgrad negativ. *Dieses rechnerische Ergebnis stimmt uneingeschränkt mit praktischen Erfahrungen und klassischen Regeln der Bilanzanalyse überein.* Fragt man nach der Bedeutung der einzelnen Kennzahlen, so zeigt sich eindeutig, daß der *Verschuldungsgrad* nachhaltig wohl den stärksten Einfluß auf die Klassifikation nimmt. Dieser Einfluß nimmt aber mit der Annäherung an die Insolvenz ab. Sehr viel deutlicher ist die *Entwicklung der Betriebsrendite.* Ihr Gewicht nimmt deutlich zu und verharrt in der letzten betrachteten Periode auf relativ hohem Niveau. Die Bedeutung der *Umschlagsdauer* des Umlaufvermögens ist rückläufig.

Der *Krisensignalwert* leistet praktisch das gleiche wie die Betriebsrendite, lediglich im letzten Beobachtungsjahr ist ihr Diskriminationsbeitrag geringfügig höher.

Um zu einem Urteil zu kommen, wie treffsicher die ermittelte Diskriminanzfunktion die solventen und die insolventen Unternehmen trennt, betrachte man Tabelle 1 *(S. 135):*

	Trefferquote insgesamt (v. H.)
für t_{-4}	71,4
für t_{-3}	73,2
für t_{-2}	76,8

Tabelle 1: Trefferquote der Auswertungsstichprobe

Für das Gesamtfeld liegt die *Trefferquote bei etwa ³/₄ der Fälle*. Sie steigt mit Annäherung an die Insolvenz deutlich an. Vergleicht man diesen Befund mit den wichtigsten deutschsprachigen Untersuchungen, so ist unser Ergebnis nur um wenige Prozentpunkte niedriger als das der übrigen Untersuchungen (siehe Tabelle 2):

	Trefferquote insgesamt (v. H.)						
	Beermann 1976	Weinrich 1978	Gebhardt 1980	Lüneborg 1981	Bleier 1983	Hänchen 1983	Niehaus 1987
für t_{-4}	71,4	72,4	78,0	80,8	83,3	69,4	81,6
für t_{-3}	78,6	70,3	75,0	87,2	92,9	61,1	81,6
für t_{-2}	88,1	79,9	74,1	89,6	92,0	61,1	86,2

Tabelle 2: Vergleich von Trefferquoten

Wir halten diese Unterschiede indessen für nicht gravierend. Ein Teil der anderen Untersuchungen bezieht sich ausschließlich auf Aktiengesellschaften, die mit unserer Stichprobe nur bedingt vergleichbar sind. Die Untersuchung von Bleier stammt aus Österreich – hier könnte eine nationalspezifische Einflußgröße liegen. Die von Lüneborg ausgewiesenen Befunde sind merklich besser als die übrigen. Zur Erklärung ist darauf aufmerksam zu machen, daß er mit einer erheblich größeren Stichprobe arbeitet und mehr Variablen in seine Trennfunktionen einbezieht als wir.

Differenziert man schließlich die Trefferquote nach insolventen und Kontrollfällen, so lassen sich die Fehlklassifikationen *der Art nach* differenzieren (siehe Tabelle 3):

	Trefferquote der insolventen Fälle (v. H.)	Trefferquote der Kontrollfälle (v. H.)
für t_{-4}	75,0	67,9
für t_{-3}	85,7	60,7
für t_{-2}	71,4	82,1

Tabelle 3: Differenzierte Trefferquoten

Die Daten zeigen, daß die *Trefferquote der insolventen Fälle merklich höher* liegt als die der Kontrollfälle. Das Verfahren bestimmt die später insolvent werdenden Fälle mit größerer Sicherheit. Die Kontrollfälle werden weniger zuverlässig bestimmt. Die von uns ermittelten Diskriminanzfunktionen tendieren dazu, gute Unternehmen in höherem Ausmaß für schlecht zu halten als schlechte Unternehmen für gut. Erst in t_{-2}, also kurz vor der Insolvenz, kehrt sich das Verhältnis um.

Um die Leistungsfähigkeit der ermittelten Funktionen zu validieren, haben wir unsere Diskriminanzfunktion auf eine *Kontraststichprobe* angewendet. Es handelt sich um 33 Aktiengesellschaften, die zwischen 1976 und 1984 insolvent wurden sowie um eine gleich große Kontrollgruppe. Dabei ergaben sich folgende Trefferquoten (siehe Tabelle 4):

	Trefferquote insgesamt (v. H.)	Trefferquote der insolventen Fälle (v. H.)	Trefferquote der Kontrollfälle (v. H.)
für t_{-4}	72,7	72,7	72,7
für t_{-3}	74,2	78,8	69,7
für t_{-2}	78,8	81,8	75,8

Tabelle 4: Trefferquote der Kontraststichprobe

Das Ergebnis ist frappierend. Unsere Diskriminanzfunktion für das Jahr t_{-3} bestätigt ihr prognostisches Potential auch an einer völlig anderen Stichprobe. Man möge bei der Befundbewertung bedenken,

- daß unsere Stichprobe ungeachtet der Rechtsform gewonnen wurde,
- daß die Kontraststichprobe einen sehr viel weiteren Zeitraum umfaßt,
- daß wir nicht zwingend unterstellen konnten, daß alle Bilanzpositionen von unserem Kooperationspartner in gleicher Weise definiert und verwendet wurden wie vom Aktiengesetzgeber.

Fassen wir zusammen: *Die durch die Diskriminanzfunktion ermittelte Trefferquote ist auf den ersten Blick befriedigend. Die ermittelten Diskriminanzfunktionen klassifizieren etwa $3/4$ der Fälle richtig. Die Trefferquote liegt tendenziell bei den insolventen Fällen höher als bei den Kontrollfällen.*

E. Zur praktischen Verwendung der statistischen Insolvenzdiagnose

Wie sieht der *Beurteilungsprozeß eines Bilanzanalytikers* aus, der mit Insolvenzdiagnosen auf der Basis von multiplen Diskriminanzfunktionen arbeitet?

Er wird zunächst den *absoluten Wert des Z-Scores* der jeweiligen Unternehmung beurteilen, d. h. *Vorzeichen* und *Distanz zum cut-off-point*. Da der cut-off-point üblicherweise bei Null standardisiert ist, wird der Analytiker lediglich fragen, ob der Einzelfall oberhalb oder unterhalb der Null-Linie liegt.

Der Analytiker wird aber zweckmäßigerweise nicht mit punktuell bestimmten cut-off-points arbeiten, sondern mit einem *Korridor* von bestimmbarem Ausmaß um diesen cut-off-point herum. Er wird fragen, ob die Unternehmung schon unterhalb dieses Korridors („roter" Bereich), unstrittig oberhalb des Korridors („grüner" Bereich) oder innerhalb des Korridors („gelber" Bereich) liegt. Die Definition dieses Korridors ist das Ergebnis einer *risikopolitischen Entscheidung* des Analytikers. Er kann symmetrisch durch einen bestimmten Prozentsatz aller Fälle bestimmt werden. Er kann aber auch nach dem Prinzip der Vorsicht asymmetrisch bestimmt werden. In einem solchen Korridor wäre der negative Sektor kleiner als der positive, so daß eine festgelegte negative Distanz zum cut-off-point auffälliger wird als eine gleich große positive Distanz.

Der Analytiker wird schließlich nicht nur den Z-Wert eines einzigen Geschäftsjahres zur Beurteilung heranziehen, sondern die *Entwicklung der Z-Werte im Zeitablauf* beurteilen. Die Entwicklung und Bewegungen wird er mit der Niveaubeurteilung bzw. mit der Korridorberührung kombinieren, um zu einem Urteil zu kommen.

Wir wollen diese Beurteilungsmuster anhand einiger typischer Fälle zeigen.

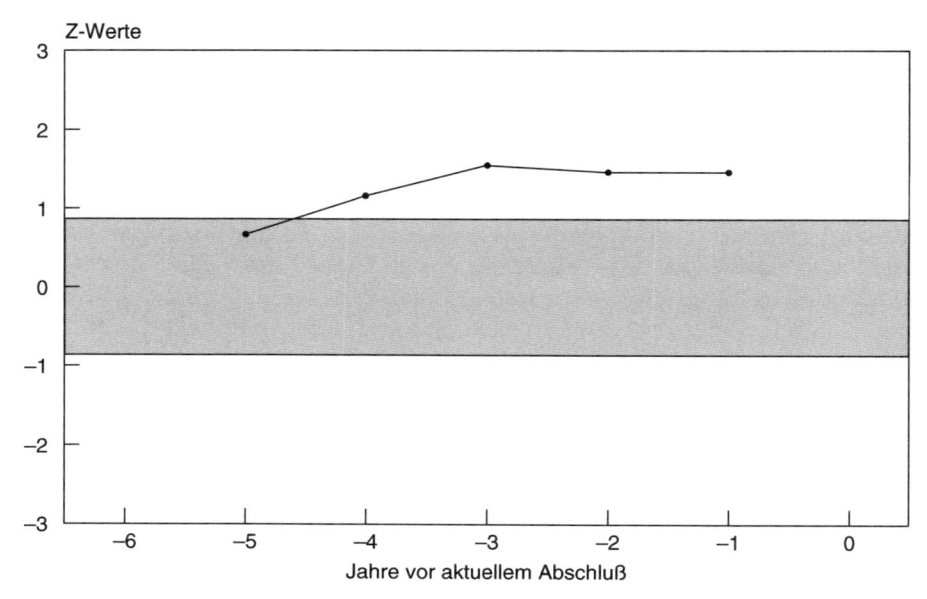

Abbildung 54: Tendenziell positiver Verlauf der Z-Werte
(Kontrollfall Nr. 5)

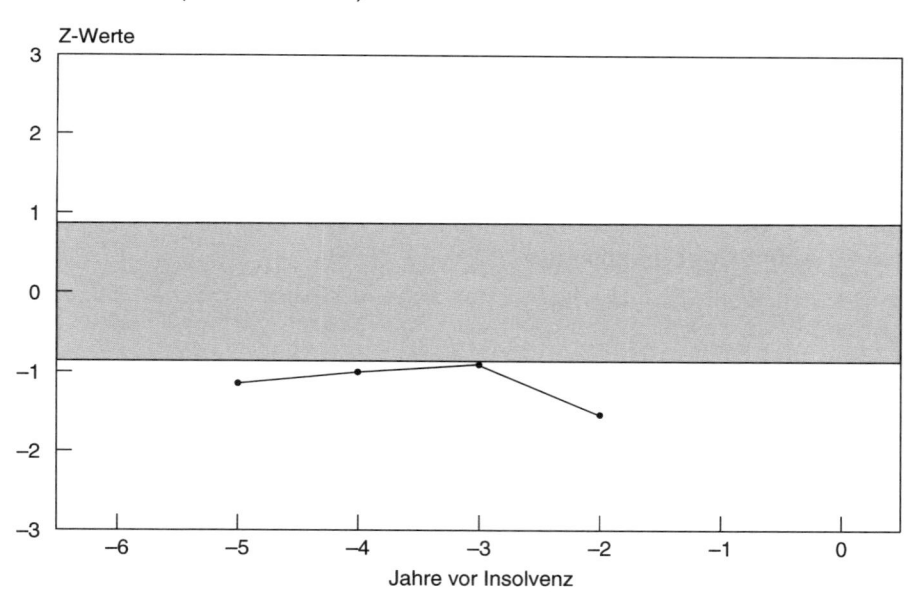

Abbildung 55: Tendenziell negativer Verlauf der Z-Werte
(Insolvenzfall Nr. 79)

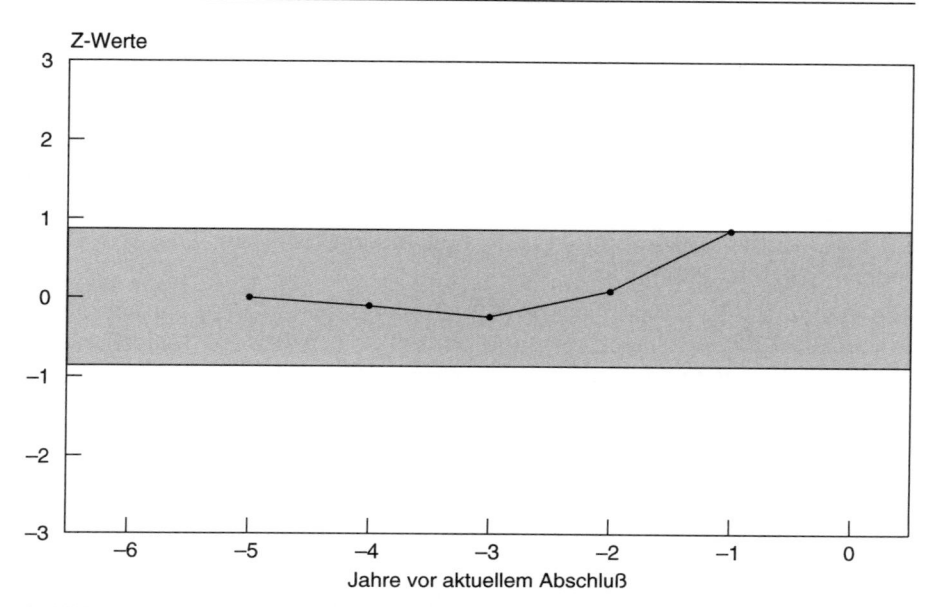

Praktische Verwendung der statistischen Insolvenzdiagnose

Abbildung 56: Tendenziell kritische Z-Werte mit positiver Entwicklung (Kontrollfall Nr. 2)

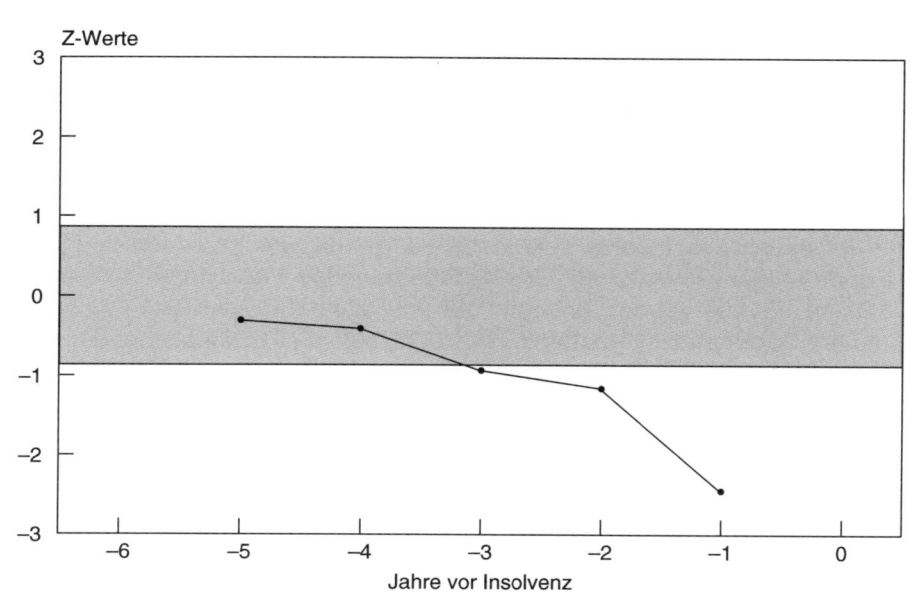

Abbildung 57: Tendenziell kritische Z-Werte mit negativer Entwicklung (Insolvenzfall Nr. 22)

In Abb. 54 *(S. 138)* handelt es sich um ein Unternehmen, das in den letzten Abschlüssen deutlich oberhalb des Korridors liegt. Die Z-Funktion verläuft in den letzten vier Abschlüssen gleichmäßig. Es dürfte sich um einen unproblematischen Fall handeln.

Im Falle der Abb. 55 *(S. 138)* liegen die Werte der Z-Funktion stets unterhalb des kritischen Korridors. Zwar deutete sich im Übergang von t_{-4} auf t_{-3} eine leichte Besserung an. Sie hält jedoch nicht an. Dieser Fall ist kritisch einzuschätzen.

Die Werte der Z-Funktion in Abb. 56 *(S. 139)* fallen in allen Jahren in den kritischen Korridor. Das Unternehmen lebt seit Jahren im kritischen Bereich. Die Tendenz ist deutlich aufwärts gerichtet. Es ist zu prüfen, ob die Verbesserung in den letzten zwei Geschäftsjahren tatsächlich erwirtschaftet wurde und weiterhin anhält.

Das in Abb. 57 *(S. 139)* dargestellte Unternehmen hat sich permanent verschlechtert. Schon zu Beginn der Betrachtung liegt es im kritischen Korridor. Seit zwei Abschlüssen fällt es deutlich weiter ab. Alle Anzeichen deuten auf eine schwere Krise.

Die kritische, vor allem methodische Würdigung der Insolvenzdiagnose wird im folgenden Abschnitt von Gemünden vorgelegt. Wir beschränken uns daher hier auf folgende *zusammenfassende Feststellungen:*

– Die Ergebnisse der statistischen Insolvenzdiagnose verweisen uns auf *bereits bekannte, traditionsreiche Kennzahlen:* Rendite, Verschuldungsgrad, Umschlagskoeffizienten. Die in der Diskriminanzfunktion vorgenommene Gewichtung mag die Bedeutung der einen oder der anderen Kennzahl gegenüber den anderen hervorheben oder auch im Zeitablauf ändern. *Sonderlich originell sind diese Ergebnisse indessen nicht.*

– Die statistische Insolvenzdiagnose kann wohl vor allem die Aufgabe übernehmen, *Frühsignale für eine tiefergehende Krisenstudie* zu geben. Diese Signale werden unbeeinflußt von allen Verzerrungen menschlichen Informationsverhaltens, gestützt auf die gleichbleibende und gleichartige Leistung des Computers, ausgelöst.

– Ein Ersatz für eine sorgfältige individuelle Krisendiagnose, die den Umständen des Einzelfalles Rechnung trägt, ist die statistische Insolvenzdiagnose nicht.

F. Weiterführende Überlegungen

Wir haben diesen im Jahre 1988 formulierten Beitrag nur unwesentlich gekürzt. Maßgeblich dafür ist die Überlegung, daß der ursprüngliche Beitrag die Aufgabe hatte, das Verfahren und das Vorgehen der multivariaten Diskriminanzanalyse im Prozeß der Insolvenzdiagnose vorzustellen. An diesem Verfahren und an der Vorgehensweise hat sich in der Zwischenzeit nichts geändert.

Geändert hat sich indessen die Einstellung der Praxis gegenüber diesem Verfahren. Es wird heute durchweg akzeptiert und in vielen Banken angewendet. Ein deutlicher Hinweis für diese Akzeptanz in der Praxis ist das Angebot der DATEV e.G., die in ihrem Programmpaket „Unternehmensanalyse" die folgende Variante einer statistischen Insolvenzdiagnose auf der Basis multivariater Diskriminanzanalysen offeriert. Diese Version wurde in Kooperation mit dem Institut für Betriebswirtschaftslehre der Universität Kiel entwickelt. Die Analyse eines holzverarbeitenden Unternehmens wird im folgenden Kurzbericht zusammengefaßt:

Kurzbericht zur Insolvenzprognose

Diskriminanzanalyse zur Krisenfrüherkennung

Berichtszeitraum: vom 1. 1. 1989 bis 31. 12. 1989

1. Grundlagen

Mit Hilfe der statistischen Diskriminanzanalyse wird eine Klassifizierung des Unternehmens durchgeführt, um Wahrscheinlichkeitsaussagen über dessen Krisenanfälligkeit für die Zukunft treffen zu können. Diese Klassifizierung erfolgt anhand einer Diskriminanzfunktion, die in Kooperation mit dem Lehrstuhl für Organisation der Universität Kiel, Prof. Jürgen Hauschildt, anhand empirischer Daten mittelständischer Unternehmen entwickelt wurde.

Die Diskriminanzanalyse liefert einen Ergebniswert, der als Indikator für die zukünftige wirtschaftliche Entwicklung des Unternehmens interpretiert werden kann. Der Ergebniswert zielt auf die Eintrittswahrscheinlichkeit einer Insolvenz innerhalb der nächsten 3 Jahre ab. Die hier verwendete Diskriminanzfunktion hat eine Klassifizierungsgüte, mit der die eintretende Insolvenz eines Unternehmens mit einer Sicherheit von 85,4% richtig vorausgesagt wird. Dieses Gütemaß basiert auf der verwendeten Analysestichprobe von Vergangenheitsdaten tatsächlicher Insolvenzfälle. Durch aktive Handlungsmaßnahmen kann der Einschätzung des Systems bei lebenden Unternehmen begegnet werden. Dies ist die Zielsetzung der Krisenfrüherkennung.

2. Klassifizierung des Unternehmens

Das analysierte Unternehmen weist für die Analyseperiode vom 1. 1. 1989 bis 31. 12. 1989 einen Ergebniswert (Z-Wert) von −2,09 auf.

Damit befindet sich das Unternehmen im „roten Bereich" des Analyserasters. Die Insolvenzwahrscheinlichkeit auf Basis der verwendeten Analysestichprobe beträgt 88%. Es werden dringend ergänzende Analysen und ggf. Maßnahmen zur Insolvenzprophylaxe empfohlen.

3. Interpretationshilfen

Der Einschätzung liegen folgende Klassifikationsbereiche zugrunde, die auf Basis der verwendeten Analysestichprobe abgeleitet wurden:

Z-Wert kleiner gleich –0,3:
„Roter Bereich" des Analyserasters. Insolvenzwahrscheinlichkeit 88%. Es werden dringend ergänzende Analysen und ggf. Maßnahmen zur Insolvenzprophylaxe empfohlen.

Z-Wert größer –0,3 und kleiner gleich 0,3:
„Grauer Bereich" des Analyserasters. Keine klare Klassifizierung möglich. Insolvenzwahrscheinlichkeit aber immerhin 55%. Es werden ergänzende Analysen empfohlen.

Z-Wert größer 0,3:
„Grüner Bereich" des Analyserasters. Insolvenzwahrscheinlichkeit lediglich 7%.

Die verwendete Diskriminanzfunktion wurde mit den Zielsetzungen Robustheit und Übertragbarkeit ermittelt. Sie befindet sich derzeit noch in der Pilotphase. Ihr liegen folgende Kennzahlen in unterschiedlicher Gewichtung zugrunde:

– Gesamtkapitalrendite

– Flüssige Mittel

– Gläubigerquote

– kurzfristige Bankverbindlichkeitenquote

– Kundenziel

Demnach zeichnen sich Unternehmen drei Jahre vor Insolvenz durch folgende Jahresabschlußmerkmale aus:

– Eine niedrige Gesamtkapitalrendite, ausgelöst durch eine schlechte Erfolgslage.

– Einen in Relation zum Gesamtvermögen sehr niedrigen Anteil „Flüssiger Mittel".

– Einen in Relation zum Gesamtkapital sehr hohen Anteil an Verbindlichkeiten und kurzfristigen Rückstellungen.

– Einen in Relation zum Gesamtkapital sehr hohen Anteil kurzfristiger Bankverbindlichkeiten.

– Ein langes Kundenziel, bedingt durch einen in Beziehung zum Umsatz gesehenen sehr hohen Anteil an Forderungen aus Lieferungen und Leistungen.

Weiterführende Überlegungen

Bei allem Fortschritt in der praktischen Anwendung beklagt die Wissenschaft, daß die Diskriminanzfunktionen selbst nur sehr selten veröffentlicht werden. Insofern entzieht sich der Fortschritt in der Anwendung und in der Spezifizierung dieser Verfahren einer externen Beurteilung. Insbesondere sind Einflüsse auf die Diskriminanzfunktionen, wie etwa Brancheneinflüsse oder Konjunktureinflüsse, nicht systematisch überprüft worden – zumindest nicht in einer öffentlich geführten Diskussion. Unser eigener Beitrag in Abschnitt 4.1 ist einer der wenigen Ausnahmen. In diesem Beitrag werden Diskriminanzfunktionen für eine Industriestichprobe mit der einer Baustichprobe verglichen.

3.2 Defizite der statistischen Insolvenzdiagnose

Hans Georg Gemünden

A. Das Problem

Gegenstand dieses Beitrages ist eine kritische Bestandsaufnahme der Studien zur empirischen, statistisch gestützten Insolvenzforschung. Der Ablauf derartiger Prognosen wird in dem vorstehenden Beitrag von Hauschildt beschrieben. In diesem Abschnitt sollen die generellen Möglichkeiten und *Grenzen* dieses Ansatzes erörtert werden. Dabei sollen folgende drei Fragen beantwortet werden:

(1) *Empirisches Wissen:* Gibt es einen Satz von gesicherten Kennzahlen, die eine Insolvenzgefährdung frühzeitig und zuverlässig anzeigen und damit als Schlüsselinformationen einer Insolvenzdiagnose anzusehen sind?

(2) *Theoretische Erklärungen:* Geben die Insolvenzstudien Erklärungen für die Ursachen von Unternehmenskrisen und für die Wirkung von Sanierungsmaßnahmen?

(3) *Technologischer Nutzen:* Wie frühzeitig und wie treffsicher lassen sich insolvenzgefährdete Unternehmen identifizieren?

Es ließe sich eine weitere Fragestellung anschließen: Die nach den *ökonomischen Konsequenzen* der statistischen Insolvenzdiagnose: „Lohnt es sich, Methoden der statistischen Insolvenzdiagnose anstelle anderer Methoden einzusetzen?" Nun muß die Beantwortung dieser Frage nach der ökonomischen Bedeutung von höchst unterschiedlichen Interessen der einzelnen Anwender ausgehen. Es macht einen Unterschied, ob ein Wirtschaftsprüfer die Insolvenz diagnostizieren will, um eine Sonderprüfung zu veranlassen, oder ob eine Bank die Insolvenz diagnostizieren will, um die Kreditbeziehung rechtzeitig zu beenden. Diese unterschiedlichen Interessenlagen sind die Ursache dafür, daß wir die Frage nach dem ökonomischen Nutzen dieser Untersuchungsmethoden *hier nicht* beantworten wollen.

B. Anspruchslose Ergebnisse

Gibt es einen *Satz von gesicherten Kennzahlen,* die eine Insolvenzgefährdung zuverlässig anzeigen und damit als Schlüsselinformationen einer

Bilanzanalyse anzusehen sind? Es fällt schwer, diese Frage zu beantworten, denn die empirische Insolvenzforschung ist in den meisten Untersuchungen nur eine permanente Heuristik. Es werden immer neue Kennzahlenkombinationen angeboten, die Insolvenzfälle und Kontrollfälle „optimal" trennen sollen. Deshalb kann man allenfalls von einem immer wieder auftretenden Kern von Kennzahlen ausgehen.

Nach den Bestandsaufnahmen von Altman, Zmijewski und Taffler sowie eigenen Literaturauswertungen[1] gehören zu diesem Kern wenigstens zwei Arten von Kennzahlen:

– Renditemaße,

– Verschuldungskennzahlen.

Diese Kennzahlen gehen in der Regel mit einem hohen Gewicht in die Formeln ein. Statt einer Renditekennzahl findet sich häufig auch eine erfolgswirtschaftlich interpretierte Cash-Flow-Kennzahl, die hoch mit den Renditekennzahlen korreliert.

Bezüglich der *weiteren Kennzahlen* gibt es erhebliche Unterschiede. Vergleichsweise häufig tritt in deutschsprachigen Untersuchungen als dritte Kennzahl eine solche auf, die Liquiditätsprobleme signalisiert.[2] Dies ist entweder eine Bilanzstrukturkennzahl, eine Kennzahl zum Umschlag des Umlaufvermögens oder auch eine finanzwirtschaftlich interpretierte Cash-Flow-Kennzahl.

Beschränkt man sich auf die deutschen diskriminanzanalytischen Untersuchungen, so zeigt sich vor allem bei den großzahligen und methodisch

---

1 Bestandsaufnahmen zur empirischen Insolvenzforschung liefern u. a. Perlitz (1979), Perlitz (1980), Altman (1983) insbesondere S. 147 ff. und S. 309 ff., Zavgren (1983), Zmijewski (1983), Altman (1984) und Taffler (1984). Die wohl umfangreichste Bibliographie legt Rösler (1988) vor.

2 Vgl. hierzu die Befunde bei Beermann (1976) S. 101: Bankenverbindlichkeiten/Verbindlichkeiten, Weinrich (1978) S. 185 und Gebhardt (1980) S. 263: Bankenverbindlichkeiten/Fremdkapital, Cash Flow I/Fremdkapital, Kurzfristiges Netto-Geldvermögen/Gesamtvermögen, Steiner (1980) S. 179: Kurzfristige Verschuldung/Umsatz, Fischer (1981) S.143 und Lüneborg (1981) S. 250: Verschiedene Kennzahlen/Kurzfristiges Fremdkapital, Bunke (1982) S. 137: Kurzfristiges Fremdkapital/Fremdkapital, Hänchen (1983) S. 14: (Umlaufvermögen ./. Kurzfristiges Fremdkapital)/Gesamtkapital, Kayser (1983) S. 173: Kurzfristiges Fremdkapital/Bilanzsumme, Zahlungsmittel/Gesamtvermögen, Raubach (1983) und Thomas (1983) S. 81: Einnahmenüberschuß/Gesamteinnahmen oder Einnahmenüberschuß/Investiertes Kapital, Bleier (1984) S. 186: (Umlaufvermögen ./. Kurzfristiges Fremdkapital)/Gesamtkapital, Fremdkapital/Cash Flow II, Loistl (1984) S. 366: Liquidität 2. Grades/Sonstige Forderungen, Cash Flow/Verbindlichkeiten und Plöger (1984) S. 160 f.

anspruchsvollen Untersuchungen, daß die ermittelte Diskriminanzfunktion *in aller Regel nur drei Kennzahlen*[3] aufweist. Eigene Anschlußtests deuten darauf hin, daß man bereits mit zwei Kennzahlen, nämlich mit dem betrieblichen Cash-Flow in Prozent der Gesamtleistung und dem Eigenkapitalanteil an der Bilanzsumme die wesentlichen Klassifikationsmerkmale erfaßt.[4]

Fazit: Insgesamt gesehen hat man in gut 30 Jahren empirischer Insolvenzforschung nur wenig überraschende Befunde produziert: *Rentabilität, Liquidität und Eigenkapitalausstattung* sind Grundpfeiler der klassischen Kennzahlenanalyse, wie wir sie seit Jahren aus der Kreditwürdigkeitsprüfung kennen. Um diese Kenntnisse zu gewinnen, hätte es einer aufwendigen, statistisch fundierten Forschung kaum bedurft. Beruhigend ist allenfalls, daß zumindest die neueren deutschen Untersuchungen in ihren Ergebnissen konvergieren und sich gegenseitig bestätigen.

C. Konsequenzen des Theoriendefizits

Liefern diese Studien *Erklärungen* dafür, wie und warum Unternehmenskrisen entstehen? Die Antwort lautet: Nein. Die sogenannten „Insolvenz-Prognose-Formeln" sind statistisch optimal gewichtete *Symptombeschreibungen.* Über die spezifischen Gründe, warum es im Einzelfall zu einem Verlust oder einer hohen Verschuldung kommt, sagen sie nichts. Die Formeln beruhen auf der vereinfachenden Unterstellung, daß es nur eine Art, nur einen Typ von Unternehmenskrise gäbe. In die Diskriminanzfunktion gehen nämlich nur diejenigen Kennzahlen ein, die im Durchschnitt aller Unternehmen trennfähig sind und die auf die Insolvenz als das Ende

---

3 Sowohl in der großzahligen Studie von Thomas (1983) als auch in der großzahligen Studie von Baetge/Huß/Niehaus (1986) werden in der letztlich akzeptierten Formel nur drei Kennzahlen verwendet. Zum gleichen Ergebnis kommt Hauschildt (Kapitel 3.1 in diesem Band). Eine Auswertung von 13 britischen Insolvenzprognosestudien durch Taffler (1984) zeigt, daß zwischen vier und sieben Kennzahlen verwendet werden, um Problem- und Kontrollfälle zuverlässig zu trennen. Aus den Gewichten der Kennzahlen kann man ablesen, daß zwei bis drei Kennzahlen den Löwenanteil ausmachen.

4 Wir hatten uns aus theoretischen Überlegungen auf diese beiden Kennzahlen vor dem Test festgelegt und uns auf sie beschränkt. Es zeigte sich, daß eine auf diesen beiden Kennzahlen beruhende Funktion praktisch genauso gut klassifiziert wie die von Gebhardt (1980) S. 263 für das „dritte Jahr vor Insolvenz" oder wie die analog zu Baetge/Huß/Niehaus (1986) und Hauschildt (Kapitel 3.1 in diesem Band) konstruierten. Auch in der großzahligen Studie von Loistl (1984) S. 369 zeigen Funktionen mit nur zwei Kennzahlen vergleichsweise gute Ergebnisse.

der Unternehmung zugeschnitten werden. Kennzahlen, die spezifische Problembereiche einzelner Krisentypen wesentlich vor Eintritt der Insolvenz abbilden, werden nicht in die Trennfunktion aufgenommen.

Derartige Kennzahlen werden sogar durch die speziellen Vorgehensweisen im *Verlauf der Modellkonstruktion systematisch ausgesteuert:*

(1) Kennzahlen, die ein optimales mittleres Niveau aufweisen und bei Krisenfällen entweder besonders hohe oder besonders niedrige Werte annehmen, werden bereits bei den univariaten Vortests, die bei den meisten Studien durchgeführt werden, ausgesteuert. So kann beispielsweise sowohl ein besonders hoher als auch ein besonders niedriger Finanzerfolg eine Krise anzeigen: Ein besonders hoher und stark gestiegener Finanzerfolg wurde vorzugsweise bei „notleidenden Müttern" beobachtet, die stille Reserven ihrer Töchterunternehmen mobilisieren. Demgegenüber wird ein besonders schlechter und sinkender Finanzerfolg vornehmlich bei Konzernmüttern mit „notleidenden Töchtern" beobachtet.[5] Im Durchschnitt gesehen kompensieren sich beide Informationen, so daß die bemerkenswerte Krisenanzeige in einem einfachen linearen Modell rechnerisch unterdrückt wird.

(2) Disaggregierte Kennzahlen, die spezifische Insolvenzgefährdungen indizieren, werden von stärker aggregierten Kennzahlen, die mehrere mögliche Ursachen zusammenfassen, verdrängt. So führt die Aufnahme einer Kennzahl „Betriebliche Rendite" in einer Diskriminanzanalyse in aller Regel dazu, daß vorgelagerte Kennzahlen, wie z. B. der „Personalaufwand in Prozent der Gesamtleistung" oder der „Materialaufwand in Prozent der Gesamtleistung" keinen zusätzlichen Beitrag mehr liefern. Diese differenzierenden Meßwerte werden demnach ausgesteuert. Dies mag sinnvoll sein, wenn man eine hinreichend gute Grobklassifikation nach „gut" und „schlecht" mit möglichst wenigen Kennzahlen erreichen will. Es verschüttet aber die Detailinformation, in welchem betrieblichen Sektor die Krise begründet ist.

Eine auf Erklärung statt nur auf Klassifikation ausgerichtete statistische Analyse sollte daher zunächst prüfen, wie es kommt, daß bestimmte Kennzahlen in einer univariaten Betrachtung nicht trennen. Sie sollte sich kritisch fragen, auf welche aggregierten Kennzahlen man von vornherein verzichten sollte, um für wichtig erachtete disaggregierte Kennzahlen nicht zu verdrängen. *Die Kennzahlenauswahl sollte nicht völlig verfahrensgesteuert, gleichsam automatisch erfolgen, wenn man anspruchsvollere Ziele als nur eine reine Grobklassifikation verfolgt.*

---

5 Vgl. hierzu Hauschildt/Grenz/Gemünden (1985) S. 881.

Liefern die Insolvenzprognoseformeln Erklärungen dafür, ob Maßnahmen des Krisenmanagements erfolgreich sein werden? Auch hier lautet die Antwort: Nein. Die immer wieder als „Theorie" angepriesenen Ansätze von Wilcox und Emery/Cogger und anderen scheinen auf den ersten Blick sowohl Aussagen über die Insolvenz als auch über den Sanierungserfolg zu machen.[6] Sie behaupten, die Insolvenzwahrscheinlichkeit sei um so größer,

– je geringer der Anfangsbestand an liquidierbarem Vermögen,

– je geringer der Erwartungswert des Netto-Cash-Flow und

– je höher die Streuung des Netto-Cash-Flow

sei. Die Problematik dieser Aussagen liegt in der Bindung an die Vergangenheit. Es wird unterstellt, daß der Netto-Cash-Flow sich in Zukunft genauso verhalte wie in der Vergangenheit.[7] Die prinzipielle Zukunftsperspektive der Sanierung wird gerade nicht berücksichtigt. So wird bei den Ansätzen von Wilcox und Emery/Cogger vorausgesetzt, daß sich erstens die Ertragslage nicht verbessert, zweitens die liquidierbaren Vermögensreserven richtig bewertet werden und drittens keine Kapitalzuführung von außen erfolgt.

Aber diese drei Annahmen machen gerade den betriebswirtschaftlichen Problemgehalt der Analyse eines krisengeschüttelten Unternehmens aus. Wenn man abschätzen will, ob man eine drohende Insolvenz verhindern kann, muß man doch gerade wissen, welche zukünftigen Ertragschancen bestehen, welche stillen Reserven noch vorhanden sind und welche Kapitalgeber mobilisiert werden können.

Diese Problematik der Insolvenzprognoseformeln soll mit einem wichtigen empirischen Befund belegt werden. Hierzu greifen wir auf ein Sample von 32 Aktiengesellschaften zurück, die zwischen 1971 und 1980 eine sogenannte doppelstufige Sanierung, d. h. eine Kapitalherabsetzung mit anschließender Erhöhung, durchgeführt haben.[8] Schauen wir uns zunächst

---

6 Vgl. hierzu Wilcox (1973), Vinso (1979), Scott (1981), Emery/Cogger (1982), Zmijewski (1983) S. 89 ff. und die dort zitierten, ähnlich konzipierten Studien. In einem von Zmijewski durchgeführten Leistungsvergleich schneiden diese beiden sehr einfach konstruierten Modelle gegenüber wesentlich komplexeren, induktiv gewonnenen, kaum schlechter ab. Vgl. hierzu Zmijewski (1983) insbesondere S. 61.

7 Vgl. hierzu auch Franke (1980) S. 139 ff.

8 Diese Daten wurden in einer am Institut für Betriebswirtschaftslehre der Universität Kiel entstandenen Diplomarbeit erhoben. Vgl. hierzu Holz (1985). Der Verfasser bedankt sich bei Frau Holz für die Überlassung der Daten.

an, wie sich bei diesem Unternehmen die Gesamtrentabilität vor Steuern bis zum Sanierungszeitpunkt entwickelt hat (vgl. Abb. 58).

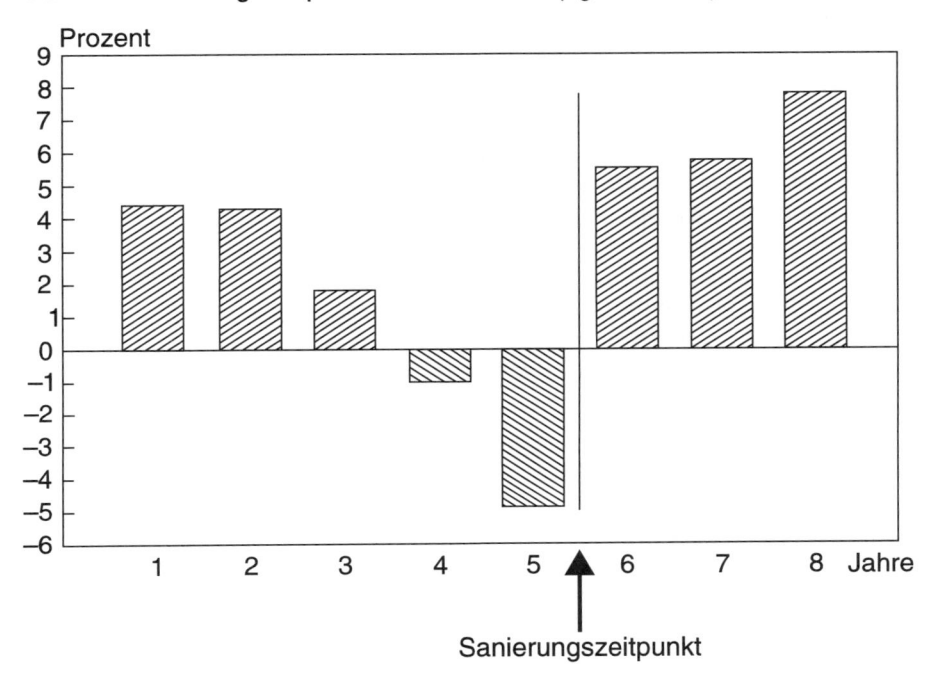

Abbildung 58: Gesamtkapitalrentabilität in 32 Aktiengesellschaften mit doppelstufiger Sanierung

Die Rendite sinkt stark ab. Im Sanierungsjahr tritt ein erheblicher Verlust auf. Wenn man zu diesem Zeitpunkt verschiedene Insolvenzprognoseformeln anwendet, dann werden zwischen 65,6 und 100% aller Firmen als insolvent klassifiziert.[9] *Tatsächlich* sind von diesen 32 Unternehmen aber *nur zwei Firmen insolvent* geworden. Dies sind nur 6% der Fälle.

---

9 Der Minimalwert ergibt sich bei Anwendung einer von uns entwickelten Logit-Formel, die bei einem Sample von 27 insolventen Aktiengesellschaften und 27 Kontrollfällen gewonnen wurde und bei einem Sample von insolventen Unternehmen und Kontrollfällen, das uns von einer Großbank zur Verfügung gestellt wurde, erfolgreich validiert werden konnte. In die Logit-Funktionen gehen eine Renditekennzahl, eine Verschuldungskennzahl und eine Umschlagskennzahl ein. Der Maximalwert ergibt sich bei Anwendung der Formel, die Gebhardt für das dritte Jahr vor Insolvenz entwickelt hat. Vgl. hierzu Gebhardt (1980) S. 263.

Sehen wir uns nun die weitere Entwicklung der Gesamtkapitalrentabilität in Abb. 58 an. Sie *steigt deutlich an* und übertrifft bereits drei Jahre nach Sanierung das Niveau, das drei Jahre vor Sanierung realisiert wurde. Ähnliche Entwicklungen lassen sich für die Umsatzrentabilität und die ordentliche Rendite zeigen.

Es sei ein zweiter Befund präsentiert, der vor einer unreflektierten Anwendung der Insolvenzformeln warnt. Auf der Abszisse der Abb. 59 *(siehe S. 151)* ist die im Sanierungsjahr geschätzte Insolvenzwahrscheinlichkeit abgetragen, auf der Ordinate die durchschnittliche Gesamtkapitalrentabilität der Jahre 2 und 3 *nach* Sanierung. Theoretisch würde man erwarten, daß die Rentabilität um so geringer ausfällt, je höher die Insolvenzwahrscheinlichkeit zuvor war. Der Befund zeigt jedoch das Gegenteil. *Je höher die Insolvenzwahrscheinlichkeit zum Sanierungszeitpunkt geschätzt wird, also je ungünstiger die Zukunftschance des Unternehmens beurteilt wird, desto besser fällt später die tatsächliche Rendite aus.*

Hier liegt eine krasse Fehlanzeige der Modelle: Wer die Formel unkritisch anwendet, beschwört die Gefahr einer unheilvollen self-fulfilling-prophecy!

Die Betriebswirtschaftslehre hat nicht nur eine Erklärungsaufgabe, sondern auch eine Gestaltungsaufgabe. Sie darf daher ein „Frühwarn-Instrument" auch dann empfehlen, wenn seine Prognosefunktion theoretisch noch nicht hinreichend fundiert ist und wenn das Prognoseinstrument nicht angeben kann, welche Wirkungen mögliche Sanierungsmaßnahmen haben. Entscheidend ist nach einem solchen technologischen Verständnis, wie zuverlässig und frühzeitig die Prognose erfolgt und welchen Beitrag sie zur Verbesserung einer Entscheidung liefert. Daher ist konsequent zu fragen: *Ermöglichen die entwickelten Formeln tatsächlich eine frühzeitige und zuverlässige Prognose drohender Insolvenzen?*

Wir wollen im folgenden die *Einwände* gegen die statistische Insolvenzdiagnose systematisch vortragen. Dabei sollen die wichtigsten Argumente zusammengefaßt und ggf. durch eigene Untersuchungen ergänzt werden. Natürlich treffen nicht alle Einwände für jede Studie zu. Man hat aus methodischen Fehlern der Vergangenheit, vor allem in den USA, gelernt.[10]

---

10 Vgl. hierzu die methodisch anspruchsvolleren Arbeiten von Gebhardt (1980), Lüneborg (1981) und Niehaus (1987) in Deutschland sowie u.a. Altman/Haldeman/Narayanan (1977), Ohlson (1980) und Zmijewski (1983) in den USA. Auf der anderen Seite sind auch in einer Reihe von neueren deutschsprachigen Arbeiten methodische Mängel festzustellen, man betrachte nur die unzureichende Validierung der vorgeschlagenen Formeln an hold-out-Fällen oder neuen Fällen.

Konsequenzen des Theoriendefizits

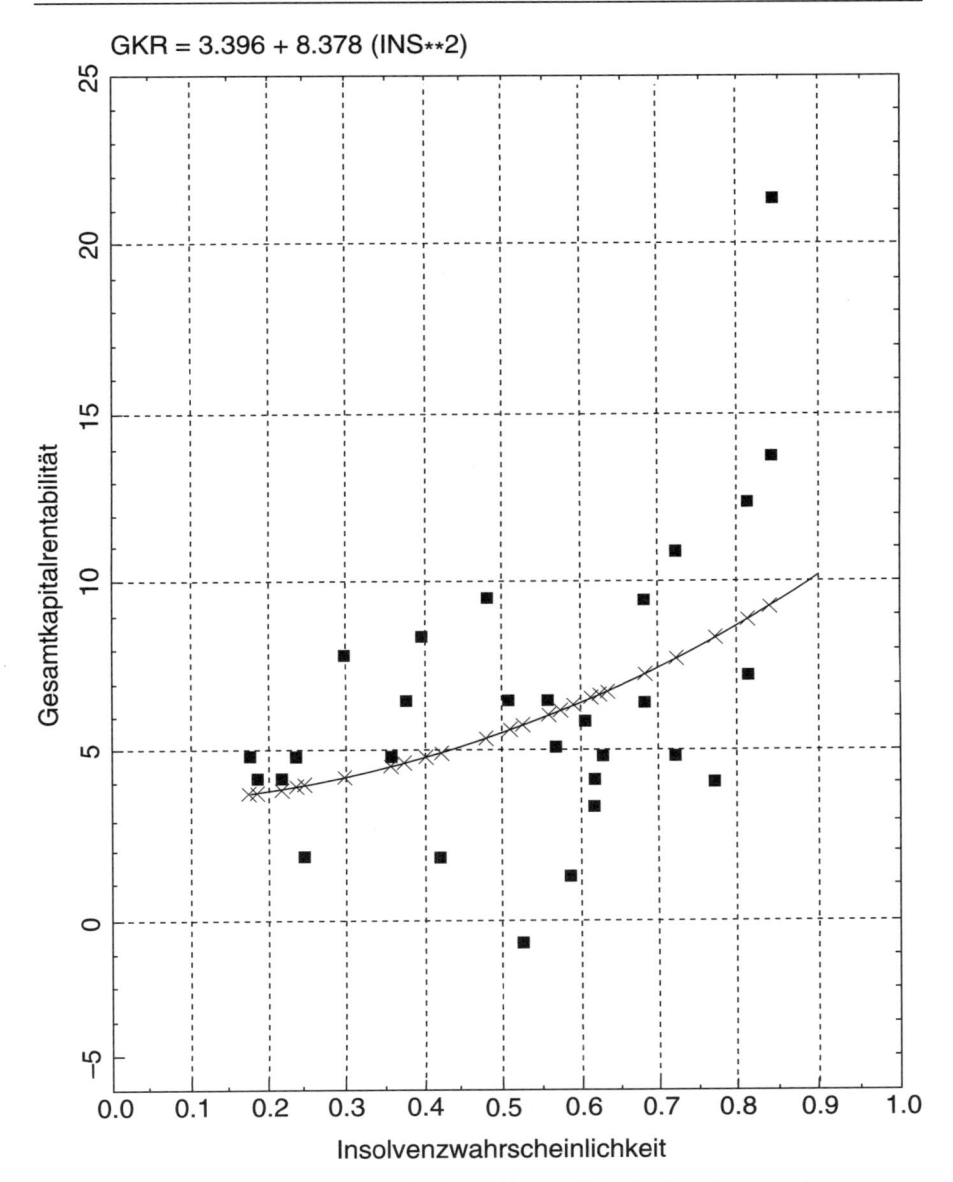

GKR = 3.396 + 8.378 (INS**2)

Abbildung 59: Zusammenhang zwischen prognostizierter Insolvenzwahrscheinlichkeit und Gesamtkapitalrentabilität nach Sanierung (Basis: 32 Aktiengesellschaften mit doppelstufiger Sanierung)

D. Kritik an der Stichprobenauswahl

Insolvenzen sind seltene Ereignisse. Es ergeben sich daher kleine, nicht zufällige Stichproben, die eigentlich den gängigen statistischen Tests nicht zugänglich sind. Um diese Probleme zu mildern, hat man in einer Reihe von Studien die Eigenschaft „insolvent" weiter definiert: So wird beispielsweise in der Studie der Bayerischen Vereinsbank von sogenannten *„Leistungsstörungen"* ausgegangen. Sie liegen vor, wenn es schon zu einem wesentlichen zeitlichen Aufschub der vertraglich vereinbarten Leistungen kommt. Indizien hierfür sind nicht nur Insolvenzen, sondern auch schon Tilgungsaussetzungen, Forderungsverzichte, Zinsverzichte, Einzelwertberichtigungen und Sicherheitsverwertungen.[11]

Mit dieser Vorgehensweise erhält man zwar eine größere Stichprobe, löst aber damit *Folgeprobleme* aus. Es stellt sich erstens die Frage, welche „Leistungsstörung" noch als „wesentlich" anzusehen ist. Zweitens erhebt sich die Frage, ob man alle Leistungsstörungen gleich behandeln solle.

Beschränkt man sich darauf, einen bestimmten Zustand nominal zu klassifizieren, dann stellt sich die Frage: Woher stammt die zu reproduzierende Klassifikation, wer stellt die „Leistungsstörung" fest? Bretzke weist zu Recht darauf hin, daß ein Unternehmen nicht insolvent *ist,* sondern für insolvent *erklärt* wird.[12] In ähnlicher Weise wird in den genannten Studien „erklärt", daß eine „problematische" Kreditbeziehung vorliege. Die Insolvenzprognoseformeln dienen in diesen Fällen dazu, ein Urteil vorherzusagen, das allen Schwächen und Stärken menschlichen Informationsverhaltens unterliegt. Sie tun dies, indem man mögliche Komponenten, die in ein solches Urteil einfließen, in einem statistischen Sinne optimal gewichtet. *Die bestmögliche Reproduktion eines Urteils ist aber etwas anderes als die Prognose einer zukünftigen Entwicklung.*

Nicht nur die Bestimmung der erfolglosen Unternehmen ist ein Problem, sondern auch die der erfolgreichen. Denn das ist ja die Vorgehensweise der meisten Studien, die erfolglose Unternehmen mit möglichst gut vergleichbaren Kontrollfällen kontrastiert. Üblicherweise bildet man *Pärchen,* d. h., man wählt als Kontrollfälle solche, die den erfolglosen Fällen in Branche, Größe, Rechtsform und Bilanzierungszeitraum ähneln, aber

---

11 Vgl. hierzu Baetge/Huß/Niehaus (1986) S. 606 f. Eine weitere Abgrenzung als die rechtlich definierte Insolvenz wählen u.a. auch Beermann (1976), Lüneborg (1981), Raubach (1983) und Hauschildt/Rösler/Gemünden (1984). Zur Problematik der Festlegung der „schlechten" Fälle siehe auch Zmijewski (1983) S. 8 ff.
12 Vgl. hierzu insbesondere Bretzke (1985).

Kritik an der Stichprobenauswahl

nicht als insolvent oder leistungsgestört anzusehen sind. Gelegentlich wählt man auch als Kontraststichprobe eine reine Zufallsstichprobe aus der Menge der nicht erfolglosen Fälle.[13]

Hingegen gilt eine *Gegenüberstellung mit besonders erfolgreichen Fällen* als problematisch. Man setzt sich in diesem Falle dem Vorwurf aus, daß man eine hohe Klassifikationsgüte durch bewußte Vorauswahl produziert: Wenn man die guten Unternehmen etwa nach Rendite und Eigenkapital auswählt, dann darf man sich nicht wundern, daß die Klassifikationsfunktion gerade diese Kennzahl als trennstark ausweist und überdies bemerkenswert gute Ergebnisse liefert.[14] Eine solche Vorauswahl ist auch aus einem anderen Grunde problematisch: Unternehmen, die *heute* besonders gute Kennzahlen zeigen, müssen nicht unbedingt die Unternehmen sein, die auch in Zukunft die besten Kennzahlen aufweisen.

Fazit: Es wäre durchaus sinnvoll, eindeutig schlechte mit eindeutig guten Firmen zu vergleichen, damit die ermittelte Diskriminanzfunktion nicht durch Zweifelsfälle beeinträchtigt würde. Aber es fehlt das objektive Kriterium, was als gut oder als schlecht anzusehen ist. Aus diesem Grunde muß man sich damit begnügen, die mutmaßlich leichter bestimmbaren schlechten Fälle mit *durchschnittlichen Kontrollfällen* zu vergleichen, auch auf die Gefahr hin, daß die Klassifikationsgüte weit unterhalb von 100% liegt.

Ein weiteres Problem der Stichprobenziehung betrifft das *Auswahlverfahren*. Es sollte eigentlich „Ausschlußverfahren" heißen. Der Ausschluß beginnt damit, daß man sich bereits bei der Festlegung der Grundgesamtheit auf *bestimmte Branchen, Rechtsformen und Größenklassen* konzentriert. Es dominieren Untersuchungen mit großen Aktiengesellschaften des produzierenden Gewerbes, deren Daten öffentlich verfügbar sind. Auf Unternehmen anderer Branchen, Größenklassen und Rechtsformen sind die so ermittelten Formeln streng genommen nicht anwendbar.

Innerhalb der traditionell bestimmten Grundgesamtheiten wird dann zumeist eine *Vollerhebung der recht seltenen Insolvenzfälle* angestrebt. Aufgrund eigener Untersuchungen können wir mitteilen, daß von 66 Unternehmen, die zwischen 1975 und 1984 laut Hoppenstedts Handbuch der

---

13 Ungepaarte Kontrollfälle werden u. a. bei Lüneborg (1981), Raubach (1983), Ohlson (1980) und Zmijewski (1983) verwendet.

14 Vgl. hierzu beispielsweise die bei Taffler (1984) referierten Studien oder die Arbeiten zur Wachstumsprognose, die sich das Ziel setzen, besonders stark wachsende Unternehmen zu identifizieren. Wie die Studien von Bruse (1978) und Höfer (1978) belegen, hängen die diskriminierenden Kennzahlen stark von der Definition des Wachstumsmaßes ab.

Deutschen Aktiengesellschaften insolvent wurden, mit erheblichen Anstrengungen nur 33 erhoben werden konnten. Die übrigen erwiesen sich als ungeeignet, weil sie eine zu kurze Lebensdauer aufwiesen, fusionierten, die Rechtsform wechselten, Rumpfgeschäftsjahre hatten oder keine Jahresabschlüsse mehr publizierten. Für die Jahre 1963 bis 1974 konnte Gebhardt von 85 insolvent gewordenen Aktiengesellschaften aus ähnlichen Gründen nur 45 erheben.[15]

Welche Folgen dieser Ausschluß auf die Güte der entwickelten Formeln hat, ist unbekannt. Fest steht auf jeden Fall: Bei einem relativ hohen Prozentsatz von insolvenzgefährdeten Firmen kann man die Formel nicht anwenden, weil *keine geeignete Datenbasis* vorliegt. Der Ausschluß von Fällen mit unvollständigen Daten reduziert die Anwendungsbreite, da insolvenzgefährdete junge Unternehmen und Firmen mit Strukturbrüchen (Rechtsformwandel, Fusion, Rumpfgeschäftsjahre) ausgeschlossen werden.

Im Ergebnis liegen daher meist *kleine und nicht zufällig gezogene Stichproben* vor. Die kleinen Stichproben begünstigen nun aber ein „overfitting" unzuverlässiger Modelle: Die gefundene Diskriminanzfunktion schmiegt sich eng an die Daten der Stichprobe an. Sie versagt aber, wenn man sie auf neue Fälle anwendet. Dies gilt vor allem, wenn man – wie so häufig – sehr große Kennzahlenmengen durchprobiert. Die fehlende Zufallsauswahl verbietet strenggenommen alle gängigen Signifikanztests.

Durch die oftmals vorgenommene Pärchenbildung versucht man, Problem- und Kontrollfälle vergleichbar zu machen und störende Einflüsse von Größe, Branche, Rechtsform und Bilanzierungszeitraum auszuschalten. Das Problem dabei ist, daß man nur vermutet, aber eben nicht empirisch prüft, ob diese leicht erhebbaren Kriterien auch wirklich erheblich sind. Wenn sie unerheblich sind, dann könnte man auch auf die Pärchenbildung verzichten und brauchte die Anwendungsbreite der Formeln nicht unnötig einzuschränken. Wenn sie aber beachtlich sind, dann sollte man die *Einflüsse von Größe, Branche und Rechtsform explizit in die Modelle aufnehmen und ihre Stärke quantifizieren.*[16] Auf jeden Fall scheint es inkonsequent, die Unternehmen als Paare zu erheben und sie in der Auswertung wie Einzelfälle zu behandeln.

---

15 Vgl. hierzu Gebhardt (1980) S. 105 ff.
16 Zum realen Einfluß der beliebten Paarungskriterien wie Größe, Branche, Rechtsform und anderer konstitutioneller Merkmale auf die Insolvenzgefährdung vgl. z. B. die Befunde bei Neubert (1982), Zellweger (1982), Zmijewski (1983) S. 114 (mit weiteren Verweisen), Albach/Bock/Warnke (1984), Angele (1984a), Angele (1984b) und Ziegler (1984).

Hinzu kommt ein anderer negativer Einfluß: Man orientiert sich an Krisenbranchen der Vergangenheit, weil nur zu Insolvenzfällen aus solchen Krisenbranchen Kontrollfälle gesucht werden. Wenn nun neue Krisenbranchen entstehen, dann erhebt sich sofort die Frage, ob man die alten Formeln auch zur Identifizierung von gefährdeten Unternehmen aus neu hinzukommenden Krisenbranchen verwenden kann. Kein vernünftiger Analytiker würde es im Jahre 1999 wagen, Diskriminanzfunktionen der Werftindustrie auf die Automobilindustrie zu übertragen.

E. Defizite bei der Bildung der Kennzahlen

Generell ist festzustellen: Es werden *viel zu umfangreiche Kennzahlenkataloge* ausprobiert. Oftmals werden sogar mehr Kennzahlen als insolvente Unternehmen in einer Forschungsarbeit untersucht. Auch wenn viele dieser Kennzahlen bereits in einem vorgeschalteten univariaten Test ausgesondert werden, führt diese Vorgehensweise immer noch zu *stark stichprobenspezifischen Kennzahlenkombinationen* bei den multivariaten Formeln. Die Folge ist, daß keine der resultierenden Formeln identisch ist, weil es immer wieder eine bestimmte Kennzahlenkombination gibt, die sich an eine bestimmte Stichprobe besser anpaßt. Es fehlt aber eine vergleichende Analyse, um wieviel die in anderen Studien gefundenen Formeln schlechter wären. Ein entsprechender Vergleich von 13 verschiedenen Formeln aus prominenten amerikanischen Untersuchungen wird von Zmijewski vorgeführt. Er eicht die Formeln an 3645 Fällen aus den Jahren 1972 bis 1978 und prüft ihre Güte an 2304 Fällen der Jahre 1975 bis 1978. Er weist nach, daß sich die Formeln nur marginal in ihren Klassifikationsleistungen unterscheiden: Sie liegen zwischen 95,97% und 98,17%.[17] *Nur das beste Modell schneidet signifikant besser ab als eine naive Prognose, die behauptet, daß alle Unternehmen solvent bleiben.* Es stellt sich daher die Frage, ob es wirklich sinnvoll ist, statistische Programmpakete nach immer neuen Kombinationen suchen zu lassen. Es sei in diesem Zusammenhang daran erinnert, daß die großzahligen deutschen Studien konvergierend belegen, daß auch in einer großen Stichprobe schon drei Kennzahlen ausreichen, um die grob klassifizierende Information des Jahresabschlusses auszuschöpfen.

Kritik ist auch an der *Verletzung formaler Anforderungen* zu üben, die an die Kennzahlen zu stellen sind. So ergeben sich Interpretationsprobleme, wenn sowohl im Zähler als auch im Nenner Vorzeichenwechsel auftreten

---

17 Vgl. hierzu die Befunde bei Zmijewski (1983) S. 61, 175 f. und S. 192.

können. Wenn die Nenner gegen Null gehen (was bei den pathologischen Insolvenzfällen durchaus vorkommen kann), dann werden Ausreißer programmiert. Wenn man aber robuste Kennzahlen bildet, indem man möglichst große Bezugsgrößen, wie z. B. Gesamtkapital, Gesamtleistung oder gesamter Mittelfluß verwendet, dann erhält man u.u. sehr grobe Maßgrößen, die zwar gut geeignet sind, „rabenschwarze" und „schneeweiße" Fälle zu unterscheiden, die aber in der praktisch relevanten Grauzone weniger gut diskriminieren. Es erhebt sich damit ein Konflikt zwischen Rechenhaftigkeit im statistischen Modell und Sinnhaftigkeit in der betriebswirtschaftlichen Einzelfallbetrachtung.

Welche Kennzahlen in eine Modellgleichung aufgenommen werden, darf *nicht allein den statistischen Verfahren* überlassen werden, sondern muß *von theoretischen Überlegungen bestimmt* sein. Wenn das Erkenntnisziel eine möglichst spezifische Diagnose ist, dann darf man auch nur disaggregierte Kennzahlen in die Modellgleichung aufnehmen lassen. Wenn das Erkenntnisziel nur eine Grobklassifikation durch eine möglichst einfache und robuste Formel ist, dann sollte man sich von vornherein auf stärker aggregierte Kennzahlen beschränken. Es erscheint in jedem Falle problematisch, beide Erkenntnisziele mit einer einzigen Modellgleichung realisieren zu wollen und die Auswahl der Kennzahlenkombinationen einem nicht betriebswirtschaftlich reflektierten, statistisch schrittweise vorgehenden Algorithmus zu übertragen.[18]

F. Defizite bei der Anwendung der Verfahren

Auch wenn die folgenden Prämissen nicht immer geprüft werden, so ist doch mittlerweile bekannt, daß die Voraussetzungen der Verfahren, namentlich der linearen Diskriminanzanalyse, meistens nicht erfüllt sind. So sind viele Kennzahlen nicht normal-verteilt.[19] *Multi-Normalverteilung wird*

---

18 Symptomatisch sind die Äußerungen von Loistl (1984). Er sucht nach Erklärungen, daß bei seiner schrittweisen LDA im „zweiten Schritt die Kennziffer Fremdkapitalanteil in die Diskriminanzfunktion aufgenommen wird und nicht die Kennziffer Eigenkapitalanteil, obwohl beide den gleichen Wert für die F-Statistik aufweisen". Der identische F-Wert ist natürlich die Folge der mathematisch bedingten perfekten Korrelation von −1 beider Kennzahlen.
19 Vgl. hierzu u. a. die Befunde bei Beaver (1966) S. 94 f., Deakin (1976) S. 92 ff., Weibel (1973) S. 188 f., Gebhardt (1980) S. 190 ff., Weinrich (1978) S. 126 f., 195 ff. und S. 300 ff., Lüneborg (1981) S. 185 ff. und S. 383 ff., Schönbrodt (1981) S. 93 f., Kayser (1983) S. 150 ff. und Zmijewski (1983) S. 114 f. und S. 141.

in aller Regel nicht geprüft.[20] Außerdem ist die sogenannte *Varianz-Homogenitäts-Annahme* im allgemeinen verletzt: Die Kennzahlen weisen bei den insolvenzgefährdeten Fällen zumeist eine höhere Varianz auf.[21] Trotzdem wendet man die lineare Diskriminanzanalyse am häufigsten an, weil man das Verfahren für robust hält. Es zeigt in vielen Fällen – trotz der Verletzung der Prämissen – eine gleich gute oder bessere Klassifikationsleistung als die schwerer beschaffbaren oder umständlicher zu handhabenden nonparametrischen Verfahren oder parametrischen Alternativen.

So einfach ist die Problematik jedoch nicht. Die Robustheit gilt vermutlich nur bei Stichproben, in denen Problem- und Kontrollfälle gleich häufig vorkommen. Dann liegt der cut-off-point nahe beim mittleren Z-Wert. In der Realität ist aber nur ein Bruchteil der Firmen insolvent. Dann wird der cut-off-point in der Randzone der Verteilung liegen und Verletzungen der Verteilungsannahmen gewinnen sehr wohl an Bedeutung.

Schließlich kann bei heterogenen Varianzen zwar die gesamte Klassifikationsgüte recht hoch sein, es kommt aber zu einer Verschiebung der Klassifikationsgüten von solventen und insolventen Unternehmen, und zwar zugunsten der Gruppe mit der stärkeren Streuung. Problematisch ist dabei, daß diese Verschiebung implizit erfolgt und nicht kontrolliert wird. Die mögliche Korrekturformel für die Klassifikationswahrscheinlichkeit wird im allgemeinen nicht angewandt.[22] Es ist daher zu fragen, ob man nicht stärker über Alternativen zur linearen Diskriminanzanalyse nachdenken sollte. Das gilt insbesondere dann, wenn die Fehlklassifikation nicht summarisch festgestellt wird, sondern nach der fälschlichen Einstufung insolventer Fälle als solvent (Fehler 1. Art) und nach der fälschlichen Einstufung solventer Fälle als insolvent (Fehler 2. Art) differenziert wird.[23]

In einer Reihe von Studien wird nicht nur eine einzige Diskriminanzfunktion ermittelt, sondern mehrere, und zwar für jedes Jahr vor Insolvenz eine. Diese *jährlichen Diskriminanzfunktionen* zeigen oftmals instabile, konfliktäre Ergebnisse.[24] Sie lassen den Anwender hilflos vor dem Pro-

---

20 Eine Ausnahme bilden Watson/Stock/Watson (1983).
21 Vgl. hierzu exemplarisch die Belege für Heteroskedaszität bei Gebhardt (1980) S. 300 ff., Lüneborg (1981) S. 383 ff. und Zmijewski (1983) S. 144.
22 Zur Korrekturformel siehe Backhaus et al. (1987) S. 217.
23 Vgl. hierzu insbesondere die Arbeiten von Gebhardt (1980), Lüneborg (1981) und Zmijewski (1983), in denen solche Alternativen erprobt werden. Zu den Begrenzungen der LDA siehe auch: Collins/Green (1982). Die Autoren weisen insbesondere nach, daß die Logit-Analyse weniger Fehler vom Typ 1 hervorruft.
24 Vgl. hierzu exemplarisch die Ergebnisse bei Gebhardt (1980) S. 263. Bei ihm wechseln nicht nur die Gewichte der Kennzahlen, sondern auch die Art der

blem, welche Funktion er anwenden soll, da er bei der Anwendung ex ante nicht weiß, wieviele Jahre vor Insolvenz sich ein Unternehmen befindet. Andererseits ist es nicht verwunderlich, sondern durchaus verständlich, daß sich die Gewichte der Kennzahlen in den Diskriminanzfunktionen im Zeitablauf verändern. Es fehlt aber bisher an Untersuchungen, die diese Unterschiede erklären und systematisch *Theorien zum Entwicklungspfad der Krise* überprüfen. Wenn man beispielsweise wüßte, daß in einem frühen Stadium der Insolvenzgefährdung lediglich ein niedriger Eigenkapitalanteil ein Gefährdungspotential anzeigt und im weiteren Verlauf weitere Symptome hinzukommen müssen, dann wäre dies schon hilfreich. Es dürfte aber auch hier darauf ankommen, nicht „den" Krisenverlauf zu beschreiben, sondern *unterschiedliche Pfade zu erklären.*[25]

Die geschätzten Diskriminanzfunktionen passen sich – wie berichtet – an die verwendeten Eich-Stichproben gut an. Die dabei erreichte Klassifikationsgüte ist aber kein gültiges Maß für die Treffsicherheit der Formeln, sondern eine zu optimistische Größe. Zur Schätzung der Klassifikationsleistung dieser Formeln ist eine Validierung an Fällen nötig, die gerade nicht bei der Eichung berücksichtigt wurden. Betrachtet man unter dieser Perspektive die Forschungspraxis, so ist festzustellen: *Es gibt nur wenige Untersuchungen, in denen ein realitätsnaher Validitätstest durchgeführt wird.*[26] In den meisten Untersuchungen wird entweder ganz auf eine Validierung der Klassifikationsgüte verzichtet oder nur eine Sensitivitätsanalyse hinsichtlich des Prognosezeitraumes vorgenommen. In der Regel behilft man sich mit den sogenannten hold-out-Techniken, bei denen die Funktion an einem Teil der Stichprobe geeicht und an einem anderen Teil geprüft wird. Am zuverlässigsten wird die Klassifikationsgüte durch das sogenannte „Lachenbruch-one-hold-out-Verfahren" bestimmt.[27] Bei dieser Variante werden jeweils n-1 Fälle benutzt, um die Funktion zu eichen, und an dem n-ten Fall wird die Klassifikationsgüte gemessen. Dieses Verfah-

---

    Kennzahlen, die in die Diskriminanzfunktion aufgenommen werden. Wie die Studie von Dambolena/Khoury (1980) belegt, ergeben sich solche Effekte dadurch, daß sich bei insolvenzgefährdeten Unternehmen die Kennzahlen im Zeitablauf stärker verändern als bei solvent bleibenden. Man kann daher auch die Veränderung von Kennzahlen, d. h. den intra-organisationalen Zeitvergleich, dazu nutzen, Krisen zu diagnostizieren.

25 Vgl. in diesem Zusammenhang die originelle Studie von Giroux/Wiggins (1984), die solche Pfade beschreibt.

26 So z. B. bei Zmijewski (1983). Als besonders realitätsnah ist die chronologische Validierung bei Baetge/Huß/Niehaus (1986) anzusehen. Sie überprüfen die gefundene Funktion sogar an über 13 000 Fällen der Grundgesamtheit.

27 Vgl. hierzu Lachenbruch (1967).

ren wird n mal wiederholt, so daß jeder Fall einmal als hold-out gedient hat. Das Verfahren ist sehr aufwendig, empfiehlt sich aber besonders für kleine Stichproben, bei denen eine Validierung besonders wichtig ist. Es findet aber dabei eben keine Validierung an anderen Stichproben statt, die auch jedem Praktiker den Wert der gefundenen Diskriminanzfunktionen sofort einsichtig werden lassen würden.

G. Die beschränkte Treffsicherheit und die einseitige Perspektive der Modelle

Stellen wir uns abschließend folgende Fragen zur Leistungsfähigkeit der Prognosemodelle:
(1) Wie hoch ist die *Trefferquote?* Wie hoch ist die Fehlklassifikation? Wie hoch ist der *Fehler 1. Art* (insolvente Firmen werden als solvent klassifiziert)? Und wie hoch ist der *Fehler 2. Art* (solvente Firmen werden als insolvent klassifiziert)?
(2) Wie *frühzeitig* wird eine zufriedenstellende Trefferquote erreicht?

Um die unter (1) subsumierten Fragen zu beantworten, beschränken wir uns aus Gründen der Relevanz und Vergleichbarkeit auf deutsche Studien, die mittels linearer Diskriminanzfunktionen Insolvenzen oder Kreditausfälle prognostizieren. Tabelle 5 *(siehe S. 160)* zeigt das Ergebnis unserer Auswertung.

Von diesen Ergebnissen sollte man einige ausklammern: Die besonders hohen Werte bei Beermann, Weinrich und Steiner beruhen auf nicht-validierten Formeln, die wegen ignorierter Multikollinearitätsprobleme ökonomisch nicht plausible Vorzeichen bei einigen Kennzahlen aufweisen. Bei Plöger liegt vermutlich ein overfitting vor, da bei einem zusätzlich erhobenen hold-out-Sample die Klassifikationsgüte auf 40% sinkt. Bei Kayser werden erfolgreiche und scheiternde Sanierungen analysiert. Die Diskrimination innerhalb dieser generell überdurchschnittlich insolvenzgefährdeten Klasse von Unternehmen ist offenkundig schwieriger.

Nach dieser Bereinigung erhält man folgenden *Ausgangsbefund:* Die Klassifikationsgüten deutscher linearer Diskriminanzanalysen liegen beim spätest möglichen Prognosezeitpunkt zwischen 76 und 85%. Diese Werte sind schlechter als die in anderen Ländern ermittelten: Mit dem Abschluß, der sich auf das Jahr vor Insolvenz bezieht, klassifiziert man in amerikanischen Untersuchungen ca. 94% der Firmen richtig, wobei die Trefferquoten prominenter Untersuchungen zwischen 82 und 98% liegen. In britischen Studien werden durchschnittlich sogar 97% korrekt klassifiziert.

Nr. Autor	Jahr	Sample Ins./Kontr.	Fehler 1. Art[1]	Fehler 2. Art[2]	Klassifikations-güte
1. Beermann	1976	21/21	9,5%	4,8%	92,9%[3]
2. Weinrich	1978	32/32	12,5%	9,4%	89,1%[3,4]
3. Gebhardt	1980	28/28	22,2%	29,6%	77,8%[5]
4. Steiner	1980	17/20	5,9%	15,9%	89,2%[3]
5. Lüneborg	1981	119/327	17,8%	13,8%	84,2%[6]
6. Hänchen	1983	18/18	22,2%	11,1%	83,3%[7]
7. Kayser	1983	30/30	33,3%	20,0%	73,3%[8]
8. Thomas	1983	800/800	k. A.	k. A.	80,0%
9. Loistl	1984	43/43	11,6%	37,2%	76,0%
10. Plöger	1984	35/904	3,2%	2,9%	97,0%[9]
11. Freise	1985	28/28	10,7%	32,1%	78,6%[10]
12. Baetge et al.	1987	141/141	4,4%	25,6%	85,0%[11]
13. Hauschildt/ Gemünden	1987	28/28	28,6%	17,9%	76,8%[4]

1 Fehlklassifikation später insolventer Firmen als solvent.
2 Fehlklassifikation von solventen Firmen als insolvent.
3 Koeffizienten der Formel weisen teilweise nicht plausible Vorzeichen auf, da Multikollinearitätsprobleme ignoriert wurden.
4 Jahresabschlüsse für das zweitletzte Jahr vor Insolvenz.
5 Jahresabschlüsse für das zweitletzte Jahr vor Insolvenz, Fehlerschätzung nach dem Lachenbruch-hold-out-Verfahren.
6 Jahresabschlüsse für das drittletzte Jahr vor Insolvenz, Fehlerschätzung nach dem Lachenbruch-hold-out-Verfahren.
7 Verwendet eine Teilmenge des Samples von Gebhardt.
8 Vergleich von scheiternden und erfolgreichen Sanierungen.
9 Bei hold-out-Fällen wesentlich geringere Klassifikationsgüte.
10 Daten aus Kapitalflußrechnungen aus den Jahren 1 und 2 vor Konkurserfassung.
11 „Weiß" und „grau" von uns zu einer Klasse zusammengefaßt.

Tabelle 5: Ergebnisse deutschsprachiger linearer Diskriminanzanalysen zur Prognose von Insolvenzen oder Kreditausfällen

Diese Zahlen beziehen sich auf einen *sehr späten Zeitpunkt*. Wenn eine Insolvenzgefährdung noch einigermaßen rechtzeitig erkannt werden soll, dann sollte sich die Prognose aus einem Abschluß ableiten, der sich spätestens auf das dritte Jahr vor Insolvenz bezieht. Wir haben daher ermittelt, in welchem Ausmaß die *Trefferquote vom Prognosezeitpunkt abhängt*. Dabei werden zwei Arten von Befunden unterschieden: Solche, bei denen jedes Jahr eine neue Funktion geschätzt wird und solche, bei denen eine einmal geschätzte Funktion an anderen Jahren geprüft wird. Tabelle 6 *(siehe S. 161)* zeigt das Ergebnis unserer Auswertungen.

Art der Prüfung	Prognosezeitraum				
	Jahre vor Insolvenz				
	0	1	2	3	4
Prüfung mit einer jährlich neu geschätzten Funktion					
Arithm. Mittel	89,6	84,1	71,8	76,2	71,2
Medianwerte	*91,2*	*83,3*	*79,5*	*75,5*	*74,7*
Prüfung mit einer einmal geschätzten Funktion	0	1	2	3	4
Arithm. Mittel	85,0	74,6	65,1	61,0	58,9
Medianwerte	*85,0*	*76,8*	*65,8*	*70,4*	*63,9*

Tabelle 6: Einfluß des Prognosezeitraums auf die Klassifikationsgüte

Die Auswertung zeigt, daß die Trefferquoten im praktisch relevanten Zeitraum, d. h. mindestens zwei Jahre vor Insolvenz, unter 80% liegen. Bei den Studien, die eine einmal geschätzte Funktion an anderen Jahren überprüfen, liegen die Trefferquoten sogar unter 70%. *Von einer „Früherkennung" von Insolvenzgefährdungen sollte man u. E. besser nicht sprechen, zumindest nicht von einer zuverlässigen.*

Die referierten Befunde vermitteln einen Eindruck vom Einfluß des Prognosezeitraums. Sie lassen aber die Frage offen, wie gut eine einmal bestimmte Funktion neu auftretende Insolvenzen anzeigt. Eine solche *chronologische Validierung* wollen wir nun vorlegen. Wir überprüfen die Modelle von Gebhardt, der seine Kennzahlen und Formeln nachvollziehbar dokumentiert, die statistischen Verfahren sachgemäß anwendet und deutsche Aktiengesellschaften untersucht hat, die bis 1974 insolvent wurden. Dabei greifen wir auf zwei Prüfstichproben zurück:

– Stichprobe 1, bestehend aus 33 Aktiengesellschaften, die zwischen 1976 und 1984 insolvent wurden, und 33 in Größe, Rechtsform, Branche und Bilanzierungszeitraum gepaarte Unternehmen.

– Stichprobe 2, bestehend aus 32 Aktiengesellschaften, die in der Wirtschaftspresse unter dem Stichwort „Missmanagement" kritisch analysiert wurden, aber bis zum Zeitpunkt dieser Publikation nicht insolvent wurden, und 32 in Größe, Rechtsform, Branche und Bilanzierungszeitraum vergleichbare Unternehmen.

Gebhardt schätzt für das zweite bis vierte Jahr vor Insolvenz drei verschiedene Funktionen. Wir legen unserem Test die Funktion für das mittlere Jahr zugrunde. *Das Ergebnis ist ernüchternd (vgl. Tabelle 7, S. 162):* Die Klassifikationsgüten der Stichprobe 1 liegen zwischen 65 und 74%, wobei der günstigste Wert im zweiten Jahr vor Insolvenz auftritt. Vergleichsweise gut werden dabei noch die Insolvenzfälle klassifiziert: Ihre Trefferquote steigt von 63,6 auf 81,2% an. Sehr schlecht werden jedoch die Kontrollfälle beurteilt: Bestenfalls werden zwei Drittel richtig klassifiziert.

Sample 1: Insolvenz- und Kontrollfälle		Jahre vor Insolvenz		
		1	2	3
1. Reine Insolvenzfälle	(N = 28)	82,1	89,3	67,9
2. dazu Kontrollfälle	(N = 28)	67,9	71,4	71,4
3. Insolvenz- und Missmanagementfälle	(N = 5)	80,0	40,0	40,0
4. dazu Kontrollfälle	(N = 5)	40,0	40,0	40,0
Alle Insolvenzfälle	(N = 33)	81,2	81,8	63,6
Alle Kontrollfälle	(N = 33)	63,6	66,7	66,7
Alle Fälle des Samples 1	(N = 66)	72,7	74,2	65,2
Sample 2: Missmanagement und Kontrollfälle		Jahre vor Publikation		
		0	1	2
1. Reine Missmanagementfälle	(N = 32)	46,9	46,9	50,0
2. dazu Kontrollfälle	(N = 32)	78,1	75,0	68,8
Alle Fälle des Samples 2	(N = 64)	62,5	61,0	59,0
Alle Fälle (beide Samples)	(N = 130)	67,7	67,7	62,3

Tabelle 7: Chronologische Validierung der Gebhardt-Funktionen (Klassifikationsgüten bei Zugrundelegung der Funktion, die von Gebhardt für das Jahr t_{-3} entwickelt wird)

In Stichprobe 2 werden ebenfalls die Kontrollfälle relativ schlecht klassifiziert. Erschreckend niedrig ist aber auch die Klassifikationsgüte bei den Fällen, denen Missmanagement nachgesagt wurde. Bestenfalls die Hälfte wird richtig klassifiziert. Auch wenn man konzedieren darf, daß diese Unternehmen schon in der latenten Krise stecken, so ist es bis zur manifesten Krise, zur Insolvenz, doch noch sehr weit. Es gab zwar durchaus Unternehmen, deren Lage sich nach Publikation der Krise erheblich verschlechterte, aber ihnen stehen eine ganze Reihe von Firmen entgegen, die durch Produkt- und Prozeßinnovationen erfolgreich saniert wurden.[28] Hätte man nur nach den Formeln gehandelt, die eine Insolvenzgefährdung indizieren, dann wäre der notwendige Spielraum für solche Maßnahmen möglicherweise nicht mehr gewährt worden.[29] Es ist die einseitige

---

28 Bönkhoff (1983) S. 64.
29 Vgl. hierzu die Befunde bei Kayser (1983) und Casey/McGee/Stickney (1986). Sie zeigen, daß vornehmlich solche Firmen erfolgreich saniert werden konnten, die noch über genügend „stille Reserven" verfügten, welche ihnen Handlungsspielraum für Investitionen gaben.

Perspektive der hier getesteten Formel, die den Anwender beängstigen sollte:

Wenn man alle Fälle schwarz sieht, dann klassifiziert man zwar einen hohen Prozentsatz der an sich seltenen dunklen Fälle richtig, aber den vielen grauen Fällen wird man nicht gerecht. Die Prognose ähnelt der Vorhersage: Alle Menschen werden sterben. Diese Vorhersage ist zu 100% richtig. Aber jeder Lebende ist eher daran interessiert zu erfahren, wie lange er noch zu leben hat.

Wir können folgendes Fazit ziehen: *Wenn wir realitätsnahe und frühzeitige Prognosezeiträume anstreben, dann schmelzen die behaupteten hohen Klassifikationsgüten schnell und drastisch zusammen.* Bei einer chronologischen Validierung der Gebhardt-Formeln an zwei neuen Stichproben können wir insgesamt nur 70% der Unternehmen korrekt klassifizieren. Dabei werden vor allem die Kontrollfälle schlecht erfaßt. Diese einseitige Perspektive der Modelle ist darauf zurückzuführen, daß in den gepaarten Stichproben genausoviele insolvente wie solvente Unternehmen vertreten sind, während in der Grundgesamtheit weitaus mehr Firmen vertreten sind, die in den nächsten Jahren solvent bleiben.[30] Wenn man die cut-off-points so festlegt, daß viele durchaus nicht insolvenzgefährdete Unternehmen als Insolvenzkandidat erscheinen, hat das zwei Wirkungen: Zum einen steigt die Wahrscheinlichkeit, daß man die tatsächlichen Insolvenzkandidaten treffsicher identifiziert. Zum anderen könnte bei den fälschlich identifizierten Insolvenzkandidaten im Sinne einer self-fulfilling-prophecy eine Insolvenz „herbeigeredet" werden. Der Anwender einer statistischen Insolvenzprognose sollte sich daher über die ökonomischen Wirkungen der Fehlklassifikation Klarheit verschaffen. Er wird sich fragen müssen, welche Kosten bzw. Erlöseinbußen aus der Fehlklassifikation erwachsen. Dabei ist abzuwägen, ob die Kosten bzw. Erlöseinbußen bei einer sehr großen Zahl falsch klassifizierter solventer Unternehmen die Kosten bzw. Erlöseinbußen bei einer relativ kleinen Zahl fälschlicherweise als solvent klassifizierter Unternehmen aufwiegen.

---

30 Zur quantitativen Abschätzung dieses Bias siehe Zmijewski (1985).

H. Zur Überwindung der Defizite

Wir haben uns bewußt dafür entschieden, diesen 1988 formulierten Beitrag in unveränderter Form bei der Neuauflage dieses Buches vorzulegen, da die vorgetragene Kritik die Entwicklung der empirischen Insolvenzforschung bis heute maßgeblich prägt. Allerdings scheint es angebracht zu überprüfen, inwieweit der vorgetragenen Kritik durch Erkenntnisfortschritte begegnet wurde.

(1) Betrachten wir zunächst die *methodische Weiterentwicklung* der empirischen Insolvenzforschung.

Im Vordergrund der Kritik standen die Vorgehensweise bei der Stichprobenauswahl und bei der Anwendung statistischer Verfahren. In beiden Bereichen sind in den vergangenen zehn Jahren erhebliche Weiterentwicklungen festzustellen.

So hat die Akzeptanz und Verbreitung der im Rahmen der empirischen Insolvenzforschung entwickelten Diagnoseinstrumente[31] dazu geführt, daß heute umfassende praktische Erfahrungen mit großzahligen Insolvenzklassifikationen vorliegen. Die Grundlage für diese großzahligen Stichproben sind in aller Regel die Firmenkunden eines Finanzinstituts, die vollständig oder mittels einer zufällig gezogenen Stichprobe analysiert wurden. Diese Stichproben sind damit regelmäßig frei von verzerrenden und die Repräsentativität einschränkenden Einflüssen des Insolvenzforschers. Auch lassen sich Bemühungen feststellen, gerade die bisher vernachlässigten Unternehmen einer bestimmten Branche, Rechtsform oder Größenklasse[32] zu analysieren.

---

31 Neben den unter der Leitung von Professor Dr. Dr. h.c. J. Baetge vom Institut für Revisionsforschung der Universität Münster durchgeführten zahlreichen Kooperationen mit Kreditinstituten und Finanzdienstleistern und unseren eigenen Kooperationen mit deutschen Großbanken und anderen Einrichtungen ist auch auf die zahlreichen eigenständigen Entwicklungen vergleichbarer Instrumente hinzuweisen. Im Ergebnis kann heute bei jedem großen deutschen Kreditinstitut oder anderen mit der großzahligen Analyse von Jahresabschlüssen konfrontierten Einrichtungen davon ausgegangen werden, daß sie über entsprechende Erfahrungen im Einsatz mit Instrumenten der empirischen Insolvenzforschung verfügen.

32 Für eine entsprechende branchenbezogene Analyse vgl. Hauschildt/Leker/Clausen (1995), S. 287–299. Auch die Deutsche Bundesbank arbeitet seit neuestem mit drei, nach Branchen differenzierten, Diskriminanzfunktionen (Monatsberichte 1/99). Gleichzeitig gibt es auch Bestrebungen, Instrumente für bisher vernachlässigte Rechtsformen, wie Personengesellschaften, und kleinere Unternehmen zu entwickeln. Diese haben allerdings aufgrund der erschwerten Datenverfügbarkeit noch nicht zu befriedigenden Einsichten geführt.

Die Kritik an der einseitigen, auf die insolvente Unternehmung bzw. auf den leistungsgestörten Kreditnehmer gerichteten Perspektive kann durch die genannten Untersuchungen im Regelfall nicht entkräftet werden, da auch in der aktuellen praktischen Anwendung an der Zweiteilung der Klassifikation der Ausgangsstichproben festgehalten wird.[33] Eine Ausnahme bildet die von Leker im Jahre 1993 vorgelegte Untersuchung, die ein Diagnoseinstrument zur „fraktionierenden Frühdiagnose" von Unternehmenskrisen auf der Grundlage von drei unterschiedlich schweren Krisenstadien entwickelt.[34] Die in diesem Zusammenhang ermittelten Befunde stützen die vorgetragenen Zweifel an der universellen Eignung der ermittelten Klassifikationsinstrumente für Unternehmen in unterschiedlichen Krisenstadien.[35] Gleichzeitig wirft dieser Ansatz aber auch die Frage nach einem möglichst objektiven und nachvollziehbaren Kriterienkatalog zur ex-ante-Klassifikation von Unternehmenszuständen auf. Dieses Problem ist insbesondere auch bei der Operationalisierung „erfolgreicher" Unternehmen noch nicht gelöst, wodurch die Leistungsfähigkeit fraktionierender Diagnosesysteme eingeschränkt ist.

(2) Die Kritik an der *unsachgemäßen Anwendung* einzelner statistischer Verfahren hat große Resonanz gefunden und eine Vielzahl unterschiedlicher methodischer Vorgehensweisen ausgelöst. Hierbei lassen sich zwei zentrale Richtungen unterscheiden:

– Auf der einen Seite stehen Untersuchungen, die weiterhin mit den bekannten und zu Recht kritisierten Verfahrensanwendungen arbeiten, diese aber entsprechend ausführlich dokumentieren, um die intersubjektive Nachvollziehbarkeit der Ergebnisse zu gewährleisten: Neben der Leistungsfähigkeit des ermittelten Diagnoseinstruments steht hier die Ausrichtung auf eine explizit formulierte Forschungshypothese im Vordergrund. Das entwickelte Diagnoseinstrument soll vorrangig einen realtheoretischen Erkenntnisbeitrag und weniger einen methodischen Verfahrensfortschritt liefern.

---

33 Im Gegensatz hierzu wird die Interpretation des Diagnoseergebnisses bei neuen Fällen zumeist mit Hilfe einer über die Zweiteilung hinausgehenden Klassifikationsskala vorgenommen. Während diese zunächst auf einer differenzierten Auswertung der ermittelten Klassifikationswerte basierte, werden die Klassenbildung und Zuordnung heute verstärkt auf der Grundlage eines methodisch angemesseneren Wahrscheinlichkeitskonzeptes durchgeführt. Vgl. Baetge (1998a) S. 596–598.
34 Zur Operationalisierung der untersuchten Krisenstadien „manifeste Krise", „Sanierung" und „Insolvenz" vgl. Leker (1993) S. 14–31.
35 Vgl. hierzu die univariaten Befunde (S. 212–214) sowie die Interpretation des multiplen Diskriminanzmodells (S. 249–290) bei Leker (1993).

- Auf der anderen Seite stehen Untersuchungen, die andere, weniger restriktive Verfahren zur Entwicklung eines Diagnoseinstrumentes einsetzen. Tabelle 8 gibt einen Eindruck von der Vielfalt der im Rahmen der empirischen Insolvenzforschung eingesetzten Verfahren.

Autor (Jahr)[1]:	Anwendungsbereich:	Verfahren[2]:	Trefferquote:
Frydman/ Altman/Kao (1985)	Insolvenzprognose	Rekursive Partitionierung (RPA) mit 6 Kennzahlen	71–92% in Abhängigkeit von den vorgegebenen Kosten einer Fehlklassifikation
Peel/Peel (1988)	Insolvenzprognose	Multinominale Logit-Analyse (MLA) mit 3 Kennzahlen	87,6% im 2-Gruppenfall
Feidicker (1992)	Kreditwürdigkeitsprüfung	Lineare DA mit 4 Kennzahlen	um 80%
Leker (1993)	Fraktionierende Krisendiagnose	Multiple lineare DA mit 4 Kennzahlen	78–80% im 2-Gruppenfall
Krause (1993)	Kreditwürdigkeitsprüfung	versch. NN mit 4–73 Kennzahlen	α-Fehler: 8,7% (fixiert) β-Fehler: um 41%
Rommelfanger (1993)	Kreditwürdigkeitsprüfung	Expertensystem mit Fuzzy-Sets	Keine Angaben
Kerling/Poddig (1994)	Kreditwürdigkeitsprüfung	Multilayer-Perceptron (NN) mit 4–11 Kennzahlen	85–89%
Baetge (1998)	Bilanzbonitätsbeurteilung	NN mit 14 Kennzahlen	α-Fehler: 8,7% (fixiert) β-Fehler: 32,96%
Leker/Schewe (1998)	Kreditwürdigkeitsprüfung	Logit-Analyse mit 5 Kennzahlen	α-Fehler: 10,3% β-Fehler: 21,2%

1 Für eine umfassende Dokumentation der Analyseergebnisse sei an dieser Stelle auf die im Literaturverzeichnis zusammengestellten Primärquellen hingewiesen.
2 Die Auswahl der Untersuchungen soll die Verfahrensvielfalt dokumentieren. Sie erhebt keinen Anspruch auf Vollständigkeit.
DA =Diskriminanzanalyse, NN = Neuronales Netz

Tabelle 8: Ausgewählte Untersuchungen der empirischen Insolvenzforschung

Im Ergebnis zeigen diese Untersuchungen, daß der Einsatz von methodisch sachgerechteren Verfahren zu einer weiteren Verbesserung der Diagnoseleistung geführt hat. Diese hohe Diagnoseleistung konnte mittlerweile auch mit Hilfe externer Validierungen bestätigt werden,[36] so daß an der Anwendbarkeit der entwickelten Diagnoseinstrumente heute kein Zweifel mehr besteht.

Auffällig ist, daß die Anwendung neuer Verfahren nicht zu einer Verdrängung der bisher als treffsicher erkannten Kennzahlen geführt hat. Die festgestellten methodischen Defizite scheinen sich somit stärker auf die multivariate Klassifikationsleistung auszuwirken als auf die Identifikation und Selektion der jeweils trennstärksten Jahresabschlußkennzahlen. Es bleibt abzuwarten, inwieweit zukünftige Weiterentwicklungen hier zur Entdeckung ganz anderer Informationen führen, die wiederum eine deutliche Verbesserung der Diagnoseleistung ermöglichen.

(3) Betrachtet man die Bemühungen der empirischen Insolvenzforschung, das angemahnte *Theoriedefizit* aufzuarbeiten, muß man feststellen, daß die Forschungsanstrengungen in diesem Bereich im krassen Gegensatz zu den methodischen Weiterentwicklungen stehen. Es hat den Anschein, daß die wiederholt vorgetragene Kritik die Bemühungen um eine stärkere theoretische Fundierung nicht inspirieren konnte.[37]

Die Vertreter der empirischen Insolvenzforschung haben sich angesichts der Komplexität des Untersuchungsgegenstandes und der hohen Anforderungen, die eine in sich geschlossene Theorieentwicklung stellt, anscheinend weitgehend mit dem Makel der Theorielosigkeit ihrer Vorgehensweise abgefunden – ein Zustand, der nicht befriedigen kann.

Unseres Erachtens ist die empirische Insolvenzforschung gefordert, sich diesem Problembereich in Zukunft vermehrt zu widmen. Hierbei scheint es ratsam, sich nicht allein auf kapitalmarkttheoretische Zusammenhänge zu stützen, sondern insbesondere auch die Forschungsleistungen der Theorien zur Unternehmenskrise und zu den Erfolgsfaktoren zu berücksichtigen. Stärkere Beachtung verdienen insbesondere die informations- und rollentheoretisch motivierten Abbildungsverzerrungen im Falle spezifischer Unternehmensentwicklungen.[38]

---

36 Insbesondere das von Baetge entwickelte Neuronale Netz BP-14 konnte seine Leistungsfähigkeit auch bei einer Anwendung auf eine völlig neue, unbekannte Teststichprobe und eine Interpretation durch institutsfremde Wissenschaftler unter Beweis stellen. Vgl. Leker/Schewe (1998).
37 Vgl. insbesondere Schneider (1989), der regelmäßig von anderen Autoren zitiert wird, vgl. beispielsweise Baetge (1998a) S. V sowie Burger (1994).
38 Vgl. für den Fall eines Vorstandswechsels Leker/Salomo (1998) S. 156–177.

3.3 Statistische Insolvenzdiagnose: Diskriminanzanalyse versus logistische Regression

Gerhard Schewe/Jens Leker

A. Plädoyer für eine methodische Öffnung der statistischen Insolvenzdiagnose

Dieser Beitrag greift eine Fragestellung auf, die in jüngsten Veröffentlichungen verstärkt beachtet wurde. Es wird nicht mehr nur untersucht, welche Jahresabschluß-Kennzahlen möglichst gut zwischen insolvenzgefährdeten und nicht insolvenzgefährdeten Unternehmen trennt, sondern es wird auch geprüft, mit welchem Instrumentarium eine solche Klassifikation durchzuführen ist.[1] Neben das inhaltliche Analyseziel tritt damit ein methodisches.

Folgt man dieser Richtung, die sicherlich nicht unumstritten ist,[2] wird erkennbar, daß sich in der Literatur anscheinend ein Wechsel von der Methode der Diskriminanzanalyse zur Methode des Künstlichen Neuronalen Netzes vollzogen hat. Ein *statistisches Verfahren* wird dabei durch eine Technik der *künstlichen Intelligenz* ersetzt. Folgt man dagegen einschlägigen statistischen Lehrbüchern,[3] so wäre ein Wechsel zu einem anderen, möglicherweise leistungsfähigeren statistischen Verfahren der konsequentere Weg gewesen.[4] Insbesondere in Betracht käme die *logistische Regressionsanalyse,* bei der die Anforderungen an das Datenmaterial weniger restriktiv sind als bei der multivariaten Diskriminanzanalyse. Insofern erscheint es sinnvoll und notwendig, die Leistungsfähigkeit der logistischen Regressionsanalyse im Vergleich mit der multivariaten Diskriminanzanalyse als Instrument im Rahmen der empirischen Insolvenzforschung zu analysieren.

---

1 Vgl. z. B. Erxleben et al. (1992), Burger (1994), Baetge/Krause/Mertens (1994), Kumar/Rao/Soni (1995) und Markham/Ragsdale (1995).
2 Vgl. z. B. Schneider (1985) und Schneider (1989).
3 Vgl. z. B. Hosmer/Lemeshow (1989) S. 34.
4 Ein Grund könnte in den wenig überzeugenden Ergebnissen der ersten vergleichenden Anwendungen von verteilungsfreien Verfahren mit der multivariaten Diskriminanzanalyse liegen. Vgl. hierzu Gebhardt (1980) und Niehaus (1987).

B. Instrumente zur Klassifikation von Unternehmen

Im Rahmen der traditionellen Bilanzanalyse finden sich in der Literatur eine Vielzahl von Kennzahlen oder Kennzahlensystemen, die eine Beurteilung bzw. Klassifikation von Unternehmen hinsichtlich bestimmter Analyseziele ermöglichen sollen.[5] Hierauf soll im Rahmen dieses Beitrags nicht im einzelnen eingegangen werden. Vielmehr wollen wir uns den Verfahren der Klassifikation von Unternehmen zuwenden, die sich multivariater statistischer Analysetechniken bedienen.

Konkret werden in diesem Beitrag zwei Klassifikationsinstrumente miteinander verglichen: die multivariate Diskriminanzanalyse (MDA) und die logistische Regressionsanalyse (LRA).

Für einen Vergleich dieser beiden Klassifikationsinstrumente wird folgende Problemstellung herangezogen: Es gilt, insolvenzgefährdete Unternehmen von solchen zu trennen, die als unauffällig zu bezeichnen sind. Die Informationsbasis, aufgrund derer diese Trennung zu erfolgen hat, ist a priori unbestimmt. Es werden allerdings in der Regel Kennzahlen sein, die aus unterschiedlichen Posten des Jahresabschlusses gebildet werden. Diese Kennzahlen mit ihren unterschiedlichen Ausprägungen stellen die unabhängigen Variablen des Klassifikationsproblems dar. Die abhängige Größe ist das Klassifikationsergebnis, für welche ein dichotomes Skalenniveau (mit den Ausprägungen „0" = unauffällig, „1" = insolvenzgefährdet) unterstellt wird.

I. Vorgehensweise der multivariaten Diskriminanzanalyse

Ziel der multivariaten Diskriminanzanalyse ist die Trennung einer Gesamtheit in disjunkte Teilgesamtheiten.[6] Im Zwei-Gruppenfall, der im Rahmen dieser Untersuchung von Interesse ist, gilt es, eine Linearkombination unabhängiger Merkmale – in diesem Fall Jahresabschluß-Kennzahlen – zu finden, die eine statistisch signifikante Trennung der Untersuchungseinheiten in unauffällige und insolvenzgefährdete vornimmt. Da es das *Ziel der Diskriminanzanalyse* ist, optimal zwischen den Gruppen zu trennen, wird als Diskriminanzkriterium der Quotient aus der Streuung zwischen den Gruppen und der Streuung innerhalb der Gruppen gewählt. Dieser Quotient ist zu maximieren. Aufgrund der Linearkombination der

---
5 In der Kommentarliteratur wird hierfür der Begriff „Zahlenwerk" gewählt. Vgl. Adler/Düring/Schmaltz (1997) § 264 HGB.
6 Vgl. allgemein zur Vorgehensweise der Diskriminanzanalyse Backhaus et al. (1996) S. 90 ff.

Kennzahlen ergibt sich dann ein Kennwert („cut-off-point"), der eine Zuordnung der Fälle zu den einzelnen Gruppen erlaubt. Aufgabe der multivariaten Diskriminanzanalyse ist es somit:

– diejenigen Kennzahlen zu *identifizieren,* die sich in einem multivariaten Design als trennfähig erweisen,

– die *Gewichte* zu bestimmen, mit denen die als trennscharf identifizierten Kennzahlen in die Linearkombination eingehen und

– den *kritischen Trennwert* zu bestimmen, der die Einordnung in die einzelnen Gruppen festlegt.

Die folgenden statistischen Voraussetzungen müssen erfüllt sein, damit eine multivariate Diskriminanzanalyse zu einem optimalen Klassifikationsergebnis führt:

– Die Kennzahlen, die zur Trennung der beiden Gruppen herangezogen werden, müssen in der Grundgesamtheit *normalverteilt* sein.

– Es besteht *Varianzhomogenität,* d. h. die Varianzen der Kennzahlen beider Gruppen sind in der Grundgesamtheit gleich groß.

– Die Kennzahlen müssen *unabhängig* voneinander sein, d. h. es besteht keine Multikollinearität.

Diese Voraussetzungen sind in der statistischen Methodenliteratur unstrittig. Da jedoch bei der Anwendung der multivariaten Diskriminanzanalyse diese Voraussetzungen oftmals nicht erfüllt sind, ist in der betriebswirtschaftlichen Literatur eine Kontroverse darüber entbrannt, ob die Nichterfüllung der Annahmevoraussetzungen die Durchführung einer multivariaten Diskriminanzanalyse generell verbietet oder nur eine „optimale" Klassifikation verhindert.[7] Im Rahmen dieses Beitrages soll keine Wertung der Kontroverse erfolgen. Sie ist auch nicht notwendig, da mit der logistischen Regression auch ein statistisches Klassifikationsinstrument verwendet wird, das die Aufrechterhaltung der Normalverteilungsannahme und die Annahme homogener Varianzen nicht erfordert und somit einen Vergleich der Klassifikationsergebnisse ermöglicht.

---

7 Vgl. hierzu Niehaus (1987) S. 92 und 156, der zu dem Ergebnis kommt, daß die multivariate Diskriminanzanalyse im Gegensatz zu entsprechenden verteilungsfreien Klassifikationsverfahren zu besseren Klassifikationsergebnissen führt, obwohl die Normalverteilungsannahme nicht erfüllt ist. Vgl. ähnlich Baetge/Beuter/Feidicker (1992) S. 751 f. und Hüls (1995) S. 277 f. Kritisch sprechen sich hingegen Gemünden (Abschnitt 3.2 dieser Schrift) und Burger (1994) S. 1167 aus.

II. Vorgehensweise der logistischen Regressionsanalyse

Grundlage der logistischen Regressionsanalyse ist die Annahme, daß eine zufällige, abhängige Variable Y (die Insolvenzgefährdung) existiert, die die Werte 1 (insolvenzgefährdet) oder 0 (nicht insolvenzgefährdet) annehmen kann.[8] Im Vordergrund steht hier die Frage, mit welcher *Wahrscheinlichkeit* die Variable Y den Wert 1 annimmt, d. h., ein Unternehmen als insolvenzgefährdet klassifiziert wird. Weiter wird angenommen, daß Y von k unabhängigen Variablen X_k mit k = 1, . . ., K (den Jahresabschluß-Kennzahlen) abhängt. Damit läßt sich eine bedingte Wahrscheinlichkeit bestimmen, die folgenden Ausdruck annimmt:

$$P = P(Y = 1 \mid X_1 \ldots X_K).$$

Während man bei der linearen Regression davon ausgeht, daß der Zusammenhang zwischen Y und X linear ist, wird jetzt unterstellt, daß die bedingte Wahrscheinlichkeit $P(Y = 1 \mid X)$ einen *logistischen Funktionsverlauf* in Bezug auf den linearen Prädiktor des Regressionsmodells annimmt. Formal läßt sich dieser Funktionsverlauf folgendermaßen ausdrücken:

$$P(Y = 1 \mid X) = e^z / (1 + e^z)$$
$$\text{mit: } z = b_0 + b_1 X_1 + \ldots + b_k X_k.$$

Wie bei der einfachen linearen Regression wird unterstellt, daß die Daten einer Zufallsstichprobe der Größe N entstammen und die einzelnen Beobachtungen von Y *voneinander unabhängig* sind. Schließlich dürfen auch keine Beziehungen zwischen den Jahresabschluß-Kennzahlen auftreten, d. h. *Redundanz muß ausgeschlossen* werden.

Zur Schätzung der Parameter wird das logistische Regressionsmodell in die Form des natürlichen Logarithmus überführt. Die zu schätzende Gleichung ist damit:

$$\ln [p/(1 - p)] = z = b_0 + b_1 X_1 + \ldots + b_k X_k.$$

Die Parameter des logistischen Regressionsmodells werden mit Hilfe des Maximum-Likelihood-Schätzverfahrens[9] bestimmt. Damit dieser Schätzer in seiner Leistungsfähigkeit nicht beeinträchtigt ist, wird ein *relativ großer Stichprobenumfang* vorausgesetzt.[10]

---

8 Vgl. hierzu ausführlich Aldrich/Nelson (1984) S. 48 ff., DeMaris (1992) S. 42 ff., Krafft (1997) S. 625 ff. und Stegemann (1995) S. 4 ff.

9 Vgl. ausführlich zu den unterschiedlichen Formen der ML-Schätzung Stegemann (1995) S. 10 ff.

10 Vgl. hierzu Urban (1993) S. 13, der hier eine Zahl von 50 Untersuchungseinheiten nennt. Aldrich und Nelson (1984) S. 53 fordern für die Differenz von Stichprobenumfang und zu schätzenden Parametern mindestens eine Größenordnung von 100.

III. Ein erster Vergleich

Wird ein Vergleich von Klassifikationsinstrumenten durchgeführt, so interessiert in erster Linie die Güte des Klassifikationsergebnisses. Dies gilt unabhängig vom angewandten Klassifikationsverfahren. Die *Güte der Klassifikation* findet ihren Ausdruck im Prozentsatz der richtig bzw. falsch klassifizierten Unternehmen. Dabei sind *zwei Fehler* voneinander zu unterscheiden: Zum einen kann der Fall auftreten, daß ein insolvenzgefährdetes Unternehmen als unauffällig eingestuft wird. Dieser Fehler wird in der Literatur allgemein als Alpha-Fehler bezeichnet. Zum anderen kann sich die Fehlbeurteilung auf ein unauffälliges Unternehmen beziehen, welches fälschlich als insolvenzgefährdet klassifiziert wird – hier spricht man vom Beta-Fehler. Beide Fehler sind unterschiedlich in ihrer *Konsequenz* für den Beurteilenden. Findet die Beurteilung aus Sicht eines Kreditinstitutes statt, so führt der Alpha-Fehler zu Forderungsausfällen und der Beta-Fehler dazu, daß mögliche Gewinne entgehen. Da beide Fehler nicht unabhängig voneinander sind, müssen geschäftspolitische Entscheidungen darüber getroffen werden, welche Größenordnungen für beide Fehlerarten als akzeptabel zu bezeichnen sind.[11]

In der Literatur finden sich bisher nur vereinzelte Untersuchungen, die die hier betrachteten Instrumente zur Unternehmungsklassifikation hinsichtlich ihrer Leistungsfähigkeit miteinander vergleichen.

In einer Untersuchung haben Tam und Kiang[12] die multivariate Diskriminanzanalyse mit der logistischen Regressionsanalyse verglichen. Allerdings wurden bei der logistischen Regressionsanalyse nicht die Jahresabschluß-Kennzahlen als Prädikatoren gewählt, sondern Faktorwerte. Diese Faktorwerte ergaben sich aus einer Faktorenanalyse über 19 a priori festgelegte Kennzahlen – eine theoretisch höchst strittige Vorgehensweise.[13] Für das Jahr t-2 in Bezug auf den Insolvenzzeitpunkt ergaben sich folgende Ergebnisse für die Holdout-Stichprobe:

– Die multivariate Diskriminanzanalyse führte bei 8 Kennzahlen zu einem Alpha-Fehler von 35% (Beta-Fehler 0%).

– Die logistische Regressionsanalyse führte bei 9 Kennzahlen zu einem Alpha-Fehler von 30% (Beta-Fehler 0%).

---

11 Vgl. z. B. Feidicker (1992) S. 212 f., der für ein Kreditversicherungsunternehmen ein kostenoptimales Verhältnis von Alpha- und Beta-Fehler von 1 : 5,26 ermittelt.
12 Vgl. Tam/Kiang (1990).
13 Vgl. hierzu ausführlich Hüls (1995) S. 154 f.

Sicherlich ist unstrittig, daß bei diesem Vergleich die Klassifikationsgüte des jeweiligen Instrumentes als Erfolgskriterium anzusehen ist. An der Höhe des Alpha- und Beta-Fehlers läßt sich ablesen, wie gut es den einzelnen Instrumenten gelingt, insolvente Unternehmen auch als solche zu klassifizieren, bzw. umgekehrt, unauffällige Unternehmen entsprechend zu erkennen. Diesem Erfolgskriterium wird auch in der Praxis die größte Bedeutung zugemessen. Für einen Vergleich erscheint es allerdings angebracht, *weitere Qualitätsindikatoren* heranzuziehen.

Um die *Akzeptanz* eines Klassifikationsergebnisses beim Anwender zu gewährleisten, ist es in der Regel notwendig, daß das Ergebnis (die Kennzahlen und ihre Verknüpfung) *nachvollzogen* werden kann. Ein besonderes Akzeptanzproblem würde sich erheben, wenn die in die Klassifikation eingegangenen Kennzahlen im Widerspruch zu traditionellen Interpretationen stehen. Weiterhin ist vielfach auch von Interesse, wie *sensitiv* das Klassifikationsergebnis auf etwaige Änderungen der Konstellation der unabhängigen Variablen reagiert. Schließlich müssen auch die *Anwendungsvoraussetzungen* der Klassifikationsinstrumente miteinander verglichen werden. Je rigider diese Voraussetzungen sind, desto weniger wird die praktische Verwendung in Frage gestellt.

C. Empirisches Design der Vergleichsstudie

I. Untersuchungsstichprobe

Für die vorliegende Untersuchung stand eine Stichprobe zur Verfügung, deren Daten nicht selbst erhoben wurden. Sie wurde freundlicherweise von einem *großen deutschen Kreditinstitut* zur Verfügung gestellt. Somit war es möglich, die beiden Klassifikationsinstrumente anhand eines realitätsnahen Anwendungsfalls zu testen.

Die Unternehmen der Stichprobe entsprechen dem typischen Kreditengagement einer Großbank im Firmenkundengeschäft:

- Das Einzelkreditvolumen liegt über DM 100 000, so daß es nach § 18 KWG für den Kreditnehmer notwendig war, seine wirtschaftlichen Verhältnisse offenzulegen. Es wurden aber keine Kreditnehmer betrachtet, bei denen es zu einer Vergabe von Großkrediten im Sinne des § 13 (I) KWG kam.

- Es handelte sich bei den einbezogenen Unternehmen überwiegend um mittelständische Unternehmen (Umsatz zwischen DM 8 Mio. und DM 32 Mio.) des verarbeitenden Gewerbes.

Die Operationalisierung der Unternehmensinsolvenz orientierte sich nicht nur an der Antragstellung auf Konkurs oder Vergleich. Von einer Insolvenz wird bereits dann gesprochen, wenn eine der nachfolgend genannten „*erheblichen Leistungsstörungen*" während der Kreditlaufzeit aufgetreten ist:

– Einberufung eines außergerichtlichen Moratoriums (Stundungsvergleich).

– Haftandrohung zur Abgabe einer eidesstattlichen Versicherung.

– Einleitung einer Sicherheitenverwertung.

– Einzelwertberichtigung der Forderung.

Aus Sicht der Bank ist damit eine solche Leistungsstörung immer gleichzusetzen mit der Übernahme des Kreditengagements auf ein sogenanntes „Abwicklerkonto". Im Gegensatz zur traditionellen Insolvenzforschung verlangt und ermöglicht der Bezug auf diese Leistungsstörung während der Kreditlaufzeit eine wesentlich frühere Krisendiagnose.

Schließlich gilt es auch noch, den *Zeitpunkt der Untersuchung* festzulegen, da dieser, wie empirische Untersuchungen gezeigt haben,[14] nicht ohne Einfluß auf das Klassifikationsergebnis ist. Als Zeitraum für die Insolvenzklassifikation werden die Jahre 1992 bis 1994 gewählt. Von denjenigen Unternehmen, die in diesem Zeitraum das Krisenkriterium erfüllen, werden die Jahresabschlüsse drei Jahre vor dem Auftreten der oben genannten Leistungsstörungen als Informationsgrundlage für die vergleichende Unternehmensklassifikation herangezogen. Dieser Zeitpunkt bietet bei erfolgreicher Diagnose noch ausreichende Reaktionszeit für eine „sich-selbst-zerstörende Prophezeihung". Insoweit liegt ein echter Frühindikator vor.

Entsprechend dieser Vorgehensweise wurden 116 leistungsgestörte Unternehmen in die Stichprobe aufgenommen. Ergänzend wurden dann noch 116 unauffällige Vergleichsfälle ausgewählt. Diese Auswahl erfolgte wiederum durch das Kreditinstitut, wobei als *Vergleichskriterien* die Merkmale

– Jahr des Jahresabschlusses,

– Umsatzvolumen,

– Rechtsform und

– Branchenzugehörigkeit

gewählt wurden.

---

14 Vgl. z. B. Niehaus (1987) S. 65 f.

Eine derartige Auswahl ist sicherlich nicht unproblematisch. Neben der Frage, ob diese vier Kriterien genügen, eine Vergleichbarkeit zu sichern, ist insbesondere das Problem der Operationalisierung der *„Unauffälligkeit"* von Bedeutung. Die Klassifikation als unauffällig besagt nämlich nicht, daß es sich bei diesen Unternehmen auch wirklich um solvente, d. h. „gute" Unternehmen handelt. Die unauffälligen Unternehmen sind durchschnittliche Unternehmen. Unter ihnen verbergen sich auch die *„insolventen Unternehmen der Zukunft"*, also solche Unternehmen, bei denen sich die Insolvenzkriterien zwar noch nicht gezeigt haben, aber auch nicht ausgeschlossen sind. Folglich wird auch die Klassifikationsgüte der einzelnen Instrumente nicht optimal sein, da es nicht zur Gegenüberstellung ausschließlich „guter" Unternehmen mit „schlechten" Unternehmen kommt.

Die Gesamtstichprobe umfaßt somit die Jahresabschlußdaten des Jahres t-3 in Bezug auf den Insolvenzzeitpunkt von 116 Unternehmungspaaren. Diese Stichprobe wurde dann zufällig in zwei jeweils gleich große *Teilstichproben* unterteilt. Die sog. *Analysestichprobe* umfaßt damit 58 Unternehmenspaare. Mit ihrer Hilfe werden die statistischen Klassifikations-Modelle entwickelt. Die verbliebenen 58 Unternehmenspaare bilden die sog. *Holdout-Stichprobe*. Sie dient der Prüfung der Klassifikationsgüte der einzelnen Modelle.

II. Klassifikationsinstrumente

Die multivariaten statistischen Klassifikationsmodelle wurden mit Hilfe der Standard-Software SPSS entwickelt. Dabei wurden jeweils die Voraussetzungen geprüft, die von den einzelnen Verfahren hinsichtlich des Datenmaterials gefordert werden. Es zeigte sich insbesondere, daß einige Jahresabschluß-Kennzahlen nicht normalverteilt waren und auch die Varianzhomogenitäts-Annahme nicht gesichert war. Schließlich führten Korrelationen bzw. Redundanzen zwischen den Jahresabschluß-Kennzahlen dazu, daß einige Kennzahlen zur Modellbildung nicht herangezogen werden konnten. Die Güte des multivariaten Diskriminanzmodells wie auch des logistischen Regressionsmodells wurde mit den einschlägigen statistischen Gütekriterien überprüft. Die Grundlage für die Entwicklung des multivariaten Diskriminanzmodells und des logistischen Regressionsmodells bilden *31 Jahresabschluß-Kennzahlen*. Die Auswahl der Kennzahlen orientiert sich an vergleichbaren Studien der Insolvenzforschung.[15]

---

15 Vgl. hierzu ausführlich Leker (1994).

D. Untersuchungsergebnisse

I. Vergleich der Klassifikationsleistung

Der zentrale Qualitätsindikator für die Leistungsfähigkeit der einzelnen Klassifikationsmodelle ist die Höhe der Trefferquote, also der Anteil von Hundert derjenigen Fälle, die richtig als „insolvenzgefährdet" bzw. „nicht insolvenzgefährdet" eingestuft wurden. Die folgende Tabelle zeigt die entsprechenden Ergebnisse:

	Alpha-Fehler	Beta-Fehler	Gesamtfehler
MDA	12,1%	25,0%	18,5%
LRA	10,3%	21,2%	15,7%

Tabelle 9: Trefferquoten der Klassifikationsmodelle bei der Holdout-Stichprobe

Zwar fällt auf, daß beide Modelle eine gute Trefferquote erreichen. Die logistische Regressionsanalyse erweist sich jedoch bezogen auf sämtliche Fehlerkategorien als durchgehend leistungsfähiger als die Diskriminanzanalyse. Insbesondere den niedrigen Alpha-Fehler bei gleichzeitig niedrigem Beta-Fehler gilt es hervorzuheben. Die logistische Regression erzielt damit nicht nur eine Klassifikationsgüte, die im Rahmen der vorliegenden Untersuchung beachtlich ist, sondern auch im Vergleich zu anderen Untersuchungen, die – wie der vorliegende Datensatz – Jahresabschluß-Daten des Zeitpunktes „drei Jahre vor der Insolvenz" betrachten. Die weniger restriktiven Anforderungen an das Datenmaterial und die Möglichkeit der Annahme eines logistischen Funktionsverlaufs zwischen der Insolvenzwahrscheinlichkeit und dem linearen Prädikator der Jahresabschluß-Kennzahlen scheinen der Grund dafür zu sein, daß die logistische Regressionsanalyse zu deutlich besseren Ergebnissen führt als die multivariate Diskriminanzanalyse.

II. Vergleich der Ergebnisplausibilität

Die Akzeptanz der Ergebnisse beim Anwender eines Klassifikationsmodells wird in erster Linie von der Plausibilität der als trennscharf identifizierten Jahresabschluß-Kennzahlen und der Möglichkeit ihrer Interpretation im Hinblick auf die Insolvenzgefährdung bestimmt.

Ein Vergleich der Kennzahlen der logistischen Regression mit denen der multivariaten Diskriminanzanalyse zeigt, daß diese im wesentlichen identisch sind. Der Vorteil der logistischen Regression liegt damit weniger in der Tatsache der Auswahl der „richtigen" Kennzahlen, als vielmehr in der *qualitativ besseren Bestimmung der Kennzahlengewichte.*

Für jede identifizierte Jahresabschluß-Kennzahl lassen sich Plausibilitätsüberlegungen hinsichtlich ihrer Ausprägung bei leistungsgestörten und unauffälligen Unternehmen anstellen. Insofern kann man unterstellen, daß es sich um allgemein akzeptierte Kennzahlen handelt. Die *standardisierte Diskriminanzfunktion* weist folgende Koeffizienten auf:[16]

$Z_{stand} = -0,602 * K1 + 0,899 * K2 + 0,71 * K3 + 0,61 * K4 - 0,527 * K5$.

K1 = Gesamtkapitalrentabilität
K2 = Zinsaufwand zu Fremdkapital
K3 = Anteil der Vorräte minus erh. Anzahlungen an der Bilanzsumme
K4 = Kundenziel (Forderungen zu Umsatz)
K5 = Anteil langfristiges Kapital an der Bilanzsumme (wirtschaftl. Eigenkapital + langfr. Rückstellungen)

Für das logistische Regressionsmodell lassen sich die folgenden partiellen Regressionskoeffizienten berechnen:

K1: r = −0,210 Gesamtkapitalrentabilität
K2: r = +0,238 Zinsaufwand zu Fremdkapital
K3: r = +0,251 Anteil der Vorräte minus erh. Anzahlungen an der Bilanzsumme
K4: r = +0,215 Kundenziel
K5: r = −0,110 Anlagendeckung (langfristiges Kapital zu Anlagevermögen)

Die Vorzeichen der jeweils identifizierten trennscharfen Kennzahlen entsprechen den Plausibilitätsüberlegungen. Die relativ größte Trennschärfe besitzen bei beiden Instrumenten die Jahresabschluß-Kennzahlen „Anteil FK-Zinsen" und „Anteil Vorräte". Es ist relativ einfach, die Ergebnisse im Hinblick auf die Insolvenzgefährdung zu interpretieren. Die leistungsgestörten Unternehmen binden viel Kapital im Umlaufvermögen und müssen dieses offensichtlich über eine hohe Verschuldung teuer bezahlen. Entsprechend sinkt die Rentabilität. Auch die unterschiedlichen Kennzahlen K5 deuten in die gleiche Richtung: Die leistungsgestörten Unternehmen haben Probleme bei der langfristigen Finanzierung.

---

[16] Die abhängige Variable nimmt den Wert „1" bei „insolvenzgefährdet" und den Wert „0" bei „nicht insolvenzgefährdet" an.

III. Vergleich der Voraussetzungen

Einen weiteren, wichtigen Aspekt stellen die unterschiedlichen Anforderungen an das zu klassifizierende Datenmaterial dar. Die multivariate Diskriminanzanalyse stellt mit ihrer Forderung nach Einhaltung der Normalverteilungs-Annahme und der Varianzhomogenitäts-Annahme sicherlich die höchsten Anforderungen auf. Die logistische Regressionsanalyse stellt hier lediglich die Forderung nach Redundanzfreiheit der Kennzahlen und fehlender Autokorrelation. Sie ist darüber hinaus auch in der Lage, qualitative Urteile als Informationsgrundlage zu akzeptieren, soweit diese binäres Skalenniveau aufweisen. Dies mag die methodische Erklärung dafür sein, warum es der logistischen Regression besser gelingt, die trennscharfen Kennzahlen in eine gewichtete funktionale Beziehung zu setzen.

E. Schlußbemerkungen

Die voranstehenden Ausführungen haben gezeigt, daß die logistische Regressionsanalyse sehr viel besser als die Diskriminanzanalyse geeignet erscheint, Unternehmen aufgrund von Jahresabschluß-Kennzahlen zu klassifizieren. Allerdings muß vor dem Hintergrund der empirischen Insolvenzforschung berücksichtigt werden, daß die vorliegende Untersuchung lediglich Jahresabschluß-Kennzahlen als Informationsbasis heranzieht. Unabhängig von der Frage, ob diese Kennzahlen hinreichend gut geeignet sind, eine entsprechende Klassifikation vorzunehmen, wäre es durchaus möglich, qualitative Daten ergänzend in die Informationsbasis aufzunehmen. Zu denken wäre hier beispielsweise an Variablen, die die Qualität des Managements abbilden.

3.4 Krisendiagnose mit Künstlichen Neuronalen Netzen

Jörg Baetge/Christiane Dossmann/Ariane Kruse

A. Einleitung

Ziel der Bilanzanalyse als Instrument zur Krisendiagnose ist es, die Informationen des Jahresabschlusses auf einer ersten Aggregationsstufe zu einzelnen Kennzahlen zusammenzufassen. Die Kennzahlen sollen bestimmte Sachverhalte verdichtet wiedergeben.[1] So können spezielle Kennzahlen zur Beurteilung der wirtschaftlichen Lage eines Unternehmens – der Vermögens-, der Finanz- und der Ertragslage – gebildet werden.[2] Oberstes Ziel der Bilanzanalyse ist es, diese Kennzahlen auf einer zweiten Aggregationsstufe zu einem Gesamturteil über die wirtschaftliche Lage zusammenzufassen.

Für den Bilanzanalytiker stellt sich zunächst die Frage, welche Kennzahlen er aus der Fülle der möglichen in Schrifttum und Praxis vorgeschlagenen Kennzahlen für die Beurteilung der wirtschaftlichen Lage eines Unternehmens heranziehen soll. Im Anschluß daran steht der Bilanzanalytiker vor dem Problem, wie er die ausgewählten Kennzahlen gewichten und zu einem Gesamturteil über die wirtschaftliche Lage zusammenfassen soll. Die Zusammenfassung von einzelnen Kennzahlenurteilen ist vor allem dann schwierig, wenn der Wert der einen Kennzahl das Unternehmen als gut und der Wert einer anderen Kennzahl das Unternehmen als schlecht ausweist.

Bei der traditionellen Bilanzanalyse wählt der Bilanzanalytiker oder auch ein Expertenteam die Kennzahlen subjektiv nach seiner Erfahrung aus und verdichtet sie ebenso subjektiv. Auf diese Weise ist aber weder sichergestellt, daß die die Bonität charakterisierenden Kennzahlen ausgewählt werden, noch daß alle zur Beurteilung der wirtschaftlichen Lage eines Unternehmens relevanten Kennzahlen herangezogen werden und somit ein richtiges – geschweige denn ganzheitliches – Gesamturteil über das zu beurteilende Unternehmen erreicht wird. Die *Ganzheitlichkeit* ist indes erforderlich, damit keine wesentlichen Informationen verlorengehen. Vor allem ist es wichtig, daß Auswahl und Gewichtung von in das Gesamt-

---

1 Vgl. zum Kennzahlenbegriff Staehle (1969) S. 49–57.
2 Vgl. zur Zusammenfassung der einzelnen Teillagen zur wirtschaftlichen Lage Leffson (1984) S. 36–38, Baetge/Commandeur (1995) § 264 HGB, S. 1224, Rn. 13.

urteil eingehenden Kennzahlen weder auf bilanzpolitisch motivierte Sachverhaltsgestaltungen noch auf andere bilanzpolitische Maßnahmen des Unternehmens „hereinfallen". Die *Neutralisierung* von bilanzpolitisch motivierten Maßnahmen wird einerseits durch spezielle „intelligente" Kennzahlen und andererseits durch die ganzheitliche Abbildung der Lage mit Hilfe aller dafür relevanten Kennzahlen erreicht. Denn wenn die Kennzahlen aus allen Informationsbereichen des Jahresabschlusses stammen, werden sich neben der Kennzahl, die durch eine bestimmte bilanzpolitische Maßnahme beeinflußt werden soll, andere Kennzahlen gegenläufig ändern, so daß die Wirkung der bilanzpolitischen Maßnahme auf das Gesamturteil geringer ist als der Bilanzpolitiker erwartet. Die Forderung nach einer ganzheitlichen Kennzahlenauswahl wird als *Ganzheitlichkeitsprinzip* bezeichnet.[3]

Neben dem Neutralisierungs- und dem Ganzheitlichkeitsprinzip muß bei der Kennzahlenauswahl und auch bei der Kennzahlengewichtung und -zusammenfassung das *Objektivierungsprinzip* beachtet werden. Das bedeutet, daß das Gesamturteil über die wirtschaftliche Lage zum einen intersubjektiv nachprüfbar sein muß, d. h. auch ein anderer Bilanzanalytiker muß mit dem angewendeten Verfahren zu demselben Urteil kommen. Zum anderen sollen alle mit dieser Art der Bilanzanalyse getroffenen Urteile empirisch nachweisbar eine minimale Zahl von Fehlurteilen gewährleisten. Das ist nur möglich, wenn die Kennzahlen empirisch auf einer breiten Datengrundlage ausgewählt und gewichtet werden.[4] Eine solche Möglichkeit ist bei der traditionellen Bilanzanalyse nicht gegeben, da die Kennzahlen lediglich aufgrund von Erfahrungen subjektiv ausgewählt, gewichtet und zusammengefaßt werden können.

B. Künstliche Neuronale Netzanalyse

I. Aufgabe der Künstlichen Neuronalen Netzanalyse bei der Bilanzanalyse

Mit einem Künstlichen Neuronalen Netz zur Bilanzanalyse sollen aus einer großen Zahl von Jahresabschlüssen gesunder und kranker Unternehmen die Kennzahlenmuster gelernt (erkannt und verknüpft) werden, die später insolvente Unternehmen schon Jahre vor diesen Insolvenzen im Gegensatz zu den Mustern solventer Unternehmen aufweisen. Auf diese Weise

---

3 Vgl. zum Ganzheitlichkeitsprinzip Baetge (1998a) S. 35 f. und S. 64 f.
4 Vgl. zum Objektivierungsprinzip Baetge (1998a) S. 36 und 65.

können die Jahresabschlüsse des jeweils abgelaufenen Jahres, die oft zu spät kommen, daraufhin analysiert werden, ob sie die typischen Muster besitzen, die Unternehmen schon Jahre vor der Insolvenz als krank kennzeichnen.

In Abb. 60 sind 24 zufällig aus einem großen Datenbestand ausgewählte Unternehmen mit ihren Werten für zwei Kennzahlen, einer Fremdkapitalquote und einem Cash-Flow2-Return-on-Investment, eingetragen. Die Kennzahlen sind im rechten Kasten der Abb. 60 definiert. Außerdem sind bei jeder Kennzahl die Hypothesen angegeben: Insolvenzgefährdete Unternehmen haben im Durchschnitt kleinere bzw. größere Kennzahlenwerte als Solvente (I< oder >S). Zwölf dieser Unternehmen sind künftig solvent (weiße Quadrate) und die zwölf anderen werden später insolvent (schwarze Quadrate). Die 24 Unternehmen werden mit Hilfe einer nicht-linearen Trennfunktion so in „solvent" und „insolvenzgefährdet" getrennt, daß zwei tatsächlich insolvente Unternehmen fälschlich als „solvent" (Alpha-Fehler = 2/12) und daß ein tatsächlich solventes Unternehmen fälschlich als „insolvenzgefährdet" beurteilt wird (Beta-Fehler = 1/12). Mit der nicht-linearen Trennung werden dabei die Klassifikationsergebnisse der ebenfalls in Abb. 60 eingezeichneten linearen Trennung, wie sie mit der Multivariaten Diskriminanzanalyse ermittelt worden sein könnte, verbessert. Denn bei der linearen Trennung betragen Alpha- und Beta-Fehler 2/12.

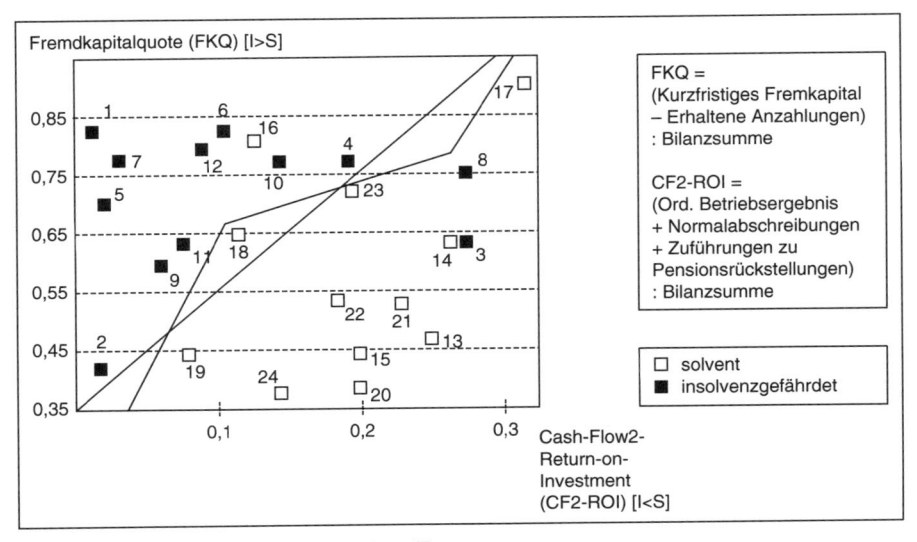

Abbildung 60: Nicht-lineare bivariate Trennung

Eine nicht-lineare Trennung ist zwar sowohl mit der Multivariaten Diskriminanzanalyse als auch mit der Künstlichen Neuronalen Netzanalyse möglich. Allerdings haben alle unsere zahlreichen empirisch-statistischen Analysen gezeigt, daß die nicht-lineare multivariate Analyse in jedem Fall zu besseren Ergebnissen geführt hat als die lineare. Außerdem haben sich bei vielen ceteris paribus Vergleichen von linearer Multivariater Diskriminanzanalyse mit der Künstlichen Neuronalen Netzanalyse noch nie Vorteile für die Multivariate Diskriminanzanalyse ergeben, sondern die Künstliche Neuronale Netzanalyse hat immer geringere Fehlklassifikationen erzielt. Zudem hat die Künstliche Neuronale Netzanalyse gegenüber der Multivariaten Diskriminanzanalyse den Vorteil, daß weniger strenge Anwendungsvoraussetzungen erfüllt sein müssen, z. B. müssen die Kennzahlenwerte nicht normalverteilt sein.[5]

II. Aufbau eines Künstlichen Neuronalen Netzes

Ein Künstliches Neuronales Netz ist ein System zur Informationsverarbeitung, das wie ein biologisches neuronales Netz (z. B. das menschliche Gehirn) aus miteinander verbundenen Zellen (Neuronen) besteht, die Informationen empfangen, verarbeiten und weitersenden.[6] Die Neuronen eines Künstlichen Neuronalen Netzes sind mehreren Schichten zugeordnet *(vgl. das einfache Beispiel in Abb. 61, S. 183)*. Die Neuronen der Eingabeschicht nehmen Informationen von außen in das Netz auf, die Neuronen der versteckten Schicht(en) verarbeiten die Informationen im Inneren des Netzes und geben sie an das Neuron oder an die Neuronen der Ausgabeschicht weiter. Hier wird die Netzausgabe berechnet und nach außen weitergeleitet.[7]

Ein künstliches Neuron ist wie ein biologisches Neuron konzipiert, das aus einem Zellkörper, den Dendriten, einem Axon und Synapsen besteht *(vgl. oberen Teil der Abb. 62, S. 183)*. Die Dendriten eines biologischen Neurons nehmen Ausgangssignale von Vorgängerneuronen über deren Synapsen auf. Im Zellkörper wird der Aktivierungszustand des Neurons bestimmt. Abhängig vom Aktivierungszustand gibt das Neuron durch das Axon über seine Synapsen ein Signal an nachfolgende Neuronen.[8]

---

5 Zur Kritik an der häufigen Verletzung der Anwendungsvoraussetzungen der Multivariaten Diskriminanzanalyse bei der empirischen Insolvenzforschung vgl. Gemünden im Abschnitt 3.2 dieser Schrift.
6 Vgl. Rojas (1996) S. 3 f.
7 Vgl. Zell (1996) S. 73 f.
8 Vgl. Rojas (1996) S. 10–12.

Künstliche Neuronale Netzanalyse

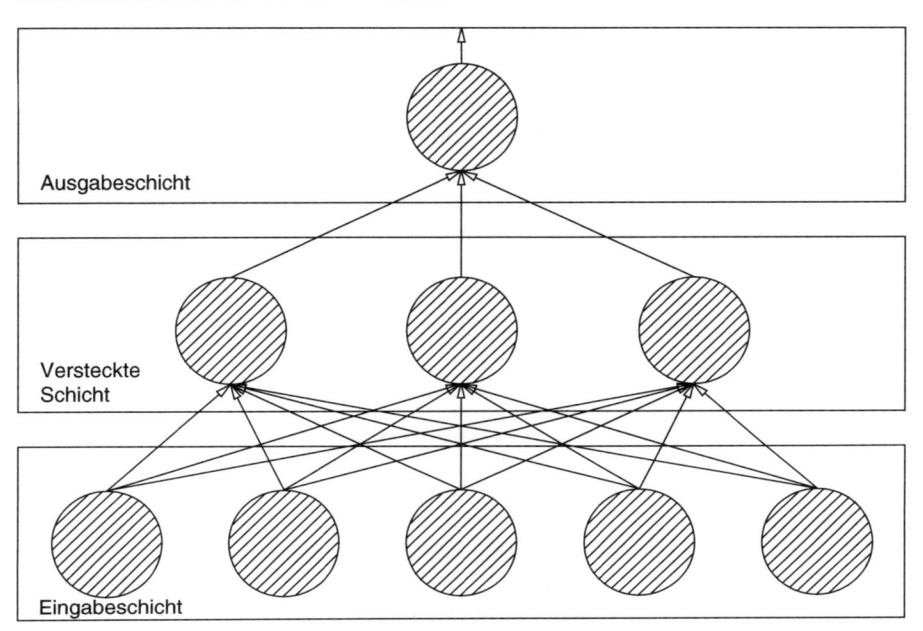

Abbildung 61: Aufbau eines Künstlichen Neuronalen Netzes

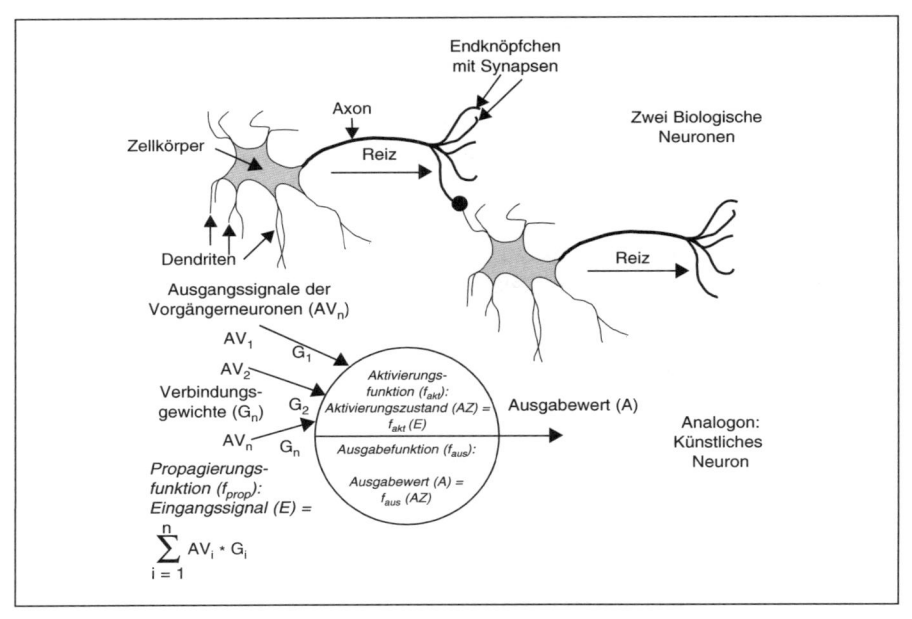

Abbildung 62: Biologische Neuronen und künstliches Neuron

In einem künstlichen Neuron werden die Synapsen durch die Verbindungsgewichte zwischen den Neuronen zweier Schichten repräsentiert. Die Dendriten werden im künstlichen Neuron durch eine Propagierungsfunktion dargestellt, mit der die Ausgangssignale der Vorgängerneuronen (z. B. Kennzahlenwerte) mit den Verbindungsgewichten multipliziert und zur Eingabe in das Neuron summiert werden. Der Aktivierungszustand des Neurons wird mit einer Aktivierungsfunktion berechnet (z. B. die logistische Funktion oder der Tangens hyperbolicus). Die Ausgabe des Neurons erfolgt mit einer Ausgabefunktion. In der Regel ist die Ausgabefunktion die Identitätsfunktion, so daß die Ausgabe der Aktivierung des Neurons entspricht.[9]

III. Lernen in einem Künstlichen Neuronalen Netz

Ein Künstliches Neuronales Netz hat wie ein biologisches neuronales Netz die Eigenschaft zu lernen. In der Regel lernt ein Künstliches Neuronales Netz, indem es seine Verbindungsgewichte anpaßt.[10] Dies geschieht durch sogenannte Lernalgorithmen. Ein Lernalgorithmus, der besonders geeignet ist, Klassifikationsprobleme zu lösen, ist der Backpropagation-Algorithmus.[11] Dieser Algorithmus geht so vor, daß zunächst für einen Datensatz (für den Fall der Trennung von solventen und später insolventen Unternehmen die Kennzahlenwerte eines Unternehmens) der Ausgabewert von der Eingabeschicht über die versteckte(n) Schicht(en) bis hin zur Ausgabeschicht berechnet wird. Diese Ist-Ausgabe wird dann mit der Soll-Ausgabe verglichen, nämlich der Information, ob es sich um ein solventes oder ein später insolventes Unternehmen handelt (kodiert z. B. mit 0 und 1). Anschließend werden die Verbindungsgewichte rückwärtsgerichtet durch das Netz so angepaßt, daß die Abweichung zwischen Soll-Ausgabe und Ist-Ausgabe (Netzfehler) minimiert wird.[12] Die Verbindungsgewichte können nach jedem Beispieldatensatz, der dem Netz präsentiert wird, angepaßt werden (Online-Verfahren) oder einmal nach allen Datensätzen (Offline- oder Batch-Verfahren).[13]

---

9 Vgl. Zell (1996) S. 71–72.
10 Vgl. Zell (1996) S. 73.
11 Vgl. Krause (1993) S. 210–212.
12 Vgl. Rumelhart/Hinton/Williams (1986) S. 318–362.
13 Vgl. Zell (1996) S. 107.

IV. Stichproben für die Künstliche Neuronale Netzanalyse

Für die Entwicklung eines Künstlichen Neuronalen Netzes muß eine sehr große Zahl an Datensätzen zur Verfügung stehen.[14] Denn die Datensätze müssen in drei Stichproben aufgeteilt werden, die Analysestichprobe, die Teststichprobe und die Validierungsstichprobe. An den Datensätzen der Analysestichprobe lernt das Netz wie oben beschrieben. Werden indes die Datensätze der Analysestichprobe dem Netz zu häufig präsentiert, kann es dazu kommen, daß das Netz die Strukturen der Analysestichprobe auswendig lernt. Es klassifiziert dann Unternehmen der Analysestichprobe sehr gut, fremde Datensätze allerdings schlechter (Overlearning). In der Anwendungsphase soll das fertig entwickelte Netz aber Unternehmen beurteilen, deren Jahresabschlüsse nicht für die Entwicklung verwendet wurden. Daher wird die Netzleistung während der Entwicklung ständig auch an einer sehr großen Zahl von Datensätzen geprüft, die nicht zum Lernen dienen, nämlich an den Datensätzen der sogenannten Teststichprobe. Steigt der Klassifikationsfehler des Netzes an der Teststichprobe, während der Klassifikationsfehler an der Analysestichprobe weiter sinkt, wird das Netztraining abgebrochen (Stopped-Training, vgl. Abb. 63).[15]

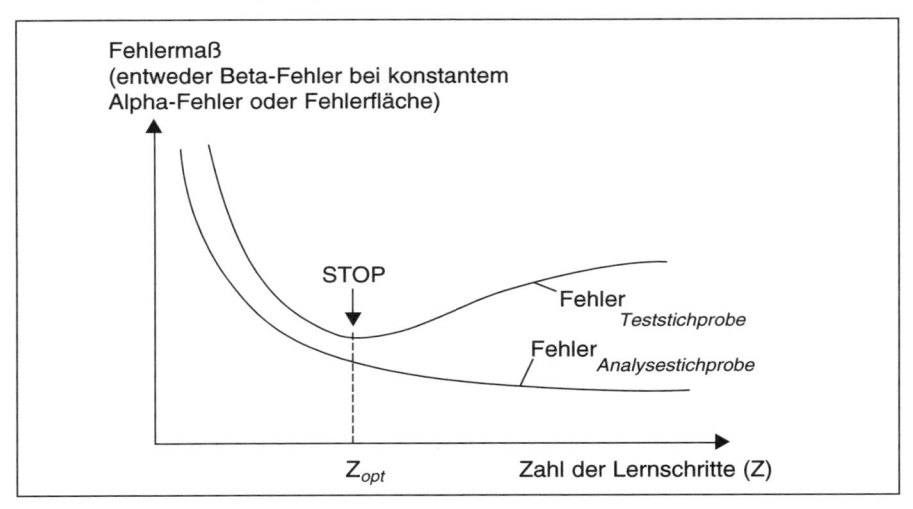

Abbildung 63: Stopped-Training

---

14 Vgl. zu der Kritik an zu kleinen Stichproben bei der Multivariaten Diskriminanzanalyse Gemünden im Abschnitt 3.2 dieser Schrift.
15 Vgl. Zimmermann (1994) S. 58–61. Dies ist der Weg, wie das von Gemünden zurecht diskutierte Problem des Overfitting absolut vermieden werden kann; vgl. Gemünden im Abschnitt 3.2 dieser Schrift.

Nachdem das Netz fertig entwickelt ist, ist seine Klassifikationsleistung abschließend an den Datensätzen der Validierungsstichprobe zu prüfen.[16] Diese Stichprobe enthält nur Datensätze, die dem Netz weder zum Training noch zum Testen zur Verfügung standen und ihm somit völlig fremd sind. Nur so kann die Klassifikationsleistung eines Netzes objektiv gemessen und „bewiesen" bzw. bewährt werden.

V. Messung der Klassifikationsleistung

Die Klassifikationsleistung eines Künstlichen Neuronalen Netzes wird an seinen Fehlklassifikationen gemessen. Ein Netz kann – wie bereits in dem o.a. Beispiel dargestellt – zwei Arten von Fehlern begehen, den Alpha-Fehler und den Beta-Fehler. Der Alpha-Fehler ist der Fehler, wenn ein tatsächlich später insolventes Unternehmen fälschlich als „solvent" klassifiziert wird. Ein Beta-Fehler liegt vor, wenn ein tatsächlich solventes Unternehmen fälschlich als „insolvenzgefährdet" klassifiziert wird. In Abb. 64 sind die Dichtefunktionen der N(etz)-Werte der solventen und später insolventen Unternehmen mit einem Trennwert N_T und dem sich aus diesem Trennwert ergebenden Alpha-Fehler und Beta-Fehler dargestellt. Höhere N-Werte bedeuten hier eine bessere Beurteilung. D. h. alle Unternehmen mit N-Werten über dem Trennwert werden als „solvent" und alle Unternehmen mit N-Werten unter dem Trennwert werden als „insolvenzgefährdet" beurteilt.

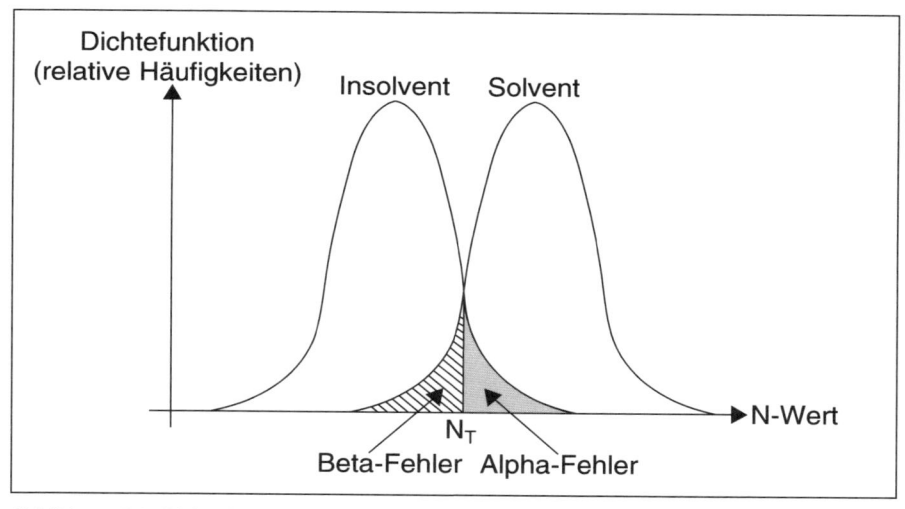

Abbildung 64: Dichtefunktionen der solventen und insolventen Unternehmen

---

16 Vgl. zu dieser Forderung Gemünden im Abschnitt 3.2 dieser Schrift.

Wird der Trennwert in Richtung höherer N-Werte verschoben, verringert sich der Alpha-Fehler und erhöht sich der Beta-Fehler. Bei einer Verschiebung des Trennwertes in Richtung niedrigerer N-Werte erhöht sich der Alpha-Fehler und verringert sich der Beta-Fehler.

Die Klassifikationsleistung eines Künstlichen Neuronalen Netzes kann z. B. anhand des Beta-Fehlers bei einem konstanten Alpha-Fehler gemessen werden. Ein Netz wird dann umso besser beurteilt, je geringer sein Beta-Fehler bei einem bestimmten vorher festzulegenden Alpha-Fehler ist. Bei dieser Fehlermessung besteht indes das Problem, wie der Alpha-Fehler festzulegen ist. Dieses Problem existiert nicht, wenn die Klassifikationsleistung anhand der von uns als Fehlerfläche bezeichneten Fläche gemessen wird. Die Fehlerfläche ist die Fläche unter der Alpha-Beta-Fehlerfunktion eines Künstlichen Neuronalen Netzes.[17] Zu jedem Trennwert existiert bei gegebenen Dichtefunktionen für insolvente und solvente Unternehmen eine ganz bestimmte Alpha-Beta-Fehlerkombination. Die Alpha-Beta-Fehlerfunktion eines Künstlichen Neuronalen Netzes stellt alle mit diesem Netz möglichen Alpha-Beta-Fehlerkombinationen dar. Abb. 65 zeigt beispielhaft die Alpha-Beta-Fehlerfunktion eines Künstlichen Neuro-

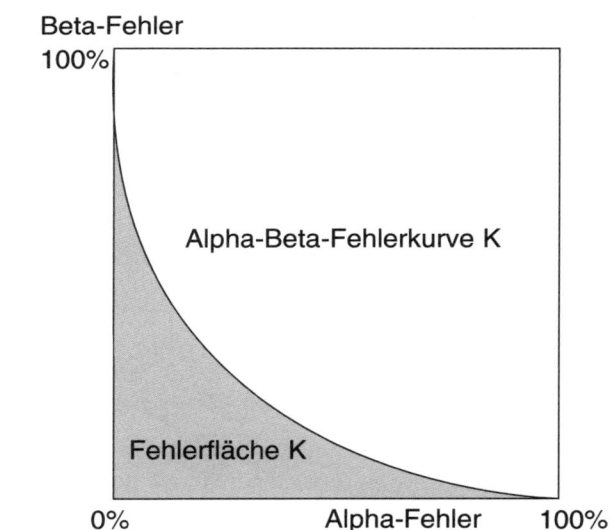

Abbildung 65: Alpha-Beta-Fehlerkurve und Fehlerfläche eines Künstlichen Neuronalen Netzes

---

17 Zur Herleitung der Alpha-Beta-Fehlerfunktion und der Fehlerfläche vgl. Uthoff (1997) S. 90 f. und S. 95.

nalen Netzes *K* mit der darunterliegenden Fehlerfläche. Auf der Abszisse ist der Alpha-Fehler und auf der Ordinate der Beta-Fehler jeweils von 0% bis 100% abgetragen.

Je näher die Alpha-Beta-Fehlerkurve am Ursprung liegt, desto geringer sind die Werte der Alpha-Beta-Fehlerkombinationen und desto geringer ist die Fehlerfläche. Ein Künstliches Neuronales Netz klassifiziert also durchschnittlich über alle Alpha-Fehler bzw. Beta-Fehler umso besser, je geringer seine Fehlerfläche ist. Die Fehlerfläche kann als durchschnittlicher Beta-Fehler über alle Alpha-Fehler oder als durchschnittlicher Alpha-Fehler über alle Beta-Fehler interpretiert werden.[18]

VI. Kennzahlenauswahl

Wie schon bei der Multivariaten Diskriminanzanalyse werden auch bei der Künstlichen Neuronalen Netzanalyse die relevanten Kennzahlen auf der Grundlage von sehr vielen empirischen Beispieldatensätzen, also aus einem großen Bestand an Jahresabschlüssen und den daraus gebildeten Kennzahlen ausgewählt, so daß die oben genannten Prinzipien der Neutralisierung, der Ganzheitlichkeit und der Objektivierung beachtet werden.[19] Bei der Bildung von Kennzahlen müssen zusätzlich einige Forderungen beachtet werden: Für jede Kennzahl muß – wie die Erläuterungen zu Abb. 60 verdeutlichen – eine Arbeitshypothese gebildet werden (I>S oder I<S), und es sollten nur Verhältniszahlen gebildet werden. Zudem sollte der Nenner einer Kennzahl nicht Null werden, und Zähler und Nenner einer Kennzahl sollten nicht gleichzeitig negativ werden können. Die Kennzahlen müssen aufgrund betriebswirtschaftlicher Überlegungen gebildet werden, d. h. jede Kennzahl muß einen betriebswirtschaftlichen Sachverhalt abbilden. Welche Kennzahlen in welcher Gewichtung die relevanten Sachverhalte abbilden, die solvente und insolvenzgefährdete Unternehmen am besten unterscheiden, wird mit der Künstlichen Neuronalen Netzanalyse herausgefunden. Wie sich zeigen wird, wurden nur Kennzahlen gewählt, die auch theoretisch voll befriedigen.[20]

Da aufgrund ihrer großen Zahl nicht alle möglichen Kennzahlenkombinationen in der Bilanzanalyse mit Künstlichen Neuronalen Netzen getestet

---

18 Vgl. Jerschensky (1998) S. 187.
19 Vgl. zu ähnlichen Forderungen Gemünden im Abschnitt 3.2 dieser Schrift.
20 Vgl. zu der Forderung, daß die Kennzahlenauswahl nicht allein den statistischen Verfahren überlassen bleiben darf, sondern von theoretischen Überlegungen in bezug auf das Erkenntnisziel bestimmt sein muß: Gemünden im Abschnitt 3.2 dieser Schrift.

werden können, um die für die Trennung von solventen und insolvenzgefährdeten Unternehmen relevanten Kennzahlen auszuwählen, werden zur Kennzahlenauswahl Heuristiken angewendet. Das können sowohl sogenannte Pruning-Verfahren als auch sogenannte Insertion-Verfahren sein. Zu unterscheiden sind beim *Pruning* das gewichtsorientierte und das relevanzorientierte Pruning.[21] Beim gewichtsorientierten Pruning werden die Verbindungen zwischen Neuronen „abgeschnitten", die die kleinsten Gewichte aufweisen. Dahinter steht die Vermutung, daß kleine Verbindungsgewichte nur eine geringe Wirkung auf die Klassifikationsleistung des Netzes haben. Beim relevanzorientierten Pruning werden Neuronen entfernt, die die Klassifikationsleistung des Netzes verschlechtern, also eine negative Relevanz aufweisen. Die Relevanz eines Neurons wird berechnet, indem der Netzfehler (Beta-Fehler bei konstantem Alpha-Fehler oder Fehlerfläche) einmal mit und einmal ohne das betreffende Neuron an der Teststichprobe gemessen und dann die Differenz dieser beiden Werte ermittelt wird. Durch die Prüfung der Klassifikationsleistung an der Teststichprobe wird die Gefahr des Overlearnings beseitigt, da große Kennzahlenkataloge möglicherweise zu einer zu genauen Anpassung an die Analysestichprobe führen.[22]

Die *Insertion*-Verfahren gehen analog zum relevanzorientierten Pruning vor. Ausgehend von einem Netz mit wenigen bei Pruning-Vortests immer wieder verwendeten Kennzahlen (Schnittmenge der Kennzahlen) werden weitere Kennzahlen nicht abgeschnitten, sondern hinzugefügt, wenn die Klassifikationsleistung des Netzes mit der jeweiligen Kennzahl besser ist als ohne die Kennzahl.

Für verschiedene Datengrundlagen (z. B. Firmenkundenportefeuilles verschiedener Kreditinstitute) können sich unterschiedliche Kennzahlenkombinationen und Gewichtungen als optimal erweisen, wenn die Strukturen der Portefeuilles verschieden sind.[23] Ein speziell auf einem Portefeuille entwickelter Klassifikator garantiert für dieses Portefeuille die bestmögliche Klassifikationsleistung und somit z. B. für den Fall der Kreditwürdigkeitsprüfung mit diesem Klassifikator die maximale Kostenersparnis durch

---

21 Zu diesen Pruning-Verfahren vgl. ausführlich Uthoff (1997) S. 183–186.
22 Vgl. zu der Gefahr des Overlearning (Overfitting) durch große Kennzahlenkataloge Gemünden im Abschnitt 3.2 dieser Schrift.
23 Daher wird es nicht einen stets vollkommen gleichen Satz gesicherter Kennzahlen geben, der jedes Portefeuille optimal klassifiziert, wie es Gemünden fordert. Allerdings erweisen sich, wie auch Gemünden beobachtet hat, in verschiedenen Untersuchungen bestimmte Kennzahlen immer wieder als trennfähig. (Vgl. Gemünden im Abschnitt 3.2 dieser Schrift.)

Früherkennung der Insolvenzfälle. Schon eine geringe Verbesserung der Klassifikationsleistung kann die Kosten erheblich reduzieren.[24] Dem im folgenden Abschnitt C. vorgestellten BBR Baetge-Bilanz-Rating® (im folgenden abgekürzt BBR) liegt mit dem BP-14 ein Künstliches Neuronales Netz zugrunde, das sich bereits für verschiedene Portefeuilles als sehr robust erwiesen hat.

C. Das BBR Baetge-Bilanz-Rating®[25]

I. Die Entwicklung des Künstlichen Neuronalen Netzes BP-14

Das Künstliche Neuronale Netz BP-14 (ein **B**ack **P**ropagation Netz mit **14** Kennzahlen) wurde auf der Grundlage von 11.427 Jahresabschlüssen solventer und später insolventer Unternehmen entwickelt und validiert. Als insolvent galt ein Unternehmen, wenn es einen Konkurs, Vergleich, Scheck-/Wechselprotest oder ein Moratorium aufwies.[26] Für die Analysen wurden somit nur „harte" Insolvenzkriterien gewählt,[27] um subjektive Einflüsse bei der Festlegung, welche Unternehmen insolvent und welche solvent sind, auszuschließen. Denn nur so kann eine objektive Klassifikation erreicht werden. Abb. 66 *(siehe S. 191)* zeigt die Aufteilung dieser Datensätze auf die Analyse-, die Test- und die Validierungsstichprobe.

Die Analysestichprobe enthielt jeweils drei aufeinanderfolgende Jahresabschlüsse von 131 solventen und 131 später insolventen Unternehmen. Die Zahl der Datensätze solventer und später insolventer Unternehmen war in der Analysestichprobe gleich, da das Künstliche Neuronale Netz die Strukturen solventer und später insolventer Unternehmen gleichberechtigt

---

24 Daher kann es entgegen den Überlegungen von Gemünden durchaus sinnvoll sein, für unterschiedliche Portefeuilles jeweils neu die optimale Kennzahlenkombination zu suchen. (Vgl. Gemünden im Abschnitt 3.2 dieser Schrift.)
25 Zur Zeit bereitet die DATEV eine Schnittstelle in ihren Programmen zur Unternehmensanalyse vor, so daß der DATEV-Anwender sofort eine Datei erstellen kann, mit der von der Baetge & Partner GmbH & Co. KG in kürzester Zeit ein Bilanz-Rating für den Mandanten generiert werden kann. Die Realisierung dieser Schnittstelle ist für die zweite Jahreshälfte 1999 vorgesehen. Der Begriff BBR Baetge-Bilanz-Rating® ist als Warenzeichen geschützt. In der folgenden Darstellung werden wir lediglich die Abkürzung BBR verwenden.
26 Vgl. Baetge/Hüls/Uthoff (1994/95) S. 23.
27 Damit wurde von uns der Kritik von Gemünden Rechnung getragen, daß in vielen Studien „weiche" Insolvenzkriterien herangezogen werden und somit Insolvenz oft subjektiv definiert wird, um mehr Datensätze insolventer Unternehmen zu erhalten. (Vgl. Gemünden im Abschnitt 3.2 dieser Schrift.)

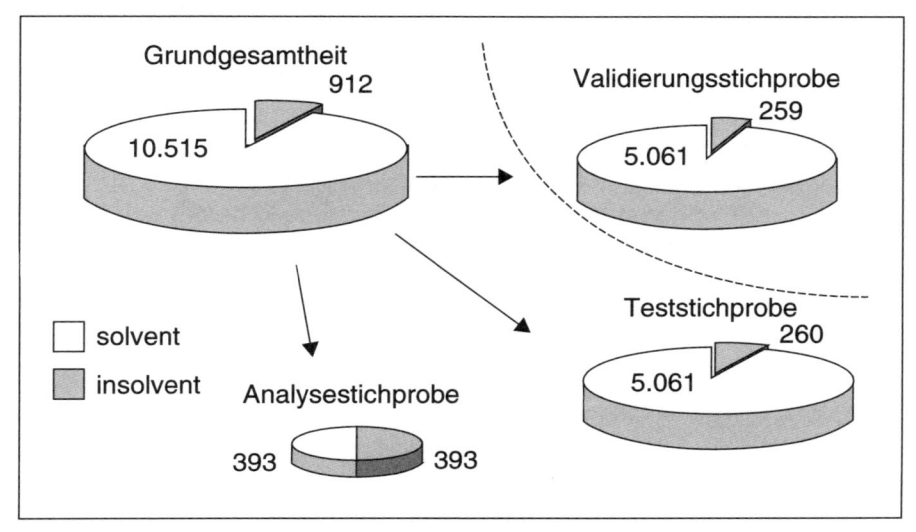

Figur mit Kreisdiagrammen:
- Grundgesamtheit: 10.515 / 912
- Validierungsstichprobe: 5.061 / 259
- Teststichprobe: 5.061 / 260
- Analysestichprobe: 393 / 393
- Legende: □ solvent, ■ insolvent

Abbildung 66: Aufteilung der Stichproben für die Entwicklung und Validierung des BP-14

lernen sollte. Die restlichen Datensätze wurden hälftig zufällig auf die Teststichprobe und die Validierungsstichprobe aufgeteilt.

Aus den Daten jedes Jahresabschlusses wurden die Werte von 259 Kennzahlen gebildet. Bei fünfzig dieser Kennzahlen konnten die zugehörigen Hypothesen I>S oder I<S (vgl. dazu die Erläuterungen zu Abb. 60) bereits in statistischen Voranalysen falsifiziert werden, so daß der Eingabevektor für das Startnetz der Künstlichen Neuronalen Netzanalyse noch aus 209 Kennzahlen bzw. Eingangsneuronen bestand. Das Startnetz hatte eine versteckte Schicht mit zwei Neuronen. Die Ausgabeschicht bestand aus einem Neuron. Die Neuronen einer Schicht waren vollständig mit den Neuronen der nachfolgenden Schicht verbunden, d. h. von jedem Neuron der Eingabeschicht ging eine Verbindung zu jedem Neuron der versteckten Schicht und von jedem Neuron der versteckten Schicht ging eine Verbindung zum Neuron der Ausgabeschicht. Als Lernalgorithmus wurde der Backpropagation-Algorithmus angewendet.[28]

Um die Eingabeschicht zu verkleinern, wurde zunächst das gewichtsorientierte Pruning angewendet. Nach dem gewichtsorientierten Pruning verblieben noch 50 Neuronen mit 62 Verbindungen in der Eingabeschicht. Im Anschluß an das gewichtsorientierte Pruning wurde das relevanzorientier-

---

28 Vgl. auch Baetge/Kruse/Uthoff (1996) S. 276.

te Pruning durchgeführt. Das Ausgangsnetz für das relevanzorientierte Pruning war ein Netz mit den fünfzig verbliebenen Neuronen in der Eingabeschicht, die wieder voll mit den beiden Neuronen der versteckten Schicht verbunden wurden. Nach dem relevanzorientierten Pruning ergab sich als bestes Netz ein Netz mit 14 Neuronen bzw. Kennzahlen in der Eingabeschicht, das BP-14.[29] Dieses Netz wurde an den 5.320 Jahresabschlüssen der unberührten Validierungsstichprobe getestet und hat bei einem Alpha-Fehler von 8,75% einen Beta-Fehler von 33,55%.[30] Die Fehlerfläche des BP-14 an der Validierungsstichprobe beträgt 11,55%.

Das BP-14 besitzt eine so hohe Verläßlichkeit beim Einsatz auf andere Unternehmen, weil es eine einmalig große Datengrundlage in den (unbedingt zu fordernden) drei Stichproben besitzt. Nur eine Überprüfung an einer sehr großen Validierungsstichprobe gibt dem Anwender das nötige Vertrauen in die Klassifikationsleistung eines mathematisch-statistischen Instruments.[31]

Bei der hier angewendeten Künstlichen Neuronalen Netzanalyse ist die eben beschriebene Entwicklungsphase klar von der Anwendungsphase abzugrenzen. Nach Abschluß der Entwicklung wird das Netz nicht mehr verändert. Seine Struktur und seine Gewichte bleiben bestehen. Dies ist notwendig, damit das Netz in der Anwendungsphase von Jahr zu Jahr vergleichbare Unternehmensbeurteilungen liefert. Bei dem BP-14 handelt es sich also um ein „gefrorenes" Netz, das jedes Unternehmen mit den gleichen Kennzahlen in der gleichen Gewichtung[32] und somit vergleichbar beurteilt. Allerdings wird die Klassifikationsleistung des Netzes ständig kontrolliert. Sollte sich die Klassifikationsleistung aufgrund von Strukturveränderungen in der Gesamtwirtschaft (z. B. Entstehung neuer Krisenbranchen) verschlechtern, ist das Netz entsprechend zu adaptieren. Bisher besteht gemäß den laufend erzielten guten Kontrollergebnissen dazu keinerlei Anlaß.[33]

---

29 Vgl. zum Pruning bei der Entwicklung des BP-14 auch Baetge/Hüls/Uthoff (1995) S. 24–26.
30 Der Alpha-Fehler von 8,75% erwies sich in einer unserer früheren Studien als optimal und wird seither als Benchmark benutzt. (Vgl. Feidicker (1992) S. 212–214.)
31 Insofern sind die Kritikpunkte von Gemünden beim BP-14 berücksichtigt bzw. ausgeräumt worden. (Vgl. Gemünden im Abschnitt 3.2 dieser Schrift.)
32 Aus Geheimhaltungsgründen können die Gewichte der 14 Kennzahlen nicht veröffentlicht werden.
33 Beim BBR ist eine zu Fehlern führende Orientierung an „alten" Krisenbranchen auf diese Weise ausgeschlossen. Vgl. zu dieser Kritik Gemünden im Abschnitt 3.2 dieser Schrift.

Das Ergebnis des BP-14 ist der N-Wert (Netz-Wert), ein Bonitätsindex, der den Grad der Bestandssicherheit bzw. Bestandsgefährdung eines Unternehmens auf einer Skala von +10 bis –10 angibt. Diese Skala ist in sechs Güteklassen und vier Risikoklassen unterteilt, für die jeweils ein Fortbestandsrisiko angegeben werden kann. Der N-Wert ist ein Maß für die innere Widerstandskraft eines Unternehmens, mit künftigen Widrigkeiten fertig zu werden. Er prognostiziert nicht den Erfolg von eventuell notwendigen Sanierungsmaßnahmen, denn dieser hängt stark von der Qualität und problemspezifischen Eignung der Maßnahmen ab. Indes gibt der N-Wert und die darauf aufbauende Unternehmensanalyse (vgl. Abschnitte C.(3) und D.) wertvolle Hinweise, ob Sanierungsmaßnahmen nötig sind und wo sie anzusetzen haben. Mit Planungsrechnungen können verschiedene Sanierungsmaßnahmen bezüglich ihrer Wirkung auf die Bilanzbonität getestet werden.

II. Bilanzpolitik-„resistente" Kennzahlen des BBR

Das BBR weist mit seinen 14 Kennzahlen eine wesentlich größere Menge an Kennzahlen auf als in der Vergangenheit entwickelte Systeme mit z. T. nur drei Kennzahlen. Die 14 Kennzahlen des BBR stammen aus allen acht mit Hilfe einer Clusteranalyse identifizierten Informationsbereichen des Jahresabschlusses, so daß ein ganzheitliches Urteil über ein zu beurteilendes Unternehmen gewährleistet ist, was mit nur drei Kennzahlen nicht möglich wäre.[34] Die Vermögens-, Finanz- und Ertragslage wird durch die acht Informationsbereiche vollständig abgebildet.

Eine größere Kennzahlenmenge ermöglicht zudem, daß neben stärker aggregierten Kennzahlen, die mehrere mögliche Insolvenzursachen zusammenfassen, auch disaggregierte, d. h. nur einen bestimmten Sachverhalt abbildende Kennzahlen in den Klassifikator aufgenommen werden. Z. B. sind im BBR sowohl eine Umsatzrentabilität als auch eine Personalaufwandsquote enthalten, obwohl der Personalaufwand im Zähler der Personalaufwandsquote ein Teil des sich aus mehreren Größen zusammensetzenden ordentlichen Betriebsergebnisses im Zähler der Umsatzrentabilität ist. Der Nenner beider Kennzahlen unterscheidet sich nur durch die Bestandsveränderungen.[35]

---

34 Anders als bei den von Gemünden erwähnten Untersuchungen, vgl. Gemünden im Abschnitt 3.2 dieser Schrift, sind bei neueren Analysen, z. B. mit Künstlichen Neuronalen Netzen wie das BBR, wesentlich mehr als zwei oder drei Kennzahlen erforderlich, um ein Unternehmen verläßlich zu beurteilen.

35 Damit wird der Kritik von Gemünden begegnet, daß disaggregierte Kennzahlen durch stärker aggregierte Kennzahlen verdrängt werden und somit Detailinformationen verloren gehen. (Vgl. Gemünden im Abschnitt 3.2 dieser Schrift.)

In der nachfolgenden Abb. 67 werden die 14 Kennzahlen des BBR dargestellt.[36] Die in der letzten Spalte angegebenen Relationen I<S beziehungsweise I>S sind die zugehörigen Arbeitshypothesen und bedeuten, daß insolvenzgefährdete Unternehmen durchschnittlich geringere beziehungsweise höhere Werte der Kennzahl aufweisen als solvente Unternehmen.

Kennzahlen der Vermögenslage			
Informationsbereich	Kennzahl	Definition	I ⪌ S
Kapitalbindungsdauer	KBD1	[(Akzepte + Verbindlichkeiten aus Lieferungen und Leistungen) × 360] : Gesamtleistung	I>S
	KBD2	[(Akzepte + Verbindlichkeiten aus Lieferungen und Leistungen) × 360] : Umsatz	I>S
Kapitalbindung	KB	(Kfr. Bankverbindlichkeiten + Kfr. Verbindlichkeiten aus Lieferungen und Leistungen + Akzepte + Kfr. Sonstige Verbindlichkeiten) : Umsatz	I>S
Verschuldung	FKQ	(Kfr. Fremdkapital – Erhaltene Anzahlungen) : Bilanzsumme	I>S
	FKS	(Verbindlichkeiten aus Lieferungen und Leistungen + Akzepte + Bankverbindlichkeiten) : (Fremdkapital – Erhaltene Anzahlungen)	I>S
Kapitalstruktur	EKQ1	(Wirtschaftliches Eigenkapital – Immaterielle Vermögensgegenstände) : (Bilanzsumme – Immaterielle Vermögensgegenstände – Flüssige Mittel – Grundstücke und Bauten)	I<S
	EKQ2	(Wirtschaftliches Eigenkapital + Rückstellungen) : (Bilanzsumme – Flüssige Mittel – Grundstücke und Bauten)	I<S

---

36 Für eine detaillierte Beschreibung der Kennzahlen vgl. Baetge (1998a) S. 587–594, Baetge/Jerschensky (1996) S. 1582 f. Vgl. auch Hüls (1995) S. 84–108.

Kennzahlen der Finanzlage			
Informationsbereich	Kennzahl	Definition	I ⋛ S
Finanzkraft	FINK1	Ertragswirtschaftlicher Cash Flow : (Fremdkapital − Erhaltene Anzahlungen)	I<S
	FINK2	Ertragswirtschaftlicher Cash Flow : (Kfr. Fremdkapital + Mfr. Fremdkapital − Erhaltene Anzahlungen)	I<S
Deckungsstruktur	AD	Wirtschaftliches Eigenkapital : (Sachanlagevermögen − Grundstücke und Bauten)	I<S
Kennzahlen der Ertragslage			
Informationsbereich	Kennzahl	Definition	I ⋛ S
Rentabilität	UR	Ordentliches Betriebsergebnis : Umsatz	I<S
	CF1-ROI	Ertragswirtschaftlicher Cash Flow : Bilanzsumme	I<S
	CF2-ROI	(Ertragswirtschaftlicher Cash Flow + Zuführungen zu den Pensionsrückstellungen): Bilanzsumme	I<S
Aufwandsstruktur	PAQ	Personalaufwand : Gesamtleistung	I>S

Abbildung 67: Die 14 Kennzahlen des BBR *(vgl. auch Abb. 74, S. 206)*

Dem Künstlichen Neuronalen Netz wurde neben den herkömmlichen Bilanzkennzahlen eine sehr große Zahl an Kennzahlen angeboten, mit deren Hilfe Unternehmen, die bilanzpolitische Maßnahmen und bilanzpolitisch wirksame Sachverhaltsgestaltungen vorgenommen haben, mit anderen Unternehmen, die solche Maßnahmen nicht ergriffen haben, vergleichbarer gemacht werden. Bei der Künstlichen Neuronalen Netzanalyse wurden überwiegend solche „intelligenten" Kennzahlen ausgewählt. Damit wurde bei der Kennzahlenbildung das oben erwähnte Neutralisierungsprinzip beachtet.[37] Da nicht bekannt war, welche bilanzpolitischen Maßnahmen die Unternehmen tatsächlich mehrheitlich ergriffen haben, wurden dem Netz die verschiedensten Bilanzpolitik konterkarierenden

---

37 Vgl. zum Neutralisierungsprinzip Baetge (1998a) S. 30–32.

"intelligenten" Kennzahlen präsentiert. Das Netz ermittelte durch seine Kennzahlenauswahl indirekt, welche bilanzpolitischen Maßnahmen und Sachverhaltsgestaltungen von den Unternehmen tatsächlich angewendet wurden, denn das Künstliche Neuronale Netz wählt nur dann eine der "intelligenten" Kennzahlen, wenn durch diese Kennzahl eine mit geringeren Alpha- und Beta-Fehlern behaftete Klassifikation der Unternehmen erreicht wird. Dies kann nur der Fall sein, wenn zwischen den Unternehmen einer Klasse (entweder solventer oder insolventer) tatsächlich Unterschiede durch eine bestimmte bilanzpolitische Maßnahme bzw. Sachverhaltsgestaltung bestehen, die durch die sogenannten "intelligenten" Kennzahlen neutralisiert werden. Diese Kennzahlen sind ein wenig ungewohnt und erklärungsbedürftig, aber sie erlauben betriebswirtschaftlich viel aussagefähigere Vergleiche als die üblichen Standard-Kennzahlen.[38]

Im folgenden werden einige der bilanzanalytischen Gegenmaßnahmen des BBR auf Bilanzpolitik bzw. Sachverhaltsgestaltungen der Bilanzierenden dargestellt.

Die erhaltenen Anzahlungen werden beim BBR sowohl vom Fremdkapital als auch von der Bilanzsumme abgezogen. Grund hierfür ist das Ausweiswahlrecht des § 268 (5) Satz 2 HGB. Die erhaltenen Anzahlungen auf Bestellungen dürfen entweder auf der Aktivseite offen von den Vorräten abgesetzt oder auf der Passivseite der Bilanz in einen gesonderten Posten eingestellt werden. Wenn die erhaltenen Anzahlungen offen von den Vorräten abgesetzt werden, fallen die Bilanzsumme und das Fremdkapital niedriger aus als bei einem Ausweis auf der Passivseite. Durch den Abzug der erhaltenen Anzahlungen im BBR werden die Kennzahlen, die die Bilanzsumme oder das Fremdkapital enthalten, vergleichbar, auch wenn das Ausweiswahlrecht für erhaltene Anzahlungen unterschiedlich ausgeübt wurde.[39]

Die immateriellen Vermögensgegenstände werden bei der Eigenkapitalquote EKQ1 im Zähler vom wirtschaftlichen Eigenkapital und im Nenner von der Bilanzsumme abgezogen. Den Unternehmen wird mit § 255 (4) HGB ein Aktivierungswahlrecht bezüglich des Geschäfts- oder Firmenwertes eingeräumt. Zudem kann das Aktivierungsverbot von selbsterstellten immateriellen Vermögensgegenständen nach § 248 (2) HGB durch Sachverhaltsgestaltungen umgangen werden. Durch den Abzug der immateriellen Vermögensgegenstände werden die Eigenkapitalquoten der Unternehmen, die die Wahlrechte unterschiedlich nutzen, vergleichbarer.[40]

---

38 Vgl. Baetge/Schulze (1998) S. 945.
39 Vgl. Baetge (1997) S. 45.
40 Vgl. Baetge (1997) S. 44 f.

Grundstücke und Bauten werden sowohl bei den Eigenkapitalquoten EKQ1 und EKQ2 als auch bei der Anlagendeckung AD im Nenner subtrahiert. Wenn Unternehmen ihre Grundstücke und Bauten verkaufen, sie anschließend wieder zurückmieten (sale-and-lease-back) und mit den Verkaufserlösen ihre Verbindlichkeiten tilgen, reduziert sich das Fremdkapital, und somit steigt die Eigenkapitalquote. Der Abzug der Grundstücke und Bauten dient der besseren Vergleichbarkeit von Unternehmen, die „sale-and-lease-back" betrieben haben, mit Unternehmen, die diese Sachverhaltsgestaltung nicht nutzen.[41]

Die Zuführungen zu den Pensionsrückstellungen werden beim Cash-Flow2-ROI im Zähler zum ertragswirtschaftlichen Cash Flow addiert. Dies dient der Neutralisierung der möglichen Bilanzpolitik bei den Pensionsrückstellungen. Die Höhe der Pensionsrückstellungen wird beeinflußt durch die Wahl des Diskontierungszinsfußes, des Verfahrens zur Zuführungsbemessung und durch steuerliche Wahlrechte. Des weiteren besteht ein Passivierungswahlrecht für Altzusagen, mittelbare Neuzusagen und ähnliche Verpflichtungen.[42]

Die flüssigen Mittel werden bei den Eigenkapitalquoten EKQ1 und EKQ2 jeweils im Nenner von der Bilanzsumme subtrahiert. Vor dem Bilanzstichtag nehmen einige Unternehmen Fremdkapital auf (window dressing). Hierdurch verbessert sich die Liquidität, indes verschlechtert sich die Eigenkapitalquote. Der Abzug der flüssigen Mittel dient wieder der besseren Vergleichbarkeit der Kennzahlen bei Unternehmen mit und ohne window dressing.[43]

Die Rentabilitätskennzahlen CF1-ROI und CF2-ROI haben statt eines Gewinnes oder Verlustes den ertragswirtschaftlichen Cash Flow im Zähler, da dieser keine Abschreibungen enthält. Grund hierfür ist das große bilanzpolitische Potential von Abschreibungen, das offenbar von Unternehmen auch in der Weise genutzt wird, daß sehr gut verdienende Unternehmen viel abschreiben und schlecht verdienende oder verlustreiche Unternehmen wenig abschreiben.[44]

Bei den Rendite-Kennzahlen des BBR werden die Erträge aus der Auflösung von Wertberichtigungen auf Forderungen aus dem ordentlichen Be-

---

41 Vgl. Baetge (1998b) S. 610.
42 Zu den bilanzpolitischen Möglichkeiten bei Pensionsrückstellungen vgl. Hardes (1984) S. 92–203, Baetge (1996) S. 383–389, Thoms-Meyer (1996) S. 27–165.
43 Vgl. Baetge (1998b) S. 610.
44 Vgl. Baetge (1998c) S. 19 f., insbesondere das Beispiel zur Abschreibungspolitik der Lufthansa. Vgl. zu planmäßigen Abschreibungen Wöhe (1997) S. 422–450, Baetge (1996) S. 229–261.

triebsergebnis und somit auch aus dem ertragswirtschaftlichen Cash Flow herausgerechnet. Denn bei der Forderungsbewertung bestehen große Ermessensspielräume. Die Erträge aus der Auflösung von Sonderposten mit Rücklageanteil werden ebenfalls im ordentlichen Betriebsergebnis nicht berücksichtigt, da dieser ein teils genutzter, teils ungenutzter steuerlicher Sonderposten ist.[45]

Die Robustheit des BBR gegenüber den real genutzten bilanzpolitischen Maßnahmen wurde in einer Studie des Instituts für Revisionswesen der Westfälischen Wilhelms-Universität Münster getestet, indem 138 Geschäftsberichte von großen börsennotierten Unternehmen auf Bilanzpolitik hin untersucht wurden. Insgesamt wurden dabei 47 Einzelfälle von wesentlicher im Anhang anzugebender und damit quantifizierbarer Bilanzpolitik festgestellt, die sich elf verschiedenen bilanzpolitischen Maßnahmen zuordnen lassen. In der Abb. 68 ist dargestellt, welche N-Wert-Änderungen maximal durch die elf erheblichen bilanzpolitischen Maßnahmen ausgelöst wurden.[46]

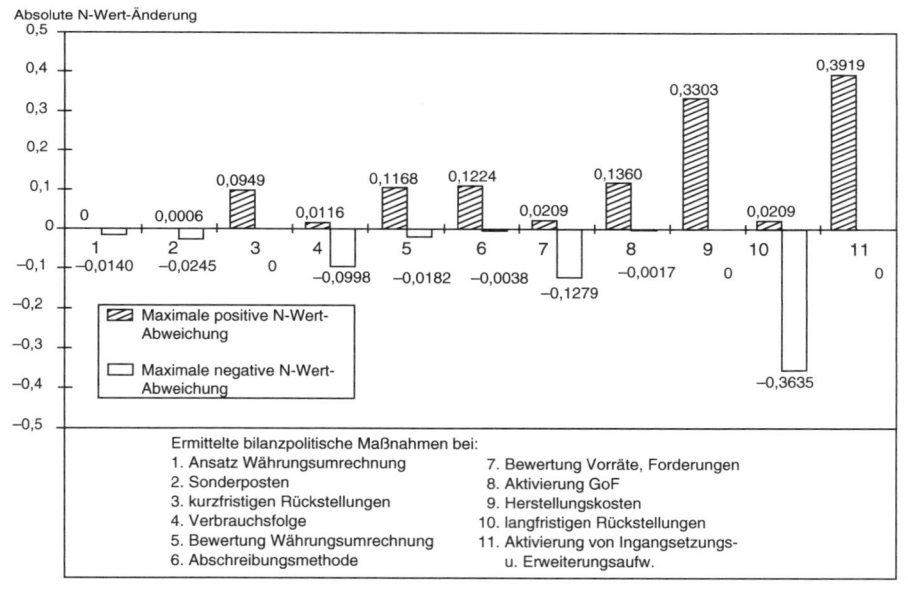

Abbildung 68: Maximale negative und positive N-Wert-Abweichungen bei den untersuchten bilanzpolitischen Maßnahmen (N-Wert von +10 bis −10)

---

45 Vgl. Baetge (1998b) S. 8. Vgl. zum Sonderposten mit Rücklageanteil Federmann (1994) S. 228–235, Baetge (1996) S. 499–503.
46 Vgl. Baetge (1997) S. 46 f.

Aus der Abbildung wird deutlich, daß selbst die stärkste Beeinflussung – Aktivierung von Ingangsetzungs- und Erweiterungsaufwendungen –, den N-Wert nur um 0,3919 N-Wert-Punkte in positiver Richtung beeinflussen konnte. Das sind knapp 2% der Ratingskala (0,3919/20). Somit kann das BBR als sehr robust selbst gegenüber erheblichen bilanzpolitischen Maßnahmen angesehen werden.

III. Transparenz des BBR

Modernen Verfahren der Bilanzanalyse wird vorgeworfen, sie würden nur Krisensymptome beschreiben aber keine Erklärungen liefern.[47] Ein oft genannter Kritikpunkt speziell an Künstlichen Neuronalen Netzen ist, daß ein Künstliches Neuronales Netz eine black box sei, d. h. der Anwender nicht nachvollziehen könne, wie die eingegebenen Informationen im Inneren des Netzes verarbeitet und zu einem Gesamturteil aggregiert werden, wodurch eine Ursachenanalyse für das Gesamturteil bzw. eine Änderung des Gesamturteils nicht möglich wäre. Tatsächlich wird im BBR die black box mit Hilfe der globalen und der individuellen Sensitivitätsanalyse geöffnet und zu einer transparenten box gemacht.[48]

Bei der *globalen Sensitivitätsanalyse* wurde zunächst anhand aller Datensätze (d. h. Jahresabschlüsse), die für die Entwicklung und Validierung des dem BBR zugrundeliegenden Künstlichen Neuronalen Netzes BP-14 verwendet wurden, für alle 14 Kennzahlen geprüft, in welche Richtung sie den N-Wert jeweils beeinflussen. Das Ergebnis dieser Prüfung war zum einen, daß jede Kennzahl den N-Wert immer entsprechend der zugehörigen Hypothese (I<S bzw. I>S) in der gleichen Richtung beeinflußt, z. B. führt eine Erhöhung der Umsatzrentabilität UR (I<S) immer zu einer N-Wert-Erhöhung und nie zu einer N-Wert-Verminderung. Zum anderen konnte festgestellt werden, daß alle Kennzahlen eines Informationsbereichs den N-Wert in die gleiche Richtung beeinflussen, z. B. haben die Kennzahlen des Informationsbereichs Verschuldung FKQ und FKS (I>S) beide einen negativen Einfluß auf den N-Wert, d. h. wenn die Kennzahlen sich erhöhen, vermindert sich der N-Wert. Somit kann für diesen Informationsbereich die Aussage getroffen werden, daß der N-Wert sinkt, wenn sich die Verschuldung erhöht. Bei keinem der etwa 12 000 Jahresabschlüsse konnte irgendein Hypothesenverstoß festgestellt werden. Unsere Hypothesen haben sich also vieltausendfach bewährt.

---

47 Vgl. Gemünden im Abschnitt 3.2 dieser Schrift.
48 Vgl. zur globalen und individuellen Sensitivitätsanalyse Baetge (1998a) S. 600–602.

Anschließend wurde wieder für alle Jahresabschlüsse, die für die Entwicklung und Validierung des BP-14 verwendet wurden, berechnet, wie stark sich der N-Wert ändert, wenn die Kennzahlenwerte eines Informationsbereichs variiert und die Kennzahlenwerte der übrigen Informationsbereiche beibehalten werden. Aus den N-Wert-Änderungen bei den einzelnen Jahresabschlüssen wurde für jeden Informationsbereich die durchschnittliche N-Wert-Änderung berechnet, so daß für jeden Informationsbereich angegeben werden kann, wie stark und in welche Richtung die Kennzahlen dieses Bereichs den N-Wert beeinflussen. Abb. 69 zeigt die Ergebnisse dieser globalen Sensitivitätsanalyse.

Positiver Einfluß auf den N-Wert		Negativer Einfluß auf den N-Wert	
Informationsbereich des Jahresabschlusses (Cluster)	Einflußstärke	Informationsbereich des Jahresabschlusses (Cluster)	Einflußstärke
Rentabilität (UR, CF1-ROI, CF2-ROI)	hoch	Verschuldung (FKQ, FKS)	hoch
Finanzkraft (FINK1, FINK2)	mittel – hoch	Kapitalbindungsdauer (KBD1, KBD2)	mittel – hoch
Kapitalstruktur (EKQ1, EKQ2)	niedrig – mittel	Kapitalbindung (KB)	niedrig – mittel
Deckungsstruktur (AD)	niedrig	Aufwandsstruktur (PAQ)	niedrig

Abbildung 69: Globale Sensitivitätsanalyse

Die Informationsbereiche Rentabilität und Verschuldung haben bei den ca. 12 000 Jahresabschlüssen im Durchschnitt (global) den größten Einfluß auf den N-Wert, die Rentabilität positiv und die Verschuldung negativ. Dieses Ergebnis ist betriebswirtschaftlich sehr befriedigend, da die beiden wichtigsten Ziele für ein Unternehmen sind, Geld zu verdienen, also eine hohe Rentabilität zu erreichen, und die Verdienstquelle zu sichern, also die Verschuldung in Grenzen zu halten. Das letztgenannte Ziel wird bei der globalen Sensitivitätsanalyse dadurch komplettiert, daß die beiden Eigenkapitalquoten zusätzlich einen niedrigen bis mittleren Einfluß haben. Somit bestätigt das BBR die traditionellen, sehr plausiblen betriebswirtschaftlichen Überlegungen zur Unternehmensbeurteilung empirisch.[49]

---

[49] Anders als Gemünden meinen wir, daß es wichtig ist, empirisch zu prüfen und bestätigt zu erhalten, welche Kennzahlen durchschnittlich die größte Bedeutung bei der Bonitätsbeurteilung besitzen. Ein betriebswirtschaftlich plausibles Ergebnis erscheint uns dabei wünschenswert. (Vgl. Gemünden im Abschnitt 3.2 dieser Schrift.)

Was die subjektive, erfahrungsgestützte Bilanzanalyse im Gegensatz zu einer empirisch-statistisch gestützten Bilanzanalyse nicht leisten kann, ist die optimale Kennzahlenauswahl (denn zu jedem Informationsbereich des Jahresabschlusses existieren im Schnitt mehr als ein Dutzend verschiedener Kennzahlen, und von einer Grundkennzahl sind diverse Varianten möglich[50]), die optimale Kennzahlengewichtung und -zusammenfassung.

Mit der *individuellen Sensitivitätsanalyse* wird der Einfluß der Änderungen von Kennzahlen des BBR auf die Entwicklung eines einzelnen Unternehmens von einem bestimmten Jahr auf das folgende Jahr untersucht. Z. B. wird der Beitrag der Kennzahlenänderung bei der Kapitalbindungsdauer 1 (KBD1) zu der N-Wert-Änderung eines Unternehmens vom Jahr 1997 auf das Jahr 1998 ermittelt, indem zunächst aus dem Wert der KBD1 für 1998 und den Werten der restlichen Kennzahlen für 1997 ein N-Wert berechnet wird. Hier wird so getan, als hätte sich von 1997 auf 1998 nur die Kennzahl KBD1 verändert. Anschließend wird die Differenz zwischen dieser N-Wert-Variation für 1998 und dem korrekten N-Wert für 1997 gebildet. Diese Differenz ergibt sich nur durch die Veränderung der KBD1 und stellt somit den Beitrag der Kennzahl KBD1 zur N-Wert-Änderung dar. Der relative Anteil der Änderung der Kennzahl KBD1 an der gesamten N-Wert-Änderung (in %) wird berechnet, indem die durch die KBD1-Änderung verursachte N-Wert-Änderung durch die gesamte N-Wert-Änderung dividiert wird. Die gesamte N-Wert-Änderung wird also bei der individuellen Sensitivitätsanalyse gleich 100% gesetzt. Ist die gesamte N-Wert-Änderung negativ (bei einer Verringerung des N-Wertes), wird sie auf −100% gesetzt. Beiträge einzelner Kennzahlen, die eine N-Wert-Verringerung unterstützt haben, sind dementsprechend auch mit einem negativen Vorzeichen versehen. In Abb. 70 *(siehe S. 202)* sind beispielhaft die Ergebnisse einer individuellen Sensitivitätsanalyse dargestellt. Die gesamte N-Wert-Änderung beträgt in dem Beispiel −1,17 N-Wert-Punkte, der N-Wert hat sich also von einem auf das nächste Jahr um 1,17 N-Wert-Punkte verringert. Negative Änderungen werden in der Grafik als Balken nach links, positive nach rechts abgetragen. Die Kennzahlen sind in der Reihenfolge ihrer Einflußstärke auf den N-Wert geordnet, so daß zunächst die Kennzahl aufgeführt wird, deren Änderung die N-Wert-Änderung am stärksten verursacht hat. Kennzahlen, die sich gegenläufig zum N-Wert entwickelt haben, werden zuletzt aufgeführt. In dem in Abb. 70 dargestellten Beispiel ist die Änderung der Kennzahl EKQ1 mit −23,05% am stärksten für die N-Wert-Verringerung verantwortlich und die Änderung der Kennzahl KBD1 mit +3,77% am stärksten gegenläufig wirksam.

---

50 Vgl. Baetge (1998a) S. 140–156.

Beiträge zur N-Wert-Änderung

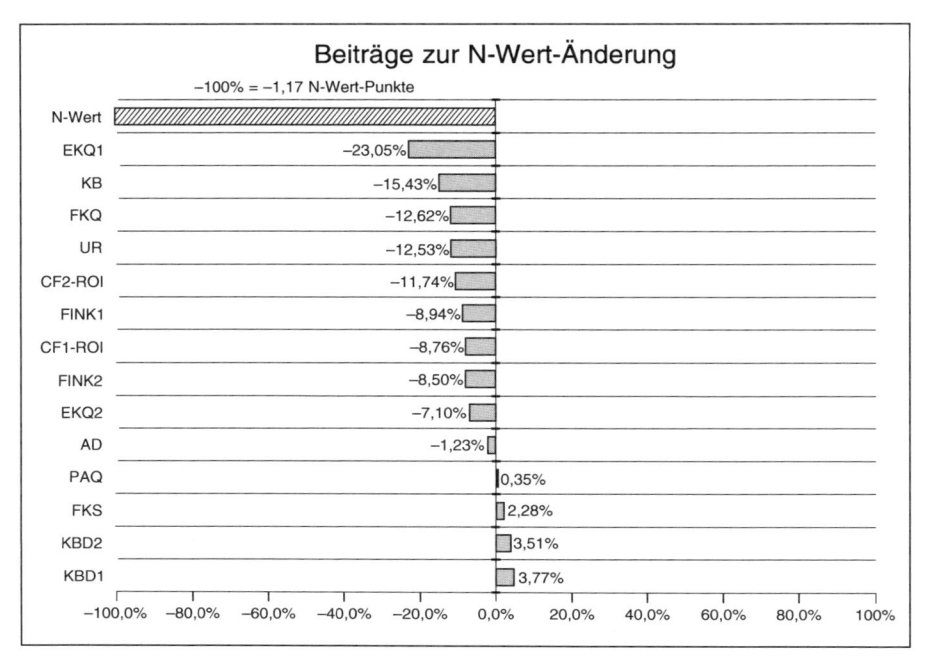

−100% = −1,17 N-Wert-Punkte

Kennzahl	Beitrag
N-Wert	−100%
EKQ1	−23,05%
KB	−15,43%
FKQ	−12,62%
UR	−12,53%
CF2-ROI	−11,74%
FINK1	−8,94%
CF1-ROI	−8,76%
FINK2	−8,50%
EKQ2	−7,10%
AD	−1,23%
PAQ	0,35%
FKS	2,28%
KBD2	3,51%
KBD1	3,77%

Abbildung 70: Beispiel der Ergebnisse einer individuellen Sensitivitätsanalyse

Werden die Beiträge der einzelnen Kennzahlenänderungen eines Informationsbereichs zu der N-Wert-Änderung addiert, erhält man den Einfluß des betreffenden Informationsbereichs. Ebenso können die Beiträge der Informationsbereiche einer Teillage (Vermögens-, Finanz- oder Ertragslage) addiert werden, um den Einfluß der Änderung der entsprechenden Teillage auf den N-Wert zu ermitteln (vgl. dazu Abschnitt D.).

Unsere Empfehlung der Analyse der N-Wert-Veränderung mit Hilfe der individuellen Sensitivitätsanalyse entspricht der Empfehlung von Hauschildt für eine fragengeleitete Bilanzanalyse.[51] Unser Vorgehen kann mit Hilfe einer Pyramide *(vgl. Abb. 71, S. 203)* dargestellt werden. An der Spitze dieser Fragenpyramide steht die N-Wert-Änderung. Hier stellt sich der Analytiker die erste Frage, wie sich das Gesamturteil im Vergleich zum Vorjahr geändert hat. Daran schließt sich die zweite Frage an: Welche Informationsbereiche waren wie stark für die N-Wert-Änderung verantwortlich? Somit stehen auf der zweiten Stufe der Pyramide die Änderungen der Informationsbereiche mit ihrem prozentualen Beitrag zu der N-

---

51 Vgl. Hauschildt im Teil 1 dieser Schrift.

Fragenpyramide zur Analyse der N-Wert-Änderung

Stufen der Fragenpyramide	Inhalte der Stufen der Fragenpyramide
1 — Δ N-Wert −1,17 = −100%	Änderung des Gesamturteils
2 — Δ Rentabilität −33,03%; Δ Verschuldung −10,34%	Beiträge der Änderungen der Informationsbereiche zum Δ N-Wert
3 — Δ UR −12,53%; Δ CF1–ROI −8,76%; Δ CF2–ROI −11,74%; Δ FKQ −12,62%; Δ FKS 2,28%	Beiträge der Änderungen der Kennzahlen zum Δ N-Wert
4 — Δ Cash Flow1; Δ Bilanzsumme; Δ Kurzfr. Fremdkap.; Δ Bilanzsumme	Änderungen der Kennzahlenbestandteile
5 — Δ Jahresabschlußposition x	Änderungen der Jahresabschlußpositionen

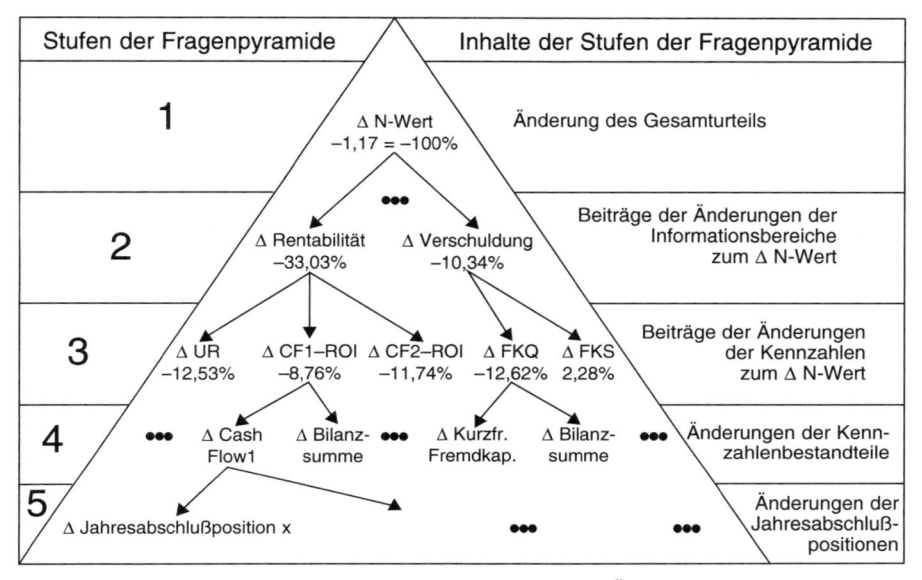

Abbildung 71: Fragenpyramide zur Analyse der N-Wert-Änderung

Wert-Änderung. Mit Hilfe der individuellen Sensitivitätsanalyse (vgl. Abb. 70) kann der Bilanzanalytiker den Informationsbereich identifizieren, der den stärksten (zweitstärksten, ... usw.) Einfluß auf die N-Wert-Änderung hatte. Daraus ergibt sich die dritte Frage, wie stark die Änderungen der einzelnen Kennzahlen dieses Informationsbereiches die N-Wert-Änderung verursacht haben. Daher stehen auf der dritten Stufe der Fragenpyramide die Veränderungen der einzelnen Kennzahlen mit ihren prozentualen Beiträgen zu der N-Wert-Änderung. Auf der vierten Stufe der Fragenpyramide fragt der Analytiker, warum sich die einzelnen Kennzahlen verändert haben. Somit stehen auf der vierten Stufe der Fragenpyramide die Veränderungen der Kennzahlenbestandteile (jeweils links der Zähler und rechts der Nenner) im Zentrum der Analyse. Die Fragenpyramide enthält noch eine fünfte Stufe, die ihrerseits die Veränderungen der einzelnen Jahresabschlußpositionen angibt, die die Veränderungen der Kennzahlenbestandteile hervorgerufen haben (z. B. besteht die Veränderung des Kennzahlenbestandteils *Flüssige Mittel* aus den Veränderungen bei den Jahresabschlußpositionen *Wertpapiere des Umlaufvermögens* und *Kasse, Bank, Postscheck*). In Abb. 71 ist diese Fragenpyramide beispielhaft mit den Werten der individuellen Sensitivitätsanalyse aus Abb. 70 für die beiden Informationsbereiche Rentabilität und Verschuldung dargestellt.⁵² An die fünfte Stufe der Pyramide sollte sich die betriebswirtschaftliche Analyse anschließen, warum sich die Jahresabschlußpositionen verändert haben und was gegebenenfalls getan werden kann, um negative Entwicklungen zu bremsen oder in positive umzukehren und positive Entwicklungen zu verstärken. Das BBR beschreibt also nicht nur Krisensymptome, sondern mit Hilfe des BBR kann der Bilanzanalytiker die Informationen des Jahresabschlusses zielgerichtet im Hinblick auf mögliche Krisenursachen analysieren und erhält somit wertvolle Ansatzpunkte für eine Analyse über die Daten des Jahresabschlusses hinaus.⁵³

D. Analyse des Musterunternehmens mit dem BBR

Nach den theoretischen Grundlagen zum BBR wird nun am konkreten Fall des Musterunternehmens die fragengeleitete Bilanzanalyse mit Hilfe des BBR beschrieben. Das BBR® umfaßt eine 19 bis 20-seitige Expertise und kann für das Musterunternehmen von Baetge & Partner kostenlos angefordert werden. Die Jahresabschlußdaten des Musterunternehmens sind *im Anhang* dieses Beitrags zu finden. Eine Diskette mit dem elektronischen Erfassungsschema und dem zugehörigen ausführlichen Erfassungshandbuch sind ebenfalls kostenlos zu erhalten.⁵⁴ In Abb. 72 *(siehe S. 205)* ist der N-Wert-Verlauf des Musterunternehmens für die Jahre 1992 bis 1996 grafisch dargestellt. In den Jahren 1992 bis 1994 befand sich der N-Wert immer in der Güteklasse B, die eine befriedigende Bestandssicherheit ausweist. Von 1993 auf 1994 sank der N-Wert indes um 0,87 N-Wert-Punkte. Nach 1995 stieg er allerdings wieder um 1,75 N-Wert-Punkte und somit in die Güteklasse BB, die eine gute Bestandssicherheit ausweist. Im Jahr 1996 fiel der N-Wert wieder um 0,55 Punkte auf 3,86, somit rutschte das Musterunternehmen zurück in die Güteklasse B. Im Jahr 1997 (nicht grafisch dargestellt) stieg der N-Wert leicht auf 4,05 an, dieser Wert liegt in der Güteklasse BB. Das Fortbestandsrisiko beträgt in der Güteklasse B 0,35% und in der Güteklasse BB 0,12%. Die a-priori Insolvenzwahrscheinlichkeit liegt in Deutschland derzeit bei 1%; in 1998

---

52 Vgl. auch Baetge (1998a) S. 599 f.
53 Mit der fragengeleiteten Bilanzanalyse wird der Analytiker von den Symptomen zu den Ursachen der Veränderung der Lage geführt.
54 Das BBR des Musterunternehmens und die Erfassungsdiskette mit dem Erfassungshandbuch können bestellt werden bei: Baetge & Partner GmbH & Co. KG, Mendelstraße 11, 48149 Münster, Tel.: 02 51/9 80–17 21, Fax: 02 51/ 9 80–17 39.

kamen nämlich auf circa 3,3 Mio. Unternehmen rund 33.000 Insolvenzen (= 1%). In der Güteklasse BB ist das Fortbestandsrisiko über achtmal und in der Güteklasse B fast dreimal geringer als bei einem deutschen Durchschnittsunternehmen.

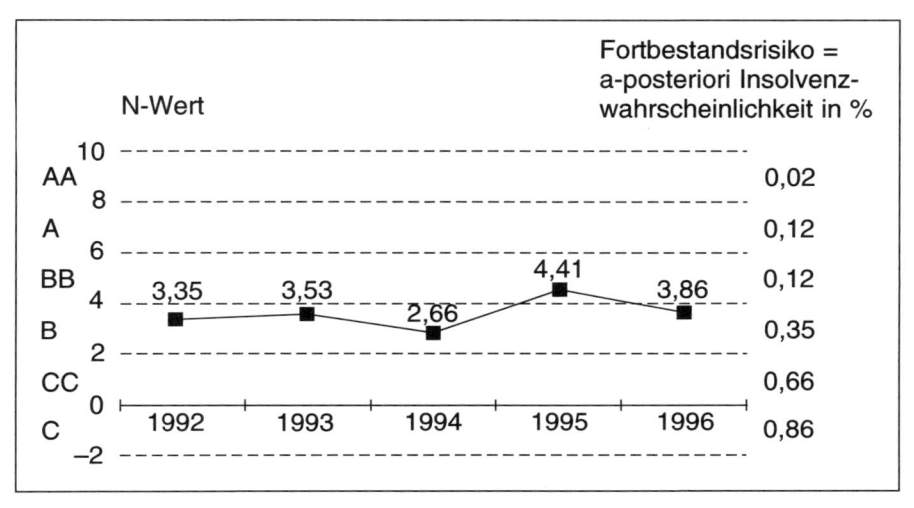

	N-Wert	Fortbestandsrisiko = a-posteriori Insolvenzwahrscheinlichkeit in %
AA	10	0,02
A	8	0,12
BB	6 — 3,35 — 3,53 — 2,66 — 4,41 — 3,86	0,12
B	4	0,35
CC	2	0,66
C	0 — 1992 — 1993 — 1994 — 1995 — 1996	0,86
	-2	

Abbildung 72: N-Wert-Verlauf des Musterunternehmens mit den a-posteriori Insolvenzwahrscheinlichkeiten[55]

Im folgenden wird das Jahr 1994 des Musterunternehmens im Vergleich zum Vorjahr fragengeleitet analysiert. In Abb. 73 *(siehe S. 206)* sind die Werte der 14 Kennzahlen des BBR für die Jahre 1993 bis 1995 mit den jeweiligen Vergleichswerten des BPA-Portfolios (12.000 für Deutschland nach Unternehmensform, -größe und Rechtsform repräsentative Unternehmen) tabellarisch dargestellt.

---

55 Diese a-posteriori Insolvenzwahrscheinlichkeiten sind für eine a-priori Insolvenzwahrscheinlichkeit von 1% anhand von tausenden von Jahresabschlüssen ermittelt worden. Mit dem BBR wurden die Jahresabschlüsse beurteilt; die a-posteriori Insolvenzwahrscheinlichkeit jeder Klasse ergibt sich nach dem Bayes-Theorem aus den a-priori Wahrscheinlichkeiten für Solvenz und Insolvenz und den bedingten Wahrscheinlichkeiten, daß ein solventes bzw. später insolventes Unternehmen in eine bestimmte Klasse klassifiziert wird. (Vgl. zum Bayes-Theorem Bleymüller/Gehlert/Gülicher (1998) S. 36 f.)

	Signum	1993	1994	1995	Durchschnitts-Benchmark aus dem B+P-Portfolio
Vermögenslage	KBD1	26,42 Tage	30,11 Tage	29,75 Tage	25,00 Tage
	KBD2	26,63 Tage	30,11 Tage	29,75 Tage	25,00 Tage
	KB	29,91%	41,37%	38,95%	30,00%
	FKQ	33,65%	41,59%	38,47%	65,00%
	FKS	49,14%	44,23%	47,45%	55,00%
	EKQ1	19,95%	7,53%	41,83%	40,00%
	EKQ2	63,99%	52,16%	76,60%	60,00%
Finanzlage	FINK1	15,87%	15,66%,	19,87%	32,50%
	FINK2	24,29%	23,32%	30,21%	40,00%
	AD	144,28%	127,16%	158,25%	160,00%
Ertragslage	UR	7,28%	9,41%	11,00%	5,00%
	CF-1-ROI	11,75%	12,36%	13,35%	15,00%
	CF-2-ROI	12,49%	13,24%	15,64%	15,00%
	PAQ	34,33%	33,09%	31,87%	26,00%
	N-Wert	3,53	2,66	4,41	

Abbildung 73: Kennzahlenübersicht des Musterunternehmens

Legende			
KBD1	Kapitalbindungsdauer 1	FINK1	Finanzkraft 1
KBD2	Kapitalbindungsdauer 2	FINK2	Finanzkraft 2
KB	Kapitalbindung	AD	Anlagendeckung
FKQ	Fremdkapitalquote	UR	Umsatzrentabilität
FKS	Fremdkapitalstruktur	CF1-ROI	Cash Flow 1 Return-on-Investment
EKQ1	Eigenkapitalquote 1	CF2-ROI	Cash Flow 2 Return-on-Investment
EKQ2	Eigenkapitalquote 2	PAQ	Personalaufwandsquote

Abbildung 74: Legende der 14 Kennzahlen des BBR (vgl. auch Abbildung 73)

Im folgenden wird analysiert, aus welchen Gründen der N-Wert von 1993 auf 1994 so deutlich gesunken ist.

Der N-Wert hat sich von 1993 auf 1994 um 0,87 Punkte verschlechtert. Betrachtet man die Kennzahlenentwicklung (siehe Abb. 73 und 75), so ist ersichtlich, daß die Kennzahlen der Vermögens- und Finanzlage, bis auf die Fremdkapitalstruktur FKS, aufgrund ihrer Veränderung diese negative Entwicklung verursacht haben. Die Kennzahlen der Ertragslage haben sich dagegen durchgängig verbessert und wirken somit der Verschlechterung des N-Wertes entgegen, wie in Abb. 75 verdeutlicht.

Lage	Informationsbereich	Steigerung der Kennzahl hat positiven Einfluß auf die Lage			Steigerung der Kennzahl hat negativen Einfluß auf die Lage		
		Kennzahl	Kennzahlenänderung	Wirkung auf N-Wert	Kennzahl	Kennzahlenänderung	Wirkung auf N-Wert
Vermögenslage	Kapitalbindungsdauer				KBD1	↑	–
					KBD2	↑	–
	Kapitalbindung				KB	↑	–
	Verschuldung				FKQ	↑	–
					FKS	↓	+
Finanzlage	Kapitalstruktur	EKQ1	↓	–			
		EKQ2	↓	–			
	Finanzkraft	FINK1	↓	–			
		FINK2	↓	–			
	Deckungsstruktur	AD	↓	–			
Ertragslage	Rentabilität	UR	↑	+			
		CF1–ROI	↑	+			
		CF2–ROI	↑	+			
	Aufwandsstruktur				PAQ	↓	+

Abbildung 75: Richtung der Kennzahlenänderungen des Musterunternehmens von 1993 auf 1994 und ihre jeweilige Wirkung auf den N-Wert

In Abb. 76 *(siehe S. 208)* ist die *individuelle Sensitivitätsanalyse* für das Musterunternehmen von 1993 auf 1994 als Grafik abgebildet. Die individuelle Sensitivitätsanalyse gibt an, wie stark der Einfluß der Änderung jeder einzelnen Kennzahl auf die N-Wert-Veränderung des Musterunternehmens von 1993 auf 1994 in Prozent war.[56] Der Einfluß der Änderung der einzelnen Informationsbereiche auf die N-Wert-Änderung ist in Abb. 77 *(siehe S. 208)* dargestellt. Hierzu sind die relativen Wirkungen der Kennzahlenänderungen eines jeden Informationsbereichs addiert worden. In Abb. 78 *(siehe S. 209)* sind die Einflüsse der Informationsbereiche entsprechend ihrer Zugehörigkeit zur Vermögens-, Finanz- und Ertragslage zusammengefaßt. Die Änderung der Vermögenslage hat mit circa 123% den größten Einfluß auf die negative Entwicklung des N-Wertes. Betrachtet man die Einflüsse der einzelnen Informationsbereiche, so hat die Veränderung der Kapitalstruktur mit ihren Kennzahlen EKQ1 und EKQ2 den größten Einfluß auf die Veränderung (–57,43%), gefolgt von der

---
56 Vgl. zur Ermittlung dieser Werte Baetge (1998a) S. 601 f.; vgl. auch Abschnitt C.III.

Beiträge zur N-Wert-Änderung

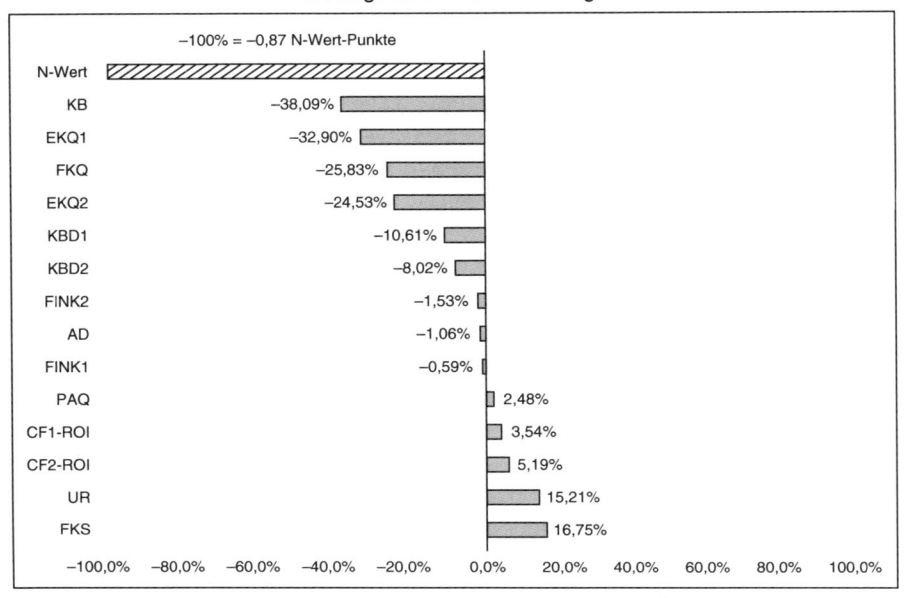

N-Wert	−100% = −0,87 N-Wert-Punkte
KB	−38,09%
EKQ1	−32,90%
FKQ	−25,83%
EKQ2	−24,53%
KBD1	−10,61%
KBD2	−8,02%
FINK2	−1,53%
AD	−1,06%
FINK1	−0,59%
PAQ	2,48%
CF1-ROI	3,54%
CF2-ROI	5,19%
UR	15,21%
FKS	16,75%

Abbildung 76: Individuelle Sensitivitätsanalyse der N-Wert-Änderung des Musterunternehmens von 1993 auf 1994

Beiträge zur N-Wert-Änderung

N-Wert	−100% = −0,87 N-Wert-Punkte
Kapitalstruktur	−57,43%
Kapitalbindung	−38,09%
Kapitalbindungsdauer	−18,63%
Verschuldung	−9,08%
Finanzkraft	−2,12%
Deckungsstruktur	−1,06%
Aufwandsstruktur	2,48%
Rentabilität	23,94%

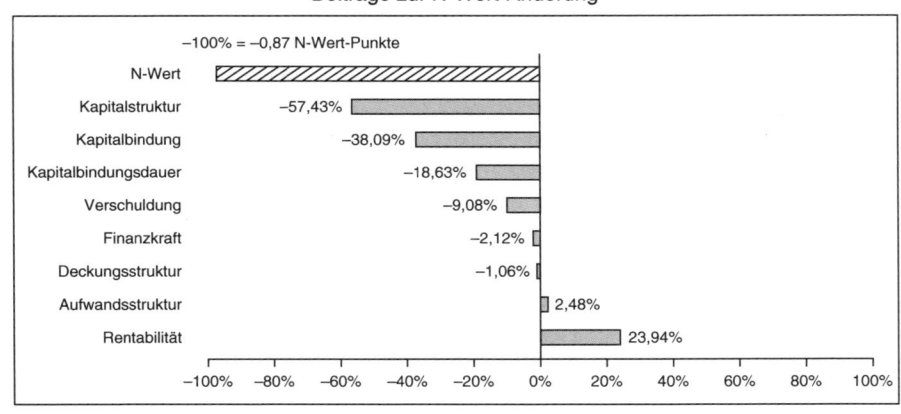

Abbildung 77: Einfluß der Änderungen in den Informationsbereichen auf die N-Wert-Änderung des Musterunternehmens von 1993 auf 1994

Analyse des Musterunternehmens mit dem BBR

Beiträge zur N-Wert-Änderung

Vermögenslage	-123,23%
Finanzlage	-3,18%
Ertragslage	26,42%

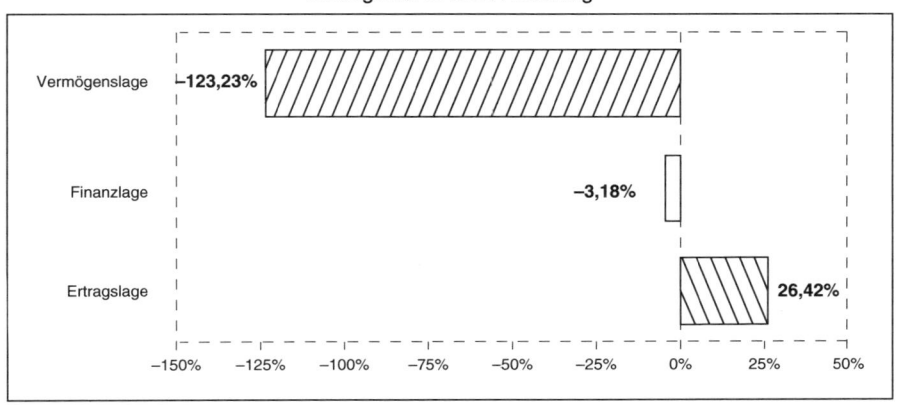

-150% -125% -100% -75% -50% -25% 0% 25% 50%

Abbildung 78: Einfluß der Änderungen der Vermögens-, Finanz- und Ertragslage (VFE-Lage) auf die N-Wert-Änderung von 1993 auf 1994

Kapitalbindung (–38,09%) und von der Kapitalbindungsdauer mit den Kennzahlen KBD1 und KBD2 (–18,63%).

Um die Veränderungen der Informationsbereiche erklären zu können, sind die entsprechenden Kennzahlen anhand ihrer Zähler und Nenner bis auf die einzelnen Bilanz- und GuV-Positionen zu analysieren.

Die *Änderung der Kapitalstruktur* hat einen Einfluß von circa 57% auf die Verschlechterung des N-Wertes. Die Gründe für diese Entwicklung sind in Abb. 79 *(siehe S. 210)* in Form einer Fragenpyramide für den Informationsbereich Kapitalstruktur dargestellt. Zur folgenden fragengeleiteten Bilanzanalyse ist der im Anhang wiedergegebene Jahresabschluß heranzuziehen:

Die Änderung der Eigenkapitalquote EKQ1 hat einen negativen Einfluß von 32,90% (vgl. Abb. 76). Der Wert der EKQ1 hat sich um über 12%-Punkte von 1993 auf 1994 verschlechtert. Grund hierfür ist zum einen die Reduzierung des wirtschaftlichen Eigenkapitals um 76 Mio. DM und zum anderen der Anstieg der Bilanzsumme um 956 Mio. DM. Auf der Aktivseite der Bilanz sind die immateriellen Vermögensgegenstände gestiegen, außerdem haben sich die im Nenner zu berücksichtigenden Beteiligungen und die Forderungen aus Lieferungen und Leistungen deutlich erhöht. Auf der Passivseite sind die sonstigen Darlehen und Anleihen, die Verbindlichkeiten gegenüber Kreditinstituten und die sonstigen Verbindlichkeiten und damit die Bilanzsumme im Nenner der EKQ1 erheblich angewachsen. Der Anstieg der immateriellen Vermögensgegenstände wirkt sich indes nicht auf die EKQ1 aus, da die immateriellen Vermögensgegenstände sowohl im Zähler als auch im Nenner abgezogen werden (vgl. Abschnitt C.II). Die Reduzierung der flüssigen Mittel um 175 Mio. DM wirkt der Verschlechterung der EKQ1

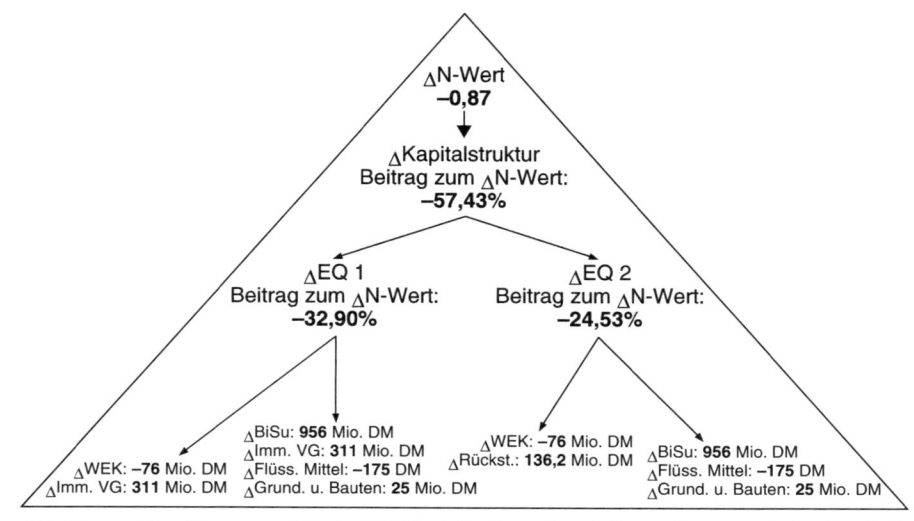

```
              ΔN-Wert
              −0,87
                │
                ▼
          ΔKapitalstruktur
          Beitrag zum ΔN-Wert:
              −57,43%

      ΔEQ 1                    ΔEQ 2
Beitrag zum ΔN-Wert:     Beitrag zum ΔN-Wert:
   −32,90%                   −24,53%
```

ΔBiSu: 956 Mio. DM
ΔImm. VG: 311 Mio. DM
ΔWEK: −76 Mio. DM   ΔFlüss. Mittel: −175 DM   ΔWEK: −76 Mio. DM   ΔBiSu: 956 Mio. DM
ΔImm. VG: 311 Mio. DM   ΔGrund. u. Bauten: 25 Mio. DM   ΔRückst.: 136,2 Mio. DM ΔFlüss. Mittel: −175 DM
                                                                                     ΔGrund. u. Bauten: 25 Mio. DM

Abbildung 79: Fragengeleitete N-Wert-Analyse im Informationsbereich „Kapitalstruktur"

entgegen, da diese im Nenner von der Bilanzsumme abgezogen werden. Der Wert der EKQ1 liegt mit 7,53% weit unter dem Vergleichswert des B+P-Portfolios, der im Durchschnitt 40% beträgt (vgl. Abb. 73, letzte Spalte).

Die Eigenkapitalquote EKQ2 ist um fast 12%-Punkte gesunken, dies trägt zu über 24% zu der N-Wert-Verschlechterung bei. Grund für die gesunkene EKQ2 ist auch hier die Abnahme des wirtschaftlichen Eigenkapitals und der Anstieg der Bilanzsumme. Die Summe der Rückstellungen ist um über 136 Mio. DM gestiegen. Diese Rückstellungsveränderung wirkt der Verschlechterung der EKQ2 etwas entgegen, da die Rückstellungen im Zähler der EKQ2 dem wirtschaftlichen Eigenkapital hinzuaddiert werden.

Die Änderung im *Informationsbereich Kapitalbindung* hat mit der Änderung der Kennzahl Kapitalbindung KB einen Einfluß von circa 38% auf die Verschlechterung des N-Wertes *(vgl. Abb. 76 und 80, S. 211).*

Die KB hat sich um über 11%-Punkte erhöht (vgl. Abb. 73). Der 94er Wert der KB liegt mit 41,37% weit über dem Vergleichswert des B+P-Portfolios in Höhe von durchschnittlich 30%. Das bedeutet, das Unternehmen hätte 1994 über 41% des Umsatzes zur Tilgung aller kurzfristigen Verbindlichkeiten aufbringen müssen. Die kurzfristigen Verbindlichkeiten gegenüber Kreditinstituten (+ 608 Mio. DM), aus Lieferungen und Leistungen (+ 70 Mio. DM) und die kurzfristigen sonstigen Verbindlichkeiten (+ 66 Mio. DM) sowie die Akzepte (+ 9,7 Mio. DM) sind zum Teil deutlich gestiegen. Dies führt zu der Verschlechterung der KB. Der Anstieg des Umsatzes um 350 Mio. DM wirkt zwar der Verschlechterung der KB entgegen, wird indes durch die Erhöhung der kurzfristigen Verbindlichkeiten überkompensiert.

Analyse des Musterunternehmens mit dem BBR

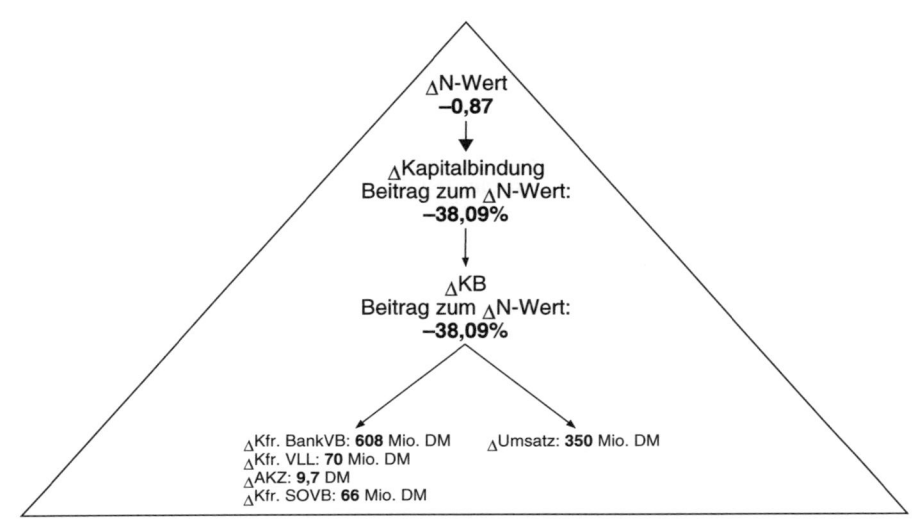

```
                    ΔN-Wert
                     –0,87
                       ↓
                  ΔKapitalbindung
                  Beitrag zum ΔN-Wert:
                     –38,09%
                       ↓
                      ΔKB
                  Beitrag zum ΔN-Wert:
                     –38,09%

    ΔKfr. BankVB: 608 Mio. DM        ΔUmsatz: 350 Mio. DM
    ΔKfr. VLL: 70 Mio. DM
    ΔAKZ: 9,7 DM
    ΔKfr. SOVB: 66 Mio. DM
```

Abbildung 80: Fragengeleitete N-Wert-Analyse im Informationsbereich „Kapitalbindung"

Auch der *Informationsbereich der Kapitalbindungsdauer* mit den Kennzahlen KBD1 und KBD2 hat sich verschlechtert *(vgl. Abb. 81, S. 212)*.

Beide Kapitalbindungsdauern haben sich jeweils um dreieinhalb Tage verschlechtert, liegen indes mit jeweils 30 Tagen nur 5 Tage über dem deutschen Median von 25 Tagen (vgl. Abb. 73). Grund für die Verschlechterung ist bei beiden Kennzahlen der Anstieg der Verbindlichkeiten aus Lieferungen und Leistungen sowie der Akzepte. Die Anstiege des Umsatzes bzw. der Gesamtleistung wirken zwar auch hier der Verschlechterung der Kennzahlen entgegen; doch reicht diese positive Entwicklung nicht aus, um den Vorjahresstand der Kapitalbindungsdauern zu halten.

Die Änderung des *Informationsbereiches Finanzkraft* hat mit 2,12% nur einen geringen Einfluß auf die N-Wert-Verschlechterung *(vgl. Abb. 82, S. 212)*.

Die Kennzahlen FINK1 und FINK2 sind geringfügig gesunken. Beide Werte liegen im Jahr 1995 bei etwas mehr als 50% des deutschen Durchschnitts (vgl. Abb. 73). Die Kennzahlen sind gesunken, obwohl sich der ertragswirtschaftliche Cash Flow um 153 Mio. DM verbessert hat. Der Anstieg des ertragswirtschaftlichen Cash Flows resultiert aus der Erhöhung des Umsatzes um 350 Mio. DM. Der Anstieg des Fremdkapitals um 1.033 Mio. DM bzw. des kurzfristigen und mittelfristigen Fremdkapitals um 771 Mio. DM begründet den Rückgang der beiden Finanzkraft-Kennzahlenwerte. Die erhaltenen Anzahlungen sind um 200 TDM gestiegen. Dies beeinflußt die Kennzahlen indes positiv, da das Fremdkapital im Nenner der Finanzkraft-Kennzahlen um die erhaltenen Anzahlungen gekürzt wird (vgl. Abschnitt C.II).

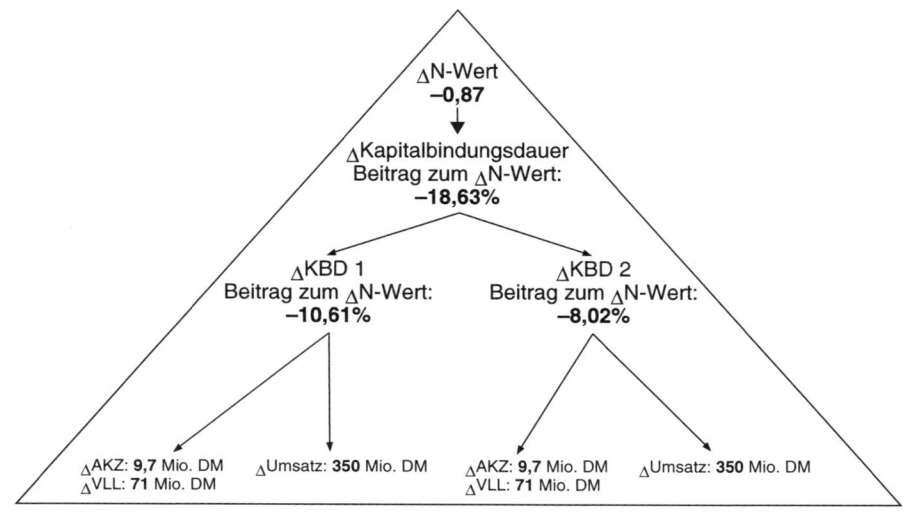

```
                    ΔN-Wert
                     –0,87
                       ↓
              ΔKapitalbindungsdauer
               Beitrag zum ΔN-Wert:
                    –18,63%
                  ↙         ↘
           ΔKBD 1              ΔKBD 2
    Beitrag zum ΔN-Wert:   Beitrag zum ΔN-Wert:
         –10,61%                –8,02%

  ΔAKZ: 9,7 Mio. DM   ΔUmsatz: 350 Mio. DM    ΔAKZ: 9,7 Mio. DM   ΔUmsatz: 350 Mio. DM
  ΔVLL: 71 Mio. DM                            ΔVLL: 71 Mio. DM
```

Abbildung 81: Fragengeleitete N-Wert-Analyse im Informationsbereich „Kapitalbindungsdauer"

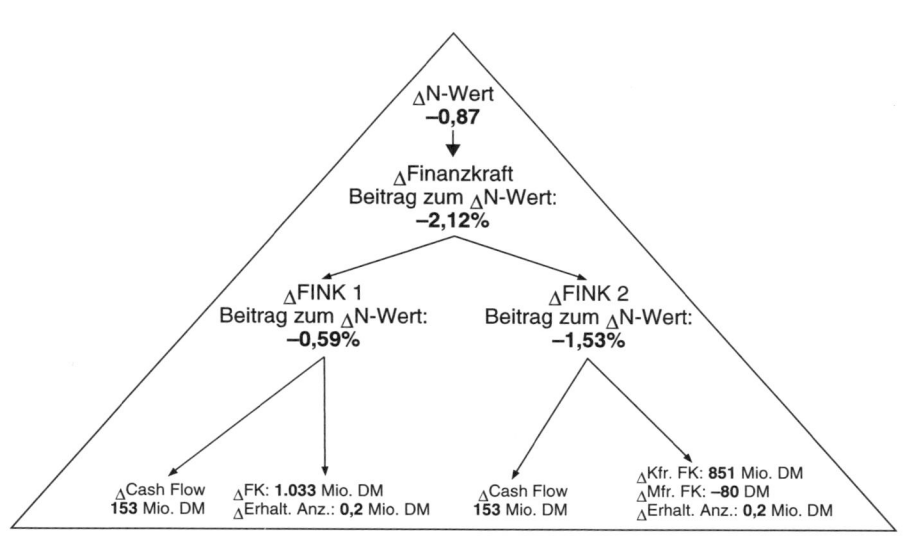

```
                    ΔN-Wert
                     –0,87
                       ↓
                 ΔFinanzkraft
               Beitrag zum ΔN-Wert:
                    –2,12%
                  ↙         ↘
           ΔFINK 1              ΔFINK 2
    Beitrag zum ΔN-Wert:   Beitrag zum ΔN-Wert:
          –0,59%                –1,53%

                                                                  ΔKfr. FK: 851 Mio. DM
  ΔCash Flow    ΔFK: 1.033 Mio. DM       ΔCash Flow              ΔMfr. FK: –80 DM
  153 Mio. DM   ΔErhalt. Anz.: 0,2 Mio. DM  153 Mio. DM           ΔErhalt. Anz.: 0,2 Mio. DM
```

Abbildung 82: Fragengeleitete N-Wert-Analyse im Informationsbereich „Finanzkraft"

Analyse des Musterunternehmens mit dem BBR

Die Cash-Flow-Kennzahlen CF1-ROI und CF2-ROI sowie die Umsatzrentabilität UR definieren den *Informationsbereich Rentabilität*. Alle drei Kennzahlen haben sich verbessert. Diese Anstiege beeinflussen den N-Wert positiv mit fast 24%. In Abb. 83 sind die Gründe für diese Entwicklung dargestellt.

Der CF1-ROI und der CF2-ROI sind beide jeweils um über 0,5%-Punkte gestiegen (vgl. Abb. 73). Grund für den Anstieg ist die Erhöhung des ertragswirtschaftlichen Cash Flows um 153 Mio. DM. Bei dem CF2-ROI werden im Zähler außerdem die Zuführungen zu den Pensionsrückstellungen dem ertragswirtschaftlichen Cash Flow hinzuaddiert. Die Zuführungen zu den Pensionsrückstellungen betragen 58,9 Mio. DM. Der starke Anstieg der Bilanzsumme um 956 Mio. DM wirkt indes der Verbesserung der beiden Cash-Flow-Kennzahlen aus dem Anstieg des Zählers entgegen. Die Umsatzrentabilität ist sogar um über 2%-Punkte angewachsen. Hierfür ist der Zuwachs des ordentlichen Betriebsergebnisses in Höhe von 146 Mio. DM verantwortlich. Der Anstieg des Umsatzes um 350 Mio. DM wirkt indes der positiven Entwicklung der UR entgegen. Die UR liegt mit 9,41% fast doppelt so hoch wie der Vergleichswert für das B+P-Portfolio in Höhe von 5% (vgl. Abb. 73).

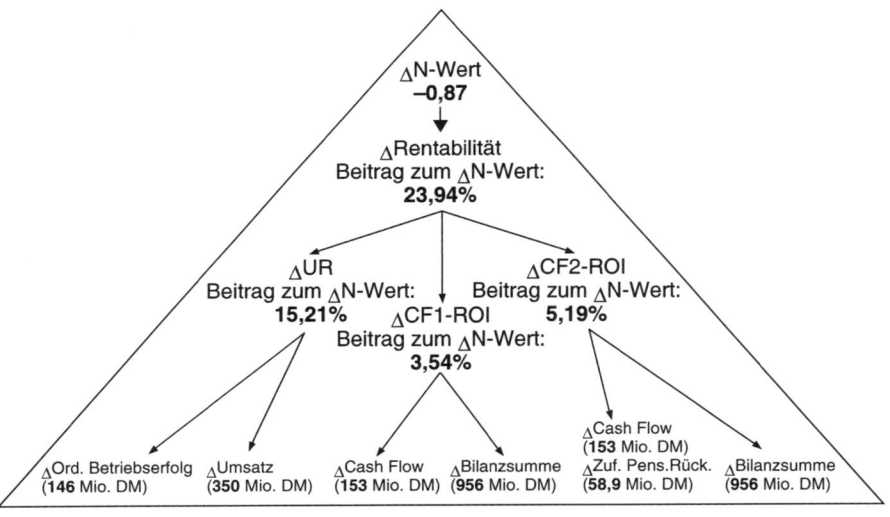

$\triangle$N-Wert
−0,87

$\triangle$Rentabilität
Beitrag zum $\triangle$N-Wert:
23,94%

$\triangle$UR
Beitrag zum $\triangle$N-Wert:
15,21%

$\triangle$CF1-ROI
Beitrag zum $\triangle$N-Wert:
3,54%

$\triangle$CF2-ROI
Beitrag zum $\triangle$N-Wert:
5,19%

$\triangle$Ord. Betriebserfolg (**146** Mio. DM)
$\triangle$Umsatz (**350** Mio. DM)
$\triangle$Cash Flow (**153** Mio. DM)
$\triangle$Bilanzsumme (**956** Mio. DM)
$\triangle$Cash Flow (**153** Mio. DM)
$\triangle$Zuf. Pens.Rück. (**58,9** Mio. DM)
$\triangle$Bilanzsumme (**956** Mio. DM)

Abbildung 83: Fragengeleitete N-Wert-Analyse im Informationsbereich „Rentabilität"

Im Geschäftsjahr 1995 ist der N-Wert um 1,75 N-Wert-Punkte gestiegen. Die Änderung der Vermögenslage hat diesen starken Anstieg mit fast 70% beeinflußt. Hierfür waren die Änderungen der Kennzahlen der Kapitalstruktur, nämlich die EKQ1 und die EKQ2 mit 65% besonders stark verantwortlich. Die EKQ1 ist um über 34% angestiegen und liegt mit fast

42% etwas über dem Vergleichswert des B+P-Portfolios in Höhe von 40% (vgl. Abb. 73). Grund für den Anstieg ist die Erhöhung des wirtschaftlichen Eigenkapitals um 1090 Mio. DM. Die flüssigen Mittel, die um über 800 Mio. DM stiegen, werden im Nenner von der Bilanzsumme abgezogen. Die Bilanzsumme selber ist um 935 Mio. DM gestiegen. Somit wirkt die deutliche Erhöhung der Bilanzsumme nicht so stark gegen die positive Entwicklung der EKQ1.

Die Eigenkapitalquote EKQ2 ist um fast 25%-Punkte gestiegen. Mit 76,60% liegt die EKQ2 deutlich über dem deutschen Durchschnittswert von 60% (vgl. Abb. 73). Der Anstieg der EKQ2 ist wie bei der EKQ1 zu begründen. Zudem ist die Summe der Rückstellungen, die im Zähler dem wirtschaftlichen Eigenkapital hinzuaddiert wird, um 237 Mio. DM gewachsen. Dies wirkt sich ebenfalls positiv auf die EKQ2 aus.

E. Zusammenfassung

Jeder Bilanzanalytiker steht vor der Aufgabe, die zur Unternehmensbeurteilung relevanten Kennzahlen auszuwählen, diese zu gewichten und zu einem Gesamturteil zusammenzufassen. Mit Hilfe der Künstlichen Neuronalen Netzanalyse kann diese Aufgabe unter Beachtung des Neutralisierungsprinzips, des Ganzheitlichkeitsprinzips und des Objektivierungsprinzips gelöst werden, da Künstliche Neuronale Netze in der Lage sind, anhand einer sehr großen Zahl von Jahresabschlüssen die typischen Unterschiede in den Mustern von solventen und später insolventen Unternehmen zu erkennen und so aus einem großen Kennzahlenkatalog jene Kennzahlenkombination herauszufinden, mit der möglichst viele Unternehmen richtig beurteilt werden.

Ein fertig entwickeltes Netz kann in seiner Anwendungsphase, in der es nicht mehr verändert wird, auch Unternehmen beurteilen, die ihm nicht zur Entwicklung zur Verfügung standen, da es in der Lage ist, zu generalisieren. Wie gut ein Netz fremde Unternehmen klassifizieren kann, kann nur objektiv bestimmt werden, wenn die Klassifikationsleistung des Netzes an einer großen Datenmenge geprüft wird, an der das Netz nicht entwickelt wurde. Ein sinnvolles Maß zur Bestimmung der Klassifikationsgüte ist die Fehlerfläche, da sie unabhängig von einem bestimmten Trennwert ist.

Dem BBR liegt ein Künstliches Neuronales Netz mit 14 Kennzahlen, das BP-14, zugrunde. Die hohe Klassifikationsgüte dieses Netzes ist vor allem auf seine breite Entwicklungsgrundlage und seine die Bilanzpolitik neutralisierenden Kennzahlen zurückzuführen. Hier zeigt sich, daß auch mit

Zusammenfassung

Künstlichen Neuronalen Netzen nur gute Ergebnisse zu erzielen sind, wenn die Datenbasis einen entsprechenden Umfang und eine entsprechende Qualität aufweist.

Die black box Künstliches Neuronales Netz wird im BBR mit der globalen und der individuellen Sensitivitätsanalyse geöffnet. Die Ergebnisse des BBR lassen sich damit nachvollziehbar und strukturiert interpretieren, wie am Beispiel der Analyse des Musterunternehmens gezeigt wurde.

F. Anhang

Bilanz

AKTIVA *(Angaben in Mio. DEM)*

Konto	Bezeichnung	1992	1993	1994	1995	1996
KTO1001	Ausstehende Einlagen	0,00	0,00	0,00	0,00	0,00
KTO1002	Aufw. f. Ingangsetzung u. Erweiterung	0,00	0,00	0,00	0,00	0,00
1. Anlagevermögen						
KTO1101	Konzessionen, Rechte, Lizenzen	60,80	90,80	167,60	259,10	368,20
KTO1102	Geschäfts- oder Firmenwert	506,90	666,00	903,60	106,50	847,80
KTO1103	Geleistete Anzahlungen auf imm. VG	2,90	7,70	4,10	2,40	6,00
KTO1104	Grundstücke und Bauten	835,00	910,10	935,40	1.071,80	1.160,20
KTO1105	Technische Anlagen und Maschinen	525,10	571,70	595,60	936,20	1.112,50
KTO1106	Andere Anlagen, BGA	224,00	240,10	248,70	389,80	417,60
KTO1107	Anzahlungen und Anlagen im Bau	221,80	216,10	261,80	252,00	185,90
KTO1108	Anteile an verbundenen Unternehmen	359,20	60,50	402,20	43,00	253,60
KTO1109	Ausleihungen an verbundene Unternehmen	0,70	0,70	4,20	3,20	5,60
KTO1110	Beteiligungen	137,20	66,70	162,70	273,50	327,20
KTO1111	Ausleihungen an Beteiligungen	3,80	5,20	3,50	192,70	3,60
KTO1112	Wertpapiere des Anlagevermögens	2,40	2,60	3,50	6,70	36,10
KTO1113	Sonstige Ausleihungen	34,40	38,70	36,80	38,90	46,50
KTO1114	Vermietete Vermögensgegenstände	0,00	0,00	0,00	0,00	0,00
	Summe Anlagevermögen:	**2.914,20**	**2.876,90**	**3.729,70**	**3.575,80**	**4.770,80**
2. Umlaufvermögen						
2.1. Vorräte						
KTO1201	Roh-, Hilfs- und Betriebsstoffe	250,90	245,70	257,90	349,80	410,50
KTO1202	Unfertige Erzeugnisse/Leistungen	0,00	0,00	0,00	0,00	0,00
KTO1203	Fertige Erzeugnisse und Waren	864,80	946,10	992,20	1.052,50	1.129,90
KTO1204	Geleistete Anzahlungen	12,30	7,20	11,60	9,40	6,70
KTO1205	Nicht abgerechnete Arbeiten	0,00	0,00	0,00	0,00	0,00
KTO1206	Vermietete Erzeugnisse	0,00	0,00	0,00	0,00	0,00
	Summe Vorräte:	**1.128,00**	**1.199,00**	**1.261,70**	**1.411,70**	**1.547,10**
2.2. Forderungen						
KTO1301	Forderungen aus Lieferungen u. Leistungen	760,80	925,20	1.018,80	1.118,70	1.311,20
KTO1301a	– davon Restlaufzeit über 1 Jahr	2,90	2,00	3,90	0,00	9,70
KTO1302	Forderungen gegen verb. Unternehmen	9,10	9,30	96,60	10,20	8,80
KTO1302a	– davon Restlaufzeit über 1 Jahr	0,00	0,00	0,00	0,00	0,00
KTO1303	Forderungen gegen Beteiligungsuntern.	39,50	14,80	12,90	18,90	10,00
KTO1303a	– davon Restlaufzeit über 1 Jahr	0,00	0,00	0,10	0,00	0,00
KTO1304	Sonstige Vermögensgegenstände	201,80	227,60	260,90	335,60	411,30
KTO1304a	– davon Restlaufzeit über 1 Jahr	9,10	7,70	11,00	13,70	36,00
KTO1305	Wertpapiere des UV	98,60	95,10	30,30	5,70	40,80
KTO1306	Schecks, Kassenbestand, Guthaben bei KI	314,60	344,00	234,00	1.070,50	857,50
	Summe Umlaufvermögen:	**2.552,40**	**2.815,00**	**2.915,20**	**3.971,30**	**4.186,70**
2.3. Forderungen an Gesellschafter						
KTO1401	Forderungen an haftende Gesellschafter	0,00	0,00	0,00	0,00	0,00
KTO1402	Forderungen an nicht haftende Gesellschafter	0,00	0,00	0,00	0,00	0,00
2.4. Sonstige Aktiva						
KTO1501	Steuerabgrenzungsposten	0,00	0,00	0,00	30,30	39,00
KTO1502	RAP Disagio	0,00	0,00	0,00	0,00	0,00
KTO1503	RAP Sonstiges	21,50	29,60	32,60	37,40	59,50
	Summe RAP:	**21,50**	**29,60**	**32,60**	**67,70**	**98,50**
	Summe AKTIVA:	**5.488,10**	**5.721,50**	**6.677,50**	**7.614,80**	**9.056,00**

Anhang

Bilanz

Passiva *(Angaben in Mio. DEM)*

		1992	1993	1994	1995	1996
1. Haftendes Eigenkapital						
KTO3001	Gezeichnetes Kapital	425,00	450,00	500,00	500,00	860,00
KTO3002	Kapitalrücklage	0,00	0,00	0,00	−1.008,80	0,00
KTO3003	Gewinnrücklage	497,40	412,40	409,80	0,00	1.983,60
KTO3004	Ergebnisvortrag aus Vorjahr	0,00	0,00	0,00	0,00	0,00
KTO3005	Jahresergebnis/Bilanzergebnis	0,00	0,00	0,00	0,00	0,00
KTO3006	Ausschüttung/Entnahmen	0,00	0,00	0,00	14,40	0,00
KTO3007	Einlagen	0,00	0,00	0,00	2.944,00	0,00
KTO3008	Anteile Haftender Gesellschafter	87,50	119,80	154,70	0,00	0,00
KTO3009	Ausgl.Post. für Anteile and. Gesellschafter	496,80	500,90	342,00	47,60	39,50
KTO3010	Untersch. aus der Kapitalkonsolidierung	0,00	0,00	0,00	0,00	0,00
	Summe haftendes Eigenkapital:	**1.506,70**	**1.483,10**	**1.406,50**	**2.497,20**	**2.883,10**
2. Sonderposten						
KTO3101	Sonderposten	0,00	0,00	0,00	0,00	0,00
3. Rückstellungen						
KTO3201	Pensionsrückstellungen	989,40	1.032,00	1.090,90	1.265,10	1.334,90
KTO3202	Sonstige langfristige Rückstellungen	0,00	0,00	0,00	0,00	0,00
KTO3204	Steuerrückst./Rückst. für latente Steuern	61,30	39,10	52,30	68,70	144,90
KTO3205	Sonstige kurzfristige Rückstellungen	266,00	240,30	304,40	350,40	405,80
	Summe Rückstellungen:	**1.316,70**	**1.311,40**	**1.447,60**	**1.684,20**	**1.885,60**
4. Verbindlichkeiten						
KTO3301	Verb. nicht haftender Gesellschafter	0,00	0,00	0,00	0,00	0,00
KTO3301a	– davon Restlaufzeit bis 1 Jahr	0,00	0,00	0,00	0,00	0,00
KTO3302	Sonstige Darlehen/Anleihen	241,10	420,00	624,10	463,00	776,10
KTO3303	Verb. gegen KI gesamt	1.471,10	1.687,30	1.855,80	1.906,40	2.120,70
KTO3303a	– davon Restlaufzeit bis 1 Jahr	694,80	863,70	1.471,80	1.476,50	1.597,20
KTO3303b	– davon Restlaufzeit über 5 Jahre	16,50	14,60	12,20	11,50	6,70
KTO3304	Erhaltene Anzahlungen	4,10	5,30	5,50	8,30	6,70
KTO3305	Verb. aus Lieferungen und Leistungen	278,20	306,30	377,10	518,00	616,90
KTO3305a	– davon Restlaufzeit bis 1 Jahr	278,20	306,30	375,90	517,40	581,90
KTO3305b	– davon Restlaufzeit über 5 Jahre	0,00	0,00	0,00	0,60	0,00
KTO3306	Wechselverbindlichkeiten	69,80	86,50	96,20	0,00	0,00
KTO3307	Verb. gegen verbundene Untern. gesamt	27,40	28,50	31,30	42,40	45,10
KTO3307a	– davon Restlaufzeit bis 1 Jahr	27,40	28,50	31,30	42,40	45,10
KTO3307b	– davon Restlaufzeit über 5 Jahre	0,00	0,00	0,00	0,00	0,00
KTO3308	Verb. gegen Beteiligungsuntern. gesamt	22,10	13,00	9,40	8,70	10,10
KTO3308a	– davon Restlaufzeit bis 1 Jahr	22,10	13,00	9,40	8,70	10,10
KTO3308b	– davon Restlaufzeit über 5 Jahre	0,00	0,00	0,00	0,00	0,00
KTO3309	Sonstige Verbindlichkeiten gesamt	541,30	365,30	788,10	472,10	685,10
KTO3309a	– davon aus Steuern	90,00	125,50	144,90	111,50	122,20
KTO3309b	– davon im Rahmen der sozialen Sicherheit	25,00	25,60	28,80	26,00	0,00
KTO3309c	– davon Restlaufzeit bis 1 Jahr	505,60	331,50	397,50	448,00	488,60
KTO3309d	– davon Restlaufzeit über 5 Jahre	2,80	1,30	2,80	8,60	11,20
	Summe Verbindlichkeiten:	**2.655,10**	**2.912,20**	**3.787,50**	**3.418,90**	**4.260,70**
5. RAP passiv						
KTO3401	RAP passiv	9,60	14,80	35,90	14,50	26,60
	Summe PASSIVA:	**5.488,10**	**5.721,50**	**6.677,50**	**7.614,80**	**9.056,00**
KTO3203	Zuführung zu den Pensionsrückstellungen	104,30	42,60	58,90	174,20	69,80

GuV

GKV (Angaben in Mio. DEM)		*1992*	*1993*	*1994*	*1995*	*1996*
KTO7001	Umsatzerlöse	4.963,00	5.309,40	5.659,70	6.268,60	6.952,60
KTO7002	GKV – Bestandsveränderungen	0,20	13,40	0,00	0,00	0,00
KTO7003	GKV – Andere aktivierte Eigenleistungen	36,00	29,80	0,00	0,00	0,00
KTO7100	**Gesamtleistung**	**4.999,20**	**5.352,60**	**0,00**	**0,00**	**0,00**
KTO7008	GKV – Materialaufwand	1.439,90	1.536,50	0,00	0,00	0,00
KTO7101	**Rohertrag**	**3.559,30**	**3.816,10**	**0,00**	**0,00**	**0,00**
KTO7102	Sonstige betriebliche Erträge korrigiert	192,70	220,60	248,00	415,70	322,70
KTO7009	GKV – Personalaufwand	1.733,00	1.837,40	0,00	0,00	0,00
KTO7103	Sonst. betriebl. Aufwendungen korrigiert	1.383,50	1.403,20	239,00	207,50	244,70
KTO7026	Sonstige Steuern	0,00	0,00	0,00	0,00	0,00
KTO7104	**Teilbetriebsergebnis**	**635,50**	**796,10**	**0,00**	**0,00**	**0,00**
KTO7010	GKV – planmäßige Abschreibungen	258,40	285,30	0,00	0,00	0,00
KTO7016	Erträge aus WP und Ausleihungen	1,50	4,60	1,70	8,20	1,50
KTO 7017	Zinserträge u. ähnl. Erträge	46,90	72,30	41,70	60,50	162,80
KTO7019	Zinsaufwendungen u. ähnl. Aufwendungen	158,20	201,40	241,20	290,20	263,40
KTO7105	**Betriebsergebnis BPA**	**267,30**	**386,30**	**532,40**	**689,80**	**741,00**
KTO7200	**Ertragswirtschaftlicher Cash Flow**	**525,70**	**671,60**	**824,60**	**1.015,30**	**1.133,60**
KTO7014	Erträge aus Gewinnabführung etc.	3,00	2,30	2,60	2,60	27,30
KTO7015	Erträge/Aufwendungen aus Beteiligungen	61,60	8,90	31,50	5,70	10,40
KTO7018	Abschreibungen auf Fin.Anl. u. WP des UV	0,00	0,00	0,00	0,00	0,00
KTO7020	Aufwendungen aus Verlustübernahme	0,20	0,20	0,30	5,70	0,00
KTO7106	**Sonstiges Finanzergebnis**	**64,40**	**11,00**	**33,80**	**2,60**	**37,70**
KTO7007a	Erträge aus Auflösung Rückst./Wertb.	0,00	0,00	0,00	0,00	0,00
KTO7007b	Erträge aus Anlagenabgang	0,00	0,00	0,00	0,00	0,00
KTO7007c	Zuschreibungen	0,00	0,00	0,00	0,00	0,00
KTO7007d	Erträge aus Auflösung Sonderposten	0,00	0,00	0,00	0,00	0,00
KTO7007e	Sonstige aperiodische Erträge	0,00	0,00	0,00	0,00	0,00
KTO7011	GKV – außerplanm. Abschreibungen auf AV	0,00	0,00	0,00	0,00	0,00
KTO7012	GKV – unübl. Abschreib. auf VG des UV	0,00	0,00	0,00	0,00	0,00
KTO7013a	Verluste aus Anlagenabgang	0,00	0,00	0,00	0,00	0,00
KTO7013b	Einstellung in Sonderposten	0,00	0,00	0,00	0,00	0,00
KTO7013c	Sonstige aperiodische Aufwendungen	0,00	0,00	0,00	25,70	0,00
KTO7023	Außerordentliche Erträge	0,00	0,00	0,00	0,00	0,00
KTO7024	Außerordentliche Aufwendungen	0,00	0,00	0,00	105,40	0,00
KTO7107	**Außerordentliches Ergebnis**	**0,00**	**0,00**	**0,00**	**−131,10**	**0,00**
KTO7108	**Unternehmensergebnis**	**331,70**	**397,30**	**566,20**	**561,30**	**778,70**
KTO7025	Steuern vom Einkommen und Ertrag	198,60	224,60	248,40	192,80	276,60
KTO7109	**Jahresüberschuß/-fehlbetrag**	**133,10**	**172,70**	**317,80**	**368,50**	**502,10**
KTO7027	Ertr. aus Verl.übern./Aufw. aus Gew.abf.	−128,60	−156,20	−60,60	−13,80	−15,90
KTO7028	Gewinn-/Verlustvortrag aus Vorjahr	0,00	0,00	0,00	0,00	0,00
KTO7029	Entnahmen/Einstellung Rücklagen	−4,50	−16,50	0,00	0,00	0,00
	Bilanzgewinn/-verlust:	**0,00**	**0,00**	**257,20**	**354,70**	**486,20**

Anhang

GuV

UKV *(Angaben in Mio. DEM)*

Konto	Bezeichnung	1992	1993	1994	1995	1996
KTO7001	Umsatzerlöse	4.963,00	5.309,40	5.659,70	6.268,60	6.952,60
KTO7004	UKV – Herstellungskosten	0,00	0,00	2.321,90	2.629,50	2.955.00
KTO7005	UKV – Vertriebskosten	0,00	0,00	1.541,80	1.821,90	1.994,40
KTO7006	UKV – Allgemeine Verwaltungskosten	0,00	0,00	534,10	549,60	582,10
KTO70065	UKV – Forschungskosten	0,00	0,00	540,70	564,50	659,00
KTO7102	Sonstige betriebl. Erträge korrigiert	192,70	220,60	248,00	415,70	322,70
KTO7103	Sonst. betriebl. Aufwendungen korrigiert	1.383,50	1.403,20	239,00	207,50	244,70
KTO7026	Sonstige Steuern	0,00	0,00	0,00	0,00	0,00
KTO7016	Erträge aus WP und Ausleihungen	1,50	4,60	1,70	8,20	1,50
KTO7017	Zinserträge u. ähnl. Erträge	46,90	72,30	41,70	60,50	162,80
KTO7019	Zinsaufwendungen u. ähnl. Aufwendungen	158,20	201,40	241,20	290,20	263,40
KTO7105	**Betriebsergebnis BPA**	**267,30**	**386,30**	**532,40**	**689,80**	**741,00**
KTO7200	**Ertragswirtschaftlicher Cash Flow**	**525,70**	**671,60**	**824,60**	**1.015,30**	**1.133,60**
KTO7014	Erträge aus Gewinnabführung etc.	3,00	2,30	2,60	2,60	27,90
KTO7015	Erträge/Aufwendungen aus Beteiligungen	61,60	8,90	31,50	5,70	10,40
KTO7018	Abschreibungen auf Fin.Anl. u. WP des UV	0,00	0,00	0,00	0,00	0,00
KTO7020	Aufwendungen aus Verlustübernahme	0,20	0,20	0,30	5,70	0,00
KTO7106	**Sonstiges Finanzergebnis**	**64,40**	**11,00**	**33,80**	**2,60**	**37,70**
KTO7007a	Erträge aus Auflösung Rückst./Wertb.	0,00	0,00	0,00	0,00	0,00
KTO7007b	Erträge aus Anlagenabgang	0,00	0,00	0,00	0,00	0,00
KTO7007c	Zuschreibungen	0,00	0,00	0,00	0,00	0,00
KTO7007d	Erträge aus Auflösung Sonderposten	0,00	0,00	0,00	0,00	0,00
KTO7007e	Sonstige aperiodische Erträge	0,00	0,00	0,00	0,00	0,00
KTO7011	GKV – außerplanm. Abschreibungen auf AV	0,00	0,00	0,00	0,00	0,00
KTO7012	GKV – unübl. Abschreib. auf VG des UV	0,00	0,00	0,00	0,00	0,00
KTO7013a	Verluste aus Anlagenabgang	0,00	0,00	0,00	0,00	0,00
KTO7013b	Einstellung in Sonderposten	0,00	0,00	0,00	0,00	0,00
KTO7013c	Sonstige aperiodische Aufwendungen	0,00	0,00	0,00	25,70	0,00
KTO7023	Außerordentliche Erträge	0,00	0,00	0,00	0,00	0,00
KTO7024	Außerordentliche Aufwendungen	0,00	0,00	0,00	105,40	0,00
KTO7107	**Außerordentliches Ergebnis**	**0,00**	**0,00**	**0,00**	**−131,10**	**0,00**
KTO7108	**Unternehmensergebnis**	**331,70**	**397,30**	**566,20**	**561,30**	**778,70**
KTO7025	Steuern vom Einkommen und Ertrag	198,60	224,60	248,40	192,80	276,60
KTO7109	**Jahresüberschuß/-fehlbetrag**	**133,10**	**172,70**	**317,80**	**368,50**	**502,10**
KTO7027	Ertr. aus Verl.übern./Aufw. aus Gew.abf.	−128,60	−156,20	−60,60	−13,80	−15,90
KTO7028	Gewinn-/Verlustvortrag aus Vorjahr	0,00	0,00	0,00	0,00	0,00
KTO7029	Entnahmen/Einstellung Rücklagen	−4,50	−16,50	0,00	0,00	0,00
	Bilanzgewinn/-verlust:	**0,00**	**0,00**	**257,20**	**354,70**	**486,20**
KTO7030	UKV – Materialaufwand	0,00	0,00	0,00	0,00	0,00
KTO7031	UKV – Personalaufwand	0,00	0,00	1.872,90	1.997,80	2.159,70
KTO7032	UKV – planmäßige Abschreibungen	0,00	0,00	0,00	0,00	0,00
KTO7033	UKV – Bestandsveränderungen					

Anlagengitter/Haftung

(Angaben in Mio. DEM)		1992	1993	1994	1995	1996
	Anlagengitter (ImmVG u. SAV)					
KTO5001	Anfangsbestand (Berichtsjahr/AHK)	3.596,60	4.853,90	5.414,00	6.020,10	5.539,50
KTO5002	Zugänge (Berichtsjahr/AHK)	1.391,40	702,90	809,60	1.268,40	1.465,60
KTO5003	Abgänge (Berichtsjahr/AHK)	100,60	147,20	203,50	1.480,60	203,10
KTO5004	Zuschreibungen (Berichtsjahr/AHK)	0,00	0,00	0,50	430,30	0,00
KTO5005	Abschreibungen (kum. Jahresende)	2.510,90	2.707,10	2.903,30	2.521,70	2.845,00
KTO5006	Abschreibungen (Berichtsjahr)	249,30	278,00	292,30	325,50	392,60
	Haftungsverhältnisse					
KTO6001	Wechselobligo	42,30	12,80	13,10	15,30	2,70
KTO6002	Sonst. Haftungsverhältnisse	6,20	11,20	23,40	9,30	15,00
KTO6003	Leasingverpflichtungen	0,00	0,00	0,00	107,60	111,00
KTO6004	Sonstige finanz. Verpflichtungen	304,10	292,90	339,80	162,00	181,90
KTO6005	Nicht passivierte Pensionsverpfl.	0,00	37,10	24,50	0,00	0,00
	Sonstige Angaben					
KTO6006	Vorgesehene Dividende	0,00	0,00	0,00	14,40	0,00
KTO6007	Arbeitnehmer (durchschnittlich)	25.999,00	26.482,00	26.043,00	27.459,00	28.215,00

3.5 Krisendiagnose mit wissensbasierten Systemen

Sören Salomo/Klaus Kögel

A. Expertensysteme in der Krisendiagnose

Verfahren zur Krisendiagnose oder Krisenprognose stützen sich im allgemeinen auf Jahresabschlußdaten der zu bewertenden Unternehmen.[1] Empirisch ermittelte Krisenprognosefunktionen erlauben durch Verknüpfung erfolgs- und finanzwirtschaftlicher Kennzahlen eine Beurteilung der einzelnen Unternehmen in bezug auf ihre zukünftige Krisenanfälligkeit. Weder die Diskriminanzanalyse noch die in neueren Verfahren eingesetzten Neuronalen Netze oder logistischen Regressionen erreichen jedoch eine Prognosegüte von wesentlich mehr als 80% richtig vorhergesagter Unternehmensentwicklungen.[2] Dies dürfte nicht zuletzt daran liegen, daß nicht alle Krisenursachen in der Bilanz abgebildet sind und daß Krisen oft mit Manipulationen der Bilanz einhergehen. Neben den Daten aus Jahresabschlüssen wird daher die Betrachtung von sogenannten *„qualitativen" Informationen* zur Krisendiagnose empfohlen.[3] Zusätzlich zu der methodischen und inhaltlichen Kritik[4] an der Eignung der Bilanzanalyse wird weiterhin bemängelt, daß finanzwirtschaftliche Kennzahlen in der Unternehmensanalyse die *Mehrdimensionalität von vermuteten Ursache-/Wirkungszusammenhängen*[5] nicht ausreichend berücksichtigen,[6] so daß die Integration „qualitativer" Daten geboten erscheint.[7] Versteht man die Unternehmenskrise zudem *dynamisch*, d.h. als einen Prozeß zunehmender Einschränkung der Handlungsspielräume der Entscheidungsträger,[8] so wird die Bedeutung der qualitativen Daten zur Krisendiagnose und -pro-

---

1 Vgl. zu einer Übersicht der verwendeten Verfahren Pfeifer (1989).
2 Vgl. Rehkugler/Poddig (1992a), Baetge/Krause/Mertens (1994), Kerling/Poddig (1994), Peel, M. J./Peel, D. A. (1988), Peel, M. J./Peel, D. A./Pope (1986), Wallin/Sundgren (1995), Leker/Schewe (1998), Leker (1993) S. 103 ff.
3 Vgl. Uthoff (1997) S. 8, Bühler (1982) S. 81, Schmoll (1983) S. 94 f., Tichy (1983) S. 245 ff., George (1991) S. 6, Schmoll (1992) S. 995, Fell (1994) S. 198.
4 Vgl. zur grundsätzlichen Kritik an der jahresabschlußgestützten Krisenprognose Schneider (1985) sowie Gemünden im Abschnitt 3.2 dieser Schrift.
5 Vgl. Hauschildt (1971) S. 341.
6 Vgl. Baetge (1980) S. 652 f.
7 Kaplan/Norton (1992) S. 37.
8 Vgl. Leker (1993) S. 14 ff., insbesondere S. 28.

gnose deutlich. Die latente Krise[9] mag sich noch nicht in erfolgswirksamen Jahresabschlußkennzahlen niederschlagen, ihre eigentliche Ursache ist jedoch bereits in einem Management zu finden, das nicht in der Lage ist, auf veränderte Umweltbedingungen adäquat zu reagieren.[10] Eine Krisenprognose, die entsprechende qualitative Daten einbezieht, soll eine fundiertere und vor allem frühzeitigere Diagnose der Unternehmenssituation ermöglichen.

Nachdem die technischen Voraussetzungen im Hard- und Softwarebereich zur Verfügung standen, fanden sogenannte *wissensbasierte Systeme oder Expertensysteme* in den 70er und 80er Jahren zunehmende Beachtung in Wissenschaft und Praxis. Man glaubte, damit ein System zu besitzen, das geeignet war, umfangreiche Informationen zu verarbeiten, und versprach sich die Lösung einer Vielzahl betriebswirtschaftlicher Probleme.[11] Die Diffusion dieser Systeme in die Praxis wurde jedoch durch die ihnen eigene Komplexität und problematische Handhabbarkeit stark behindert. Zunächst wurden wissensbasierte Expertensysteme nur in einigen spezifischen Fällen von der Praxis aufgegriffen. Aber diese Lösungen setzen sich bei der Bonitätsanalyse im Firmenkundengeschäft der Geschäftsbanken zunehmend durch.[12]

Expertensysteme können sowohl quantitative als auch qualitative Daten zur *Bonitätsanalyse* verarbeiten.[13] Der Bank wird damit eine differenziertere Bewertung der Firmenkunden ermöglicht.[14] Die Bonitätsanalyse zur Unterstützung der Kreditentscheidung ist dabei ebenso eine prospektive, das heißt eine auf die zukünftige Lage des Debitoren-Unternehmens ausgerichtete Analyse, wie die *Krisendiagnose und -prognose.* Sie greift auf die gleichen Daten zurück, die auch für den Krisenfall relevant sind. Krisendiagnose kann also letztlich als Bonitätsanalyse verstanden werden, mit dem Ziel, Unternehmen mit deutlichen Bonitätsdefiziten und in diesem Sinne großer Krisenauffälligkeit zu identifizieren.

---

9 Vgl. Hauschildt im Teil 1 dieser Schrift.
10 Vgl. Argenti (1976) S. 14.
11 Vgl. Schwabe/Dolinsky/Krcmar (1993) S. 215–227, Büttner et al. (1988) S. 229 ff., Schumann/Wittmann/Mertens (1986).
12 Vgl. Schwarze/Rosenhagen (1993) S. 307 f., Guggisberg (1988) S. 142 ff., Deutsche Bundesbank, Monatsbericht 1/99, S. 56. Auch in inhaltlich ähnlichen Bereichen wird der Einsatz von Expertensystemen empfohlen. Vgl. z. B. Brandstädter (1993) zu Expertensystemen für die Prüfung der Sanierungsfähigkeit.
13 Vgl. zu diesen und weiteren Vorteilen von Expertensystemen Nolte-Hellwig/Leins/Krakel (1991) S. 100 f. sowie Schwarze/Rosenhagen (1993) S. 293.
14 Vgl. Nolte-Hellwig/Leins/Krakel (1991) S. 94 f.

Wir stellen im folgenden das Konzept eines wissensbasierten Expertensystems vor, das eine Integration von quantitativen und qualitativen Daten zur Bonitätsbeurteilung von Unternehmen ermöglicht. Dabei werden zunächst grundlegende Elemente und allgemeine Ziele von wissensbasierten Systemen erläutert, um dann ein in der Praxis verwendetes System zur Bonitätsbeurteilung mit seinen wesentlichen Komponenten vorzustellen. Aus den Erfahrungen in der Anwendung des Systems können zusätzlich Rückschlüsse auf die Verwendbarkeit von qualitativen Daten in der Krisendiagnose gezogen werden.

Mit wissensbasierten Expertensystemen zur Bonitätsanalyse verfolgt man im allgemeinen die Sammlung, Aufbereitung und Bewertung von bonitätsrelevanten Sachverhalten. Das Wissen von mehreren Experten[15] auf spezifischen Gebieten soll ständig und unabhängig von diesen Experten verfügbar gemacht werden. Damit wird die Verfolgung anderer Ziele der Bank nicht ausgeschlossen.[16]

Die *Entwicklung* eines solchen wissensbasierten Expertensystems vollzieht sich im wesentlichen *in zwei Schritten:* Zunächst gilt es, die *Wissensbasis* (ontologische Komponente) zu erfassen, um diese in einem zweiten Schritt durch ein sogenanntes *Steuerungssystem*[17] zu ergänzen. Letzteres ermöglicht mittels des Inferenzmechanismus[18] die Lösung des Problems (nomologische Komponente) und regelt den Dialog mit den Anwendern.[19] Verschiedene *Methoden zur Ermittlung der Wissensbasis* werden in der Literatur diskutiert. So wird eine theoriegestützte, empirisch fundierte Vorgehensweise zur Informationssammlung im Sinne einer quasi iterativen „zweiseitigen Annäherung" von Theorie und Praxis empfohlen.[20] Das im folgenden vorgestellte System CODEX[21] ist dementsprechend auf einer systematischen Auswertung der betriebswirtschaftlichen Literatur zur Un-

---

15 Vgl. Salomo (1999) S. 174 sowie Hauschildt (1990) S. 526, der mögliche Fehler bei der Ermittlung der Wissensbasis umfassend diskutiert.
16 Vgl. Hauschildt (1977) S. 200, Süchting (1993) S. 9.
17 Vgl. Bagus (1992) S. 31.
18 Vgl. Milling (1989) S. 385 f.
19 Zusätzlich werden die Erklärungskomponente zur Erläuterung der Lösungsfindung und die Wissenserwerbskomponente zur nachräglichen Aktualisierung der Wissensbasis unter dem Steuerungssystem subsumiert. Vgl. Schmitz/Lenz (1986) S. 502 ff.
20 Vgl. Hauschildt (1990) S. 527 sowie Bagus (1992) S. 56 ff., der zwischen „indirekten" und „direkten" Methoden der Wissensaquisition unterscheidet.
21 **CO**mmerzbank **D**ebitoren **EX**pertensystem.

ternehmensanalyse aufgebaut.[22] Diese Wissensbasis wurde zusätzlich durch die Einbeziehung von Kreditexperten ergänzt und konkretisiert. Theoretisch formulierte Zusammenhänge sowie die Erfahrungen von Wissensträgern der Bank wurden genutzt, um das Steuerungssystem zu entwickeln. Die einzelnen Informationsbereiche der Bonitätsanalyse werden dabei über komplexe Aggregationsmechanismen zu einer *Bonitätsnote* verdichtet. Die folgenden Ausführungen geben einen Überblick über Ziele, Aufbau und Bewertungsvorgänge dieses wissensbasierten Systems.

B. Bonitätsanalyse durch CODEX

I. Informationsbasis des Systems

Mit Einführung des wissensbasierten Systems CODEX zur Bonitätsanalyse im mittelständischen Firmenkundenkreditgeschäft der Commerzbank sollen im wesentlichen folgende *Ziele* erreicht werden:

– Die *Effektivität der Bonitätsanalyse* im Firmenkundengeschäft soll erhöht werden. Durch die einheitliche Behandlung der Daten wird die subjektive Bewertung der Unternehmensinformationen standardisiert. Die Datengrundlage zur Bewertung der Unternehmen wird vereinheitlicht und damit die Entscheidungsgrundlage verbessert. Die Bonitätsbeurteilung orientiert sich unabhängig von Anwender und Unternehmen an identischen Maßstäben.

– Das in der Bank vorhandene Expertenwissen wird gesammelt und gespeichert. Das System steht im Dienste des bankinternen „Knowledge-Management". Jeder Mitarbeiter hat dadurch die Möglichkeit, auf eine sehr breite Wissensbasis zurückzugreifen. Zusätzlich werden *relevante Informationen externer Datenanbieter* in das System einbezogen und dem Anwender in der Analyse zur Verfügung gestellt.

– Das System dient als *Ausbildungsinstrument* zur Mitarbeiterschulung.

– Das Analysergebnis dient der Ermittlung von objektivierten Maßen zur risikoorientierten *Kreditkalkulation* bzw. Preisgestaltung (Standardrisikokosten).

– Die in CODEX gesammelte breite Datenmenge läßt sich sowohl auf unternehmensindividueller Ebene als auch auf aggregierter Ebene im Rahmen der *Portfoliosteuerung* verwenden: Individuelle Stärken- und

---

22 Vgl. Leins (1993) S. 56 ff., der exemplarisch die umfangreiche theoretische Wissensbasis strukturiert und mit Erkenntnissen von Kreditexperten aus der Praxis kombiniert.

Schwächenanalysen lassen sich im Kreditgespräch nutzen. Zudem bieten sich Ansatzpunkte für die Akquisition im Neu- oder Zusatzgeschäft. CODEX ist ein Beurteilungssystem, das quantitative und qualitative Eigenschaften von Unternehmen in einer *Beurteilungsstruktur* zusammenfügt und zu einem *Gesamtergebnis* aggregiert. Zwei wesentliche Analysebereiche stehen dabei im Vordergrund: In der Finanz-, Erfolgs- und Liquiditätsanalyse werden *Informationen aus dem Jahresabschluß* sowie der aktuellen, *unterjährigen Erfolgslage* des Unternehmens analysiert. Die sogenannte Potentialanalyse betrachtet *qualitative Informationen* aus den Bereichen „Markt", „Führung" und „Produktion". Aus der Zusammenfassung der Bewertung dieser Analysebereiche sowie einer Kombination aus Branchen- und gegebenenfalls Konzernbewertung ermittelt das System eine Gesamtbonitätsnote *(siehe S. 226)*.

Die *Jahresabschlußanalyse* gliedert sich in die „statische" und „dynamische" Analyse, in die Anhangsanalyse sowie in die aktuelle Erfolgsbewertung aus vorläufigen oder unterjährigen Zahlen. Zur statischen Analyse werden aus Bilanz und GuV ausgesuchte Kennzahlen der drei Analysebereiche Finanzlage, Liquiditätslage und Ertragslage gebildet und anhand durchschnittlicher Kennzahlenwerte einer Gruppe von Referenzunternehmen automatisch bewertet. Liegen mindestens drei Jahresabschlüsse vor, erfolgt eine sogenannte „dynamische" Analyse. Sie beurteilt die Entwicklung der statischen Einzelbewertungen in kurzer wie auch in langer Frist unter Berücksichtigung der Volatilität sowie der Referenzwertentwicklung.

Da die standardisierte Bewertung nicht alle unternehmensspezifischen Besonderheiten abdecken kann, ermöglicht CODEX den Anwendern, *automatisch* ermittelte Bewertungen innerhalb bestimmter Bandbreiten *manuell* zu ändern. Jede Änderung muß jedoch zwingend *schriftlich begründet* werden, um jederzeitigen Nachvollzug zu gewährleisten.

In der Anhangsanalyse wird in einem interaktiven Dialogverfahren nach Bilanzierungs- und Bewertungsmethoden gefragt. Das System klassifiziert die *Bilanzpolitik* aus diesen Angaben in eine „konservative", „indifferente" oder „progressive" Bilanzpolitik.[23]

Neben der rein *vergangenheitsorientierten Bilanzanalyse* erfordert die vollständige Analyse der finanziellen Situation eines Unternehmens zusätzlich eine gegenwartsorientierte Beurteilung der *aktuellen Erfolgslage.* Dazu werden die vorläufigen bzw. unterjährigen Zahlen zur Ertragslage dialogge-

---

23 Die Begriffe „konservative" und „progressive" Bilanzpolitik wurden von Küting im Rahmen des „Saarbrücker Modells" eingeführt. Vgl. Küting/Weber (1997a) S. 400 sowie insbesondere S. 407–409.

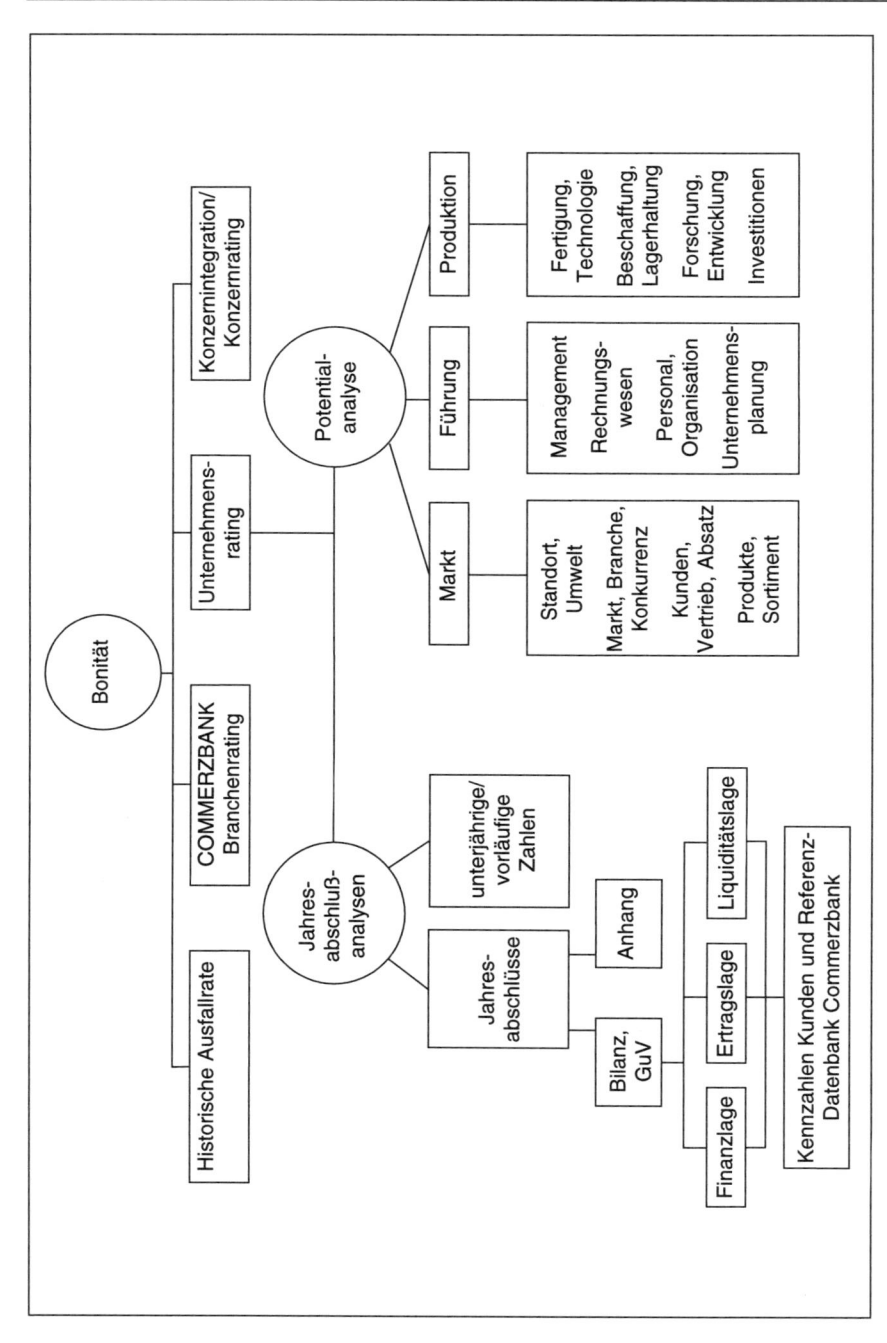

Abbildung 84: Untersuchungsbereiche in CODEX

Bonitätsanalyse durch CODEX

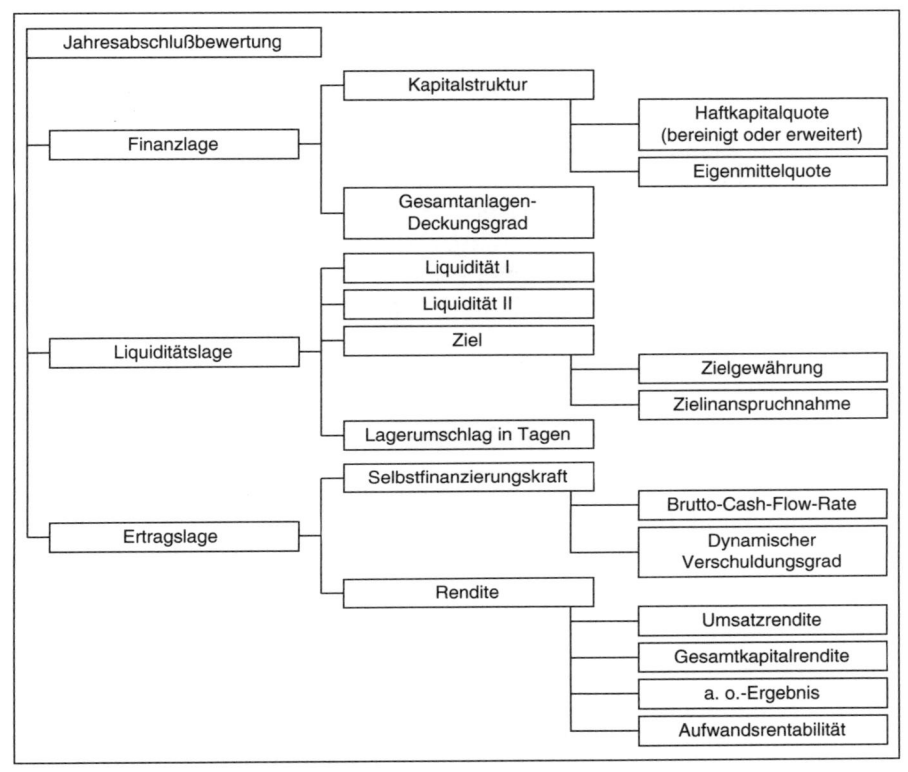

```
Jahresabschlußbewertung
├── Finanzlage
│   ├── Kapitalstruktur
│   │   ├── Haftkapitalquote (bereinigt oder erweitert)
│   │   └── Eigenmittelquote
│   └── Gesamtanlagen-Deckungsgrad
├── Liquiditätslage
│   ├── Liquidität I
│   ├── Liquidität II
│   ├── Ziel
│   │   ├── Zielgewährung
│   │   └── Zielinanspruchnahme
│   └── Lagerumschlag in Tagen
└── Ertragslage
    ├── Selbstfinanzierungskraft
    │   ├── Brutto-Cash-Flow-Rate
    │   └── Dynamischer Verschuldungsgrad
    └── Rendite
        ├── Umsatzrendite
        ├── Gesamtkapitalrendite
        ├── a. o.-Ergebnis
        └── Aufwandsrentabilität
```

Abbildung 85: Analysebaum Jahresabschlußanalyse

steuert erfaßt. Jeder erfaßte Kundenwert wird plausibilisiert, indem aus dem letzten vorliegenden Jahresabschluß ein Systemwert fortgeschrieben wird. Im Sinne einer *konservativen, risikoaversen Beurteilung* geht in der Regel der jeweils schwächere der beiden Werte in die Beurteilung ein.[24]

Neben der Jahresabschlußanalyse, die auf der vergangenheitsbezogenen Jahresabschlußbewertung basiert, ist die *eher zukunftsorientierte Analyse der qualitativen Unternehmenspotentiale* zentraler Bestandteil der Bonitätsanalyse in CODEX. Die Potentialanalyse umfaßt einen Katalog von bis zu 205 Eigenschaftsbeschreibungen, die die wesentlichen, für den Erfolg oder Mißerfolg eines Unternehmens verantwortlichen Komponenten enthalten. Jeder einzelne Indikator wird von CODEX systematisch fallspezifisch und risikoabhängig selektiert. Welcher Indikator zur Beurteilung aus-

---

24 Auch in diesem Fall wird dem Anwender – bei schriftlicher Begründung – die Möglichkeit gegeben, den jeweils besseren Wert vorzuziehen.

gewählt wird, hängt unter anderem davon ab, welches Ergebnis in der Jahresabschlußanalyse ermittelt und welchem Wirtschaftsbereich[25] ein Unternehmen zugeordnet wird. *Grundsätzlich gilt, daß die Intensität der Analyse mit steigendem Bonitätsrisiko zunimmt.* Jeder Indikator beschreibt eine Eigenschaftsausprägung und wird dem Anwender als Frage-Antwort-Kombination vorgelegt. Das System unterscheidet dabei vier Varianten von Indikatoren, die (1) als „Pflichtfrage" zwingend beantwortet werden müssen, die (2) übersprungen werden können, die (3) automatisch zum Beispiel aus der Jahresabschlußanalyse abgeleitet werden und die (4) risikoabhängig konditioniert werden. Der Anwender kann den Indikatorkatalog jedoch erweitern, sofern er dies für notwendig erachtet. Die einzelnen Indikatoren werden in vier Untersuchungsbereiche zusammengefaßt, die wiederum zu den *drei Dimensionen „Marktpotential", „Führungspotential" und „Produktionspotential"* aggregiert werden.

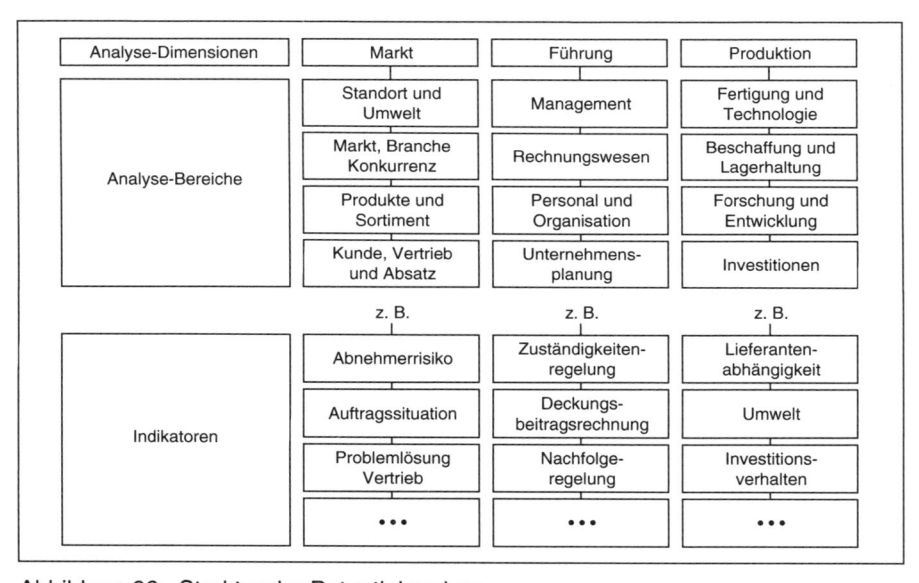

Analyse-Dimensionen	Markt	Führung	Produktion
Analyse-Bereiche	Standort und Umwelt	Management	Fertigung und Technologie
	Markt, Branche Konkurrenz	Rechnungswesen	Beschaffung und Lagerhaltung
	Produkte und Sortiment	Personal und Organisation	Forschung und Entwicklung
	Kunde, Vertrieb und Absatz	Unternehmensplanung	Investitionen
	z. B.	z. B.	z. B.
Indikatoren	Abnehmerrisiko	Zuständigkeitenregelung	Lieferantenabhängigkeit
	Auftragssituation	Deckungsbeitragsrechnung	Umwelt
	Problemlösung Vertrieb	Nachfolgeregelung	Investitionsverhalten
	...	...	...

Abbildung 86: Struktur der Potentialanalyse

Zusätzlich zu den beiden Analysebereichen Jahresabschluß und Unternehmenspotentiale berücksichtigt CODEX noch durch die Einbeziehung externer und interner Datenquellen das *Branchenumfeld des Unternehmens.*

---

25 CODEX unterscheidet die Wirtschaftsbereiche „Produktion", „kapitalintensive Dienstleister", „lohnintensive Dienstleister", „Groß-" und „Einzelhandel" sowie „Bauunternehmen".

Die Einschätzung der Branchensituation wird dabei zum einen durch ein *Branchenrating*[26] und zum anderen durch die „*historische Marktausfallrate*" operationalisiert. Letztere greift auf die Daten der Vereine Creditreform, Neuss, zur historischen Insolvenzhäufigkeit einzelner Branchen zurück.

Sofern ein zu beurteilendes Unternehmen einem Konzern angehört, wird der Umfang der Konzernintegration mittels interaktiv abgefragter Indikatoren[27] bestimmt. Je nach Höhe des Integrationsgrades ist die Gesamtbewertung des Konzerneinzelunternehmens stärker oder schwächer durch das *Konzernrating* beeinflußt. Bei 100%iger Integration entspricht die Einzelbonität vollständig der Konzernbeurteilung.

II. Informationsverarbeitung im System

Mit dem wissensbasierten System CODEX wird nicht nur die Datensammlung, sondern gerade die zielgerichtete *Datenauswertung bzw. -bewertung* beabsichtigt. Die Bewertungsmethodik soll im folgenden anhand eines Beispielfalls im Rahmen der Jahresabschlußanalyse und anhand eines Indikators der Potentialanalyse erläutert werden. Bewertet wird grundsätzlich auf einer ordinalen Notenskala mit sechs Noten entsprechend dem üblichen *Schulnotensystem.* Bewertungsergebnis ist letztlich *eine* Bonitätsnote, die auf höchstem Aggregationsniveau Auskunft über die Bonitätslage des jeweiligen Unternehmens in Relation zu einer Referenzgruppe gibt.

Die Jahresabschlußanalyse umfaßt *drei Bewertungsstufen*: (1) Bewertung auf Kennzahlenebene, (2) Zusammenführung der Kennzahlenbewertungen zu Bereichsnoten und (3) Gesamtnote Jahresabschluß. Die Bewertung auf Kennzahlenebene erfolgt in der Regel im Vergleich zu einer Referenzwertgruppe, wobei jedes Unternehmen in Abhängigkeit von Leistungsbereich, Rechtsform und Umsatzgrößenklasse einer spezifischen Referenzwertgruppe zugeordnet ist. Zur Ermittlung der Referenzwerte greift das System auf den Bestand der im Hause gesammelten Jahresabschlüsse zurück. Bei nicht ausreichend großer Referenzwertgruppe werden alternativ idealtypische Mindestanforderungen verwandt. Als Grundla-

---

26 Das Commerzbank Branchenrating liefert auf der Basis externer und interner Daten eine Einschätzung der Branche u. a. vor dem Hintergrund des Branchenwachstums, der Wettbewerbsfähigkeit, der Lohnkostenentwicklung, dem Spielraum für Preispolitik sowie der Saison- und Konjunkturabhängigkeit. Sowohl die vergangene als auch die prognostizierte Entwicklung geht dabei in die Bewertung ein.

27 Die Beurteilung der Konzernintegration richtet sich dabei nach den Kriterien: Rechtsfolgen / einheitliche Leitung / Liefer- und Leistungsbeziehungen / Finanzbeziehungen und Koordinationsabhängigkeiten.

ge der Benotung dienen für die einzelnen Wirtschaftsbereiche vorab definierte Bewertungstabellen. Diese bestimmen, welche Kennzahlenausprägungen als „schlecht" und welche als „gut" anzusehen sind. Insgesamt wird eine Einzelfallbewertung unter Berücksichtigung unterschiedlicher Notenniveaus der Referenzwertgruppe angestrebt. So muß beispielsweise die Beurteilung einer Haftkapitalquote von 20% berücksichtigen, ob die Referenzwerte sich in einer Bandbreite zwischen 45% und 5% oder zwischen 70% und 30% bewegen. Erhöht sich das Niveau der Referenzwerte, muß auch die Bewertung dem damit gestiegenen Anspruch angepaßt werden.

In unserem Beispielfall betrachten wir die Haftkapitalquote eines Produktionsunternehmens. Der empirisch ermittelte Referenzwert (RW) als Mittelwert der Haftkapitalquoten der Referenzwertgruppe soll in unserem Beispiel bei 24,2% liegen. Das zu bewertende Unternehmen besitzt eine Haftkapitalquote von 20,9% (Fallwert FW). Zunächst wird die zur Bewertung relevante Notentabelle für den Referenzwert ermittelt. Dies geschieht durch Interpolation des Referenzwertes in Relation zu vorab definierten „guten" und „schlechten" Werten unter Einflußnahme des externen Branchenratings. Damit ergibt sich für unser Beispiel folgende, auf den Referenzwert ausgerichtete Notentabelle.

Kennzahlenwert (in %)	Note
7,1	6,0
9,8	5,0
13,6	4,0
19,0	3,0
27,1	2,0
33,7	1,0
Fallwert = 20,9	2,8

Tabelle 10: Notentabelle – Referenzwert

Der Fallwert kann nun durch erneute Interpolation auf der Basis der Referenzwertnotentabelle bewertet werden. Im Beispielfall ergibt sich dabei eine Note von 2,8. In weiteren Schritten werden alle Kennzahlenbewertungen – unterschiedlich gewichtet[28] – zur Gesamtnote Finanzen aggregiert. Ergänzend zur automatischen Bewertung werden bei bestimmten

---

28 Diese Gewichtungen gehen auf die systematische Auswertung der Expertenbefragungen zurück.

Kennzahlenausprägungen zusätzliche Fragen an den Anwender generiert. Die zwingend erforderliche Beantwortung dieser Fragen zur Klärung der vom System festgestellten Ambivalenz hat wiederum Rückwirkungen auf die automatische Bewertung dieser Kennzahlenausprägung.

Die Gesamtnote zum Finanzbereich wird zusätzlich durch einen auf der Anhangsanalyse basierenden *Korrekturfaktor* modifiziert. Eine nicht beantwortete oder veraltete Bewertung der aktuellen Erfolgslage wird automatisch mit der Note 6 belegt und fließt entsprechend in die Gesamtnote ein.

Die Beurteilung der Unternehmenspotentiale vollzieht sich grundsätzlich nur auf der Ebene der einzelnen Indikatoren. Jeder Indikator ist mit individuellen Antwortmöglichkeiten versehen, die jeweils mit einer Benotung unterlegt sind. Ein Indikatorgewicht entscheidet über die Bedeutung dieses Indikators in Bezug auf die anderen Indikatoren. Die Gewichtung ist dabei zusätzlich von der Benotung abhängig: je kritischer ein Bereich bewertet wird, desto stärker der relative Einfluß dieses Indikators auf die aggregierte Note. Abb. 87 zeigt die Dialog-Oberfläche zur Beantwortung eines Kriteriums zum Marktpotential. Zu der Indikatorfrage werden dem Anwender vier Antwortmöglichkeiten zur Verfügung gestellt. Mit Auswahl einer der Antwortmöglichkeiten gibt der Anwender eine Bewertung des

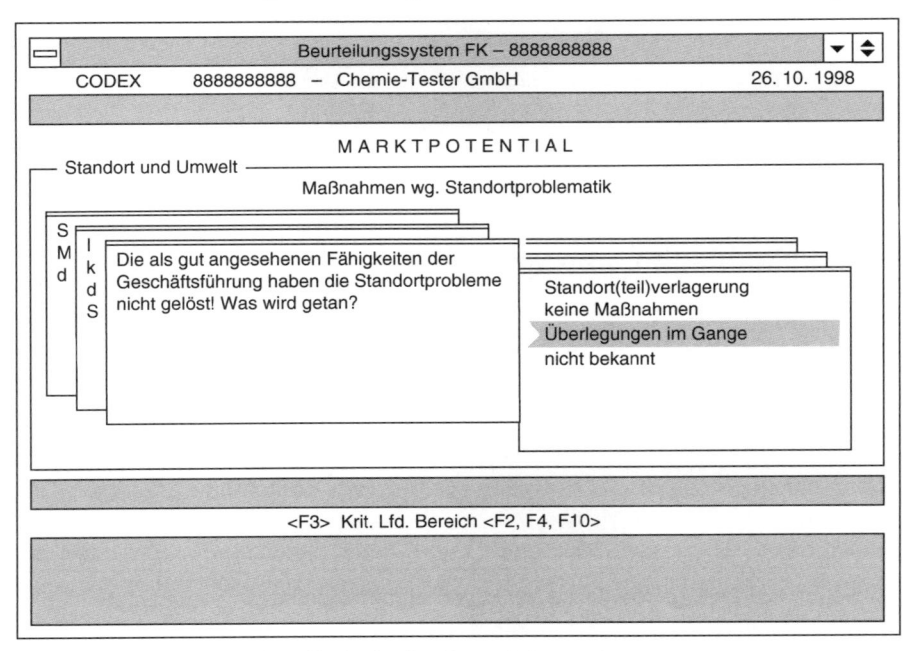

Abbildung 87: Dialog-Oberfläche in der Potentialbewertung

zugrunde liegenden Sachverhalts ab. Jedem Indikator ist ein Erklärungstext zugeordnet, aus dem der Anwender auf Wunsch vertiefende Informationen zum jeweiligen Sachverhalt erhalten kann.

Die gegebenen Antworten werden untereinander und tlw. in Abhängigkeit von der Jahresabschlußanalyse *plausibilisiert.* Der Anwender muß Unplausibilitäten korrigieren oder schriftlich begründen.[29] Neben der oben erläuterten bewertungsabhängigen Gewichtung werden zusätzlich Indikatorgruppen mit besonders kritischer Ausprägung zu sogenannten *„kritischen Gruppen"* zusammengefaßt und die aggregierte Bewertung entsprechend modifiziert. Die einzelnen Bewertungen der Indikatoren werden unterschiedlich gewichtet zu Bereichsnoten und weiter zur Potentialnote verdichtet.

Nach Abschluß der dialoggesteuerten Unternehmensbewertung erhält der Anwender eine entsprechend der Abb. 88 gestaltete *Information zur Gesamtbonität.*

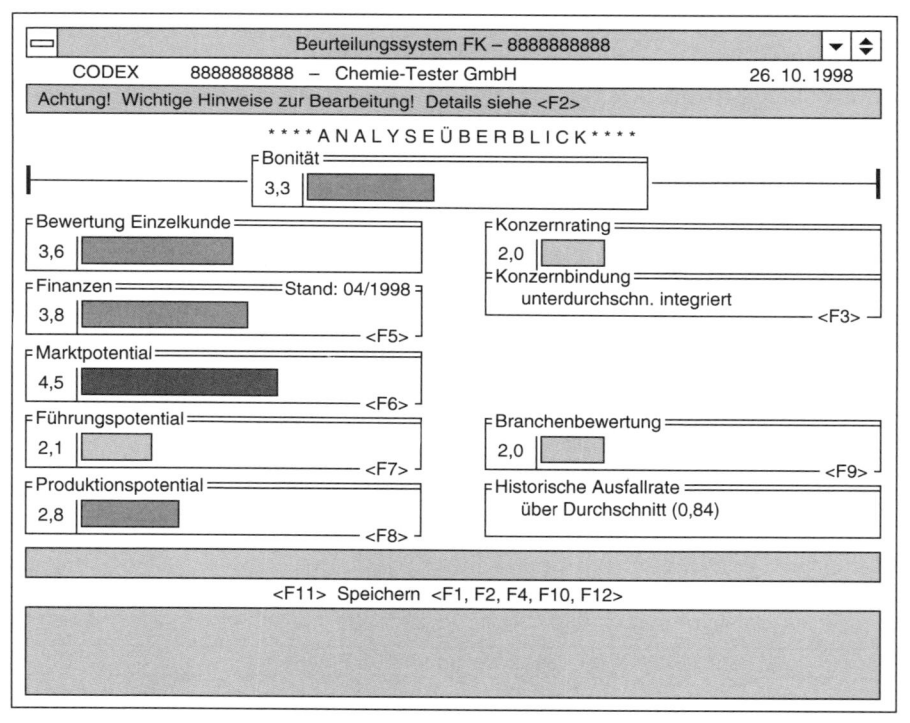

Abbildung 88: Dialog-Oberfläche zur Unternehmensbonität

---

29 Vgl. zur Auflösung einer Unplausibilität Abb. 87.

C. Empirische Überprüfung der Leistungsfähigkeit des Systems für die Krisendiagnose

Ausgehend von quantitativen und qualitativen Informationen wird die Bonitätssituation eines Unternehmens mit dem wissensbasierten System CODEX über einen komplexen Aggregationsmechanismus beurteilt. Jedes analysierbare Unternehmen wird auf einer ordinalen Sechs-Punkte-Skala von 1 = „sehr gut" bis 6 = „sehr schlecht" bewertet. In diesem Sinne liefert CODEX eine *Krisendiagnose*: ein Unternehmen mit einer Gesamtbonität von *schlechter als „4"* wird als Krisenunternehmen eingestuft. Versteht man die Bewertung von qualitativen Informationen als eine Aussage über die zukünftigen Entwicklungsmöglichkeiten oder Potentiale eines Unternehmens, gibt CODEX auch im Sinne einer *Krisenprognose* Auskunft über die zukünftigen Risiken des Unternehmens.

Die umfangreiche Datenbasis kann neben der „automatisierten" Bonitätsbewertung auch speziell zur Krisendiagnose und -prognose genutzt werden. Im Gegensatz zu bisherigen Ansätzen der Integration von qualitativen Daten,[30] die z. B. auf Daten von Kreditauskunfteien[31] oder auf Fragebogenerhebungen[32] zurückgreifen, stehen mit der Datenerfassung im Rahmen der automatisierten Bonitätsanalyse *Daten mit deutlich größerer inhaltlicher Breite und Aussagekraft* zur Verfügung. Dieser Datensatz ist dabei insbesondere gekennzeichnet durch:

– eine große Anzahl von Indikatoren, die alle Bereiche des Unternehmens detailliert beschreiben,
– eine Bewertung der qualitativen Bereiche auf einer ordinalen Skala,
– eine große Anzahl von Unternehmen, für die qualitative Daten vorliegen,
– bereits elektronisch gespeicherte und damit einer Auswertung gut zugängliche Daten.

Um einen ersten Eindruck von der Leistungsfähigkeit der Unternehmensbewertung anhand qualitativer Potentialindikatoren zu erhalten, wurde eine Stichprobe aus dem Gesamtbestand der Firmenkunden der COMMERZBANK AG gezogen. Zur Querschnittsanalyse standen ca.

---

30 Vgl. z. B. Fritz (1991), der 66 qualitative binäre Merkmale mittels eines Fragebogens an „Kreditbearbeiter" der Bayerischen Vereinsbank erhebt.
31 Vgl. Uthoff (1997), der 43 „qualitative" Merkmale in seine Analyse zur Insolvenzprognose einschließt sowie Anders/Szczesny (1998), die 6 qualitative Variablen mit Hilfe eines logistischen neuronalen Netzwerks analysieren.
32 Vgl. Fritz (1991).

1500 Unternehmen sowohl mit Jahresabschlußbewertungen wie auch mit den Indikatorausprägungen der qualitativen Bewertung zur Verfügung. Eine Bewertung qualitativer Bereiche von Unternehmen wird häufig unter dem Gesichtspunkt der mangelnden Vergleichbarkeit der einzelnen Bewertungen sowie der unkontrollierten Subjektivität der Bewertung kritisiert. Um die Validität der qualitativen Bewertung überprüfen zu können, bedürfte es eines extern vorgegebenen qualitativen Beurteilungsmaßes. Dieses liegt jedoch regelmäßig nicht vor. Dennoch kann die von CODEX vorgenommene qualitative Bewertung quasi im Sinne einer „internen" Validierung überprüft werden. Ein Vergleich der Bewertungen von quantitativen und qualitativen Ausprägungen der einzelnen Unternehmen ermöglicht – bei zweifellos vorhandener realer Interdependenz der beiden Analysebereiche – eine solche Abschätzung.

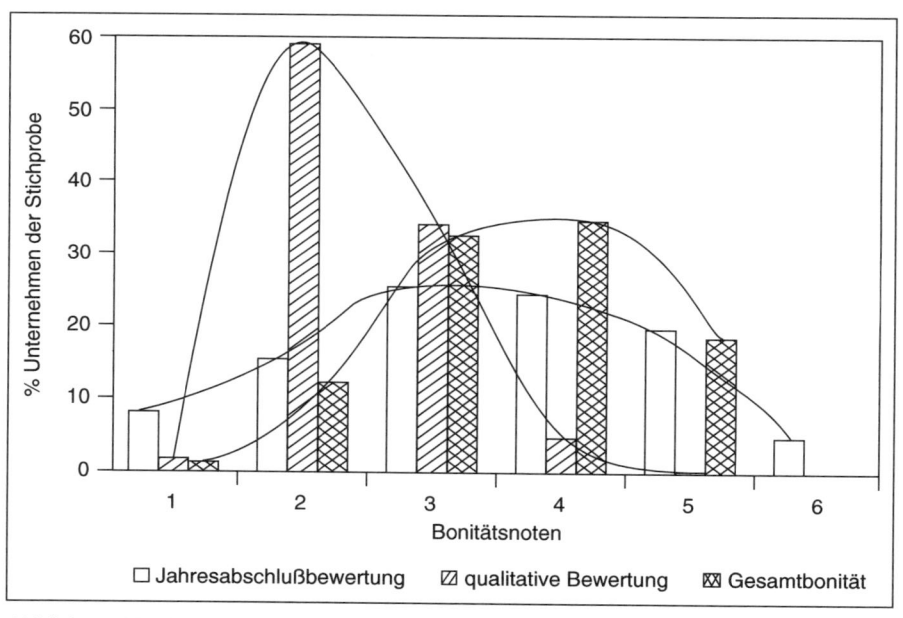

Abbildung 89: Bonitätsnoten der Stichprobenunternehmen

Abb. 89 zeigt die Verteilung der Bonitätsratings für den Jahresabschluß sowie für den qualitativen Bereich in einer aggregierten Bonitätsnote. Es zeigt sich ein *deutlicher Unterschied zwischen der quantitativen und qualitativen Bewertung*. Während über 93% der Unternehmen der Stichprobe im qualitativen Bereich mit der Note 2 oder 3 bewertet werden, sind die „Extrempositionen" in der quantitativen Bewertung deutlich stärker besetzt. Bei Aggregation der quantitativen und qualitativen Bewertung konvergieren die Bonitätsnoten für die Mehrzahl der Unternehmen zur Bewertungsmitte. Sämtliche Unternehmen mit extrem schlechter Jahresabschlußbewertung verbessern sich um eine Note in der Gesamtbonität.

Vergleicht man die Unternehmen mit unterschiedlicher Bewertung ihrer finanz- und erfolgswirtschaftlichen Situation in bezug auf die Einschätzung ihrer qualitativen Potentiale im Detail, so zeigt sich ein differenziertes Bild. *Unternehmen mit der schlechtesten Jahresabschlußbewertung werden auch in allen Potentialen im Mittel signifikant schlechter bewertet als Unternehmen mit besserer Jahresabschlußbewertung.*[33] Die qualitative Bewertung dieser finanz- und erfolgswirtschaftlich äußerst kritischen Unternehmen ist mit durchschnittlich 2,6 in den Bereichsnoten und 2,8 in den Dimensionsnoten dennoch deutlich besser als die in der Jahresabschlußbewertung erzielte Note „6". Für die im Jahresabschluß besonders positiv bewerteten Unternehmen gilt, daß die Bewertung ihrer Potentiale ebenfalls signifikant besser ist als die schlechter bewerteter Unternehmen. *Im Gegensatz zu den finanzwirtschaftlich kritischen Unternehmen ist bei den „guten" Unternehmen keine große Divergenz zwischen Jahresabschlußnote und Potentialbewertung festzustellen.*

Die Bewertung der finanz- und erfolgswirtschaftlichen Situation und der qualitativen Potentiale der Unternehmen verlaufen also *parallel, jedoch zum Teil auf unterschiedlichem Niveau.* Unternehmen, deren Jahresabschlüsse besonders gut bewertet werden, sind im Mittel auch qualitativ besser als andere Unternehmen. Zeigt sich ein äußerst kritisches Jahresabschlußbild, so wird das Unternehmen im Mittel auch im qualitativen Bereich schlechter eingeschätzt. Gleichwohl nivelliert die im Vergleich zur kritischen Jahresabschlußbewertung relativ gute Potentialbewertung die Gesamtbonitätsnote im kritischen Bonitätsbereich zugunsten einer entsprechend besseren Bewertung.

D. Beurteilung und weiterführende Aufgaben

Vor dem Hintergrund dieser Ergebnisse kann also festgehalten werden, daß die qualitative Bewertung von Unternehmen im Expertensystem CODEX durch das Jahresabschlußbild der Unternehmen in der Tendenz bestätigt wird. Generell werden Unternehmen im qualitativen Bereich jedoch vergleichsweise positiver beurteilt, so daß die Varianz dieser Daten relativ gering ist. Die zu beobachtende *Nivellierung der Gesamtbonitäts-*

---

33 Signifikante Mittelwert-Unterschiede auf dem $p < 0,05$ Niveau (t-Test).

einschätzung ist zugleich ein beunruhigender Hinweis auf ein unter Umständen einfließendes *Bewertungsinteresse* der Anwender des Expertensystems. Die Gesamtbonitätsnote ist die Entscheidungsgrundlage im Rahmen der Kreditvergabe. Zusätzlich determiniert sie den Kreditzins über ihren Einfluß auf die Ermittlung der Standardrisikokosten. Bewerter, die ausgehend von ihrer Zielvereinbarung ein starkes Interesse an zusätzlichem Kreditgeschäft haben, könnten versucht sein, über die „beeinflußbare" qualitative Bewertung die problematische Jahresabschlußlage in der Gesamtbonität zu nivellieren. Damit unterläge die qualitative Beurteilung der Unternehmen einem unkontrollierten positiven Bias.[34] Inwieweit die Bewertung der qualitativen Lage des Unternehmens sachgerecht und von ausreichender Objektivität ist, kann vor diesem Hintergrund nicht abschließend beurteilt werden. Dieser Problematik ist bei der Integration der qualitativen Daten in eine Krisenprognose Rechnung zu tragen. Mit CODEX steht in diesem Zusammenhang ein Instrument zur Verfügung, einen eventuell vorhandenen *Bewertungsbias offenzulegen* und in seinem Umfang abschätzbar zu machen.

Auch die *zeitliche Zuordnung* der qualitativen Daten bedarf einer genauen Analyse. Unternehmen werden spätestens bei Vorlage des neuen Jahresabschlusses in ihrer qualitativen Ausprägung im Rahmen von CODEX beurteilt. Der Jahresabschluß als Basis der Bonitätsbewertung liegt jedoch in der Regel frühestens 3 Monate nach Abschluß des Geschäftsjahres vor. Dieser Zeitraum zwischen Geschäftsjahresende und Vorlage des Abschlusses verlängert sich bei Krisenunternehmen üblicherweise sehr stark.[35] Die qualitative Bewertung findet also vor dem Hintergrund eines „veralteten" Jahresabschlusses unter Würdigung der aktuellen Situation statt. Zusätzlich ist der Bewerter angehalten, zukünftige Änderungen in die Beurteilung der Unternehmenslage einzubeziehen, wenn er sie denn kennt. Die qualitative Bonitätsbewertung erhält in diesem Sinne stärker eine prospektive Ausrichtung. Der Zeitraum der qualitativen Analyse ist also nicht deckungsgleich mit dem Geschäftsjahr des Unternehmens. Die qualitative Analyse betrachtet damit auch ein *anderes Zeitfenster* als die Jahresabschlußanalyse.

Ein Konzept zur Integration von qualitativen Daten in die Krisendiagnose und -prognose hat demnach die folgenden Probleme zu berücksichtigen:

---

34 Die Kreditpraxis versucht durch das „4-Augenprinzip" bei der Bonitätsbewertung, einen Ausgleich unterschiedlicher Interessenlagen von Neugeschäft und Risikobegrenzung zu erreichen.
35 Vgl. Ziegler (1984) S. 135.

- Qualitative Daten aus Einschätzungen im Rahmen von Expertensystemen zeichnen sich durch eine *geringe Varianz der Bewertungen* aus. „Extrembenotungen" insbesondere im „kritischen" Notenbereich sind äußerst selten oder fehlen völlig.
- Eine *subjektive Beeinflussung* der qualitativen Bewertung durch die Anwender des Expertensystems kann nicht ausgeschlossen werden.
- Die *zeitliche Zuordnung* der qualitativen Daten ist nicht eindeutig.

Die Identifizierung von Krisenunternehmen aufgrund der Verwendung von qualitativen Daten wird durch die beobachtete *geringe Varianz* und allgemein *positive Bewertungstendenz* erschwert. Es ist fraglich, ob allein die absoluten Bewertungsunterschiede zwischen unauffälligen und kritischen Unternehmen ausreichen, um frühzeitig eine Krise zu prognostizieren. Vielmehr ist zu vermuten, daß eine krisenhafte Entwicklung sich im wesentlichen in einer relativen Verschlechterung der qualitativen Bewertung abzeichnet. *Nicht die absolute Güte im Vergleich zu unauffälligen Unternehmen, sondern eher die relative Veränderung zu Vorjahren kann als Signal für eine kommende Krise gewertet werden.* Von besonderem Interesse sind dabei die Indikatoren, bei denen ein Bewerter entweder (1) einen nicht vom Unternehmen selbst direkt beeinflußbaren Sachverhalt beurteilt (z. B. „konjunkturelle Einflüsse auf die Absatzentwicklung") oder (2) einen Sachverhalt beurteilt, der objektiv feststellbar ist (z. B. „Einsatz von Absatzplänen", „Einsatz von Soll-, Ist- und Plankostenrechnung"). Bei diesen Indikatortypen ist die Wahrscheinlichkeit einer kritischen Einschätzung und damit größerer Varianz, selbst unter Berücksichtigung der vermuteten Bewertungsbeeinflussung, höher.[36]

Bevor die quantitativen und qualitativen Daten in eine Funktion zur Krisenprognose zusammengefaßt werden, ist schließlich zu überlegen, ob die Integration der beiden Datentypen nicht durch eine *„vorgeschaltete" Krisenprognose auf Basis der qualitativen Daten* ergänzt werden sollte. Unabhängig von der Analyse der Jahresabschlußdaten sollten negative Ver-

---

36 Die Analyse der Indikatorbewertungen der Stichprobe bestätigt diese Vermutung. Man kann dabei Indikatoren unterscheiden, die zum einen Sachverhalte bewerten, die durch das Unternehmen nicht (direkt) selbst beeinflußt werden können und die zum anderen Sachverhalte „aus der Mitte der Unternehmen" bewerten. Ein Vergleich der Häufigkeitsverteilung der beiden Indikatortypen im Gesamtbestand der Indikatoren mit der Verteilung in den Indikatoren, die relativ häufiger zu einer kritischen Bewertung genutzt werden, zeigt eine unterschiedliche Verteilung: Während nur ca. 18% der gesamten Indikatoren eher „externe"/"objektive" Einflüsse beurteilen, liegt der Anteil bei den „kritischen" Indikatoren mit 32% deutlich höher.

änderungen der qualitativen Indikatorbewertungen als frühzeitige Warnsignale für eine kritische Entwicklung des Unternehmens gewertet werden. Im Sinne einer frühzeitigen Handlungsempfehlung durch die Krisenprognose können bereits aus der isolierten Auswertung der qualitativen Daten erste Schritte zur verstärkten Überwachung und möglicher Problembeseitigung eingeleitet werden. Eine komplexere Krisenprognose und -diagnose im Sinne einer komplexen Funktion aus quantitativen und qualitativen Daten kann dann anschließend das erste Urteil überprüfen und vertiefen.

Bei gemeinsamer Berücksichtigung von quantitativen und qualitativen Indikatoren in der Krisenprognose ist den oben erläuterten Problembereichen Rechnung zu tragen. Die Erfahrung zeigt, daß entsprechend aufbereitete Jahresabschlußinformationen eine Unternehmenskrise in der Regel bereits drei Jahre vor ihrem Eintritt signalisieren. Qualitative Indikatoren sollten folglich ebenfalls aus diesem Zeitraum berücksichtigt werden. Um dem Problem der relativ geringen Varianz in der Bewertung zu entgehen, kann dies entweder über ein Differenzmaß oder mittels einer Dummy-Variable (0/1, keine/negative Veränderung der Indikatorbewertung) geschehen. Damit ergibt sich folgende idealtypische Funktion:

$$z = \alpha + \sum_{k=1}^{n} \beta_k \text{ Jahresabschlußkennzahl}_{k,t-3} + \sum_{i=1}^{m} \delta_i \text{ } \Delta \text{Indikator}_i$$

mit β Funktionskoeffizienten für Jahresabschlußkennzahlen
δ Funktionskoeffizienten für qualitative Indikatoren
Δ Indikator$_i$ *(qual.Indikator$_{i,t-4}$ − qual.Indikator$_{i,t-3}$)*
α Konstante.

Tabelle 11: Krisenprognosefunktion mit quantitativen und qualitativen Daten

Der empirisch ermittelte z-Wert diskriminiert zwischen unauffälligen Unternehmen und Krisenunternehmen auf der Basis der Jahresabschlußkennzahlen und der qualitativen Indikatorveränderungen. Die Interpretation der qualitativen Variablen hat jedoch zu berücksichtigen, daß vor dem Hintergrund der bisherigen Erfahrungen nicht auszuschließen ist, daß die qualitative Bewertung bei sich verschlechternder Jahresabschlußlage nicht unabhängig von der Jahresabschlußbewertung vorgenommen wird. Inwieweit in der Bewertungsänderung des qualitativen Bereichs von t_{-4} zu t_{-3} tatsächlich eine kritische Unternehmensentwicklung erkennbar wird, muß die empirische Überprüfung der Funktion ergeben.

E. Abschließende Bemerkungen

Die Krisendiagnose und -prognose beschränkte sich bisher weitgehend auf die Betrachtung von quantitativen Jahresabschlußzahlen. In den vorangegangenen Ausführungen haben wir Überlegungen zur ergänzenden Einbeziehung sogenannter qualitativer Informationen in die Krisendiagnose und -prognose angestellt.

Zur komplexen Bonitätsbewertung von Unternehmen wurde ein wissensbasiertes Expertensystem vorgestellt. Dieses bereits im praktischen Einsatz befindliche System erlaubt die Beurteilung von Unternehmen unter Einbeziehung sowohl quantitativer als auch qualitativer Daten mittels komplexer Bewertungsmechanismen. Im Sinne einer sorgfältigen individuellen Krisendiagnose[37] wird auf der Basis von Bonitätsnoten verschiedener Beurteilungsebenen eine Aussage über die Krisenlage eines Unternehmens möglich.

---

37 Vgl. Hauschildt im Abschnitt 3.1 dieser Schrift.

3.6 Krisendiagnose durch quantitatives Credit-Rating mit Fuzzy-Regeln

Stefan Blochwitz/Judith Eigermann

A. Ein Modell für die Unternehmensbeurteilung

I. Modellaufbau

Die Kreditwürdigkeitsprüfung in Banken dient traditionell der Diagnose potentieller Risiken des Kreditnehmers. Mit dem Krediturteil als Ergebnis dieses Prozesses wird eine Meinung darüber ausgedrückt, ob und zu welchem Maße ein Unternehmen in der Lage ist, seinen finanziellen Verpflichtungen nachzukommen. Wird eine Meinung auf einer bestimmten Skala abgetragen und in Form einer Zensur oder Note ausgedrückt, so bezeichnet man dies allgemein als ein *Rating,* bezieht sich diese Meinung auf die Bonität eines Unternehmens, so spricht man von einem Credit-Rating.[1] Da sich aus der Aufgabenstellung heraus Rating im Sinne dieser Arbeit immer auf die Unternehmensbeurteilung bezieht, werden im folgenden die Begriffe Rating und Credit-Rating synonym verwendet.

Der Kreditvergabeprozeß dient dazu, Informationen zu sammeln und diese dann zu einem Bonitätsurteil über das Unternehmen zu verdichten. Ratingsysteme können in qualitative und quantitative Systeme eingeteilt werden.[2] Charakteristisch für *qualitative Ratingsysteme* ist, daß die Verknüpfung der als relevant erachteten Bonitäts- oder Ratingkriterien auf dem individuellen Urteil des Kreditexperten basiert. Qualitative Ratingsysteme werden vornehmlich von großen international tätigen Ratingagenturen angewendet, wobei die Agenturen ihre subjektive Vorgehensweise nicht näher erläutern. Beim *quantitativen Credit-Rating* hängt die Verknüpfung der als relevant erachteten Bonitäts- oder Ratingkriterien nicht von der Intuition des Experten ab, sondern vollzieht sich objektiviert auf Basis mathematisch-statistischer Modelle. Die Entscheidung, welche Informationen als entscheidungsrelevant angesehen und damit überhaupt für den Analyseprozeß ausgewählt werden, bestimmt sich aber auch beim quantitativen Rating hauptsächlich durch die Erfahrungen derjenigen, die die eingesetzten mathematisch-statistischen Verfahren ausgewählt oder

---

1 Vgl. Everling (1991) S. 24.
2 Vgl. Everling (1991) S. 125–127 und Everling (1999) S. 250.

konzipiert haben.[3] Auch zur Konstruktion eines quantitativen Ratingsystems bedarf es der Vorgabe von Kriterien, die Kreditanalysten als potentiell relevant ansehen. Erst auf dieser Basis können dann durch das jeweilige Verfahren diejenigen Indikatoren ermittelt werden, die in die verfahrensspezifische Klassifikationsregel aufgenommen werden.

Bei Nutzung des quantitativen Credit-Rating geht man üblicherweise in folgenden vier Schritten vor:

(1) Sammlung von Daten, die für die Kreditprüfung als relevant angesehen werden.
(2) Anwendung eines mathematisch-statistischen Verfahrens für die Vorsortierung der Unternehmen.
(3) Nachbearbeitung des Ergebnisses der Vorsortierung durch Einbeziehung neuer Gesichtspunkte.
(4) Krediturteil, das auf den Ergebnissen von (2) und (3) basiert.

Diese vier Schritte sollen im folgenden näher erläutert werden (vgl. dazu auch Abb. 90).

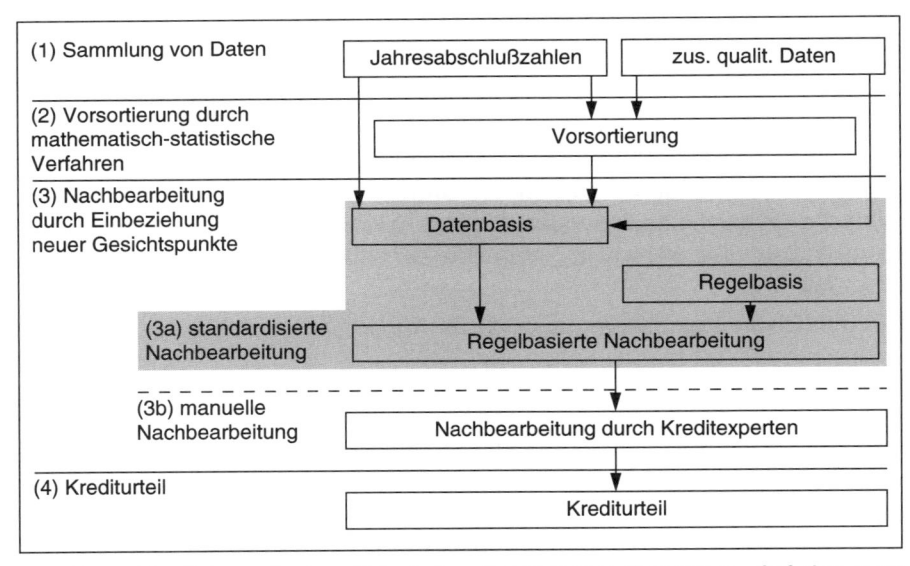

Abbildung 90: Schematischer Ablauf des Credit-Rating-Prozesses. Auf den grau unterlegten Bereichen des Prozesses liegt der Schwerpunkt dieses Aufsatzes.

---

3 Zu den Problemen bei der Bestimmung des *besten* Fachwissens vgl. Hauschildt (1990) S. 526 und Hauschildt und Leker (1995) S. 252 f.

(1) Sammlung von Daten. Der Kreditgeber muß die künftige Bonität eines Unternehmens im Zustand unvollkommener Informationen beurteilen. Die Unvollkommenheit des Informationsstandes ergibt sich im wesentlichen aus folgenden drei Komponenten unzureichenden Wissens, nämlich

– der Unvollständigkeit (Fehlen wichtiger Teilinformationen),

– der Unbestimmtheit (unpräzise Informationen mit geringem Informationsgehalt) und

– der Unsicherheit (Gefahr, daß sich eine Information als falsch erweist).[4]

Trotz der Fülle potentiell wichtiger Informationen stellt sich in der Praxis oftmals heraus, daß zu wenig aussagekräftige Informationen vorhanden sind. Es gilt daher, aus den vielen Informationen möglichst schnell die für die Bonitätsprüfung des betreffenden Unternehmens relevanten zu erkennen. *Relevant* ist eine Information dann, wenn sich durch ihre Einbeziehung in den Kreditvergabeprozeß das Krediturteil verbessert. Gerade im Hinblick auf die geschilderte Unvollkommenheit des Informationsstandes ist es entscheidend, solche Informationen zu beschaffen, die ein möglichst abgerundetes und fundiertes Bild von der aktuellen Situation des Kreditnehmers vermitteln. Dazu reichen – wie wir noch zeigen werden – Jahresabschlußzahlen allein nicht aus.

Neben der Relevanz müssen bei der Informationssammlung auch *Kostengesichtspunkte* berücksichtigt werden. Theoretisch lohnt sich die Informationsbeschaffung, solange der durch die Information erlangte Grenznutzen größer ist als die aufzuwendenden Grenzkosten für deren Beschaffung. Wirtschaftlichkeitsüberlegungen können also dazu führen, an sich relevante Informationen nicht zu sammeln, schlichtweg weil ihre Erhebung zu teuer ist.

Für die Krisendiagnose ist der *zeitliche Vorlauf,* mit dem die ausgewählten Informationen erste Anzeichen einer Krise zeigen, sehr wichtig. Krisen sollten frühzeitig erkannt werden, damit noch rechtzeitig geeignete Gegenmaßnahmen ergriffen werden können.[5] Neben der Krise als negative Entwicklung sind für die Bonitätsbeurteilung aber auch zukünftige Unternehmenschancen bedeutsam. Umfassender betrachtet sollten die für die Bonitätsbeurteilung herangezogenen Informationen daher nicht nur frühzeitig auf mögliche Gefährdungen hinweisen, sondern auch Chancen und Gelegenheiten mit zeitlichem Vorlauf signalisieren.[6]

---
4 Denk (1979) S. 15.
5 Vgl. Hauschildt im Teil 1 dieser Schrift.
6 Zum prognostischen Auftrag der Bilanzanalyse vgl. Hauschildt und Leker (1995) S. 250.

Modell

(2) Vorsortierung der Unternehmen. Diese Stufe der computergestützten Bonitätsbeurteilung ist notwendig, um die im Hinblick auf ihre Bonität eindeutig klassifizierbaren Unternehmen von den nicht eindeutig klassifizierbaren Unternehmen zu unterscheiden. Während erstere zumeist als ausreichend klassifiziert angesehen werden können, ist bei letzteren eine weitere Bonitätsüberprüfung notwendig. Beim quantitativen Rating erfolgt diese Einstufung anhand eines errechneten Punktwertes Z (auch score genannt). Im einfachsten Fall lassen sich in Abhängigkeit von diesem Punktwert wie in Tabelle 12 drei Fälle unterscheiden, es können jedoch, je nach Vorgabe, auch weiter differenzierte Ratingklassen gebildet werden.

Fall	Score-Wert	Bedeutung für das Rating
1.	$Z \leq Z_{schl.}$	Unternehmen ist wahrscheinlich nicht bestandsfest
2.	$Z \geq Z_{gut}$	Unternehmen ist wahrscheinlich bestandsfest
3.	$Z_{schl.} < Z < Z_{gut}$	Unternehmen kann bestandsfest sein oder nicht

Tabelle 12: Scorewerte und ihre Bedeutung für das Rating

(3) Nachbearbeitung der bereits vorsortierten Unternehmen. Im dritten Schritt wird die Eingruppierung der auf Grundlage des errechneten Z vorsortierten Unternehmen überprüft. Während die Unternehmen mit $Z \leq Z_{schl.}$[7] oder $Z \geq Z_{gut}$ als mit großer Wahrscheinlichkeit eindeutig eingestuft angesehen werden können, müssen die übrigen Unternehmen, die in dem Bereich mit $Z_{schl.} < Z < Z_{gut}$ – im folgenden als *Graubereich* bezeichnet – genauer betrachtet werden, denn naturgemäß ist die Klassifikationsunsicherheit in diesem Bereich sehr groß. Diese Überprüfung geschieht üblicherweise in der Form, daß ein Kreditsachbearbeiter die im Graubereich befindlichen Unternehmen manuell aufwendig nachbearbeitet. Für seine Urteilsbildung wird er dabei sowohl auf Gesichtspunkte treffen, die für das Unternehmen sprechen, als auch auf solche, die gegen das Unternehmen sprechen und abschließend eine Abwägung vornehmen. An diesem Punkt setzen nun die *Fuzzy-Regeln* an. Die bisher ausschließlich manuell durchgeführte Nachbearbeitung wird nun in einen Bereich, in dem durch ein Fuzzy-System die Verhaltensweise menschlicher Experten computergestützt modelliert wird, aufgespalten. Die danach noch manuell zu bearbeitenden Unternehmen stellen eine Restgröße dar. Das der Fuzzy-Nachbearbeitung zugrundeliegende Prinzip ist unabhängig von der Klassenanzahl. Aus Gründen der Anschaulichkeit wird es hier auf Basis einer Drei-Klasseneinteilung (wahrscheinlich bestandsgefährdet, Graubereich,

---

7 „Schl." soll hier „schlecht" abkürzen.

wahrscheinlich bestandsfest) vorgestellt. Es läßt sich aber auch problemlos auf differenziertere Klassenabstufungen übertragen.

Die Vorgehensweise zur Konzeption eines solchen Fuzzy-Systems ist Gegenstand dieses Beitrags und wird im folgenden näher erläutert.

(4) Krediturteil. Basierend auf den Ergebnissen der vorigen Stufen des Ratingprozesses wird das endgültige Krediturteil festgelegt. Darüber hinaus lassen sich in dem Krediturteil zusätzliche Gesichtspunkte berücksichtigen, die bislang noch nicht in dem Modell verarbeitet wurden. Denn angesichts der Vielzahl möglicher Einflußfaktoren und ihrer Wechselwirkungen stellt das Credit-Rating eine derart komplexe Aufgabe dar, daß sie in einem Modell nur vereinfacht erfaßt werden kann. Trotz dieser Einschränkung sollte das Modell eine gute Entscheidungsunterstützung für den Kreditbeurteilenden sein und dessen Aufmerksamkeit auf die nicht eindeutig klassifizierbaren Unternehmen lenken.

Alle quantitativen Credit-Rating-Modelle benötigen für ihre Entwicklung *empirische Daten.* Deshalb ist eine für die zu beurteilenden Objekte *repräsentative Stichprobe* notwendig.

Obwohl mit quantitativem Rating das Ziel verfolgt wird, Unternehmen in mehrere Ratingklassen entsprechend ihrer Ausfallwahrscheinlichkeit einzuordnen, genügt es aber i. d. R. für die Stichprobe, die in ihr enthaltenen Unternehmen nur in zwei Klassen einzuteilen: So kann die bei der Diskriminanzanalyse ermittelte Diskriminanzfunktion[8] mühelos in eine Wahrscheinlichkeit für die korrekte Zuordnung übersetzt werden;[9] die logistische Regression liefert als Ergebnis die Wahrscheinlichkeit der Gruppenzugehörigkeit.[10] Diese Wahrscheinlichkeit kann als Ausfallwahrscheinlichkeit interpretiert werden und eröffnet damit die Möglichkeit, die Grenzen der Ratingklassen festzulegen.

Bereits in diesem Schritt des Rating-Prozesses ist die Einbeziehung qualitativer Merkmale möglich,[11] sofern sie sich eindeutig bestimmen lassen.

---

8 Für die Bedingungen, die an für Ratingzwecke eingesetzte Diskriminanzfunktionen gestellt werden vgl. auch Hüls (1995) und Blochwitz und Eigermann (1999) sowie die Beiträge von Hauschildt und Gemünden in dieser Schrift.
9 Blochwitz und Eigermann (1999), Albrecht et al. (1999) S. 497 ff.
10 Vgl. Kraft (1997) S. 626 ff., Leker und Schewe (1998) S. 880 und ihren Beitrag 3.3 in dieser Schrift.
11 Zur Einbeziehung qualitativer Merkmale in statistische Verfahren vgl. beispielhaft Seber (1984) S. 512–516, Johnson und Wichern (1992) S. 552 f., Anders und Szczesny (1998) S. 904 f., und Blochwitz und Eigermann (2000).

II. Drei Kriterien für die Güte des Modells

Es lassen sich die folgenden drei Kriterien aufstellen, an denen sich die Güte des im vorigen Abschnitt vorgestellten Ratingmodells messen läßt:

(1) Trefferquote und Trennschärfe geben den Anteil der durch das Ratingmodell *korrekt bewerteten* Unternehmen an allen Unternehmen bzw. den entsprechenden Anteil der Unternehmen, für die keine Entscheidung getroffen werden kann, an. Die erste Größe läßt sich natürlich nur ex-post bestimmen, weil ja zu ihrer Bestimmung die zukünftige Entwicklung der Unternehmen bekannt sein müßte. Die wirkliche Trefferquote läßt sich aber über die *B*eobachtete *T*refferquote (BTq) mit Hilfe von Gleichung (1) aus der Stichprobe abschätzen. Die zweite Größe läßt sich selbstverständlich im laufenden Betrieb des Ratingsystems ermitteln – dazu muß einfach der Anteil der Unternehmen mit einem Ratingwert zwischen $Z_{schl.}$ und Z_{gut} an allen beurteilten Unternehmen ermittelt werden. Aber auch hier kann man diese, für das Design des Ratingmodells bedeutsame Größe aus der Stichprobe abschätzen: Als *B*eobachtete *N*icht-*K*lassifikations*q*uote (BNKq), deren Bestimmung durch Gleichung (2) gegeben ist.

Unter der Voraussetzung, daß die – ja bekannte – Klassenzugehörigkeit des *i*-ten Stichprobenelementes $T_i^{obs.}$ die Beziehung

$$T_i^{obs.} = \begin{cases} Z_{gut} \text{ für „gute" Unternehmen} \\ Z_{schl.} \text{ für „schlechte" Unternehmen} \end{cases}$$

erfüllt, gilt für BTq[12] und BNKq mit $\Theta(x)$ als der Heaviside'schen Sprungfunktion,[13] P_{ap}^{gut} und $P_{ap}^{schl.}$ als den a-priori-Wahrscheinlichkeiten für gute bzw. schlechte Unternehmen:

$$BTq = \frac{\sum_{Stichprobe} [P_{ap}^{gut} \overbrace{\Theta(Z_i^{neu} - Z_{gut})\Theta(T_i^{obs.} - Z_{gut})}^{\text{gut, als gut klassifiziert}} + P_{ap}^{schl.} \overbrace{\Theta(Z_{schl.} - Z_i)\Theta(Z_{schl.} - T_i^{obs.})}^{\text{schlecht, als schlecht klassifiziert}}]}{\sum_{Stichprobe} [P_{ap}^{gut} \underbrace{\Theta(T_i^{obs.} - Z_{gut})}_{\text{ein gutes Unternehmen}} + P_{ap}^{schl.} \underbrace{\Theta(Z_{schl.} - T_i^{obs.})}_{\text{ein schlechtes Unternehmen}}]} \quad (1)$$

$$BNKq = \frac{\sum_{Stichprobe} [\Theta(Z_i - Z_{schl.})\Theta(Z_{gut} - Z_i) \cdot (P_{ap}^{gut}\Theta(T_i^{obs.} - Z_{gut}) + P_{ap}^{schl.}\Theta(Z_{schl.} - T_i^{obs.}))]}{\sum_{Stichprobe} [P_{ap}^{gut} \Theta(T_i^{obs.} - Z_{gut}) + P_{ap}^{schl.}\Theta(Z_{schl.} - T_i^{obs.})]} \quad (2)$$

---

[12] Hier muß beachtet werden, daß Unternehmen, die in den Graubereich klassifiziert wurden, nicht zum BTq beitragen.

[13] Diese Funktion ist als $Q(x) = \begin{cases} 0 \text{ für } x < 0 \\ 1 \text{ für } x \geq 0 \end{cases}$ definiert. Sie dient in den folgenden Betrachtungen als Zählfunktion, so liefert beispielsweise $\sum_{i=1}^{N} \Theta(Z_{gut} - T_i^{obs.})$ die Anzahl aller „guten" Unternehmen in der Stichprobe.

Damit lassen sich aus der Stichprobe diese wichtigen Kriterien für die Güte des Modells bestimmen. Während des Designs des Modells und der in Abschnitt C III beschriebenen Optimierung der Modellparameter kann so bereits eine möglichst gute – d. h. maximierte BTq und minimierte BNKq-Performance des Systems sichergestellt werden.

(2) Transparenz und Nachvollziehbarkeit bedeuten, daß für einen Außenstehenden der Ratingprozeß *durchschaubar* ist. Im einzelnen bedeutet dies, daß der Einfluß aller, oder zumindest der wichtigsten, Informationen auf den Ratingvorschlag durch das System aufgezeigt werden kann und von einem Externen verstanden werden kann.

Der letzte Punkt ist unserer Meinung nach ein wesentlicher Grund, weshalb neuronale Netze in der Praxis für den Vorsortierungsschritt in dem in Abschnitt A I beschriebenen Modell wenig vorgefunden werden. Sie mögen zwar statistischen Verfahren in bezug auf die Klassifikationsleistung überlegen sein,[14] aber ihre Entscheidungen können nur mit großem Aufwand verständlich vermittelt werden.[15] Das führt oftmals zu Problemen, neuronale Netze in Prozesse, die mit der Übernahme persönlicher Verantwortung verbunden sind, einzubeziehen und zu akzeptieren.

(3) Korrektheit bedeutet, daß bei Kenntnis der gleichen Informationen ein erfahrener externer Analytiker sein Ratingurteil auf die gleichen „Überlegungen" wie das Ratingsystem stützen würde. Natürlich kann dieses Kriterium nur auf den Nachbearbeitungsteil des Modells angewandt werden, die Korrektheit und Angemessenheit des statistischen Verfahrens zur Vorsortierung muß durch andere Methoden sichergestellt werden.

---

14 Vgl. Burger (1994), Dittmar und Hilbert (1998) und Kerling und Poddig (1994) S. 467 sowie Baetge in Beitrag 3.4 dieser Schrift.
15 Vgl. zum Problem der Sensitivitätsanalyse neuronale Netzwerke Dittmar und Hilbert (1998) S. 350 und Kerling und Poddig (1994) S. 450; zum Erklärungswert neuronaler Netze vgl. Kerling und Poddig (1994) S. 484.

B. Fuzzy-Regeln als Ergänzung traditioneller Verfahren

I. Modellierung des menschlichen Denkverhaltens durch Fuzzy-Systeme

Experten formulieren häufig ihr Expertenwissen in Form von Regeln.[16] Wenn bestimmte Bedingungen erfüllt werden, leiten sich daraus bestimmte Schlußfolgerungen ab oder etwas formaler ausgedrückt:

Wenn Eigenschaft 1 erfüllt ist *und* Eigenschaft 2 erfüllt ist *und . . . und* Eigenschaft N erfüllt ist, *dann* tritt Folge i ein.

Bezogen auf die im 3. Schritt des Bonitätsmodells durchgeführte Nachbearbeitung durch den Kreditexperten bedeutet dies, daß der Kreditsachbearbeiter insbesondere für die Unternehmen des Graubereichs nach Gesichtspunkten sucht, die zu einer möglichst eindeutigen schlechten oder guten Bonitätseinstufung führen. Die analysierten Unternehmen werden im Regelfall Aspekte aufweisen, die sowohl für eine Bonitätsheraufstufung als auch -herabstufung sprechen. Diese wird der Kreditexperte gegeneinander abwägen, um schließlich ein endgültiges Krediturteil fällen zu können. In dem von uns der Einfachheit halber betrachteten Zwei-Gruppen-Fall mit bestandsfesten und nicht bestandsfesten Unternehmen tritt so entweder die Folge „erhöhe Z" oder „verringere Z" ein. Die Eigenschaften im Wenn-Teil sind neue, bisher noch nicht bei der Vorsortierung verwendete Merkmale, die verbal formuliert werden können. Die Art des zur Verfügung stehenden Wissens und die skizzierte Vorgehensweise der Kreditprüfer, aus diesem Wissen Schlußfolgerungen zu ziehen, kann mit Hilfe von auf der Fuzzy-Logik basierender Regeln, sogenannte *Fuzzy-Regeln,* modelliert werden. Ein System, welches Fuzzy-Regeln verarbeitet, wird als Fuzzy-System bezeichnet.

Fuzzy-Logik ist die konsequente Fortsetzung des Gedankens, daß Computer nur dann wie Menschen handeln können, wenn sie sich in ihrer Verarbeitungsweise dem menschlichen Denken annähern. Der Mensch denkt i. d. R. nicht in Schwarz-Weiß-Mustern, sondern bildet *Zwischenzustände.* Dieses Verarbeitungsprinzip, der Auflösung von (Extrem-) Zuständen in Zwischenzustände nutzt das Fuzzy-System zur Gewinnung von Abbildungs- und Verknüpfungsregeln, die insbesondere für die Aufbereitung und Verarbeitung qualitativer, d. h. nichtmetrischer Merkmale nützlich sind. Das Charakteristische für qualitative Merkmale ist, daß den

---

[16] Zu diesem, auch als nomologische Komponente der Wissensbasis von Expertensystemen bezeichneten Problem vgl. insbesondere zur Wissensakquisition Hauschildt (1990) S. 525 f. Details sind auch in Abschnitt B III dieses Beitrages zu finden.

Merkmalsausprägungen kein Maßsystem zugrundeliegt, sondern daß diese Objekteigenschaften beschreiben, die verbal oder durch Symbole ausgedrückt werden (z. B. Umsatzveränderungen in den Ausprägungen „(stark) gesunken", „ungefähr gleichgeblieben" und „(stark) gestiegen". Fuzzy-Systeme können gut mit der inhaltlichen Unsicherheit oder Undefiniertheit von Wörtern und Sätzen, im folgenden als semantische Unsicherheit bezeichnet, umgehen.

Möglich wird dies, da sich der in der *Theorie unscharfer Mengen*[17] benutzte Mengenbegriff von der dichotomen Betrachtungsweise der klassischen Menge löst. Die klassische Menge kann als Zusammenfassung von Elementen angesehen werden, die alle eine gemeinsame Eigenschaft besitzen. Ist diese Eigenschaft vorhanden, so gehört das Element zur Menge, ist sie hingegen nicht vorhanden, so gehört das Element nicht zu dieser Menge. Die Theorie der unscharfen Menge läßt darüber hinaus graduelle Zugehörigkeitsgrade zu, welche ausdrücken, zu welchem Grade jedes Element zu einer unscharfen Menge gehört. Ein Fuzzy-System kann als Spezialfall auch klassische, zweiwertige Entscheidungen abbilden, wodurch seine Anwendungsmöglichkeiten in der Praxis sehr groß sind. Das Konzept der Theorie unscharfer Mengen wurde von L. A. Zadeh bereits im Jahre 1965 begründet.[18]

Ein grundlegender Bestandteil der Fuzzy Set Theory ist der Begriff der *linguistischen Variablen*. Eine linguistische Variable ist eine Variable, deren Ausprägungen keine Zahlen, sondern sprachliche Konstrukte (sogenannte Terme) darstellen, die inhaltlich durch unscharfe Mengen ausgedrückt werden. Linguistische Variablen stellen ein Verbindungsglied zwischen linguistischer Ausdrucksweise und numerischer Information dar.

Ein weiterer grundlegender Baustein der Fuzzy Set Theory ist der Begriff der unscharfen Menge. Ist X[19] eine Menge von Objekten, die hinsichtlich einer unscharfen Aussage zu bewerten sind, so heißt $\tilde{A} := \{(X, \mu_{\tilde{A}}(X));\ X \in X\}$ eine unscharfe Menge auf X.

Die reellwertige Funktion $\mu_{\tilde{A}}(X) := X \to [0,1]$ ordnet den Elementen X der Menge X einen Zugehörigkeitsgrad zwischen 0 und 1 zur unscharfen Menge $\tilde{A}$ zu. Diese als *Zugehörigkeitsfunktion* bezeichnete Abbildung schafft so die Verbindung zwischen den Werten der „normalen" Variablen und den Ausprägungen der ihr zugeordneten linguistischen Variablen[20]

---

17 Engl.: Fuzzy Set Theory.
18 Vgl. Zadeh (1965) S. 338–353.
19 Im folgenden werden die Elemente dieser Menge als „normale" Variable oder Inputvariable bezeichnet.
20 Vgl. hierzu Zimmermann (1993) S. 93 f., Zimmermann (1990) S. 24, Kruse et al. (1993) S. 80 f. oder Nauck et al. (1992) S. 269 ff.

Fuzzy-Regeln als Ergänzung traditioneller Verfahren

und wird als „Fuzzyfizierung" bezeichnet. Damit wird einem konkreten Wert jeder einzelnen Variablen die Erfülltheit der Ausprägungen der entsprechenden linguistischen Variablen auf einer kontinuierlichen Skala von 0 bis 1 zugeordnet. Je größer dieser Grad der Zugehörigkeit ist, um so stärker ist die entsprechende Ausprägung erfüllt. In Abb. 91 ist dieses Konzept prinzipiell dargestellt.

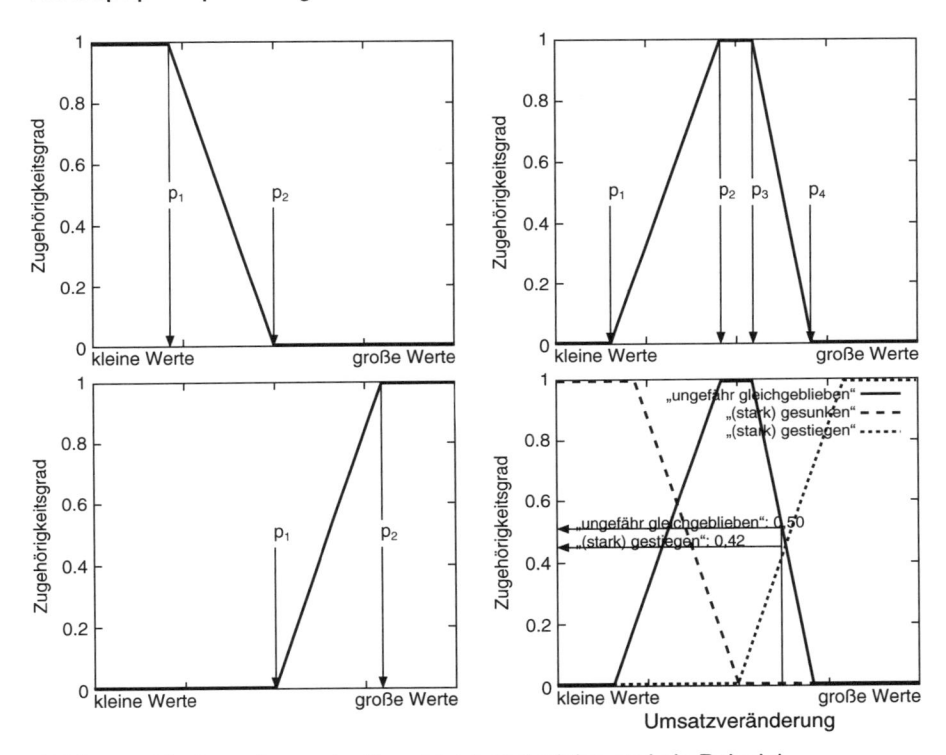

Abbildung 91: Grundtypen der Zugehörigkeitsfunktion und ein Beispiel

Abb. 91 enthält drei Grundtypen der Zugehörigkeitsfunktionen für die Ausprägungen der linguistischen Variablen „klein" (oben links), „mittel" (oben rechts), „groß" (unten links) und ein Beispiel für die Fuzzy-Zerlegung der Variablen „Umsatzveränderung" in die drei Ausprägungen „(stark) gesunken", „ungefähr gleichgeblieben" und „(stark) gestiegen". Die eingezeichnete Umsatzveränderung von 15% hätte bei dieser Zerlegung einen Zugehörigkeitsgrad von 0 zu „(stark) gesunken", von 0,5 zu „ungefähr gleichgeblieben" und von 0,42 zu „(stark) gestiegen". Zu beachten ist, daß über die Parameter $p_1 \cdots, p_4$ die Lage der Zugehörigkeitsfunktionen gesteuert werden kann.

249

Bedeutsam sind die in Abb. 91 eingezeichneten Parameter $p_1, \ldots, p_4$ für die Zugehörigkeitsfunktionen. Sie steuern ihre Lage, denn durch ihre Veränderung können die Funktionen gestaucht, gestreckt oder verschoben werden. Das ist wichtig für die in Abschnitt C III beschriebene Methode, das regelbasierte Modell möglichst gut an die Datenbasis anzupassen.

Alle Zugehörigkeitsfunktionen, die zu einer bestimmten Variablen gehören, bilden die Fuzzy-Zerlegung für diese Variable. Mit der Fuzzy-Zerlegung wird also jedem aus den Unternehmensdaten ablesbaren Wert einer Inputvariablen die Zugehörigkeit zu dem unscharfen Wert der zugehörigen linguistischen Variablen zugeordnet. Bedeutsam ist nun, daß sich, wie in Abb. 91 dargestellt, bei einer Fuzzy-Zerlegung die Zugehörigkeitsfunktionen *überlappen* können. D. h. ein bestimmter Wert einer Variablen, beispielsweise eine Umsatzveränderung von 15%, kann einen Zugehörigkeitsgrad zu zwei Ausprägungen – in diesem Fall zu „(ungefähr) gleichgeblieben" und zu „(stark) gestiegen" – der linguistischen Variablen haben.

Diese Überlappung ist eine wichtige Eigenschaft von Fuzzy-Systemen, denn sie bewirkt einen weichen, fließenden Übergang zwischen den Ausprägungen. Das entspricht dem menschlichen Denken, das ja in der Regel nicht in Schwarz-Weiß-Kategorien erfolgt, sondern differenzierter abläuft. Diese Differenziertheit wird durch die Zugehörigkeitsfunktionen auf zweierlei Weise erreicht:

– Durch den in Abhängigkeit von der zu fuzzyfizierenden Variablen variierenden Zugehörigkeitsgrad zu *einer* bestimmten Ausprägung der linguistischen Variablen.

– Durch die Überlappungsbereiche, in denen die Zugehörigkeit zu *mehreren* verschiedenen Ausprägungen der linguistischen Variablen gegeben ist.

II. Datenbasis

Zur Entwicklung des skizzierten Modells benötigt man neben Expertenwissen eine für die Datenbasis repräsentative Stichprobe. Repräsentativ ist eine Stichprobe dann, wenn sie die Strukturen der Datenbasis „zutreffend" widerspiegelt. Für die notwendige *Repräsentativität* ist es zunächst nicht so bedeutsam, wie umfangreich eine Stichprobe ist, denn auch eine vergleichsweise kleine Stichprobe kann aussagekräftige Strukturen wiedergeben, jedoch steigt mit ihrer Größe die Wahrscheinlichkeit, daß sie grobe Fehlschlüsse ausschließt und aussagekräftige Schlüsse zuläßt. Deshalb wird häufig in empirischen Untersuchungen eine große Stichprobe als ein Indiz für repräsentative Daten angesehen.[21]

Für Zwecke der Bonitätsbeurteilung werden üblicherweise die solventen Unternehmen aus dem Gesamtdatenbestand durch Zufallsauswahl ausgewählt. Bei den insolventen Unternehmen ist es – angesichts der naturgemäß begrenzten Anzahl – oft nötig, eine *Vollerhebung* durchzuführen. Für eine genaue Performancemessung sollte man die Stichprobe in eine Lernstichprobe und in eine Teststichprobe aufteilen.[22] Die *Lernstichprobe* dient dazu, die Regeln zu ermitteln; die *Teststichprobe* dient dazu, die zuvor ermittelten Regeln auf bislang „unberührte" Unternehmen anzuwenden, um die Allgemeingültigkeit der Regel für neue Unternehmen zu überprüfen. Ohne diese Aufteilung läuft man Gefahr, die Klassifikationsleistung des Modells zu überschätzen, denn man erzielt dann zwangsläufig die besten Ergebnisse, da Grundlage die optimierte Stichprobe ist.

Für die Nachbearbeitung durch Fuzzy-Regeln werden neue Gesichtspunkte herangezogen, d. h. neue Informationen, die in dem statistischen Verfahren zur Vorsortierung noch nicht verwendet wurden. Tabelle 13 *(siehe S. 252)* gibt einen Überblick über eine Auswahl neu hinzugekommener, regelbasiert verarbeitbarer Informationen. Unsere Auswahl beschränkt sich auf solche Informationen, die einem externen Analytiker, der nur publiziertes Material auswerten kann, zur Verfügung stehen. Analytiker, die über unternehmensinterne Informationen verfügen, wie z. B. Informationen zum strategischen Management,[23] zum Unternehmenspotential[24] oder zum Zahlungsverhalten, welche in Tabelle 13 völlig außer acht gelassen sind, können diese nach den gleichen, hier vorgestellten Prinzipien in das regelbasierte System einbeziehen und verarbeiten.

Aus der Vielzahl zur Verfügung stehender Informationen wurden die aufgeführten Merkmale oder linguistischen Variablen, die sich im wesent-

---

21 Vgl. Baetge et al. (1995) S. 21–29.
22 Vgl. hierzu Hauschildt in Beitrag 3.1 dieser Schrift.
23 In Anlehnung an das Portfolio von Wertpapieren ermittelte Informationen über die Marktaktivitäten eines Unternehmens. Vgl. beispielhaft Ausführungen zur Portfolioanalyse der Boston Consulting Group in Hedley (1977) S. 10 und Ausführungen zur Portfolio-Matrix von McKinsey in Abell und Hammond (1979). Später erweitert von Porter um Wettbewerbsaspekte vgl. Porter (1985).
24 Hierunter fallen Informationen zu den innerbetrieblichen Potentialfaktoren im Sinne von Gutenberg (1983) und Heinen (1991).

lichen vier Teilbereichen zuordnen lassen, durch *betriebswirtschaftliche Überlegungen ermittelt* und können an einer Stichprobe statistisch überprüft werden.

Teilbereiche	Linguistische Variable	
	Name	Ausprägung (Term)
Unternehmens-entwicklung	Veränderungen von Jahresabschlußkennzahlen im Zeitablauf	(stark) gesunken; (ungefähr) gleichgeblieben; (stark) gestiegen
Struktur-merkmale	Rechtsform (AG; OHG, KG; Einzelkfm; Kap.G + Co.; GmbH)	gut; mittel; schlecht
	Alter	jung; mittel; alt
	Unternehmensgröße	klein; mittel; groß (nach HGB)
Verhaltens-merkmale	Informationspolitik des Unternehmens	sehr offen, normal, restriktiv
Kapital-situation	Verstärkung durch Anrechnung stiller Reserven	vorhanden; nicht vorhanden
	Schwächung durch Ausleihungen an Gesellschafter	vorhanden; nicht vorhanden

Tabelle 13: Überblick über im Fuzzy-Expertensystem verarbeitete Informationen

Während in mathematisch-statistischen Verfahren üblicherweise Jahresabschlußkennzahlen verarbeitet werden,[25] werden in dem von uns konzipierten regelbasierten Fuzzy-System weitere für die Bonitätsbeurteilung eines Unternehmens bedeutsame Teilbereiche berücksichtigt. Das Fuzzy-System berücksichtigt explizit die Unternehmensentwicklung, indem dort Veränderungen einschlägiger Kennzahlen zum Vorjahr miteinfließen. Die *Unternehmensentwicklung* wird unscharf in drei als linguistische Terme formulierte Ausprägungen verarbeitet. Diese geben an, ob die betrachteten Kennzahlen gegenüber dem Vorjahr (stark) gesunken, (ungefähr)

---

25 Vgl. Hauschildt (1988) S. 116, Krause (1993), Hüls (1995) und Albrecht et al. (1999). Ausführungen zu Neuronalen Netzen BP 14, in Baetge (1998) S. 579–605, Baetge und Jerschensky (1996).

gleichgeblieben oder (stark) gestiegen sind. Rechtsform, Alter und Unternehmensgröße sind Merkmale, die die Struktur des Unternehmens beschreiben. Die einzelnen *Rechtsformen* werden gemäß ihrer Haftungsbeschränkung, die auch ihre Insolvenzanfälligkeit widerspiegelt, den Ausprägungen gut, mittel und schlecht zugeordnet. Die *Unternehmensgröße* entspricht den gesetzlichen Größenklassen nach § 267 HGB. Als Verhaltensmerkmale fließt in die regelbasierte Nachbearbeitung der Gesichtspunkt ein, wie offen die Informationspolitik des beurteilten Unternehmens ist. Schließlich runden noch bestimmte Informationen, die über eine *Verstärkung oder Schwächung der bilanziellen Kapitalsituation* Auskunft geben, das Bild über die Kapitalbasis des Unternehmens ab. Das *Alter* wurde in drei Bereiche eingeteilt.

III. Regelbasis

Das Design des regelbasierten Systems zur Nachbearbeitung ist dann abgeschlossen, wenn neben der Datenbasis noch eine Regelbasis zur Verfügung gestellt wird. Diese Regelbasis umfaßt alle Regeln, die mit den linguistischen Variablen gemäß den in Abschnitt B I beschriebenen Prinzipien verbal formuliert wurden.

Von der Regelbasis fordern wir sinnvollerweise, daß sie zutreffend sowie umfassend und vollständig ist. *Zutreffend* ist die Regelbasis genau dann, wenn die Konklusionen der Regeln, die den Scorewert Z verringern, auch aus betriebswirtschaftlicher Sicht negativ gewertet würden und auch so mehrheitlich bei den schlechten Unternehmen der zur Modellbildung verwendeten Stichprobe – und damit auch unter der Voraussetzung, daß die Stichprobe repräsentativ ist – bei allen zu beurteilenden Unternehmen beobachtet werden. *Umfassend und vollständig* ist die Regelbasis genau dann, wenn sie möglichst alle mit der zur Verfügung stehenden Datenbasis abbildbaren zutreffenden Regeln enthält.

In diesem Abschnitt soll erläutert werden, wie man eine Regelbasis, die diese Eigenschaften aufweist, erhalten kann. Voraussetzung dafür ist die Kenntnis der in Abschnitt B I beschriebenen Zugehörigkeitsfunktionen für die Fuzzy-Zerlegung aller durch das regelbasierte System zur Nachbearbeitung benötigten Variablen. Sind diese Funktionen festgelegt, läßt sich der Erfüllungsgrad einer Regel bestimmen: Dieser ist das Produkt der Zugehörigkeitsfunktionen aller Regelprämissen, d. h. für den Aktivierungsgrad RA_i der *i*-ten Regel gilt

$$RA_i = \prod_{\substack{\text{Alle Prämissen} \\ \text{der } i\text{-ten Regel}}} \text{Zugehörigkeitsgrade} = \prod_{i\text{-te Regel}} \mu_{\tilde{A}ij}(X_{ij}, p_{ij,1}, \cdots, p_{ij,N}), \quad (3)$$

mit X_{ij} der Inputvariablen für diese Regel, $\mu_{\tilde{A}ij}$ als der Zugehörigkeitsfunktion für die Ausprägung der linguistischen Variablen der j-ten Prämisse dieser Regel und $p_{ij1}, \ldots p_{ij,N}$ den N Parametern, die die Lage der Zugehörigkeitsfunktion festlegen. Damit haben wir die gesuchte Vorschrift, die angibt, wie sehr eine bestimmte Regel erfüllt ist. Angemerkt werden soll, daß in dieser Vorschrift auch der „scharfe", Nicht-Fuzzy-Fall enthalten ist: In diesem Fall ist jede Prämisse entweder vollständig (also mit 1) oder überhaupt nicht (also mit 0) erfüllt. Gemäß Gl. (3) hat dann die Regel einen Aktivierungsgrad von 1 oder 0 – trifft also zu bzw. trifft nicht zu – wenn alle Prämissen erfüllt sind bzw. wenn mindestens eine Prämisse nicht erfüllt ist.

Grundsätzlich gibt es zwei Möglichkeiten, den Verlauf von Zugehörigkeitsfunktionen festzulegen:

Durch Expertenmeinung.[26] Die hierfür notwendige Vorgehensweise soll am Beispiel des Merkmals Umsatzveränderung kurz erläutert werden. Zunächst wird die konkrete Umsatzveränderung in % des Vorjahreswertes berechnet. Dann muß die errechnete Zahl fuzzifiziert werden, indem ihr der Zugehörigkeitsgrad zu den unscharfen Mengen (stark) gesunken, (ungefähr) gleichgeblieben, (stark) gestiegen zugewiesen wird. Dies geschieht durch einen Experten, der den genauen Wert der Zugehörigkeit für sämtliche möglichen Ist-Ausprägungen der zu den entsprechenden Ausprägungen der linguistischen Variablen bestimmt. Der Experte wird i. d. R. aber nur den ungefähren Verlauf der Zugehörigkeitsfunktion bestimmen und einige charakteristische Punkte angeben können.

Durch statistische Bestimmung der Zugehörigkeitsfunktionen. Bei Festlegung durch Experten verbleibt der Nachteil, daß der Verlauf der Zugehörigkeitsfunktion subjektiv geprägt ist. Objektiver können Zugehörigkeitsfunktionen auf statistische Weise mit Hilfe von Quantilswerten bestimmt werden. Dies setzt allerdings einen gewissen Mindestumfang an Daten voraus. Um im Beispiel Umsatzveränderung fortzufahren, können markante Eckpunkte der zu bestimmenden Zugehörigkeitsfunktionen beispiels-

---

26 Hier und auch im folgenden gilt: Wenn von *dem* Experten die Rede ist, so ist nicht irgendein Experte gemeint, sondern die – fiktive – Konstruktion des besten und kompetentesten Kenners der mit dem regelbasierten System abzubildenden Materie. Vgl. Hauschildt (1990) S. 526. In der Praxis wird man dieser Konstruktion wohl am ehesten mit einer Gruppe von weniger als 10 überdurchschnittlicher „realer" Experten nahekommen.

weise über das mittlere 60%-Quantil[27] der solventen Unternehmen festgelegt werden. Dieser Einteilung liegt folgende Erfahrung zugrunde: Unternehmen, die in das mittlere 60%-Quantil fallen, weisen eine ungefähr gleichgebliebene Umsatzveränderung auf, die im Sinne eines nachhaltigen Wachstums grundsätzlich als positiv zu bewerten ist. Unternehmen hingegen, deren Kennzahlenveränderungen im ersten oder letzten 20%-Quantil[28] liegen, die also eine sehr hohe negative oder positive Umsatzveränderung aufweisen, sollten angesichts dieser sprunghaften Änderungen genauer betrachtet werden.

In Abschnitt C III ist eine Möglichkeit angegeben, wie die beiden angegebenen Methoden durch die Modellanpassung objektiviert werden können.

Damit sind jetzt die Grundlagen für die Ermittlung einer zutreffenden sowie umfassenden und vollständigen Regelbasis gelegt. Diese Regelgenerierung kann angelehnt an das *Fuzzy-ROSA-Verfahren*[29] geschehen, das wir ein wenig modifiziert haben. Um die zugrundeliegende Idee zu erläutern, soll noch einmal kurz auf den scharfen Fall zurückgegangen werden: Wenn die Stichprobe N Elemente umfaßt, dann gilt für die Wahrscheinlichkeit Pr(i-te Regel trifft zu), daß die i-te Regel beobachtet wird.

$$\Pr(i\text{-te Regel trifft zu}) = \frac{\overbrace{\sum_{k=1}^{N} RA_i^k \cdot [P_{ap}^{gut} \Theta(T_k^{obs.} - Z_{gut}) + P_{ap}^{schl.} \Theta(Z_{schl.} - T_k^{obs.})]}^{\text{Anzahl der Unternehmen, auf die Regel } i \text{ zutrifft}}}{\underbrace{\sum_{i=1}^{N} [P_{ap}^{gut} \Theta(T_i^{obs.} - Z_{gut}) + P_{ap}^{schl.} \Theta(Z_{schl.} - T_i^{obs.})]}_{\text{Anzahl aller Unternehmen}}}$$

Weiterhin gilt für Pr(i-te Regel | $T^{obs.} = Z_{gut}$), die bedingte Wahrscheinlichkeit, daß die i-te Regel für „gute" Unternehmen der Stichprobe auftritt

---

[27] Im mittleren 60%-Quantil liegen alle Unternehmen, die zum 80%-Quantil, aber nicht zum 20%-Quantil gehören.

[28] Das letzte 20%-Quantil umfaßt die Unternehmen, die nicht im 80%-Quantil liegen.

[29] ROSA steht für *R*ule *o*riented *S*tatistical *A*nalysis. Vgl. Krabs und Kiendl (1995), Krone und Schwane (1996) und Jessen und Slawinsky (1998).

$$\Pr(i\text{-te Regel} \mid T^{obs.} = Z_{gut}) = \frac{\overbrace{\sum_{k=1}^{N}[RA_i^k \cdot P_{ap}^{gut} \cdot \Theta(T_k^{obs.} - Z_{gut})]}^{\text{Anzahl der „guten" Unternehmen, auf die Regel } i \text{ zutrifft}}}{\underbrace{\sum_{k=1}^{N}RA_i^k \cdot [P_{ap}^{gut} \Theta(T_k^{obs.} - Z_{gut}) + P_{ap}^{schl.} \Theta(Z_{schl.} - T_k^{obs.})]}_{\text{Anzahl aller Unternehmen, auf die Regel } i \text{ zutrifft}}} \quad (4)$$

und für $\Pr(i\text{-te Regel} \mid T^{obs.} = Z_{schl.})$, die bedingte Wahrscheinlichkeit, daß die i-te Regel für „schlechte" Unternehmen der Stichprobe zutrifft $\Pr(i\text{-te Regel} \mid T^{obs.} = Z_{schl.}) = 1 - \Pr(i\text{-te Regel} \mid T^{obs.} = Z_{gut})$. Von zutreffenden Regeln kann man sinnvollerweise fordern, daß

$\Pr(i\text{-te Regel} \mid T^{obs.} = Z_{gut}) > 0{,}5$ für Regeln für „gute" Unternehmen
$\Pr(i\text{-te Regel} \mid T^{obs.} = Z_{schl.}) > 0{,}5$ für Regeln für „schlechte" Unternehmen (5)

gelten solle. Dabei wird angenommen, daß Regeln für „gute" Unternehmen den Dann-Teil „dann erhöhe Z" und Regeln für „schlechte" Unternehmen den Dann-Teil „dann verringere Z" haben. Die Regel zur Aufnahme relevanter Regeln (5) bedeutet, daß die Wahrscheinlichkeit, die betreffende Regel bei der Unternehmensgruppe, für die sie zutreffen soll, zu beobachten, größer ist als die Wahrscheinlichkeit, die Regel bei der anderen Unternehmensgruppe zu beobachten.

Dieses Konzept ist unmittelbar auf Fuzzy-Regeln übertragbar, wenn man den durch Gl. (3) gegebenen Regelaktivierungsgrad in die Formeln für die Wahrscheinlichkeiten einsetzt.

Das Fuzzy-ROSA-Verfahren unterscheidet sich von dem hier vorgestellten in zwei Punkten:

(1) ROSA benutzt als Kriterium zur Auswahl relevanter Regeln nicht den Vergleich der bedingten Wahrscheinlichkeiten wie in Bedingung (5) angegeben, sondern den Vergleich der oben angegebenen bedingten Wahrscheinlichkeiten mit der Wahrscheinlichkeit, ein gutes oder schlechtes Unternehmen – wenn die Regel auf gute bzw. schlechte Unternehmen angewendet werden soll – *überhaupt* anzutreffen.

(2) ROSA zieht als zusätzliches Kriterium noch *Signifikanzniveaus* für die aus der Stichprobe berechneten Wahrscheinlichkeiten heran und akzeptiert nur solche Regeln als zulässig, bei denen der Unterschied zwischen den beiden bedingten Wahrscheinlichkeiten ausreichend

signifikant ist. Unserer Meinung nach ist es für praktische Zwecke hinreichend sicherzustellen, daß die Regel überhaupt mit einer angemessenen Wahrscheinlichkeit P_{sig} beobachtet werden kann und somit – neben der Bedingung (5) – als notwendige Bedingung für zutreffende Regeln Pr(i-te Regel trifft zu) $\geq P_{sig}$ gelten muß. Ein allgemeingültiger Wert für P_{sig} ist nicht angebbar, weil er durch den Regelaktivierungsgrad RA sehr stark von der konkreten Wahl der Zugehörigkeitsfunktionen abhängt.

Mit der hier vorgestellten Methode zur Prüfung, inwieweit eine Regel zutreffend ist, kann man auch zu einer umfassenden und vollständigen Regelbasis gelangen. Dazu gibt es prinzipiell zwei Verfahren:

(1) Der Experte wird gebeten, mit den zur Verfügung stehenden Variablen alle seiner Meinung nach sinnvollen Regeln zu bilden. Die so gewonnenen Regeln werden dann dem eben beschriebenen modifizierten Fuzzy-ROSA-Test unterworfen, danach bilden dann alle Regeln, die den Test bestanden, die Regelbasis.

(2) Das Universum aller mit der Datenbasis bildbaren Regeln[30] wird mit dem modifizierten Fuzzy-ROSA-Verfahren getestet. Die so herausgefilterten zutreffenden Regeln werden dann dem Experten vorgelegt, der seinerseits alle seiner Meinung nach betriebswirtschaftlich nicht begründbaren Regeln herausstreicht. Alle übriggebliebenen Regeln bilden dann die Regelbasis.

Beide Verfahren[31] führen durch das Zusammenspiel zwischen dem Experten und statistischem Verfahren zu einer zutreffenden Regelbasis. Jedoch wird i. d. R. die zweite Vorgehensweise eine umfassendere Regelbasis ergeben, weil mit diesem Verfahren von vornherein keine Regel ausgeschlossen wird.

---

30 Dieses Universum kann gebildet werden, indem alle Kombinationen der linguistischen Variablen gebildet werden.
31 Die Vorgehensweise beider Methoden würde in der Systematik von Hauschildt als „theoriegestützt, empirisch fundiert" bezeichnet werden. Vgl. Hauschildt (1990) S. 526 f.

C. Anpassung des Modells an die Realität durch lernfähige Fuzzy-Regeln

I. Mathematische Formulierung des regelbasierten Modells

Wie in Abschnitt B I dargelegt, versuchen wir mit dem Fuzzy-System zur Nachbearbeitung den *„abwägenden Analysten"* zu modellieren, der versucht, die Regeln, die für oder gegen das Unternehmen sprechen, zu gewichten und sein Ratingurteil entsprechend festlegt, wenn er feststellt, daß eine Sorte Regeln überwiegt. Dabei wird er so vorgehen, daß er zum einen Regeln nach ihrer Bedeutung gewichtet – bestimmte Regeln sind für ihn bedeutsamer als andere – und dann noch überprüft, inwieweit die Voraussetzung jeder Regel auf das zu beurteilende Unternehmen zutreffen.

Die letzte Größe erfassen wir bereits über den in Gleichung (3) definierten *Regelaktivierungsgrad* RA, die erste Größe kann durch ein jeder Regel zugeordnetes (absolutes) Regelgewicht γ modelliert werden. Diese positive Größe soll die Regeln nach ihrer Bedeutung ordnen – je größer das Regelgewicht γ für eine bestimmte Regel ist, um so stärker soll sich diese Regel auch in der Entscheidung bemerkbar machen. Zudem soll das regelbasierte System zur Nachbearbeitung die Einordnung der Unternehmen aus dem Vorsortierungsschritt nicht völlig umwerfen können; vielmehr soll es das Ergebnis dieses Schrittes mit anderen Methoden überprüfen und gegebenenfalls zu einem neuen Scorewert Z^{neu} korrigieren.

Wir sind damit jetzt in der Lage, das Modell für das regelbasierte System zur Nachbearbeitung mathematisch zu formulieren:

$$Z^{neu} = Z + \frac{\Delta Z^+ \sum_{\text{Pro}} \gamma_i RA_i + \Delta Z^- \sum_{\text{Kontra}} \gamma_i RA_i}{\sum_{\text{Alle Regeln}} \gamma_i RA_i} \quad (6)$$

Der Regelaktivierungsgrad RA_i wird nach Gleichung (3) bestimmt, die Bezeichnungen ‚Pro' und ‚Kontra' bedeuten, daß über alle Regeln mit der Konklusion „... dann erhöhe Z" bzw. „... dann verringere Z" zu summieren ist und $\Delta Z^+ > 0$, und $\Delta Z^- < 0$ sind der durch das regelbasierte System maximal mögliche Zu- und Abschlag zum Scorewert Z aus dem Vorsortierungsschritt.

Diese Modellierung entspricht genau dem Modell des „abwägenden Analysten", denn Gleichung (6) hat eine einfache physikalische Interpretation als Hebel. Diese Interpretation ist in Abb. 92 *(siehe S. 259)* veranschaulicht. Die maximal möglichen Zu- und Abschläge zum Scorewert Z aus dem Vorsortie-

Anpassung des Modells

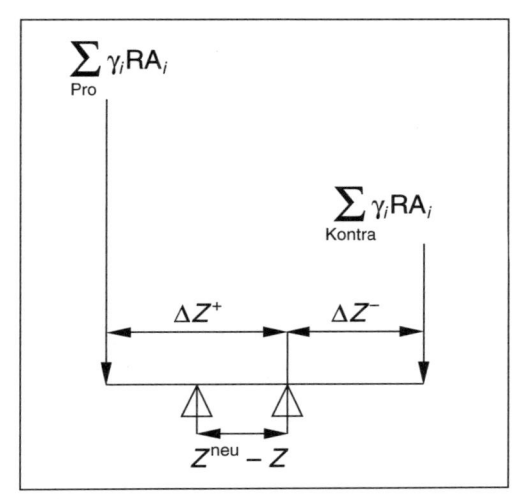

```
      ∑ γᵢRAᵢ
       Pro

                    ∑ γᵢRAᵢ
                     Kontra

    ΔZ⁺        ΔZ⁻

         Zⁿᵉᵘ − Z
```

Abbildung 92: Veranschaulichung von Gleichung (6) für das Fuzzy-Modell als Hebel

rungsschritt entsprechen der Länge der Hebelarme, bei der der unbelastete Hebel im Gleichgewicht wäre. Das gesamte Gewicht der Regeln Pro und Kontra Erhöhung des Scorewertes entspricht der Belastung der entsprechenden Hebelarme und die Verschiebung des Gleichgewichtspunktes, die erforderlich ist, um den belasteten Hebel wieder ins Gleichgewicht zu bringen, entspricht der Differenz aus neuem und altem Scorewert $Z^{neu} - Z$. Durch die Größen ΔZ^+ und ΔZ^- ist sichergestellt, daß der neue Scorewert Z^{neu} nach der regelbasierten Nachbearbeitung eine Korrektur zum Scorewert Z nach dem Vorsortierungsschritt ist, denn das mathematische Modell (6) stellt sicher, daß Z nicht um mehr als ΔZ^+ erhöht oder ΔZ^- verringert wird. Diese beiden Extremwerte werden genau dann erreicht, wenn nur Regeln eines Typs (... *dann* erhöhe Z oder ... *dann* verringere Z) angesprochen werden.

Dieses Modell erfüllt auch die in Abschnitt A II aufgestellte Bedingung an Transparenz und Nachvollziehbarkeit, denn durch C_i in Gleichung (7) kann der Beitrag der i-ten Regel zum neuen Scorewert Z^{neu} angegeben werden:

$$C_i = \frac{\gamma_i \cdot RA_i}{\sum\limits_{\text{Alle Regeln}} \gamma_i RA_i} \cdot \begin{cases} \Delta Z^+ & \text{für Regeln ,pro' Score-Erhöhung} \\ \Delta Z^- & \text{für Regeln ,kontra' Score-Erhöhung} \end{cases} \quad (7)$$

Durch die Größe C_i, die für jede Regel der Regelbasis angegeben werden kann, ist es für jeden externen Analysten möglich, auch die Korrektheit der

Entscheidung festzustellen: Er kann so *überprüfen,* ob er sich genauso wie das System entschieden hätte. Für praktische Zwecke ist es natürlich nicht erforderlich, jede Regel zu überprüfen, sondern es genügt, die Regeln mit den betragsmäßig größten Beiträgen anzusehen.

II. Bedingungen für die Zugehörigkeitsfunktionen

Betrachten wir die folgenden drei Regeln:

(1) *Wenn* der Umsatz gegenüber dem Vorjahr (stark) gesunken ist, *dann* muß die Gesamtkennzahl verringert werden.

(2) *Wenn* der Umsatz gegenüber dem Vorjahr ungefähr gleichgeblieben ist, *dann* muß die Gesamtkennzahl erhöht werden.

(3) *Wenn* der Umsatz gegenüber dem Vorjahr (stark) gestiegen ist, *dann* muß die Gesamtkennzahl verringert werden.

Wie in Abschnitt B I dargelegt, ist die Überlappung der Zugehörigkeitsfunktionen eine grundlegende Eigenschaft der Fuzzy-Systeme. Ist nun eine weitgehende Überlappung einerseits erstrebenswert, weil dadurch erst die Vorteile der differenzierten Fuzzy-Verarbeitung ausgeschöpft werden können, so ergeben sich andererseits auch Grenzen durch die zu gewährleistende *inhaltliche Interpretierbarkeit.* So ist es bei den oben angegebenen drei Regeln nicht zweckmäßig, daß sich alle drei unscharfen Mengen überschneiden, denn wohl keine Umsatzveränderung gegenüber dem Vorjahr kann als gleichzeitig (stark) gesunken und (stark) gestiegen interpretiert werden. Ein Kreditexperte, dessen Einschätzung die Zugehörigkeitsfunktionen widerspiegeln sollen, würde einen solchen Verlauf als semantisch widersprüchlich beurteilen. Als semantisch widerspruchsfrei würde er hingegen Funktionsverläufe beurteilen, bei denen sich nur jeweils zwei benachbarte Zugehörigkeitsfunktionen überlappen.

Im Ergebnis dieser Betrachtungen besteht für eine Variable, die in drei linguistische Ausprägungen zerlegt werden soll, eine semantisch widerspruchsfreie Fuzzy-Zerlegung aus fünf Teilmengen:

– Drei Teilmengen eindeutiger Zugehörigkeit, in denen die Variable – mit variierendem Zugehörigkeitsgrad – zu nur einer linguistischen Ausprägung gehört und

– Zwei überlappenden Bereichen, in denen ein fließender Übergang zwischen den Bereichen eindeutiger Zugehörigkeit erfolgt und die Variable zu zwei linguistischen Ausprägungen gehört.

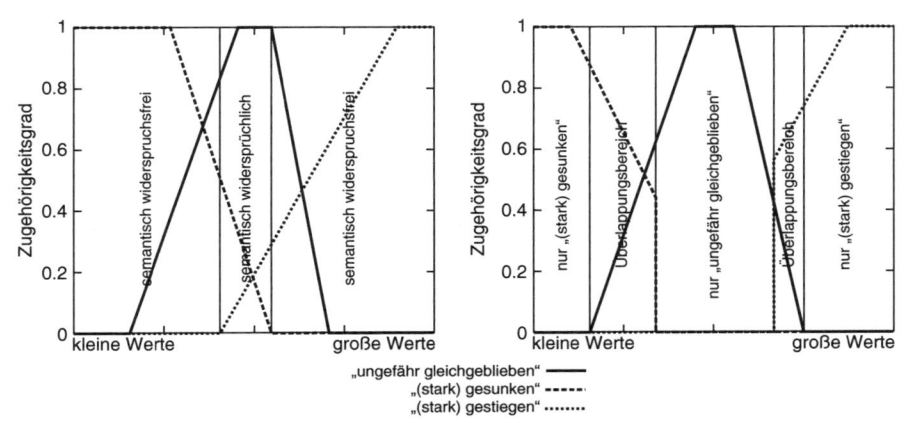

Abbildung 93: Beispiele für semantisch widersprüchliche und widerspruchsfreie Fuzzy-Zerlegungen

Links findet sich ein Beispiel für eine semantisch widersprüchliche Fuzzy-Zerlegung einer Variablen mit den Zugehörigkeitsfunktionen aus Abb. 91. Die semantisch widerspruchsfreie Fuzzy-Zerlegung wird erreicht, indem für bestimmte Konstellationen der Fuzzy-Zerlegung Zugehörigkeitsfunktionen auf 0 gesetzt werden (rechts).

Semantische Widerspruchsfreiheit kann durch einen *zusätzlichen Parameter* je Zugehörigkeitsfunktion für Ausprägungen wie „(stark) gesunken" oder „(stark) gestiegen" und zwei Parameter je Zugehörigkeitsfunktion für Ausprägungen wie „ungefähr gleichgeblieben" eingeführt werden. Diese Parameter grenzen die Bereiche, in denen die Zugehörigkeitsfunktion Null ist, von den Bereichen, in denen sie größer als Null ist, ab. Damit begrenzen sie das Intervall, in dem die anderen Lageparameter der Zugehörigkeitsfunktion durch den in Abschnitt C III beschriebenen Lernprozeß variiert werden können, so daß semantische Widerspruchsfreiheit gewährleistet ist.

Dieses Konzept soll an einem Beispiel illustriert werden: Für die Zugehörigkeitsfunktion für „(stark) gestiegen" heiße dieser neue Parameter p_{min} und mit den Parameterbezeichnungen aus Abb. 91 ergibt sich dann für die Zugehörigkeitsfunktion $\mu_{st.\ gest.}$.

$$\mu_{st.\ gest.}(X, p_1, p_2, p_{min}) = \begin{cases} 0 & \text{für } X < \max(p_1, p_{min}) \\ 1 & \text{für } X > \max(p_2, p_{min}) \\ \frac{X-p_1}{p_2-p_1} & \text{sonst} \end{cases}$$

Dieses Konzept kann so auf alle Arten von Zugehörigkeitsfunktionen übertragen werden. Und da es, wie schon in Abschnitt B III ausgeführt, für einen Experten oftmals möglich ist, sinnvolle Angaben zu charakteristischen Punkten der Zugehörigkeitsfunktionen zu machen, läßt sich mit diesem Wissen auch die semantische Widerspruchsfreiheit sicherstellen. Mathematisch geschieht dies durch die Formulierung von *Randbedingungen,* denen das mathematische Modell des Entscheidungssystems (6) genügen muß. Auch dies soll an einem Beispiel illustriert werden: Für die Zugehörigkeitsfunktionen der Ausprägungen „ungefähr gleichgeblieben" und „(stark) gestiegen" fordert ein Experte

(1) Der Zugehörigkeitsgrad für Werte der Variablen $X < 0$ zu „(stark) gestiegen" muß Null sein.

(2) Der Zugehörigkeitsgrad für Werte der Variablen $X < 0{,}15$ zu „ungefähr gleichgeblieben" soll noch größer als Null sein, weil im Sinne des Beispiels zu Beginn dieses Abschnittes solche Umsatzveränderungen für den positiven Aspekt gesunden Wachstums stehen.

(3) Der Zugehörigkeitsgrad für Werte der Variablen zu „(stark) gestiegen", bei denen der Zugehörigkeitsgrad zu „ungefähr gleichgeblieben" größer als 0,5 ist, soll ebenfalls Null sein, um so einen Bereich festzulegen, in dem Werte der Eingangsvariablen ausschließlich positiv (im Sinne von Regel (ii)) interpretiert werden.

Die resultierenden Randbedingungen für die Parameter der beiden Zugehörigkeitsfunktionen „(stark) gestiegen" $p_1^{\text{st. gest.}}$, $p_2^{\text{st. gest.}}$ und $p_{\min}^{\text{st. gest.}}$ und für die Parameter der Funktion für „ungefähr gleichgeblieben" $p_3^{\text{uv.}}$, $p_4^{\text{uv.}}$ und $p_{\max}^{\text{uv.}}$ sind $p_1^{\text{st. gest.}} > 0$, $p_{\min}^{\text{st. gest.}} > 0$, $p_{\max}^{\text{uv.}} = 0{,}15$ und $p_{\min}^{\text{st. gest.}} \geq 0{,}5 \ (3 p_3^{\text{uv.}} - p_4^{\text{uv.}})$.

Nach unseren Erfahrungen können all diese notwendigen Randbedingungen für semantische Widerspruchsfreiheit und zusätzliches Expertenwissen über den Verlauf der Zugehörigkeitsfunktionen[32] in ein *System von linearen Ungleichungen* „übersetzt" werden. Deshalb können semantische widerspruchsfreie Regeln durch ein System linearer Ungleichungen wie das System (8) sichergestellt werden.

$$\begin{array}{rl} a_1 \ \{\leq =\} & \sum_{\text{Alle Parameter}} a_{ijk1} p_{ij,k} \\ \vdots & \\ a_N \ \{\leq =\} & \sum_{\text{Alle Parameter}} a_{ijkN} p_{ij,k} \end{array} \qquad (8)$$

---

[32] Dieses Wissen spiegelt das Wissen und Erfahrung des Experten wider. So kann es zum Beispiel allgemein akzeptiert sein, daß – wie in Bedingung (2) des obigen Beispiels – eine „ungefähr-gleichgebliebene"-Umsatzveränderung bis zu Werten von 15% reicht.

III. Anpassung an die Realität als nichtlineares Optimierungsproblem

Unser Ziel ist es natürlich, eine *größtmögliche Anpassung* des regelbasierten Modells zur Nachbearbeitung an die Realität zu erreichen. Ausgerüstet mit dem Wissen aus den Abschnitten A II, C I und C II können wir dieses Ziel nun so formulieren:

> Für eine für den zu bewertenden Gesamtdatenbestand repräsentative Stichprobe guter und schlechter Unternehmen sind die Funktionen (1) und (2) bezüglich der Variablen $p_{ij,k}$, γ_i, ΔZ^+ und ΔZ^- zu maximieren bzw. zu minimieren und zwar unter den Nebenbedingungen (8), wobei Z durch Z^{neu} aus Gleichung (6) gegeben ist.

Weil die Zielfunktionen (1) und (2) und die in sie eingehende Beziehung für Z nichtlinear ist, handelt es sich bei dem zu lösenden Problem um eine Aufgabenstellung der *Nichtlinearen Optimierung* (NLO). Ähnliche Aufgabenstellungen findet man beispielsweise bei der Optimierung neuronaler Netze.[33]

Nichtlineare Probleme können im allgemeinen nicht analytisch gelöst werden, sondern müssen mit numerischen Methoden, die speziell für solche Aufgabenstellungen[34] entwickelt wurden, angegangen werden. Die Lösung von NLO-Problemen ist eine mathematisch sehr anspruchsvolle Aufgabe, die viel Erfahrung erfordert. Dafür ist aber durch diesen Ansatz zur Bestimmung der Modellparameter ein Höchstmaß an Objektivität für das Modell gegeben, so daß sich der gegenüber der subjektiven Festlegung der Parameter durch Expertenurteil höhere Aufwand lohnt. Und ist die gesuchte Lösung gefunden, so können wir unserer Meinung nach davon sprechen, daß das von uns vorgeschlagene Modell zur regelbasierten Nachbearbeitung so weit wie möglich an die Realität angepaßt ist.

$f_T(Z^{neu})$	$T^{obs.}$	Z^{neu}	Bemerkung
1	Z_{gut}	$Z^{neu} \geq Z_{gut}$	Gute Unternehmen, die als bestandsfest eingeordnet wurden
0 $\cdots$ 1	Z_{gut}	$Z_{schl.} < Z^{neu} < Z_{gut}$	Gute Unternehmen, die in den Graubereich eingeordnet wurden. Dabei soll der Wert von $f_T(Z^{neu})$ um so kleiner sein, je dichter Z^{neu} bei $Z_{schl.}$ liegt.

---

33 Vgl. Wasserman (1993).
34 Vgl. Press et al. (1995) S. 394–444 und SAS Institute Inc. (1997).

0	Z_{gut}	$Z^{neu} \leq Z_{schl.}$	Gute Unternehmen, die als nicht bestandsfest eingeordnet wurden
1	$Z_{schl.}$	$Z^{neu} \leq Z_{schl.}$	Schlechte Unternehmen, die als nicht bestandsfest eingeordnet wurden
0 $\cdots$ 1	$Z_{schl.}$	$Z_{schl.} < Z^{neu} < Z_{gut}$	Schlechte Unternehmen, die in den Graubereich eingeordnet wurden. Dabei soll der Wert von $f_T(Z^{neu})$ um so kleiner sein, je dichter Z^{neu} bei Z_{gut} liegt.
0	$Z_{schl.}$	$Z^{neu} \geq Z_{gut}$	Schlechte Unternehmen, die als bestandsfest eingeordnet wurden

Tabelle 14: Eigenschaften der neuen Zielfunktion $f_T(Z^{neu})$. Diese Funktion mißt die Klassifikationsleitung im Intervall [0,1].

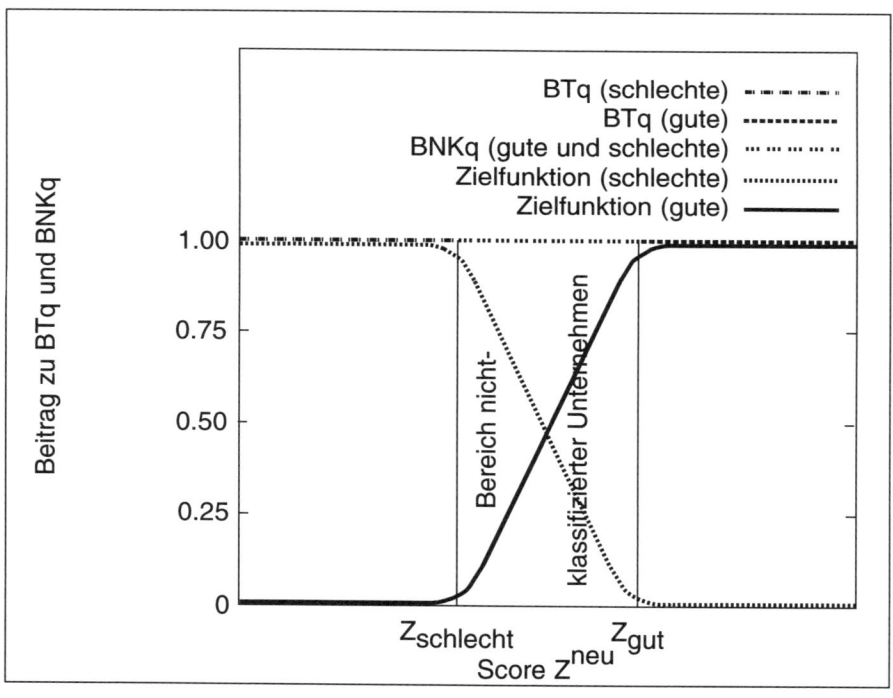

Abbildung 94: Vergleich zwischen den Gütemaßen BTq und BNKq für gute und schlechte Unternehmen einerseits und der neuen Zielfunktion $f_T(Z^{neu})$ (Target) andererseits

Der objektive Ansatz hat auch Auswirkungen auf die Stichprobe, die groß genug sein muß, um die numerische Bestimmung der Modellparameter auf eine sichere Grundlage zu stellen. Zum einen bestimmt die Anzahl der Modellparameter die Größe der Stichprobe, um ein „Overfitting" zu vermeiden: So ergeben schon 10 Variablen, deren zugeordnete linguistische Variable jeweils drei Ausprägungen haben soll, 80 Parameter;[35] jede Regel trägt dann noch mit ihrem Regelgewicht zu einem weiteren Parameter bei. Deshalb muß realistischerweise mit einem System zwischen 150 und 200 Parametern[36] gerechnet werden. Zum anderen ist die in Abschnitt B II angeführte Unterteilung in Lern- und Teststichprobe gerade für NLO-Probleme essentiell, um eine korrekte Anpassung der Parameter sicherzustellen.

Eine letzte Betrachtung soll zu den zu minimierenden Funktionen angestellt werden. Es ist natürlich einfacher, nur eine Funktion zu optimieren als zwei. Wenn man die *Kosten einer Fehlklassifikation* berücksichtigt, ist es besser, ein Unternehmen in den Graubereich einzuordnen als es falsch zu klassifizieren, denn die Unternehmen des Graubereichs haben ja eine bessere Chance, bei der manuellen Nachbearbeitung korrekt eingeordnet zu werden als die falsch klassifizierten: Erstere *müssen* in unserem Modell ohnehin mit besonderer Aufmerksamkeit bearbeitet werden, die letzteren müssen zunächst überhaupt erst einmal als *nachbearbeitungsbedürftig* erkannt werden.

Deshalb soll eine neue Zielfunktion $f_T(Z^{neu})$ mit den in Tabelle 14 aufgeführten Eigenschaften konstruiert werden. Dies kann leicht realisiert werden, indem in der Beziehung für BTq, Gleichung (1), die Heaviside'sche Funktion, die als Argument Z_i^{neu} enthält, durch eine *logistische Funktion* mit dem gleichen Argument, deren Sättigungsbereich ober- und unterhalb von Z_{gut} bzw. $Z_{schl.}$ liegt, approximiert wird. Der Verlauf dieser neuen Zielfunktion ist für gute und schlechte Unternehmen in Abb. 94 *(siehe S. 264)* dargestellt. Die neue Zielfunktion ist dann maximiert, wenn möglichst viele Unternehmen korrekt eingeordnet sind, oder, falls Unternehmen in den Graubereich eingeordnet werden, deren neuer Score Z^{neu} möglichst wenig von den Bereichsgrenzen der entsprechenden Bereiche

---

35 Pro Variable tragen die Zugehörigkeitsfunktionen für „klein" und „groß" mit jeweils 2 Parametern bei und die Zugehörigkeitsfunktion für „mittel" mit 4 Parametern. Vgl. dazu auch Abb. 91.
36 Zum Vergleich: Ein neuronales Netz aus einer Eingabeschicht mit 15 Neuronen, einer verdeckten Schicht mit 8 Neuronen und einer Ausgabeschicht mit 2 Neuronen hat ebenfalls 150 freie Parameter, wenn alle Neuronen in benachbarten Schichten miteinander verbunden sind.

korrekter Klassifikation abweicht. Damit lautet das neue zu lösende NLO-Problem:

Für eine für den zu bewertenden Gesamtdatenbestand repräsentative Stichprobe guter und schlechter Unternehmen ist Gl. (1) mit der Funktion $f_T(Z^{neu})$ bezüglich der Variablen $p_{ij,k}$, γ_i, ΔZ^+ und ΔZ^- zu maximieren, und zwar unter den Nebenbedingungen (8), wobei Z wiederum durch Z^{neu} aus Gl. (6) gegeben ist.

D. Ergebnisse

Die hier vorgestellten Prinzipien haben in das neue *Bonitätsbeurteilungsverfahren der Deutschen Bundesbank,*[37] welches seit einem Jahr erfolgreich in der Praxis eingesetzt wird, Eingang gefunden. Insgesamt führt das neue Verfahren zu einer *deutlichen Leistungsverbesserung:*

Bezogen auf die in Abschnitt A II aufgestellten Kriterien, mit Hilfe derer die Güte des entwickelten Modells beurteilt werden kann, läßt sich folgendes sagen: *Trennschärfe und Trefferquote konnten durch die von uns skizzierte Fuzzy-Nachbearbeitung deutlich erhöht werden.* Wir konnten die Trennschärfe[38] des Modells erhöhen, indem der nach der Anwendung des mathematisch-statistischen Verfahrens verbleibende Graubereich von 17,5% auf 5% verringert werden konnte. Erfreulicherweise stieg die Trefferquote durch die Nachbearbeitung von 70,9% auf 78,4%, die zuvor als nicht eindeutig klassifizierten Unternehmen sind in die richtigen Gruppen abgewandert.

Transparenz der Verarbeitungsweise und die daraus resultierende Nachvollziehbarkeit der Informationsverdichtung werden zum einen durch die gewählte unscharfe regelbasierte Verarbeitung in Form eines Fuzzy-Systems ermöglicht, zum anderen über die dargelegten Berechnungen zu den einzelnen Regelbeiträgen C_i nach der Beziehung (7).

Die Korrektheit der im Nachbearbeitungsteil aufgestellten Regeln läßt sich an ihrer *Akzeptanz durch Kreditexperten* „messen". Unserer Erfahrung nach können sich die Kreditexperten mit den ermittelten Fuzzy-Regeln gut identifizieren. Dies ist ein Indiz dafür, daß die aufgestellten Fuzzy-Regeln die Vorgehensweise erfahrener Kreditexperten hinreichend gut wiedergeben.

---

37 Vgl. Deutsche Bundesbank (1999).
38 Die folgenden Angaben sind aus einer Stichprobe mit einer 50:50 Aufteilung guter und schlechter Unternehmen ohne Berücksichtigung der a-priori-Wahrscheinlichkeiten ermittelt.

Ergebnisse

Wie dargestellt wurde, stehen mathematisch-statistische und die dargestellten Fuzzy-Verfahren nicht notwendigerweise in Konkurrenz zueinander, sondern können sich sinnvoll ergänzen. Bei den klassischen errechneten Jahresabschlußkennzahlen und bestimmten qualitativen Merkmalen[39] lassen sich die Zusammenhänge relativ gut durch einfache Formeln und Gleichungen beschreiben. Hierfür sind mathematisch-statistische Verfahren geeignet. Für *qualitative Merkmale mit semantischer Unsicherheit sind jedoch spezielle Modellierungsverfahren* notwendig, die in der Lage sind, diese Informationen realitätsnah zu erfassen und rechnergestützt zu verarbeiten. Die Theorie der Fuzzy-Logik bietet hierzu geeignete Verfahren an.

---

39 Grundsätzlich besitzen die qualitativen Merkmale, die für die Verarbeitung in mathematisch-statistischen Verfahren geeignet sind, scharf voneinander abgegrenzte Merkmalsausprägungen.

Teil 4:
Krisendiagnose im besonderen Fall

4.1 Krisendiagnose von Bauunternehmen

Jürgen Hauschildt/Jens Leker/Susanne Clausen

A. Das Problem: Statistische Insolvenzdiagnosen klammern Bauunternehmen regelmäßig aus

Seit mehr als 30 Jahren[1] sind *multivariate Diskriminanzanalysen* von Bilanzen zur Prognose von Insolvenzen Gegenstand wissenschaftlicher Forschung und in zunehmendem Maße auch praktischer Anwendung. Betrachtet man die vorliegenden Studien,[2] so fällt auf, daß die Vielfalt der Realität den Wissenschaftlern doch ein wenig unheimlich zu sein scheint:

Denn immer wieder werden bei der *Stichprobenziehung* die Vorentscheidungen getroffen, Konzernunternehmungen sowie Unternehmen bestimmter Branchen aus der Analyse auszuklammern. Dahinter steht die *Hypothese,* daß Konzernbilanzierung und/oder Branchenspezifika die Qualität und die Vergleichbarkeit der Bilanzdaten so stark beeinflussen, daß Insolvenzprognosen, die sich auf die Übertragung von Gesetzmäßigkeiten auf strukturell andersartige Unternehmen gründen, zu unakzeptablen Ergebnissen führen.

Die neuere empirische Erforschung von *Konzernkrisen* gibt der diesbezüglichen Hypothese recht.[3] In Konzernen bieten sich so viele Möglichkeiten einer erwünschten Gestaltung des Bilanzbildes, daß die Datenbasis mit Fug und Recht als unzureichend zu bezeichnen ist. Darüber hinaus ist die Zahl insolventer Konzerne so gering, daß dem „Gesetz der großen Zahl" für die statistische Analyse nicht entsprochen werden kann.

Dieses alles gilt nicht für *branchenspezifische Stichprobenselektion.* Verständlicherweise werden Handels-, Bank- und Versicherungsunterneh-

---

1 Dabei beziehen wir uns auf die Untersuchung Altman's aus dem Jahre 1967.
2 Vgl. hierzu die Übersichten bei Rösler (1988) S. 102–114 und Leker (1993) S. 98–129.
3 Vgl. hierzu Bötzel (1993) S. 281–292 und Küting/Kaiser (1994) S. 1–18.

men von dem Vergleich mit Industrieunternehmen ausgenommen. Interessanterweise eliminiert man überdies auch gern die Bauunternehmen, ganz im Sinne des gequälten Stoßseufzers eines erfahrenen Bankiers: „In Bauunternehmen herrschen andere Gesetze . . ."

Hier setzt unsere Untersuchung an. Denn gerade Bauunternehmen sind vor Insolvenz nicht gefeit. In den Jahren zwischen 1983 und 1992 waren Bauunternehmen zu 21,4% an allen Insolvenzen beteiligt.[4] Im folgenden werden wir theoretisch zu bestimmen haben, wodurch sich das Bilanzbild der Bauunternehmen von denen anderer Unternehmen im Krisenfall unterscheidet. Sodann sind bauspezifische Bilanzkennzahlen zu entwickeln, die geeignet erscheinen, die Krise von Bauunternehmen zu prognostizieren. Schließlich ist das prognostische Potential derartiger Kennzahlen empirisch zu testen.

B. Vermutete Unterschiede zwischen den Krisen von Bau- und Industrieunternehmen

Die statistische Insolvenzforschung auf der Basis von Daten des Jahresabschlusses hat das inzwischen einhellig akzeptierte *Ergebnis* gebracht, daß Insolvenzen von Industrieunternehmen anhand von wenigen Kennzahlen recht gut, das heißt mit einer Treffsicherheit von 75–80%, prognostizierbar sind:

– einer *Rentabilitätskennzahl,* z. B. Betriebsergebnis zu Gesamtkapital,
– einer *Verschuldungskennzahl,* z. B. Fremdkapital zu Gesamtkapital,
– einer *Umschlagskennzahl,* z. B. Umsatz zu Vorratsvermögen plus Leistungsforderungen.

Diese in den üblichen Diskriminanzfunktionen gewichteten und additiv verknüpften Kennzahlen prognostizieren einen bestimmten Krisentyp, den der *„absatzinduzierten, innerbetrieblich verstärkten Insolvenz",* einen Typ, den wir in früheren Krisenforschungen als „das Unternehmen auf brechenden Stützpfeilern" charakterisiert haben.[5]

Hierbei handelt es sich um Unternehmen, bei denen der Absatzsektor einen abrupten Einbruch erleidet oder in unerwartetem Maße stagniert. Offenbar fällt es diesen Unternehmen schwer, sich mit dem laufenden

---

4 Statistisches Bundesamt (Hrsg.), Fachserie 2 Unternehmen und Arbeitsstätten, Reihe 4.1 Insolvenzverfahren, Jahrgänge 1983–92.
5 Vgl. hierzu Hauschildt in Teil 1 dieser Schrift.

Produktions- und Beschaffungsapparat auf diesen Einbruch einzustellen. Diese Unternehmensbereiche arbeiten planmäßig weiter. Es wird „auf Lager" beschafft und „auf Halde" produziert. Konsequenterweise wird Kapital im Umlaufvermögen gebunden. Verkauf an schlecht zahlende Kunden wird nötig und führt zu einem überproportionalen Anwachsen von Außenständen. Der Kapitalbedarf verlangt kurzfristige Verschuldung.

Im *Spiegel des Jahresabschlusses* läßt sich diese Entwicklung an folgenden Daten zeigen:

Der Umsatz sinkt, die Vorräte an Erzeugnissen steigen. Ebenfalls steigen die Forderungen aus Lieferungen und Leistungen. Die Materialbestände sinken nicht proportional zum Umsatzrückgang, sondern steigen bei schlecht koordiniertem Einkauf sogar an. Die Personalaufwendungen lassen sich erst mit ein- bis zweijähriger Verzögerung an den Leistungsrückgang anpassen. In der Folge sinken die Gewinne drastisch, und die Verschuldung steigt.

Mit Blick auf die genannten *Kennzahlen* zeigt sich folgendes Bild:

– Das Betriebsergebnis sinkt, das Gesamtkapital steigt – die *Rentabilität* bricht ein.

– Das Fremdkapital wächst stärker als das Eigenkapital – der *statische Verschuldungsgrad* steigt.

– Der Umsatz sinkt, das Vorratsvermögen und die Außenstände steigen – die entsprechende *Umschlagshäufigkeit* sinkt.

Es ist die jeweils gegenläufige Bewegung von Zähler und Nenner, die den genannten Kennzahlen ihre hohe Signalkraft verleiht. Es sei angemerkt, daß durch die statistische Insolvenzprognose andere Krisentypen wesentlich schlechter prognostiziert werden, etwa die „Expansionskrise", die „persönlich bedingte Krise" sowie die „technologisch bedingte Krise".[6] So gesehen sind Prognoseergebnisse mit einer Treffsicherheit von mehr als 75% schon als sehr gut zu beurteilen.

Wir behaupten nun, daß die *Krise von Bauunternehmen* gerade *nicht* mit diesen Kennzahlen zutreffend bestimmt werden kann. Dazu müssen wir allerdings einige Annahmen und Vereinfachungen einführen:[7]

Wir gehen davon aus, daß die typische Bauunternehmung

– zyklisch verlaufenden Absatzschwankungen ausgesetzt ist,

---

6 Vgl. hierzu Hauschildt in Teil 1 dieser Schrift.
7 Vgl. hierzu insbes. Backhaus (1980) S. 347–360, Höffken (1986) S. 102–122 und Wagner (1989) S. 218–222.

- nicht in der Lage ist, ihre Bauleistungen in der Produktionsperiode voll abzurechnen, sondern erst in den folgenden Perioden,
- gezwungen ist, jeweils wenigstens eine Periode zuvor Material zu beschaffen, um den laufenden Aufwand zu leisten,
- vielfach bei anlaufender Konjunktur noch Investitionen tätigen muß,
- versucht, ihre Kunden zu Anzahlungen zu bewegen.

Die Wirkungen eines solchen Zyklus auf Gewinn und Liquidität sind in den Abbildungen 95 und 96 *(siehe S. 273)* modellhaft dargestellt.

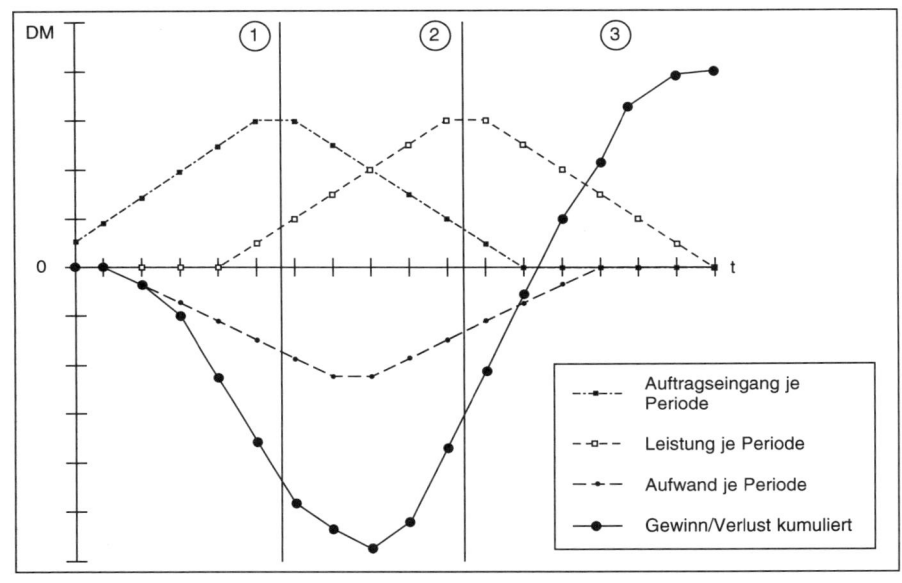

Abbildung 95: Auswirkungen von Absatzschwankungen auf den Gewinn von Bauunternehmen im Zeitablauf

Unterschiede

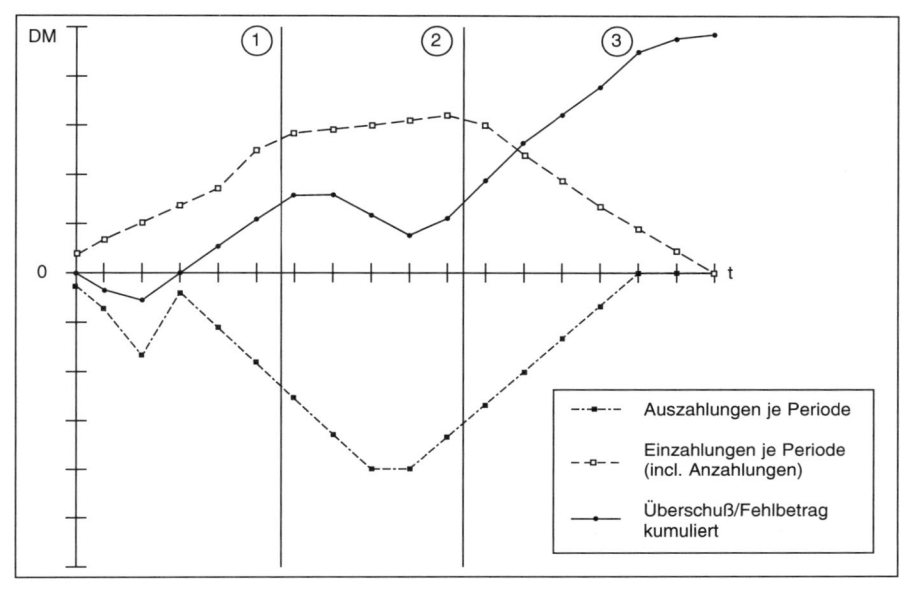

Abbildung 96: Auswirkungen von Absatzschwankungen auf die Liquidität von Bauunternehmen im Zeitablauf

Schon diese einfachen Überlegungen zeigen, daß die Beurteilung einer Bauunternehmung anhand der vertrauten Kennzahlen einer Industrieunternehmung zu *völlig falschen Schlüssen* führt:

– Zu Beginn des Zyklus (Phase 1) liegt ein wachsender Auftragsbestand vor – deutliches Anzeichen einer positiven Entwicklung. Zugleich wird gerade in dieser Phase die Entwicklung von Gewinn und Finanzen negativ.

– In der eigentlichen Bauphase (Phase 2) lassen sich die Finanzen nur bei hohen Anzahlungen sichern. Der Gewinn sinkt drastisch.

– Erst in der Schlußphase (Phase 3) – wenn möglicherweise gerade Anschlußaufträge fehlen – zeigen Gewinn und Finanzen eine positive Entwicklung.

Fazit: *Auftragslage einerseits sowie Erfolgs- und Finanzausweis andererseits verlaufen entgegengesetzt.* Wer sich in dieser Situation ausschließlich an den traditionellen Kennzahlen des Jahresabschlusses von Industrieunternehmen orientiert, kommt zu völlig falschen Schlüssen: Wenn der Gewinn und der Bestand finanzieller Mittel hoch sind, ist möglicherweise die weitere Beschäftigung fraglich. Umgekehrt kann finanzielle Anspannung und niedriger Gewinn bei hohem Auftragsbestand und -eingang gerade ein Zeichen positiver Entwicklung sein.

Nun ist nicht zu erwarten, daß ein schlecht beschäftigtes, aber finanziell gut gepolstertes und überdies gewinnträchtiges Bauunternehmen bei Auslaufen des Zyklus sonderlich insolvenzverdächtig und -gefährdet ist. Wenn die Auftragslage aber nicht bekannt ist, gerät die Analyse in Schwierigkeiten: *Gibt es Kennzeichen und Signale, die bei Bauunternehmen die Insolvenz frühzeitig signalisieren?*

Faßt man die Überlegungen zusammen, so sind Krisen von Bauunternehmen in erster Linie *strukturell bedingt*. Es ist die charakteristische zeitliche Diskrepanz von Gewinn und wirtschaftlicher Aktivität, die den Bauunternehmen zu schaffen macht. Da diese strukturelle Problematik durchaus bekannt ist,[8] wird sie allein wohl keine Insolvenz auslösen. Es müssen daher im Krisenfall *weitere Fehlleistungen oder Erschwernisse* hinzukommen, etwa:

– Es gelingt nicht, in nennenswertem Umfang Anzahlungen durchzusetzen.

– Es treten Zahlungsausfälle auf.

– Es treten unerwartete zeitliche Verzögerungen auf, z. B. wegen unzureichender Leistungen von Subunternehmen, wegen bautechnischer Probleme oder wegen der Verzögerung staatlicher Genehmigungen.

– Inflationäre Entwicklungen sind bei der Preisbildung nicht berücksichtigt.

– Man ist von wenigen, großen Projekten abhängig.

– Das Vorratsvermögen wird in der Hoffnung auf weitere Auftragseingänge unangemessen aufgestockt.

Es fragt sich, ob diese branchenspezifischen Baurisiken überhaupt und überdies frühzeitig aus den Daten des Jahresabschlusses erkennbar sind. Folgende Überlegungen leiten unsere Suche nach entsprechenden Kennzahlen:

(H 1) Die Krisendiagnose muß zunächst an der traditionellen Achillesferse der Bauwirtschaft ansetzen: an der chronischen Unterausstattung mit Eigenkapital. Die Eigenkapitalbasis wird zur Überbrückung der charakteristischen zeitlichen Verschiebungen der Gewinnrealisierung im Bauzyklus benötigt. Sie muß überdies zum Ausgleich der zusätzlichen Risiken bereitstehen. *Wir erwarten, daß die Insolvenzwahrscheinlichkeit mit zunehmender Verschuldung steigt.*

---

8 Vgl. insbes. Ahlbach (1987) S. 29–51 und Jacob (1987) S. 131–158.

Unterschiede

(H 2) Dem müßte der Verlauf der Zinsbelastung entsprechen. Angesichts der traditionell hohen Verschuldung der Baubranche übt der Zinsaufwand einen hoch bedeutsamen Einfluß auf den Erfolg aus. *Wir erwarten, daß die Insolvenzwahrscheinlichkeit mit zunehmender Zinsbelastung steigt.*

(H 3) Fehleinschätzungen des Auftragseingangs führen zu Schnell- und Notbeschaffungen mit entsprechendem Anstieg des Materialaufwandes – im Falle der Unterschätzung. Bei Überschätzung und entsprechend überhöhten Einkäufen wachsen die Bestände an Roh-, Hilfs- und Betriebsstoffen. Auch eine zeitliche Verzögerung des Baufortschritts läßt die Bestände an unfertigen Erzeugnissen ansteigen. Da die Bauproduktion eine Auftragsfertigung ist, sind Bestände an fertigen Erzeugnissen vermutlich irrelevant. *Wir erwarten, daß in insolvenzgefährdeten Unternehmen erhebliche Kapitalteile im Vorratsvermögen (allerdings nicht in Fertigerzeugnissen) gebunden sind.*

(H 4) Bei der Wahl von Kreditgebern werden Bauunternehmen nach der Ausschöpfung der Bankkredite sicherlich in hohem Maße Lieferantenkredite in Anspruch nehmen. *Wir erwarten, daß insolvenzgefährdete Bau-Unternehmen relativ hohe Lieferantenkredite ausweisen.*

(H 5) Nach unseren Überlegungen zum Erscheinungsbild der Krise von Bauunternehmen dürften sich „gute" und „schlechte" Firmen kaum im Ausweis ihrer Gewinne unterscheiden. Denn auch das solvente und rentable Unternehmen erlebt die charakteristische Gewinnverschiebung an das Ende des Zyklus'. Es ist allerdings zu prüfen, ob ein solches Unternehmen nicht sehr viel leichter in der Lage ist, höhere Abschreibungen zu tragen und (Pensions-)Rückstellungen zu bilden als ein Krisenunternehmen. *Wir erwarten, daß der Cash Flow in den Krisenunternehmen deutlich niedriger ausfällt als in der Vergleichsgruppe.*

(H 6) Die Modellüberlegungen zeigen schließlich, daß die Erhaltung der *Zahlungsfähigkeit* stark von der Durchsetzung der Anzahlungen sowie vom Ausmaß der notwendigen Investitionen bestimmt wird. Da wir grundsätzlich skeptisch sind, daß Liquiditätskennzahlen überhaupt geeignet sind, irgendeine valide Aussage über die Zahlungsfähigkeit zu begründen, formulieren wir auch *keine entsprechende Hypothese*. Wir werden allerdings unsere skeptische Einstellung nicht nur behaupten, sondern auch prüfen.

C. Datenbasis und Operationalisierungen

I. Vorgehensweise

Wir schließen uns beim Test den *vielfach erprobten Prozeduren* an,[9] wenn wir eine Stichprobe insolventer Bauunternehmen mit einer Kontrollgruppe vergleichen, die den insolventen Firmen in Größe und Branche entsprechen, aber eben solvent blieben.[10] Bei einer solchen Auswahlprozedur ist der Einfluß der Unternehmensgröße weitgehend neutralisiert. Je nach Erklärungsabsicht kann diese Vorentscheidung revidiert werden: Vergleicht man die Stichprobe der insolventen Bauunternehmen mit solventen Bauunternehmen anderer Größenordnungen, so läßt sich durch Vergleich der Ergebnisse der Größeneinfluß abschätzen. Vergleicht man sie mit Unternehmen anderer Branchen, läßt sich ein Urteil über die spezifischen Probleme der Branche fällen.

Das Ergebnis des Vergleichs wird in einer *multivariaten, linearen Diskriminanzfunktion* vom Typ

$$Z = a + bx_1 + cx_2 + dx_3 \ldots$$

abgebildet. Darin sind x_i die Kennzahlen des Jahresabschlusses, die individuell gewichtet werden. Die Diskriminanzfunktion selbst wird letztlich heuristisch bestimmt. Das Verfahren bleibt aber insoweit theoriegeleitet, als dem Suchprozeß solche Kennzahlen vorgegeben werden, die nach den zuvor abgeleiteten Arbeitshypothesen geeignet erscheinen, die Krisensymptome frühzeitig und eindeutig zu signalisieren.

Der *Prozeß* der Bestimmung derartiger Kennzahlen durchläuft üblicherweise mehrere Schleifen:

– *Definition:* Die Kennzahlen werden unterschiedlich definiert, sowohl in ihrer Grobstruktur (in Zähler und Nenner) als auch in ihrer Feinstruktur (in der Zusammensetzung von Zähler und Nenner).

– *Vorauswahl:* Diese Kennzahlen werden in univariaten Vergleichen der beiden Stichproben daraufhin geprüft, welche von ihnen die größten Unterschiede zwischen Test- und Kontrollgruppe zeigen.

– *Unabhängigkeitsprüfung:* Durch eine Faktorenanalyse wird bestimmt, welche Kennzahlen voneinander unabhängig sind. Zur Vermeidung der

---

9 So z. B. bei Beermann (1976), Steiner/Rössler (1976), Weinrich (1978), Gebhardt (1980), Kayser (1983), Freise (1985), Baetge/Huß/Niehaus (1986) und Reimund (1991).

10 Eine andere Vorgehensweise wählen Thomas (1985), Niehaus (1987) und Feidicker (1992), die ihre Vergleichsfälle jeweils über eine Zufallsauswahl ermitteln.

linearen Abhängigkeit zwischen den in der Diskriminanzfunktion verwendeten Kennzahlen sollte dann aus jedem der ermittelten Faktoren maximal eine Kennzahl in die Funktion eingehen.

Mit den trennstarken und voneinander unabhängigen Kennzahlen wird dann weitergearbeitet. Bei der Bestimmung der eigentlichen Diskriminanzfunktion werden unterschiedliche *Kombinationen* dieser Kennzahlen daraufhin geprüft, welche die beste Erklärung liefern. Was die beste Erklärung ist, wird durch die *Treffsicherheit der Diagnose* bestimmt, das ist die relative Häufigkeit der richtigen Vorhersage der Insolvenz bzw. der Solvenz in den beiden Stichproben. Dem entsprechen die Fehler 1. und 2. Art: Beim Fehler 1. Art ist ein insolventes Unternehmen fälschlicherweise als solvent klassifiziert, beim Fehler 2. Art umgekehrt. Wir streben bei unseren Tests ein möglichst gleiches Ausmaß der Fehler 1. und 2. Art an.

Die Ermittlung der Diskriminanzfunktion erfolgt auf der Basis von Jahresabschlüssen, die zwei oder gar drei Jahre vor dem Insolvenztermin vorgelegt wurden. Bei der üblichen Verzögerung der Vorlage des Jahresabschlusses bedeutet das eine *prognostische Distanz* von ein bis höchstens zwei Jahren vor Insolvenzeintritt.

II. Stichproben

Die *Ausgangsstichprobe* wurde von einem Kreditinstitut in Form von aggregierten Jahresabschlüssen verschiedener anonymisierter Unternehmen aus unterschiedlichen Branchen zur Verfügung gestellt. Das Bilanzgliederungsschema dieses Kreditinstituts wurde in einem ersten Schritt in eine Bilanz nach § 266 HGB transformiert. Dabei mußten einige Aggregationen übernommen werden, die auf die bankinterne Datengliederung zurückgehen.

In dieser Ausgangsstichprobe waren 25 Bauunternehmen enthalten, die zwischen 1986 und 1989 insolvent geworden waren und von denen wenigstens zwei aufeinander folgende vollständige Abschlüsse nach neuem Recht erhältlich waren *(Testgruppe Bau)*. Dabei wurden primär Handelsbilanzen und Steuerbilanzen ausgewählt. In einigen Fällen mußte aber auch für das letzte Jahr vor der Insolvenz auf eine vorläufige Bilanz zurückgegriffen werden.

Zu diesen Insolvenzfällen wurde nun eine *Kontrollgruppe* von solventen Baufirmen ausgewählt, die in der Größe (gemessen an der Bauleistung zwei Jahre vor dem Insolvenzzeitpunkt) und in dem Untersuchungszeitraum ähnlich ist *(Kontrollgruppe Bau)*.

Zur Vertiefung der Analyse wurde eine weitere *Vergleichsstichprobe* gezogen, nämlich alle Baufirmen der Ausgangsstichprobe, die nicht vor 1989 insolvent geworden waren. Bei dieser Stichprobe wurden somit nur der Branchen- und der Konjunktureinfluß, nicht aber der Größeneinfluß neutralisiert *(Vergleichsgruppe Bau)*.

Zum Vergleich wird schließlich ein Test vorgelegt, der insolvente und solvente Unternehmen vergleicht, die nicht der Baubranche entstammen.[11] Diese Gruppen bestehen aus Firmen, die mit insolventen Bau-Unternehmen lediglich in der Größe (wiederum an der Leistung gemessen) und dem Insolvenzzeitpunkt übereinstimmen. Durch diesen Test soll der spezifische Brancheneinfluß sichtbar gemacht werden *(Testgruppe N-Bau und Kontrollgruppe N-Bau)*.

Tabelle 15 gibt einen Überblick über die Stichproben und die Stichprobengrößen.

Eigentliche Testanordnung: Bauunternehmen	
n_1 Testgruppe Bau	25 insolvente Bauunternehmen
n_2 Kontrollgruppe Bau	25 in der Größe ähnliche, solvente Bauunternehmen
n_3 Vergleichsgruppe Bau	64 solvente Bauunternehmen ohne Größennormierung
Ergänzende Testanordnung: Unternehmen anderer Branchen (Nicht-Bau)	
n_4 Testgruppe N-Bau	25 in der Größe der Testgruppe Bau ähnliche, insolvente Unternehmen anderer Branchen
n_5 Kontrollgruppe N-Bau	25 in der Größe der Testgruppe N-Bau ähnliche, solvente Unternehmen anderer Branchen

Tabelle 15: Testanordnung

Wir hätten uns gewünscht, daß die eigentliche Testgruppe Bau größer gewesen wäre. Das Problem war nicht, daß in unserem Untersuchungszeitraum nicht genügend Insolvenzen auftraten. Das Problem besteht darin, daß die Jahresabschlüsse dieser Unternehmen nicht uneingeschränkt verfügbar sind. Es ist eben auch ein Kennzeichen insolventer Unternehmen, daß das Rechnungswesen unzureichend arbeitet. Auch dies ist schon ein Befund.

---

11 Die Unternehmen stammen zu jeweils 40% aus den Bereichen Produktion und Handel und zu etwa 20% aus dem Bereich Dienstleistungen.

III. Definition, Vorauswahl und Unabhängigkeitsprüfung

Im *Definitionsprozeß* wurden 77 unterschiedliche Kennzahlen in Anlehnung an die bilanzanalytische Literatur[12] aus folgenden Analysegebieten bestimmt:

Kennzahlen zur	
Erfolgsquellenanalyse	7
Rentabilitätsanalyse	8
Erfolgsverwendungsanalyse	5
Absatzbereichsanalyse	10
Betriebsbereichsanalyse	18
Investitions- und Vermögensanalyse	14
Finanzierungsanalyse	7
Liquiditätsanalyse	8
Summe	77

Erwartungsgemäß sind viele dieser Kennzahlen hoch korreliert. Um diesen Einfluß auszuschalten, wurden eine Reihe von *Faktorenanalysen* durchgeführt. Die Faktorenanalysen zeigen regelmäßig
– einen Faktor von Erfolgs- und Rentabilitätskennzahlen („Erfolgsfaktor"),
– einen Faktor von Deckungsrelationen und Liquiditätskennzahlen („Liquiditätsfaktor"),
– einen Faktor von Kennzahlen des Umlauf-, insbesondere des Vorratsvermögens („Vorratsfaktor"),
– einen Faktor von Kennzahlen zum Anlagevermögen („Anlagenfaktor")
sowie zwei bis drei weitere, heterogen besetzte Faktoren. Bemerkenswerterweise werden Kennzahlen, die Zinsaufwendungen einschließen, keinem dieser Faktoren zugeteilt.

Die Faktorenanalysen sollen hier nicht gesondert kommentiert werden. Für das weitere Vorgehen liefern sie den Hinweis, daß in die Diskriminanzfunktion jeweils nur eine Kennzahl aus jedem Faktor eingehen darf.

---

12 Es handelt sich hierbei um die traditionellen Analysekonzepte, wobei einige Anpassungen aufgrund der bankinternen Bilanzgliederung notwendig waren. Vgl. hierzu Hauschildt (1987), Drukarczyk (1989), Gräfer (1990), Riebell (1996) und Coenenberg (1997).

D. Befunde

I. Univariate Befunde

Die in Tabelle 16 aufgeführten Kennzahlen zeigten im Vergleich der insolventen Baufirmen mit ihren Kontrollgruppen die *stärksten univariaten Unterschiede* (Testgruppe Bau versus Kontrollgruppe Bau). Alle Unterschiede sind wenigstens auf dem 5%-Niveau signifikant. Diese Unterschiede sind im übrigen auch unabhängig von der Unternehmensgröße.

1. (Brutto-Cash-Flow [1]/Gesamtkapital) × 100 = („dynamische Gesamtkapitalrendite")
2. (Brutto-Cash-Flow/langfr. Fremdkapital [2]) × 100 = (Kehrwert: „dynamischer Verschuldungsgrad")
3. (Zinsaufwand/Bauleistung [3]) × 100 = („Zinsaufwandsintensität")
4. (Zinsaufwand/Fremdkapital) × 100 = („Fremdkapitalzinslast")
5. (Vorräte ./. fertige Erzeugnisse/Bauleistung) × 100 = („Vorratsintensität", Kehrwert „Umschlagshäufigkeit des Vorratsvermögens")
6. (Roh-, Hilfs-, Betriebsstoffe/Bauleistung) × 100 = (Kehrwert: „Umschlagshäufigkeit des Materialbestandes")
7. (Langfristiges Kapital [4]/Anlagevermögen) × 100 = („Anlagendeckung")
8. (Fremdkapital/Gesamtkapital) × 100 = („statischer Verschuldungsgrad")
9. (12 × Verbindlichkeiten aus Lieferungen und Leistungen/Bauleistung = („Lieferantenziel in Monaten")
10. (Monetäres Umlaufvermögen [5]/kurzfristiges Fremdkapital [6]) × 100 = („Liquidität II")

Definitionen:
(1) Brutto-Cash-Flow = Jahresüberschuß/-fehlbetrag + Steuern EE + Abschreibungen + Zugang zu Rückstellungen + nicht ordentlicher Aufwand ./. Zuschreibungen ./. nicht ordentliche Erträge
(2) Langfristiges Fremdkapital = Pensionsrückstellungen + mfr./lfr. Bankverbindlichkeiten + mfr./lfr. Verbindlichkeiten aus Lieferungen und Leistungen + sonstige mfr./lfr. Verbindlichkeiten + RAP + 0,5 × Sonderposten mit Rücklage-Anteil
(3) Bauleistung = Umsatzerlöse +/– Bestandsveränderungen an fertigen und unfertigen Erzeugnissen + andere aktivierte Eigenleistungen
(4) Langfristiges Kapital = Eigenkapital + langfr. Fremdkapital nach (2)
(5) Monetäres Umlaufvermögen = flüssige Mittel + Wertpapiere des UV + kurzfr. Forderungen aus Lieferungen und Leistungen + sonstige kurzfr. Forderungen + RAP
(6) Kurzfristiges Fremdkapital = kfr. Bankverbindlichkeiten + Akzepte + kfr. Verbindlichkeiten aus Lieferungen und Leistungen + sonstige kfr. Verbindlichkeiten + RAP + erhaltene Anzahlungen + sonstige Rückstellungen + 0,5 × auszuschüttender Gewinn

Tabelle 16: Kennzahlen mit großen Unterschieden zwischen Test- und Kontrollgruppe Bau

Die folgenden Abbildungen 97 (1–10) verdeutlichen diese Unterschiede, die gestrichelten Kurvenverläufe sind dabei die der Kontrollgruppe Bau:

Befunde

Abbildung 97 (1–10): Unterschiede einzelner Kennzahlen (Testgruppe Bau versus Kontrollgruppe Bau)

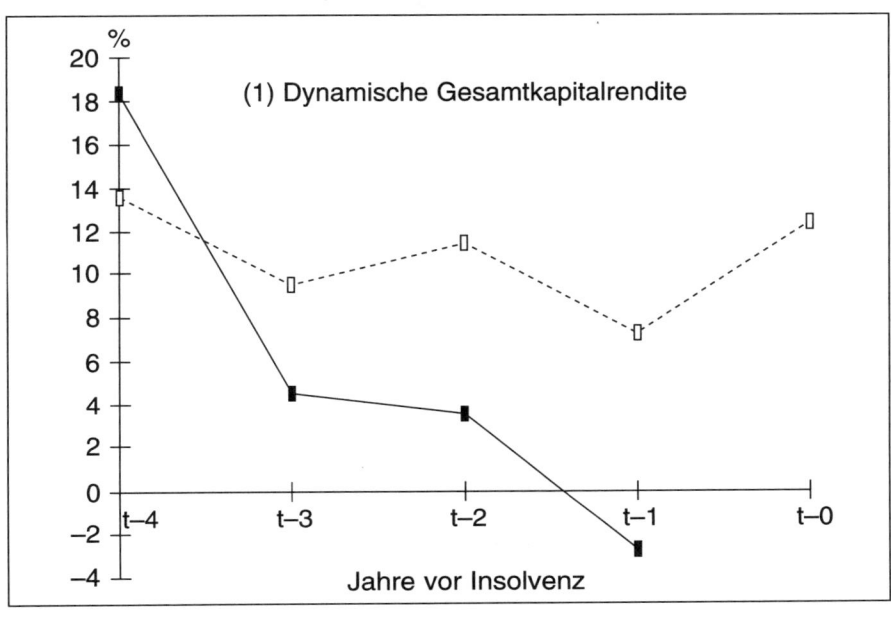

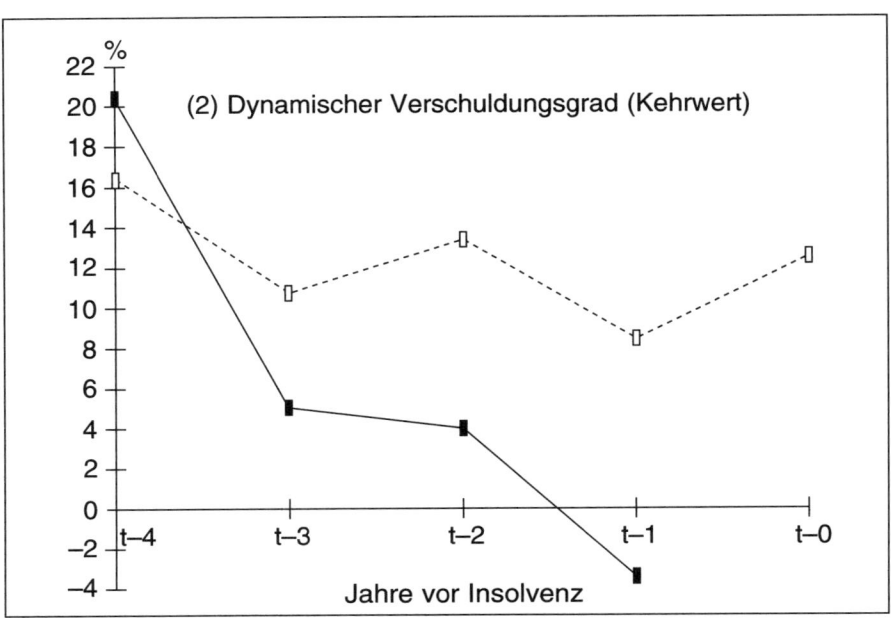

(1) Dynamische Gesamtkapitalrendite

Jahre vor Insolvenz

(2) Dynamischer Verschuldungsgrad (Kehrwert)

Jahre vor Insolvenz

(3) Zinsaufwandsintensität

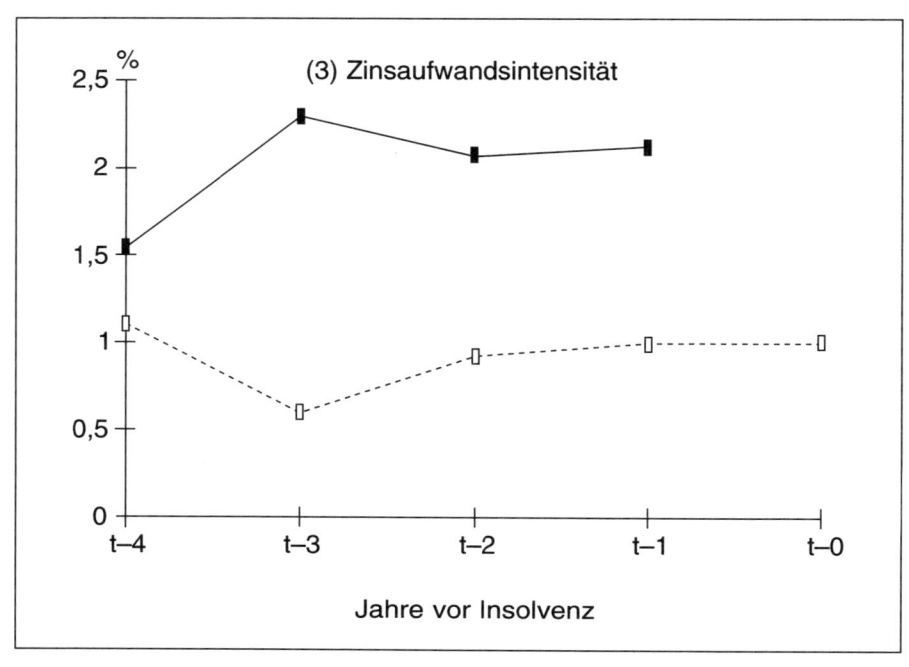

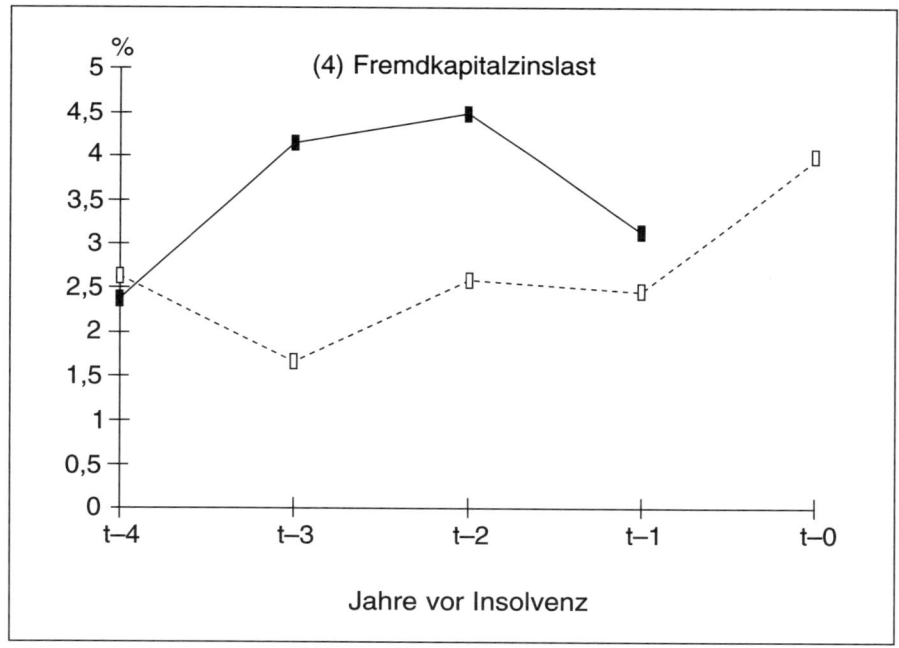

(4) Fremdkapitalzinslast

Jahre vor Insolvenz

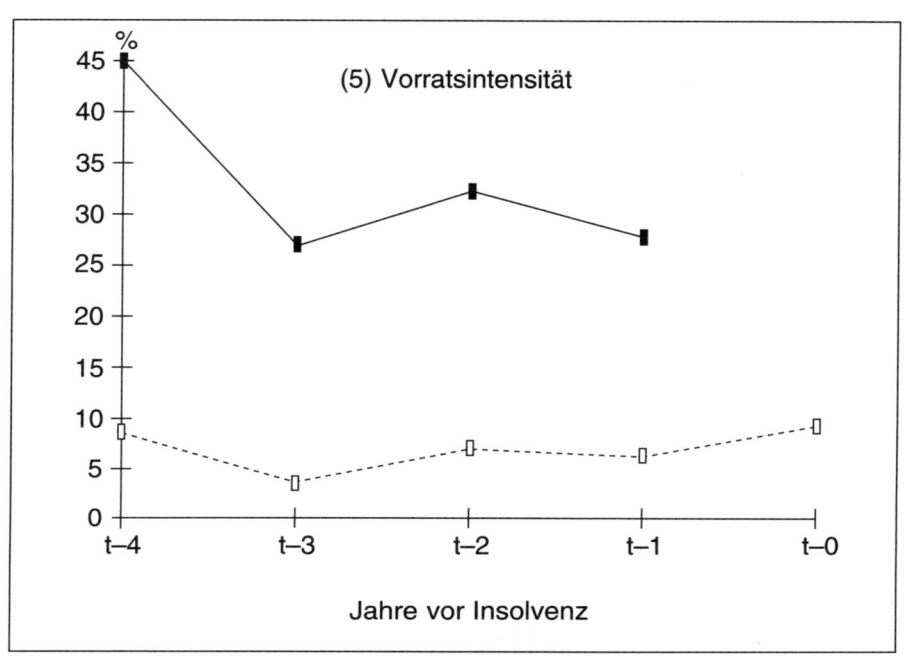

Befunde

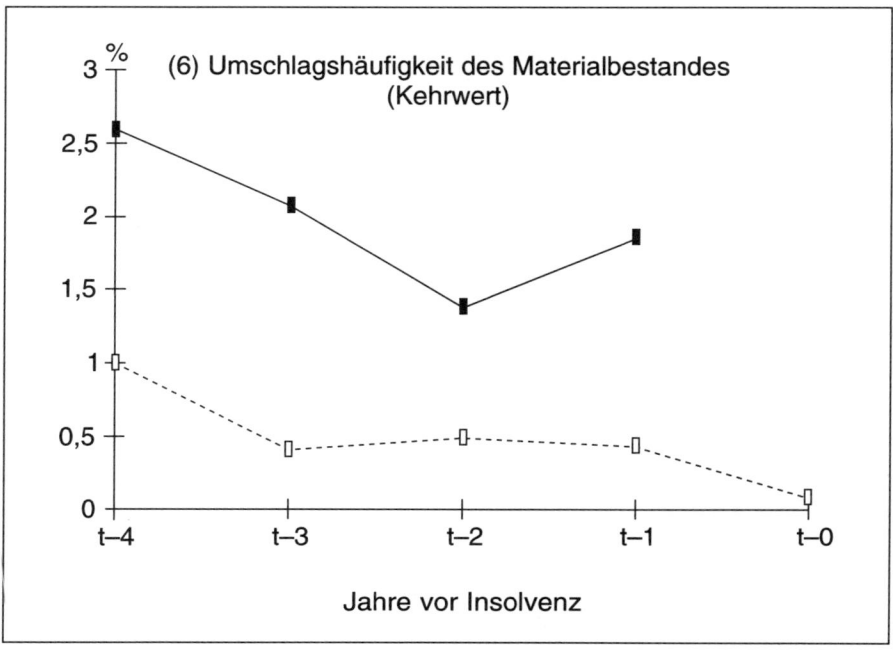

(5) Vorratsintensität

Jahre vor Insolvenz

(6) Umschlagshäufigkeit des Materialbestandes (Kehrwert)

Jahre vor Insolvenz

(7) Anlagendeckung

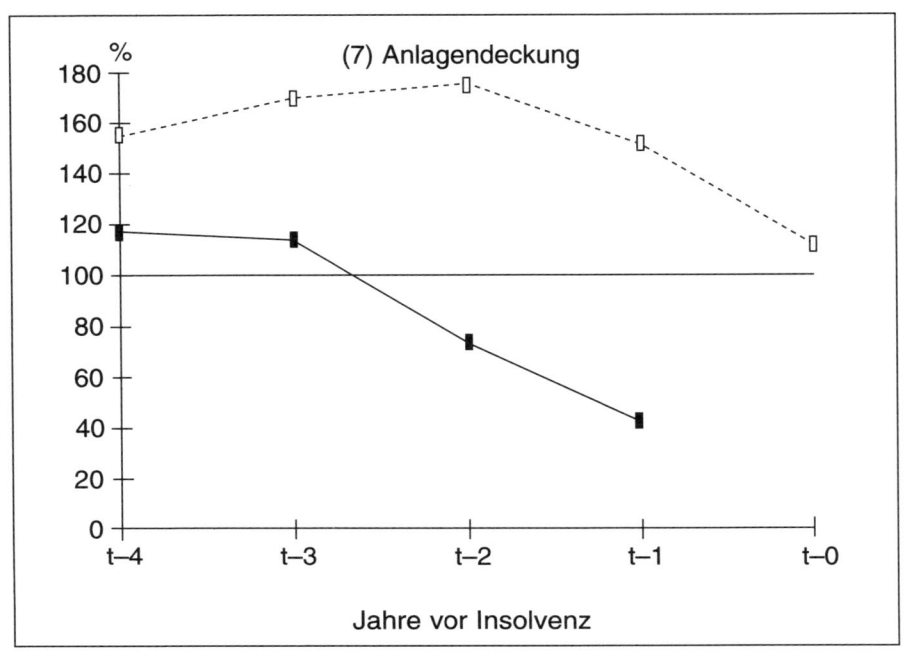

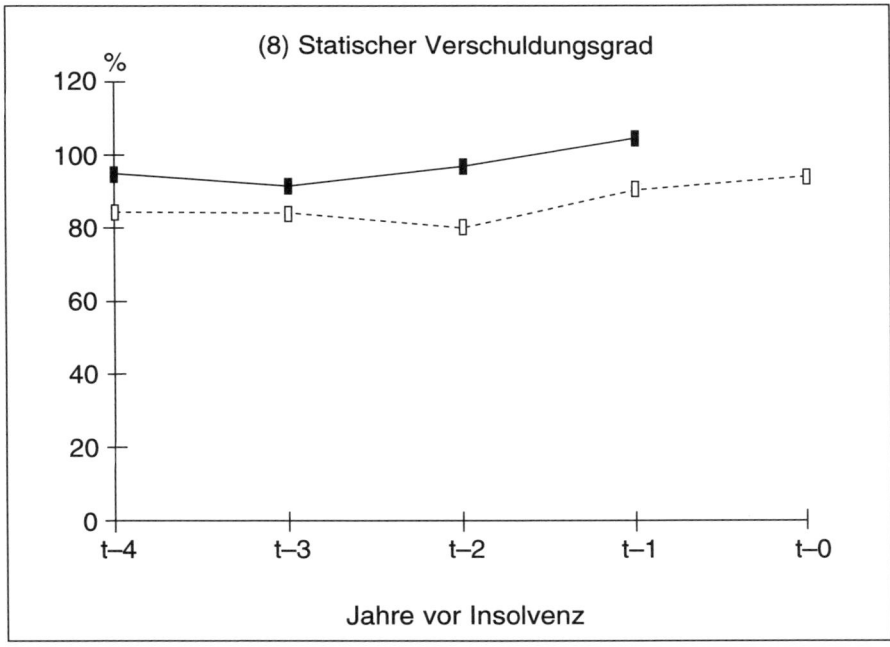

(8) Statischer Verschuldungsgrad

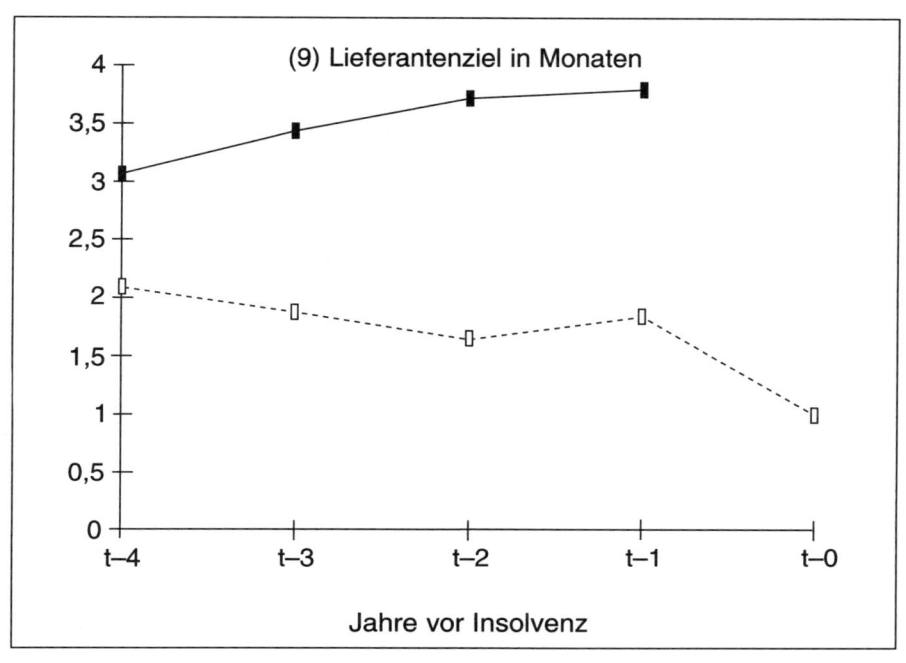

Befunde

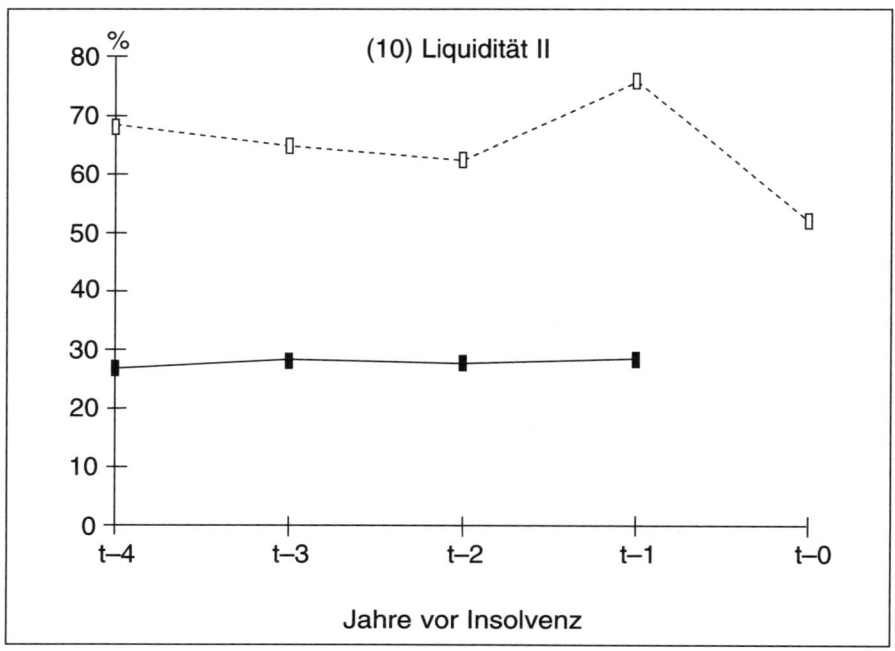

(9) Lieferantenziel in Monaten

(10) Liquidität II

Jahre vor Insolvenz

Bei der Würdigung des optischen Eindrucks muß berücksichtigt werden, daß bei den solventen Firmen eine *systematische Verzerrung* auftritt, die darin besteht, daß ein Teil dieser Firmen in den Folgejahren insolvent werden kann. Die Stichprobenziehung fragt ja nur, ob diese Firmen zum Untersuchungszeitpunkt (noch) solvent waren. Dieser Umstand könnte erklären, warum sich einzelne Werte der Kontrollgruppe ebenfalls tendenziell verschlechtern.

Im Lichte dieser ersten Befunde erweisen sich die vorn abgeleiteten Erwartungen als zutreffend:

(H 1) *Verschuldung* und Insolvenzwahrscheinlichkeit sind sowohl in statischer als auch in dynamischer Perspektive hoch korreliert (Kennzahlen 2 und 8).

(H 2) Der *Zinsaufwand,* ob an der Leistung oder am Fremdkapital relativiert, ist in den insolventen Unternehmen signifikant höher als bei der Kontrollgruppe (Kennzahlen 3 und 4).

(H 3) Im *Vorratsvermögen* insolventer Bauunternehmen ist ca. die fünffache Kapitalmenge (in Relation zur Bauleistung) gebunden als in der Kontrollgruppe (Kennzahlen 5 und 6).

(H 4) Die vermutete stärkere Inanspruchnahme des *Lieferantenkredits* durch insolvente Baufirmen wird eindrucksvoll bestätigt (Kennzahl 9).

(H 5) Der am Gesamtkapital relativierte *Brutto-Cash-Flow* insolventer Bauunternehmen ist markant niedriger als in der Kontrollgruppe und wird im Jahr vor der Insolvenz negativ (Kennzahl l).

(H 6) Die *Liquiditätskennzahlen* bestätigen trotz aller theoretischen Skepsis die Erfahrungen der Praxis. Sie sind in den insolventen Unternehmen deutlich niedriger (Kennzahl 10).

(H 7) Zur *Anlagendeckung* hatten wir keine Hypothese formuliert. Der Befund deckt sich aber mit klassischen Kennzahlennormen: In den insolventen Bauunternehmen sinkt dieser Wert im 2. Jahr vor Insolvenz unter die 100%-Linie und unterscheidet sich damit signifikant von der Kontrollgruppe (Kennzahl 7).

Diese Befunde sollen zusätzlich unter der Frage kommentiert werden, ob sich damit charakteristische *Unterschiede zwischen Bauunternehmen und Unternehmen anderer Branchen* („Nicht-Bau") zeigen:

(1) Bei den Bauunternehmen unterscheiden sich solvente und insolvente erwartungsgemäß kaum durch ihre *Rentabilitätskennzahlen.* Das ist bei den übrigen Unternehmen nicht der Fall: Durchgängig sind fast alle Rentabilitätsmaße bei den insolventen Unternehmen anderer Branchen signifikant niedriger als bei der Vergleichsgruppe.

(2) Hinsichtlich der *Zinsbelastung* zeigen Bau- und andere Unternehmen keine Unterschiede.

(3) Die Kennzahlen zum *Vorratsvermögen* sind bei Bauunternehmen wesentlich deutlichere Krisenindikatoren als bei anderen Unternehmen.

(4) Hinsichtlich der Inanspruchnahme des *Lieferantenkredits* in der Krise unterscheiden sich Bauunternehmen nicht von anderen Unternehmen.

(5) Die gegenläufige Bewegung von *Cash Flow* und *Verschuldung* ist ebenfalls ein branchenunabhängiges Krisensignal.

(6) Der Mangel an *flüssigen Mitteln* (oder das offenkundige Unvermögen, noch befriedigende Relationen ausweisen zu können) gilt offenbar für alle Krisenunternehmen unabhängig von der Branche. Insbesondere die Befunde zur Rentabilität und zum Vorratsvermögen rechtfertigen die vorliegende Untersuchung. Die Daten bestätigen zugleich die Vorsicht der vorangehenden Untersuchungen, die Bauunternehmen bei der Bestimmung von Diskriminanzfunktionen zur Insolvenzdiagnose auszuklammern.

II. Multivariate Befunde

Tabelle 17 zeigt die Befunde der linearen Diskriminanzanalysen im Überblick.

Test 1: Vergleich insolventer (n_1 = 25) mit solventen Bauunternehmen (n_2 = 25) ähnlicher Größe (Testgruppe Bau versus Kontrollgruppe Bau)	
	Gewichtung in %
Z_1 = 3,13 − 0,0091 × statischer Verschuldungsgrad (1)	17,8
− 0,0354 × Vorratsintensität II (2)	34,7
− 0,3416 × Fremdkapitalzinslast (3)	47,5
Test 2: Vergleich insolventer (n_1 = 25) mit solventen Bauunternehmen ohne Größenbeschränkung (n_3 = 64) (Testgruppe Bau versus Vergleichsgruppe Bau)	
	Gewichtung in %
Z_2 = 2,7126 − 0,0084 × statischer Verschuldungsgrad (1)	15,2
− 0,0174 × Vorratsintensität I (4)	39,4
− 0,4024 × Fremdkapitalzinslast (3)	45,4
Test 3: Vergleich insolventer (n_4 = 25) mit solventen Nicht-Bauunternehmen (n_5 = 25) ähnlicher Größe (Testgruppe N-Bau versus Kontrollgruppe N-Bau)	
	Gewichtung in %
Z_3 = 0,6682 + 0,03725 × KW dynam. Verschuldungsgrad (5)	44,6
− 0,4072 × Lieferantenziel (6)	45,6
− 0,02302 × nicht ordentl. Aufwandsanteil (7)	9,8

Definitionen
(1) (Fremdkapital/Gesamtkapital) × 100
(2) (Vorräte minus fertige Erzeugnisse/Bauleistung) × 100
(3) (Zinsaufwand/Fremdkapital) × 100
(4) (Vorräte minus fertige Erzeugnisse/Umsatz) × 100
(5) (Brutto-Cash-Flow/mittel- und langfristiges Fremdkapital) × 100
(6) (12 × Verbindlichkeiten aus Lieferungen und Leistungen)/Leistung
(7) (nicht ordentlicher Aufwand/Leistung) × 100

Tabelle 17: Testbefunde der MDA bei Bauunternehmen

In diesen multivariaten Analysen reduziert sich die Zahl der maßgeblichen Kennzahlen drastisch: *Von Insolvenz bedroht sind hoch verschuldete Bauunternehmen, deren Kapital im Vorratsvermögen gebunden ist und die schwer an ihren Zinslasten tragen.* Es ist bemerkenswert, daß diese Feststellung offenkundig unabhängig von der Unternehmensgröße gilt (vgl. Test 1 versus Test 2).

Wir haben die *Gewichtungskoeffizienten* standardisiert und prozentuiert, um einen Eindruck von der relativen Bedeutung zu vermitteln. Danach ist die Vorratsintensität mit 45–47% die bedeutsamste Variable, gefolgt von der Zinslast mit 35–39% und dem statischen Verschuldungsgrad mit 15–17%.

Auffällig sind die *Unterschiede gegenüber den Unternehmen aus anderen Branchen (vgl. Test 1 versus Test 3):* Bei diesen ist der Abwärtstrend des Cash Flow in Verbindung mit der steigenden Verschuldung doch der beste Krisenindikator. In Bauunternehmen verliert dieses klassische Krisensignal angesichts der vorn gekennzeichneten, strukturell bestimmten Erfolgsverschiebung in der multivariaten Verknüpfung hingegen so stark an Bedeutung, daß es nicht für die Insolvenzdiagnose herangezogen wird. Hinsichtlich der Verschuldungstendenz stimmen die Bauunternehmen mit den übrigen Unternehmen überein. Deutlicher noch als in Bauunternehmen deutet bei den Unternehmen anderer Branchen die Verschuldung bei Lieferanten die Insolvenz an. Interessanterweise ist überdies noch der Ausweis von Sonderabschreibungen und außerordentlichen Aufwendungen („nicht ordentlicher Aufwand") ein Krisensignal.[13]

Abschließend sei die *Treffsicherheit* der Insolvenzdiagnose kommentiert. Die folgende Tabelle zeigt die Ergebnisse. Man möge die Prozentangaben

---

13 Die hohe Bedeutung des Lieferantenziels und der nicht ordentlichen Aufwendungen erklärt sich insbesondere aus den in diesen Gruppen enthaltenen Handels- und Dienstleistungsunternehmen.

nicht ohne Vorsicht verwenden. Immerhin liegen der Prozentuierung doch sehr kleine Stichproben zugrunde (s. Tabelle 18).

Treffsicherheit		
1. im Vergleich insolventer mit solventen Bauunternehmen ähnlicher Größe		
insolvente richtig klassifiziert 21 aus 25 = 84%	solvente richtig klassifiziert 22 aus 25 = 88%	Gesamt richtig klassifiziert 43 aus 50 = 86%
2. im Vergleich insolventer mit solventen Bauunternehmen ohne Größennormierung		
insolvente richtig klassifiziert 20 aus 25 = 80%	solvente richtig klassifiziert 55 aus 64 = 86%	Gesamt richtig klassifiziert 75 aus 89 = 84%
3. im Vergleich insolventer mit solventen Nicht-Bauunternehmen ähnlicher Größe		
insolvente richtig klassifiziert 20 aus 25 = 80%	solvente richtig klassifiziert 22 aus 25 = 88%	Gesamt richtig klassifiziert 42 aus 50 = 84%

Tabelle 18: Treffsicherheit der linearen Diskriminanzfunktionen

Wir wollen schließlich einen Eindruck gewinnen, ob die Kennzahlenkombinationen der Diskriminanzfunktionen auch schon bei Abschlüssen signalkräftig sind, die *drei Jahre vor dem Kriseneintritt* erstellt wurden. Leider weist unser Material dazu empfindliche Lücken auf: So standen nur 19 Abschlüsse solventer und 18 Abschlüsse insolventer Bauunternehmen ähnlicher Größenordnung zur Auswertung zur Verfügung. Immerhin ergaben sich dabei Trefferquoten von 15 aus 19 (= 79%) für solvente und 13 aus 18 (= 72%) für insolvente Bauunternehmen. Die Tendenz ist die gleiche und damit als recht stabil zu kennzeichnen.

E. Abschließende Diskussion

I. Zusammenfassung der Ergebnisse

Ganz unstrittig bestätigen die Befunde die Erwartung, daß Bauunternehmen sich von den übrigen Industrieunternehmen nennenswert unterscheiden.

Betrachtet man die Baubranche an sich, so erlauben die Kombinationen von drei Kennzahlen in den Diskriminanzfunktionen eine Insolvenzdiagnose von hoher Treffsicherheit. Es wurden Funktionen ermittelt, die sich auf ein positives absolutes Glied stützen, das dann durch weitere Diskriminanzvariablen verringert wird. Negativ in diesem Sinne wirken der *statische Verschuldungsgrad,* der das zur Verfügung stehende Fremdkapital am Gesamtkapital mißt, die *Fremdkapitalzinslast,* die die Erfolgsbelastung durch die Verschuldung andeutet, sowie schließlich die *Vorratsintensität,* durch die das Verhältnis des Vorratsvermögens an der Bauleistung ausgedrückt wird. Das Bild der Krise wird damit bestätigt: Die Langzeitfertigung, Irrtümer über das Ausmaß des Aufschwunges und Bauverzögerungen für die in Arbeit befindlichen Projekte lösen hohe Beschaffungen und Lagerung von Roh-, Hilfs- und Betriebsstoffen aus und führen zu hohen Beständen an unfertigen Bauvorhaben. Das führt zu zunehmender Verschuldung und zur Verstärkung der Zinsbelastung. Die bilanzanalytisch gestützte Krisendiagnose führt damit zielstrebig zu Fragen nach den tieferen Ursachen derartiger Erhöhungen der Vorratsbestände.

II. Begrenzungen dieser Analyse

Die Jahresabschlüsse der Baubranche stammen aus den Jahren 1985–1989 und damit aus einer Zeit des *Konjunkturaufschwungs.* Es ist damit nicht auszuschließen, daß die Diskriminanzfunktionen bei Stagnation und Rezession möglicherweise eine andere Struktur haben. Hier liegt noch ein allgemeines Problem der Insolvenzforschung: zu überprüfen, inwieweit die Diskriminanzfunktionen konjunkturell unabhängig sind.

Die Stichproben sind relativ klein. Damit scheint uns die Normalverteilungsannahme a priori nicht erfüllt. Im einzelnen zeigen sich auch bei den gebildeten Kennzahlen rechtsschiefe und leicht gewölbte Verteilungen. Nun wird die Diskriminanzanalyse als relativ robust gegen die Verletzung der Normalverteilungsannahme angesehen,[14] gleichwohl bleibt ein Unbehagen. Immerhin sind die Ergebnisse so eindeutig und überzeugend, daß

---

14 Vgl. hierzu Müller-Schwerin/Strack (1977) S. 294 und Gebhardt (1980).

wir nicht noch weitere Tests abwarten wollen, ehe wir die Ergebnisse zur Diskussion stellen. Aber zweifellos kann sich die Forschung mit diesen ersten Befunden noch nicht zufriedengeben.

III. Zum theoretischen Stellenwert der Analyse

Der statistischen Insolvenzdiagnose wird angelastet, eine theorielose Datenauswertung zu sein.[15] Dieser Vorwurf wird nicht eben vermindert, wenn sich die Anstrengungen der Forschung darauf richten, die Trefferquote durch Einsatz immer aufwendigerer statistischer Verfahren zu erhöhen.[16] Wir meinen aber, daß von diesem Vorwurf allenfalls derjenige Teil der Forschungsarbeit betroffen wird, der sich ausschließlich in den Dienst einer besseren Gestaltung, etwa von Kreditwürdigkeitsprüfungen, stellt, also den *praxeologischen Auftrag* unseres Faches in den Vordergrund rückt, ohne nach den realtheoretischen Perspektiven zu fragen.

Demgegenüber scheint uns die statistische Insolvenzdiagnose unzutreffend beurteilt, wenn sie für den *realtheoretischen Auftrag* unseres Faches eingesetzt wird. Wir versuchen, mit der vorliegenden Untersuchung in dieser Richtung einen Schritt voranzukommen. Immerhin liegen inzwischen viele Elemente einer betriebswirtschaftlichen Krisentheorie vor, die einer empirischen Prüfung zugänglich sind. Diese theoretischen Überlegungen führen, wie gezeigt wurde, zu durchaus differenzierten Hypothesen über krisenhafte Zustände in einer bestimmten Branche. Diese Hypothesen wurden getestet und bestätigt. Die multivariate Diskriminanzanalyse erweist sich dabei als ein wertvolles Testinstrument, ein Grund mehr, sie noch nicht zum alten Eisen zu werfen.

---

15 Vgl. hierzu insbesondere die kritischen Einwände bei Gemünden im Abschnitt 3.2 dieser Schrift und Schneider (1989).
16 Vgl. hierzu die Untersuchungen von Erxleben et al. (1992), Rehkugler/Poddig (1992b) und Krause (1993).

4.2 Zur Diagnose von Konzernkrisen

Stefan Bötzel/Michael Cratzius

A. Einleitung

Die wissenschaftliche Aufarbeitung der Konzernrechnungslegung und die Umsetzung ihrer Ergebnisse für die Diagnose von Konzernkrisen zeigt ein äußerst unausgewogenes Bild. Einerseits spiegelt sich die steigende Bedeutung des Konzernabschlusses in zahlreichen Veröffentlichungen zu grundlegenden und speziellen Fragen der Konzernrechnungslegung wider.[1] Andererseits existieren trotz dieser Entwicklung und trotz zahlreicher Aussagen, die die Notwendigkeit der Konzernabschlußanalyse verdeutlichen,[2] kaum konzernspezifische Analyseinstrumente, die den analytischen und krisendiagnostischen Besonderheiten eines Konzernabschlusses Rechnung tragen.[3]

Das *wissenschaftliche Schattendasein der Konzernabschlußanalyse* kann nicht befriedigen. Zum einen zeigen empirisch gestützte Ergebnisse, daß erst die gemeinsame Berücksichtigung von Einzel- und Konzernabschluß zum höchsten Informationsnutzen im Rahmen der Jahresabschlußanalyse führt.[4] Zum anderen steht der Analytiker gerade für den Fall der in der Praxis weit verbreiteten Organisationsform des Holdingkonzerns[5] vor einem nicht lösbaren Dilemma, da bei einer Analyse eines Holdingkonzerns die entscheidende Informationsquelle der Konzernabschluß ist.[6] Die Notwendigkeit zur Konzernabschlußanalyse besteht insofern auf jeden Fall.

Angesichts des umfangreichen konzernbilanzpolitischen Instrumentariums und der durchaus berechtigten Kritik an der Datenbasis Konzernabschluß

---

1 Zur steigenden Bedeutung des Konzernabschlusses vgl. bspw. Baetge (1998a) S. 6, Busse von Colbe/Ordelheide (1993) S. 566 f., Küting/Weber (1997b) S. 62, Küting/Weber/Zündorf (1990) S. 121 ff., Stein, H. G. (1993) S. 974.
2 Vgl. Reuter (1988) S. 285, Scheren (1998) Rn. 395.
3 Vgl. Goebel (1995) S. 1 f., Rheinboldt (1998) S. 3.
4 Vgl. Pellens (1989) S. 267 f. Vgl. hier auch die Einschätzung von Leker/Wieben (1998) S. 586.
5 Zur Definition des Holdingkonzerns vgl. bspw. Leker/Cratzius (1998) S. 362 f. Vgl. Keller (1993) S. 27 ff. Vgl. ferner Bernhardt/Witt (1995) S. 1342. Vgl. Bühner (1994), Scheffler (1995).
6 Vgl. Bühner (1994) S. 437.

muß aber nach der hier vertretenen Auffassung ein anderer Analyseansatz als im Rahmen der traditionellen quantitativen Kennzahlenanalyse gewählt werden. Gerade für den Fall des Konzernabschlusses und der Diagnose von Konzernkrisen muß das umfangreiche konzernbilanzpolitische Instrumentarium im Mittelpunkt des Interesses stehen. Diese Wahlrechte können bei gezielter Ausübung durchaus eine krisenhafte Entwicklung verschleiern oder gar eine scheinbare Verbesserung der Vermögens-, Finanz- und Ertragslage ermöglichen.[7] Die *qualitative Untersuchung der konzernindividuellen Wahlrechtsausübung* und ihre Auswirkung auf die Vermögens-, Finanz- und Ertragslage muß daher ein wesentlicher Bestandteil der Konzernabschlußanalyse sein.[8]

Aufgrund der Defizite der wissenschaftlichen Aufarbeitung der Konzernabschlußanalyse[9] wird im folgenden ein empirisch geprüftes Analysekonzept vorgestellt, das auf alle nach den Vorschriften des HGB aufgestellten Konzernabschlüsse angewendet werden kann.

B. Empirische Befunde zum Zusammenhang zwischen Konzernbilanzpolitik und Konzernkrise

Aufgrund des eindrucksvollen Umfanges des konzernbilanzpolitischen Instrumentariums darf die Diagnose von Konzernkrisen unseres Erachtens nicht losgelöst von den eingesetzten konzernbilanzpolitischen Maßnahmen vorgenommen werden. Diese Grundüberlegung stellt den Ausgangspunkt für die empirisch ausgerichtete und großzahlig durchgeführte Unter-

---

7 Anschauliche Beispiele hierfür bietet Küting (1997) S. 103 ff.
8 Vgl. Bötzel (1991) S. 4, Hauschildt/Leker (1995) S. 265. Vgl. zu den Grundlagen der qualitativen Bilanzanalyse bspw. Küting (1992). Die Erkenntnis, daß eine Synthese zwischen quantitativer und qualitativer Bilanzanalyse zwingend erforderlich ist, stellt im übrigen auch eine der Grundlagen des von Küting entwickelten „Saarbrücker Modells zur Unternehmensbeurteilung" dar. Vgl. hierzu und zum Saarbrücker Modell Küting/Weber (1998) Rn. 444 ff., Küting/Weber (1997a) S. 401 ff.
9 Eine umfangreiche Darstellung und Würdigung bisher vorliegender Analyseansätze findet sich mit den entsprechenden Literaturverweisen bei Bötzel (1993) S. 118–135. Jüngere Ansätze zur Konzernabschlußanalyse finden sich bei Adams (1993), Goebel (1995), Küting/Weber (1998) und Rheinboldt (1998). Des weiteren muß hier das „System zur Bonitätsbeurteilung BP-14" von Baetge genannt werden, das unabhängig von dem zugrundeliegenden Jahresabschlußtyp eine Klassifikation der wirtschaftlichen Lage des betrachteten Unternehmens bzw. Konzerns anstrebt. Vgl. Baetge (1998a) S. 579 ff.

suchung zur Diagnose krisenhafter Entwicklungen von Konzernen durch die gezielte Analyse der konzernindividuellen Wahlrechtsausübung dar.[10]

I. Konzernbilanzpolitik und Konzernkrise

Konzernbilanzpolitik als „zielorientierte Ausgestaltung des Konzernabschlusses mittels Einsatzes der bei der Aufstellung des Konzernabschlusses existenten Aktionsparameter"[11] ist Teil der übergeordneten Konzernunternehmungspolitik. Träger der Konzernbilanzpolitik sind die Personen, die für die Aufstellung des Konzernabschlusses verantwortlich sind. Aus einer rollentheoretischen Sicht ist es das Ziel der Abschlußverantwortlichen, die Erwartungen der externen Adressaten des Konzernabschlusses sowie die Wahrnehmung ihrer Erfüllung zu beeinflussen.[12] In diesem Zusammenhang ergeben sich im wesentlichen *publizitätspolitische Ziele*, die sich wie folgt zusammenfassen lassen: Publizierung des gesetzlich vorgeschriebenen Mindestumfanges, Verhaltensbeeinflussung der Konzernabschlußadressaten, Darstellung einer positiven Managementleistung, Umgehung der Aufstellungspflicht eines Konzernabschlusses (durch Unterschreitung der relevanten Größenkriterien) und eine möglichst objektive Abbildung der wirtschaftlichen Lage des Konzerns.[13]

Das Mittel zum Erreichen dieser konzernbilanzpolitischen Ziele ist der bewußte Einsatz des konzernbilanzpolitischen Instrumentariums, dessen Analyse im Rahmen der zugrundeliegenden Forschungsarbeit zu den folgenden Erkenntnissen führte.[14] Formal ähnelt der Konzernabschluß dem Einzelabschluß stark. Materiell ist er etwas völlig andersartiges. Vielfältige und feinsinnige Konsolidierungstechniken erzeugen aus einer Vielzahl unterschiedlich bewerteter Einzelabschlüsse den Konzernabschluß. Darüber hinaus ist im Sinne dieser Schrift davon auszugehen, daß insbesondere erfolglose Konzerne durch den zielgerichteten Einsatz dieses Instrumentariums einen verbesserten Ausweis ihrer Erfolgs-/Mißer-

---

10 Vgl. hierzu und im folgenden Bötzel (1993).
11 Klein (1989) S. 19. Vgl. in diesem Zusammenhang auch die weitergehenden Definitionen von Scheren und Greth, die zusätzlich die Gestaltungsmaßnahmen während eines Geschäftsjahres berücksichtigen. Vgl. Scheren (1993) S. 24 f., Greth (1996) S. 8 f.
12 Vgl. Hauschildt (1977) S. 660.
13 Vgl. Klein (1989) S. 45 f. und S. 84 f. Vgl. auch Scheren (1993) S. 25 ff., Scheren (1998) Rn. 297 ff.
14 Zu den untersuchten konzernbilanzpolitischen Instrumenten vgl. Bötzel (1993) S. 95–113 und 326–327. Vgl. ferner Bötzel (1991).

folgssegmente der Vermögens-, Finanz- und Ertragslage verfolgen und damit ihre krisenhafte Entwicklung verheimlichen können.[15]

Die Konzernkrise stellt eine Bedrohung von Zielen der verschiedenen Interessenten des Konzerns dar. Sie führt zu unbefriedigenden bzw. problematischen Entwicklungen in den Erfolgs-/Mißerfolgssegmenten der Vermögens-, Finanz- und Ertragslage. Vordergründig hat sich damit die Krisendiagnose von Konzernen auf die Vermögens-, Finanz- und Ertragslage zu erstrecken. Damit werden aber die folgenden Aspekte nur unzureichend berücksichtigt.

– Zum einen bleibt offen, welche Mißerfolgsursachen zwar zu krisenhaften Entwicklungen führen, sich aber nicht gleichzeitig im Konzernabschluß finden lassen.

– Zum zweiten fehlt eine Aussage, mit welchen Kennzahlen sich die identifizierbaren Mißerfolgsursachen beschreiben lassen.

– Zum dritten bleibt ungeklärt, mit welchen konzernbilanzpolitischen Maßnahmen sich die krisenhaften Entwicklungen der einzelnen Mißerfolgssegmente kaschieren lassen. Dabei wollen wir den Begriff „Kaschierung" so verstanden wissen, daß durch die Ausübung des dargestellten handelsrechtlichen Instrumentariums der Konzernbilanzpolitik ein Ausweis der Vermögens-, Finanz- und Ertragslage derart gestaltet werden kann, daß zum Leidwesen der verschiedenen Konzernabschlußadressaten von krisenhaften Entwicklungen abgelenkt werden kann.

Abb. 98 *(siehe S. 296)* stellt zusammenfassend dar, welche spezifischen Ursachen für die problematischen Entwicklungen in den einzelnen Mißerfolgssegmenten bestehen können, mit welchen analysebereichsspezifischen Kennzahlen sie sich im Konzernabschluß identifizieren lassen und welche Möglichkeiten zur Kaschierung der zu untersuchenden Mißerfolgssegmente bestehen.

---

15 So auch Küting/Kaiser (1994) S. 14.

	Ursachenfelder des Mißerfolges	Meßwerte zur Identifikation des Mißerfolges	Maßnahmen zur Kaschierung des Mißerfolges
Erfolgslage	Konzernstrategie	ROI, ROE, ROS, Erfolgsquellen, Kapitalumschlag, Umsatzwachstum	Abgrenzung Konsolidierungskreis; vom Mutterunternehmen abweichende Bilanzierung/Bewertung; Verzicht auf einheitliche Bilanzierung/Bewertung; Verzicht auf Zwischenergebniseliminierung; Behandlung Unterschiedsbetrag; Zuordnung stiller Reserven bei Kapitalkonsolidierung; Verzicht auf Aufwands-/Ertragskonsolidierung; Verzicht auf Zwischenergebniseliminierung und Aufwands-/Ertragskonsolidierung bei der Equity-Bewertung
	Erfolgsquellen	Anteile der Erfolgsquellen am Gesamterfolg	
	Kostenmanagement	Material-, Personal-, Abschreibungsintensität	
	Absatz	Umsatzwachstum, Produktivität des Sachanlagevermögens, Kapitalumschlag	
	Allgemeine Ergebnisprobleme	ROI, ROE, ROS, Erfolgsquellen	
Vermögenslage	Konzernstrategie	ROI, ROE, ROS, Kapitalumschlag, Wachstum, Sachanlagevermögen	Abgrenzung Konsolidierungskreis; vom Mutterunternehmen abweichende Bilanzierung/Bewertung; Verzicht auf einheitliche Bilanzierung/Bewertung; Rücknahme steuerlicher Abschreibungen; Neubewertungsmethode, Zuordnung stiller Reserven bei Kapitalkonsolidierung; Unterschiedsbetrag; Verzicht auf Zwischenergebniskonsolidierung; Quotenkonsolidierung
	Investitionspolitik/Wachstum	Investitionsquote, Investitionsgrad, Restwertquote, Abschreibungsquote, Wachstum/Produktivität des Sachanlagevermögens	
	Investitionsfinanzierung	(Innere) Investitionsdeckung	
Finanzlage	Finanzierungsstruktur	Eigenkapitalquote, Fremdkapitalquote, statischer/dynamischer Verschuldungsgrad	Abgrenzung Konsolidierungskreis; vom Mutterunternehmen abweichende Bilanzierung/Bewertung; Verzicht auf einheitliche Bilanzierung/Bewertung; Verzicht auf Zwischenabschlüsse bei abweichenden Stichtagen; Neubewertungsmethode; Rücknahme steuerlicher Abschreibungen; Zuordnung stiller Reserven bei Kapitalkonsolidierung
	Fristenkongruenz	Anlagedeckung	
	Erfolgswirtschaftlich determinierte Probleme	Zinslast, -deckung, Kapitalumschlag, Anteil Wechsel	

Abbildung 98: Ursachenfelder, Identifikation und Kaschierung des Mißerfolgs

II. Das Untersuchungsdesign

Ziel unseres Forschungsprojektes war es, Instrumente zur Diagnose von Konzernkrisen unter Verwendung bewußt auszuwählender Informationen des Konzernabschlusses zu entwickeln. Dabei bildeten die folgenden Behauptungen die Grundlagen des gewählten empirischen Forschungsansatzes:

1. *Bilanzpolitik-Behauptung:* Konzerne mit negativen Entwicklungen in den Erfolgs-/Mißerfolgssegmenten der Vermögens-, Finanz- und Ertragslage setzen das Instrumentarium der Konzernrechnungslegung gezielt ein, um diese Probleme zu kaschieren.

2. *Bilanzanalyse-Behauptung:* Analysten und Interessenten können die Vermögens-, Finanz- und Ertragslage von Konzernen qualifiziert beurteilen, wenn sie Beobachtungen zu der Ausnutzung der konzernbilanzpolitischen Spielräume, der Qualität der Berichterstattung im Anhang mit betriebswirtschaftlichen Kennzahlen kombinieren.

Die empirische Prüfung dieser Behauptungen gliedert sich dabei in verschiedene Einzeluntersuchungen auf. Zum einen soll die Informationsqualität des Konzernabschlusses hinsichtlich der Erläuterung von Wahlrechtsausübungen beurteilt werden. Hierzu wird ein *Publizitätsindex* entwickelt und auf die untersuchten Konzerne angewendet. Zum anderen soll die der Ausnutzung des konzernbilanzpolitischen Instrumentariums zugrundeliegende Kaschierungsabsicht der Abschlußverantwortlichen aufgezeigt werden. In diesem Zusammenhang wird untersucht, ob die betrachteten Wahlrechte überhaupt eine Kaschierung zulassen (Bilanzpolitik-Behauptung) und welche Konzerne diese kritischen Wahlrechte ausnutzen (Bilanzanalyse-Behauptung). Um die Kaschierungsabsicht zu analysieren, wird geprüft, ob die Darstellung der Vermögens-, Finanz- und Ertragslage im Übergang von der „alten" Rechnungslegung im Zuge der erstmaligen Anwendung der „neuen" Vorschriften zur Konzernrechnungslegung eine signifikante Verbesserung erfahren hat. Zur Zusammenfassung der Ergebnisse wird ein *Kaschierungsindex* entwickelt und auf die untersuchten Konzerne angewendet. Darüber hinaus soll ein Konzern hinsichtlich der Entwicklung seiner Vermögens-, Finanz- und Ertragslage als „gut" oder „schlecht" beurteilt werden. Hierzu werden betriebswirtschaftliche Kennzahlen aus den untersuchten Konzernabschlüssen berechnet.

Bei der Bestimmung der in die Untersuchung einzubeziehenden Konzerne wird mit Hilfe der Hoppenstedt-Wirtschaftsdatenbank eine Teilerhebung durchgeführt, wobei die Konzerne ausgewählt werden, deren Konzernabschluß freiwillig bereits 1987 oder früher nach den neuen Vorschriften der Konzernrechnungslegung aufgestellt wird. Insgesamt stützen sich die nachfolgenden empirischen Ergebnisse auf eine Stichprobengröße von N = 119 Konzernen.[16]

---

16 Neben Banken und Versicherungen wurden 94 weitere Konzerne insbesondere aus erhebungstechnischen Gründen nicht mit in die Stichprobe einbezogen (bspw. Konzerne, für die für das Jahr 1986 keine Vergleichsdaten verfügbar waren). Vgl. Bötzel (1993) S. 178 f.

Die erforderlichen Daten werden aus den Konzernabschlüssen der folgenden Geschäftsjahre erhoben. Erstens wird das Geschäftsjahr der erstmaligen Anwendung der neuen Vorschriften zur Konzernrechnungslegung untersucht (dies war i.d.R. 1987). Zweitens wird das diesem Jahr vorangehende Geschäftsjahr berücksichtigt (dies war i. d. R. 1986). Darüber hinaus wird das dem Geschäftsjahr der erstmaligen Anwendung folgende Jahr erhoben (dies war i. d. R. 1988). Die Bestimmung der betrachteten Zeiträume erfolgt dabei aufgrund folgender Überlegung. Es soll angesichts des neuen umfangreichen konzernbilanzpolitischen Instrumentariums und unter spezieller Berücksichtigung der Konzernkrisendiagnose untersucht werden, wie die Konzerne den Wechsel von den alten zu den neuen Vorschriften der Konzernrechnungslegung nutzen („vorher-nachher"-Untersuchung).

III. Der Publizitätsindex

Der Publizitätsindex dient der vergleichenden formellen Beschreibung und materiellen Beurteilung der konzernindividuellen Publizitätsgüte.[17]

Die Bestimmung des Publizitätsindex' erfolgt durch ein *Scoring-Modell*, das sich aus den der Abb. 99 *(siehe S. 299)* zu entnehmenden Schritten zusammensetzt. Dieses Scoring-Modell zeigt die Publizitätsgüte in Form einer reellen Zahl zwischen 0 und 100 an, wobei der Wert 100 genau dann erreicht wird, wenn ein Konzern zu allen untersuchten Wahlrechten die für ihn gesetzlich geforderten Angaben in seinem Konzernabschluß veröffentlicht.

Hierfür werden in einem *ersten Schritt* die zu untersuchenden Wahlrechte (items) und der jeweils gesetzlich geforderte Publizitätsumfang (Informationsklassen) festgelegt. In dem sich anschließenden *zweiten Schritt* werden die betrachteten Wahlrechte zu 13 Objektbereichen verdichtet. Im Rahmen des *dritten Schrittes* wird geprüft, ob die konzernindividuelle Berichterstattung den gesetzlichen Anforderungen entspricht. In diesem Zusammenhang muß inhaltsanalytisch überprüft werden, ob die gesetzlich geforderte Information nicht geliefert (= 0), geliefert (= 1) oder ob der gesetzliche Informationsumfang übererfüllt wird (= 2). Hierbei darf es einem Konzern nicht negativ angelastet werden, wenn er zu einem Informationsbereich überhaupt keine Angaben zu machen braucht. Dieser Umstand wird bei der Berechnung des Publizitätsindex' durch eine entsprechende Korrektur berücksichtigt, indem eine eigene Bewertungsklasse je Wahl-

---

17 Vgl. zur Herleitung des Publizitätsindex Bötzel (1993) S. 183 ff. Vgl. ferner Bötzel/Hauschildt (1995).

Schritte	Anwendung auf die Publizitätsgüte
1. Auswahl von Merkmalen bzw. Alternativen, die zu bewerten sind	Auswahl einzelner Informationselemente (Items)
2. Zusammenfassung zu Merkmalsgruppen	Zusammenfassung zu inhaltsähnlichen Aussagenkomplexen
3. Bewertung der Merkmale durch Zuweisung einer reellen Zahl zu einem realen Sachverhalt	Erfassung, ob ein Informations-Item gemäß rechtlicher Anforderungen veröffentlicht wird (reelle Zahl = 1) oder nicht (reelle Zahl = 0)
4. Gewichtung von Einzelmerkmalen oder Gruppen	Entsprechend ihrer Bedeutung wird die Veröffentlichung bestimmter Items oder bestimmter Aussagenkomplexe höher gewichtet als die Veröffentlichung anderer Items oder Aussagenkomplexe
5. Berechnung des Gesamtwertes eines Merkmals oder einer Alternative durch Summation aller gewichteten Bewertungen $$S = g_1 * w_1 + \ldots + g_n * w_n$$ mit S Gesamtwert des Scores, g Gewichte, w Einzelbewertung und n Alternativenzahl	Berechnung des Publizitätsindex' gemäß der Rechenvorschrift des reinen Scoring-Modells
6. Aufstellen einer Rangreihe	Ggf. Rangreihe oder Weiterverarbeitung der Befunde

Abbildung 99: Scoring-Modell zur Beurteilung der Publizitätsgüte

recht (= Korr) gebildet wird. Der *vierte Schritt* berücksichtigt, daß die identifizierten Objektbereiche zum einen bezüglich ihrer inhaltlichen Bedeutung nicht gleichbedeutend sind und zum anderen für sie eine unterschiedliche Anzahl von Wahlrechten zur Verfügung stehen. Das Bedeutungsgewicht eines Objektbereichs wird hier mit Hilfe des „Urteils der Fachwelt"[18] und der Anzahl der Wahlrechte je Objektbereich abgeleitet *(vgl. Abb. 100, S. 300)*. Die Gewichtung eines einzelnen Wahlrechts innerhalb eines Objektbereiches wird mit Hilfe eines subjektiven Eindrucks vorgenommen, der sich aus einer zusammenfassenden Analyse der Fachliteratur ergab.

---

18 Zu diesem Zweck wurde für den Zeitraum 1982–1990 untersucht, wieviele Beiträge zu den untersuchten Objektbereichen in den Zeitschriften ZfbF, ZfB, BFuP, DBW, WPg und BB veröffentlicht wurden. Vgl. hierzu Bötzel (1993) S. 206 f.

	Fachliteratur		Wahlrechte		Gesamt-gewicht
	Anzahl Beiträge	Gewicht	Anzahl	Gewicht	
Konsolidierungskreis	12	4,00	5	4,39	8,4
Stichtage	8	2,67	3	2,63	5,3
Einheitliche Bilanzierung und Bewertung	30	10,00	5	4,39	14,4
Währungsumrechnung	15	5,00	5	4,39	9,4
Kapitalkonsolidierung (Vollkonsolidierung)	30	10,00	12	10,53	20,5
Interessenzusammenführung	3	1,00	2	1,75	2,7
Quotenkonsolidierung	12	4,00	1	0,88	4,9
Equity-Bewertung	16	5,33	11	9,65	15,0
Schuldenkonsolidierung	4	1,33	2	1,75	3,0
Zwischenerfolgskonsolidierung	8	2,67	4	3,51	6,2
Aufwands- und Ertragskonsolidierung	1	0,33	1	0,88	1,2
Steuerabgrenzung	10	3,33	3	2,63	6,0
Sonstige Angaben	1	0,33	3	2,63	3,0
Σ	150	50,00	57	50,00	100,0

Abbildung 100: Gewichte der Objektbereiche

Anschließend an die vorzunehmende Wertzuweisung (0, 1, 2, Korr) und die Bestimmung der Bedeutungsgewichte kann der Publizitätsindex wie folgt berechnet werden. Nachdem für jedes einzelne Wahlrecht das Produkt aus der Bewertung der Informationsklasse, dem Gewicht des Wahlrechtes innerhalb des Objektbereiches und dem Gewicht des Objektbereiches gebildet worden ist, werden die Einzelwerte zum „Ist-Publizitätswert" addiert. Die zu ermittelnde Summe der „Korr-Werte" wird hiernach von 100 subtrahiert, womit sich der „Soll-Publizitätswert" ergibt. Der eigentliche Publizitätsindex errechnet sich dann als Quotient aus „Ist-Publizität" und „Soll-Publizität" und wird in Form einer Prozentzahl angegeben.

Dieses Modell zur Messung der Publizitätsgüte wurde auf die 119 untersuchten Konzerne angewendet. Die Abb. 101 *(siehe S. 301)* zeigt, wie der Publizitätsindex für das Jahr 1988 verteilt ist. Mit einem Wert von 57,21 liegt die durchschnittliche Publizität knapp über der 50%-Marke. *Insge-*

Konzernbilanzpolitik und Konzernkrise

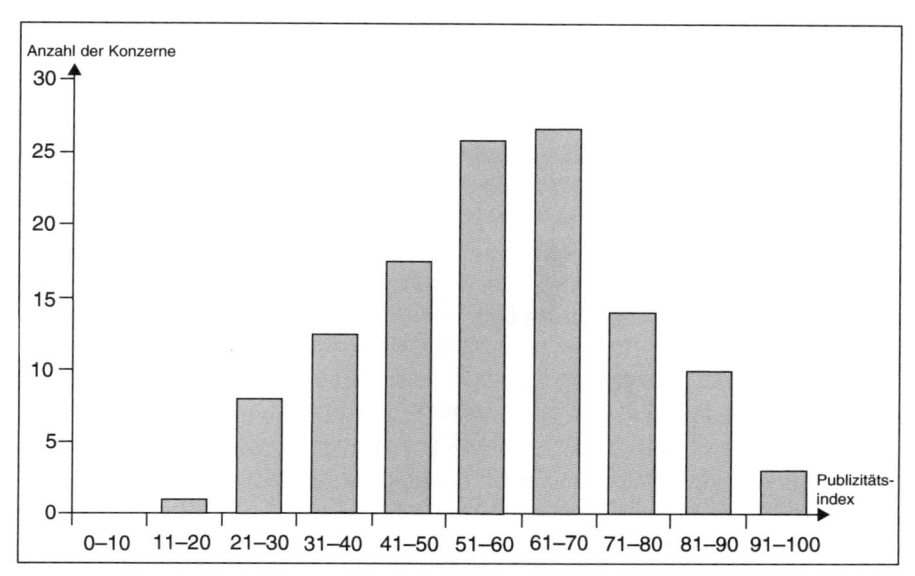

Abbildung 101: Publizitätsindex im zweiten Jahr neuer Rechnungslegung

samt gesehen sind die betrachteten Konzerne eher *publizitätsavers* als *publizitätsfreudig*.[19]

Für die Diagnose von Konzernkrisen kann festgehalten werden, daß es einen Spielraum bei der Publizität gibt, der von den Unternehmen auch in unterschiedlicher Weise genutzt wird. Ein vorsichtiger Bilanzanalytiker wird vermuten, daß ein niedriger Publizitätsindex ein Indikator für eine krisenhafte Entwicklung ist. Geht man allgemeiner formuliert von einer im Zweifel mißtrauischen Dateninterpretation als Maxime der Jahresabschlußanalyse aus,[20] dann muß ein niedriger Indexwert den externen Bilanzanalytiker wenigstens zu *kritischen Fragen im Sinne einer fragegesteuerten Unternehmensanalyse*[21] herausfordern.

---

19 Ein vergleichbarer Befund findet sich auch bei Jäckel/Leker, die den Publizitätsindex von Bötzel in leicht modifizierter Form übernommen haben. Vgl. Jäckel/Leker (1995) S. 301.
20 Vgl. Hauschildt (1996) S. 3.
21 Zum Konzept der fragegesteuerten Unternehmensanalyse vgl. Hauschildt (1996).

IV. Der Kaschierungsindex

Während der Publizitätsindex primär auf die Beurteilung des konzernindividuellen Publizitätsverhaltens abstellt, soll mit dem Kaschierungsindex eine zusammenfassende Tendenzaussage getroffen werden, ob der betrachtete Konzern zur Kaschierung einer krisenhaften Entwicklung durch die Nutzung konzernbilanzpolitischer Wahlrechte neigt oder nicht.

Der empirisch gestützten Entwicklung des Kaschierungsindex' liegen dabei die wesentlichen Elemente des hier verwendeten Krisenbegriffs zugrunde: (1) es werden die Analyseobjekte bzw. Mißerfolgssegmente der Vermögens-, Finanz- und Ertragslage betrachtet, (2) die Identifizierbarkeit krisenhafter Entwicklungen durch Kennzahlen ist möglich und (3) es bestehen Möglichkeiten zur Kaschierung durch die Nutzung konzernbilanzpolitischer Wahlrechte.

Ausgehend von diesen definitorischen Merkmalen ergab sich die folgende den weiteren Ausführungen zugrundeliegende Grundhypothese zur Wirkung konzernbilanzpolitischer Wahlrechte:

Wenn Wahlrecht . . . in bestimmter Weise genutzt wird, dann sollen Mißerfolge in der Vermögens-, Finanz- und Ertragslage kaschiert werden.

Bei der Überprüfung dieser im einzelnen noch zu operationalisierenden Hypothese muß zunächst der empirische Beleg dafür erbracht werden, *daß* durch die Nutzung konzernbilanzpolitischer Wahlrechte ein verbesserter Ausweis der Vermögens-, Finanz- und Ertragslage möglich ist. Da dieser postulierte Zusammenhang für den externen Bilanzanalytiker naturgemäß nicht direkt meßbar ist, werden die Mißerfolgssegmente durch die in Abschnitt B. I. vorgestellten Kennzahlen beschrieben. Aus diesen Vorüberlegungen ergeben sich die folgenden Hypothesen, mit denen überprüft werden soll, ob überhaupt eine Kaschierung möglich ist.

Hypothese 1: Anwender von Wahlrecht . . . weisen eine signifikant größere Verbesserung der Kennzahl . . . aus als Nichtanwender dieses Wahlrechtes.

Hypothese 2: Anwender des Wahlrechtes . . . weisen nach der erstmaligen Anwendung einen signifikant besseren Wert der Kennzahl . . . aus als vorher.[22]

---

22 Hier wird die Bedeutung der Abgrenzung der Erhebungszeit und Erhebungsobjekte deutlich: Die Veränderungsrate in Typ 1 bzw. der Kennzahlenwert vorher/nachher bei Typ 2 beziehen sich jeweils auf den letzten Konzernabschluß nach altem und dem ersten nach neuen Recht. Es wird somit die Veränderung zwischen dem Geschäftsjahr vor der erstmaligen Anwendung der neuen Konzernrechnungslegungsvorschriften und dem Geschäftsjahr der erstmaligen Anwendung untersucht.

Zur Hypothesenprüfung werden für alle 119 betrachteten Konzerne die konzernindividuelle Wahlrechtsausübung und die einzelnen Kennzahlenausprägungen erhoben. Da zur Beschreibung eines Mißerfolgssegments jeweils mehrere Kennzahlen verwendet werden, muß entschieden werden, bei „wieviel" verbesserten Kennzahlen je Analyseobjekt von einer Kaschierungsmöglichkeit zu sprechen ist. Hauschildts Forderung nach einer prinzipiell mißtrauischen Dateninterpretation folgend[23] wird hierbei festgelegt, daß schon dann eine Kaschierungsmöglichkeit durch ein Wahlrecht vorliegt, wenn bereits wenige bedeutsame Kennzahlen in einem Mißerfolgssegment durch die Wahlrechtsausübung verbessert werden.

Im Ergebnis ist festzuhalten, daß bestimmte Wahlrechte die Vermögens-, Finanz- und Ertragslage gezielt positiv beeinflussen.[24] Die Kaschierung einer krisenhaften Konzernentwicklung ist damit prinzipiell möglich. Eine Zusammenstellung der analysebereichsspezifischen kritischen Wahlrechte bietet die Abb. 102 *(siehe S. 304)*.

Nachdem empirisch geprüft wurde, daß eine Kaschierung möglich ist, wird im folgenden untersucht, von wem diese kritischen Wahlrechte genutzt werden. Das Ziel ist es hierbei, zu prüfen, ob sich „gute" Nichtanwender von „schlechten" Anwendern dieser Wahlrechte anhand signifikant unterschiedlicher Kennzahlenausprägungen unterscheiden. Zur Differenzierung der Wahlrechtsnutzer wurde hier die folgende Grundhypothese entwickelt, die für das erste Jahr der neuen Konzernrechnungslegung geprüft wurde:

Anwender des Wahlrechts . . . zeigen bei der Analyse der Vermögens-, Finanz- und Ertragslage schlechtere Werte als Nichtanwender.

Auch hier zeigen die empirischen Befunde, daß eine analysebereichsspezifische Trennung der Wahlrechtsanwender bzw. Nichtanwender in die Klassen „schlecht" und „gut" möglich ist.[25] Insgesamt lassen sich die 18 kritischen Wahlrechte hinsichtlich ihrer Diagnosestärke in die Klassen (1) Kaschierung möglich, (2) Trennung „gut/schlecht" möglich und (3) sowohl Kaschierung als auch Trennung „gut/schlecht" möglich einordnen. Abb. 103 *(siehe S. 305)* stellt die wahlrechtsbezogenen signifikanten Befunde für die einzelnen Mißerfolgssegmente der Vermögens-, Finanz- und Ertragslage dar.

---

23 Vgl. Hauschildt (1996) S. 3.
24 Die detaillierten Befunde und Signifikanzaussagen finden sich bei Bötzel (1993) S. 222–244.
25 Die detaillierten Befunde und Signifikanzaussagen finden sich bei Bötzel (1993) S. 248–258.

Analysebereich	Kritische Wahlrechte	
Erfolgslage	1. Nichteinbezug wegen Beschränkung der Rechte	10. Zuordnung stiller Reserven im Rahmen der Kapitalkonsolidierung zu nicht abnutzbaren Anlagevermögen
	2. Nichteinbezug wegen Kosten	
	3. Nichteinbezug wegen untergeordneter Bedeutung	11. Verzicht auf Zwischenergebniseliminierung
		12. Verzicht auf Aufwands-/Ertragskonsolidierung
	4. Verzicht auf einheitliche Bilanzierung und Bewertung	13. Quotenkonsolidierung statt Equity-Bewertung
	5. Von der Mutter abweichende Bilanzierung und Bewertung	14. Verzicht auf Zwischenerfolgseliminierung bei Equity-Bewertung
	6. Rücknahme steuerlicher Wertansätze	15. Verzicht auf einheitliche Bilanzierung und Bewertung bei Equity-Bewertung
	7. Kapitalkonsolidierung nach der Neubewertungsmethode	16. Aktiver Unterschiedsbetrag aus Equity-Bewertung wird länger als vier Jahre abgeschrieben
	8. Aktiver Unterschiedsbetrag wird länger als vier Jahre abgeschrieben	17. Hochinflationsländer
	9. Aktiver Unterschiedsbetrag wird in Raten mit den Rücklagen verrechnet	
Finanzlage	1. Nichteinbezug wegen Beschränkung der Rechte	
	2. Nichteinbezug wegen Kosten	
	3. Nichteinbezug wegen untergeordneter Bedeutung	
	4. Abweichende Stichtage ohne Zwischenabschlüsse	
Vermögenslage	1. Nichteinbezug wegen Beschränkung der Rechte	
	2. Nichteinbezug wegen Kosten	
	3. Verzicht auf einheitliche Bilanzierung und Bewertung	
	4. Vom Mutterunternehmen abweichende Bilanzierung und Bewertung	
	5. Zuordnung stiller Reserven im Rahmen der Kapitalkonsolidierung zu nicht abnutzbaren Anlagevermögen	
	6. Verzicht auf Zwischenergebniseliminierung	
	7. Rücknahme steuerlicher Wertansätze	

Abbildung 102: Analysebereichsspezifische kritische Wahlrechte

Konzernbilanzpolitik und Konzernkrise

	Wahlrecht ermöglicht Kaschierung			Wahlrecht erlaubt gut/schlecht Trennung			Kaschierung und Trennung gut/schlecht		
Nichteinbezug wegen Beschränkung der Rechte	V	F	E	V	F	E	V	F	E
Nichteinbezug wegen Kosten	V	F	E	V	F	E	V	F	E
Nichteinbezug wegen untergeordneter Bedeutung	V	F	E		F	E		F	E
Abweichende Stichtage ohne Zwischenabschluß	V	F		V	F	E	V	F	
Vom Mutterunternehmen abweichende Bilanzierung und Bewertung	V		E	V		E	V		E
Verzicht auf einheitliche Bilanzierung/Bewertung	V		E	V		E	V		E
Rücknahme steuerlicher Wertansätze	V	F	E	V		E	V		E
Neubewertungsmethode		F	E						
Aktiver Unterschiedsbetrag wird länger als 4 Jahre abgeschrieben			E			E			E
Aktiver Unterschiedsbetrag wird ratierlich mit den Rücklagen verrechnet			E			E			E
Zuordnung stiller Reserven zu nicht abnutzbarem Anlagevermögen	V		E	V		E	V		E
Verzicht auf Zwischenergebniseliminierung	V		E	V		E	V		E
Verzicht auf Aufwands- und Ertragskonsolidierung	V		E			E			E
Equity-Bewertung: Verzicht auf Zwischenergebniseliminierung			E			E			E
Equity-Bewertung: Verzicht auf einheitliche Bilanzierung/Bewertung			E			E			E
Equity-Bewertung: Aktiver Unterschiedsbetrag wird länger als 4 Jahre abgeschrieben			E			E			E
Quotenkonsolidierung statt Equity-Bewertung	V		E						
Hochinflationsländer		F	E						
V = Vermögenslage; F = Finanzlage; E = Ertragslage									

Abbildung 103: Einordnung der Wahlrechte nach ihrer Diagnosestärke

Die ermittelten Wahlrechte bilden den Ausgangspunkt für die Konzeption des Kaschierungsindex', der als das Verhältnis der tatsächlichen konzernindividuellen Wahlrechtsausübung zur maximal möglichen Nutzung der kritischen Wahlrechte definiert wird. Er trifft damit die prozentuale Aussage, wieviele kritische Wahlrechte ein Konzern nutzt bzw. wie ausgeprägt die Tendenz zur Kaschierung krisenhafter Entwicklungen ist. Abb. 104 *(siehe S. 306)* zeigt die Verteilung des für die 119 Konzerne berechneten Kaschierungsindex'. Dabei handelt es sich um eine linkssteile Verteilung, d. h. nur wenige Konzerne nutzten die untersuchten Wahlrechte extensiv.

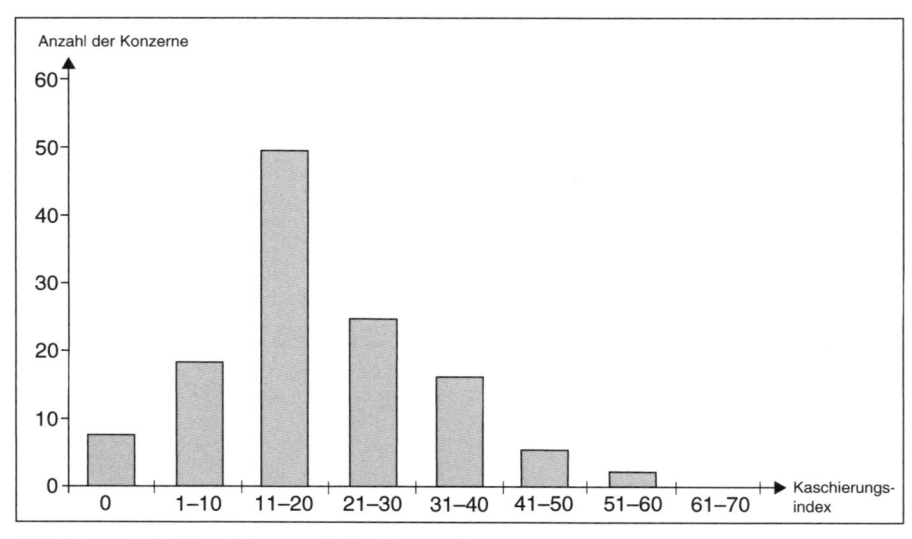

Abbildung 104: Kaschierungsindex im zweiten Jahr neuer Rechnungslegung

C. Zusammenfassung der Ergebnisse und ihre praktische Nutzung

Das Hauptinteresse der externen Konzernabschlußanalyse ist naturgemäß die Aufdeckung der tatsächlichen bzw. unbeschönigten Vermögens-, Finanz- und Ertragslage eines Konzerns. Die vorgestellten empirischen Befunde liefern hierfür die folgenden Erkenntnisse:

– Die Analyse des *Publizitätsindex'* zeigt, daß die Beurteilung der Publizitätsgüte deutscher Konzernabschlüsse im Betrachtungszeitraum insgesamt eher negativ als positiv ausfällt.

– Die vertiefende Betrachtung der Kaschierungsneigung durch den *Kaschierungsindex* zeigt zum einen, daß krisenhafte Entwicklungen durch den gezielten Einsatz des konzernbilanzpolitischen Instrumentariums kaschiert werden können. Zum anderen ergibt sich der Befund, daß die betriebswirtschaftliche Beurteilung durch Kennzahlen für die Anwender der ermittelten kritischen Wahlrechte schlechter ausfällt als für die Nichtanwender.

Dieses Ergebnis kann als Indiz für die *Grenzen der bilanzpolitischen Kaschierungsmöglichkeiten* und zugleich als Hinweis auf die problematische Lage des betrachteten Konzerns angesehen werden. Insgesamt

Zusammenfassung

gesehen können die zugrundegelegten Forschungshypothesen in Form der Bilanzpolitik-Behauptung und der Bilanzanalyse-Behauptung im Rahmen der empirischen Untersuchung weitgehend bestätigt werden.

Ausgehend von diesen Erkenntnissen wird für *die praktische Durchführung* einer externen Konzernabschlußanalyse ein *mehrstufiges Vorgehen* vorgeschlagen.

Nach der Erhebung des Konzerneigenschaftsraums[26] sollte zunächst eine quantitative Analyse der Vermögens-, Finanz- und Ertragslage des zu analysierenden Konzerns erfolgen. Hier bietet es sich an, auf bereits vorliegende Instrumente zur quantitativen Jahresabschlußanalyse zurückzugreifen. Mit Hilfe dieser Instrumente kann sich der externe Analytiker einen groben kennzahlengestützen Überblick über die jeweils relevanten Bilanz- und GuV-Positionen und über ihre Entwicklung im Zeitablauf verschaffen. Aufbauend auf diesen Erkenntnissen ist es das Ziel, ein erstes – positives oder negatives – Güteurteil über die wirtschaftliche Lage des betrachteten Konzerns abzugeben. Angesichts der auf dieser Analysestufe verwendeten Analyseinstrumente und ihrer systembedingten Schwächen muß hierbei aber noch mehr als im Rahmen der Einzelabschlußanalyse berücksichtigt werden, daß es wohl eher Fragen als Urteile sind, die aus dem bisherigen Analyseprozeß resultieren. Diese Fragen sollen, so weit es geht, auf den nachfolgenden Analysestufen beantwortet werden, um zu einem abschließenden und begründeten Gesamturteil zu gelangen.

Ausgehend von der Erkenntnis, daß die Kaschierung einer krisenhaften Konzernentwicklung durch den gezielten Einsatz des konzernbilanzpolitischen Instrumentariums möglich ist, sollte die qualitative Konzernabschlußanalyse in den sich anschließenden Analysestufen erfolgen. Hierfür wird eine Vorgehensweise vorgeschlagen, die zur Entwicklung von Konzerntypen unterschiedlicher krisendiagnostischer Bedeutung führen soll. Von besonderer Bedeutung ist dabei die Beantwortung der Frage, wie die im Rahmen der vorausgegangenen quantitativen Bilanzstrukturanalyse ermittelten „relevanten" Bilanzpositionen bewertet worden sind, aus welchen Komponenten sie sich zusammensetzen und in welchem Umfang über sie im Konzernabschluß berichtet wird. „Relevant" ist eine Bilanzposition unseres Erachtens dann, wenn ihre absolute Höhe mehr als 10% der Bilanzsumme beträgt und/oder wenn die Veränderung einer Bilanzposition mehr als 10% des Jahresergebnisses des Konzerns beträgt.

---

26 Zum Konzept des Konzerneigenschaftsraums vgl. Krehl (1989) Rn. 184.

(1) Werden die relevanten Bilanzpositionen ergebnisverbessernd und abweichend von der Branchen- und/oder Industrienorm[27] angesetzt und bewertet, muß von einem ausgeprägt progressiven und einem krisenkaschierenden Bilanzierungsverhalten ausgegangen werden. Für die weitere Analyse muß erneut eine mißtrauische Dateninterpretation zugrundegelegt werden. Daher sollte im weiteren vermutet werden, daß diese bedeutenden Bilanzpositionen erst dann erkennbar gestaltet bzw. beschönigt werden, wenn die für den externen Analytiker weniger gut erkennbaren Möglichkeiten zur Gestaltung des Konzernabschlusses bereits ausgeschöpft sind.

Sollte die quantitative Analyse zu einem negativen Zwischenergebnis geführt haben und würde diese Einschätzung durch die zusätzlichen Erkenntnisse bestätigt, so ist zweifelsfrei von einer ausgeprägten Konzernkrise auszugehen. Sollte hingegen ein positives Urteil über die wirtschaftliche Lage des Konzerns vorgelegen haben, so ist dieses Zwischenergebnis angesichts der nunmehr vorliegenden Erkenntnisse zu relativieren. Der vorsichtige Bilanzanalytiker sollte insgesamt zu dem Ergebnis kommen, daß der betrachtete Konzern seinen Konzernabschluß offensichtlich und in einem erheblichen Umfang kaschiert hat und dem *Konzerntypen I* – dem *„Krisenkaschierer"* – zuzuordnen ist.

(2) Der qualitative Analyseeinstieg kann aber auch zu den folgenden Zwischenergebnissen führen: Zum einen kann es sein, daß die „relevanten" Bilanzpositionen entsprechend der Branchen- und/oder Industrienorm angesetzt und bewertet werden. Zum anderen ist es möglich, daß zwar von dieser Normbilanzierung abgewichen wird, wobei diese Abweichung aber zu einer Verschlechterung des Konzernergebnisses führt. Für beide Fälle soll hier zunächst von einem konservativen und nicht krisenkaschierenden Verhalten ausgegangen werden. Gleichwohl muß zur endgültigen Einschätzung des Bilanzierungsverhaltens aber auch untersucht werden, wie die nachrangigen Bilanzpositionen bewertet werden bzw. aus welchen Komponenten sie sich zusammensetzen.

Sofern man in diesem Zusammenhang zu dem Ergebnis kommt, daß auch hier eine konservative bzw. ergebnisverschlechternde Bilanzierung vorliegt, lassen sich keine Anzeichen für ein krisenkaschierendes Verhalten des bilanzierenden Konzerns erkennen. Ausgehend von dieser konservativen konzernbilanzpolitischen Tendenz soll im folgenden angenommen

---

27 Vgl. zur Erhebung des Normbilanzierungsverhaltens deutscher Industrieunternehmen Küting/Weber (1997a) S. 405 ff. Vgl. zum Konzept der branchenbezogenen Normbilanzierung Leker/Wieben (1998) S. 589 f.

Zusammenfassung

werden, daß sie sich auch auf die für einen externen Bilanzanalytiker nicht nachvollziehbaren Bereiche der Konzernbilanzpolitik erstreckt. Bilanziert ein zu analysierender Konzern in der beschriebenen Weise, ist er dem unkritischen *Konzerntypen II – dem „Armrechner"* – zuzuordnen. Das abschließende Analyseurteil kann nicht von einer Krisenkaschierung ausgehen und fällt damit insgesamt positiv aus. Diese uneingeschränkte Aussage gilt aber nur für den Fall, daß die quantitative Analyse im Zeit- und Branchenvergleich keine negative Konzernentwicklung signalisiert.

(3) Des weiteren ist der Fall denkbar, daß auch die nachrangigen Bilanzpositionen entsprechend der Branchen- und/oder Industrienorm bewertet werden und damit im Ergebnis der *Konzerntyp III – der „Normbilanzierer"* – vorliegt. Insgesamt lassen sich keine für den externen Analytiker nachvollziehbaren Kaschierungsabsichten des bilanzierenden Konzerns identifizieren, die zu einer wertmäßigen Relativierung der im Konzernabschluß ausgewiesenen Bilanz- und GuV-Positionen führen würden. Damit ergibt sich die Konsequenz, daß sich das angestrebte Gesamturteil primär auf die vorangegangene quantitative Analyse, auf eine umfangreiche Analyse des erhobenen Konzerneigenschaftsraums und auf ein kritisches Bilanzgespräch stützen sollte.

(4) Sofern die Prüfung der nachrangigen Bilanzpositionen zu einem progressiven bzw. ergebnisverbessernden Bilanzierungsverhalten führen sollte, muß die weitere Analyse weitaus differenzierter erfolgen. Obwohl die zentralen Bilanzpositionen konservativ bzw. der Norm entsprechend bewertet werden, kaschiert der betrachtete Konzern seine nachrangigen Bilanzbereiche offensichtlich. Unter Berücksichtigung einer prinzipiell mißtrauischen Dateninterpretation ist dieser Konzern dem *Konzerntypen IV – dem „Bilanzgestalter"* – zuzuordnen. Ausgehend von den bisher gewonnenen Erkenntnissen fällt das vorläufige Analyseurteil skeptisch aus, da die progressive Bewertungstendenz auch für die Einschätzung der für den externen Bilanzanalytiker nicht nachvollziehbaren Bereiche der Konzernbilanzpolitik und hier insbesondere der Sachverhaltsgestaltung herangezogen wird. Um zu einem begründeten und abschließenden Urteil gelangen zu können, ist eine vertiefende Analyse und ein kritisches Bilanzgespräch zur Klärung der tatsächlichen wirtschaftlichen Lage und der der Bilanzierung zugrundeliegenden Motive des betrachteten Konzerns zwingend erforderlich.

Im Rahmen des mehrfach erwähnten kritischen Bilanzgesprächs müßte gefragt werden, wie das Konzernergebnis ohne die entsprechenden konzernbilanzpolitischen Maßnahmen ausgesehen hätte. Zur Vorbereitung eines solchen Bilanzgesprächs sollten die folgenden Punkte bearbeitet werden.

- Zum einen muß eine umfassende dynamische Analyse der *Konzernabschlußpolitik* erfolgen. Hier müssen Erkenntnisse gewonnen werden, ob bzw. inwieweit die Ausübung der Bewertungs-, Einbeziehungs- und Ansatzwahlrechte stetig und konzerneinheitlich erfolgt.
- Zum zweiten sollte eine umfangreiche Analyse des *Konzerneigenschaftsraums* durchgeführt werden, um abschätzen zu können, ob bzw. inwieweit die weitere Konzernentwicklung gefährdende Faktoren zu berücksichtigen sind.
- Im Sinne eines abschließenden Gesamturteils wären schließlich die bereits durchgeführten sowie die beabsichtigten *Maßnahmen* zu beurteilen, die der Konzern zur Überwindung seiner krisenhaften Entwicklung ergriffen hat.

4.3 Krisendiagnose im Beteiligungscontrolling

Thorsten Grenz

A. Extern oder intern? Eine Frage des Standpunktes

Dieser Beitrag setzt sich mit der Frage auseinander, wie sich die Arbeit eines „internen Analytikers", z. B. einer internen Controllingabteilung, von der eines externen Bilanzanalytikers unterscheidet. Kann er bessere Instrumente einsetzen als der externe Analytiker? Wie nutzt er einen Plan-Ist-Vergleich und die Detaillierungsmöglichkeiten der verwendeten Informationen? Wie kann er seinen hervoragenden Informationsstand konsequent zur Identifikation von Problembereichen und Entwicklung von Gegenmaßnahmen einsetzen?

Interne und externe Analyse sind einander ähnlich. Denn die Abgrenzung zwischen interner und externer Analyse ist nicht *eindeutig, sondern vielmehr fließend.* Die rechtliche Hülle des Unternehmens bildet keine Barriere, jenseits derer „alles anders ist". Es ist daher angemessen, von einem Kontinuum auszugehen. Eindeutig „extern" ist der Streubesitzaktionär, dessen Informationsmöglichkeiten auf das Standardangebot „seines" Unternehmens begrenzt ist. Ebenso eindeutig, aber „intern", ist z. B. der Werkscontroller, der über das operative Geschäft an eine Spartenleitung berichtet. Dazwischen liegt das breite Feld mit Spielern, die je nach Blickrichtung und Rolle „intern" oder „extern" sind. Dieses sei am Beispiel eines Holding-Controllings verdeutlicht *(Abb. 105, siehe S. 312).* Der Holding-Controller ist aus Sicht eines Anlegers unternehmensintern. Aus Sicht einer Division, die an die Holding berichtet, ist er aber keineswegs „intern", da er sich außerhalb der Division befindet. Die Kommunikation ist entsprechend durch Berichtsformate und -rhythmen formalisiert.

Der Standpunkt, von dem Inhalte und Techniken der internen Analyse beschrieben wird, muß also definiert werden. Für diesen Beitrag wollen wir uns an der *Rolle eines Holding-Controllers* orientieren, der Ergebnisberichte aus den Divisionen seines Unternehmens zu analysieren hat.

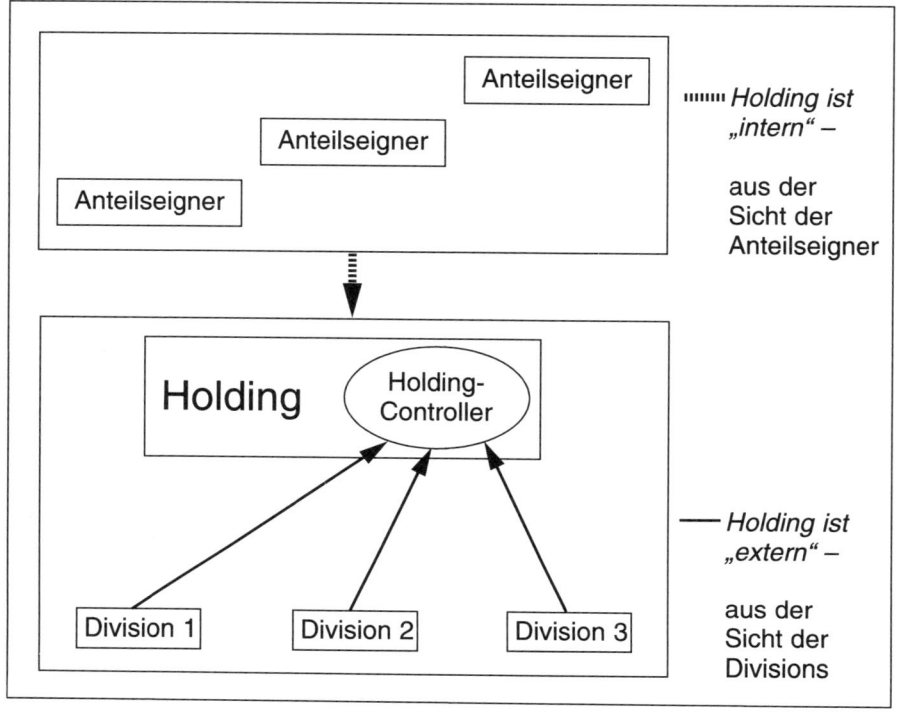

Abbildung 105: „Internes" und „externes" Verständnis einer Holding

B. Das Instrumentarium der internen Analyse

Analyseformen und -techniken werden entlang der Prozeßschritte Datenaufbereitung, Datenanalyse und Ableitung von Handlungsempfehlungen dargestellt.

I. Datenaufbereitung

Wesentliches Element der Datenaufbereitung ist eine *Erfolgsspaltung:* nicht ordentliche Positionen und Finanzergebnis werden abgetrennt, um ein ordentliches Betriebsergebnis der betrachteten Periode zu erhalten. Die hohe Bedeutung, die dem Betriebsergebnis beizumessen ist, deckt sich mit den Befunden der externen Bilanzanalyse, die den ordentlichen Betriebserfolg als wichtigen Indikator zur Früherkennung einer Krise identifiziert hat. In einem ersten Schritt ist also sicherzustellen, daß das Ergebnis um alle nicht ordentlichen Elemente bereinigt wird. Diese Aktivität ist trotz genormter Berichtsformate und -inhalte nicht trivial, wie im folgenden Abschnitt gezeigt wird.

Bei den nicht ordentlichen Ergebnisbestandteilen mag man zunächst nur an Buchgewinne aus *Abgängen von Gegenständen des Anlagevermögens* denken. Diese stellen aber für die Analysearbeit des Controllers kein Problem dar: Derartige Sachverhalte sind offensichtlich und den Berichtsempfängern vorab bekannt, bei größeren Transaktionen waren diese sogar in die Disposition eingebunden. Analytisch anspruchsvoller ist das Erkennen von *Gestaltungsmaßnahmen mit engem Bezug zum operativen Geschäft*. Zu nennen sind beispielsweise:

– Die Auflösung oder Bildung von Rückstellungen: Hier ist vor allem die Beurteilung der Angemessenheit neugebildeter Rückstellungen aus Sicht des Berichtsempfängers nur sehr begrenzt möglich.

– Die Vereinnahmung von Jahresrabatten oder Provisionen, ggf. auch für mehrere Jahre, in einem Ergebnis.

– Die Periodenzuordnung von Umsatzerlösen und entsprechenden Ergebnisanteilen.

Darüber hinaus ist der Effekt aus saisonalen Schwankungen bei unterjährigen Analysen zu berücksichtigen.

Nach der Separierung nicht ordentlicher Ergebnisbestandteile ist der Einfluß des *Finanzergebnisses* zu identifizieren, um so zum ordentlichen Betriebsergebnis zu gelangen.

Neben der Erfolgsspaltung hat die Ermittlung und Analyse des *Cash Flows* eine hohe Bedeutung. Auch hier besteht also eine Parallele zur externen Analyse.

II. Datenanalyse

Die Systematik der Vergleichsformen der externen Bilanzanalyse findet auch in der internen Analyse Anwendung.

Gegenstände der Analyse sind die Ertrags-, Vermögens- und Finanzlage, die in den Vergleichsformen Plan-, Zeit- und Betriebsvergleich durch direkten Vergleich der Absolutwerte und durch Bildung von Kennzahlen analysiert werden. Von den Vergleichsformen kommt bei der internen Analyse dem Planvergleich besondere Bedeutung zu. Die Analyse hat unterschiedliche Schwerpunkte, je nachdem ob Monats- oder Jahresberichte zu analysieren sind. Quartalsberichte nehmen eine Zwischenstellung ein. Die Frage, ob hier Analysen des Anlagevermögens sinnvoll sind, hängt von der Dynamik möglicher Veränderungen und der Qualität der Datenermittlung ab.

– Kern der *unterjährigen Analyse* ist die Ergebnisanalyse. Die Analyse der Vermögens- und Finanzlage beschränkt sich regelmäßig nur auf die Betrachtung des Working Capital, da sich im Anlagevermögen und im Eigenkapital gewöhnlich nur wenige, durchweg geplante Veränderungen einstellen.

– Auf *Jahresbasis* gewinnt neben der Ergebnisanalyse die Analyse der Vermögens- und Finanzlage an Bedeutung. Getrieben von der Notwendigkeit, Kapitalrenditen als Indikator für die Entwicklung des Unternehmenswertes zu verbessern, zielen die Analysen auf die Reduzierung des gebundenen Kapitals, z. B. durch bessere Nutzung der Anlagen, Off-Balance-Sheet-Finanzierung von Anlagevermögen, Abtretung von Forderungen bis hin zur Reduzierung des Eigenkapitals durch Aktienrückkäufe.

Wichtigste Vergleichsform ist der *Planvergleich.* Der Plan ist die Meßlatte. Er gibt das Ergebnisziel des Unternehmens vor und ist auf die einzelnen Profit-Center disaggregiert. Die interne Berichterstattung muß sich darauf richten, die Planerreichung abzubilden, die Ursachen für Planabweichungen aufzuzeigen und Anstöße zur Beseitigung von Problemen oder Nutzung weiterer Potentiale zu geben. Die hohe Bedeutung, die dem Planvergleich zukommt, markiert den Unterschied zur externen Analyse, die sich auf den Zeit- und Betriebsvergleich beschränken muß.

Der *Zeitvergleich* wird in der internen Analyse vor allem in Form längerer Zeitreihen zur Identifikation von Trends und Strukturveränderungen verwendet. Wichtiger Nebeneffekt derartiger Strukturanalysen ist die Plausibilisierung eines Ergebnisses: Zeigen bestimmte Kennzahlen Veränderungen, die nicht schlüssig mit operativen oder saisonalen Einflüssen begründet werden können, muß der interne Analytiker der Frage nachgehen, ob und wie die Divisions Möglichkeiten einer Ergebnisgestaltung genutzt haben.

Dem externen *Betriebsvergleich,* z. B. einer Division mit einem gleichartigen Wettbewerber, kommt in der internen unterjährigen Analyse nur begrenzte Bedeutung zu, da viele wichtige Kennziffern – insbesondere nahezu alle finanzwirtschaftlichen Indikatoren – nicht beschafft werden können. Auf jeden Fall hat sich die zeitnahe Verfolgung der Entwicklung von Marktanteilen im externen Betriebsvergleich als fester Bestandteil eines unterjährigen Routineberichtswesens etabliert. Sofern ein Unternehmen über mehrere vergleichbare Betriebe verfügt, ist ein interner Betriebsvergleich unter voller Nutzung des analytischen Instrumentariums möglich und üblich. Im Vergleich mit Wettbewerbern steht dem Holding-Controller lediglich das Instrumentarium der externen Analyse zur Verfügung.

Nun zur *Technik der Ergebnisanalyse.* Diese besteht zum einen im unmittelbaren Vergleich der einzelnen Berichtspositionen, zum anderen in der Bildung von Kennzahlen, die wichtige Ergebnishebel repräsentieren. Es handelt sich dabei üblicherweise nicht um formal geschlossene Kennzahlensysteme, bei denen alle Kennzahlen miteinander in einem Wirkungszusammenhang stehen. Derartige Systeme finden zumindest in der unterjährigen Berichterstattung keine Anwendung, da sie aufgrund der zeitlich unterschiedlichen Steuerungsrelevanz der einzelnen Kennzahlen zu viele „Überleitungskennzahlen" enthalten müßten, die ohne Informationsgehalt sind. So würden beispielsweise bei der Anwendung des Du-Pont-Kennzahlensystems Kennzahlen wie Kapitalstruktur und Kapitalumschlag im Monatsvergleich nur marginal variieren und so das Berichtswesen aufblähen, ohne daß sein Informationsgehalt steigt. Berichterstattung und ihre Auswertung konzentrieren sich daher jeweils auf diejenigen einzelnen Kennzahlen, die in der betrachteten Periode wichtige Informationen liefern. Auffällige Entwicklungen der Indikatoren können intern wesentlich tiefer verfolgt, analysiert und verstanden werden als in einer externen Analyse. Es gilt heute als Standardleistung eines Controllingsystems, eine Ergebnisabweichung über die verantwortliche Niederlassung zu einzelnen Kunden(-Gruppen) oder sogar Einzeltransaktionen zu verfolgen.

Seit einiger Zeit wird daran gearbeitet, die rein finanzwirtschaftlichen Berichtsinhalte mit Indikatoren aus operativen Prozessen zu verbinden, um die Ursachen und Hebel einer Ergebnisveränderung besser zu verstehen. Derartige Ansätze, der bekannteste wohl die *„Balanced Scorecard"* von Kaplan und Norton,[1] finden zunehmend Eingang in das Routineberichtswesen. Zwar sind komplette Installationen der „Scorecard" noch selten, wesentliche Teileelemente wie Durchlaufzeiten, Qualitätsindikatoren, Kundenzufriedenheiten und Marktanteile haben sich aber als Elemente eines internen Berichtswesens bereits etabliert.

III. Handlungsempfehlungen

Die Schlußfolgerungen der Controller werden mit der betroffenen Division besprochen, um eine gemeinsame Sicht der Lage zu erreichen und die Umsetzung der Handlungsempfehlungen auf den Weg zu bringen. Der

---

1 Kaplan/Norton (1996).

sich so entwickelnde *Dialog* kann nicht immer harmonisch sein, da Auffassungsunterschiede über das, was richtig und machbar ist, zu Tage treten. Wenn dieser Dialog aber konstruktiv und faktenorientiert geführt wird, steht an seinem Ende eine von Controlling und Division *gemeinsame getragene Sicht der Ergebnissituation* und ggf. eingeleiteter Maßnahmen. Im ungünstigen Fall aber verläuft der Dialog destruktiv, so daß die Erkennung und Bekämpfung einer Krise verzögert wird.

Zwei Ursachen, die zu einer solchen negativen Entwicklung maßgeblich beitragen können, werden im folgenden Abschnitt dargestellt.

C. Hindernisse interner Krisendiagnose

Der interne Analytiker hat im Vergleich zu einem externen Analytiker eine wesentlich bessere Informationsbasis: Planzahlen, operative Kennzahlen in beliebiger Detaillierung, die Möglichkeit der Rückfrage bis hin zur informellen Informationsbeschaffung. Dieser Informationsstand gibt einem internen Analytiker eine optimale Ausgangslage, Fehlentwicklungen oder weitere Verbesserungsmöglichkeiten frühzeitig zu erkennen und rechtzeitig Maßnahmen einzuleiten.

Es stellt sich die Frage, warum bei einer potentiell so guten Informationslage des internen Analytikers Fehlentwicklungen immer wieder spät erkannt werden. Wichtige Ursache hierfür dürften in einer ineffizienten Nutzung vorhandener Informationen bei der Entwicklung und Durchsetzung von Maßnahmen zu sehen sein. *Wahrnehmungsbarrieren* und ein *Rollenkonflikt* des Controllers können die Auseinandersetzung mit der Wahrheit und damit das rechtzeitige Einleiten von Maßnahmen behindern und verzögern.

I. Wahrnehmungsbarrieren

Der Controller verfügt zwar über das dargestellte breite Spektrum an Informationen, davon sind in der Regel aber nur die Ergebniszahlen „harte" Informationen. Alle anderen Indikatoren sind Gegenstand subjektiv geprägter Interpretation. So gesehen schmilzt der Informationsschatz des Controllers schnell dahin. Schlußfolgerungen des Controllers, die überwiegend auf *weichen* Daten beruhen, können von einer kritisch bewerteten Division leicht ausgehebelt werden: die Divisions sind in der Lage, eine sich abzeichnende Fehlentwicklung plausibel als „nicht gravierend" oder als „vorübergehende Störung" oder gar als „gezielte taktische Maßnahme" abzutun. Durch die Gegenbehauptung „falsch dargestellt" können sie zumindest Zeit gewinnen. Argumentativ sind die Divisions im Vorteil, da sie naturgemäß aufgrund ihrer tiefen Detailkenntnis die Möglichkeit haben, nahezu jede Situation plausibel zu erklären – bis sie von der Entwicklung der „harten" Ergebniszahlen eingeholt werden, die die tatsächliche, manifeste Krisensituation zu Tage fördern.

Die Neigung von Divisions, eine Problemsituation zu beschönigen, läßt sich mit dem Phänomen der „kognitiven Dissonanz" und mit Wahrnehmungsbarrieren erklären. Erfolge der Vergangenheit und die positive Grundeinstellung jedes erfolgreichen Unternehmers führen zu einer selektiven Wahrnehmung, bei der Chancen überzeichnet und Risiken verdrängt werden. Die betroffenen Divisions-Manager bewerten die „weichen" Daten im Vorfeld einer noch latenten Krise ganz anders als die von Berufs wegen kritischen Controller der vorgesetzten Instanz und finden eine Fülle von Ausreden, mit der die Welt wieder stimmig dargestellt werden kann. Die Ausreden, die sich auf selektive Wahrnehmung, selektive Interpretation, Attentismus, Schuldverlagerungen auf Dritte und Hoffnung auf eine schnelle Änderung stützen, verzögern den Prozeß der Feststellung einer Krise. *Erfolgreiche Krisendiagnose ist hier Umgang mit Wahrnehmungs- und Wissenskonflikten zwischen den Beteiligten* und hat so mehr mit ungeschminkter Darstellung, Überzeugungskraft und Durchsetzung als mit formaler Analyse zu tun. „Gut oder schlecht", „Erfolg oder Mißerfolg" des Controllers entscheidet sich in seiner Fähigkeit, *auch aus weichen Daten harte Urteile abzuleiten* und die erforderlichen Konsequenzen klar zu kommunizieren.

II. Rollenkonflikt

Die im vorangehenden Abschnitt als Erfolgsvoraussetzung frühzeitiger interner Krisendiagnose postulierte ungeschminkte Darstellung, Überzeugungskraft und Durchsetzung setzt ihrerseits voraus, daß diese Leistungen und Eigenschaften des Controllers stets und uneingeschränkt von der Unternehmensleitung verlangt werden. Davon kann jedoch nicht wie selbstverständlich ausgegangen werden. Hintergrund dieses Problems ist der Druck insbesondere auf börsennotierte Unternehmen, „die richtigen Zahlen" vorzulegen. Der Vorsitzende der amerikanischen Börsenaufsicht SEC, Arthur Levitt, spricht hier sehr deutlich von einem seiner Erfahrung nach wachsenden Problem des „Managens von Gewinnen",[2] das zum Ziel

---

2 Levitt (1999) S. 2544 f.

hat, Gewinnerwartungen der Börse nicht zu enttäuschen und einen glatten Gewinnpfad zu projizieren. Bei diesen Unternehmen, so Levitt, spiegele die Ergebnisberichterstattung eher den Wunsch des Managements als die tatsächliche Leistung wider.

Hier nun beginnt der Rollenkonflikt des Controllers. Bei der Vorbereitung der bilanzpolitischen Maßnahmen hat der Controller eine Schlüsselrolle: Seine Kenntnisse der Ergebnismechanik machen ihn unverzichtbar. Nur er kann die Auswirkungen bestimmter Maßnahmen quantifizieren. Die Rolle und Involvierung des Controllers verstärkt sich mit dem Vordringen von US-GAAP und IAS in der Bilanzierung. *Internes und externes Rechnungswesen nähern sich an,* und die Ansatzpunkte für Ergebnissteuerungen verschieben sich weg von den klassischen Bilanzmaßnahmen hin zu mehr operativ orientierten Gestaltungen und der Erfordernis eines schon unterjährigen Monitorings der Potentiale[3] – Themen, die zu den Kernkompetenzen des Controllers gehören.

Dieser Umstand bleibt aber nicht ohne Auswirkung auf die Stringenz der internen Krisendiagnose: Die Anforderungen aus der Doppelrolle, zum einen Transparenz sicherzustellen, zum anderen an Ergebnisgestaltungen mitzuwirken, sind konfliktär. *Je intensiver eine Ergebnisgestaltung betrieben wird, desto mehr wird die Funktion des Controllers, ungeschminkte Transparenz sicherzustellen, geschwächt.*

D. Weitere Annäherung der externen und internen Analyse

Die Grenze zwischen externer und interner Analyse ist bereits heute nicht klar zu ziehen und wird sich zukünftig noch weiter verwischen. Ursächlich dafür ist die schnell fortschreitende Verbesserung der Unterrichtung Externer. Kreditgeber und Fondsmanager verlangen und erhalten zunehmend Planzahlen. Zu erwarten ist in Zukunft weiterhin die Lieferung einer Fülle von operativen Performance-Informationen, wie sie bereits heute in US-amerikanischen Quartals- und Jahresberichten üblich ist. Auf dieser Informationsbasis unterscheiden sich die Analysemöglichkeiten, die eine Holding gegenüber ihren Sparten hat, von denen der Anteilseigner dieser Holding tendenziell immer weniger.

Auch die oben dargestellten Konflikte erreichen die „Externen": Der Kreditmanager einer Bank, der dem Kreditausschuß ein „wackelndes" Engagement präsentiert, kann gleichfalls von selektiver Wahrnehmung betroffen

---

3 Vgl. in anderem Zusammenhang Göbel (1999) S. 298.

sein. Gleiches gilt für das Sales Team eines Aktien-Emissionskonsortiums, das überschwenglich das Potential der zu plazierenden Papiere anpreist, Risiken aber nicht gleichgewichtig präsentiert.

Interessant bleibt die Frage, ob und wie beim Zusammenwachsen von interner und externer Analyse die zum Teil sophistische Technik der externen Analyse die intern verwendeten Methoden beeinflussen wird oder ob im Gegenteil die externe Analyse aufgrund verbesserter Informationsversorgung instrumentativ „abrüsten" kann.

So haben sich das Konzept des „Shareholder Value" und die damit verbundenen Kapitalrendite-Kennzahlen sehr schnell auch zu einem internen Steuerungsinstrument entwickelt. Es bleibt abzuwarten, ob die von der externen Analyse entwickelten musteranalytischen Verfahren und Expertensysteme auch bei der internen Analyse eine Rolle spielen können, beispielsweise die „weichen Daten" zu härten und damit die vielleicht entscheidende Voraussetzung für eine objektivierte, faktenorientierte Diskussion über diese Information zu schaffen. Dieses würde Wahrnehmungsverzerrung und selektive Wahrnehmung reduzieren und die Erfolgsaussichten frühzeitiger interner Krisendiagnose verbessern.

4.4 Insolvenzcontrolling – Diagnostische Instrumente in der Krise

Thomas Möhlmann

A. Verwertungsmöglichkeiten im neuen Insolvenzverfahren

Das seit dem 1. Januar 1999 geltende Insolvenzrecht bietet eine bislang im Insolvenzfall unbekannte Fülle von Verwertungsmöglichkeiten. Im Gegensatz zum alten Konkursverfahren, das durch Einfalt, nämlich durch eine zwangsläufige Unternehmenszerschlagung gekennzeichnet war, ist das neue Insolvenzverfahren durch Vielfalt geprägt. Nunmehr stehen die unterschiedlichsten Verfahrensarten bzw. Verwertungsformen gleichberechtigt nebeneinander. Die Bandbreite reicht dabei von der unverzüglichen Liquidation bis zur vollständigen Sanierung, wobei jede nur erdenkliche Mischform statthaft ist. In der Literatur werden zumeist die folgenden vier Verwertungsmöglichkeiten diskutiert:

– unverzügliche Liquidation,

– gestreckte Liquidation,

– Reorganisation,

– übertragende Sanierung.

Zu betonen ist, daß keine der aufgezählten Verfahrensarten vom Gesetzgeber präferiert wird. Die Wahl einer Verwertungsform durch die Gläubigerversammlung gehorcht – eine rationale Entscheidung vorausgesetzt – dem Ziel des neuen Insolvenzverfahrens, der Maximierung des Kapitalwerts der Gläubigerbefriedigung. Sollte nicht die Unternehmenszerschlagung, sondern der teilweise oder gar vollständige Unternehmenserhalt das adäquate Instrument auf dem Weg zu diesem Ziel sein, so stellt dies sicherlich eine positive Begleiterscheinung dar. Die Rettung möglichst vieler – eben auch marktuntüchtiger – Unternehmen als die bevorzugte Verfahrensart zu deklarieren, wäre indes eine ebenso starke ordnungspolitische Verfehlung wie es der Zerschlagungsautomatismus des alten Konkursrechts gewesen ist.

Die *unverzügliche Liquidation* – nunmehr in § 159 InsO geregelt – stellt die aus dem abgelösten Konkursverfahren bekannte klassische Abwicklung dar. Die Masse des Schuldners wird vom Insolvenzverwalter schnellstmöglich versilbert, die Gläubiger aus den Erlösen der Insolvenzmasse befriedigt. Diese Verwertungsform dürfte auch künftig die häufigste Form der Verwertung bilden.[1]

Reizvoller sind die neuen, auf einem Insolvenzplan basierenden Verwertungsmöglichkeiten. Der Insolvenzplan, der sich als Übereinkunft zwischen Gläubiger, Schuldner und Gericht in bezug auf die Modalitäten der Gläubigerbefriedigung charakterisieren läßt,[2] stellt demnach das Instrument der universellen Masseverwertung dar. Jede von der unverzüglichen Liquidation abweichende Form der Gläubigerbefriedigung erfordert Regelungen eines Insolvenzplans, die von den Gläubigern zu billigen sind.

Die *gestreckte Form der Liquidation* − auch allmähliche, schrittweise, sukzessive, langsame, mittelbare oder intelligente genannt − kommt der klassischen Liquidation recht nahe, denn am Ende des Verfahrens existiert das insolvente Unternehmen − wie bei der Liquidation nach § 159 InsO − nicht mehr. Die gestreckte Zerschlagung weicht von der unverzüglichen Variante jedoch durch eine verringerte Auflösungsgeschwindigkeit und eine verminderte Auflösungstiefe ab. Höhere Befriedigungsquoten als in der unverzüglichen Liquidation resultieren insoweit aus dem erweiterten Zeitrahmen sowie aus dem ungeteilten Verkauf von funktional verknüpften Vermögensgegenständen des Schuldners. Eine Nebenrolle spielen des weiteren laufende Erträge, die aus der befristeten Fortführung des Unternehmens stammen.

Nicht nur eine Neben-, sondern die Hauptrolle spielen laufende Erträge in der insolvenzrechtlichen Sanierung, die vom Gesetzgeber in Anlehnung an das amerikanische Vorbild der „Reorganization" als *Reorganisation* bezeichnet wird.[3] Die Gläubiger werden in der Reorganisation in erster Linie durch Fortführungsüberschüsse des restrukturierten Unternehmens und erst in zweiter Linie durch den Verkauf von Betriebsteilen befriedigt. Herausragend ist dabei die Stellung des schuldnerischen Unternehmens am Ende des Insolvenzverfahrens: Nicht die Unternehmenszerschlagung, sondern der Verbleib des Unternehmens am Markt und die Rückgabe des sanierten Unternehmens an den Schuldner steht am Verfahrensende.

---

1 Die Gründe dürften vornehmlich in der Risikoaversion vieler Gläubiger und der auch künftig noch zu späten Auslösung des Insolvenzverfahrens liegen. Die Erfahrungen aus den USA zeigen zudem, daß Chapter-Seven-Verfahren (Liquidationen) Chapter-Eleven-Verfahren (Sanierungen) bei weitem überwiegen.
2 Vgl. Möhlmann (1997) S. 7.
3 Hinzuweisen ist darauf, daß insolvenzrechtliche Reorganisationen nicht allein Maßnahmen der organisatorischen Gestaltung, sondern das gesamte Bündel finanz- und leistungswirtschaftlicher Maßnahmen umfassen können.

Als weiterer Weg der Vermögensverwertung steht den Insolvenzbeteiligten die – von Karsten Schmidt so benannte[4] – *übertragende Sanierung* zur Verfügung. Der Gesetzgeber versteht unter dieser Verfahrensart „die Übertragung eines Unternehmens, Betriebs oder Betriebsteils von dem insolventen Träger auf einen anderen, bereits bestehenden oder neu zu gründenden Rechtsträger".[5] Insoweit läßt sich die übertragende Sanierung als Mischfall von Liquidation und Sanierung klassifizieren, denn sanierungsfähige Teilbetriebe werden auf einen neuen Träger übertragen, während der alte Rechtsträger mitsamt den sanierungsunfähigen Bestandteilen untergeht. Auch die Geldmittel zur Gläubigerbefriedigung fließen aus unterschiedlichen Quellen und folgen damit dem „gemischten Wesen" der übertragenden Sanierung. Erstens wird durch die Liquidation von nicht mehr fortführungswürdigen Betriebsteilen ein Liquidationserlös erzielt. Zweitens stellt der Kaufpreis, den die Übernahmegesellschaft für die Übertragung entrichtet, eine Geldquelle dar und drittens partizipieren die Gläubiger an den Überschüssen der Übernahmegesellschaft.

B. Erfordernis eines Insolvenzcontrollings

Sollte keine unverzügliche Liquidation, sondern ein anderer, auf einem Insolvenzplan basierender Verfahrensweg beschritten werden, bedarf es eines Insolvenzcontrollings. Ein Insolvenzplan, der die vorgesehenen ökonomischen Maßnahmen sowie die veränderte Rechtsstellung der Insolvenzbeteiligten qualitativ und quantitativ beschreibt, gewährleistet nämlich noch nicht, daß es auch zu einer Umsetzung der Planregelungen kommt. Insoweit muß laufend kontrolliert werden, ob sich die Umsetzung des Insolvenzplans auch getreu den Vorgaben entwickelt. Entscheidend ist dabei das Zusammenspiel der verschiedenen Insolvenzbeteiligten: Die Umsetzung der im Insolvenzplan vorgesehenen Maßnahmen obliegt dem Schuldner. Aufgabe des Insolvenzverwalters ist es, den Schuldner hierbei zu überwachen und der Gläubigerversammlung Bericht zu erstatten. Letztere kann ihrerseits jederzeit eine Verfahrenskonversion, d. h. eine Änderung der Verwertungsform, etwa von einer Sanierung zu einer Liquidation, beschließen.

Das Erfordernis eines Insolvenzcontrollings läßt sich unterschiedlich begründen:

Zum ersten fordert der *Gesetzgeber* gem. § 261 (2) InsO vom Insolvenzverwalter, über den jeweiligen Stand und die weiteren Aussichten der

---

4 Vgl. Schmidt, K. (1980) S. 337 und Schmidt, K. (1982) S. 83.
5 Allgemeine Begründung zum RegE in Balz/Landfermann (1995) S. 36.

Erfüllung des Insolvenzplans zu berichten. Bewältigen lassen sich diese Aufgaben nur durch einen Vergleich der im Plan festgelegten Regelungen mit denen in der Verfahrensdurchführung erzielten Resultaten. Notwendig ist demnach ein Vergleich der Soll-Daten des Insolvenzplans mit den tatsächlich erzielten Ist-Daten in der Planumsetzung. Nur auf Basis einer derartigen Abweichungsanalyse wird der Verwalter in der Lage sein, das Ausmaß der Planerfüllung zu beurteilen.

Zum zweiten legen die im US-Verfahren gemachten *Erfahrungen* ein Insolvenzcontrolling auch im deutschen Verfahren nahe. In den USA ist es gängige Praxis, die Vorgaben des Insolvenzplans den bei Planumsetzung erzielten Größen gegenüberzustellen, um so den Erfolg des Verfahrens messen zu können. So hält etwa Newton fest, „[that] supervision of the debtor and its activities is essential throughout the proceedings ... ending only when the plan has been consummated".[6]

Zum dritten schließlich zeigt ein Blick in die *Literatur,* die sich mit außerinsolvenzrechtlichen Sanierungsverfahren beschäftigt, daß eine abgleichende Sanierungsbegleitung als unabdingbare Voraussetzung für den Sanierungserfolg angesehen wird. Das Controlling, so die herrschende Auffassung, stellt das wesentliche Instrument der zeitnahen Planüberwachung dar, welches in der Lage ist, die Auswirkungen der Planmaßnahmen zu erkennen und, sofern erforderlich, steuernd einzugreifen.[7]

C. Der Ausgangspunkt: Anlagen zum Insolvenzplan

Ein Insolvenzplan, der vom Schuldner oder Insolvenzverwalter angefertigt werden kann, besteht gem. § 219 InsO aus einem darstellenden und einem gestaltenden Teil sowie den Anlagen.

Im *darstellenden Teil des Plans* sind gem. § 220 InsO diejenigen rechtlichen und ökonomischen Maßnahmen aufzuführen, die geeignet sind, die Gläubigeransprüche zu befriedigen und ggf. die Insolvenzsituation zu beseitigen.

Im *gestaltenden Teil* ist vom Planersteller gem. § 221 InsO darzulegen, wie sich die Rechtsstellung der Beteiligten durch den Plan verändert, d. h., in welchem Ausmaß bei welchen Gläubigern Forderungen gekürzt, gestundet oder gesichert werden.[8]

---

6 Newton (1994) S. 351. Vgl. auch Möhlmann (1998) S. 167.
7 Vgl. Müller (1986) S. 407, Schaaf (1993) S. 94 und Schimke (1986) S. 33.
8 Vgl. Begründung zu § 264 RegE (§ 221 InsO) in Balz/Landfermann (1995) S. 333.

Diese Planbestandteile müssen um prospektive Rechenwerke – die sog. *Plan-Anlagen* – ergänzt werden. Damit schreibt der Gesetzgeber erstmalig für insolvenzrechtliche Verfahren die Erstellung von betriebswirtschaftlichen Planrechnungen vor. Im einzelnen zählen zu den Anlagen gem. § 229 InsO eine Planvermögensübersicht, ein Ergebnisplan und ein Finanzplan.

I. Planvermögensübersicht

In der Planvermögensübersicht sind Vermögensgegenstände und Verbindlichkeiten in der Art und Weise aufzuführen, wie sie sich bei einem Wirksamwerden des Insolvenzplans gegenüberstünden.[9] In der Planvermögensübersicht findet sich somit das quantitative Abbild der im darstellenden Teil des Insolvenzplans aufgelisteten Maßnahmen, soweit diese die Vermögenslage des Schuldners betreffen. Je nach Verwertungsform wird der prospektiven Übersicht dabei ein unterschiedlicher Stellenwert zukommen. Während in der Sanierung die Entwicklung der Vermögenslage von eher geringem Interesse ist, da sich die Gläubigerbefriedigung dann über die Generierung von Fortführungsüberschüssen vollzieht, zeigt eine prospektive Bestandsrechnung im Fall der Liquidation als wesentlichen Vorgang die Verminderung des Sachvermögens zugunsten des Geldvermögens.

Bezüglich der Fragen von Ansatz, Bewertung und Ausweis finden sich in der Insolvenzordnung keinerlei gesetzliche Vorschriften. Eine Anbindung etwa an die handelsrechtliche Bilanzierungspraxis erübrigt sich somit. Vielmehr sollten Gesichtspunkte der Zweckmäßigkeit für die Gestaltung der Planvermögensübersicht ausschlaggebend sein. Anknüpfungspunkt ist dabei die erstellte retrospektive Vermögensübersicht nach § 153 InsO im Rahmen der Verfahrenseröffnung. Für den *Ansatz der Vermögensgegenstände* bedeutet dies, daß der Planersteller diejenigen – im darstellenden Teil des Insolvenzplans aufgeführten – Maßnahmen herauszufiltern hat, welche die Vermögenslage des Schuldners berühren. Zum Kreis der ansatzpflichtigen Aktiva gehören insoweit alle Posten, die bereits in der retrospektiven Vermögensübersicht angesetzt wurden, zuzüglich bzw. abzüglich der durch die zu ergreifenden Maßnahmen neu zugehenden bzw. abgehenden Werte.[10] Auf der Passivseite sind diejenigen Verbindlichkeiten anzusetzen, die der Schuldner – gemäß den getroffenen Regelungen im gestaltenden Teil des Insolvenzplans – zu begleichen hat. Berücksich-

---

9 So auch die Regelung des „amerikanischen Vorbilds". Newton (1994) S. 309, führt dazu aus: „The forecasts . . . should be prepared on the assumption that the proposed plan will be accepted."
10 Vgl. Braun (1997) S. 532.

tigung finden muß die Einteilung der Schuldnerverbindlichkeiten in verschiedene Gruppen. Soweit im Insolvenzplan keine abweichenden Vereinbarungen getroffen werden, sind besicherte, ungesicherte und nachrangige Gläubigeransprüche zu unterscheiden.

Hinsichtlich der *Bewertung* ist für die Aktiva vor allem die angestrebte Verwertungsform zu berücksichtigen. Während den Vermögenspositionen in der Liquidation Zerschlagungswerte beizumessen sind, wird man im Rahmen der Unternehmensfortführung Wiederbeschaffungswerte ansetzen. Unabhängig davon besteht die Aufgabe des Planerstellers darin, die Höhe der Aktiva zum Abschluß des im Insolvenzplans vorgesehenen Maßnahmenprogramms zu prognostizieren, wobei Begründungswert und Aussagefähigkeit der Prognose mit zunehmender Zahl der Maßnahmen und sich ausdehnendem Zeithorizont abnehmen. Die Bewertung der Passiva gestaltet sich demgegenüber wesentlich einfacher. Der Regelfall der Befriedigungshöhe liegt für die besicherten Gläubiger gem. § 223 InsO beim Nennwert ihrer Forderungen, bei den nachrangigen Gläubigern gem. § 225 InsO beim totalen Ausfall und bei den ungesicherten Gläubigern nach § 224 InsO bei einer quotalen Befriedigung. Ein Prognoseproblem ergibt sich im Normalfall nicht, da im gestaltenden Teil des Insolvenzplans festgelegt sein dürfte, in welcher Höhe die jeweiligen Gläubigerforderungen zu erfüllen sind.

Hinsichtlich des *Ausweises* empfiehlt sich für die vertikale Gliederung der Aktiva eine Orientierung am Grad der Liquidierbarkeit. Dies bedeutet, daß die Anordnung der Vermögensgegenstände mit dem Kassenbestand beginnt und mit schwer liquidierbaren Posten wie etwa Maschinen endet. Als Residualgröße zwischen dem auf der Aktivseite abgebildeten Vermögen und den auf der Passivseite ausgewiesenen Schulden ergibt sich die Überschuldung als letzte Position der Aktivseite der prospektiven Vermögensübersicht. Bei der vertikalen Strukturierung der Passiva ist die Gruppenbildung der Gläubiger zu beachten. Eine daraus resultierende Ordnung der Passiva nach der rechtlichen Zugehörigkeit läuft auf einen Ausweis der Verbindlichkeiten nach dem Grad der Besicherung hinaus. Damit werden zunächst die – als Massepassiva zu bezeichnenden – voraussichtlichen Verfahrenskosten aufgeführt. Danach kommt es zum Ausweis der Verbindlichkeiten gegenüber den Absonderungsgläubigern, den Insolvenzgläubigern und den nachrangigen Gläubigern. Nach einer derartigen Auflistung der Absonderungs- und Insolvenzpassiva sowie der nachrangigen Passiva sollten – zumindest für den Reorganisationsfall – die Positionen Eigenkapital und Neuverbindlichkeiten Berücksichtigung finden.[11]

---

11 In einem Reorganisationsverfahren wird man einen vollständigen Abbau der Überschuldung beabsichtigen, der in einen Aufbau von Eigenkapital mündet.

Die Frage der Horizontalgliederung knüpft unmittelbar an den Zweck einer Planvermögensübersicht an. Die *prospektive Übersicht* soll gem. § 229 InsO die Entwicklung der Vermögensgegenstände und der Schulden für den Fall der Insolvenzplanumsetzung prognostizieren. Für die spätere Beurteilung des Verlaufs des Insolvenzverfahrens erscheint es dabei – wie beim amerikanischen Vorbild[12] – unabdingbar, den in der Planvermögensübersicht enthaltenen Soll-Daten die tatsächlich erzielten Ist-Größen gegenüberzustellen. Um eine derartige Abweichungsanalyse zu ermöglichen, sollten die Bestandsgrößen nicht nur auf den Zeitpunkt des voraussichtlichen Verfahrensendes prognostiziert werden. Vielmehr liegt es zum Zwecke der späteren Verfahrensüberwachung und -steuerung nahe, Soll-Größen auch als periodische Zwischenziele festzulegen. Folgt man diesen Überlegungen,[13] so ergibt sich sowohl für die Aktiva als auch für die Passiva ein *mehrspaltiger Ausweis,* wobei die Anzahl der Spalten durch die Zahl der vorgesehenen Berichterstattungstermine determiniert wird. Der zeitliche Rhythmus der periodischen Zwischenziele variiert dabei je nach der gewählten Verfahrensart. Bei einer Sanierung bedarf es einer genaueren und damit auch häufigeren, (zeit-)intensiveren Überwachung und Steuerung als in einer Liquidation. Unter Bezugnahme auf die außerinsolvenzrechtliche Literatur erscheint im Fall der Sanierung eine monatliche Berichtsabfolge angemessen,[14] während in der Liquidation eine viertel- oder gar halbjährige Begutachtung ausreichend sein dürfte.

Zusätzlich zu den „Prognosespalten" erscheint es ratsam, zwei weitere Aktiv- und Passivspalten einzurichten. In einer ersten Spalte sind die Werte aus der retrospektiven Vermögensübersicht aufzuführen, die sich auf den Zeitpunkt der Verfahrenseröffnung beziehen. In einer dann folgenden Spalte wird man die Aktiv- und Passivpositionen mit den bei der Insolvenzplanerstellung vorliegenden „Gegenwartswerten" aufzeichnen. Im Ergebnis zeichnet die horizontale Aufgliederung damit ein *zeitliches Bild der Bestände* von den vergangenen Werten zum Zeitpunkt der Verfahrenseröffnung, über die „Gegenwartswerte" zum Zeitpunkt der Insolvenzplananfertigung, bis zu den prognostizierten Soll-Daten im Verfahrensverlauf und zum Verfahrensende. Abb. 106 *(siehe S. 327)* zeigt die Struktur einer Planvermögensübersicht, wobei neben den Soll-Beständen zum Verfahrensende (Ziel-Soll) zwei Zwischenziele (Zwischen-Soll) vorgesehen sind.

---

12 Vgl. Möhlmann (1997) S. 24.
13 Vgl. für die außerinsolvenzrechtliche Sanierung beispielsweise Schimke (1986) S. 33 und Böckenförde (1991) S. 92.
14 Vgl. Schaaf (1990) S. 457, Räss (1990) S. 256 f., Müller (1986) S. 407 und Böckenförde (1991) S. 93.

Anlagen zum Insolvenzplan

Planvermögensübersicht vom ...

Aktiva	Wert des Masseverzeichnisses	Wert zu Verfahrensbeginn	Zwischen-Soll 1	Zwischen-Soll 2	Ziel-Soll	Passiva	Wert des Gläubigerverzeichnisses	Wert zu Verfahrensbeginn	Zwischen-Soll 1	Zwischen-Soll 2	Ziel-Soll
Kassenbestand						Massepassiva					
Guthaben, Schecks						Absonderungspassiva					
Forderungen						Insolvenzpassiva					
Fertigerzeugnisse						Nachrangige Passiva					
Wertpapiere						Eigenkapital					
Ausleihungen						Neuverbindlichkeiten					
Beteiligungen											
Grundstücke											
Sonstiges Vermögen											
Überschuldung											
Summe						**Summe**					

Abbildung 106: Die Planvermögensübersicht

II. Ergebnisplan

Neben einer Prognose der Bestandsgrößen ist dem Insolvenzplan auch eine Planbewegungsrechnung beizufügen, die über *künftige Aufwendungen und Erträge* informiert. In § 229 (2) InsO heißt es: „Ergänzend ist darzustellen, welche Aufwendungen und Erträge für den Zeitraum, während dessen die Gläubiger befriedigt werden sollen, zu erwarten sind." Schimke zufolge geht es darum, „die Auswirkungen der auf die Verbesserung des Unternehmensergebnisses gerichteten Maßnahmen zu quantifizieren und zeitlich so zu strukturieren, daß daraus die angestrebte Ergebnisentwicklung und die Entwicklung der das Ergebnis bestimmenden Aufwands- und Ertragsdaten nach Zeitabschnitten deutlich werden".[15]

Aufwendungen und Erträge sind in dem Ergebnisplan, den man auch als Plan-GuV bezeichnen könnte, über den gesamten zu erwartenden Verfahrenszeitraum zu prognostizieren. *Anknüpfungspunkt* des zu erstellenden Ergebnisplans stellt dabei zweckmäßigerweise die letzte handelsrechtliche GuV dar. Begreift man diese Ist-GuV als Planungsbasis, so besteht die Aufgabe für den Planersteller darin, abzuschätzen, welche der im Insolvenzplan skizzierten Maßnahmen für den Ansatz in dem Ergebnisplan relevant sind.

Die Erstellung einer Plan-GuV erfolgt durch die schrittweise Aggregation von Teilplänen, in welche die im darstellenden Teil des Plans aufgeführten Maßnahmen einfließen.[16] Dabei ist die *Periodenlänge* durch den Umfang der zu ergreifenden Maßnahmen gekennzeichnet, d. h. es findet in der Regel eine Loslösung von der Jahresfrist statt.[17] Geht man vom Umsatzplan als der wesentlichen Schlüsselgröße aus, schlagen sich beispielsweise Sortimentsbereinigungen, Veränderungen der Fertigungstiefe, aber auch organisatorische Umstrukturierungen in künftigen Erträgen nieder. Auf der Aufwandsseite wären klassische Beispiele für „ansatzrelevante" Maßnahmen etwa Personalfreisetzungen, Schließung unrentabler Produktionsstätten sowie die Einstellung von Forschungsanstrengungen.[18]

Das Problem für den Planersteller liegt – genau wie bei dem in den USA zu erstellenden Ergebnisplan – vor allem in dem Sachverhalt begründet, daß eine Bezugnahme auf Trendextrapolationen unter Verwendung vergangenheitsbezogener Daten nicht in Frage kommt.[19] Daraus ergibt sich

---

15 Schimke (1986) S. 33.
16 Vgl. Küpper (1989) Sp. 434, Horváth (1993) S. 462 sowie Hahn (1996) S. 516 ff.
17 Vgl. E. Braun (1997) S. 542.
18 Vgl. Krystek (1985) S. 600.
19 Vgl. Möhlmann (1997) S. 27.

die Aufgabe, fast alle GuV-Positionen auf Basis der angefertigten Absatz-, Produktions-, Personal- und Materialpläne ableiten zu müssen.[20] Insofern bildet der Ergebnisplan das vollständige Aggregat der Teilpläne unter Einarbeitung der anzuwendenden Maßnahmen. Im Bereich des Ansatzes könnte eine strukturierte Vorgehensweise des Planerstellers darin bestehen, alle GuV-Positionen nach § 275 HGB daraufhin zu prüfen, ob sie durch die künftige Geschäftstätigkeit des Schuldners berührt werden.

Die Frage der *Bewertung* der anzusetzenden GuV-Positionen geht mit einem noch größeren Maß an *Unsicherheit und Ermessensspielraum* des Planerstellers einher. Vor allem die Höhe künftiger Umsatzerlöse wird durch eine Reihe nicht beeinflußbarer exogener Größen bestimmt. Aus diesem Grund wird in der Literatur angeregt, Alternativergebnispläne zu entwickeln, die von unterschiedlichen Szenarien ausgehen. Gemeinhin wird eine Dreiteilung in eine *„optimistische", „realistische" und „pessimistische" Einschätzung* der betrieblichen Entwicklung favorisiert.[21] Solche Bestrebungen werden jedoch durch die Notwendigkeit eines zügigen Handelns begrenzt. Eine Entscheidung, ob mehrere Ergebnispläne in Abhängigkeit unterschiedlicher Perspektiven erstellt werden sollen, läßt sich wohl nur im Einzelfall treffen.[22]

Im Rahmen des *Ausweises* der GuV-Positionen gibt es im Hinblick auf die vertikale Gliederung keinen ersichtlichen Grund, von der handelsrechtlichen Systematik des § 275 HGB abzuweichen. Zu fordern ist indes, daß der Grundsatz der Ausweisstetigkeit befolgt wird. Dies bedeutet ein Festhalten am Ausweis der GuV-Positionen entweder nach dem einmal gewählten Gesamt- oder nach dem Umsatzkostenverfahren.[23]

Hinsichtlich der horizontalen Gliederung läßt sich an die im Rahmen der Planvermögensübersicht vorgebrachte Argumentation anknüpfen. Für die

---

20 Ein Problem liegt im Ansatz von Abschreibungen und Rückstellungen. Befürwortet wird hier, diese GuV-Positionen zu berücksichtigen, da – abgesehen von der Liquidation – zumindest ein Teilverbleib des Unternehmens am Markt gewünscht ist. Denkbar wäre indes auch – im Sinne einer Art Sunk-Cost-Betrachtung –, Abschreibungen nicht anzusetzen, da diese Größen für die Entscheidung über die Verwertungsform keine Rolle spielen.
21 Vgl. Kuhn (1981) Sp. 136.
22 Die Anfertigung von mehreren – auf unterschiedlichen Prämissen beruhenden – Ergebnisplänen wird um so sinnvoller, je turbulenter die Umwelt und je unsicherer die Wirkung der zu ergreifenden Maßnahmen sind.
23 Denkbar wäre allerdings auch eine Abstufung der GuV-Positionen nach anderen Kriterien. So könnten beispielsweise zunächst die kassenwirksamen Aufwendungen und Erträge ausgewiesen werden, da diese für die Gläubiger von besonderer Entscheidungsrelevanz sind.

Ergebnisplan vom ...				
Ergebnisposition	Zwischen-Soll 1	Zwischen-Soll 2	Ziel-Soll	Summiertes Soll
Umsatzerlöse				
Bestandsveränderungen				
aktivierte Eigenleistungen				
sonst. betr. Erträge				
Materialaufwand				
Personalaufwand				
Abschreibungen				
sonst. betr. Aufwendungen				
Beteiligungserträge				
Erträge des FAV				
Zinserträge				
Zinsaufwendungen				
a.o. Ergebnis				
Ertragsteuern				
sonstige Steuern				
Ergebnis				

Abbildung 107: Der Ergebnisplan

Einschätzung des Fortgangs der gewählten Verfahrensart ist es notwendig, den prognostizierten Aufwendungen und Erträgen als Soll-Daten die bei der Insolvenzplanumsetzung tatsächlich erzielten Ist-Aufwendungen und Ist-Erträge gegenüberzustellen. Dazu bedarf es – wie bei der Planbestandsrechnung – der Festlegung periodischer Zwischenziele. Damit ergibt sich ein mehrspaltiger Ausweis, wobei die Anzahl der „Prognosespalten" in der Plan-GuV denen in der prospektiven Vermögensübersicht zu entsprechen hat. Eine übereinstimmende Anzahl der „Prognosespalten" in Bestands- und Bewegungsrechnung ist als zwingend anzusehen, da beide Rechnungen miteinander verknüpft sind. Ein aus dem Ergebnisplan hervorgehender Überschuß führt zu einem Abbau der Überschuldung, während ein Fehlbetrag in eine steigende Überschuldung mündet. In dem in Abb. 107 ersichtlichen Ergebnisplan finden sich analog zur Planbestandsrechnung demnach neben den Soll-Größen zum Verfahrensende (Ziel-Soll) zwei Zwischenziele (Zwischen-Soll). Über die Einrichtung der „Prognosespalten" hinaus erscheint es für die Bewegungsrechnung vorteilhaft, eine weitere Spalte vorzusehen, in der die in den ersten Spalten aufgezeichneten Soll-Daten horizontal summiert werden. Der Ausweis eines solchen „Summierten Solls" läßt nämlich die über den gesamten Verfahrenszeitraum geschätzten Aufwendungen und Erträge erkennen, so daß eine Beurteilung, ob ein Insolvenzplan letztlich auch umsetzbar ist, erleichtert wird.

III. Finanzplan

Nach § 229 (2) InsO ist ein Finanzplan anzufertigen, in dem dargestellt wird, „durch welche Abfolge von Einnahmen und Ausgaben die Zahlungsfähigkeit des Unternehmens . . . gewährleistet werden soll".[24] Es handelt sich demnach um eine zu erstellende *prospektive Zahlungsrechnung*.[25]

In dem anzufertigenden Finanzplan sind die zahlungswirksamen Konsequenzen der im Insolvenzplan aufgeführten Maßnahmen anzusetzen. Dabei muß beachtet werden, daß der Planungszeitraum nicht auf ein Jahr begrenzt ist,[26] sondern durch den Umsetzungszeitraum der im Plan angestrebten Maßnahmen determiniert wird. Damit stellt sich für den Planersteller das Problem, die Bewegungen auf der Zahlungsmittelebene zeitlich abzuschätzen. Eine solche Prognose basiert einerseits auf den Zahlungsgewohnheiten der Vergangenheit und ergibt sich andererseits aus den kassenwirksamen Konsequenzen der im Plan beschriebenen Maßnahmen. Da die erforderliche Abschätzung ebenso schwierig wie subjektiv sein wird, erscheint es zweckmäßig, eine *Erläuterung der Maßnahmen* im Hinblick auf deren Kassenwirksamkeit im darstellenden Teil des Insolvenzplans vorzunehmen. Eine Nachvollziehbarkeit im Sinne einer Plausibilitätskontrolle der zahlungsmäßigen Konsequenzen der zu ergreifenden Maßnahmen wäre dann möglich.

Neben dem zeitlichen Ansatz der Ein- und Auszahlungen bestimmt vor allem deren Höhe die Liquiditätslage. Die Bewertung der Zahlungen dürfte weniger problematisch sein als die *Bestimmung des zeitlichen Anfalls*,

---

24 Da sich die Liquiditätslage aus den Bewegungen auf der Zahlungsebene ergibt, ist zu unterstellen, daß der Gesetzgeber von einem synonymen Gebrauch der Begriffe Einzahlungen und Einnahmen auf der einen Seite sowie Auszahlungen und Ausgaben auf der anderen Seite ausgeht.
25 So auch Braun (1997) S. 543.
26 Vgl. Witte/Klein (1974) S. 57 und Lachnit (1995) Sp. 778.

denn zukünftige Zahlungsbewegungen schlagen sich der Höhe nach entweder in der Planvermögensübersicht oder im Ergebnisplan nieder. Damit ist – durch die Betrachtung der künftigen Vermögens- und Ertragslage – im Hinblick auf die Höhe der Zahlungen eine gewisse Plausibilitätskontrolle möglich. Daneben wird man an den Zahlungsgewohnheiten der Vergangenheit in etwa ablesen können, wie hoch beispielsweise der Anteil der Barverkäufe ist. Auch werden erfolgsunwirksame Zahlungsbewegungen, wie etwa zusätzliche Kreditaufnahmen, direkt im Insolvenzplan geregelt, so daß eine direkte Überprüfbarkeit der Höhe künftiger Zahlungen möglich erscheint. Andererseits verbleiben auch unsichere Momente der zu prognostizierenden Zahlungshöhe. Als Beispiel seien Maßnahmen zur Effizienzsteigerung der Inkassoaktivitäten genannt. Insofern mag – in Analogie zur prospektiven Aufwands- und Ertragsrechnung – eine Bewertung der anzusetzenden Zahlungen unter der Annahme verschiedener Szenarien im Einzelfall angemessen sein.

Im Hinblick auf den Ausweis der einzelnen Positionen liegt es für die *vertikale Gliederung* nahe, zunächst die Einzahlungen aufzuführen. Diesen gegenüberzustellen sind die Auszahlungen und die eventuell vorhandenen Zahlungsmittel. Empfehlenswert ist bei der vertikalen Strukturierung von Ein- und Auszahlung eine Einteilung in fortführungsbedingte und liquidationsbedingte Zahlungen. Als letzte Position und Resultat einer zahlungsmäßigen Bewegungsrechnung ergibt sich die Kassenhaltung des Schuldners. Damit sind Finanzplan und Planvermögensrechnung miteinander verwoben, denn die in der Bewegungsrechnung errechnete Kassenlage findet sich in dem Planbestandskonto „Kasse" wieder.

Bezüglich der *horizontalen Gliederung* läßt sich auf die entsprechenden Ausführungen im Rahmen des Ergebnisplans verweisen. Erforderlich erscheint ein mehrspaltiger Ausweis, denn eine im Verfahrensverlauf notwendige Abweichungsanalyse verlangt die mehrfache periodische Prognose von Soll-Größen. Aus der Anzahl der vorgesehenen Berichterstattungstermine sowie – formal betrachtet – aus der Verknüpfung des Finanzplans mit der Planbestandsrechnung ergibt sich die Zahl der „Prognosespalten". In Abb. 108 *(siehe S. 333)* führen derlei Überlegungen zu einer der Plan-GuV entsprechenden horizontalen Aufgliederung. Ausgewiesen werden zunächst zwei zwischenzeitlich anzustrebende Zahlungsziele (Zwischen-Soll) sowie die Soll-Größen zum Verfahrensende (Ziel-Soll). In einer weiteren Spalte wird man – analog zur prospektiven Aufwands- und Ertragsrechnung – die aufgeführten Soll-Daten horizontal kumulieren und als „Summiertes Soll" ausweisen.

Finanzplan vom . . .				
Zahlungsposition	Zwischen-Soll 1	Zwischen-Soll 2	Ziel-Soll	Summiertes Soll
Barumsatz				
Forderungseingänge				
Sonstige Einzahlungen				
Auflösung Guthaben				
Verkauf von UV				
Verkauf von AV				
Summe Einzahlungen				
Bareinkauf				
Personalauszahlungen				
Sonstige Auszahlungen				
Befriedigung der Massepassiva				
Befriedigung gesicherter Gläubiger				
Befriedigung ungesicherter Gläubiger				
Befriedigung nachrangiger Gläubiger				
Summe Auszahlungen				
Zahlungsmittelbestand				
Kasse				

Abbildung 108: Der Finanzplan

D. Periodische Überwachung und Steuerung

Eine periodische Überwachung der Insolvenzplanumsetzung, die gem. § 260 (3) InsO der Sicherstellung der im Plan festgeschriebenen Ansprüche dient, muß im gestaltenden Teil des Insolvenzplans explizit bestimmt worden sein. Dennoch dürfte die Überwachung bei insolvenzplanbasierten Verfahren – insbesondere bei (Teil-)Sanierungen – der *Regelfall* sein, denn die Überwachung ist – wie der Gesetzgeber ausführt – auf den Fall zugeschnitten, daß nach dem Plan der Schuldner seine wirtschaftliche

Tätigkeit fortsetzt, insbesondere sein Unternehmen fortführt und die Gläubiger aus den Erträgen befriedigt.[27] Gesetzlich kodifiziert ist in § 261 (2) InsO eine *jährliche Berichterstattung durch den Verwalter*. Auf der Hand liegt jedoch, daß eine nur jährlich wiederkehrende Bestandsaufnahme über den Fortschritt des Verfahrens und den Stand der Gläubigerbefriedigung für eine wirksame Überwachung und Steuerung der Verwertung unzureichend ist. Wünschenswert erscheint eine *möglichst zeitnahe* Begleitung des Verfahrens, wobei – wie bereits ausgeführt – in den Fällen einer (Teil-)Sanierung eine dichtere Abfolge der Berichterstattung als im Fall einer gestreckten Liquidation erforderlich ist. In der Literatur wird denn auch betont, daß es gerade bei einer Sanierung entscheidend darauf ankomme, stets über den genauen Stand und den Verlauf des Verfahrens informiert zu sein, damit Abweichungen erkannt und Anpassungen sofort initiiert werden können.[28] Orientiert man sich an der Praxis der Berichterstattung in den USA, so bietet sich ein monatlicher Rhythmus der periodischen Bereitstellung von Informationen durch den Verwalter an.[29]

Hinsichtlich der Ausgestaltung der periodischen Berichterstattung ist an den Zweck der Überwachung anzuknüpfen. Nach § 261 (2) InsO muß der Verwalter über den jeweiligen Stand und die weiteren Aussichten der Insolvenzplanerfüllung berichten. Damit ergibt sich zweierlei: Zum einen werden Rechnungen benötigt, die eine Abbildung der verfahrenstypischen Sachverhalte vornehmen. Dementsprechend ist bei einer gestreckten Liquidation der Aktivtausch, bei einer Sanierung die Generierung von Fortführungsüberschüssen und bei einer übertragenden Sanierung die Übertragung zweckgerecht abzubilden. Zum anderen geht es um die Erstellung von Abweichungsanalysen, die eine Aussage über Erfüllung und Erfüllbarkeit der im Insolvenzplan festgeschriebenen Ziele gestatten. Diese Aufgabe läßt sich durch einen Vergleich der im Plan festgelegten Soll-Größen mit den in der Verfahrensdurchführung erreichten Ist-Größen bewältigen. Damit ist an die Anlagen des Insolvenzplans anzuknüpfen, so daß während der Phase der Planumsetzung periodisch wiederkehrend Vermögensübersichten sowie Ergebnis- und Finanzrechnungen vom Verwalter anzufertigen sind. Ein derartiger Vergleich von Soll- und Ist-Werten wird im übrigen auch in den USA so gehandhabt wie Newton verdeutlicht: „At

---

27 Vgl. Begründung zu § 307 RegE (§ 260 InsO) in Balz/Landfermann (1995) S. 380.
28 Vgl. Böckenförde (1991) S. 92.
29 Vgl. Baird/Jackson (1990) S. 951, Newton (1994) S. 328 f. und Möhlmann (1998) S. 167. Auch in Deutschland wird – für die außerinsolvenzrechtliche Sanierung – zumeist eine monatliche Berichterstattung für wünschenswert erachtet. Vgl. etwa Baur (1978) S. 158 und Räss (1990) S. 256 f.

the end of each period, the debtor will submit a report comparing the actual results with the projected estimates. The accountants for the creditors' committee will normally review these reports and discuss their analysis with the committee."[30] In Anlehnung an die in den USA beschriebene Praxis der Erstellung von „Comparative financial statements" kann demnach im neuen deutschen Insolvenzverfahren von der *Notwendigkeit einer vergleichenden Berichterstattung* ausgegangen werden.

I. Vermögenszwischenübersicht

Die Vermögenszwischenübersicht – insbesondere in (Teil-)Liquidationsverfahren von großer Bedeutung – zeigt auf der Aktivseite das Vermögen, welches zum Zeitpunkt der Berichterstattung noch im Unternehmen vorhanden ist. Auf der Passivseite werden die Schulden ausgewiesen, deren Tilgung zum Berichtszeitpunkt noch aussteht. Die vertikale Gliederung der Aktiv- und Passivposten hat der entsprechenden Ordnung der Planvermögensübersicht zu folgen. Nur bei einer solchen Strukturgleichheit der Berichterstattung sind die erzielten Ist-Bestände mit den aus dem Insolvenzplan hervorgehenden Soll-Beständen vergleichbar. Damit gliedern sich die Aktiva nach dem Kriterium der Liquidierbarkeit, die Passiva nach der rechtlichen Zugehörigkeit.

Die Aussagekraft der Vermögenszwischenübersicht wird in erster Linie durch eine adäquate *Horizontalgliederung* bestimmt. Empfehlenswert erscheint ein *fünfspaltiger Ausweis* sowohl auf der Aktiv- als auch auf der Passivseite *(vgl. Abb. 109, S. 336)*. In der ersten Spalte sind die Aktiva bzw. Passiva aufzuführen, denen in einer zweiten Spalte die Bestandsgrößen zugewiesen werden, die zu Beginn des Verfahrens vorlagen. In einer weiteren, dritten Spalte lassen sich die aus dem Insolvenzplan entnehmbaren Zwischen-Soll-Werte eintragen. Diesen Soll-Größen sind dann in der vierten Spalte die tatsächlichen Ist-Bestände an Vermögen und Schulden gegenüberzustellen. In der letzten Spalte empfiehlt sich die Aufnahme der ebenfalls aus dem Insolvenzplan hervorgehenden Ziel-Soll-Bestände. Der Ausweis der Soll-Bestände zum Verfahrensende ist deshalb anzuraten, weil der Verwalter nicht nur die Erfüllung des Insolvenzplans zum Zeitpunkt der Zwischenberichterstattung, sondern auch die Erfüllbarkeit des Insolvenzplans insgesamt abzuschätzen hat. Die Angabe der Plan-Werte, die zum Verfahrensende erreicht werden sollen, erleichtert dem Verwalter diese Aufgabe.

---

30 Newton (1994) S. 354. Vgl. zum US-Verfahren auch Möhlmann (1997) S. 40 ff. und Möhlmann (1998) S. 167 f.

Vermögenszwischenübersicht vom ...

Aktiva	Wert zu Verfahrens-beginn	Zwischen-Soll	Zwischen-Ist	Ziel-Soll	Passiva	Wert zu Verfahrens-beginn	Zwischen-Soll	Zwischen-Ist	Ziel-Soll
Kassenbestand					Massepassiva				
Guthaben, Schecks					Absonderungs-passiva				
Forderungen					Insolvenz-passiva				
Fertigerzeug-nisse					Nachrangige Passiva				
Werpapiere					Eigenkapital				
Ausleihungen					Neuverbind-lichkeiten				
Beteiligungen									
Grundstücke									
Sonstiges Vermögen									
Überschuldung									
Summe					**Summe**				

Abbildung 109: Die Vermögenszwischenübersicht

II. Ergebniszwischenrechnung

Einer zwischenzeitlichen Aufwands- und Ertragsrechnung fallen je nach Verwertungsform unterschiedliche Aufgaben zu: In der Liquidation geht es erstens darum, die bei der Veräußerung der Vermögensgegenstände aufgedeckten stillen Lasten und Reserven abzubilden,[31] zweitens die vorübergehend noch anfallenden Fortführungsaufwendungen und -erträge aufzuzeichnen sowie drittens unrealisierte Wertänderungen zu erfassen. In der *Sanierung* obliegt den Ergebniszwischenrechnungen dagegen, über den Fortgang der Sanierungsmaßnahmen Auskunft zu geben und eine Datenbasis im Hinblick auf die Abschätzung der Erfüllung bzw. Erfüllbarkeit der Planziele zu liefern. Damit spielt eine Bewegungsrechnung erfolgswirtschaftlicher Art in der Sanierung eine wesentlich bedeutendere Rolle als in der Liquidation, da Fortführungsüberschüsse sichtbar werden, deren Erzielung eine notwendige Bedingung für den Erfolg des Verfahrens ist. Eine laufende Ergebnisrechnung soll in der Reorganisation demnach die von den Gläubigern angenommene Vorteilhaftigkeit der Fortführung des schuldnerischen Unternehmens bestätigen und die Quellen der Reorganisationserfolge aufzeichnen. Gemein ist den Ergebniszwischenrechnungen – unabhängig von der Art des Insolvenzverfahrens – indes die Verknüpfung mit den Vermögenszwischenrechnungen: Ein positives Ergebnis vermindert die in der Bestandsrechnung aufgezeigte Überschuldung, während ein negatives Resultat der Bewegungsrechnung den umgekehrten Effekt hat.

Aus systematischer Perspektive könnte eine Aufzeichnung der laufenden Aufwendungen und Erträge an die formale Gestaltung des Ergebnisplans gem. § 229 (2) InsO anknüpfen. Im Rahmen der Planergebnisrechnung wurde eine Anlehnung an die handelsrechtliche Struktur des § 275 HGB präferiert. Damit ergäbe sich als Konsequenz eine entsprechende vertikale Struktur für die Ergebniszwischenrechnung. Kritisch einzuwenden ist jedoch, daß der an handelsrechtlichen Gliederungsnormen orientierte Aufbau einer Ergebniszwischenrechnung zwar systematisch überzeugt, dem Wesen der unterschiedlichen Verfahren aber nicht in vollem Umfang gerecht wird.

Der Kern eines Liquidationsverfahrens liegt in der Versilberung des schuldnerischen Vermögens, während die *einstweilige Fortführung* eine quasi ergänzende Komponente darstellt. Insoweit steht die Aufzeichnung der fortführungsbedingten Aufwendungen und Erträge eher im Hintergrund. Der Verwalter könnte demnach die Erstellung einer differenzierte-

---
31 Vgl. Scherrer/Heni (1996) S. 138.

ren Ergebnisabbildung erwägen. Vorteilhaft wäre ein Rechnungsaufbau, der realisierte und unrealisierte Wertänderungen unmittelbar erkennen ließe. Würden aufgedeckte Lasten und Reserven als solche explizit ausgewiesen werden und nicht – wie handelsrechtlich üblich – in die sonstigen Aufwendungen bzw. Erträge eingebettet, wäre die Ergebniszwischenrechnung sicherlich aussagekräftiger.[32]

In einem *Reorganisationsverfahren* gilt es, die erhöhten Informationsbedürfnisse der Beteiligten zu bedenken. Gerade die Zusammensetzung des Zwischenergebnisses ist von besonderer Bedeutung, da nicht zuletzt aus den Quellen des Zwischenergebnisses die Beurteilung der Erreichbarkeit der Planziele erfolgen sollte.[33] Dem stimmen auch Kearns/Ryan/Rosenfeld zu, indem sie betonen: „The segregation of ongoing operations from reorganization activities will help the financial statement user to evaluate the quality of earnings."[34] Insoweit läßt sich argumentieren, daß aus der Unternehmensfortführung resultierende Erträge einen qualitativ höheren Stellenwert aufweisen als reine Sanierungserträge, da erstere als ständig fließende Quelle vorhersehbarer sind. Vor diesem Hintergrund sollte eine laufende Ergebnisrechnung in der Reorganisation ein – dem Ergebnis nach § 275 HGB entsprechendes – *laufendes Ergebnis* und ein *Sanierungsergebnis* unterscheiden. Während das laufende Ergebnis die sich aus der Fortführung des Kerngeschäfts ergebenden Resultate aufzeichnet, zeigt das Sanierungsergebnis die erfolgswirksamen Konsequenzen der implementierten finanzwirtschaftlichen Maßnahmen.[35] Vorgegebene Soll-Daten aus dem Reorganisationsplan wären in dem Fall entsprechend umzugliedern.

Im Hinblick auf die *horizontale Gliederung* der zwischenzeitlichen Aufwands- und Ertragsrechnung ist an den Gedanken einer Abweichunganalyse anzuknüpfen. Daraus resultiert ein *mehrspaltiger Aufbau* der Ergebnisrechnung. Die den einzelnen Ergebnispositionen (erste Spalte) zum Rechnungszeitpunkt zuzuordnenden Soll-Werte (zweite Spalte) sind demnach den jeweiligen Ist-Werten (dritte Spalte) gegenüberzustellen. In einer weiteren, vierten Spalte bietet sich – um die möglichen Planabweichungen

---

32 So auch Scherrer/Heni (1996) S. 138, die darauf hinweisen, daß sich Fragen nach den buchmäßigen Erfolgsbeiträgen im Rahmen einer nach dem handelsrechtlichen Gliederungsschema aufgebauten Ergebnisrechnung nur eingeschränkt beantworten lassen.
33 Vgl. Möhlmann (1998) S. 166.
34 Kearns/Ryan/Rosenfeld (1993) S. 38.
35 Siehe dazu auch die bei Möhlmann (1997) S. 44 aufgezeigte Struktur der „Gap Analysis of Projected Statements of Operations" im US-Verfahren.

Ergebniszwischenrechnung vom ... bis ...

Ergebnisposition	Zwischen-Soll	Zwischen-Ist	Erfüllungsgrad	Summiertes Soll
Umsatzerlöse				
Bestandsveränderungen				
aktivierte Eigenleistungen				
sonst. betr. Erträge (soweit nicht unter B)				
Materialaufwand				
Personalaufwand				
Abschreibungen				
sonst. betr. Aufwendungen (soweit nicht unter B)				
Beteiligungserträge				
Erträge des FAV				
Zinserträge				
Zinsaufwendungen				
A) Laufendes Zwischenergebnis				
Sanierungserträge aus				
– der Rücklagenauflösung				
– der Kapitalherabsetzung				
– Gläubigernachlässen				
– Gläubigerverzichten				
Sanierungsaufwand aus der				
– Sozialplanregelung				
– Stillegung von Teilbetrieben				
B) Sanierungszwischenergebnis				
C) **Zwischenergebnis**				

Abbildung 110: Die Ergebniszwischenrechnung in der Reorganisation

besonders herauszustellen – die Berechnung eines „Erfüllungsgrads" an. Dieser Grad ist als Quotient von Ist- durch Soll-Wert der prozentuale Ausdruck der Planerfüllung. Die Angabe eines Erfüllungsgrads erleichtert dem Verwalter die Aufgabe, Planabweichungen zu erkennen und zu interpretieren. In einer letzten, fünften Spalte empfiehlt sich die Auflistung der über den gesamten Verfahrenszeitraum angestrebten Aufwendungen und Erträge. Der Ausweis eines solchen „Summierten Solls", das aus dem Ergebnisplan zu übertragen ist, hilft dem Verwalter bei der Abschätzung der künftigen Erfüllbarkeit des Insolvenzplans. Abb. 110 *(siehe S. 339)* zeigt die entsprechende Ausgestaltung einer Ergebniszwischenrechnung in der Reorganisation.

III. Zahlungszwischenrechnung

Eine Zahlungszwischenrechnung wird man – unabhängig von der beschrittenen Verwertungsform – als das *wichtigste Instrument der periodischen Berichterstattung* ansehen. Zum ersten dokumentiert eine Kassenrechnung die Wiederherstellung der Zahlungsfähigkeit des Schuldners, ohne die das Unternehmen – auch kurzfristig – nicht existenzfähig ist. Zum zweiten zeichnet eine Zahlungszwischenrechnung auch den Fortgang der Gläubigerbefriedigung auf, die sich aus dem Abfluß von erwirtschafteten liquiden Mitteln vollzieht.[36] Dabei sind die Vorgänge der Wiederherstellung der Zahlungsfähigkeit und der Vollzug der Gläubigerbefriedigung interdependent.[37] Eine Rechnung, die beide Gesichtspunkte abzubilden vermag, ist insoweit als sehr wertvoll anzusehen.

In Bezug auf den *vertikalen Aufbau* einer Zahlungszwischenrechnung ist grundsätzlich an den Finanzplan anzuknüpfen, wobei in der Sanierung aber – wie bereits in der erfolgswirksamen Zwischenrechnung – ein laufender und ein sanierungsbedingter Bereich unterteilt werden sollte. Verfolgt man diesen Gedanken, so entsteht ein *laufender Bereich*, der die kassenwirksamen Abläufe der Fortführung aufzeichnet, und ein *sanierungstypischer Bereich,* welcher die zahlungswirksamen Konsequenzen

---

36 Der Fortgang der Gläubigerbefriedigung läßt sich ebenso aus einem „Abgleich der Vermögenszwischenübersichten" erkennen. Allerdings ist aus einer Bestandsübersicht nicht ersehbar, worauf die Verminderung der schuldnerischen Verbindlichkeiten beruht.

37 Kann die Zahlungsfähigkeit des Unternehmens nicht wiederhergestellt werden, wird es auch keine Gläubigerbefriedigung aus in einer Reorganisation erzielten Fortführungsüberschüssen geben, da das Unternehmen zwangsläufig liquidiert werden muß.

der umgesetzten Sanierungsmaßnahmen dokumentiert.[38] Sinnvoll erscheint eine diesbezügliche Einteilung insbesondere deshalb, weil die Ergebnisse der so getrennten Bereiche unterschiedlich zu bewerten sind.[39] Während das sanierungsbedingte Zahlungsergebnis als Resultat der Umsetzung finanzwirtschaftlicher Maßnahmen einmaliger Natur ist, wird man einen erzielten fortführungsbedingten Zahlungsüberschuß eher als stetige, regelmäßige und damit planbare Größe ansehen.[40] Ein fortführungsbedingter Überschuß erfährt mithin eine wesentlich positivere Beurteilung als ein einmaliger Zufluß an Liquidität, der in aller Regel zwar notwendig, aber nicht hinreichend sein wird. Läßt sich der vorgeschriebene Abfluß an Liquidität an die Gläubiger nur auf Basis der einmalig zufließenden Mittel bewerkstelligen, so ist dies problematisch. Erstrebenswert ist die Erreichung eines dauerhaften Einzahlungsüberschusses, um die Gläubigerbefriedigung vollziehen zu können und das Unternehmen auf Dauer am Leben zu erhalten. Der in Abb. 111 *(siehe S. 342)* ersichtliche vertikale Aufbau einer Zahlungszwischenrechnung trägt dem Gedanken der unterschiedlichen Beurteilung der Zahlungsergebnisse Rechnung.[41]

Die *horizontale Gliederung* folgt wiederum dem Zweck einer Abweichungsanalyse. Damit ergibt sich – analog zur Struktur einer erfolgswirksamen Bewegungszwischenrechnung – ein vierspaltiger Aufbau. Den Zahlungspositionen werden in der ersten Spalte die entsprechenden Soll-Daten des Finanzplans zugewiesen. Auf Basis eines Vergleichs mit den in der zweiten Spalte aufgezeichneten Ist-Zahlungen läßt sich in der dritten Spalte ein zwischenzeitlicher „Erfüllungsgrad" errechnen, der durch die Angabe der „Summierten Soll-Größen" in der letzten Spalte abgerundet wird. Während der „Erfüllungsgrad" zur Beurteilung des Insolvenzplans zum Zeitpunkt der Berichterstattung dient, fungiert die Aufzeichnung des „Summierten Solls" als Größe zur Abschätzung der künftigen Erfüllbarkeit des Plans.

---

38 Vgl. Robbins/Goll/Rosenfield (1991) S. 78.
39 Vgl. Schultz (1995) S. 25.
40 Vgl. Möhlmann (1998), S. 166.
41 Vorbildfunktion für eine derartige Unterteilung hat das US-Verfahren. Das AICPA (1990), Anm. 31, vermerkt: „Reorganization items should be disclosed separately." Zum Aufbau einer „Gap Analysis of Projected Statement of Cash Flow" vgl. Möhlmann (1997) S. 45.

Zahlungszwischenrechnung vom ... bis ...					
Zahlungsposition	Zwischen-Soll	Zwischen-Ist	Erfüllungs-grad	Summiertes Soll
Barumsatz				
Forderungseingänge				
Sonstige laufende Einzahlungen				
Summe Fortführungs-einzahlungen				
Bareinkauf				
Personalauszahlungen				
Sonstige lfd. Auszahlungen				
Summe Fortführungs-auszahlungen				
Fortführungssaldo				
Auflösung Guthaben				
Fremdkapitalaufnahme				
Verkauf von AV und UV				
sonstige Einzahlungen				
Summe Sanierungs-einzahlungen				
Befriedigung der Masse-passiva				
Befriedigung gesicherter Gläubiger				
Befriedigung ungesicherter Gläubiger				
Befriedigung nachrangiger Gläubiger				
sonstige Auszahlungen				
Summe Sanierungs-auszahlungen				
Sanierungssaldo				
Zahlungsmittelbestand				
Kasse				

Abbildung 111: Die Zahlungszwischenrechnung in der Reorganisation

E. Aperiodische Überwachung und Steuerung

Neben der periodischen Berichterstattung sieht der Gesetzgeber auch eine aperiodische Bereitstellung von Informationen durch den Verwalter vor. In § 261 (2) InsO ist das Recht des Gläubigerausschusses kodifiziert, jederzeit einzelne Auskünfte oder einen Zwischenbericht zu verlangen. Da der Gesetzgeber die genannte Vorschrift – im Gegensatz zur periodischen Berichterstattung – aber nicht mit einer Zweckbindung versehen hat,[42] wird man auf einen eher *ergänzenden Charakter der aperiodischen Berichterstattung* schließen können. Für eine solche Einschätzung spricht auch die Charakterisierung der aperiodischen Berichte und Verzeichnisse als Bestandteile einer allgemeinen Auskunfts- und Berichtspflicht des Verwalters in den Gesetzesmaterialien.[43]

Keinerlei Informationen sind dem Gesetz hinsichtlich des Inhalts der aperiodischen Berichterstattung zu entnehmen. Insofern wird man keine Berichtsart generell ausschließen können; die Bandbreite möglicher Berichtsformen scheint unbegrenzt. Stellt man indes auf die Trennung des Gesetzgebers zwischen einzelnen Auskünften auf der einen Seite und einem Zwischenbericht auf der anderen Seite ab, lassen sich folgende Plausibilitätsannahmen treffen: *Einzelne Auskünfte* dürften sich auf isolierte Sachverhalte beziehen und damit eher punktuellen Charakter haben. Zu solchen Sachverhalten gehören beispielsweise Auskunftsverlangen des Gläubigerausschusses über das Ergebnis einzelner Versilberungsvorgänge oder über das Resultat einer vollzogenen Übertragung. Auch Nachfragen über bevorstehende Abschlagszahlungen an die Gläubigergruppen wird man in die Kategorie der einzelnen Auskünfte einreihen.

Zwischenberichte dürften demgegenüber umfassender sein. Im äußersten Fall könnte ein Zwischenbericht sogar das Ausmaß der periodischen Berichterstattung annehmen. In der Regel wird ein Zwischenbericht – vom Umfang der Informationsbereitstellung – indes zwischen einzelnen Auskünften und einer periodischen Berichterstattung anzusiedeln sein. Eine besondere Rolle dürfte ein Zwischenbericht vor allem in der Verwertungsform der Reorganisation spielen, denn die Gläubiger haben im Rahmen der Sanierung ein großes Interesse an einer möglichst zeitnahen und intensiven Überwachung. Die Beobachtung zusätzlicher – über die regelmäßige Begutachtung der Vermögens-, Finanz- und Ertragslage durch die periodi-

---

42 Die periodische Berichterstattung dient der Abschätzung der Erfüllung und Erfüllbarkeit eines Insolvenzplans.
43 Demgegenüber ist ein periodischer Bericht besonders vorgeschrieben. (Vgl. Begründung zu § 308 RegE (§ 261 InsO) in Balz/Landfermann (1995) S. 381.)

sche Berichterstattung hinausgehender – Bereiche soll dazu beitragen, ein potentielles Mißlingen der Reorganisation so früh wie möglich zu erkennen. Angeregt wird in der außerinsolvenzrechtlichen Literatur die Generierung von Frühindikatoren, die eine Bedrohung der Planziele anzeigen, bevor sich Veränderungen der Vermögens-, Finanz- und Ertragslage ergeben.

Hess/Fechner führen als Beispiele für *zusätzliche Indikatoren* Beobachtungsbereiche über Auftragseingänge, -bestände und -reichweiten an. Zusätzlich schlagen die Autoren eine Informationsbereitstellung über die Veränderung von Marktanteilen, Personalbestand und Teilumsätzen vor.[44] Ebenfalls eine gewichtige Rolle dürfte die Entwicklung der Deckungsbeiträge der Produkte oder Dienstleistungen spielen. Derartige Überlegungen lassen sich zu komplexen Kontrollsystemen verdichten, welche die Entwicklung der betrachteten Größen aufzeigen. Krystek plädiert in diesem Zusammenhang für eine Berichterstattung, die Toleranz- und Warngrenzen sowie einen darüber hinausgehenden überlebenskritischen Bereich aufweist.[45] Auch Hess/Fechner treten für eine Festlegung von Toleranz- und Warngrenzen ein und sprechen einem derartigen System gerade im Insolvenzverfahren eine besondere Eignung zu, da „übertriebene Reaktionen" auf Abweichungen von vorher festgelegten Sollwerten so vermieden werden können.[46] Letztendlich hängen Form und Inhalt der aperiodischen Berichterstattung aber von der Ausübung des Auskunftsrechts durch die Mitglieder des Gläubigerausschusses und des Gerichts ab.

F. Beurteilung der Erfüllung und Erfüllbarkeit eines Insolvenzplans

Die Berichterstattung im neuen Insolvenzverfahren verfolgt im wesentlichen zwei Ziele: die Abbildung des Fortgangs des Verfahrens und die Beurteilung der Erfüllung bzw. Erfüllbarkeit des Insolvenzplans. Der letztgenannten Aufgabe wird vornehmlich durch einen periodischen Soll-Ist-Vergleich Rechnung getragen, die in eine Abweichungsanalyse mündet.

§ 262 (1) InsO formuliert die Pflicht des Verwalters, die Nichterfüllung bzw. die Nichterfüllbarkeit der Planinhalte dem Gericht und dem Gläubi-

---

44 Siehe dazu Hess/Fechner (1991) S. 493. Ähnlich auch Newton (1994) S. 357, der schreibt: „The key data might include inventory balances by type of product, orders placed, orders received, open orders, merchandise payments and outstanding debts."
45 Vgl. Krystek (1981) S. 203.
46 Vgl. Hess/Fechner (1991) S. 494.

gerauschuß unverzüglich anzuzeigen. Eine gesetzlich bestimmte Größe zur Beurteilung der Termini Nichterfüllung bzw. Nichterfüllbarkeit fehlt indes. Auffällig ist jedoch die Trennung in die Sachverhalte der Nichterfüllung und Nichterfüllbarkeit. Während ersterer Umstand eine Bestandsaufnahme im Moment der Zwischenrechnung ist, wird sich die Nichterfüllbarkeit wohl auf eine Schätzung der Erreichbarkeit der Soll-Werte zum Verfahrensende beziehen. Dabei liegt der Schluß nahe, daß die Beurteilung der *retrospektiven Erfüllung* leichter fallen wird als die der *prospektiven Erfüllbarkeit*. Insoweit wird man hinsichtlich der Einschätzung der künftigen Erfüllbarkeit der Planziele kaum umhinkommen, auf eine durch Intuition und Erfahrung geprägte qualitative Beurteilung des Verwalters zu bauen.

Bezüglich der *retrospektiven Erfüllung* erscheint das Vorhaben einer „objektiven" Einschätzung leichter. In den Gesetzesmaterialien findet sich folgender erläuternder Passus: „Mit seiner Überwachungstätigkeit soll der Insolvenzverwalter in erster Linie dazu beitragen, daß der Plan erfüllt wird. Stellt sich jedoch heraus, daß der Schuldner die im Plan vorgesehenen Ansprüche nicht erfüllt oder nicht erfüllen kann, so dient die Überwachung dazu, daß der Eintritt dieser Umstände den Gläubigern schnell bekannt wird."[47] Bei einer engen Auslegung wäre der Tatbestand der Nichterfüllung schon bei der geringsten Abweichung einer einzelnen Ist-Größe von dem entsprechenden Zwischen-Soll gegeben. Eine solche extreme Interpretation kann jedoch kaum in der Absicht des Gesetzgebers liegen. Vielmehr wird man auf den *Gesichtspunkt der Wesentlichkeit* zurückgreifen. Insofern wäre ein Insolvenzplan erst dann als unerfüllt anzusehen, wenn die Befriedigung der Gläubigeransprüche wesentlich hinter den im Insolvenzplan gesteckten Zwischenzielen zurückbleibt. Dabei ergibt sich das Problem der Konkretisierung der Wesentlichkeit. Die Bestimmung eines Grenzwertes sollte letztlich Aufgabe der Gläubigerversammlung sein, die z. B. festlegen kann, daß der Insolvenzplan dann als unerfüllt gelten soll, wenn die Gläubigerbefriedigung um über 5% hinter den Planwerten zurückbleibt. Es muß darauf hingewiesen werden, daß mit der Anzeige der Nichterfüllung durch den Verwalters keine unmittelbaren Konsequenzen verbunden sind.[48] Eine solche Anzeige ist lediglich eine Konkretisierung der allgemeinen Pflicht des Verwalters, Gericht und Gläubiger über den

---

47 Begründung zu § 309 RegE (§ 262 InsO) in Balz/Landfermann (1995) S. 381.
48 Insofern relativiert dies die harte Forderung nach einer frühen Anzeige der Nichterfüllung. In der Praxis wird davon auszugehen sein, daß die Gläubiger ohnehin regelmäßig Auskunft über den Grad der Erfüllung des Insolvenzplans verlangen.

Stand des Verfahrens zu unterrichten.[49] Ob und gegebenenfalls welche Konsequenzen die Gläubiger aus den ihnen bekanntzumachenden Rechnungen bzw. einer eventuellen Anzeige der Nichterfüllung ziehen, bleibt im Sinne eines gläubigerautonomen Prozesses ihnen überlassen.[50]

---

49 Vgl. Begründung zu § 309 RegE (§ 262 InsO) in Balz/Landfermann (1995) S. 381.
50 So ist wohl die Begründung zu § 309 RegE (§ 262 InsO) in: Balz/Landfermann (1995) S. 381 zu interpretieren: „Die Gläubiger haben dann die Möglichkeit, rechtzeitig die Eröffnung eines neuen Insolvenzverfahrens zu beantragen."

Literaturverzeichnis

Abell, Derek F./Hammond, John S. (1979): Strategic Market Planning. Prentice Hall, Englewood Cliffs, N. J.

Adams, Christoph (1993): Konzernabschlußanalyse nach neuem Handelsrecht, Möglichkeiten zur externen Konzernabschlußanalyse unter Berücksichtigung der gesetzlichen Wahlrechte und Verfahrensspielräume, Augsburg.

Adler, Hans/Düring, Walther/Schmaltz, Kurt (1992): Rechnungslegung und Prüfung der Unternehmen, Kommentar zum HGB, AktG, GmbHG, PublG nach den Vorschriften des Bilanzrichtlinie-Gesetzes, 5. Auflage, Stuttgart.

Adler, Hans/Düring, Walther/Schmaltz, Kurt (1997): Rechnungslegung und Prüfung der Unternehmen: Kommentar zum HGB, AktG, GmbHG, PublG nach den Vorschriften des Bilanzrichtlinien-Gesetzes, bearbeitet von Forster, Karl-Heinz/Goerdeler, Reinhard/Lanfermann, Josef/Müller, Hans-Peter/Siepe, Günter/Stolberg, K., 6. Aufl., Stuttgart 1997.

Ahlbach, Franz (1987): Grenzen der externen Bewertung der Bonität und Ertragskraft von Bauunternehmungen unter Berücksichtigung von Auslandsbaustellen. In: Drees, G. (Hrsg.), Finanzanalyse und Bonitätsbeurteilung von Bauunternehmen, Frankfurt a.M., S. 29–51.

AICPA American Institute of Certified Public Accountants (1990): Accountants, Statement of Position 90–7: Financial Reporting by Entities in Reorganization under the Bankruptcy Code, New York.

Albach, Horst/Bock, Kurt/Warnke, Thomas (1984): Wachstumskrisen von Unternehmen. In: Zeitschrift für betriebswirtschaftliche Forschung, 36. Jg., S. 779–793.

Albrecht, Jörg/Baetge, Jörg/Jerschensky, Andreas/Roeder, Klaus Hendrik (1999): Risikomanagement auf der Basis von Insolvenzwahrscheinlichkeiten. In: Die Bank, 39. Jg., S. 494–499.

Aldrich, John H./Nelson, Forrest D. (1984): Linear Probability, Logit and Probit Models, Newbury Park (CA).

Altman, Edward I. (1967): The Prediction of Corporate Bankruptcy: A Discriminant Analysis. Diss. University of California, Los Angeles.

Altman, Edward I. (1983): Corporate Financial Distress. A Complete Guide to Predicting, Avoiding and Dealing with Bankruptcy, New York/Toronto.

Altman, Edward I. (1984): The Success of Business Failure Prediction Models. An International Survey. In: Journal of Banking and Finance, 8. Jg., S. 171–198.

Altman, Edward I./Haldeman, Robert G./Narayanan, P. (1977): ZETA Analysis – A New Model to Identify Bankruptcy Risk of Corporations. In: Journal of Banking and Finance, 1. Jg., S. 29–54.

Amen, Matthias (1994): Erstellung von Kapitalflußrechnungen, München/Wien.

Amen, Matthias (1995): Die Kapitalflußrechnung als Rechnung zur Finanzlage – eine kritische Betrachtung der Stellungnahme HFA 1/1995: Die Kapitalflußrechnung als Ergänzung des Jahres- und Konzernabschlusses. In: Die Wirtschaftsprüfung, 15. Jg., S. 498–509.

Anders, Ulrich/Szczesny, Andrea (1998): Prognose von Insolvenzwahrscheinlichkeiten mit Hilfe neuronaler Netzwerke. In: Zeitschrift für betriebswirtschaftliche Forschung, 50. Jg., Heft 10, S. 892–915.

Angele, Jürgen (1984a): Finanzielle Ergebnisse der 1982 eröffneten Konkurs- und Vergleichsverfahren. In: Wirtschaft und Statistik, o. Jg., S. 589–593.

Angele, Jürgen (1984b): Zahlungsschwierigkeiten 1983. In: Wirtschaft und Statistik, o. Jg., S. 119–122.

Argenti, John (1976): Corporate Planning and Corporate Collapse. In: Long Range Planning, Dezember 1976, S. 12–17.

Backhaus, Klaus (1980): Die Gewinnrealisation bei mehrperiodigen Lieferungen und Leistungen in der Aktienbilanz. In: Zeitschrift für betriebswirtschaftliche Forschung, 32. Jg., S. 347–360.

Backhaus, Klaus (1997): Industriegütermarketing, 5. Auflage, München.

Backhaus, Klaus/Erichson, Bernd/Plinke, Wulf/Weiber, Rolf (1987): Multivariate Analysemethoden: eine anwendungsorientierte Einführung. 4., neu bearbeitete und erweiterte Auflage, Berlin.

Backhaus, Klaus/Erichson, Bernd/Plinke, Wulf/Weiber, Rolf (1996): Multivariate Analysemethoden, 8. Auflage, Berlin et al.

Baetge, Jörg (1980): Früherkennung negativer Entwicklungen der zu prüfenden Unternehmung mit Hilfe von Kennzahlen. In: Die Wirtschaftsprüfung, 33. Jg., S. 651–665.

Baetge, Jörg (1996): Bilanzen, 4. Auflage, Düsseldorf.

Baetge, Jörg (1997): Bilanzbonitätsbeurteilung mit modernen Verfahren der Jahresabschlußanalyse unter besonderer Berücksichtigung von Bilanzpolitik. In: Fachbereich Betriebswirtschaftslehre der European Business School Schloß Reichartshausen, Festband zur akademischen Feier am 5. Februar 1997 aus Anlaß der Verleihung der Ehrendoktorwürde an Prof. Dr. Jörg Baetge und Helmut Maucher, Oestrich-Winkel, S. 27–52.

Baetge, Jörg (1998a): Bilanzanalyse, Düsseldorf.

Baetge, Jörg (1998b): Stabilität eines Bilanzbonitätsindikators und seine Einsatzmöglichkeiten im Kreditgeschäft. 1. Teil: Künstliches Neuronales Netz als Grundlage eines solchen Indikators. In: Der Schweizer Treuhänder, S. 605–612.

Baetge, Jörg (1998c): Empirische Methoden zur Früherkennung von Unternehmenskrisen, Nordrhein-Westfälische Akademie der Wissenschaften: Natur-, Ingenieur- und Wirtschaftswissenschaften, Vorträge N 432, Opladen/Wiesbaden.

Baetge, Jörg (1998d): Aktuelle Ergebnisse der empirischen Insolvenzforschung auf der Basis von Jahresabschlüssen. In: Baetge, J. (Hrsg.), Beiträge zum neuen Insolvenzrecht, Düsseldorf, S. 105–121.

Baetge, Jörg/Beuter, Hubert/Feidicker, Markus (1992), Kreditwürdigkeitsprüfung mit Diskriminanzanalyse. In: Die Wirtschaftsprüfung 45. Jg., S. 749–761.

Baetge, Jörg/Commandeur, Dirk (1995): § 264 HGB. Pflicht zur Aufstellung. In: Küting, K./Weber, C.-P. (Hrsg.), Handbuch der Rechnungslegung, Kommentar zur Bilanzierung und Prüfung, Band Ia, 4. Auflage, Stuttgart, S. 1217–1241.

Baetge, Jörg/Hüls, Dagmar/Uthoff, Carsten (1994/95): Bilanzbonitätsanalyse mit Künstlichen Neuronalen Netzen. In: Gesellschaft zur Förderung der Westfälischen Wilhelms-Universität, S. 22–26.

Baetge, Jörg/Hüls, Dagmar/Uthoff, Carsten (1995): Früherkennung der Unternehmenskrise. In: Forschungsjournal Westfälische Wilhelms-Universität Münster, Heft 2, 1995, S. 21–29.

Baetge, Jörg/Huß, Michael/Niehaus, Hans-Jürgen (1986): Die statistische Auswertung von Jahresabschlüssen zur Informationsgewinnung bei der Abschlußprüfung. In: Die Wirtschaftsprüfung, 39. Jg., S. 605–613.

Baetge, Jörg/Jerschensky, Andreas (1996): Beurteilung der wirtschaftlichen Lage von Unternehmen mit Hilfe von modernen Verfahren der Jahresabschlußanalyse. Bilanzbonitäts-Rating von Unternehmen mit Künstlichen Neuronalen Netzen. In: Der Betrieb, 49. Jg., S. 1581–1591.

Baetge, Jörg/Krause, Clemens/Mertens, Peter (1994): Zur Kritik an der Klassifikation von Unternehmen mit Neuronalen Netzen und Diskriminanzanalysen: Stellungnahme zum Beitrag von A. Burger. In: Zeitschrift für Betriebswirtschaft 64. Jg., S. 1181–1191.

Baetge, Jörg/Kruse, Ariane/Uthoff, Carsten (1996): Bonitätsklassifikationen von Unternehmen mit Neuronalen Netzen. In: Wirtschaftsinformatik, Bd. 38, S. 273–281.

Baetge, Jörg/Schulze, Dennis (1998): Möglichkeiten der Objektivierung der Lageberichterstattung über „Risiken der künftigen Entwicklung". Ein

Vorschlag zur praktischen Umsetzung der vom KonTraG verlangten Berichtspflichten. In: Der Betrieb, 51. Jg., S. 937–948.

Bagus, Thomas (1992): Wissensbasierte Bonitätsanalyse im Firmenkundengeschäft der Kreditinstitute, Frankfurt a.M.

Baird, Douglas/Jackson, Thomas (1990): Cases, Problems, and Materials on Bankruptcy, Second Edition, Boston/Toronto/London.

Bald, Ernst-Joachim (1994): Leitfaden für die Vergabe von Unternehmenskrediten – Schuldscheindarlehen, 2. Auflage, Karlsruhe.

Balz, Manfred/Landfermann, Hans-Georg (1995): Die neuen Insolvenzgesetze, Texte mit Einführung und den amtlichen Materialien, Düsseldorf.

Bauer, Jörg (1981): Zur Rechtfertigung von Wahlrechten in der Bilanz. In: Betriebs-Berater, 36. Jg., S. 766–772.

Baur, Walter (1978): Sanierungen, Wiesbaden.

Beaver, William H. (1965): Financial Ratios as Predictors of Failure. Diss. University of Chicago.

Beaver, William H. (1966): Financial Ratios as Predictors of Failure. Empirical Research in Accounting: Selected Studies. In: Journal of Accounting Research, 4. Jg., S. 71–111.

Beaver, William H. (1968): Alternative Accounting Measures as Predictors of Failure. In: The Accounting Review, 43. Jg., S. 113–122.

Becker, Heinz (1978): Unternehmenskrisen und Krisenmanagement. In: Zeitschrift für Betriebswirtschaft, 48. Jg., S. 672–685.

Beermann, Klaus (1976): Prognosemöglichkeiten von Kapitalverlusten mit Hilfe von Jahresabschlüssen, Düsseldorf.

Bellinger, Bernhard (1962): Unternehmenskrisen und ihre Ursachen. In: Handelsbetrieb und Marktordnung. Festschrift für Carl Ruberg zum 70. Geburtstag, Wiesbaden, S. 49–74.

Berg, Claus C./Treffert, Jürgen C. (1979): Die Unternehmenskrise – Organisatorische Probleme und Ansätze zur ihrer Lösung. In: Zeitschrift für Betriebswirtschaft, 49. Jg., S. 459–473.

Bernards, Oliver (1994): Segmentberichterstattung diversifizierter Unternehmen: theoretische und empirische Analyse, Bergisch Gladbach.

Bernhardt, Wolfgang/Witt, Peter (1995): Holding-Modelle und Holding-Moden. In: Zeitschrift für Betriebswirtschaft, 65. Jg., Heft 12, S. 1341–1364.

Betriebswirtschaftlicher Ausschuß des Zentralverbandes der elektrotechnischen Industrie e.V. (Hrsg.) (1989): ZVEI-Kennzahlensystem, 4. Auflage, Frankfurt a.M.

Bieg, Hartmut (1996): Der Cash-flow nach DVFA, SG. In: Der Betrieb, 49. Jg., S. 1429–1434.

Bleier, Ernst (1984): Insolvenzfrüherkennung mittels praktischer Anwendung der Diskriminanzanalyse, Wien 1984.

Bleymüller, Josef/Gehlert, Günther/Gülicher, Herbert (1998): Statistik für Wirtschaftswissenschaftler, 11. Auflage, München.

Blochwitz, Stefan/Eigermann, Judith (1999): Effiziente Kreditrisikobeurteilung durch Diskriminanzanalyse mit qualitativen Merkmalen. In: Gruber, W./Eller, R./Reif, M. (Hrsg.), Handbuch Kreditrisikomodelle und -derivate, Stuttgart.

Blochwitz, Stefan/Eigermann, Judith (2000): Unternehmensbeurteilung durch Diskriminanzanalyse mit qualitativen Merkmalen. In: Zeitschrift für betriebswirtschaftliche Forschung. Wird im Frühjahr 2000 erscheinen.

Böckenförde, Björn (1991): Unternehmenssanierung, Stuttgart.

Bönkhoff, Franz J. (1983): Die Kreditwürdigkeitsprüfung – zugleich ein Beitrag zur Prüfung von Plänen und Prognosen. Düsseldorf.

Bötzel, Stefan (1991): Konzernbilanzpolitische Instrumente und ihre Bedeutung für die Konzernabschlußanalyse. In: Manuskripte aus dem Institut für Betriebswirtschaftslehre der Universität Kiel, Nr. 266, Kiel.

Bötzel, Stefan (1993): Diagnose von Konzernkrisen, Köln.

Bötzel, Stefan/Hauschildt, Jürgen (1995): Zur Analyse von Konzernbilanzen auf der Basis qualitativer Angaben. In: Wirtschaftswissenschaftliches Studium, 24. Jg., Heft 11, S. 558–563.

Brandstädter, Jörn (1993): Die Prüfung der Sanierungsfähigkeit notleidender Unternehmen, München.

Braun, Eberhard (1997): Der Insolvenzplan. In: Braun, E./Uhlenbruck, W. (Hrsg.), Unternehmensinsolvenz, Düsseldorf, S. 423–689.

Brehmer, Christian (1982): Diagnose: Konkursgefahr. Therapie:? Eine empirische Untersuchung der Industrie- und Handelskammer zu Münster.

Bretzke, Wolf-Rüdiger (1985): Wann ist ein Unternehmen insolvent? In: Die Betriebswirtschaft, 45. Jg., S. 405–413.

Britt, Alexander (1973): Krisenmanagement zur Sicherung der Unternehmung. In: Industrielle Organisation, 42. Jg., S. 437–444.

Bruse, Helmut (1978): Die Prognosefähigkeit von Kennzahlen bei verschiedenen Maßen für das Unternehmenswachstum. In: Zeitschrift für Betriebswirtschaft, 48. Jg., S. 138–152.

Bühler, Wilhelm (1982): Bonitätsbeurteilung auf der Grundlage qualitativer Indikatoren (I). In: Österreichisches Bankarchiv, 30. Jg., Heft 3, S. 81–93.

Bühner, Rolf (1994): Aussagefähigkeit des Konzernabschlusses in der Management-Holding. In: Der Betrieb, 47. Jg., Heft 9, S. 437–444.

Bunke, Eckhard (1982): Die Eignung von Bilanzkennzahlen zur Insolvenzprognose. Eine empirische Untersuchung. Diss. Braunschweig.

Burger, Anton (1994): Zur Klassifikation von Unternehmen mit neuronalen Netzen und Diskriminanzanalysen. In: Zeitschrift für Betriebswirtschaft, 64. Jg., S. 1165–1179.

Burger, Anton (1995): Jahresabschlußanalyse, München.

Burger, Anton/Schellberg, Bernhard (1996): Zur Abhängigkeit der Kapitalflußrechnung und des Cash Flow vom Finanzmittelfonds. In: Die Wirtschaftsprüfung, 5. Jg., S. 179–185.

Burret, Gerhard (1976): Zur Systematik der Kapitalflußrechnung. In: Die Wirtschaftsprüfung, 29. Jg., S. 579–585.

Burtscher, Johannes G. (1996): Wertorientiertes Krisenmanagement – Ein integriertes Konzept zur Vermeidung und Bewältigung von Unternehmenskrisen, Diss. St. Gallen.

Busse von Colbe, Walther (1966): Aufbau und Informationsgehalt von Kapitalflußrechnungen. In: Ergänzungsheft zur Zeitschrift für Betriebswirtschaft, 36. Jg, S. 82–114.

Busse von Colbe, Walther (1971): Cash flow als Instrument der Erfolgsanalyse. In: Bilanz- und Buchhaltungspraxis, 18. Jg., S. 55–61.

Busse von Colbe, Walther (1976): Cash-Flow. In: Büschgen, H. E. (Hrsg.), Handwörterbuch der Finanzwirtschaft, Stuttgart, Sp. 241–252.

Busse von Colbe, Walther/Ordelheide, Dieter (1993): Konzernabschlüsse: Rechnungslegung für Konzerne nach betriebswirtschaftlichen Grundsätzen und gesetzlichen Vorschriften, 6. Auflage, Wiesbaden.

Büttner, Ulrich/Dräger, Uwe/Geiß, Manfried/Krug, Peter/Mertens, Peter/Purnhagen, Jürgen/Rauh, Norbert/Wittmann, Stefan (1988): Expertensysteme zur Jahresabschlußanalyse für mittlere und kleine Unternehmen. In: Zeitschrift für Betriebswirtschaft, 58. Jg., S. 229–251.

Casey, Cornelius J./McGee, Victor E./Stickney, Clide P. (1986): Discriminating Between Reorganized and Liquidated Firms in Bankruptcy. In: The Accounting Review, 61. Jg., S. 249–262.

Chmielewicz, Klaus (1976): Betriebliche Finanzwirtschaft. Band 1: Finanzierungsrechnung, Berlin/New York.

Clemm, Hermann (1989): Bilanzpolitik und Ehrlichkeits- („true and fair view") Gebot. In: Die Wirtschaftsprüfung, 42. Jg., S. 357–366.

Coenenberg, Adolf G. (1997): Jahresabschluß und Jahresabschlußanalyse – Grundfragen der Bilanzierung nach betriebswirtschaftlichen, handelsrechtlichen, steuerrechtlichen und internationalen Grundsätzen. 16. Auflage, Landsberg/Lech.

Coenenberg, Adolf G./Schönbrodt, Bernd (1983): Prüfung der Ertragslage. In: Coenenberg, A. G./von Wysocki, K. (Hrsg.), Handwörterbuch der Revision, Stuttgart, Sp. 327–338.

Collins, Robert A./Green, Richard D. (1982): Statistical Methods for Bankruptcy Forecasting. In: Journal of Economics and Business, 34. Jg., S. 349–354.

Creditreform (o.J.): Unternehmensentwicklung 1983, Neuss o. J.
Csik, Andreas/Dörner, Dietrich (1990): §§ 284–288 HGB. In: Küting, K./Weber, C.-P (Hrsg.), Handbuch der Rechnungslegung. Kommentierung zur Bilanzierung und Prüfung, 3. Auflage, Stuttgart.

Dambolena, Ismael G./Khoury, Sarkis J. (1980): Ratio Stability and Corporate Failure. In: The Journal of Finance, 35. Jg., S. 1017–1026.
Deakin, Edward B. (1972): A Discriminant Analysis of Predictors of Business Failure. In: Journal of Accounting Research, 10. Jg., S. 167–179.
Deakin, Edward B. (1976): Distributions of Financial Accounting Ratios: Some Empirical Evidence. In: The Accounting Review, 51. Jg., S. 90–96.
Dellmann, Klaus (1987): Kapitalflußrechnungen – eine Bestandsaufnahme. In: Die Betriebswirtschaft, 47. Jg., S. 471–489.
DeMaris, Alfred (1992): Logit Modeling – Practical Applications, Newbury Park (CA).
Denk, Robert (1979): Diagnosemethoden und Entscheidungshilfen in der Bonitätsprüfung, Wien.
Deppe, Dirk (1992): Dynamische Ertrags- und Finanzplanung zur Früherkennung und Abwehr von Unternehmenskrisen in mittelständischen Unternehmen, Bergisch Gladbach/Köln.
Deutsche Bundesbank (Hrsg.) (1999): Monatsbericht Januar 1999, Frankfurt a.M.
Deutsche Bundesbank (1999): Zur Bonitätsbeurteilung von Wirtschaftsunternehmen durch die Deutsche Bundesbank. In: Monatsbericht, 51. Jg., S. 51–63.
Dittmar, Thomas/Hilbert, Andreas (1998): Bonitätsprüfung mit Hilfe Künstlicher Neuronaler Netze. In: Zeitschrift für Bankrecht und Bankwirtschaft, 10. Jg., Heft 5, S. 343–352.
Dörner, Dietrich/Wirth, Michael (1995): Kommentierung der §§ 284–288 HGB. In: Küting, K./Weber, C.-P. (Hrsg.), Handbuch der Rechnungslegung, Kommentierung zur Bilanzierung und Prüfung, 4. Auflage, Stuttgart.
Drukarczyk, Jochen (1989): Finanzierung – eine Einführung, 4. Auflage, Stuttgart.

Edmister, Robert O. (1972): An Empirical Test of Financial Ratio Analysis for Small Business Failure Prediction. In: Journal of Financial and Quantitative Analysis, 7. Jg., S. 1477–1493.
Eickhoff, Matthias (1994): Möglichkeiten und Grenzen bilanzanalytischer Erfolgsprognosen von Kapitalgesellschaften durch externe Jahresabschlußadressaten, Bergisch Gladbach/Köln.

Eisenbeis, Robert A. (1977): Pitfalls in the Application of Discriminant Analysis in Business, Finance and Economics. In: The Journal of Finance, 32. Jg., S. 875–900.
Ellrott, Helmut (1995): Kommentierung des § 284. In: Budde, W. D. et al. (Hrsg.), Beck'scher Bilanzkommentar, 3. Auflage, München.
Emery, Gary W./Cogger, Kenneth O. (1982): The Measurement of Liquidity. In: Journal of Accounting Research, 20. Jg., S. 290–303.
Erxleben, Karsten/Baetge, Jörg/Feidicker, Markus/Koch, Heidi/Krause, Clemans/Mertens, Peter (1992): Klassifikation von Unternehmen – ein Vergleich von Neuronalen Netzen und Diskriminanzanalyse. In: Zeitschrift für Betriebswirtschaft, 62. Jg., S. 1237–1262.
Everling, Oliver (1991): Credit Rating durch internationale Agenturen. Wiesbaden.
Everling, Oliver (1999): Credit Rating in Europa. In: Wirtschaftswissenschaftliches Studium, 28. Jg., S. 249–252.

Federmann, Rudolf (1994): Bilanzierung nach Handelsrecht und Steuerrecht, 10. Auflage, Berlin.
Feidicker, Markus (1992): Kreditwürdigkeitsprüfung. Entwicklung eines Bonitätsindikators dargestellt am Beispiel von Kreditversicherungsunternehmen, Düsseldorf.
Fell, Markus (1994): Kreditwürdigkeitsprüfung mittelständischer Unternehmen: Entwicklung eines neuen Ansatzes auf der Basis von Erfolgsfaktoren, Wiesbaden.
Fingerhut, Andrea (1991): Der Cash Flow als Leistungsindikator: eine theoretische und emprische Analyse seiner Varianten, Kiel.
Fischer, Jürgen (1981): Computergestützte Analyse der Kreditwürdigkeit auf Basis der Mustererkennung, Düsseldorf.
Fitzpatrick, Paul J. (1932): A Comparison of the Ratios of Successful Industrial Enterprises with those of Failed Companies, Washington D. C., wieder abgedruckt in: Horrigan (1978).
Flohr, Günter (1964): Die cash-flow-Analyse. In: Der Betrieb, 17. Jg., S. 705–711.
Franke, Günter (1980): Kapitalmarkt-Theorie und Empirie. Gesamtkurs der Fernuniversität Hagen, Hagen.
Freise, Hans-Wilhelm (1985): Insolvenzprognose mittels Finanzströmen. Diss. Köln.
Fritz, Martin G. (1991): Indikatorkonstellationen zur Bonitätsbeurteilung von Unternehmen im Rahmen des Kreditrisikomanagements, München.

Gebhardt, Günter (1980): Insolvenzprognosen aus aktienrechtlichen Jahresabschlüssen, Wiesbaden.

Gebhardt, Günter (1981): Die Eignung empirischer Untersuchungen als Grundlage für Kreditwürdigkeitsprüfungen. In: Die Betriebswirtschaft, 41. Jg., S. 221–235.

George, Amy (1991): Qualitative Analysis: Evaluating a Borrower's Management and Business Risks. In: The Journal of Commercial Bank Lending, 73. Jg., Heft 12, S. 6–16.

Giroux, Gary A./Wiggins, Caspar E. (1984): An Events Approach to Corporate Bankruptcy. In: Journal of Bank Research, 15. Jg., S. 179–187.

Glieden, Patricia (1996): Das Bilanzierungsverhalten mittelständischer Unternehmen: eine Paneluntersuchung, Köln.

Goebel, Andrea (1995): Möglichkeiten der Entschlüsselung von Konzernkrisen mit der Methodik der integrativen Konzernabschlußanalyse: dargestellt unter Berücksichtigung der Aussagefähigkeit der externen Rechnungslegung von Konzernen mit deutscher Muttergesellschaft und Börsennotierung an der New York Stock Exchange, Bergisch Gladbach.

Göbel, Stefan (1999): Internationalisierung der externen Rechnungslegung von Unternehmen – Probleme des Übergangs von der Rechnungslegung nach HGB auf US-GAAP oder IAS. In: Der Betrieb, 52. Jg., S. 293–298.

Göllert, Kurt (1984): Auswirkungen des Bilanzrichtlinie-Gesetzes auf die Bilanzanalyse. In: Betriebs-Berater, 39. Jg., S. 1845–1853.

Gräfer, Horst (1990): Bilanzanalyse, 5. Auflage, Herne/Berlin.

Grenz, Thorsten (1987): Dimensionen und Typen der Unternehmenskrise. Analysemöglichkeiten auf der Grundlage von Jahresabschlußinformationen, Frankfurt a.M./Bern/New York.

Greth, Michael (1996): Konzernbilanzpolitik, Wiesbaden.

Guggisberg, Ulrich (1988): Experten-Systeme für die Kreditentscheidung. In: Bühler, W./Schuster, L. (Hrsg.), Kreditinformations- und Kreditüberwachungssysteme, S. 141–149.

Guhr, Hans-Martin (1967): Der Cash Flow als Bewertungsmaßstab. In: Deutsche Vereinigung für Finanzanalyse und Anlageberatung (Hrsg.), Beiträge zur Aktienanalyse, o. Jg., S. 5–9.

Guhr, Hans-Martin (1969): Unentbehrlicher Cash Flow. In: Der Volkswirt, 24. Jg., S. 40–42.

Guhr, Hans-Martin (1972): Gewinn und Cash Flow als Bewertungskriterien. In: Siebert, G. (Hrsg.), Aktienanalyse, Frankfurt a.M., S. 26–53.

Gutenberg, Erich (1983): Grundlagen der Betriebswirtschaftslehre, Bd. 1: Die Produktion. 24. unveränd. Aufl., Berlin/Heidelberg.

Haenel, Andreas (1998): Die Erstellung von Kapitalflußrechnungen – aktuelle Probleme und Lösungsvorschläge, Sternenfels/Berlin.
Hahn, Dietger (1996): Planungs- und Kontrollrechnung, 5. Auflage, Wiesbaden.
Hänchen, Axel (1983): Überprüfung der Z-Funktion von Altman für die Bundesrepublik Deutschland. Diplomarbeit Bonn.
Hardes, Wolfgang (1984): Bilanzpolitik mit Pensionsrückstellungen, München.
Harrmann, Alfred (1986): Bilanzanalyse für die Praxis unter Berücksichtigung moderner Kennzahlen und unter Einbeziehung des Bilanzrichtlinien-Gesetzes, 2. Auflage, Herne.
Hauschildt, Jürgen (1970): Bilanzanalyse mit Kennzahlensystemen – Das „Du-Pont-Control-System" und seine Anwendung auf deutsche Jahresabschlüsse. In: Harzburger Hefte, Nr. 1, S. 28–38.
Hauschildt, Jürgen (1971): Entwicklungslinien der Bilanzanalyse. In: Zeitschrift für betriebswirtschaftliche Forschung, 23. Jg., S. 335–351.
Hauschildt, Jürgen (1977): Bilanzanalyse, Bilanzkritik und Bilanzpolitik. In: Albers, W. et al. (Hrsg.), Handwörterbuch der Wirtschaftswissenschaften. Band 1, Stuttgart, S. 659–670.
Hauschildt, Jürgen (1987): Erfolgs- und Finanzanalyse: fragengeleitete, computergestützte Analyse der „Vermögens-, Finanz- und Ertragslage des Unternehmens" nach Bilanzrichtlinien-Gesetz (mit Vergleich z. Aktienrecht 1965). 2., völlig überarbeitete und erweiterte Auflage, Köln.
Hauschildt, Jürgen (1988 a): Unternehmenskrisen – Herausforderung an die Bilanzanalyse. In: Hauschildt, J. (Hrsg.), Krisendiagnose durch Bilanzanalyse, Köln, S. 1–15.
Hauschildt, Jürgen (1988 b): Vorgehensweise und Ergebnisse der statistischen Insolvenzdiagnose. In: Hauschildt, J. (Hrsg.), Krisendiagnose durch Bilanzanalyse, Köln, S. 115–131.
Hauschildt, Jürgen (1990), Methodische Anforderungen an die Ermittlung der Wissensbasis von Expertensystemen. In: Die Betriebswirtschaft, 50. Jg., Heft 4, S. 525–537.
Hauschildt, Jürgen (1995): Kennziffern als betriebswirtschaftliche Erkenntnisquelle? In: Bundessteuerberaterkammer (Hrsg.), Steuerberater Kongreß Report 1995, München, S. 355–366.
Hauschildt, Jürgen (1996): Erfolgs-, Finanz- und Bilanzanalyse: Analyse der Vermögens-, Finanz- und Ertragslage von Kapital- und Personengesellschaften, 3. Auflage, Köln.
Hauschildt, Jürgen/Grenz, Thorsten/Gemünden, Hans Georg (1985): Entschlüsselung von Unternehmenskrisen durch Erfolgsspaltung? Vor und nach dem Bilanzrichtlinie-Gesetz. In: Der Betrieb, 38. Jg., S. 877–885.

Hauschildt, Jürgen/Leker, Jens (1995): Bilanzanalyse unter dem Einfluß moderner Analyse- und Prognoseverfahren. In: Betriebswirtschaftliche Forschung und Praxis, 47. Jg., Heft 3, S. 249–268.

Hauschildt, Jürgen/Leker, Jens/Clausen, Susanne (1995): „Auf dem Bau herrschen andere Gesetze . . .": Bilanzen von Bauunternehmen als Grundlage von Insolvenzdiagnosen. In: Die Betriebswirtschaft, 55. Jg., S. 287–301.

Hauschildt, Jürgen/Rösler, Joachim/Gemünden, Hans Georg (1988): Der Cash Flow – ein Krisensignalwert? In: Hauschildt, J. (Hrsg.), Krisendiagnose durch Bilanzanalyse, Köln, S. 64–90.

Hedley, Barry (1977): Strategy and the „Business Portfolio". In: Long Range Planning, 10. Jg., Heft 1, S. 9–15.

Heigl, Anton (1967): Überlegungen zu Cash-Flow-Ziffern als Mittel externer Unternehmensbeurteilung. In: Österreichisches Bank-Archiv, 15. Jg., S. 138–156.

Heinen, Edmund (Hrsg.) (1991): Industriebetriebslehre: Entscheidungen im Industriebetrieb. 9. vollst. überarb. und erw. Aufl., Wiesbaden.

Hess, Harald/Fechner, Dietrich (1991): Sanierungshandbuch, 2. Auflage, Neuwied.

Höfer, Klaus (1978): Ex-post Prognose des Unternehmenswachstums. Überprüfung der Ansätze von Perlitz und Bruse an den Daten der Bonner Stichprobe. In: Zeitschrift für Betriebswirtschaft, 48. Jg., S. 452–466.

Höffken, Ernst (1986): Das Anlagengeschäft im Jahresabschluß. In: Funk, J./Laßmann, G. (Hrsg.), Zeitschrift für betriebswirtschaftliche Forschung, Sonderheft 20, S. 101–122.

Höhn, Reinhard (1974): Das Unternehmen in der Krise – Krisenmanagement und Krisenstab, Bad Harzburg.

Hofmann, Rolf (1965): Der Cash Flow, eine dynamische Kennziffer für die Unternehmensbewertung. In: Zeitschrift für das gesamte Rechnungswesen, 11. Jg., S. 207–209.

Holz, Martina (1985): Unternehmensentwicklungen deutscher Aktiengesellschaften vor und nach Kapitalherabsetzungen. Diplomarbeit Kiel.

Horrigan, James O. (1965): Some Empirical Bases of Financial Ratio Analysis. In: The Accounting Review, 40. Jg., S. 558–568.

Horváth, Peter (1993): Controlling, 3. Auflage, München.

Hosmer, David W./Lemeshow, Stanley (1989): Applied Logistic Regression, New York.

Hüls, Dagmar (1995): Früherkennung insolvenzgefährdeter Unternehmen, Düsseldorf.

Institut der Wirtschaftsprüfer (1998): Die Kapitalflußrechnung als Ergänzung des Jahres- und Konzernabschlusses. In: Die Fachgutachten und Stellungnahmen des Instituts der Wirtschaftsprüfer auf dem Gebiete der Rechnungslegung und Prüfung, 16. Erg.-Lieferung, Februar 1998, Düsseldorf, S. 279–286.

Isele, Horst (1990): Kommentierung zu § 277. In : Küting, K./Weber, C.-P. (Hrsg.), Handbuch der Rechnungslegung, Kommentierung zur Bilanzierung und Prüfung, 3. Auflage, Stuttgart.

Jäckel, Andreas/Leker, Jens (1995): Abschlußprüfer und Konzernpublizität. In: Die Wirtschaftsprüfung, 48. Jg., Heft 9, S. 293–305.

Jacob, Dieter (1987): Aussagefähigkeit von Kennzahlen zur externen Finanzanalyse bei Bauunternehmen. In: Drees, G. (Hrsg.), Finanzanalyse und Bonitätsbeurteilung von Bauunternehmen, Frankfurt a.M., S. 131–158.

Jerschensky, Andreas (1998): Messung des Bonitätsrisikos von Unternehmen. Krisendiagnose mit Künstlichen Neuronalen Netzen, Düsseldorf.

Jessen, Holger/Slawinski, Timo (1998): Test- and Rating Strategies for Data Based Rule Generation. Technical Report CI-39/98, Universität Dortmund.

Johnson, Richard A./Wichern, Dean W. (1992): Applied Multivariate Statistical Analysis. 3. Aufl., Englewood Cliffs, N.J.

Johnson, W. Bruce (1979): The Cross-Sectional Stability of Financial Ratio Pattern. In: Journal of Financial and Quantitative Analysis, 14. Jg., S. 1035–1168.

Jonas, Heinrich H. (1976): Darstellung der wirtschaftlichen Lage und Entwicklung mit Hilfe der Finanzbewegungsrechnung. In: Der Betrieb, 29. Jg., S. 2361–2367.

Jonasch, Franz (1969): Die Bedeutung des Cash flow für die Bilanzanalyse. In: Creditanstalt-Bankverein Wien (Hrsg.), Wirtschaftsberichte, 4. Jg., S. 18–21.

Juesten, Wolfgang/von Villiez, Christian (1989): Cash-flow und Unternehmensbeurteilung – Ermöglicht die Cash-flow-Rechnung eine Schnell-Analyse?, 5. Auflage, Berlin.

Käfer, Karl (1967): Kapitalflußrechnungen, Funds Statement, Liquiditätsnachweis, Bewegungsbilanz als dritte Jahresrechnung der Unternehmung, Stuttgart.

Kalinski, Rüdiger (1986): Die Rechnungslegung zur Finanzlage der Unternehmung, Kiel.

Kaplan, Robert S./Norton, David P. (1992): In Search of Excellence – der Maßstab muß neu definiert werden. In: Harvard Manager, Heft 4, S. 37–46.

Kaplan, Robert S./Norton, David P. (1996): The Balanced Scorecard, Boston.

Kayser, Georg (1983): Sanierung oder Auflösung. Eine Analyse zur Bestimmung der Sanierungsfähigkeit von Unternehmen im Vorfeld der Insolvenz, Frankfurt a.M./Bern.

Kearns, Christopher/Ryan, Laureen/Rosenfeld, Robert (1993): Financial and Tax-Accounting Issues in Chapter 11 Reorganizations. In: The Practical Accountant, 1. Jg., S. 30–40.

Keller, Thomas (1993): Unternehmensführung mit Holdingkonzepten, 2., überarbeitete Auflage, Köln.

Kerling, Matthias/Poddig, Thorsten (1994): Klassifikation von Unternehmen mittels KNN. In: Rehkugler, H./Zimmermann, H. G. (Hrsg.), Neuronale Netze in der Ökonomie – Grundlagen und finanzwirtschaftliche Anwendungen, München, S. 427–490.

Kerth, Albin/Wolf, Jakob (1986): Bilanzanalyse und Bilanzpolitik, München.

Klein, Hans D. (1989): Konzernbilanzpolitik, Heidelberg.

Köhler, Richard (1970): Ermittlungsziele und Aussagefähigkeit von Cash Flow-Analysen. In: Die Wirtschaftsprüfung, 23. Jg., S. 385–391.

Kommission Rechnungswesen im Verband der Hochschullehrer für Betriebswirtschaft e.V. (Hrsg.) (1979): Reformvorschläge zur handelsrechtlichen Rechnungslegung. In: Die Betriebswirtschaft, 39. Jg., S. 3–70.

Krabs, Michael/Kiendl, Harro (1995): Anwendungsfelder der automatischen Regelgenerierung mit dem ROSA-Verfahren. In: at – Automatisierungstechnik, 43. Jg., S. 269–276.

Krafft, Manfred (1997): Der Ansatz der Logistischen Regression und seine Interpretation. In: Zeitschrift für Betriebswirtschaft, 67. Jg., S. 625–642.

Kratz, Thomas (1996): Krisenmanagement durch den Steuerberater für Mittelständische Unternehmen, Aachen.

Krause, Clemens (1993): Kreditwürdigkeitsprüfung mit Neuronalen Netzen. Schriften des Instituts für Revisionswesen der Westfälischen Wilhelms-Universität, Düsseldorf.

Krause, Clemens (1993): Kreditwürdigkeitsprüfung mit Neuronalen Netzen, Düsseldorf.

Krehl, Harald (1985): Der Informationsbedarf der Bilanzanalyse: Ableitung und empirische Validierung eines Fragenkatalogs zur Analyse von Jahresabschlüssen, Kiel.

Krehl, Harald (1988): Krisendiagnose durch klassische Bilanzkennzahlen? In: Hauschildt, J. (Hrsg.), Krisendiagnose durch Bilanzanalyse, Köln, S. 17–40.

Krehl, Harald (1989): Möglichkeiten der Konzernbilanzanalyse. In: Küting, K./Weber, C.-P. (Hrsg.), Handbuch der Konzernrechnungslegung. Kommentar zur Bilanzierung und Prüfung, Stuttgart, I. Kap., Art. 2, 3. Abschnitt, Rn. 182–208.

Krone, Angelika/Schwane, Ulf (1996): Generating Fuzzy Rules from Contradictory Data of Different Control Strategies and Control Performancees. In: Proc. 5th IEEE International Conference on Fuzzy Systems. IEEE.

Kruse, Rudolf/Gebhardt, Jörg/Klawonn, Frank (1993): Fuzzy-Systeme. Leitfäden und Monographien der Informatik, Stuttgart.

Krystek, Ulrich (1981): Krisenbewältigungs-Management und Unternehmensplanung, Wiesbaden.

Krystek, Ulrich (1985): Reorganisationsplanung. In: Zeitschrift für Betriebswirtschaft, 6. Jg., S. 583–612.

Krystek, Ulrich (1987): Unternehmenskrisen, Wiesbaden.

Kuhn, Alfred (1981): Planung II. In: Albers, W. et al. (Hrsg.), Handwörterbuch der Wirtschaftswissenschaften, Band 6, Stutttgart/New York, Sp. 122–141.

Kühn, Manfred (1991): Insolvenzindikatoren und Unternehmenskrise, Bergisch Gladbach/Köln.

Kumar, Akhil/Rao, Vithala R./Soni, Harsh (1995): An Empirical Comparison of Neural Network and Logistic Regression Models. In: Marketing Letters, 6. Jg., S. 251–263.

Küpper, Hans-Ulrich (1989): Erfolgsplanung. In: Szyperski, N. (Hrsg.), Handwörterbuch der Planung, Stuttgart, Sp. 433–439.

Kußmaul, Heinz (1995): Die Kapitalflußrechnung – Grundlagen, Formen, Voraussetzungen, Ausgestaltung. In: Zeitschrift für Ausbildung und Hochschulkontakt, 9. Jg., S. 439–445.

Küting, Karlheinz (1981): Die Erfolgsspaltung – ein Instrument der Bilanzanalyse. In: Betriebs-Berater, 36. Jg., S. 529–535.

Küting, Karlheinz (1992): Grundlagen der qualitativen Bilanzanalyse. In: Deutsches Steuerrecht, 30. Jg., S. 691–695 und 728–733.

Küting, Karlheinz (1997): Der Wahrheitsgehalt deutscher Bilanzen. In: Küting, K./Weber, C.-P. (Hrsg.), Das Rechnungswesen auf dem Prüfstand, Frankfurt a.M., S. 103–126.

Küting, Karlheinz/Kaiser, Thomas (1994): Bilanzpolitik in der Unternehmenskrise. In: Betriebs-Berater, Beilage zu Heft 3/1994, S. 1–18.

Küting, Karlheinz/Weber, Claus-Peter (1993): Die Bilanzanalyse – Lehrbuch zur Beurteilung von Einzel- und Konzernabschlüssen, Stuttgart.

Küting, Karlheinz/Weber, Claus-Peter (1997a): Die Bilanzanalyse, 3. Auflage, Stuttgart.

Küting, Karlheinz/Weber, Claus-Peter (1997b): Der Konzernabschluß: Lehrbuch und Fallstudie zur Praxis der Konzernrechnungslegung, 4., grundlegend überarb. Auflage, Stuttgart.

Küting, Karlheinz/Weber, Claus-Peter (1998): Möglichkeiten und Grenzen der Konzernbilanzanalyse. In: Küting, K./Weber, C.-P. (Hrsg.), Handbuch der Konzernrechnungslegung, 2. Auflage, Stuttgart, Art. 6, Rn. 396–451.

Küting, Karlheinz/Weber, Claus-Peter/Zündorf, Horst (1990): Praxis der Konzernbilanzanalyse, Grundsatzfragen zur Erstellung einer Konzernstrukturbilanz, Stuttgart.

Lachenbruch, Peter A. (1967): An Almost Unbiased Method of Obtaining Confidence Intervals for the Probability of Misclassification in Discriminant Analysis. In: Biometrics, 23. Jg., S. 639–645.

Lachnit, Laurenz (1972): Zeitraumbilanzen. Ein Instrument der Rechnungslegung, Unternehmensanalyse und Unternehmenssteuerung, Berlin.

Lachnit, Laurenz (1973): Wesen, Ermittlung und Aussage des Cash Flow. In: Zeitschrift für betriebswirtschaftliche Forschung, 25. Jg., S. 59–75.

Lachnit, Laurenz (1995): Finanzplanung. In: Gerke, W. (Hrsg.), Handwörterbuch des Bank- und Finanzwesens, Band 6, 2. Auflage, Stuttgart, Sp. 776–788.

Lampe, Winfried (1985): Anhang zu „Aussagen quantitativer Kreditnehmeranalysen" von K. Thomas. In: Krümmel, H. J./Rudolph, B. (Hrsg.), Innovation im Kreditmanagement, Frankfurt a.M., S. 204–207.

Leffson, Ulrich (1968): Der Ausbau der unternehmerischen Rechenschaft durch vollständigen Kapitaldispositionsnachweis. In: Neue Betriebswirtschaft, 21. Jg., S. 1–17.

Leffson, Ulrich (1984): Bilanzanalyse, 3. Auflage, Stuttgart.

Leins, Herwig (1993): Wissensbasierte Unternehmensanalyse – Effizienzsteigerung der Bonitätsbeurteilung im Firmenkundengeschäft, Wiesbaden.

Leker, Jens (1993): Fraktionierende Frühdiagnose von Unternehmenskrisen, Köln.

Leker, Jens (1994): Fraktionierende Frühdiagnose von Unternehmenskrisen anhand von Jahresabschlüssen. In: Zeitschrift für betriebswirtschaftliche Forschung, 46. Jg., S. 732–750.

Leker, Jens/Cratzius, Michael (1998): Erfolgsanalyse von Holdingkonzernen. In: Betriebs-Berater, 53. Jg., Heft 7, S. 362–365.

Leker, Jens/Möhlmann, Thomas (1997): Die Berichterstattung in Anhang und Konzernanhang von Kapitalgesellschaften: ein praktischer Leitfaden für Wirtschaftsprüfungsassistenten, Düsseldorf.

Leker, Jens/Salomo, Sören (1998): Die Veränderung der wirtschaftlichen Lage im Verlauf eines Wechsels an der Unternehmensspitze. In: Zeitschrift für betriebswirtschaftliche Forschung, 50. Jg., Heft 2, S. 156–177.

Leker, Jens/Schewe, Gerhard (1998): Beurteilung des Kreditausfallrisikos im Firmenkundengeschäft der Banken. In: Zeitschrift für betriebswirtschaftliche Forschung, 50. Jg., Heft 10, S. 877–891.

Leker, Jens/Wieben, Hans-Jürgen (1998): Unternehmensbeurteilung unter Anwendung traditioneller und neuer Verfahren der Bilanzanalyse. In: Der Betrieb, 51. Jg., Heft 12, S. 585–590.

Leonardi, Hildegard (1990): Externe Erfolgsanalysen auf der Grundlage handelsrechtlicher Abschlüsse – Möglichkeiten und Grenzen des Analyseinstrumentariums im Lichte der Rechnungslegungsvorschriften des Bilanzrichtlinien-Gesetzes von 1985, Bergisch Gladbach/Köln.

Lev, Baruch (1974): Financial Statement Analysis: A New Approach, Englewood Cliffs, N.J.

Levitt, Arthur (1999): Spielen mit Zahlen – „The Numbers Game". In: Der Betrieb, 51. Jg, S. 2544–2547.

Loistl, Otto (1984): Bilanzielle Messung der Zahlungsfähigkeit bei mittelständischen Unternehmen. In: Albach, H./Held, Th. (Hrsg.), Betriebswirtschaftslehre mittelständischer Unternehmen, Stuttgart, S. 359–373.

Lüneborg, Konrad (1981): Konstruktion und Tests statistischer Verfahren im Rahmen der Kreditwürdigkeitsprüfung anhand der Jahresabschlüsse kleiner und mittlerer Unternehmen. Diss. Bochum.

Mansch, Helmut/Stolberg, Klaus/von Wysocki, Klaus (1995): Die Kapitalflußrechnung als Ergänzung des Jahres- und Konzernabschlusses – Anmerkungen zur gemeinsamen Stellungnahme HFA 1/1995 des Hauptfachausschusses und der Schmalenbach-Gesellschaft. In: Die Wirtschaftsprüfung, 48. Jg., S. 185–203.

Markham, Ina S./Ragsdale, Cliff T. (1995): Combining Neural Networks and Statistical Predictions to Solve the Classification Problem in Discriminant Analysis. In: Decision Sciences, 26. Jg., S. 229–242.

Merwin, Charles L. (1942): Financing Small Corporations in Five Manufacturing Industries, 1926–1936. National Bureau of Economic Research Inc., New York.

Meyer, Claus (1994): Betriebswirtschaftliche Kennzahlen und Kennzahlensysteme, 2. Auflage, Stuttgart.

Milling, Peter (1989): Expertensysteme zur Unterstützung betrieblicher Entscheidungsprozesse. In: Zeitschrift für Ausbildung und Hochschulkontakt, 18. Jg., Heft 9, S. 385–390.

Möhlmann, Thomas (1997): Grundzüge der US-amerikanischen Berichterstattung im insolvenzrechtlichen Reorganisationsverfahren. In: Konkurs, Treuhand, Sanierung – Zeitschrift für Insolvenzrecht, 1. Jg., S. 1–48.

Möhlmann, Thomas (1998): Supervising the debtor under Chapter 11, United States Bankruptcy Code. In: Insolvency Law & Practice Journal, 2. Jg., S. 165–168.

Mühlbayer, Michael (1986): Prospektive Erfolgsanalyse und Unternehmensbonität, Frankfurt a.M./Bern/New York.

Müller, Rainer (1986): Krisenmanagement in der Unternehmung, 2. Auflage, Frankfurt am Main.

Müller-Merbach, Heiner (1977): Frühwarnsysteme zur betrieblichen Krisenerkennung und Modelle zur Beurteilung von Krisenabwehrmaßnahmen. In: Plötzeneder, H. D. (Hrsg.), Computergestützte Unternehmensplanung, Stuttgart, S. 419–438.

Müller-Schwerin, Eberhard/Strack, Heinz (1977): Mathematisch-Statistische Verfahren zur Formalisierung des Kreditentscheidungsprozesses. In: Kredit und Kapital, 19. Jg., S. 291–305.

Münch, Dieter (1969): Der betriebswirtschaftliche Erkenntnisgehalt der Cash-Flow-Analyse. In: Der Betrieb, 22. Jg., S. 1301–1306.

Nauck, Detlef/Klawonn, Frank/Kruse, Rudolf (1992): Neuronale Netze und Fuzzy-Systeme. Computational Intelligence. 2. überarbeitete und erweiterte Aufl., Braunschweig/Wiesbaden.

Neubert, Helmut (1977): Vom Kapitalfluß zum Finanzfluß – Ein Beitrag zur integrierten Finanzplanung. In: Der Betrieb, 30. Jg., S. 2105–2109.

Neubert, Olaf (1982): Rechnungslegungspublizität der GmbH. Eine Analyse ihrer wirtschaftlichen Bedeutung. Diss. Kiel.

Newton, Grant (1994): Bankruptcy & Insolvency Accounting, Practice and Procedure, Teil 1, 5. Auflage, New York.

Niehaus, Hans-Jürgen (1987): Früherkennung von Unternehmenskrisen – Die statistische Jahresabschlußanalyse als Instrument der Abschlußprüfung. Düsseldorf.

Nolte-Hellwig, Ulf K./Leins, Herwig/Krakl, Johann (1991): Die Steuerung von Bonitätsrisiken im Firmenkundengeschäft. In: Lüthje, B. (Hrsg.), Risikomanagement in Banken – Konzeptionen und Steuerungssysteme, Bd. 13, Berichte und Analysen, Verband öffentlicher Banken, S. 83–117.

o. V. (1927): The Earning Power Ratios of Public Utility Companies. Bureau of Business Research, Bulletin No. 15, University of Illinois, Urbana.

Ohlson, James A. (1980): Financial Ratios and the Probabilistic Prediction of Bankruptcy. In: Journal of Accounting Research, 18. Jg., S. 109–131.

Peel, Michael J./Peel, David A. (1988): A Multilogit Approach to Predicting Corporate Failure – Some Evidence for the UK Corporate Sector. In: OMEGA International Journal of Management Science, 16. Jg., Nr. 4, S. 309–318.

Peel, Michael J./Peel, David A./Pope, Peter F. (1986): Prediciting Corporate Failure – Some Results for the UK Corporate Sector. In: OMEGA International Journal of Management Science, 14. Jg., Nr. 1, S. 5–12.

Peemöller, Volker H. (1993): Bilanzanalyse und Bilanzpolitik, Wiesbaden.

Pellens, Bernhard (1989): Der Informationswert von Konzernabschlüssen: Eine empirische Untersuchung deutscher Börsengesellschaften, Wiesbaden.

Perlitz, Manfred (1972): Die Prognosefähigkeit von Kennzahlen aus Jahresabschlüssen und Kapitalflußrechnungen für das Wachstum von Unternehmen. Eine empirische Untersuchung deutscher Unternehmen. In: Zeitschrift für betriebswirtschaftliche Forschung, 24. Jg., S. 1–21.

Perlitz, Manfred (1973): Die Prognose des Unternehmenswachstums aus Jahresabschlüssen deutscher Aktiengesellschaften, Wiesbaden.

Perlitz, Manfred (1979): Empirische Bilanzanalyse. In: Zeitschrift für Betriebswirtschaft, 49. Jg., S. 835–849.

Perlitz, Manfred (1980): Möglichkeiten der Prognose von Wachstumskrisen von Unternehmen mit Hilfe finanzanalytischer Kennzahlen. In: Zeitschrift für betriebswirtschaftliche Forschung, 32. Jg., S. 370–378.

Perridon, Louis/Steiner, Manfred (1997): Finanzwirtschaft der Unternehmung, 9. Auflage, München.

Pfeifer, Axel (1989): Früherkennung von Unternehmensinsolvenzen auf der Basis handelsrechtlicher Jahresabschlüsse: ein Beitrag zur Entstehung, Anwendung und Weiterentwicklung mathematisch-statistischer Verfahren der Kreditwürdigkeitsanalyse, Frankfurt a.M.

Pfleger, Günter (1991): Die neue Praxis der Bilanzpolitik, Strategien und Gestaltungsmöglichkeiten im handels- und steuerrechtlichen Jahresabschluß, 4. Auflage, Freiburg i.B.

Pfuhl, Joerg M. (1994): Konzernkapitalflußrechnung – Entwicklung eines zahlungsstromorientierten Steuerungs- und Publizitätsinstruments unter Berücksichtigung der aktuellen internationalen Entwicklungen, Stuttgart.

Plöger, Hubertus (1984): Die Solvenzdiagnose im Gesamtinsolvenzverfahren – dargestellt am Beispiel der Textilindustrie. Ein branchenspezifischer Ansatz zur Solvenzdiagnose im Rahmen der Reform des Insolvenzrechts, Frankfurt a.M./New York.

Poppe, Hartmut (1997): Informationsbereitschaft und Jahresabschlußpublizität – zu überprüfen am Beispiel großer Kapitalgesellschaften, Diplomarbeit Kiel.

Porter, Michael, E. (1985): Competitive advantage. Creating and sustaining superior performance. The Free Press, New York.

Press, William H./Teukolsky, Saul A./Vetterling, William T./Flannery, Brian P. (1995): Numerical Recipies in C: The Art of scientific computing, 2. Aufl., Cambridge.

Räss, Hugo (1990): Reaktionen der Bank auf die Gefährdung ihres Engagements. In: Siegwart, H. et al. (Hrsg.), Meilensteine im Management, Restrukturierungen & Turnarounds, Basel/Frankfurt a.M., S. 245–263.

Raubach, Ulrich (1983): Früherkennung von Unternehmenskrisen. Dargestellt am Beispiel von Handwerksbetrieben, Frankfurt a.M./Bern/New York.

Rehkugler, Heinz/Poddig, Thorsten (1992a): Neuronale Netze im Bankbetrieb. In: Die Bank, S. 413–419.

Rehkugler, Heinz/Poddig, Thorsten (1992b): Klassifikation von Jahresabschlüssen mittels Multilayer-Perceptrons – Erste Ergebnisse und weiterführende Fragestellungen. In: Bamberger Betriebswirtschaftliche Beiträge, Nr. 87.

Rehkugler, Heinz/Poddig, Thorsten (1998): Bilanzanalyse, 4. Auflage, München/Wien.

Reichmann, Thomas (1985): Controlling mit Kennzahlen. Grundlagen einer systemgestützten Controlling-Konzeption, München.

Reichmann, Thomas/Lachnit, Laurenz (1976): Planung, Steuerung und Kontrolle mit Hilfe von Kennzahlen. In: Zeitschrift für betriebswirtschaftliche Forschung, 28. Jg., S. 705–723.

Reimund, Günter (1991): Quantitative und qualitative Liquiditätsanalyse bei mittelständischen Unternehmen, Frankfurt a.M. et al.

Rentrop, Sigfried (1952): Aufstellung und Auswertung der finanzwirtschaftlichen Bilanz. In: Der Betrieb, 5. Jg., S. 1059–1060.

Reske, Winfried/Brandenburg, Achim/Mortsiefer, Hans-Jürgen (1978): Insolvenzursachen mittelständischer Betriebe – Eine empirische Analyse, 2. Auflage, Göttingen.

Reuter, Edzard (1988): Analyse von Weltabschlüssen nach Bilanzrichtlinien-Gesetz. In: Zeitschrift für Betriebswirtschaft, 58. Jg., Heft 2, S. 285–303.

Rheinboldt, Ralph (1998): Analyse von Konzernabschlüssen mit Hilfe von Kennzahlen: Die Entwicklung der Ursachenrechnung zur Unterstützung der Urteilsbildung, Lohmar.

Riebell, Claus (1996): Die Praxis der Bilanzauswertung, 6. Auflage, Stuttgart.

Robbins, John/Goll, Al/Rosenfield, Paul (1991): Accounting for Companies in Chapter 11 Reorganization. In: Journal of Accountancy, 1. Jg., S. 74–80.

Rojas, Raúl (1996): Theorie der neuronalen Netze. Eine systematische Einführung, 4., korrigierter Nachdruck, Berlin.

Rösler, Joachim (1986): Bilanzanalyse durch Vergleich von projizierten und realisierten Jahresabschlüssen, Kiel.

Rösler, Joachim (1988): Die Entwicklung der statistischen Insolvenzdiagnose. In: Hauschildt, J. (Hrsg.), Krisendiagnose durch Bilanzanalyse, Köln, S. 102–114.

Rumelhart, David E./Hinton, Geoffrey E./Williams, Ronald J. (1986): Learning Internal Representation by Error Propagation. In: Rumelhart, D. E./McClelland, J. L./PDP Research Group (Hrsg.), Parallel Distributed Processing. Explorations in the Microstructure of Cognition, Volume 1: Foundations, Cambridge/Mass., S. 318–362.

Salomo, Sören (1999): Ratingsysteme zur Unternehmensbeurteilung. In: Datenverarbeitung, Steuer, Wirtschaft, Recht, 29. Jg., Heft 6, S. 174–176.

SAS Institute Inc. (1997): SAS/OR Technical Report: The NLP-Procedure. SAS Institute Inc., Cary, NC.

Schaaf, Wilhelm (1990): Unternehmenskrisen und deren Bewältigung. In: Siegwart, H. et al. (Hrsg.), Meilensteine im Management, Restrukturierungen & Turnarounds, Basel/Frankfurt a.M., S. 433–460.

Schaaf, Wilhelm (1993): Sanierung als unternehmerischer Turnaround. In: Coenenberg, A./Fischer, Th. (Hrsg.), Turnaround-Management, Stuttgart, S. 73–98.

Scheffler, Eberhard (1995): Die Rechnungslegung in der Holding. In: Lutter, M. (Hrsg.), Holding-Handbuch: Recht, Management, Steuern, Köln, S. 405–463.

Scheren, Michael (1993): Konzernabschlußpolitik, Möglichkeiten und Grenzen einer zielorientierten Gestaltung von Konzernabschlüssen, Stuttgart.

Scheren, Michael (1998): Möglichkeiten und Grenzen der Konzernbilanzpolitik. In: Küting, K./Weber, C.-P. (Hrsg.), Handbuch der Konzernrechnungslegung, 2. Auflage, Stuttgart, Art. 5, Rn. 293–395.
Scherrer, Gerhard/Heni, Bernhard (1996): Liquidationsrechnungslegung, 2. Auflage, Düsseldorf.
Schiecke, Knut (1965): Der Cash Flow. In: Die Aktiengesellschaft, 10. Jg., S. 77–81.
Schimke, Ernst (1986): Entwicklung und Umsetzung von Sanierungsstrategien. In: Schimke, E./Töpfer, A. (Hrsg.), Krisenmanagement und Sanierungsstrategien, 2. Auflage, Landsberg/Lech. S. 28–34.
Schimmelpfeng (o. J.): Frühsignale zum Erkennen von Insolvenzen, Frankfurt a.M.
Schmalenbach, Eugen (1926): Dynamische Bilanz, 4. Auflage, Leipzig.
Schmalenbach, Eugen (1947): Dynamische Bilanz, 8. Auflage, 1. Teil, Bremen.
Schmalenbach, Eugen (1953): Dynamische Bilanz, 12. Auflage, Köln/Opladen.
Schmalenbach, Eugen (1963): Kostenrechnung und Preispolitik, 8. Auflage, Köln/Opladen.
Schmidt, Karsten (1980): Organverantwortlichkeit und Sanierung im Insolvenzrecht der Unternehmen. In: Zeitschrift für Wirtschaftsrecht, 5. Jg., S. 328–337.
Schmidt, Karsten (1982): Möglichkeiten der Sanierung von Unternehmen durch Maßnahmen im Unternehmens-, Arbeits-, Sozial- und Insolvenzrecht, Gutachten D zum 54. Deutschen Juristentag, München.
Schmidt, Reinhart (1981): Diagnose von Unternehmensentwicklungen auf Basis computergestützter Inhaltsanalyse. In: Batschitsch, R./Schnellinger, W. (Hrsg.), Unternehmenskrisen – Ursachen, Frühwarnung, Bewältigung, Stuttgart, S. 353–379.
Schmidt, Reinhart (1994): Frühwarnsysteme für das Krisenmanagement. In: Berndt, R. (Hrsg.), Management-Qualität contra Rezession und Krise, Berlin et al.
Schmitz, Paul/Lenz, Andreas (1986): Abgrenzung von Expertensystemen und konventioneller ADV. In: Betriebswirtschaftliche Forschung und Praxis, 38. Jg., Heft 6, S. 499–516.
Schmoll, Anton (1983): Theorie und Praxis der Kreditprüfung unter besonderer Berücksichtigung der Klein- und Mittelbetriebe (I). In: Österreichisches Bankarchiv, Heft 3, S. 87–106.
Schmoll, Anton (1992): Bonitäts- und Risikoklassen. Instrumente für ein effizientes Risikomanagement. In: Österreichisches Bankarchiv, 40. Jg., Heft 11, S. 988–1003.

Schneider, Dieter (1985): Eine Warnung vor Frühwarnsystemen – Statistische Jahresabschlußanalysen als Prognosen zur finanziellen Gefährdung einer Unternehmung? In: Der Betrieb, 38. Jg., Heft 29, S. 1489–1494.

Schneider, Dieter (1989): Erste Schritte zu einer Theorie der Bilanzanalyse. In: Die Wirtschaftsprüfung, 42. Jg., S. 633–642.

Schönbrodt, Bernd (1981): Erfolgsprognosen mit Bilanzkennzahlen, Frankfurt a.M./Bern.

Schult, Eberhard (1986): Bilanzanalyse, 6. Auflage, Freiburg i.B.

Schultz, Sally (1995): Financial Reporting for Firms in Chapter 11 Reorganization. In: National Public Accountant, 1. Jg., S. 24–28.

Schumann, Matthias/Wittmann, Stefan/Mertens, Peter (1986): Expertensysteme zur Unterstützung des Wirtschaftsprüfers. In: Betriebswirtschaftliche Forschung und Praxis, 38. Jg., S. 517–531.

Schwabe, Gerhard/Dolinsky, Dieter/Krcmar, Helmut (1993): Empirische Einsichten zum Einsatz von Expertensystemen – Ergebnisse von Selbsteinschätzungen in Banken aus den Jahren 1989 und 1991. In: Die Wirtschaftsinformatik, Nr. 3, S. 215–227.

Schwarze, Jochen/Rosenhagen, Klaus (1993): Expertensysteme in der Kreditwürdigkeitsprüfung. In: Zeitschrift für Ausbildung und Hochschulkontakt, Heft 6, S. 291–294 und 306–310.

Scott, James H. (1981): The Probability of Bankruptcy. In: Journal of Banking and Finance, 5. Jg., S. 317–344.

Seber, George Arthur Frederick (1984): Multivariate Observations. Wiley Series in Probability and Mathematical Statistics, New York.

Selchert, Friedrich W./Karsten, Jürgen (1989): Konzernabschlußpolitik und Konzerneinheitlichkeit. In: Der Betrieb, 42. Jg., S. 837–843.

Siener, Friedrich (1991): Der Cash-Flow als Instrument der Bilanzanalyse: praktische Bedeutung für die Bewertung von Einzel- und Konzernabschluß, Stuttgart.

Smith, Raymond F./Winakor, Arthur H. (1935): Changes in the Financial Structure of Unsuccessful Industrial Corporations. Bureau of Business Research, Bulletin No. 51, University of Illinois, Urbana.

Staehle, Wolfgang H. (1969): Kennzahlen und Kennzahlensysteme als Mittel der Organisation und Führung von Unternehmen, Wiesbaden.

Stahn, Frank (1991): Die Kapitalflußrechnung in der aktuellen Berichterstattung deutscher Konzerne – eine empirische Untersuchung unter Einbeziehung von über 100 großen Unternehmen. In: Betriebs-Berater, 39. Jg., S. 1991–1996.

Stahn, Frank (1996): Zum praktischen Entwicklungsstand der Konzern-Kapitalflußrechnung in Deutschland – eine empirische Untersuchung vor dem Hintergrund der Stellungnahme HFA 1/1995 und dem betriebswirtschaftlichen Forschungsstand zur Konzern-Kapitalflußrechnung. In: Die Wirtschaftsprüfung, 18. Jg., S. 649–657.

Starke, Wolfgang (1985): Neue Systeme zur Bonitätsprognose von Kreditnehmern. In: Krümmel, H. J./Rudolph, B. (Hrsg.), Innovationen im Kreditmanagement, Frankfurt a.M., S. 173–195.

Statistisches Bundesamt (1983–1992): Fachserie 2 Unternehmen und Arbeitsstätten, Reihe 4.1 Insolvenzverfahren.

Stegemann, Silke (1995): Logistische Regression und Diskrimination bei zufällig variierenden Parametern, Wuppertal 1995.

Stein, Heinz-Gerd (1993): Ziel und Maßnahmen der Konzernbilanzpolitik. In: Zeitschrift für betriebswirtschaftliche Forschung, 45. Jg., Heft 11, S. 973–993.

Stein, Johann Heinrich von (1975): Ansätze zur Insolvenzprognose. In: Bank-Betrieb, 15. Jg., S. 170–175.

Stein, Johann Heinrich von (1984): Zur Weiterentwicklung der Kreditbeurteilung. In: Betriebswirtschaftliche Blätter, 33. Jg., S. 218–222.

Steiner, Manfred (1980): Ertragskraftorientierter Unternehmenskredit und Insolvenzrisiko. Eine betriebswirtschaftliche und rechtliche Analyse der Insolvenzmechanismen und der Insolvenzprognosemöglichkeiten aus Gläubigersicht, Stuttgart.

Steiner, Manfred/Rössler, Martin (1976): Zukunftsorientierte Bilanzanalyse und ihre Prognosequalität. In: Betriebswirtschaftliche Forschung und Praxis, 28. Jg., S. 440–453.

Süchting, Joachim (1993): Kreditrating – Ziele und Probleme der Anwendung im Firmenkundengeschäft. In: Bank Information, Heft 10, S. 8–10.

Taffler, Richard J. (1982): Forecasting Company Failure in the UK Using Discriminant Analysis and Financial Ratio Data. In: Journal of the Royal Statistical Society, o. Jg., S. 342–358.

Taffler, Richard J. (1984): Empirical Models for the Monitoring of UK Corporations. In: Journal of Banking and Finance, 8. Jg., S. 199–227.

Tam, Kar Yan/Kiang, Melody (1990): Predicting Bank Failures: A Neural Network Approach. In: Applied Artificial Intelligence, 4. Jg., S. 283–307.

Tamari, Meir (1964): Financial Ratios as a Means of Forecasting Bankruptcy. Bank of Israel Bulletin, S. 15–45.

Thomas, Karl (1983): Erkenntnisse aus dem Jahresabschluß für die Bonität von Wirtschaftsunternehmen. In: Baetge, J. (Hrsg.), Der Jahresabschluß im Widerstreit der Interessen, Düsseldorf, S. 63–93.

Thomas, Karl (1985): Aussagen quantitativer Kreditnehmeranalysen. In: Krümmel, H. J./Rudolph, B. (Hrsg.), Innovationen im Kreditmanagement, Frankfurt a.M., S. 196–204.

Thoms-Meyer, Dirk (1996): Grundsätze ordnungsmäßiger Bilanzierung für Pensionsrückstellungen, Düsseldorf.

Tichy, Bruno (1983): Insolvenzursachen als Kriterien für ein Scoring-Modell. In: Österreichisches Bankarchiv, 38. Jg., Heft 7, S. 245–250.

Töpfer, Armin/Schimke, Ernst (1986): Krisenmanagement als Grundlage für die Sanierung – Überblick und Einordnung der Beiträge. In: Schimke, E./Töpfer, A. (Hrsg.), Krisenmanagement und Sanierungsstrategien, 2. Auflage, Landsberg/Lech, S. 7–15.

Uhlig, Bernhard (1953): Zur Theorie der Bewegungsbilanz und ihrer praktischen Anwendung. In: Der Betrieb, 6. Jg., S. 825–827.

Urban, Dieter (1993): Logit-Analyse: Statistische Verfahren zur Analyse von Modellen mit qualitativen Response-Variablen, Stuttgart.

Uthoff, Carsten (1997): Erfolgsoptimale Kreditwürdigkeitsprüfung auf der Basis von Jahresabschlüssen und Wirtschaftsauskünften mit Künstlichen Neuronalen Netzen, Stuttgart.

Veit, Klaus-Rüdiger/Ulrich, Nikolai (1995): Die Wahl des Abschreibungsverfahrens für Zwecke der Handels- und Steuerbilanz. In: Buchführung, Bilanz, Kostenrechnung, 10. Jg., Fach 12, S. 3121–3130.

Verhülsdonk, R. (1952): Die Darstellung der betrieblichen Finanzwirtschaft in der Bewegungsbilanz. In: Der Betrieb, 5. Jg., S. 21–23.

Vinso, Joseph D. (1979): A Determination of the Risk of Ruin. In: Journal of Financial and Quantitative Analysis, 14. Jg., S. 77–100.

Vogelsang, Günter (1988): Unternehmenskrisen – Hauptursachen und Wege zu ihrer Überwindung. In: Zeitschrift für betriebswirtschaftliche Forschung, 40. Jg., S. 100–111.

Vogler, Gerhard/Mattes, Helmut (1976): Theorie und Praxis der Bilanzanalyse. Interne und externe Bilanzanalyse als Informationsmittel und Instrument modernen Managements, 2. Auflage, Berlin.

Wagner, Antonius (1989): Risiken im Jahresabschluß von Bauunternehmen, Düsseldorf.

Wallin, Jan/Sundgren, Stefan (1995): Using Linear Programming to Predict Business Failure: An Empirical Study. In: The Finnish Journal of Business Economics, 44. Jg., Heft 1, S. 59–64.

Wasserman, Philip D. (1993): Advanced Methods in Neural Computing, New York.

Watson, Collin J./Stock, Duane/Watson, Kent D. (1983): Multivariate Normality and a Bond Rating Decision Model. In: Decision Sciences, 14. Jg., S. 513–526.

Weber, Claus-Peter (1990): Möglichkeiten der Bilanzpolitik. In: Küting, K./Weber, C.-P. (Hrsg.), Handbuch der Rechnungslegung. Kommentierung zur Bilanzierung und Prüfung, 3. Auflage, Stuttgart.
Wehrheim, Michael (1997): Krisenprognose mit Hilfe einer Kapitalflußrechnung? In: Deutsches Steuerrecht, 43. Jg., S. 1699–1704.
Weibel, Peter F. (1973): Die Aussagefähigkeit von Kriterien zur Bonitätsbeurteilung im Kreditgeschäft der Banken. Diss. Bern.
Weigel, Klaus (1980): Das Informationsverhalten von Kreditmanagern bei der Analyse von Jahresabschlüssen gewerblicher Kreditnehmer. Eine empirische Untersuchung. Diss. Saarbrücken.
Weinrich, Günter (1978): Kreditwürdigkeitsprognosen. Steuerung des Kreditgeschäfts durch Risikoklassen, Wiesbaden.
Werner, Ute (1990): Die Berücksichtigung nichtnumerischer Daten im Rahmen der Bilanzanalyse. In: Die Wirtschaftsprüfung, 43. Jg., S. 369–376.
Wieben, Hans Jürgen (1998): Einflüsse auf die Publizitätsgüte deutscher Kapitalgesellschaften, Diplomarbeit Kiel.
Wiechers, Elmar (1994): Externe Erfolgsanalyse anhand handelsrechtlicher Jahresabschlüsse – rechtliche Änderungen durch das Bilanzrichtlinien-Gesetz und deren erfolgsanalytische Konsequenzen, Münster/Hamburg.
Wilcox, Jarrod W. (1973): A Prediction of Business Failure Using Accounting Data. Empirical Research in Accounting: Selected Studies. In: Supplement zu Journal of Accounting Research, 11. Jg., S. 163–179.
Winakor, Arthur H. (1929): Standard Financial Ratios for the Public Utility Industry. Bureau of Business Research, Bulletin No. 26, University of Illinois, Urbana.
Witte, Eberhard (1963): Die Liquiditätspolitik der Unternehmung, Tübingen.
Witte, Eberhard (1981): Die Unternehmenskrise – Anfang vom Ende oder Neubeginn? In: Bratschitsch, R./Schnellinger, W. (Hrsg.), Unternehmenskrisen – Ursachen, Frühwarnung, Bewältigung, Stuttgart, S. 7–24.
Witte, Eberhard/Klein, Herbert (1974): Finanzplanung der Unternehmung, Reinbek bei Hamburg.
Wöhe, Günter (1997): Bilanzierung und Bilanzpolitik, 9. Auflage, München.
Wysocki, Klaus von (Hrsg.) (1998): Kapitalflußrechnung, Stuttgart.

Zadeh, Lofti A. (1965): Fuzzy Sets. In: Information and Control, 8. Jg., S. 338–353.
Zavgren, Christine V. (1983): The Prediction of Corporate Failure: The State of the Art. In: Journal of Accounting Literature, 2. Jg., S. 1–38.

Zell, Andreas (1996): Simulation Neuronaler Netze, 1. unveränderter Nachdruck, Bonn.

Zellweger, Bruno (1982): Überwachung kommerzieller Bankkredite. Diss. Sankt Gallen.

Ziegler, Werner (1984): Die Unternehmerbeurteilung als Instrument zur Früherkennung von Kreditrisiken. Diss. Hohenheim.

Zimmermann, Hans-Georg (1994): Neuronale Netze als Entscheidungskalkül. In: Rehkugler, H./Zimmermann, H.-G. (Hrsg.), Neuronale Netze in der Ökonomie, München, S. 1–87.

Zimmermann, Hans-Jürgen (Hrsg.) (1993): Fuzzy-Technologien. Prinzipien, Werkzeuge, Potentiale, Düsseldorf.

Zimmermann, Hans-Jürgen (1999): Fuzzy Set Theorie. In: Wirtschaftswissenschaftliches Studium, 28. Jg., Heft 1, S. 22–29.

Zmijewski, Mark E. (1983): Essays on Corporate Bankruptcy. Diss. State University of New York at Buffalo.

Zmijewski, Mark E. (1985): Methodological Issues Related to the Estimation of Financial Distress Prediction Models. In: Supplement zu Journal of Accounting Research, 23. Jg., S. 59–82.

Stichwortverzeichnis

Absatz 11, 13
– krise 37
Alpha-Fehler 122, 159 f., 166, 172, 176, 186, 196, 277
Analyse(-)
– Bonitäts- 222
– Inhalts- 98
– multivariate 133
– pfade 17
– Potential- 226
– prozeß 47, 95
– qualitative 234 ff., 244, 252 f.
Analysestichprobe (s. Lernstichprobe)
Anhang 88, 91, 96, 100
Anlagendeckung 177, 284, 286
Aufwendungen
– außerordentliche 44
– nicht ordentliche 41
– Zins- 41, 44

Baetge-Bilanz-Rating 190
Balanced Scorecard 315
Bauunternehmen 269
Benchmarking 23
Berichterstattung zu Bilanzierungs- und Bewertungsmethoden 101
Beta-Fehler 122, 159 f., 166, 172, 176, 186, 196, 277
Beteiligungscontrolling 311
Betriebs(-)
– erfolg, ordentlicher 38, 40, 44, 47
– rendite 124, 126, 131, 134
– vergleich 314
Bilanzanalyse, qualitative 88

Bilanzierungs- und Bewertungsmethoden
– Abweichung von den 106
– Berichterstattung zu 101
Bilanzpolitik 92, 94, 114, 183
– formelle 92
– konservative 97, 225
– Konzern- 293, 294
– materielle 92, 97
– progressive 97, 225, 308
– Wahlrechte 97
Bilanzregel, goldene 23
Bonitätsanalyse 222
Branchenrating 229
Brutto-Rentabilität 57
Brutto-Umsatz-Rendite 57

Cash Flow 49, 148, 213, 275, 286, 287, 288, 313
– Elementar- 52, 53, 66, 68, 70
– finanzwirtschaftlicher 69
– ordentlicher, betrieblicher 53, 55, 67, 69
– ordentlicher, finanziell verwendbarer, betrieblicher 53, 55 f., 67
– ordentlicher Unternehmungs- 53, 54, 66, 68
– und Finanzflußrechnungen 76
Controller 316
Credit-Rating 240
– mit Fuzzy-Regeln 240
– quantitatives 240, 241
cut-off-point 122, 137, 163, 170

Deckungsstruktur 207
Desinvestition 76, 78, 81

373

Deutsche Bundesbank 88, 266
Diskriminanz(-)
- analyse 120, 133, 168, 182, 221, 269, 291
- funktion 120, 146, 244, 276

Eigenkapitalquote 209, 214
Erfolg, außerordentlicher 33
Erfolgsanalyse 28
Erfolgslage
- Einfluß auf die Publizität 112
Erfolgsspaltung 35, 312
- als Informationsverdichtung 37
- als Schwachstellenanalyse 37
- im Betriebsvergleich 45
- im Zeitvergleich 45
- Krisendiagnose durch 43
- Kriterien der 36
Ergebnis
- der gewöhnlichen Geschäftstätigkeit 33
- nicht ordentliches 47, 313
Ermessensspielräume 92
Erträge
- außerordentliche 41
- Beteiligungs- 39
- Bewertungs- 39
- Liquidations- 39
- nicht ordentliche 39, 41, 44
- sonstige betriebliche 41
Expertensysteme 221

Fehler (s. Alphafehler, Betafehler)
Finanz(-)
- analyse 28
- erfolge 39, 45, 147
- ergebnis 313
- kraft 211
- lage 71
- plan 340
- und Verbunderfolg 41, 44, 45, 47

Finanzbewegungsrechnung
 (s. Finanzflußrechnungen)
Finanzflußmuster und Krisendiagnose 79
Finanzflußrechnungen 71
- und Cash Flow 76
Finanzierung 76, 78, 79
Finanzierungsregel, goldene 24
flüssige Mittel 142
Fondsänderungsrechnung
 (s. Finanzflußrechnungen)
Fondsrechnung 73
Fonds Statement (s. Finanzflußrechnungen)
Fortbestandsrisiko 205
Fremdkapitalzinslast 290
Fremdwährungsumrechnung 105
Frühdiagnose, fraktionierende 165
Frühsignale 140
Frühwarnsysteme 32, 150
Führungspotential 228
Fuzzy(-)
- Logik 247
- Regeln 240, 243, 247
- Credit-Rating mit 240
- System 244

Geldflußrechnung (s. Finanzflußrechnungen)
Gesamtkapital(-)
- rendite 142, 227, 281
- rentabilität 112, 121, 149, 177
- umschlag 121
Geschäftsbericht 88, 96
going concern 30

Haftkapitalquote 230
Holding(-)
- Controller 311
- konzern 292

Inferenzmechanismus 223
Informationspflichten 100
Inhaltsanalyse 98
innere Investitionsdeckung 57
Insolvenz(-) 2, 190, 288
– controlling 320, 322
– diagnose 119
– Ergebnisplan 328
– Ergebnisrechnung 337
– Finanzplan 331, 340
– plan 321, 322, 323
  – Erfüllbarkeit des 344
  – periodische Überwachung 333 f.
– prognose 120, 141
– recht 320
– Vermögensübersicht 324, 335
– verwalter 320, 345
– Zahlungsrechnung 340
– Zwischenberichte 343
Investition 76, 78, 79, 80, 81
Investition und Finanzierung
– Analyse von 28
Investitionsanalyse 28
Ist-Ist-Vergleiche 23

Kapital(-)
– bindung 210
– bindungsdauer 211
– dienst 76, 78
– struktur 207, 209, 227
Kapitalflußbilanzen (s. Finanzflußrechnungen)
Kapitalflußrechnungen (s. Finanzflußrechnungen)
Kaschierung
– und Wahlrechte 303 f.
Kaschierungsindex 297, 302 f., 306
Kennzahlen(-) 19, 96, 119, 123, 144, 155, 175, 179, 188, 193, 271, 276, 279, 295, 313, 315

– Beziehungszahlen 20
– bildung, Grenzen der 21
– Gliederungszahlen 20
– Indexzahlen 20
– Problematik von 25
– Rentabilitäts- 197
– systeme 22, 96, 315
  – MIDIAS-Konzept 22
  – RL-System 22
  – ROI-Ansatz 22
  – ZVEI-System 22
– Umschlags- 270
Klassifikation, dichotomische 121
Klassifikations(-)
– güte 153, 157, 173
– leistung 186
Konzern(-) 229
– bilanzpolitik 293, 294
– Holding- 292
– krise 269, 292, 295
– rechnungslegung 292
– typen 308
Kredit(-)
– auskunfteien 233
– würdigkeitsprüfung 31, 240
Krise
– Ablauf der 3
– Begriff 1
– Bestimmung der 59
– Entwicklungspfad der 158
– Konzern- 269
– Phasen der 2
– latente 3
– manifeste 3, 33
– von Bauunternehmen 270
– zeitlicher Vorlauf einer 242
Krisen(-)
– diagnose 2
– indikatoren 4
– management 2
– prognose 233

– signalwert 53, 57, 68, 69, 70, 125, 130, 132, 134
– theorie 291
– typen 7, 15, 270
– Typen von latenten 7
– ursachen in Großunternehmen 7
– ursachen in mittelständischen Unternehmen 13
Künstliche Neuronale Netze 168, 179, 221
Kundenziel 177

Lagebericht 88, 96
Leistungsstörungen 152
– erhebliche 174
Lernalgorithmen 184
Lernstichprobe 175, 185, 251, 277
Lieferanten(-)
– kredit 275, 286, 287
– ziel 285
linguistische Variable 248
Liquidation 320
Liquidität 72, 125, 130, 132, 227, 275, 279, 285
Liquiditäts(-)
– analyse 28
– kennzahl 121
– politik 39
logistische Regression 168, 171, 221, 244

Marktpotential 228
Mißerfolgs(-)
– kaschierung 38, 40, 295
– ursachen 8
Missmanagement 7
– Absatzbereich 10
– Führungsfehler 10
– Eigenkapitalmangel
– Investition 10
– Typen 11

Mittel(-)
– flüssige 197
– herkunft 73, 75
– verwendung 73
multivariate Analyse 133

Neuronale Netze 221
Neuronen 182

ordentlicher Betriebserfolg 38, 40, 44, 47

periodenfremde Erträge und Aufwendungen 107
Potential(-)
– analyse 226
– bewertung 231
– Führungs- 228
– Markt- 228
– Produktions- 228
– Unternehmens- 231
Prognosezeitraum 161
Publizitäts(-)
– güte 94, 99, 299
– index 100, 109, 297, 298, 306
– verhalten 93, 111, 112
Portfoliosteuerung 224

Ratingsysteme 240
Regelbasis 253
Rendite 140, 227
Rentabilität(-) 200, 207, 270, 279, 286
– Eigenkapital- 29
– Gesamtkapital- 29
– Umsatz- 29
Rentabilitäts(-)
– analyse 29
– kennzahlen 197
Reorganization 321
Risk-Management 39

Sachverhaltsgestaltungen 93
Sanierung 320, 322
Schwachstellenanalyse 2
Soll-Ist-Vergleiche 23
Sonderabschreibungen 48
Staffelform 73
Synapsen 182
Systeme(-)
– Experten- 221
– Rating- 240
– wissensbasierte 221

Teststichprobe 175, 185, 251
Trefferquote 122, 135, 159, 176, 187, 245, 266, 289
Treffsicherheit 159
Trennschärfe 245, 266

Umsatzrendite 124, 127, 131, 227
Umschlagsdauer
– der Forderungen 124, 129, 131
– der Vorräte 124, 128, 131
– des Anlagevermögens 124, 127, 131
– des Umlaufvermögens 124, 128, 131, 134
Umschlags(-)
– kennzahl 270
– koeffizienten 140
Umschuldungsaktion 83
Unternehmens(-)
– krisen, Typen von 4
– potentiale 231
– zerschlagung 320

Validierungsstichprobe 185
Varianz-Homogenität 157
Verbunderfolg 45
Vergleiche
– Betriebs- 119
– Zeit- 119

Vergleichsstichprobe 278
Verlustdeckung 82
Vermögens(-)
– strukturanalyse 24 f.
– übersicht 324
Verschuldung 63, 200, 207, 270, 274, 286, 287, 288
Verschuldungs(-)
– analyse 28
– grad 111, 121, 125, 129, 132, 134, 140
  – dynamischer 57 f., 121, 227, 281
  – Einfluß auf die Publizität 111
  – statischer 111, 284, 288, 289
Vorrats(-)
– intensität 283, 288, 290
– vermögen 275, 286, 287

Wahlrechte 92, 97
– und Kaschierung 303 f.
Werkscontroller 311
Wertschöpfungsanalyse 29
window dressing 125
wissensbasierte Systeme 221
Wissensbasis 223
Zahlungsstromrechnungen
   (s. Finanzflußrechnungen)

Zeit(-)
– und Betriebsvergleiche 119, 314
– vergleich 314
Zeitraumbilanzen (s. Finanzflußrechnungen)
Zerschlagungsanalyse 30
Zielgewährung 227
Zins(-)
– aufwand 177, 286
– aufwendungen 279
– belastung 275, 282, 287
– last(-) 288, 290
Z-Score 259

Autorenverzeichnis

Name	Adresse	Telefon/Fax/e-mail
Prof. Dr. Dr. h.c. Baetge, Jörg	Institut für Revisionswesen Westfälische Wilhelms-Universität Universitätsstraße 14–16 D-48143 Münster	Tel.: +49 25 18 32 29 61 Fax: +49 25 18 32 29 66
Dr. Blochwitz, Stefan	Deutsche Bundesbank Geldmarkt und Instrumentarium Wilhelm-Epstein-Straße 14 D-60431 Frankfurt a.M.	Tel.: +49 69 95 66 42 29 Fax: +49 69 95 66 31 77 stefan.blochwitz @bundesbank.de
Dr. Bötzel, Stefan	Roland Berger & Partner Stadthausbrücke 7 D-20355 Hamburg	Tel.: +49 40 37 63 13 02 Fax: +49 40 37 63 11 06 stefan_boetzel@de. rolandberger.com
Dipl.-Kffr. Brandes, geb. Clausen, Susanne	Institut für Betriebswirtschaftslehre der Christian-Albrechts-Universität Westring 425 D-24098 Kiel	Tel.: +49 43 18 80 39 99 Fax: +49 43 18 80 32 13
Dipl.-Kfm. Cratzius, Michael	Institut für Betriebswirtschaftslehre der Christian-Albrechts-Universität Westring 425 D-24098 Kiel	Tel.: +49 43 18 80 39 98 Fax: +49 43 18 80 32 13 cratzius@bwl.uni-kiel.de
Dipl.-Kffr. Dossmann, Christiane	Baetge & Partner GmbH & Co. KG Mendelstraße 11 D-48149 Münster	Tel.: +49 25 19 80 17 35 Fax: +49 25 19 80 17 39 christiane.dossmann @baetge.de
Dipl.-Kffr. Eigermann, Judith Bundesbankoberrätin	Deutsche Bundesbank Geldmarkt und Instrumentarium Wilhelm-Epstein-Straße 14 D-60431 Frankfurt a.M.	Tel.: +49 69 95 66 42 29 Fax: +49 69 95 66 31 77 judith.eigermann @bundesbank.de

Autorenverzeichnis

Name	Adresse	Telefon/Fax/e-mail
Prof. Dr. Gemünden, Hans Georg	Inst. für Angewandte Betriebswirtschaftslehre und Unternehmensführung Universität Karlsruhe (TH) Postfach 6980 D-76128 Karlsruhe	Tel.: +49 72 16 08 34 31 Fax: +4 97 216 08 60 46 hans.gemuenden @wiwi.uni-karlsruhe.de
Dr. Grenz, Thorsten	Hapag Lloyd Container Linie GmbH Ballindamm 25 D-20095 Hamburg	Tel.: +49 40 30 01 22 95 Fax: +49 40 30 01 27 75 thorsten.grenz@hlcl.com
Prof. Dr. Dr. h.c. Hauschildt, Jürgen	Institut für Betriebswirtschaftslehre der Christian-Albrechts-Universität Westring 425 D-24098 Kiel	Tel.: +49 43 18 80 39 99 Fax: +49 43 18 80 32 13 hauschildt@bwl. uni-kiel.de
Dipl.-Kfm. Jäckel, Andreas	Revisions- und Treuhand KG Schülperbaum 23 D-24103 Kiel	Tel.: +49 43 16 63 06 18 Fax: +49 43 16 63 06 20
Dipl.-Kfm. Kögel, Klaus	Commerzbank AG Kaiserplatz D-60261 Frankfurt a.M.	Tel.: +49 69 13 62 49 09 Fax: +49 69 13 62 37 76
Dr. Krehl, Harald	DATEV eG Paumgartnerstraße 6–14 D-90429 Nürnberg	Tel.: +49 91 12 76 22 25 Fax: +49 91 12 76 19 49
Dipl.-Kffr. Kruse, Ariane	Baetge & Partner GmbH & Co. KG Mendelstraße 11 D-48149 Münster	Tel.: +49 25 19 80 17 34 Fax: +49 25 19 80 17 39 ariane.kruse@baetge.de
Prof. Dr. Leker, Jens	Institut für Betriebswirtschaftliches Management im Fachbereich Chemie und Pharmazie Westfälische Wilhelms-Universität Steinfurter Str. 111 D-48149 Münster	Tel.: +49 25 18 33 18 10 leker@wirtschafts-chemie.de

Name	Adresse	Telefon/Fax/e-mail
Dr. Littkemann, Jörn	Lehrstuhl für Betriebswirtschaftslehre, insb. Organisation, Personal und Innovation Westfälische Wilhelms-Universität Universitätsstraße 14–16 D-48143 Münster	Tel.: +49 25 18 32 29 91 Fax: +49 25 18 32 28 36
Dipl.-Kfm. Mensel, Nils	Institut für Betriebswirtschaftslehre der Christian-Albrechts-Universität Westring 425 D-24098 Kiel	Tel.: +49 43 18 80 39 97 Fax: +49 43 18 80 32 13 mensel@bwl.uni-kiel.de
Dr. Möhlmann, Thomas	KPMG Deutsche Treuhand-Ges. AG Financial Advisory Services Marie-Curie-Straße 30 D-60439 Frankfurt a.M.	Tel.: +49 69 95 87 24 31 Fax: +49 69 95 87 24 32 tmoehlmann@kpmg.com
Dipl.-Kfm. Poppe, Hartmut	Friedrich-Ebert-Damm 143 22047 Hamburg	Tel.: +4 94 06 96 94 40
Dipl.-Kfm. Salomo, Sören	Institut für Betriebswirtschaftslehre der Christian-Albrechts-Universität Westring 425 D-24098 Kiel	Tel.: +49 43 18 80 14 66 Fax: +49 43 18 80 32 13 soeren@salomo.net
Prof. Dr. Schewe, Gerhard	Lehrstuhl für Betriebswirtschaftslehre, insb. Organisation, Personal und Innovation Westfälische Wilhelms-Universität Universitätsstraße 14–16 D-48143 Münster	Tel.: +49 25 18 32 28 31 Fax: +49 25 18 32 28 36 19gesc@wiwi. uni-muenster.de

Hauschildt / Leker (Hrsg.)
Krisendiagnose durch Bilanzanalyse

- Hinweise und Anregungen: _____
_____
_____
_____

- Auf Seite _____ Zeile _____ von oben/unten
muß es statt _____
_____
_____

richtig heißen: _____
_____
_____

Hauschildt / Leker (Hrsg.)
Krisendiagnose durch Bilanzanalyse

- Hinweise und Anregungen: _____
_____
_____
_____

- Auf Seite _____ Zeile _____ von oben/unten
muß es statt _____
_____
_____

richtig heißen: _____
_____
_____

Absender:

_____
_____
_____

Antwortkarte

Verlag Dr. Otto Schmidt KG
– Lektorat –
Unter den Ulmen 96-98

50968 Köln

Absender:

_____
_____
_____

Antwortkarte

Verlag Dr. Otto Schmidt KG
– Lektorat –
Unter den Ulmen 96-98

50968 Köln